AFRICANOS LIVRES

BEATRIZ G. MAMIGONIAN

Africanos livres
A abolição do tráfico de escravos no Brasil

2ª reimpressão

Companhia das Letras

Copyright © 2017 by Beatriz Gallotti Mamigonian

Grafia atualizada segundo o Acordo Ortográfico da Língua Portuguesa de 1990, que entrou em vigor no Brasil em 2009.

Capa
Victor Burton

Foto de capa
Estudo para a "Questão Christie", 1864, óleo sobre tela de Vítor Meireles, 47,2 × 69,3. Rio de Janeiro, Coleção Museu Nacional de Belas Artes/ Ibram/ MinC. Reprodução de Jaime Acciolli

Preparação
Leny Cordeiro

Índice remissivo
Luciano Marchiori

Revisão
Márcia Moura
Clara Diament

Dados Internacionais de Catalogação na Publicação (CIP)
(Câmara Brasileira do Livro, SP, Brasil)

Mamigonian, Beatriz G.
  Africanos livres : a abolição do tráfico de escravos no Brasil / Beatriz G. Mamigonian. — 1ª ed. — São Paulo : Companhia das Letras, 2017.

  Bibliografia:
  ISBN 978-85-359-2933-1

  1. Africanos - Brasil 2. Brasil - História - Abolição da escravidão 3. Escravidão - África - História 4. Escravidão - Aspectos sociais - História 5. Tráfico - Escravos - Brasil - História 6. Tráfico de escravos - África - História I. Título.

17-04523   CDD-981.03

Índice para catálogo sistemático:
1. Brasil : Tráfico de escravos : História   981.03

[2020]
Todos os direitos desta edição reservados à
EDITORA SCHWARCZ S.A.
Rua Bandeira Paulista, 702, cj. 32
04532-002 — São Paulo — SP
Telefone: (11) 3707-3500
www.companhiadasletras.com.br
www.blogdacompanhia.com.br
facebook.com/companhiadasletras
instagram.com/companhiadasletras
twitter.com/cialetras

Sumário

Lista de tabelas.................................. 7
Prefácio — João José Reis........................... 9

Introdução: Africanos livres na confluência de
várias histórias....................................... 17
1. Emancipação na chegada.......................... 30
2. Impasses da nova nação........................... 58
3. Africanos livres e a política conservadora............. 90
4. O tempo do trabalho compulsório.................. 129
5. O contraponto britânico.......................... 165
6. O "partido brasileiro", a pressão inglesa e a
abolição do tráfico.................................. 209
7. A Lei Eusébio de Queirós e os africanos livres......... 284
8. Emancipação da tutela........................... 324
9. A Questão Christie e a "questão dos africanos livres"... 360
10. Registros da escravidão e da liberdade.............. 400
Epílogo: O baobá de Papary, a memória e a
história da abolição do tráfico....................... 456

Agradecimentos 464
Abreviaturas 468
Notas 470
Fontes 536
Referências bibliográficas 548
Anexo 566
Lista de ilustrações 591
Créditos das imagens 593
Índice onomástico 595
Índice remissivo 601

Lista de tabelas

1 — Apreensões de navios e de grupos de africanos em terra e resultados dos julgamentos (1821-56).

2 — Africanos livres enviados a instituições públicas e não governamentais e às obras públicas até 1840.

3 — Africanos desembarcados nas colônias britânicas vindos do Rio de Janeiro (1838-52).

4 — Africanos livres distribuídos a instituições (1848-53).

5 — Destinos dos africanos livres emancipados na década de 1830.

6 — Tempo de serviço dos africanos emancipados de acordo com o sexo e o local de trabalho.

Prefácio
João José Reis

Este é um livro há muito esperado. Sobre os assuntos aqui tratados, sua autora já escreveu numerosos artigos e capítulos em coletâneas, alguns dos quais retirados da tese de doutorado que deu origem à presente publicação. *Africanos livres* aprofunda e expande a tese e se destaca pelo admirável trabalho de pesquisa, a vasta bibliografia consultada e a qualidade interpretativa. Trata-se de obra enciclopédica sobre seu tema central, que são os cerca de onze mil cativos resgatados do tráfico ilegal que ganharam no Brasil o título de "africanos livres", mas também das centenas de milhares que o contrabando conseguiu sorrateiramente introduzir no país.

É preciso dizer logo na entrada ao leitor que "africano livre" foi, antes de mais nada, vítima de um eufemismo jurídico, pois se trata de expressão tipicamente ideológica que esconde uma realidade bem diversa da enunciada. Pois, como aqui demonstrado à exaustão, os africanos livres eram submetidos a um regime de trabalho forçado, com o suposto objetivo de educá-los para a liberdade, um longo aprendizado de catorze anos, em tese, mas que na prática, de modo sistemático, ultrapassava essa marca, sobretudo para aqueles empregados no setor público.

A própria concepção de liberdade que se procurou impor aos africanos representava uma afronta aos valores que conheceram lá do seu lado do Atlântico. Liberdade para os africanos era pertencer a uma comunidade, a uma linhagem, no interior da qual, a cada fase do ciclo de vida, se submetiam a rituais significativos de iniciação e se verificava sua inserção no processo produtivo. A liberdade que se impôs aos africanos resgatados do tráfico no Brasil e outras regiões do continente americano era de outra natureza e tinha dois componentes axiais: a mercantilização da força do trabalho — e não mais do trabalhador enquanto corpo escravizado — e a colonização da mente pela cristianização e outras formas de pensamento e comportamento, um artifício de reeducação semelhante ao que se fazia com o escravo. Esse, naturalmente, era o plano. Na prática, o que se verificou foi o consumo voraz de uma mão de obra baratíssima posta à disposição de arrematadores privados e do Estado, e este, ao mesmo tempo que controlava a distribuição desses trabalhadores, se servia deles em instituições públicas, obras e projetos de interiorização e modernização através do país.

A Lei de 1831, que proibiu o tráfico transatlântico de escravos para o Brasil, forma o eixo do livro, ao qual se imbricam a análise da experiência dos africanos livres, a de sua administração pelo governo imperial e a dos efeitos do contrabando, visto que os africanos não apreendidos foram mantidos como escravos ao arrepio da lei. Temos aqui uma história social dessa lei, seus antecedentes e desdobramentos ao longo do século XIX. História que não encerra com a abolição de 1888, porque muitos africanos ilegalmente importados ainda continuavam vivos nessa altura, além de seus descendentes e os descendentes dos descendentes. Trama, portanto, que chega até os dias que correm. A conivência do Estado brasileiro com o tráfico ilegal e a escravização de suas vítimas foi usada, por exemplo, como peça argumentativa no depoimento que o historiador Luiz Felipe de Alencastro concedeu ao Supremo Tribunal Federal quando este discutiu e acabou afiançando a constitucionalidade das cotas raciais para o ingresso nas universidades federais.

Um dos argumentos marcantes de Beatriz Mamigonian — no que está acompanhada por um número crescente de historiadores — é que a Lei de 1831 não pode ser entendida como feita para inglês ver e escravista algum botar defeito, o que se tornou senso comum repetido à exaustão, tanto em livros de História como na mídia. A autora demonstra, com farta evidência, que a lei teve, sim, um grande impacto social e político: os debates em seu torno e sua aplicação variaram segundo o partido no poder; ela serviu de arrazoado à resistência escrava e ao abolicionismo militante; e legitimou a pressão diplomática da Inglaterra sobre o Brasil em diversos episódios memoráveis aqui tratados em seus detalhes e sob diversos ângulos antes ignorados. No contexto da Lei Eusébio de Queirós, de 1850, e da Questão Christie, de 1862-5, por exemplo, os abolicionistas brasileiros se mobilizaram com vigor em torno do que mandava a regra de 1831 quanto à liberdade dos escravos ilegalmente introduzidos no país. Essa é uma passagem do abolicionismo brasileiro até agora lançado ao silêncio. A autora também acompanha o passo a passo do debate político e jurídico, entre as décadas de 1830 e 1880, as estratégias de senhores e seus representantes no parlamento para legitimar a escravização ilegal e as estratégias usadas por advogados e juízes "radicais" a esgrimirem a Lei de 1831 contra essa corrente.

Assim, 1831 se torna neste livro uma chave de ouro para interpretar os dois pilares fundamentais da formação do Brasil moderno, o tráfico e a escravidão, num período em que ambos — e cada um no próprio momento — conheceram tanto seu maior apogeu como seu eventual declínio e destruição. Se a escravidão se consolidava no campo como o principal esteio da economia nacional e as cidades cresciam formando setores sociais "modernos", isso acontecia com base em uma mão de obra ilegalmente escravizada na sua maioria. Estamos falando de pelo menos 800 mil almas traficadas do continente africano entre 1817 (primeira proibição acima da linha do equador) e 1850, quando, apesar de um ou outro desembarque, o Brasil enfim estancou a sangria a que vinha submetendo o continente africano durante mais de três séculos, primeiro enquanto colônia portuguesa, depois como país independente.

O livro é, então, uma narrativa dessa ilegalidade — crime aliás compartilhado por vasta porção da sociedade brasileira, tolerado e acobertado pelo governo em nome do progresso econômico e da governabilidade. O Estado imperial representava, em suas diversas instâncias — monarca, gabinete ministerial e parlamento —, os interesses dos grandes senhores de escravos, sobretudo os fazendeiros de café, produto cuja ascensão vertiginosa coincidiu com o período de ilegalidade do tráfico. Mas o contrabando acabou por beneficiar também pequenos e médios investidores e consumidores atraídos pelo negócio da carne humana barata. Essa "democratização" da propriedade escrava revigorou a instituição escravocrata, atrelou-a radicalmente aos destinos da nação que se formava, levando-nos a ser o último país a aboli-la no continente americano. Ou seja, no momento em que a escravidão ruía na maior parte das Américas, o Brasil a fortalecia reduzindo milhares de pessoas livres à escravidão, crime não apenas segundo a legislação antitráfico, mas definido como tal no código criminal do Império.

Essa história se desenrola neste livro em vários planos, não apenas como estratégia narrativa, mas método de interpretação que combina o micro (experiências individuais e grupais específicas, eventos singulares, cotidiano etc.) e o macro (estruturas e conjunturas locais ou globais). O especialista entenderá o que falo, mas direi um pouco mais para leitores desacostumados com o jargão acadêmico.

A historiadora discute como indivíduos grandes e pequenos protagonizaram no Brasil oitocentista processos históricos amplos, de constituição de uma nova ordem mundial sob a hegemonia da Inglaterra. A participação dos ingleses, por exemplo, antes tratada no âmbito da história política, econômica e diplomática — o ambiente de atuação de estadistas, ministros e embaixadores —, desembarca agora no patamar da história social, em cujo terreno funcionários da Coroa britânica operam em aliança com africanos livres e ilegalmente escravizados, com abolicionistas, periodistas e agentes públicos na campanha pela melhoria nas condições de trabalho ou pela emancipação desses africanos.

Essas ações eram provocadas tanto de cima para baixo como de baixo para cima. Esgrimindo a ideologia liberal em sua versão emancipacionista, muitos prepostos do Império britânico — cuja política para os africanos livres em todo o Atlântico é examinada — se transformaram no Brasil em agentes dos direitos dos africanos livres, e muitos destes entenderam o jogo e nele se engajaram com a destreza de bons entendedores de suas circunstâncias.

A atuação dos africanos livres e dos ilegalmente escravizados, no entanto, não correu apenas na raia da diplomacia inglesa, que afinal tinha sua agenda imperial própria. Foram numerosos os fins, os meios e os alvos envolvidos. Muitos conseguiam negociar com seus empregadores termos de convivência que lhes permitiam, contrariando as regras estabelecidas, ir ao mercado de trabalho batalhar como negros de ganho. Nada muito diferente do que faziam os escravos urbanos, a demonstrar que estes desfrutavam de melhores condições de vida do que seus camaradas livres, uma vez que no ganho eram mais bem remunerados do que pelo mísero salário oficial.

Se a negociação falhava, os africanos livres, tal como os escravizados, partiam para a resistência ativa. Eles protestavam por meio da fuga, de petições a diversas autoridades, da denúncia junto às cortes, da desobediência e da ameaça a empregadores privados e a funcionários imperiais, provinciais, municipais. Mamigonian passa a limpo todas essas frentes de batalha, desvendando em alguns casos as tramas propulsoras da iniciativa individual e do comportamento coletivo.

Em um desses episódios, a autora acompanha um grupo de africanos livres de "nação mina" que, apreendidos próximo a Salvador e emancipados entre 1834 e 1835, trabalharam catorze anos no Arsenal de Marinha da Bahia até serem transferidos para o Sudeste, onde reclamaram o direito à emancipação definitiva. Alguns foram enviados para a Fábrica de Ferro de Ipanema, uma "estatal" localizada em Sorocaba, outros entregues a patrões privados no Rio de Janeiro. Tal peregrinação desestabilizou famílias, rompeu laços comunitários, debilitou corpos, esgotou nervos. A certa altura do complicado pedido de emancipação, já em meados da década de 1850, um deles, a quem deram nome de imperador persa, escreveu que seus empregadores precisavam saber "do que um preto mina é capaz". Cyro era possivelmente nagô — identidade que se acomodava sob a capa de identidade mais ampla, a "mina" —, nação africana responsável por numerosas revoltas na Bahia da primeira metade do século XIX e por isso se fizera marca registrada de rebeldia em todo o Brasil.

Foi no interior do conflito, pode-se dizer, que se formou muito da personalidade coletiva dos africanos livres. Sua resistência revela um emaranhado de significados do universo por onde circulavam milhares de outros personagens iguais àquele abusado preto mina, uma gente que, de diferentes formas, fustigou as estruturas montadas para explorar, disciplinar e reprimir. A experiência dos africanos livres e a dos africanos ilegalmente escravizados compõem a história de uma tragédia moral de grandes proporções e do cinismo oficial que a cercou ao longo de mais de cinquenta anos fundamentais para a nossa formação enquanto nação.

Introdução: Africanos livres na confluência de várias histórias

À altura da Independência, quando a população do Império do Brasil foi estimada em 4 milhões de habitantes, quase um terço eram escravos. Em regiões com escravidão mais antiga ou economia menos dinâmica, os nascidos na África podiam não predominar, mas na província de Minas Gerais eram um terço da população escrava, e na região de Vassouras, na província do Rio, chegavam a dois terços. Havia também um número significativo de africanos alforriados, contabilizados pelo recenseamento como libertos ou entre os livres.

Trazidos à força de diferentes partes da África, falantes de dezenas de línguas mas genericamente classificados de "boçais" ao desembarcar, os africanos tinham lugar na hierarquia da sociedade colonial. Quando recém-chegados, estavam no degrau mais baixo da escala social; uma vez catequizados e conhecedores da língua dos senhores e das regras de funcionamento da sociedade, eram considerados "ladinos". Já os africanos libertos gozavam de status superior: integravam batalhões de milícias e encabeçavam irmandades, quando não acumulavam riqueza e propriedade, tanto em terras quanto em cativos.[1]

Nas últimas décadas da escravidão no Brasil, a proporção de africanos na população havia despencado: em 1872, de quase 10 milhões de habitantes recenseados no Império (1,5 milhão deles escravizados), os africanos totalizavam 177 mil (1,7%), sendo 38 mil libertos. Entre as pessoas mantidas no cativeiro, menos de uma em cada dez viera no tráfico.[2] Pela Constituição de 1824, os africanos ficaram excluídos da cidadania brasileira e, quando libertos, tinham direitos distintos dos de seus filhos e netos nascidos no Brasil. Ao contrário dos portugueses e de outros europeus, não tinham autoridades diplomáticas que os defendessem. Eram tratados com suspeição e frequentemente sofriam as mesmas imposições feitas a escravos. Na província da Bahia, os africanos libertos sofreram restrições à mobilidade e à aquisição de bens de raiz. Em várias ocasiões, o governo imperial deportou africanos indesejados sem direito a processo judicial. Em suma, construiu-se nos círculos políticos a ideia de que africanos não eram dignos de integrar o povo brasileiro.[3]

Este livro é a história integrada dos africanos trazidos após a proibição do tráfico e das mudanças sociais e políticas que incidiram sobre suas vidas. A pressão inglesa para que o país se comprometesse a proibir o comércio de escravos em troca do reconhecimento da independência marcou profundamente a formação do Estado nacional brasileiro, pois pautou os embates políticos internos e as relações exteriores por décadas. A campanha abolicionista que se estendeu por todos os territórios do Atlântico e do Índico a partir do início do século XIX estabeleceu uma nova fase de regulação da escravidão moderna pelo poder estatal, o que, por um lado, abriu uma gama de conflitos entre governos e as classes senhoriais e, por outro, criou — ou ampliou — uma categoria de pessoas emancipadas por força da lei. Além do Brasil, outros países independentes e também potências coloniais como Portugal, Espanha, França e Holanda lidaram com essa nova realidade, vivida de forma diferente em cada lugar, de acordo com o grau de dependência do comércio atlântico de escravos e da relação da classe senhorial com as esferas decisórias.

A proibição da entrada de escravos no Brasil foi regulada por diversas medidas: primeiro, um tratado entre Portugal e Inglaterra, de 1810, limitava o comércio português de escravos às suas próprias colônias e territórios; o Tratado de 1815, seguido de uma convenção adicional dois anos depois, reiterava a proibição desse comércio fora das possessões coloniais portuguesas e vetava expressamente aquele conduzido ao norte do equador. Depois da independência, o tratado assinado pelo Brasil e pela Inglaterra em 1826, que entrou em vigor em março de 1830, proibiu todo o comércio de escravos para o Brasil; em seguida, a Lei de 7 de novembro 1831, que confirmava a proibição, declarava livres todos os escravos que entrassem no país e impunha penas aos que participassem do tráfico; por fim, a lei conhecida como Eusébio de Queirós, de setembro de 1850, voltou a proibir a importação de escravos e estabeleceu novas formas de repressão, passando à Auditoria da Marinha a competência para o julgamento dos casos. Cada uma dessas medidas veio associada a procedimentos para emancipar as pessoas encontradas a bordo dos navios apreendidos ou desembarcadas ilegalmente. Eram protocolos complexos para verificar as circunstâncias da importação, julgar o direito das pessoas escravizadas à liberdade e auferir-lhes, quando fosse o caso, o novo estatuto.

Eram africanos livres aqueles emancipados em obediência às medidas de repressão ao tráfico. No Brasil, ficaram sob a responsabilidade da Coroa portuguesa e depois do Estado imperial brasileiro e deviam cumprir catorze anos de trabalho compulsório para alcançar a "plena liberdade". Sob esse estatuto especial estiveram, entre 1821 e 1864, aproximadamente 11 mil pessoas. Eram, no entanto, a ponta de um iceberg. O tráfico de escravos, a despeito da proibição, trouxe ao Brasil cerca de 800 mil africanos entre 1830 e 1856. À exceção dos emancipados que ficaram sob tutela, todos foram vendidos e tidos como escravos graças à renovada conivência do governo imperial com a ilegalidade.[4]

Este livro trata, em paralelo, dos africanos livres e do problema daqueles escravizados ilegalmente. São temas indissociáveis, como demonstra um caso de 1871, em que o abolicionista Luiz Gama requereu a liberdade para um grupo de dez africanos e quatro de seus filhos. Amaro Mina, Adolfo Congo, Adriano Congo, Mariana Congo, Joaquim Correia Mina, Samuel Mina, Alexandre Congo, Amador Mina, Augusto Congo e Josefa Congo diziam ter sido trazidos em torno de 1844 para São Bernardo por caminhos clandestinos, num grupo de africanos novos. O vigário daquele distrito se recusara a batizá-los como escravos, talvez em virtude da idade deles: Mariana era tão jovem que ainda nem falava; Adriano começava a ter buço; e os outros aparentavam ser pequenos. Testemunhos de dois africanos residentes em São Paulo acerca das circunstâncias em que o grupo chegou ao Brasil revelaram detalhes surpreendentes do drama humano. Tristão Antônio José Congo declarou em juízo "ser amigo de coração dos pretos presentes, com os quais veio da Costa da África". Relatou que teriam vindo no mesmo navio e, tendo todos desembarcado em Macaé, ele teria feito parte de um grupo apreendido pelo governo e, por isso, perdera contato com os demais. Posto a trabalhar nas obras da serra de Santos, teria reencontrado seus companheiros de travessia em São Bernardo. João Pinheiro fez relato semelhante, chamando Amaro e os outros africanos de "seus malungos". Tristão e João Pinheiro haviam sido apreendidos na chegada ao Brasil e, declarados africanos livres, cumpriram o tempo de serviço obrigatório para o Estado imperial e já estavam emancipados. Amaro

Mina e os outros africanos que agora recorriam ao Judiciário porém tinham vivido como escravos desde que desembarcaram.[5]

Não há outras evidências para confirmar que todos os africanos desse caso fizeram de fato a travessia transatlântica no mesmo navio. O cruzamento das informações dos interrogatórios com outros documentos faz suspeitar da história — o contexto em que Tristão e João foram apreendidos parece posterior à Lei de 1850, e não o de meados da década de 1840. É relevante, contudo, que esses africanos — uns congos, outros minas, portanto de regiões distintas da África —, que trabalhavam para diferentes senhores e em lugares distintos, tenham constituído um grupo articulado para recorrer ao Judiciário, demonstrando consciência do direito à liberdade em virtude da importação ilegal.

O encontro com Luiz Gama foi o catalisador dessa demanda, mas é notável que este conduzisse o processo judicial insistindo na aplicação da Lei de 1831 e do Decreto de 24 de setembro de 1864, que tinha emancipado os africanos livres no Império. Gama sugeria que os dez africanos em questão só não tinham sido declarados livres por um lance de sorte e instava o Judiciário a corrigir esse desvio do destino.

Este livro é uma história da abolição do tráfico no Brasil contada a partir das trajetórias e experiências de africanos livres. A pesquisa se apoia em extenso levantamento de documentação sobre indivíduos: listas nominais de cerca de 4 mil africanos emancipados pela Comissão Mista Anglo-Brasileira, sediada no Rio de Janeiro entre 1830 e 1845; listas de milhares de africanos emancipados pela Auditoria da Marinha depois de 1850; centenas de registros de falecimento nas décadas de 1830 e 1840; listas nominais de africanos livres que trabalhavam em instituições públicas; correspondência da seção do Ministério da Justiça com juízes de órfãos, curador de africanos livres e arrematantes particulares; centenas de petições de emancipação e ainda listas nominais compiladas na década de 1860 pelo Ministério da Justiça para uma "estatística dos africanos livres", contendo o destino de quase mil africanos de sete carregamentos.

Além da documentação do governo brasileiro, foi utilizada também uma listagem nominal produzida pelo cônsul inglês no Rio com base em entrevistas com africanos livres. Num período em que os registros individuais eram esparsos e descentralizados, acompanhar pessoas por longos períodos é uma raridade. Essa documentação variada permitiu reconstituir não apenas trajetórias de indivíduos (alguns africanos livres ficaram sob a vigilância do Estado imperial brasileiro por trinta anos), mas também a experiência coletiva — desde a primeira emancipação, a fase de tutela e os arranjos de trabalho junto a particulares e a instituições públicas, até o período da segunda emancipação, quando os africanos livres relatavam suas trajetórias em petições dirigidas ao imperador. Esta análise "microscópica" das vivências dos africanos livres e de seu tratamento pela administração imperial fez parte de um procedimento metodológico que visou, em última instância, reconstituir em detalhes a trama da política imperial que os envolvia e reescrever a narrativa da abolição no Brasil oitocentista, antes centrada nos debates políticos e diplomáticos.[6]

O primeiro eixo desse jogo de escalas revisita a abolição do tráfico de escravos. A campanha pelo fim do comércio atlântico de africanos no século XIX não inaugurou a interferência estatal nessa atividade, mas imprimiu um caráter humanitário à questão. A abolição gradual da escravidão em várias colônias e territórios independentes das Américas fez expandir a área de "solo livre", traçando fronteiras entre regiões com e sem escravos. Essa tendência foi contida, entretanto, pelo crescimento do uso de mão de obra escravizada tanto em áreas dedicadas à produção para o abastecimento interno quanto nas voltas à exportação de produtos tropicais em grande demanda no mercado internacional — especialmente açúcar, algodão e café. Por esses motivos, a dinâmica da escravidão no século XIX foi, em muitos aspectos, radicalmente nova.[7]

A pesquisa abordou as transformações na escravidão impostas pela proibição do tráfico a partir da escala das negociações e debates, da aplicação cotidiana da legislação e das vivências pessoais. Para isso, revisitou, tendo como referência a questão dos africanos livres, a correspondência diplomática entre a Grã-Bretanha e o Brasil e entre os agentes britânicos aqui e seus superiores em Londres, a documentação da Comissão Mista Anglo-Brasileira, sediada no Rio de Janeiro, e ainda os debates e a documentação produzida pelo Parlamento britânico acerca da repressão ao tráfico. Dessa forma foi possível reunir informações sobre o funcionamento do tráfico ilegal, expor em detalhes os conflitos relacionados à repressão e identificar a preocupação britânica com os africanos como um dos pivôs da crise de 1850-1 e da Questão Christie, de 1863-5. A pesquisa incluiu também os Anais do Senado, da Câmara dos Deputados, e as atas e resoluções do Conselho de Estado pleno e das seções Justiça e Estrangeiros em busca dos debates acerca da formulação e aplicação das normas jurídicas que afetavam diretamente os africanos livres.

O segundo eixo da investigação envolveu o exame das consequências jurídicas da aplicação (e da falta de aplicação) da Lei de 1831, tema que extrapola o da repressão ao tráfico e contribui para uma história social do direito no Brasil. Nenhuma análise da construção do Estado nacional brasileiro e de sua ordem jurídica pode mais desconsiderar a extensão e a gravidade da ilegalidade associada ao tráfico de escravos. Investigar as circunstâncias de aplicação da Lei de 1831 é uma questão que perpassa cada capítulo do livro e desdobra-se na identificação das estratégias, sempre renovadas, de proteção estatal aos detentores de escravos importados por contrabando e dos mecanismos de legalização da propriedade ilegal. Trata-se de problematizar os procedimentos da passagem de escravo a africano livre e, por vezes, o inverso, considerando-se que a linha que separava os dois grupos foi motivo de grande disputa por pressão dos próprios africanos, dos agentes britânicos e, mais tarde, dos abolicionistas.

Outro tema de direito abordado neste livro diz respeito à cidadania dos africanos livres e libertos residentes no Império do Brasil. A discriminação formal desses indivíduos que haviam sido alforriados ou emancipados destacava o país de outras nações independentes e colônias onde a escravidão deixou marcas na formação social. Nada disso é "legível" a partir da escala maior, de onde se observam os processos na média ou longa duração ou já concluídos, sem identificação de atores individuais, conjunturas ou conflitos. Todas essas questões são abordadas aqui a partir da escala do vivido, isto é, do protagonismo das pessoas e de sua participação na formulação e interpretação dos direitos, positivados e costumeiros, em conjunturas históricas específicas.

O terceiro eixo explorado neste livro é o trabalho no Atlântico oitocentista. Como já mencionado, a campanha de abolição do tráfico transatlântico de africanos ganhou contornos de experimento abolicionista por ser considerada, pelos ativistas, um passo para a abolição da escravidão e por testar a liberdade com africanos resgatados dos navios negreiros. Assim, a difusão da categoria que nascia dos acordos bilaterais de regulamentação e proibição do comércio de escravos propostos pela Grã-Bretanha para diversos territórios no Atlântico, e até no oceano Índico, representou, em escala global, uma experiência controlada de trabalho formalmente livre.

As medidas garantiam a liberdade aos resgatados do tráfico e o estabelecimento de um período em que seriam preparados para a emancipação definitiva, empregados em trabalho involuntário sob a guarda de autoridades locais. Os arranjos de trabalho e a duração desse período variaram muito, e as condições dessa "liberdade" também. Como a história da escravidão e da emancipação não trata mais de liberdade como se contivesse uma essência imutável e fosse o extremo oposto de uma escravidão também a-histórica, neste trabalho não coube denunciar a falta de liberdade vivida pelos africanos livres no Brasil, mas investigar a experiência dos africanos livres como pessoas livres, porém submetidas a trabalho compulsório, condição que as aproxima de outras categorias de trabalhadores livres no Brasil, como índios e prisioneiros, e de outras tantas mundo afora.

A pesquisa das experiências de trabalho dos africanos livres buscou compará-las às vivências de escravos e de pessoas livres no mesmo contexto — apoiando-se, para isso, em documentação produzida pelo Ministério da Justiça relacionada ao serviço dos africanos livres para particulares e instituições públicas, sobre as condições de trabalho, alojamento, alimentação, remuneração, direito a descanso e chances de ascensão na hierarquia dos trabalhadores. Nada disso podia ser depreendido da leitura de relatórios ministeriais, debates parlamentares ou memórias escritas por contemporâneos. A política imperial acerca dos africanos livres só se tornou legível mediante minucioso trabalho de investigação, em que histórias individuais formaram um tipo de mosaico da experiência coletiva do grupo, base para a interpretação da política do Estado imperial em relação ao trabalho livre. Não se trata, portanto, de contribuir para o entendimento da "transição da escravidão ao trabalho livre", mas de questionar as premissas dessa interpretação e comparar a complexa cena brasileira a outras no Atlântico e no Índico, nas quais os africanos resgatados do tráfico também coexistiram com a escravidão e a emancipação, assim como com diversas outras categorias de trabalhadores livres.

O livro aborda a história dos africanos livres desde a criação da categoria no contexto das primeiras medidas de condenação do tráfico no início do século XIX até a campanha abolicionista na década de 1880, quando os militantes mais radicais forçavam o reconhecimento de todos os africanos ilegalmente escravizados como "africanos livres". Os capítulos acompanham as experiências dos africanos livres desde a apreensão, a emancipação e os longos anos de trabalho compulsório até os embates pela emancipação definitiva e pela autonomia. Revelaram-se quatro fases distintas dessa experiência, afinadas com as flutuações da política de repressão ao tráfico.

O primeiro capítulo, "Emancipação na chegada", segue os africanos minas da escuna *Emília*, apreendidos e julgados livres em 1821 pela Comissão Mista Anglo-Portuguesa, sediada no Rio de Janeiro. Mostra as circunstâncias da criação desse novo estatuto para os africanos apreendidos durante a repressão ao tráfico no Atlântico, os paralelos em outros territórios e o contexto de turbulência política em que viveram nos primeiros anos depois da independência.

O segundo capítulo, "Impasses da nova nação", mostra como a experiência dos africanos foi afetada pela incerteza jurídica a partir da entrada em vigência do tratado de abolição, em março de 1830, e a instabilidade institucional que se seguiu à abdicação de d. Pedro I, em 1831. "Africanos minas e moçambiques" apreendidos e emancipados nesse período foram regidos por legislação que, em seguida, seria substituída.

O capítulo 3, "Africanos livres e a política conservadora", analisa a institucionalização do tratamento dos africanos livres apreendidos a partir de 1834, levada a cabo pelo Ministério da Justiça, que organizou o sistema de distribuição de seus serviços entre particulares e instituições públicas. Em paralelo, o tráfico ilegal desafiava as medidas de repressão e multiplicava os casos de escravização ilegal, que só esporadicamente chegavam às autoridades judiciais. A guinada conservadora de 1837, que instituiu uma política de proteção à propriedade adquirida por contrabando em detrimento do direito dos africanos novos à liberdade, também restringiu os direitos dos africanos livres.

No capítulo 4, "O tempo do trabalho compulsório", são avaliadas as experiências de trabalho dos milhares de africanos emancipados pela Comissão Mista do Rio e por autoridades judiciais locais entre 1834 e 1850, distribuídos entre particulares — ministros, senadores, funcionários públicos e outros favorecidos pelo governo — ou entre instituições públicas. Foram vivências distintas, mas ambas próximas da escravidão, o que dá base para uma discussão da política imperial referente aos trabalhadores livres sob sua responsabilidade.

O capítulo seguinte, "O contraponto britânico", expõe as transformações do estatuto e das relações de trabalho dos africanos emancipados nas colônias do Império britânico até a década de 1840 e a formulação de uma política britânica de defesa da liberdade dos africanos livres e ilegalmente escravizados no Brasil, que ganharia contornos radicais na crise da abolição do tráfico em 1850-1.

No capítulo 6, "O 'partido brasileiro', a pressão inglesa e a abolição do tráfico", um mosaico de evidências demonstra a importância da questão dos africanos livres e dos africanos ilegalmente escravizados no processo que culminou na aprovação da Lei Eusébio de Queirós, em 1850. Essas evidências incluem dados inéditos sobre ações da legação britânica no Brasil em defesa dos africanos livres existentes e, agora também, dos africanos ilegalmente escravizados, e sobre a campanha de imprensa em jornais como *O Philantropo*, da Sociedade Contra o Tráfico, Promotora da Colonização e Civilização dos Indígenas, que tinham como mote a aplicação da Lei de 1831. A decisão do gabinete conservador de pôr fim ao tráfico ganha novo sentido quando analisada como resposta a essa oposição subterrânea, pois instaurou uma nova fase da escravidão, dando aos senhores garantias de defesa da propriedade adquirida por contrabando.

O capítulo seguinte, "A Lei Eusébio de Queirós e os africanos livres", aborda a repressão ao tráfico nos primeiros anos da década de 1850, mostrando a linha tênue que separava africanos livres daqueles mantidos em escravidão ilegal. Acompanha-se a experiência de trabalho dos recém-chegados em instituições públicas e em projetos de modernização e interiorização do país, em meio a debates políticos acerca de seu lugar na sociedade brasileira. Enquanto esse último grupo de africanos livres começava o serviço obrigatório, aqueles chegados nas décadas de 1830 e 1840, que já haviam completado o tempo de serviço, estavam indóceis. Seu processo de emancipação é tratado no capítulo 8, "Emancipação da tutela", através de petições em que recontaram suas trajetórias e pleitearam o direito à plena emancipação com base no Decreto de dezembro de 1853. O trâmite das petições no Ministério da Justiça e a transferência de africanos emancipados para fora do Rio de Janeiro indicam a dificuldade do governo imperial de lhes conceder autonomia.

O capítulo 9, "A Questão Christie e a 'questão dos africanos livres'", complementa o anterior, ao tratar do contexto do segundo decreto de emancipação, emitido em setembro de 1864, em meio à crise diplomática com a Grã-Bretanha, e de sua aplicação nos anos seguintes. A elaboração, pela primeira vez, de uma matrícula geral dos africanos livres pelo Ministério da Justiça, na segunda metade da década de 1860, indicava a preocupação em definir claramente quem eram os africanos livres e onde estavam, para evitar a reivindicação desse estatuto por parte dos africanos ilegalmente escravizados.

O último capítulo, "Registros da escravidão e da liberdade", trata justamente da pressão dos africanos ilegalmente escravizados pelo reconhecimento de seu direito à liberdade, das tentativas do governo de contê-la — inclusive com a Lei de 1871 — e dos embates jurídicos travados por uma rede de advogados, juízes e promotores radicais para aplicar a Lei de 1831 e expandir o sentido de "africano livre", estratégia que coexistiu com outras frentes do abolicionismo, mas que se mostrava mais radical, pois ameaçava a própria base da escravidão.

Amaro, Tristão, João e os outros africanos do processo de 1871, assim como todos os africanos livres deste livro, eram, metaforicamente, malungos. Suas histórias encontram-se na confluência de processos globais: na história das migrações contemporâneas, da escravidão e da abolição no mundo atlântico, do trabalho global, da diáspora africana, dos direitos e da cidadania dos povos coloniais e pós-coloniais, da emergência dos direitos humanos, entre outras. O leitor identificará essas várias histórias nas ações de indivíduos de carne e osso — com nome e às vezes até endereço —, cujas trajetórias nos servem hoje de testemunho.

1. Emancipação na chegada

Na edição de 10 de julho de 1821, em meio a notícias sobre os novos desdobramentos do constitucionalismo em diversas províncias do Brasil e também em Angola, a *Gazeta do Rio de Janeiro* registrou a entrada no porto do Rio de Janeiro, três dias antes, da fragata inglesa *Morgiana*, vinda da Bahia. Apontou que "trouxe em conserva a Escuna *Emília*, apresada por fazer escravatura [sic] ao Norte da Equinocial, vindo esta com guarnição inglesa e cem escravos e na fragata duzentos".[1]

A *Emília*, cujo mestre era um certo Severo Leonardo, partira da Bahia nove meses antes com uma carga de 120 rolos pequenos de tabaco e 22 pipas de aguardente. Seu passaporte indicava como destino o porto de Molembo, mas a intenção era comprar escravos em Onim (atual Lagos), na Costa da Mina. Zarpou de Onim no dia 11 de fevereiro com 397 homens, mulheres e crianças em seus porões. Dos cativos, 341 pertenciam aos proprietários da escuna e os demais diziam respeito a encomendas de dezessete pequenos investidores, incluindo o próprio Leonardo e o piloto da escuna. Todos os africanos foram queimados a ferro com a mesma marca — era o local do corpo que definia a que "lote" cada um pertencia, conforme registro no livro de bordo.²

Com base nos acordos bilaterais assinados entre a Inglaterra e Portugal sobre o tráfico de escravos, a escuna *Emília* foi abordada e apreendida três dias depois de sua partida pelos oficiais da Royal Navy que tripulavam a fragata *Morgiana*. A demora em chegar a uma sede de tribunal para julgamento se deveu a titubeios do capitão apreensor, que primeiro ancorou na fortaleza britânica de Cape Coast, na Costa do Ouro, para se abastecer de comida e água e deixar dezesseis homens e duas mulheres que tinham disenteria, e dali rumou para Serra Leoa, mais ao norte na costa oeste do continente africano. Só depois de trinta dias navegando contra as correntes marítimas é que o comandante Finlaison resolveu rumar para o Brasil: após escala em São Tomé, a *Morgiana* e sua presa *Emília* chegaram a Salvador em 21 de maio. Nessa primeira parada em solo brasileiro, o capitão Leonardo e os tripulantes brancos fugiram.

Saindo de Salvador somente em 4 de julho, os barcos, os outros tripulantes e a carga humana chegaram ao Rio três dias depois. A apreensão da escuna pela Marinha britânica e seu julgamento perante a Comissão Mista Anglo-Portuguesa referente ao tráfico de escravos, sediada no Rio de Janeiro, alteraram o destino dos africanos trazidos a bordo, originalmente escravizados nas guerras que assolavam o reino iorubá de Oyó e vendidos para serem escravos na Bahia. Cada um dos 352 sobreviventes da difícil viagem receberia uma carta de emancipação, um nome português, e começaria, no Rio, uma nova fase da vida. Não como escravo, mas como pessoa emancipada com base nos acordos internacionais de repressão ao comércio atlântico de escravos, estatuto comum a outros africanos emancipados em diferentes territórios atlânticos e índicos.

Este capítulo trata da criação do estatuto de "*liberated Afri-*

cans" no Império britânico e de estatutos correspondentes nos territórios portugueses, espanhóis e holandeses nas Américas, além do julgamento e começo da tutela dos africanos emancipados da escuna *Emília*. Aborda também as discussões sobre o lugar dos africanos na nova nação depois da independência do Brasil e as formas de identificação dos africanos livres no momento da emancipação.

O ABOLICIONISMO BRITÂNICO E OS AFRICANOS LIVRES

Segundo estimativas de David Eltis, dos 10,7 milhões de africanos desembarcados em vários territórios durante os quatro séculos de duração do comércio atlântico de escravos, cerca de 2,9 milhões, quase um terço, teriam sido transportados nos últimos sessenta anos desse comércio, entre 1807 e 1867. Destes, 177 mil — apenas 6% do total — teriam sido resgatados,[3] numa distribuição que seguiu a geografia das atividades de repressão ao tráfico: concentravam-se especialmente nos territórios britânicos, mas também em outros territórios espalhados pelo Atlântico e pelo Índico.

Já em 1810, o Reino Unido havia obtido de Portugal a assinatura do Tratado de Aliança e Amizade, pelo qual o príncipe regente de Bragança, "convencido da injustiça e má política do comércio de escravos, e da grande desvantagem que nasce da necessidade de introduzir e continuamente renovar uma estranha e factícia população para entreter o trabalho e indústria nos seus domínios do sul da América", aceitava colaborar com o rei Jorge III na abolição gradual do comércio de escravos. Portugal se comprometeu a limitá-lo aos domínios portugueses como Luanda, Benguela e Moçambique, além de Cabinda e Molembo (contestados pelos franceses) e a Costa da Mina.[4]

A interpretação dada pela Royal Navy, no entanto, não foi essa.

Muitas embarcações da rota entre a Bahia e o golfo de Benim foram apreendidas, supostamente por praticar o comércio ilegal, o que enfureceu os negociantes, criou clima de rejeição aos britânicos (especialmente na Bahia) e levou à negociação de indenizações das perdas, selada em 21 de janeiro de 1815.[5] No tratado assinado no dia seguinte, Portugal concedeu ainda mais, aceitando banir totalmente o comércio negreiro ao norte do equador (o que tornou ilegal o da Costa da Mina), comprometendo-se a reprimi-lo, mas pôde manter aberto o comércio ao sul do equador entre possessões portuguesas.[6]

Desde então, as negociações diplomáticas se intensificaram com os países envolvidos no comércio transatlântico, a fim de comprometê-los com sua repressão. Em 1817 e 1818, a diplomacia britânica concluiu as negociações com Espanha, Portugal e Países Baixos estabelecendo convenções adicionais aos tratados de abolição do tráfico que limitavam o comércio, instituíam o direito mútuo de visita e busca dos navios — uma inovação em tempos de paz — e estabeleciam tribunais bilaterais para julgar os navios suspeitos de engajamento no tráfico. As comissões mistas compostas de dois juízes e dois árbitros, um de cada país signatário, seriam responsáveis pela emancipação dos africanos encontrados a bordo dos navios condenados.

Conforme os acordos bilaterais, os africanos ficariam sob responsabilidade dos governos locais, que supervisionariam seu emprego "como criados ou trabalhadores livres" por determinado período. Foram estabelecidas Comissões Mistas Anglo-Portuguesas no Rio de Janeiro e em Freetown, Comissões Anglo-Holandesas em Paramaribo, no Suriname, e em Freetown, e Comissões Anglo-Espanholas em Havana e em Freetown. Com a assinatura de novos tratados com Portugal, em 1842, e com os Estados Unidos, em 1862, estabeleceram-se novas comissões na Colônia do Cabo da Boa Esperança, em Luanda (Angola), em Boa Vista (Cabo Verde), na Jamaica e em Nova York.[7]

Graças aos julgamentos concluídos nessas comissões ou por autoridades locais, Cuba recebeu 26 mil "emancipados", Paramaribo, aproximadamente cinquenta africanos resgatados do tráfico, Luanda, 3 mil "libertos", e o Brasil, aproximadamente 11 mil "africanos livres".[8] Em todos esses lugares os africanos tinham que cumprir termos de serviço obrigatório para alcançar "plena liberdade", sistema de transição semelhante ao adotado nas colônias francesas com os pouco mais de setecentos africanos emancipados com base em legislação nacional. Entretanto, o destino dos quase 7 mil africanos desembarcados nos Estados Unidos não foi o mesmo: quase todos foram reembarcados para a Libéria.[9]

A colônia britânica de Serra Leoa, na costa ocidental africana, era sede de quase todas as comissões mistas do lado do continente africano, além de uma corte do vice-almirantado, que julgava os navios britânicos ou sem nacionalidade. A "Província da Liberdade", como foi chamada por seus fundadores abolicionistas, recebeu a maior parte dos navios levados a julgamento por tráfico ilegal graças ao ativo patrulhamento do litoral pelo esquadrão da Royal Navy, e, consequentemente, a maioria dos africanos emancipados durante a campanha abolicionista: mais de 90 mil entre 1808 e 1867. Outras colônias britânicas tinham tribunais de vice-almirantado e receberam africanos resgatados do tráfico ilegal, entre elas a ilha de Santa Helena (24 mil), a Colônia do Cabo da Boa Esperança (cerca de 2,1 mil entre 1808 e 1816 e mais de 3 mil após 1839), as Bahamas (6 mil), a Jamaica (quase 3 mil), as ilhas Maurício (3 mil) e as ilhas Seychelles (3 mil).[10] Após 1830, a migração voluntária e involuntária promovida por britânicos remanejaria a maior parte dos africanos resgatados do tráfico para locais em que sua mão de obra era mais necessária. Trinidad, Jamaica e Guiana Inglesa, em especial, receberiam mais de 32 mil africanos daqueles emancipados em Serra Leoa, Santa Helena e Cuba entre 1841 e 1867.[11]

Em Serra Leoa, colônia britânica que recebeu mais de 90 mil africanos resgatados do tráfico ilegal entre 1808 e 1867, os africanos eram distribuídos entre vilarejos rurais a cargo de missionários, conforme suas origens.

No Império britânico, a primeira norma para o tratamento dos indivíduos resgatados do tráfico foi a Ordem do Conselho (*Order in Council*), de 16 de março de 1808, que determinava que os africanos deveriam ser alistados no Exército ou na Marinha, ou postos como aprendizes junto a "mestres e mestras prudentes e benevolentes [...] fosse na mesma ou em outras colônias, para aprender ofícios, trabalhos manuais ou empregos para os quais forem mais aptos, ou que lhes garantam sustento quando terminar o aprendizado".[12] Baseada no sistema de aprendizado (*apprenticeship*) — sob o qual jovens trabalhadores eram engajados junto a mestres por um período entre sete e catorze anos para ser treinados em um ofício —, a diretriz teve influência da African Institution, associação cujos objetivos incluíam a expansão da "civilização" na África através da educação e da religião, a campanha pela completa abolição do comércio de escravos e a melhoria das condições de vida dos escravos nas colônias britânicas. Era composta de figuras ilustres, evangélicos e ativistas abolicionistas de diversos matizes do espectro político.[13] James Stephen, subsecretário de Estado para as colônias, acreditava que os africanos resgatados do tráfico não estavam prontos para usufruir da liberdade plena e precisavam de um período de adaptação aos locais para onde foram realocados involuntariamente, a fim de que pudessem "trabalhar pela própria subsistência" e de que aprendessem o significado de seu estatuto jurídico para "proteger a própria liberdade".[14] Aprender a língua e os códigos sociais e adquirir meios para sobreviver resultavam na "aptidão para a liberdade", que abrangia o aspecto jurídico e o aspecto de trabalho.

No sistema de aprendizado inglês, os mestres se tornavam responsáveis por abrigar, alimentar, vestir e prestar atendimento de saúde a seus aprendizes, além de lhes ensinar ofícios. Era tanto um método de treinamento adaptado ao mercado de trabalho pré-industrial quanto uma forma de inserção social para pessoas pobres, especialmente crianças.[15] Os mestres se beneficiariam do trabalho dos aprendizes africanos, embora se reconhecesse que, no início, os africanos novos não seriam produtivos o suficiente para compensar seus custos de manutenção.

Crianças, pessoas doentes e lactantes eram vistas como sobrecarga, por não serem produtivas nos primeiros anos. Os contratos (*indentures*) que distribuíam os africanos livres para o serviço levavam isso em consideração. Ainda assim, é digno de nota que os princípios do aprendizado tivessem sido aplicados aos africanos resgatados do tráfico ao mesmo tempo que o sistema sofria críticas na Grã-Bretanha por legitimar a exploração de menores no começo da era industrial. A Ordem do Conselho não restringia o engajamento dos africanos aprendizes ao treinamento em ofícios e admitia o ensino de trabalhos manuais ou colocação em outros empregos em que pudessem ser úteis. Talvez isso fosse um ajuste ao quadro das colônias. As alternativas ao aprendizado, de recrutar os africanos resgatados do tráfico para a Marinha e as estações militares, tinham a função de submeter indivíduos socialmente deslocados a rígido controle militar, engajando-os na defesa de objetivos estratégicos e militares do Império e promovendo sua assimilação gradual aos territórios involuntariamente adotados.[16]

Nesse primeiro momento, autoridades imperiais e coloniais preocupavam-se com os custos acarretados pelo cuidado dos africanos, enquanto os colonos logo demonstraram que a força de trabalho era o que lhes interessava. Quando o debate sobre a melhoria das condições de vida dos escravos se difundiu, na década de 1830, a Secretaria de Assuntos Coloniais (Colonial Office) ajustou o padrão do aprendizado para os africanos livres e se posicionou em defesa deles, contra os interesses das elites coloniais, possivelmente para evitar críticas das sociedades abolicionistas e do público que estas mobilizavam.

Foi no contexto das medidas de repressão ao tráfico português que se definiu o estatuto de africanos resgatados dos navios trazidos para os territórios daquela Coroa ibérica. A convenção adicional ao Tratado de 1815, selada em 28 de julho de 1817, regulou o funcionamento da repressão com o direito mútuo de visita e busca dos navios e o estabelecimento de comissões mistas dos dois lados do Atlântico.[17] A única disposição sobre o estatuto dos africanos nos acordos bilaterais era o art. 7º do regulamento do funcionamento das comissões mistas:

> Em caso de ser qualquer navio condenado por viagem ilícita, serão declarados boa presa o casco assim como a carga, qualquer que ela seja, à exceção dos escravos que se acharem a bordo para objeto do comércio. O dito navio e a dita carga serão vendidos em leilão pú-

blico em benefício dos dois governos; e quanto aos escravos, eles deverão receber da Comissão Mista uma carta de alforria e serão consignados ao governo do país em que residir a Comissão que tiver dado a sentença para serem empregados em qualidade de criados ou trabalhadores livres. Cada um dos dois governos se obriga a garantir a liberdade daquela porção destes indivíduos que lhe for respectivamente consignada.[18]

A responsabilidade sobre os africanos livres, então considerados um subproduto das atividades de repressão ao tráfico, recaía sobre um dos dois países signatários, que se comprometia a garantir a liberdade dos africanos recebidos. A disposição acordada bilateralmente em 1817 era relativamente vaga: abria um leque de possibilidades para as condições de gozo da liberdade, já que ser "criado" ou "trabalhador livre" situava a pessoa em um espectro entre a subordinação e a autonomia, sem prazo estabelecido.

O Alvará de 26 de janeiro de 1818 foi formulado para regulamentar o Tratado de 1815 e a Convenção de 1817, que previam a abolição do comércio português de escravos ao norte do equador e fora dos domínios portugueses, estabelecendo penalidades a quem estivesse engajado no tráfico ilegal. O Alvará de 1818 foi mais preciso na definição do estatuto dos africanos no Império português:

> Os escravos consignados à minha Real Fazenda, pelo modo prescrito no sobredito art. 7 do regulamento para as Comissões Mistas, e todos os mais libertos pela maneira acima decretada, por não ser justo que fiquem abandonados, serão entregues no Juízo da Ouvidoria da comarca e, onde o não houver, naquele que estiver encarregado da Conservatoria dos Índios que hei por bem ampliar unindo-lhe esta jurisdição, para aí serem destinados a servir como libertos por tempo de catorze anos ou em algum serviço público de

mar, fortalezas, agricultura e de ofícios, como melhor convier, sendo para isso alistados nas respectivas Estações, ou alugados em praça a particulares de estabelecimento e probidade conhecida [...] este tempo porém poderá ser diminuído por dois ou mais anos, àqueles libertos que por seu préstimo e bons costumes se fizerem dignos de gozar antes dele do pleno direito da sua liberdade.[19]

O alvará enquadrou os africanos emancipados dos navios condenados por comércio ilegal na ordem jurídica portuguesa: ganharam o estatuto intermediário de "libertos", tiveram o tempo de serviço obrigatório fixado em catorze anos e o reconhecimento do direito à emancipação plena após esse prazo. Nessa ocasião, eram enquadrados juridicamente como incapazes, sujeitos à tutela do Estado, sob a mesma legislação aplicada aos órfãos: teriam um curador, "pessoa de conhecida probidade" a cujo ofício "pertencerá requerer tudo o que for a bem dos libertos e fiscalizar os abusos".[20] A emancipação viria quando demonstrassem capacidade de viver autonomamente, após prestar serviços por catorze anos.

Há um paralelo interessante com a condição dos índios reputados bárbaros e irredutíveis contra quem o príncipe regente havia autorizado guerra ofensiva em 1808. Nas cartas régias de 1808 e 1809 sobre o tratamento dos índios da região do rio Doce, em Minas Gerais, e dos campos de Curitiba e Guarapuava, na província de São Paulo, as instruções aos comandantes das expedições recomendavam que os índios capturados fossem considerados prisioneiros de guerra e submetidos a trabalho compulsório por um período de dez ou quinze anos.[21] Aqueles que voluntariamente buscassem a proteção real deviam ser postos em aldeamentos só no caso de serem numerosos o suficiente para formar uma grande povoação. Do contrário, deviam ser "distribuídos pelos fazendeiros e agricultores dessa Capitania", que poderiam "se aproveitar do seu útil trabalho como compensação do ensino e educação que se encarregam de dar-lhes". A lógica da tutela é em tudo semelhante àquela designada aos africanos recapturados do tráfico:

> Que possam os fazendeiros servir-se gratuitamente do trabalho de todos os índios que receberem em suas fazendas, tendo somente o ônus de os sustentarem, vestirem e instruírem na nossa santa religião, e isso pelo espaço de doze anos de idade, e de vinte, quanto aos que tiverem menos de doze anos, podendo desse modo indenizar--se das despesas que hão de fazer com o seu tratamento, educação e curativo nas enfermidades, vindo também assim a ter uma remuneração do seu trabalho e vigilância enquanto os mesmos índios lhes não podem prestar nenhum serviço, ou pela idade, ou pela sua rusticidade e ignorância da língua portuguesa.[22]

Fica muito claro que os índios em questão, apesar de livres, estavam sujeitos à tutela dos fazendeiros que aceitassem o arranjo de troca de alimentação e instrução por trabalho — algo considerado um fardo a ser parcialmente recompensado pelo trabalho gratuito. Apenas ao final do prazo estipulado os índios poderiam contratar seus serviços com outros fazendeiros e ganhar salários.

A situação daqueles feitos prisioneiros de guerra era ligeiramente diferente. Postos sob o domínio dos militares ou colonos que os tivessem capturado, estavam sujeitos a eles pelo período indicado nas instruções. Em casos como o de Guarapuava, seu estatuto chegou a ser definido como cativeiro:

> Bem entendido que esta prisão ou cativeiro só durará quinze anos contados desde o dia em que forem batizados e desse ato religioso que se praticará na primeira freguesia por onde passarem se lhes dará certidão na qual se declare isso mesmo [...] bem entendido que os serviços do índio prisioneiro de guerra poderão vender-se

de uns a outros proprietários pelo espaço de tempo que haja de durar seu cativeiro, e segundo mostrar a certidão que sempre o deve acompanhar.[23]

Essa definição de "cativeiro" se aproxima mais da tutela com trabalho compulsório imposta àqueles que seriam "civilizados" pelos fazendeiros que da escravidão. O período é finito e apenas os serviços do índio são transferíveis a outro proprietário, não a propriedade de sua pessoa. O sistema pode ser comparado também à servidão por contrato (*indentured servitude*) praticada nas colônias britânicas e francesas, porém naquele caso havia, ao menos nominalmente, a anuência do próprio trabalhador.[24]

OS AFRICANOS DA ESCUNA *EMÍLIA* E SEUS PRIMEIROS REGISTROS

Os africanos que chegaram ao Rio a bordo da *Emília* e do cruzeiro captor inglês, a fragata *Morgiana*, no início de julho de 1821, tiveram o destino decidido no final do mesmo mês. Foi o primeiro julgamento de navio suspeito de burlar os termos do tratado bilateral pela Comissão Mista Anglo-Portuguesa do Rio de Janeiro desde sua instalação, em 1819. Ficou evidente para os comissários juízes que os proprietários da escuna e o capitão buscaram simular comércio abaixo do equador: desde o pedido de passaporte para a embarcação até o diário de bordo com aparência de fraude, além de cartas de correspondentes na Costa da África, vários documentos faziam referência a Molembo. No entanto, duas testemunhas declararam que os escravos foram adquiridos em Onim e o diário de bordo do próprio capitão dava a trajetória real da escuna. Além disso, o navio não teria chegado em três dias ao ponto onde foi apreendido pela fragata *Morgiana* se tivesse partido de Molembo. A sentença de condenação foi unânime.

A mesma sentença que condenou a escuna declarou livres os 352 africanos sobreviventes — 256 homens e 96 mulheres. Eram nagôs, haussás e tapas, quase metade deles crianças e jovens. A Comissão Mista deu a eles nomes cristãos, registrou a nação e as marcas que tinham no corpo — tanto as feitas a ferro em Onim quanto eventuais escarificações — e emitiu cartas individuais de emancipação, transferindo sua responsabilidade ao ouvidor da comarca do Rio, conforme as ordens do Alvará de 1818.[25]

O conflito entre portugueses e ingleses a respeito da responsabilidade sobre os africanos emancipados começou durante o julgamento. A tripulação da fragata *Morgiana* cobrou da Comissão Mista o ressarcimento das despesas de seis contos e 77 mil-réis que teve no cuidado e alimentação dos africanos entre a captura e o julgamento. O comissário-juiz português José Silvestre Rebelo discordou desse pagamento, argumentando que os portugueses perdiam praticamente todo o capital investido na viagem, além dos africanos a bordo, quando os navios eram levados a julgamento em Serra Leoa — e que, no caso da condenação da escuna *Emília*, os portugueses seriam compensados somente pelos serviços dos africanos. Para ele, os britânicos deveriam custear a manutenção dos africanos porque tinham um saldo positivo pela aquisição de tantos indivíduos em Serra Leoa, considerando "este tão mesquinho sacrifício consequência natural de sua tão acendrada filantropia", acrescentou ironicamente.[26] Junto a seus superiores, Rebelo defendia a demanda britânica de que os africanos ficassem a cargo da Comissão Mista depois de emancipados, o que economizaria despesas e daria transparência à sua administração, favorecendo o recebimento de mais navios a serem julgados e, com eles, mais trabalhadores. Sua posição rendeu-lhe severa repreensão.[27]

Depois de terem ficado em depósito no Lazareto do Rio durante o julgamento, os africanos da *Emília* foram distribuídos para o serviço a partir da emancipação, em 31 de julho. O juiz da ouvidoria da comarca do Rio anunciou a arrematação pública dos seus serviços e nomeou um curador — figura que seria, daí em diante, a autoridade mais próxima deles, encarregado do cumprimento das normas que regulavam seu estatuto. Era a pessoa a quem os africanos livres deviam recorrer em caso de qualquer demanda, e que respondia por eles diante do governo e do Judiciário.

Para participar dos leilões, os potenciais arrematantes precisavam dar garantias de ter propriedades e ser pessoas íntegras e respeitáveis. Os lances correspondiam aos salários anuais, entre 9 mil-réis e 34 mil-réis. Era preciso pagar taxas administrativas pelo contrato e um ano de salário adiantado, além de se comprometer a sustentar, vestir e instruir os africanos na religião católica. O comissário Henry Hayne apurou que aproximadamente trezentos foram assim arrematados por particulares, e cinquenta distribuídos entre instituições públicas. Ele mesmo admitiu ter arrematado três, para "garantir-lhes a liberdade tão logo sejam capazes de gozá-la".[28]

Um dos raros registros das condições de arrematação é a correspondência da intendência de Polícia do Rio de Janeiro, destino de 41 africanos livres, entre eles três mulheres.[29] O intendente, Antônio Luís Pereira da Cunha, instruiu o tesoureiro a assinar termo, diante do curador, responsabilizando-se pelos africanos e se comprometendo a vesti-los com camisas, coletes, calças e barretes, conduzi-los ao barracão da intendência localizado no Campo de Santana e prestar-lhes "sustento e mais comodidades que forem apropriadas ao seu estado e condição". Seguiam-se os princípios expostos no Alvará de 1818, prevendo pagamento de salário ("soldada"), avaliado pela média do valor de arrematação dos africanos livres a particulares, e sua liberação quando o prazo expirasse, momento em que a intendência de Polícia deveria dar preferência a empregá-los.[30] Dessa correspondência depreende-se que a intendência de Polícia empregou os africanos livres no serviço da iluminação pública, no Passeio Público e no Chafariz da Barreira. Quatro meses depois, segundo reclamação do comissário-juiz britânico, alguns dos africanos ainda estavam no Lazareto à espera de ser alugados.[31]

É importante refletir sobre os registros dos indivíduos apreendidos e mais tarde, eventualmente, emancipados. Vimos que Severo Leonardo, o capitão da escuna *Emília*, mandara marcar a ferro cada um dos indivíduos embarcados como carga. O local do corpo onde tiveram a marca gravada a ferro quente na pele variava: os "210 molecões, 42 molecotes, 81 moleconas, cinco negras e três molecas" que compunham o maior conjunto do carregamento tiveram-na no peito direito, e os outros em diferentes partes do corpo, como coxa esquerda ou direita, na parte de fora ou de dentro, "pá" direita ou esquerda, acima ou abaixo do "sangrador do braço esquerdo", ou ainda nos pulsos. Esses registros, relativamente vagos, pois só enumeravam os africanos por sexo e idade aproximada, serviam para identificá-los para os proprietários do carregamento.[32] Era prática corrente, desde a Idade Média, que comerciantes tivessem marcas registradas junto a autoridades responsáveis pelo controle do comércio ou da tributação para identificar suas mercadorias e objetos. Por outro lado, em partes da África, a pessoa escravizada portava no corpo uma marca a ferro correspondente à marca de seu senhor. Além disso, marcava-se com o selo real aqueles escravos cujos impostos tivessem sido pagos; e, com uma cruz no peito, os batizados.

Roquinaldo Ferreira apontou que em Angola, no final do século XVIII e início do XIX, marcas corporais serviam para identificar o estatuto e o proprietário de uma pessoa, e que pessoas livres foram marcadas indevidamente.[33] Marcus Rediker descreve que a

Todos os africanos da escuna Emília *foram marcados com o mesmo ferro, mas em diferentes lugares do corpo para diferenciar a quem pertenciam os "lotes" do carregamento.*

prática de marcar a ferro quente os escravos adquiridos antes da travessia atlântica deixou de ser corrente entre traficantes britânicos no início do século XIX. Segundo Luciano Raposo Figueiredo, no tráfico português houve tentativa de regulamentação humanitária dessa prática em 1813 e, depois, em 1818 — recomendava-se que o selo usado para a marca fosse feito de prata.[34]

No momento da captura, os africanos encontrados a bordo da *Emília* foram identificados pelo comandante Finlaison apenas como "393 homens e mulheres com saúde e três doentes". Só quando a escuna foi condenada como boa presa, os 352 africanos emancipados ganharam registro com nome cristão, nação e marcas no corpo.[35] Passava-se da descrição genérica de um coletivo para uma identificação individualizada que combinava dados atribuídos (nome), socialmente referentes (nação) e observados (marcas).

À diferença do que foi feito em Serra Leoa e também em Havana, os escrivães brasileiros não levaram em conta os nomes de origem, sinal de desinteresse por sua história prévia e reflexo da prática corrente de dar nomes portugueses àqueles incorporados à sociedade católica luso-brasileira.[36] Isso não significa que os africanos livres não usassem seus nomes antigos entre si no dia a

Uma vez que os navios eram condenados pela Comissão Mista Anglo-Brasileira sediada no Rio de Janeiro, os africanos encontrados a bordo que tivessem sobrevivido à travessia e ao julgamento eram emancipados. Nessa ocasião, seus novos nomes cristãos, suas nações e marcas eram registrados num livro e em cartas de emancipação individuais. Os africanos do brigue Ganges, trazidos de Moçambique em 1839, tinham no corpo tanto escarificações étnicas quanto marcas feitas a ferro durante o tráfico.

dia, porém a natureza da documentação consultada raramente dá acesso a essa prática.

As marcas corporais registradas pelos escrivães foram de diferentes tipos: havia aquelas feitas a ferro, correspondentes a monogramas, números ou símbolos, provavelmente associados a etapas da escravização e do tráfico desde o interior da África até o início da travessia atlântica, e também as chamadas "marcas da terra", termo genérico para se referir às escarificações feitas no contexto da sociedade da qual os africanos provinham, associadas a ritos de passagem. A variedade de marcas no conjunto de cada carregamento — o uso de apenas um tipo de marca nos africanos da *Emília* constituiu uma exceção — impõe uma complexidade que os historiadores ainda não buscaram sistematicamente decifrar. Para o que nos interessa agora, o registro dos africanos livres, a marca parece ter servido apenas nesse momento da emancipação. E pode mesmo ter havido confusão nos registros tomados nesse momento: o concessionário dos serviços de Ricarda Benguela notou que as marcas que trazia no corpo não correspondiam às da carta que tinha recebido e solicitou a alteração do registro.[37]

As cartas individuais produzidas pela comissão certificavam a emancipação dos africanos e reproduziam o número do indivíduo na listagem geral — de tal modo, por exemplo, que o preto Casemiro Nagô, marcado no peito direito, pudesse ser identificado como o de número setenta do carregamento da escuna *Emília*, ou o rapaz Cosme, também registrado como nagô, tivesse o número 270. Com o tempo, no entanto, a forma de identificação dos africanos livres pelas autoridades, pelos arrematantes de seus serviços e pelos próprios africanos variou. Cosme, como todos os africanos ocidentais no Rio, passou a ser identificado como "mina" e integrava o grupo conhecido como "os pretos da escuna *Emília*". Mas quando o número de africanos livres na cidade cresceu, essa identificação coletiva por carregamento ou nação se dissipou.

Além das cartas de emancipação e da listagem nominal produzidas pelo escrivão da Comissão Mista, pelos juízes ou, mais tarde, pelo escrivão da Auditoria da Marinha, houve um conjunto de registros, chamado Livros de Matrícula Geral dos Africanos Livres, que abrangia todos os africanos emancipados, organizados cronologicamente por carregamentos, e os termos de sua distribuição para o serviço, assim como as averbações, a exemplo de transferências, falecimentos e emancipações. Esses livros ficaram a cargo do curador de africanos livres até julho de 1840, quando foram transferidos à Recebedoria do Município, órgão da Corte subordinado ao Ministério da Fazenda que recolhia o pagamento dos salários dos africanos. Ainda assim, lá eram responsabilidade do escrivão dos africanos livres, encarregado de fazer os registros, as averbações e a emissão de certidões a partir dos registros oficiais.[38]

O governo imperial só reconhecia como africanos livres os que constavam desses livros de matrícula. Livros semelhantes existiam nas províncias, seja nos juízos de órfãos, seja nas coletorias.[39] Com o tempo, esses registros se impuseram como referência e os africanos livres passaram a ser mais identificados por nome, nação e nome do arrematante ou concessionário do que por suas marcas ou carregamentos. Os livros a cargo dos escrivães possibilitavam a localização de milhares de indivíduos num momento em que informação individualizada era rara. Em virtude da necessidade do governo de garantir que não fossem escravizados e, sobretudo, que fossem controlados, os africanos livres eram provavelmente o grupo mais bem identificado no Brasil imperial.

A apreensão, o batismo, a escolha do nome e o tratamento nos primeiros meses após a chegada certamente ficaram gravados na memória dos africanos livres. Muitos de seus malungos morreram durante esse período, e os que sobreviveram devem aos

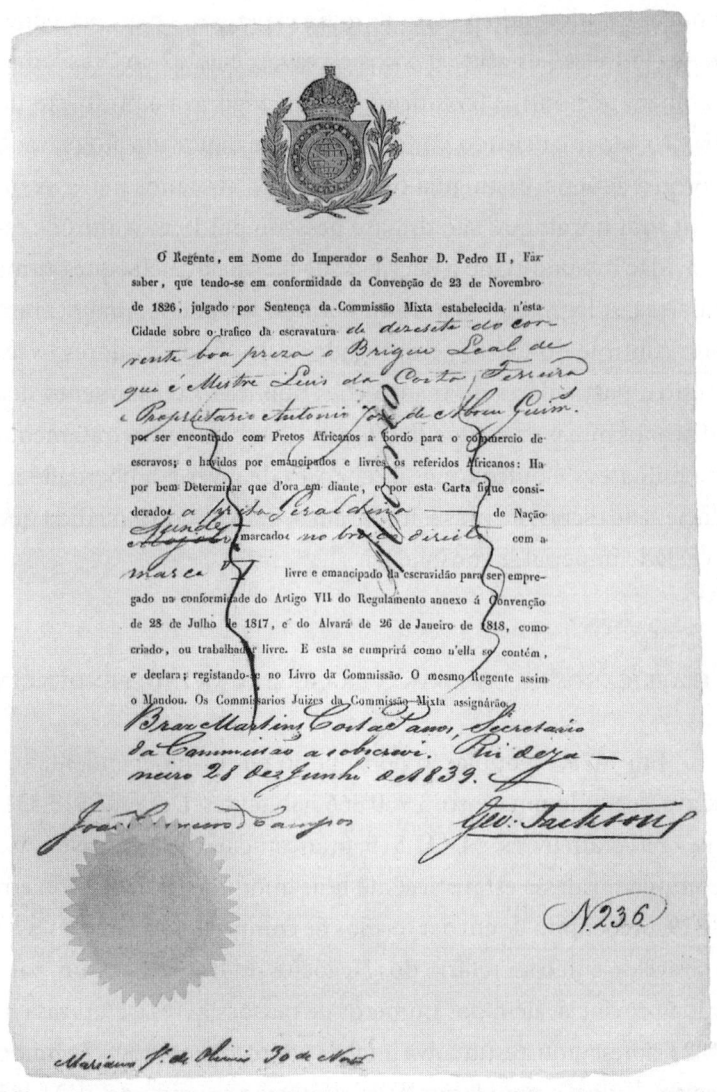

As cartas de emancipação emitidas pela Comissão Mista Anglo-Brasileira (1830-45) eram assinadas pelos dois comissários juízes e seladas. A despeito da insistência britânica, os comissários não supervisionavam a administração dos africanos livres, que ficava a cargo de juízes de órfãos e, cada vez mais, do Ministério da Justiça.

poucos ter adquirido o senso de que a experiência marcava a diferença entre seu estatuto e o dos escravos. Não só no Brasil, mas também nos outros territórios em que vigorava a proibição do tráfico, ser emancipado por ato oficial, e não por um ato privado como a alforria, distinguia o estatuto dos africanos livres: eram africanos boçais que não tinham passado por longos anos de escravidão e conquistado a liberdade da mesma maneira que outros libertos. A legislação fixara um período durante o qual ficaram sob controle do Estado, empregados como trabalhadores livres junto a particulares ou instituições públicas. O tratamento dos africanos minas da escuna *Emília* serviu de base para o tratamento de milhares de outros, mas as chances de viver em liberdade na sociedade escravista brasileira foram se estreitando à medida que o Estado imperial se consolidava.

OS AFRICANOS E A CIDADANIA BRASILEIRA NA INDEPENDÊNCIA

Em 1823, a população do Império recém-independente somava, segundo um censo, 3 960 866 habitantes. Destes, 2 813 351, ou 71%, eram livres, e 1 147 515, praticamente 29%, escravos.[40] O compilador dessa estatística, até hoje anônimo, trabalhando em 1829, preocupou-se em dar termos de comparação ao marquês de Caravelas, então secretário dos Negócios do Império. Assim, para cada província, além dos números de pessoas livres e escravas em 1823, apresentou a estimativa total da população em 1808. Segundo seus cálculos, a população brasileira havia crescido de 2 424 463 para quase 4 milhões nos quinze anos de intervalo entre a chegada da Corte portuguesa ao Brasil e o ano seguinte à independência. "Uma povoação ativa e industriosa é o principal agente da riqueza, força e poder de um Estado. O aumento sucessivo da povoação é o termômetro da prosperidade da Nação", afirmou o compilador na apresentação do trabalho.⁴¹

É significativo que ele tenha escolhido apresentar apenas a divisão da população por condição social, deixando de lado as classificações por cor e sexo, comuns nos mapas estatísticos do fim do período colonial. Deixou também de lado a categoria intermediária dos "forros", que por vezes aparecia nos levantamentos populacionais. A avaliação de que a informação que resumia melhor o Brasil naquele momento era a da divisão da população entre livres e escravos pode ter várias leituras. Talvez o cálculo fosse econômico: preocupado com a prosperidade do novo país, o compilador escolheu apresentar um "instantâneo" da mão de obra disponível. Talvez ainda a escolha contivesse uma estratégia política: contar os forros entre os livres os distanciava dos escravos, seus parentes, amigos e companheiros de trabalho e minimizava o peso da população de origem africana entre a população total. Quaisquer que fossem os motivos, o fato é que a estatística simplificava o que os contemporâneos viam com muitas nuances e recheado de implicações.

Escravos, libertos e homens livres de cor tomaram parte nas lutas pela independência e mostraram-se politizados. Desde o final do século XVIII, o fim da discriminação por cor entre as pessoas livres era bandeira dos "pardos". A Revolução Francesa e a independência americana expandiram os horizontes políticos das camadas médias e populares: deram soberania ao povo, estabeleceram sistema de representação e trouxeram a noção de igualdade entre os cidadãos. A independência do Haiti foi além: na origem estava a cobrança de igualdade entre todos os cidadãos a despeito de cor, e o desenrolar da luta resultou na abolição da escravidão e na implantação de um regime monárquico independente, sob Dessalines.

Apesar da censura imposta à circulação de impressos no Brasil, as notícias dos feitos revolucionários e da reação monarquista conservadora não deixaram de ter impacto na percepção do papel dos governantes e nas relações entre a colônia e a metrópole. Uma cultura política renovada pelas novas formas de participação e os novos horizontes de expectativa marcaram o período joanino e se tornaram evidentes a partir dos trabalhos das "Cortes Gerais e Extraordinárias da Nação Portuguesa", reunidas em Lisboa entre 1821 e 1822 para elaborar uma constituição para Portugal e seus territórios ultramarinos.

Cipriano Barata, representante da Bahia, insistiu que a diversidade fosse contemplada na definição dos contornos da nacionalidade portuguesa: não bastava dizer que a nação portuguesa seria a união de portugueses de todos os hemisférios, mas sim "portugueses de todas as castas", uma vez que no Brasil havia portugueses nascidos no reino, no Brasil, na África, filhos de brancos, índios ou negros. Cipriano era portador dos receios da população livre de origem africana de que lhes quisessem "tirar os direitos de cidadão e de voto".[42] Novos estudos sobre as lutas pela independência mostram a gama de expectativas entretidas por diversos setores da população a respeito das transformações políticas em curso; mesmo não formando um bloco coeso nem compartilhando unanimemente a causa antiescravista, libertos e pessoas livres de cor eram muito ciosos de seu espaço no corpo político da nova nação.

Entretanto, em 1823, na discussão de quem seria considerado cidadão da nova nação, levantaram-se dúvidas sobre o pertencimento dos nascidos no continente africano, como demonstram debates da Assembleia Constituinte. Os deputados começaram a discutir o art. 5º do projeto elaborado pela comissão de constituição da Assembleia no fim de setembro daquele ano. Nesse anteprojeto, os "membros da sociedade do Império do Brasil" eram chamados de "Brasileiros", e houve debate acerca do sentido a ser dado ao termo "cidadão", pois a comissão havia reservado esse privilégio apenas àqueles que teriam direitos políticos. Venceu a interpretação moderna, pela qual "cidadão" designa os membros do corpo social que gozam da proteção das leis do país, mesmo que nem todos estejam habilitados a exercer direitos políticos.

Os termos em que foi defendida a posição conservadora derrotada são relevantes aqui. O deputado pernambucano Manuel Caetano de Almeida e Albuquerque, como alguns outros, não aceitava que todos os membros da sociedade do Império fossem considerados igualmente na sociedade política, comparada por ele a uma grande família na qual pais, filhos e domésticos não gozavam das mesmas prerrogativas. Escravos nunca estariam entre os cidadãos, mas Albuquerque explicitava seu receio de conceder cidadania até aos libertos e descendentes de escravos que se integrassem à sociedade livre, invocando o exemplo de outro grande império escravista, Roma, em que "uma multidão de filhos de libertos e estrangeiros inundou a cidade" e, tendo direitos de cidadãos, "se tornaram bem depressa senhores das deliberações pelo seu grande número de votos".[43] Na década de 1820, essa era uma imagem de provocar arrepios nos estadistas ciosos da ordem pública e do controle sobre o sistema representativo.

Ainda em 1823, nas sessões de 27 e de 30 de setembro, os deputados constituintes discutiram o §6º do art. 5º do projeto de Constituição, que declarava brasileiros "os escravos que obtiverem carta de alforria".[44] Tratava-se de considerar o ato da emancipação como o de naturalização. Vários deputados propuseram emendas para restringir a cidadania a libertos nascidos no Brasil, ou exigir dos africanos o cumprimento de condições como casamento com mulher brasileira e dar prova de ocupação respeitável. Em geral, os críticos do projeto consideravam que os libertos africanos precisavam se habilitar para serem admitidos "à família", do contrário viveriam no país como estrangeiros, e ainda assim "muito melhor que na África, onde vivem sem leis, sem asilo seguro, com elevação pouco sensível acima dos irracionais, vítimas do capricho de seus déspotas a quem pagam com a vida as mais ligeiras faltas".[45]

Reforçava-se assim o valor da cidadania brasileira, da organização política liberal e da proteção do Estado a seus cidadãos, com o contraponto de uma "África" indistintamente bárbara. Não faltaram também referências aos exemplos constitucionais de "nações civilizadas" que não facilitavam a concessão de cidadania a estrangeiros. O exemplo norte-americano foi usado com ressalvas: louvados por buscar acabar com a escravidão e por projetar enviar libertos para colônias na África, foram criticados por levar "sua repugnância ao ponto de nem admitirem os homens de cor livres à participação dos direitos políticos nem de empregos".[46]

Os argumentos em defesa da concessão de cidadania brasileira aos libertos africanos não são menos reveladores. O deputado José Martiniano de Alencar, do Ceará, rejeitou a imposição de condições para a naturalização dos africanos, pois considerava que já tinham vencido obstáculos e dificuldades ao trabalhar toda a vida para alcançar a alforria. Acreditava que os libertos estavam mais adaptados aos costumes da sociedade do que os índios, pela convivência com seus senhores no tempo do cativeiro.[47] Já Joaquim Manoel Carneiro da Cunha, deputado pela Paraíba, concordava que o liberto tinha geralmente a seu favor a "presunção de bom comportamento e de atividade, porque cumpriu com suas obrigações e ainda adquiriu pelo seu trabalho com que comprasse a liberdade". Não lhe parecia justo discriminar os africanos, que não tinham quem os protegesse, ao contrário dos crioulos, nascidos no seio de uma família no Brasil.[48]

Em longo discurso, José da Silva Lisboa, deputado pela Bahia, futuro visconde de Cairu, também argumentou em favor da concessão de cidadania aos libertos, sem restrições, e não só àqueles que obtivessem liberdade através de carta de alforria, mas também por sentença judicial ou por disposição da lei, como era o caso dos africanos emancipados pela Comissão Mista. Já sexagenário, Silva Lisboa era figura de alguma autoridade. Gravitava em torno da corte joanina desde que esta desembarcara no Brasil em 1808, servindo-a como censor régio e autor de diversas publicações, entre as quais obras de economia política que defendiam o liberalismo econômico. Ele argumentava pela incorporação dos libertos africanos em termos de direitos:

> Para que se farão distinções arbitrárias dos libertos, pelo lugar de nascimento e pelo préstimo e ofício? Uma vez que adquiriram a qualidade de *pessoa civil*, merecem igual proteção da lei e não podem ter obstáculo de arrendar e comprar terras, exercer qualquer indústria, adquirir prédio, entrar em estudos públicos, alistar-se na milícia e marinha do Império. Ter a qualidade de cidadão brasileiro é, sim, ter uma denominação honorífica, mas que só dá *direitos cívicos* e não *direitos políticos*, que não se tratam no capítulo em discussão.[49]

Por "direitos cívicos" o deputado entendia os que davam "ao homem livre o jus a dizer — tenho uma pátria; pertenço a tal cidade ou vila; não sou sujeito à vontade de ninguém, mas só ao império da lei", aproximando-se do que equivale, em termos contemporâneos, ao direito de nacionalidade. Havia, nesse debate constitucional, a sombra do Haiti e a certeza de que qualquer aspecto associado à escravidão era tema delicado. Silva Lisboa prestou tributo à habilidade com que os formuladores do projeto tinham articulado a proposta de concessão de cidadania aos libertos com a de "emancipação lenta dos negros e sua educação religiosa e industrial" e as medidas de "trabalho, penitência e melhoramento para os vadios e dissolutos".[50] Ele se mostrou não só atualizado com as experiências filantrópicas daquele início de século — citando inclusive a African Institution britânica e os novos interesses econômicos no continente —, como simpático às medidas que não discriminavam os que alcançavam a alforria. Chegou a criticar o estatuto intermediário de "liberto", preferindo o tratamento "pessoas livres", que considerava ter sido dado aos escravos libertados pelos alvarás portugueses de 1761 e de 1773. Alinhava-se ao colega deputado que expressou seu desconforto com o lugar dos africanos caso não fossem considerados cidadãos: "Estrangeiros certamente não [serão], porque não pertencem a sociedade alguma, nem têm outra pátria que não seja a nossa, nem outra religião senão a que professamos".[51]

A solução, para Silva Lisboa, era incorporar sem condições os libertos à nação, assegurando assim sua gratidão, mantendo a ordem e diminuindo o impacto do conflito racial. Ele admitia que havia distinções pelas "diferenças das cores", mas aparentemente não as associava à origem. Discriminar africanos seria novidade em nossa tradição.[52] Essa interpretação foi corroborada pelo argumento eloquente levantado pelos deputados Muniz Tavares e Henriques de Resende, de que "no antigo sistema apenas um escravo alcançava a sua carta de alforria, podia subir aos postos militares nos seus corpos, e tinha ingresso no sagrado ministério sacerdotal sem que se indagasse se era ou não nascido no Brasil".[53]

Na votação, venceu a proposta contida no projeto elaborado pela comissão de constituição, com a emenda do deputado Silva Lisboa — ou seja, a maioria dos deputados favoreceu considerar cidadãos brasileiros "os libertos que adquiriram sua liberdade por qualquer título legítimo", incluindo portanto os africanos.[54] No entanto, não foi assim que entenderam os conselheiros de Estado que redigiram a Constituição após a dissolução da Assembleia Constituinte. Na carta outorgada em 1824, só foram considerados merecedores da cidadania brasileira os libertos nascidos no Brasil, que ficaram, no entanto, excluídos da cidadania política. Os libertos africanos não tinham a questão da nacionalidade resolvida, uma vez que os corpos políticos de onde provinham não eram organizados como Estados-nação.[55]

O fato de a Constituição brasileira de 1824 negar a cidadania aos libertos africanos significava uma regressão nos direitos que tinham como súditos do Império português até a independência, solução conservadora e excludente se comparada a outras constituições contemporâneas formuladas sob debate semelhante. Tanto na Constituição de Cádiz de 1812 quanto na portuguesa de 1822, os indivíduos que se alforriassem eram incluídos no corpo da nação, chamados de "cidadãos" na carta portuguesa e de "espanhóis" na carta de Cádiz. Em outras palavras, considerava-se que a alforria era o "nascimento" civil, a despeito da origem dos libertos. No caso espanhol, vários atributos da cidadania se combinaram nas condições impostas aos libertos de origem africana: origem honrada, serviço à pátria, casamento, residência e ocupação reconhecida ou trabalho independente franqueavam aos espanhóis de origem africana a cidadania política em seus locais de residência.[56] Esta talvez fosse a tradução mais clara do sistema de Antigo Regime para incorporação de pessoas de origem africana à sociedade: era condicional e os critérios estavam relacionados à complexa hierarquia das sociedades em questão.

No caso brasileiro, apesar de os deputados constituintes terem tomado a decisão alinhada às ideias e fórmulas professadas em Cádiz e nas Cortes de Lisboa, a Constituição outorgada em 1824 apontou para fórmula que não reconhecia aos libertos africanos nacionalidade brasileira, muito menos cidadania política. Não eram cidadãos, nem estrangeiros.

2. Impasses da nova nação

Início de 1832. Lázaro Mina vagava pelas ruas da freguesia da Candelária quando foi preso sob suspeita de ser escravo fugido. Ele fez, então, um relato de reescravização que preocupou o regente Feijó. Dizia ter tido os serviços arrematados por procuração depois de emancipado pela Comissão Mista, sendo rebatizado com o nome de Pedro e passado a um proprietário residente em Lorena, na província de São Paulo.[1] Ao fugir para a Corte, voltava ao único lugar onde poderia obter prova de seu direito à liberdade.

Era uma história plausível. Talvez ele fosse do carregamento da escuna *Emília*, emancipado em 1821, ou então da escuna *Destemida*, cujos africanos também minas foram arrematados em abril de 1831. As mudanças institucionais pelas quais o país passara desde a independência, dez anos antes, haviam transformado a repressão ao tráfico e a administração da tutela dos africanos livres. A documentação da Comissão Mista Anglo-Brasileira, da Secretaria dos Negócios da Justiça e os debates parlamentares expõem as implicações dessa instabilidade institucional para os africanos e os conflitos políticos e diplomáticos decorrentes. Casos como o de Lázaro se repetiriam nos anos seguintes.

O TRATADO DE 1826 E A PREPARAÇÃO PARA O FIM DO TRÁFICO

À época da independência, o tráfico de escravos e a escravidão não eram mais considerados fatos naturais, e alguns construtores do Império projetavam um futuro sem escravidão. A prova disso é que os deputados constituintes de 1823 deram aos Conselhos Gerais das províncias a atribuição de "propor meios adequados para se conseguir a lenta e gradual emancipação dos escravos".[2] O projeto de nação mais explícito foi aquele preparado por José Bonifácio de Andrada e Silva para a Assembleia Constituinte. Bonifácio, mais tarde considerado o "patriarca da Independência", tratou da política indigenista e da emancipação gradual dos escravos como políticas articuladas de trabalho, colonização e ocupação do território.[3] Repetindo o discurso abolicionista britânico, sua proposta defendia a abolição do tráfico atlântico e o aproveitamento da mão de obra já existente no país, o incentivo à integração dos escravos à sociedade, seu tratamento cristão e, em médio prazo, com a emancipação gradual, a conversão de "brutos imorais em cidadãos úteis, ativos e morigerados".[4] A única garantia de independência, para ele, era a expansão da cidadania nesse modelo liberal, uma vez que a manutenção da escravidão reproduzia hierarquias que não conduziam à integração social. Seus projetos, no entanto, não foram discutidos antes da dissolução da Constituinte e pouca ou nenhuma influência tiveram naquela geração.[5]

Nada obrigava o Brasil a respeitar o Tratado de 1815 e a Convenção de 1817 depois de setembro de 1822. No entanto, na costa africana os britânicos continuaram reprimindo o comércio de escravos feito com a bandeira portuguesa. Entre 1817 e 1830, 109 navios foram julgados em Serra Leoa, seja pela Comissão Mista Anglo-Portuguesa, seja pela Corte do Vice-Almirantado; pelo menos setenta deles eram da praça de Salvador.[6] Em decorrência, mais de 10 mil africanos destinados ao mercado de escravos no Brasil foram emancipados. Um deles, Samuel Crowther, adotado pela Church Missionary Society, se tornou o primeiro bispo anglicano de origem africana, tendo coordenado a tradução da Bíblia para a língua iorubá.[7]

A Grã-Bretanha condicionou o reconhecimento da independência brasileira a um novo tratado de abolição do tráfico de escravos. As assinaturas do tratado de reconhecimento da independência, em 1825, e do tratado de proibição do comércio de escravos, em 1826, resultaram de uma negociação que se arrastou por alguns anos.[8] O acordo entraria em vigor três anos após sua ratificação, que ocorreu em 13 de março de 1827 e previa o fim da importação de escravos para o Brasil, sem nenhuma exceção. Pelo tratado, os navios das duas nações suspeitos de engajamento no tráfico seriam apreendidos e submetidos a julgamento por comissões mistas instaladas dos dois lados do Atlântico (Serra Leoa e Rio de Janeiro) e, se condenados como piratas, seriam confiscados e os africanos encontrados a bordo, emancipados.[9]

Na política interna, a assinatura do Tratado de 1826 aumentou a distância entre Pedro I e os representantes reunidos na Assembleia Geral. Apesar de não poderem interferir na decisão já tomada, os deputados ocuparam três sessões, em julho de 1827, para debater seus termos e implicações. A necessidade de abolir o comércio de escravos estava longe de ser consensual. Inúmeras vozes contrárias ao tratado foram ouvidas, considerando-o interferência externa em interesses nacionais e capitulação diante da Inglaterra. O argumento de que a atividade era fundamental ao desenvolvimento do país também tinha muitos adeptos.[10]

Samuel Ajayi Crowther foi emancipado em Serra Leoa de um navio português em 1821, ainda adolescente. Tornou-se mais tarde o primeiro bispo anglicano de origem africana e importante intelectual iorubá.

Já José Clemente Pereira, representante da província do Rio e político de destaque, apelava para que a população fosse esclarecida a respeito da importância da proibição do comércio de escravos a fim de que o tratado não virasse letra morta. Segundo testemunhou, "a maior parte dos habitantes do Brasil ainda não tem a certeza da existência deste tratado e a maior parte daqueles que o conhecem ainda vivem na persuasão de que isto não há de ter efeito".[11]

Algumas iniciativas demonstravam que havia governantes ensaiando medidas preparatórias para diminuição da oferta de mão de obra. Em 1830, o Conselho Geral da Província da Bahia enviou ao Senado uma proposta "para que não sejam os escravos admitidos como trabalhadores ou oficiais nas repartições públicas enquanto houver ingênuos ou libertos que nas mesmas queiram empregar-se" e outra para exonerar de impostos "todas e quaisquer máquinas e instrumentos que se importarem para o serviço e uso das lavouras e igualmente todos os animais úteis não castrados", em vista da diminuição de braços para a lavoura que se avizinhava.[12] As duas propostas foram, no entanto, rejeitadas. O parecer para a primeira revela os motivos práticos e até o embasamento ideológico de defesa da escravidão: os senadores marcaram posição ao defender o direito dos senhores de viver da renda do aluguel de seus escravos para o serviço público, ressaltando tal estratégia como "indústria" — isto é, empreendedorismo —, e ainda insistiram em ressaltar as vantagens econômicas para os cofres públicos do emprego de trabalho escravo, mais barato do que o trabalho livre.

A perspectiva de corte do abastecimento de mão de obra escravizada pelo tráfico aqueceu o mercado, como demonstra o volume da importação de africanos nos anos entre a assinatura do tratado e sua entrada em vigor. A expansão do café e as atividades de abastecimento no Centro-Sul respondiam por parte significativa dessa demanda: a média anual de importações era de 40 mil escravos na primeira metade da década de 1820 e ultrapassou 60 mil escravos por ano entre 1826 e 1829.[13] Esse incremento da população por via da migração forçada não entrou nos cálculos apresentados na "Memória estatística do Império do Brasil", produzida em 1829, mas o autor, plenamente consciente de sua importância, não deixou de fazer uma recomendação ao secretário dos Negócios do Império, marquês de Caravelas: "Era conveniente que ao corpo legislativo do Brasil fosse oferecida alguma proposta para suprir os braços dos escravos, cujo tráfico finda no ano corrente de 1829".[14] A aprovação da "lei de locação de serviços", regulando contratos de trabalho com pessoas livres, foi a preparação que o Parlamento brasileiro conseguiu fazer, ao mesmo tempo que rejeitava propostas como a do Conselho Geral da Província da Bahia.

OS AFRICANOS E A REPRESSÃO AO TRÁFICO

A importação de dezenas de milhares de africanos desde a proibição do comércio ao norte do equador demonstrava que comerciantes e compradores de escravos haviam se adaptado à ilegalidade da mesma forma como as autoridades encarregadas da repressão haviam formulado um protocolo de conivência com o tráfico. No Maranhão, o comércio de escravos com a Guiné se fazia normalmente, ignorando-se o Tratado de 1815 e o Alvará de 1818. Foi por insistência do cônsul britânico Hesketh que a chegada da escuna *Carolina*, em janeiro de 1826, se tornou alvo de uma devassa que resultou na emancipação de 110 africanos. Os papéis da escuna davam conta de que os 135 africanos saídos de Cachéu, na Senegâmbia, pertenciam a dona Rosa de Carvalho Alvarenga, viúva do sargento-mor e comerciante João Pereira Barreto, e a seus filhos, e que eram "domésticos" em transferência para uma propriedade dela na ilha de Santiago, arquipélago de Cabo Verde. A escuna teria sofrido desvio de rota e involuntariamente arribado no porto brasileiro.

Hesketh apurou, no entanto, que a carga tinha um consignatário no Maranhão que se preparava para vendê-la não tivesse o sarampo acometido muitos dos africanos. O cônsul britânico obteve da secretaria de governo da província a documentação do caso, que continha uma relação oficial de onze embarcações vindas dos portos de Bissau, Cachéu e Santiago entre 1818 e 1823, as quais desembarcaram escravos declarados como domésticos, mas que foram, posteriormente, vendidos; 1024 desses africanos pertenciam ao mesmo João Pereira Barreto. O funcionário da Alfândega do Maranhão afirmou que os navios tiveram a entrada autorizada pelos capitães-gerais e governadores, o que evidenciava a proximidade do comerciante Barreto com os governantes da capitania.[15] Operações como essas davam legalidade à propriedade dos escravos importados por contrabando.

Em dezembro de 1829, o representante brasileiro em Londres conseguiu postergar até 13 de março de 1830 o prazo que as embarcações engajadas no comércio de escravos teriam para partir, de onde estivessem, até os portos do Império. Na prática, isso representou uma complicação à aplicação do tratado, pois, a partir de abril de 1830, alguns navios que chegassem ao Brasil estariam em condição legal, enquanto outros já se encontrariam na ilegalidade. A triagem ocorreria nas repartições de Alfândega.

Um episódio de apreensão e liberação de africanos novos enviados de Salvador para o Rio em outubro de 1830 expôs a colaboração entre comerciantes e autoridades na burla do Tratado de 1826. Por um despacho de 4 de outubro, o comerciante Joaquim José de Oliveira remeteu, de Salvador para o Rio de Janeiro, 170 "escravos novos", indicando terem vindo de Ambriz no brigue brasileiro *Bomfim*. Pagou os impostos devidos e recebeu uma guia selada e assinada pelos responsáveis da Alfândega da capital da Bahia.[16] Aparentemente nada de errado. Mas quem fez a apreensão na chegada, no porto do Rio, desconfiou (ou já sabia) que se tratava de uma operação de legalização de contrabando. Joaquim José de Oliveira era conhecido comerciante da praça da Bahia, tinha comércio com a Costa da Mina e com frequência seus navios declaravam Cabinda como destino, para encobrir as paradas mais ao norte. Nos meses anteriores, Oliveira tivera dois navios apreendidos e julgados na Comissão Mista de Serra Leoa por comerciar ao norte do equador.[17] A operação de transferência dos africanos novos para o Rio de Janeiro, sob afirmação de que teriam vindo de

Ambriz, na costa angolana, provavelmente encobria sua importação ilegal. Mas Oliveira (e seu correspondente no Rio) contava com a conivência das autoridades da Alfândega, cuja responsabilidade seria remeter os africanos ao Judiciário para averiguação. De fato, a carga foi liberada por Lúcio Soares Teixeira de Gouvêa, guarda-mor da Alfândega, para quem eles haviam sido importados antes da vigência do tratado.

Os procedimentos da Comissão Mista Anglo-Brasileira do Rio de Janeiro também davam espaço para a entrada de africanos novos. Quatro navios foram apreendidos e levados a julgamento entre o fim de 1830 e o início de 1831: a barca *Eliza*, o brigue *Africano Oriental*, o brigue *Estevão de Ataíde* e a escuna *Destemida*. Os três primeiros, navios da rota Moçambique-Rio de Janeiro, foram apreendidos na chegada por autoridades alfandegárias. O quarto fazia a rota Bahia-Costa da Mina e foi apreendido pelo cruzeiro britânico *Druid*.

O destino dos africanos encontrados a bordo variou conforme o julgamento dos casos: dos aproximadamente mil africanos desses quatro navios, menos de duzentos foram emancipados. Os juízes, o brasileiro e o britânico, concordaram com a absolvição do brigue *Estevão de Ataíde*, por ter o carregamento zarpado de Moçambique antes do prazo previsto no tratado. Foram emancipados apenas cinquenta africanos encontrados a bordo, por pertencerem a um súdito português, enquanto a maioria dos 281 africanos apreendidos foram restituídos ao proprietário do navio e vendidos como escravos.[18] Num caso semelhante, os proprietários da barca *Eliza* conseguiram provar que obedeceram o prazo legal e assim tiveram tanto o navio quanto a carga de 424 africanos restituídos.[19] A escuna *Destemida* era de propriedade portuguesa e não podia ser julgada pela Comissão Anglo-Brasileira, portanto foi restituída, mas levava carga ilegal por ter feito comércio na Costa da Mina; assim, os cinquenta africanos trazidos foram emancipados.[20] O brigue *Africano Oriental* também era propriedade de um português e foi restituído; dos 254 africanos encontrados a bordo, apenas 56 teriam sobrevivido após a estadia em depósito, os quais foram emancipados. Nesse cenário de alta mortalidade, o fato de não ter ocorrido baixa entre os dezesseis tripulantes, também postos em depósito, despertou a estranheza dos comissários britânicos e a suspeita de troca dos africanos por escravos falecidos.[21]

Esse grupo de africanos livres, que passaram a ser chamados "pretos-minas e moçambiques", foi prejudicado pela instabilidade política e as mudanças institucionais dos anos seguintes. Para começar, a arrematação de seus serviços demorou mais que o necessário. Os membros ingleses da Comissão Mista apuraram que o motivo estaria relacionado à suposta extinção, em janeiro de 1830, da Ouvidoria da Comarca, órgão que se responsabilizava pelos africanos recém-emancipados e providenciava o leilão de seus serviços, de acordo com o Alvará de 1818. Mas não procedia. Houve provavelmente uma mudança de atribuições. O leilão de arrematação dos serviços dos africanos aconteceu em abril de 1831 e distribuiu, entre os que ofereceram os maiores lances, os serviços dos africanos livres remanescentes. Talvez fossem 150 no total, mas deles há apenas registros muito esparsos, como veremos adiante. Entre eles estavam os dezesseis escravos marinheiros do brigue *Africano Oriental*, que também foram emancipados pela Comissão Mista; seus antigos proprietários lutaram para reavê-los mesmo depois que seus serviços foram arrematados e, ainda em abril de 1832, tentavam recorrer da decisão da Comissão.[22]

Poucos meses depois do julgamento da escuna *Destemida*, o Rio de Janeiro e várias cidades do Império viveram sob intensa agitação popular. Houve diversos momentos de ruptura da ordem pública motivados por conflitos antilusitanos e sublevações das tropas. Com a abdicação de d. Pedro I em favor do filho Pedro, de apenas cinco anos de idade, foi instalado um governo regencial em abril de 1831. Os impasses vividos pelo Ministério da Justiça para reprimir o tráfico ilegal nesse período em que não tinha plena autoridade sobre todos os funcionários encarregados da questão são muito evidentes na correspondência expedida a diversas autoridades. Em 21 de maio, Manuel José de Sousa França, ministro da Justiça, ordenava à Câmara do Rio de Janeiro que expedisse circular aos juízes de paz das freguesias recomendando-lhes vigilância e ordenando que os escravos novos encontrados fossem remetidos ao juiz criminal, responsável por restituir a liberdade dos africanos e punir os responsáveis por sua escravização, aplicando o art. 179 do novo Código Criminal, que versava sobre a escravização de pessoas livres.[23] Dias depois, o ministro expediu ordens ao ouvidor da comarca do Rio de Janeiro para investigar o procedimento de contrabandistas que estariam trazendo para a Corte africanos desembarcados nas regiões próximas e introduzindo-os em substituição a escravos falecidos. Como tráfico ilegal e africanos livres eram assuntos vinculados, no mesmo ofício encarregou o ouvidor da comarca de averiguar os processos de arrematação dos jornais "daqueles que tiverem sido libertos pela Comissão Mista desde seu estabelecimento" e apurar o destino da renda arrecadada.[24]

Muitos "pretos-minas" da escuna *Emília* haviam aproveitado os distúrbios daqueles meses na cidade para sumir da vista dos arrematantes de seus serviços e tratar da liberdade. Um deles, Casemiro, que se identificou como "preto de nação nagô e liberto pela Convenção de 28 de julho de 1817 adicional ao Tratado de 22 de janeiro de 1815 e do Alvará de 26 de janeiro de 1818", apresentou duas petições de emancipação no período de três semanas. A primeira, na qual relatava ter "sido destinado a servir como liberto que é no serviço do Passeio Público", estava formulada como um pedido de abertura de uma ação de manutenção de liberdade, para que, gozando do benefício de diminuição do prazo dos serviços em "dois ou mais anos", como autorizava o art. 5º do Alvará de 1818, "se haver por emancipado e no gozo da plena liberdade pelo favor da lei e isento de prestar serviços obrigados e pelos q[uais] não tem percebido em todo tempo jornal ou gratificação dos efetivos serviços que tem prestado no Passeio Público".[25]

Em 12 de julho, representados por um certo José Gomes da Silva, Casemiro e outros pretos-minas endereçaram uma segunda petição à Câmara do Rio, na qual declaravam saber que alguns africanos já tinham obtido a emancipação e que outros pedidos estavam pendentes no juízo da Conservadoria. Antônio Augusto Monteiro de Barros, o juiz conservador dos pretos libertos pela Comissão Mista, destacou que Casemiro requeria "a posse de sua já conferida liberdade", numa fórmula que indicava com clareza a separação entre estatuto jurídico e condição social que era característica da categoria dos africanos livres. Na Câmara, o encaminhamento para essa segunda petição foi requisitar as condições do contrato pelo qual os africanos haviam sido arrematados. Não sabemos se o processo seguiu ou parou.[26]

Naquelas mesmas semanas, outros dois malungos da *Emília*, Cosme e Ângelo, foram presos por ordem do intendente de Polícia e apelaram ao ministro, também representados por José Gomes da Silva. Convocado a esclarecer o motivo da prisão, o intendente relatou que o pedido partira do cônsul francês, o conde de Gestas, arrematante dos serviços dos dois africanos, "para manter a disciplina dos demais pretos seus", porque Cosme e Ângelo haviam fugido de casa, mas não sem antes ter praticado alguns insultos. Naqueles dias havia na cidade "receios de sublevação de pretos", e o intendente justificou sua autoridade para prender pessoas livres "porquanto estes pretos antes de findar o tempo porque são arrematados seus serviços ou de obterem diminuição dele não estão no gozo de pleno direito de sua liberdade na conformidade do aviso de 26 de fevereiro [sic] de 1818" e lhe cabia naqueles dias "reprimir a insubordinação de tais indivíduos [...] e obstar que com tais acontecimentos se aumentasse o número de vadios que abunda nessa capital, primeiro passo para tornarem-se criminosos".[27] Ele continuou a descrever o quadro de dispersão dos "pretos da escuna *Emília*":

> Não foram só estes que abandonaram os serviços a que estavam locados, sem que caminhassem pelos meios legais. A Câmara Municipal desta cidade me requisitou a apreensão dos que se achavam ligados ao serviço do Passeio Público e que se evadiram, e igual requisição me tem sido feita por vários particulares e consta-me que têm sido todos estes acontecimentos manejados pelo referido José Gomes da Silva, que para obter seus fins lucrativos não hesitou em lançar mão de semelhante meio.[28]

José Gomes da Silva, acusado de "seduzir" os africanos, era um antigo escrivão da Correição do Cível. Os dois africanos que trabalharam para o conde também requeriam a emancipação plena, mesmo sem ter completado os catorze anos de serviço. Muitos dos africanos livres da escuna *Emília* aproveitaram o momento em que "brasileiros" se insurgiam contra o domínio político dos "portugueses" e avaliaram que seria um bom momento para escapar dos arranjos de trabalho a que estavam submetidos e para tratar de viver autonomamente. Faziam-no por meios jurídicos, vale destacar.

Alertado por esse caso, o recém-empossado secretário dos Negócios da Justiça, Diogo Feijó, recomendou que Barros, o juiz conservador dos pretos libertos, fizesse um levantamento da questão e produzisse uma lista completa de africanos declarados libertos pela Comissão Mista, seus arrematantes, valores pagos e cumprimento dos compromissos inerentes à arrematação.[29] Pelas ordens seguintes, apuramos que os registros das arrematações dos africanos livres eram ruins ou inexistentes e que alguns africanos se achavam sem um responsável, pois Feijó ordenou a Barros que tratasse de arrematar os serviços daqueles sem vínculo e fizesse "ir à sua presença todos os arrematantes com os libertos respectivos a fim de observar o estado destes e mandar não só formalizar os termos que faltam das arrematações como reformar os que visível e escandalosamente tiverem sido feitos com manifesta lesão dos interessados".[30]

Ao mesmo tempo, aumentavam as preocupações de Feijó com os subterfúgios do tráfico ilegal, como declarar os africanos recém-chegados "libertos" ou "livres" — ou mesmo "colonos", uma vez que a proibição contida nos acordos bilaterais e mesmo no Alvará de 1818 era de importação de escravos, também chamados "negros novos" ou "africanos boçais", e não de todo e qualquer africano. O que de fato complicava a repressão é que nem todos os africanos que chegavam eram escravos. Por séculos, houve um trânsito de africanos livres que vinham às principais cidades brasileiras para comerciar, estudar ou aprender ofícios. Funcionários da Alfândega, Polícia e Secretaria da Justiça eram os encarregados de traçar a linha divisória entre pessoas proibidas e pessoas autorizadas a desembarcar.

No fim de julho de 1831, o intendente de Polícia Francisco José Muniz Carneiro levantou um problema para Diogo Feijó: haviam chegado ao porto do Rio nove africanos vindos de Angola no bergantim *Lobo*, em cujos passaportes constava que eram pretos libertos. Carneiro então desfiou uma sequência de argumentos contrários à permanência deles: "abundam nesta cidade tantos outros pretos livres, que em nada se ocupam, ou pretendem ocuparem-se de quitandas, vagando assim pela cidade e subúrbios, mais empregados de haverem pelos meios ilícitos do que pelos lícitos".[31] Reclamava que os africanos libertos não se ocupavam no serviço da lavoura ou em ofícios mecânicos e acusava-os de promover roubos, aliciar escravos, proteger escravos fugidos e escapar da prisão por vadiagem protegidos pelo "título de quitandeiros". Para ele, eram "principalmente os de certas nações" que seguiam "o trilho das quitandas", referindo-se provavelmente aos africanos da Costa da Mina, apesar de outros também viverem do comércio de alimentos, frescos e preparados. Vemos, por meio do relato do intendente, as diferentes estratégias que os africanos libertos adotavam em busca de autonomia e que tal autonomia era vista como negativa e tendia a ser criminalizada. O intendente de Polícia parecia tentar convencer o paulista Feijó a associar o crescimento do número de africanos libertos a um risco para a segurança pública. A percepção de urgência ficava aguçada em vista das circunstâncias por que passava a Corte, com o engajamento das camadas populares — entre elas pretos e pardos — nas disputas políticas e nos conflitos violentos que culminaram na abdicação, mas não se acalmaram nos meses seguintes.[32]

Feijó respondeu com legislação, emitindo "Instruções pelas quais a Polícia se deverá regular à chegada dos africanos livres a esta cidade", em 2 de agosto de 1831. Nelas atribuía ao intendente-geral da Polícia a tarefa de interrogar cada "preto africano livre ainda não civilizado" para se certificar de que chegava ao Brasil voluntariamente e a qual local se destinava. Ele só desembarcaria caso se comprometesse a se mudar para fora da cidade e ficar sob a vigilância de um juiz de paz, que controlasse sua conduta e seu emprego em "honesto trabalho", por contrato a alguém.[33] As instruções adotavam um procedimento pelo qual o africano "não civilizado" teria um "fiador" responsável pelo cumprimento do arranjo.

Os africanos vindos no *Lobo* ganharam um fiador na pessoa do comerciante José Maria da Silva, diante do juiz de fora Nicolau da Silva Lisboa, em 6 de setembro de 1831. Constantino Totele, Álvaro Zombo, Pedro Zombo, Garcia Zombo, Antônio, Felipe,

João e Sebastião de Sousa foram recomendados a Silva por seu correspondente em Luanda, João Caetano da Costa, e vinham "tratar dos seus negócios". O "preto" Felipe Joaquim, escravo do dono do *Lobo*, talvez fosse o nono africano do grupo e não entrou no acordo, mas serviu de intérprete ao juiz para declarar aos oito outros que Silva se comprometia naquele momento a "prestar todos os auxílios necessários para tratarem de seus negócios". Segundo o mesmo magistrado, "o governo do Brasil se interessava por manter-lhes a liberdade". Depois disso Silva assinou termo de responsabilidade pelo qual se obrigou "a dar conta dos ditos pretos em todo e qualquer tempo", e todos os presentes assinaram, inclusive os próprios africanos, com sinais.[34]

No mês seguinte à publicação das "Instruções", Feijó repreendeu o encarregado da Alfândega, Lúcio Teixeira de Gouvea, por desobedecer às ordens e não encaminhar ao juiz alguns africanos "que ultimamente se tem aqui pretendido introduzir por contrabando"; ao invés disso, concedê-los sob fiança aos próprios comerciantes sob a alegação de providenciarem sua remessa à costa da África. Na ocasião Feijó cobrou do subordinado uma lista dos africanos entregues sob fiança com os nomes dos fiadores. Tratava-se provavelmente do bergantim português *Trajano*, vindo de Luanda e apreendido em Cabo Frio, porque, das 44 pessoas a bordo, 25 eram africanos novos, uns incluídos na matrícula, outros com despachos para tratar de negócios no Rio.[35] Cabia ainda às autoridades da Alfândega a triagem de quem era — nos termos da instrução de 2 de agosto — "africano livre" e ficaria sob fiança, ou africano boçal e ilegalmente importado, que após averiguações poderia ser emancipado e ficar sob tutela. Os comerciantes de escravos contavam com essa margem de interpretação e com a colaboração dos funcionários alfandegários para fazer passar africanos boçais escravizados por africanos livres — os quais, uma vez desembarcados, provavelmente acabariam por ser vendidos.

Na província de São Paulo, a apreensão de 267 africanos desembarcados em uma praia de Bertioga ("por detrás da Armação das Baleias") em setembro de 1831 também suscitou preocupação da Secretaria dos Negócios da Justiça. Contrariado pelo juiz da Alfândega de Santos, que já havia arrematado os serviços de todos os africanos sem esperar pelas ordens superiores para que fossem empregados na estrada de Santos ou arrematados a pessoas pobres da região que lhes dessem bom tratamento e educação, Feijó ordenou ao presidente da província que chamasse todos à capital. Temia que se tornassem escravos ou perecessem por trabalhos excessivos.[36]

Na Câmara dos Deputados ecoavam os impasses diante dos africanos que chegavam todos os dias aos portos. O deputado Montezuma disse ter recebido cartas da Bahia relatando que a importação de africanos novos se fazia tanto às claras "que até se designavam os nomes dos contrabandistas". Ele alertava que, para contornar a proibição, os contrabandistas estavam trazendo escravos, declarando-os nas alfândegas como libertos e, uma vez introduzidos, tratando de vendê-los em leilões. Considerava esse um "novo gênero de contrabando". Além disso, o deputado também estava preocupado com a chegada ao Brasil de libertos indesejáveis, que não vinham "aumentar o número de braços capazes de se empregarem em objeto produtivo". Assim, juntava-se ao chefe de Polícia, incomodado com o número de libertos e a autonomia de que gozavam. Concordava com eles o deputado baiano Antônio Rebouças — mulato como Montezuma, é importante destacar. Rebouças sugeria ao governo que aplicasse as leis que proibiam estrangeiros de vender a retalho: "uma vez que seja proibido a esses libertos venderem panos da costa, berimbaus etc., privados do meio único que lhes dá a subsistência, sairão imediatamente do país, pois eles não querem trabalhar".[37] A rejeição crescente aos africanos libertos alimentava a discussão que trans-

A preocupação de Diogo Feijó com o tráfico ilegal depois da vigência do tratado com a Inglaterra levou à promulgação da Lei de 7 de novembro de 1831. Em 1834, diante do crescimento de desembarques e da perda de apoio político do governo para a repressão, lançaria proposta de revogação da lei.

corria no Parlamento de um projeto de lei visando superar os entraves na repressão ao tráfico e formular uma legislação nacional.

AS IMPLICAÇÕES DA LEI DE 1831

Em maio e junho de 1831, debateu-se no Senado o projeto de lei proposto pelo marquês de Barbacena para reiterar a proibição de importação de escravos, motivado pela continuação do tráfico após março de 1830. A preocupação do governo regencial em demonstrar autoridade se justificava, pois, como admitiu o próprio marquês, "o povo está persuadido de que o Brasil foi forçado a ceder aos ingleses na abolição da escravatura [sic] para conservar-se com eles em harmonia, mas que o governo consentiria nessa abolição fechando os olhos ao contrabando".[38] Em outras palavras, a Regência punha em discussão projeto que instituía procedimentos novos, definia claramente os sujeitos culpabilizados e as penalidades para o crime de importação de africanos boçais, para demonstrar que a proibição não era "para inglês ver".

As discussões em torno do projeto, que divergia dos acordos bilaterais na questão do tratamento dos africanos, demonstram a falta de consenso a respeito do destino a ser dado aos resgatados do tráfico. Enquanto o regulamento da Comissão Mista determinava que cada governo ficaria responsável pelos emancipados em seu território, Barbacena propôs que os resgatados do tráfico fossem enviados de volta à África às custas dos traficantes — a chamada "reexportação". Discutiram-se duas políticas opostas de tratamento dos africanos, baseadas em avaliações irreconciliáveis do impacto de sua presença no país. O senador pernambucano Manoel Caetano de Almeida e Albuquerque compartilhava com boa parte dos senadores a ideia de que "o maior bem que nos resulta da abolição da escravatura [sic] [...] é arredarmos de nós esta raça bárbara que estraga os nossos costumes, a educação dos nossos filhos, o progresso da indústria e tudo quanto pode haver de útil, e até tem perdido a nossa língua pura!".[39] Ele rejeitava a ideia de manter os africanos resgatados do tráfico no Brasil e queria que fossem enviados de volta à África. Antônio Luís Pereira da Cunha, o marquês de Inhambupe, discordava do colega senador quanto às fontes do mal na sociedade brasileira:

> Não é a cor preta quem [sic] torna estes homens prejudiciais à nossa sociedade; eles são homens como nós e muitos se têm visto desenvolverem talentos quando as circunstâncias lhes são prósperas; é o excesso da escravidão que os torna inertes, que lhes conserva a estupidez, que lhes tira o brio, que os faz viciosos [...]. Tudo isto, como já disse, é inerente no estado de escravidão e não é cor preta, nem a raça africana.[40]

O marquês de Inhambupe tinha servido como intendente de Polícia em 1821, época da emancipação dos africanos da escuna *Emília*, e estava familiarizado com a legislação portuguesa sobre a tutela dos africanos e com o tratamento deles em Serra Leoa. Sugeriu que os africanos resgatados do tráfico fossem confiados a indivíduos a quem prestariam serviços por certo tempo e que fossem obrigadas a educá-los como pessoas livres, e não como escravos. Certamente com base no conhecimento da experiência dos africanos livres da *Emília*, sugeria que um período de sete anos ou menos seria suficiente. Depois disso, receberiam a plena liberdade e poderiam tratar de suas vidas como quisessem. Para Inhambupe a reexportação era uma alternativa bárbara e desumana, dada a possibilidade de reescravização. No entanto, os que rejeitavam a presença dos africanos eram maioria. O projeto foi aprovado no Senado, e depois na Câmara, com a cláusula da reexportação.

Durante a discussão do projeto, surgiu uma questão candente: quem seria considerado "africano livre" após a promulgação da lei? O art. 1º do projeto estava formulado da seguinte maneira: "Todos os escravos que entrarem no território ou portos do Brasil, vindos de fora dele, ficarão libertos".[41] Um debate acalorado se seguiu depois de o senador Luís José de Oliveira Mendes, o barão de Monte Santo, trazer à memória dos colegas os africanos importados desde 13 de março de 1830. O senador pedia uma declaração explícita de que a nova lei seria aplicada a todos os africanos importados desde que o tratado entrara em vigor. Depois, o conde de Lages acrescentou que todos aqueles afetados pela Convenção adicional de 1817, isto é, todos os africanos trazidos do norte do equador desde 1818, deveriam ser protegidos pela lei e também ser considerados livres. Ao defender a aplicação retroativa da lei àqueles importados desde a proibição do tráfico pelos acordos bilaterais, o barão de Monte Santo e o conde de Lages insistiam que aqueles africanos tinham igual direito à liberdade dos que seriam emancipados depois da promulgação da lei. A intenção de Oliveira Mendes não era bem defender os africanos: ele era daqueles que queria vê-los longe.[42] O visconde de Alcântara também argumentou pela emancipação dos africanos importados desde março de 1830 e rejeitou os argumentos pelo direito à propriedade daqueles senhores: "o tratado libertou estes homens, que entraram no nosso solo, e a violência de quem abusivamente os conservou escravos, e os vendeu, não pode fazer caducar seus imprescritíveis direitos".[43]

A posição do marquês de Barbacena e da maioria dos senadores, entretanto, era de que a lei só deveria ser aplicada aos casos futuros. Ele não negava o direito à liberdade de todos os africanos importados ilegalmente, mas se recusava a inscrevê-lo na lei, admitindo que "se algum [africano] p[u]der provar perante a autoridade judicial competente que foi trazido para o Brasil depois daquele termo, este juiz o deva julgar livre".[44]

O debate acerca da emancipação dos africanos importados desde 1830 revelou os argumentos a favor da legalização do contrabando. Seria impossível, Barbacena e outros argumentavam, perseguir judicialmente os proprietários dos escravos ilegais, porque os africanos já teriam trocado de mãos algumas vezes, e haviam sido comprados "em boa-fé". O senador Oliveira, no entanto, refutou com veemência a validade desse argumento, lembrando que "todo o mundo sabe que quem compra um escravo novo é porque acabou de chegar da Costa d'África; um negro novo não se confunde com um ladino; não há ninguém que não os possa distinguir à primeira vista".[45] As razões mais importantes para a recusa a tratar dos antigos casos de contrabando eram políticas. A proposta para que fossem compreendidos pela legislação e emancipados os africanos trazidos desde março de 1830, estimados entre 40 mil e 50 mil em todo o país, foi finalmente rejeitada com base na última intervenção de Barbacena. Ele argumentou que "os sentimentos filantrópicos dos nobres senadores" tinham de ser considerados junto com

> o sentimento dos males, que devem cair sobre todo o Brasil, principalmente nas províncias do Norte, males que se antolham a qualquer que fizer pequenas reflexões sobre as consequências que hão de resultar de aparecerem de chofre milhares de pretos forros sem ofício, na época em que o Governo não tem toda a força física e moral para os conter e aos outros a quem eles seduzam![46]

Estava claro o receio dos senadores de que a ordem social fosse comprometida por quem pudesse infundir nos africanos emancipados coletivamente "o abundante espírito de revolta" que marcava aquele período de intensa agitação política. Esses, por seu turno, poderiam seduzir os escravos (aos quais os senadores se referiam como "outros"), e todos concordavam que o governo não teria autoridade suficiente se fosse chamado a controlar a situação. A solução foi manter como escravos os africanos importados ilegalmente e ignorar seu direito à liberdade.

A Lei de 7 de novembro de 1831 proibia a importação de escravos para o país e punia todos os envolvidos na atividade ilegal, da tripulação do navio negreiro ao comprador dos africanos contrabandeados. O primeiro artigo da lei declarava livres todos os escravos trazidos ao território brasileiro vindos de fora, e o segundo determinava que fossem apreendidos e mantidos pelo governo até serem enviados de volta à África. Embora a reexportação nunca tenha se efetivado, na prática essa determinação modificou a política do governo regencial no tratamento dos africanos apreendidos, pois foi considerada substitutiva às determinações do Alvará de 1818.

A ordem de reexportação contrariou os britânicos. Em troca de correspondências com o ministro brasileiro dos Negócios Estrangeiros, o comissário-juiz George Jackson evocou o cumprimento do Tratado de 1826, lembrando a responsabilidade do governo brasileiro pelos africanos emancipados na Comissão Mista. Jackson afirmou que o envio dos escravos resgatados de volta à África contrariava as "intenções benevolentes" do tratado.[47] O ministro respondeu que o objetivo da legislação era a abolição do tráfico e que "o país estava determinado a não mais aceitar a introdução de africanos no seu território, de qualquer forma que fosse".[48] O ministro Palmerston instruiria depois seu representante no Brasil a protestar veementemente contra a reexportação dos africanos, temendo que a viagem de volta fosse ainda mais difícil que a primeira e, além do mais, expusesse os africanos à reescravização.[49]

A Secretaria dos Negócios Estrangeiros vinha consultando Portugal, Inglaterra e França a respeito de receberem os africanos emancipados em uma de suas colônias na África. Conforme o secretário relatou aos deputados na abertura da sessão legislativa de

1834, ainda não havia solução, pois a Inglaterra esboçava impor condições para receber os africanos em Serra Leoa e o governo brasileiro começava a considerar a possibilidade de estabelecer uma colônia na costa da África como a Libéria, em território a ser negociado com Portugal. Mas, para qualquer alternativa, era necessário que a Câmara liberasse verbas do orçamento.[50] Nos anos seguintes a negociação avançou, mas não se concluiu: aparentemente os administradores da Libéria concordaram em receber os africanos, desde que por cada um o Brasil pagasse cinquenta pesos espanhóis. A Inglaterra aceitaria receber os africanos em Trinidad, mas impunha condições impraticáveis.[51]

O governo regencial também aguardava medidas vindas do Parlamento acerca da repressão ao tráfico. Em 1834 tramitaram na Câmara e no Senado alguns projetos que respondiam ao incômodo com a continuação dos desembarques de africanos e visavam conter a posse de africanos ilegais. Um deles versava sobre a compra e venda dos escravos ladinos: as transações só poderiam ser feitas por escritura pública, com declaração do vendedor sobre sua aquisição dentro dos parâmetros legais.[52] Outro tratava da criação de uma matrícula dos escravos africanos a ser feita a partir da declaração de seus possuidores, com registro junto aos juízes de paz e às presidências das províncias. Segundo a proposta, os africanos encontrados sem matrícula seriam considerados livres e entregues ao governo, para ser reexportados, e seus detentores seriam sujeitos às penas previstas na Lei de 1831.[53] Havia também a proposta de criar curadorias nas cidades litorâneas para "promover a execução da Lei de 1831"[54] e a ideia de vender as embarcações condenadas por tráfico ilegal para recompensar os denunciantes e custear a reexportação dos africanos livres quando o responsável não era identificado.[55] Sintomaticamente, todos esses projetos foram rejeitados e arquivados, sinal de que a causa da repressão ao tráfico não encontrava mais respaldo nas bases eleitorais do Parlamento e que a liberdade dos africanos trazidos por contrabando ficava mais remota.[56]

A REPRESSÃO AO TRÁFICO SOB NOVA LEGISLAÇÃO

Os africanos emancipados entre novembro de 1831 e o início de 1834 enfrentaram a falta de definição do governo brasileiro a respeito da reexportação. Houve uma série de apreensões, tanto no mar quanto em terra, que suscitaram intensa correspondência entre o Ministério da Justiça, as autoridades alfandegárias, os juízes, alguns presidentes de província e os comissários-juízes e árbitros da Comissão Mista instalada no Rio. Os procedimentos adotados em alguns casos revelam mudanças na forma de tratamento dos africanos recém-desembarcados, tanto boçais quanto ladinos e libertos.

Já em dezembro de 1831, o ministro da Justiça, Diogo Feijó, oficiava ao guarda-mor da Alfândega que encaminhasse para julgamento pela Comissão Mista os negros novos vindos na escuna *Camilla* e no navio *Leão* que se encontravam no depósito. Os quatro rapazes africanos do *Leão* aparentemente estavam listados na matrícula como tripulação do navio, portanto foram liberados pela Alfândega, não tendo sido julgados pela comissão. O veredicto da comissão sobre os africanos da escuna portuguesa *Camilla* demonstra como a matéria era complexa. Dez deles eram escravos do proprietário da escuna, Manoel Correa, súdito português residente na ilha do Príncipe, e estavam matriculados como tripulação do navio. Por isso se encontravam no caso da primeira exceção prevista no primeiro artigo da Lei de 1831 e não seriam emancipados. Foram entregues ao mestre da escuna, Joaquim Mariano da Silva.

Três outros africanos pertenciam ao passageiro João Jacinto de Freitas e foram encaixados na segunda exceção do primeiro artigo da referida lei, que previa devolução ao senhor dos escravos fugitivos. Freitas lavraria um termo obrigando-se a reexportá-los. Outros cinco escravos encontrados a bordo da escuna foram declarados livres com base no art. 1º da lei e seriam reexportados à custa do mestre da embarcação. Foram julgados ainda o preto Macário José Francisco, identificado como livre, e o preto João Batista, sobre cuja liberdade pairava dúvida. Ficou decidido que, enquadrados no art. 7º da lei, que proibia a entrada de libertos no país, os dois teriam que ser reexportados também à custa do mestre da escuna *Camilla*. Julgados também o preto Antonio Manoel de Paula e o mulato Izidoro José Batista, foram ambos considerados pessoas livres, que poderiam seguir o destino que quisessem, sendo ingênuos.[57] É de destacar que o julgamento tenha sido baseado na Lei de 1831, e não no Tratado de 1826, talvez porque os africanos tivessem sido apreendidos já em terra, no desembarque. Os africanos emancipados receberam, em 24 de fevereiro de 1832, cartas de emancipação passadas pela Comissão Mista — as quais, diferentemente das outras até então expedidas, não se referiam ao Alvará de 1818, portanto não faziam nenhuma menção à tutela ou ao tempo de serviço obrigatório. Não foi possível verificar se as reexportações de fato ocorreram.

Em Pernambuco, no início de 1833, uma apreensão de africanos novos suscitou consulta à Secretaria dos Negócios da Justiça a respeito do destino deles. A resposta foi sintomática daqueles tempos incertos:

> Não se tendo podido ainda contratar com as autoridades africanas [...] para darem asilo aos que forem reexportados daqui [...], vossa excelência deve fazer reenviar os que forem apreendidos para os portos d'onde tiverem vindo, ou para o lugar da África que for mais cômodo.[58]

Não temos notícia se a ordem foi cumprida, mas no Recife já havia um grupo de africanos livres: os 136 africanos apreendidos da escuna *Clementina* no início de 1831 tiveram seus serviços arrematados a particulares conforme o Alvará de 1818.[59]

Foram arrematados em vez de reexportados os 159 africanos apreendidos no engenho de José Raposo Ferreira, na Bahia, em meados de 1834. A presidência da província, ao pedir instruções à Corte sobre como proceder e cobrir os gastos com sustento e cuidados médicos do grupo, já ciente de que a reexportação era inviável "em razão de se ignorar qual seja o asilo", antecipou a solução indicando que seria arrematar os serviços dos africanos conforme o Alvará de 1818.[60] Aureliano Coutinho, em resposta, admitiu que a execução da reexportação encontrava "alguns obstáculos" que ele esperava que a Assembleia Geral removesse. Determinou que os africanos fossem empregados em obras públicas, seguindo o Alvará de 1818, mas avaliava que de resto o referido alvará se encontrava revogado pela Lei de 1831 e não caberia arrematação dos serviços dos africanos por causa dos abusos que resultavam dessa prática.[61] Ordem com teor semelhante foi expedida na província de Minas Gerais em setembro a respeito dos africanos apreendidos pelo juiz municipal da vila da Pomba ao sargento-mor Joaquim da Silva Pinto. Aureliano solicitou uma lista com os nomes e sinais para garantir a reexportação, assim que o Legislativo deliberasse sobre a medida.[62]

O que é notável, dado o pouco que se sabe até agora da repressão ao tráfico no Brasil, é o engajamento de autoridades brasileiras na apreensão de africanos novos, tanto no mar quanto em terra, na década de 1830. A nova legislação facilitava a repressão, uma vez que agora os destinos dos africanos e do navio eram julgados em separado. A Marinha brasileira naqueles anos colaborava com a britânica e foi responsável pela apreensão da escuna *Maria da Glória*, em 1833, do patacho *Santo Antônio*, em 1834, e do patacho *Continente*, da escuna *Angélica*, do brigue *Amizade Feliz* e do patacho *Novo Destino*, em 1835. Mas a Polícia, seus informantes e os juízes de paz também apreenderam centenas de africanos novos em terra naqueles anos. Esses foram declarados livres com base no Decreto de 12 de abril de 1832, que regulamentava a Lei de novembro de 1831 e estabelecia os procedimentos em casos de apreensões de pessoas cujo estatuto era incerto, além de prever denúncias de escravização ilegal por parte dos próprios africanos.

O decreto determinava a vistoria de todos os barcos que entrassem ou saíssem dos portos, fosse por autoridades alfandegárias, policiais ou judiciais, a fim de conferência dos documentos e indagações sobre a carga, o destino, a duração da viagem e "qualquer outra circunstância por onde se possa conjecturar haver conduzido pretos africanos". O decreto ordenava ainda o depósito daqueles que estivessem "nas circunstâncias da lei, sejam eles escravos ou libertos", e a prisão em flagrante dos importadores, para ser julgados por juízes criminais. O art. 7º respondia aos casos que vinham sendo recorrentes:

> Na mesma visita procurar-se-á observar o número e a qualidade da tripulação negra, ou dos passageiros dessa cor; e notando-se que alguns, ou todos não são civilizados, ou muito além do número necessário para o manejo do barco, se forem libertos não desembarcarão, e se forem escravos serão depositados, procedendo-se ulteriormente conforme a lei.[63]

O decreto indicava também o tratamento dos casos de africanos boçais encontrados já em terra:

> Constando ao intendente-geral da Polícia, ou a qualquer juiz de paz ou Criminal, que alguém comprou ou vendeu preto boçal, o mandará vir à sua presença, examinará se entende a língua brasileira; se

está no Brasil antes de ter cessado o tráfico da escravatura, procurando por meio de intérprete certificar-se de quando veio da África, em que barco, onde desembarcou, por que lugares passou, em poder de quantas pessoas tem estado etc. Verificando-se ter vindo depois da cessação do tráfico, o fará depositar, e procederá na forma da lei, e em todos os casos, serão ouvidas sumariamente, sem delongas supérfluas as partes interessadas.[64]

A fiscalização da circulação de africanos boçais em suas jurisdições e a responsabilidade de um processo de investigação com base no interrogatório de testemunhas eram atribuídas, portanto, à Polícia e aos juízes. O artigo seguinte do decreto, ao admitir que as denúncias de escravização ilegal viessem dos próprios africanos, demonstrava definitivamente o firme propósito do governo regencial, àquela altura, de reprimir o tráfico:

> Em qualquer tempo, em que o preto requerer a qualquer juiz de paz, ou criminal, que veio para o Brasil depois da extinção do tráfico, o juiz o interrogará sobre todas as circunstâncias que possam esclarecer o fato e oficialmente procederá a todas as diligências necessárias para certificar-se dele; obrigando o senhor a desfazer as dúvidas que suscitarem-se a tal respeito. Havendo presunções veementes de ser o preto livre, o mandará depositar, e procederá nos mais termos da lei.[65]

Possivelmente como resultado de toda essa campanha, no Depósito Geral da cidade do Rio de Janeiro se encontravam recolhidos, em junho de 1832, "mais de quinhentos escravos" e "grandes somas" de dinheiro, o que preocupava o ajudante do intendente de Polícia, pois "nas atuais circunstâncias [isso] exige a maior vigilância e cautela".[66] Mesmo considerando que no depósito também eram recolhidos escravos em outras circunstâncias, é possível que boa parte dos que lá se encontravam estivesse em litígio por importação ilegal. Feijó pedia um parecer sobre o meio de se arrematar ou recolher tais bens ao Tesouro Nacional. Veremos mais tarde que muitos africanos apreendidos foram entregues a particulares em depósito. De fato, pouco se sabe sobre o destino dos africanos apreendidos na Corte nessa fase.

A despeito da preocupação de certas autoridades com os desembarques de africanos novos, esses continuavam acontecendo, ainda que em volume menor se comparado ao de anos anteriores a 1830. Além disso, mantinham-se abertas as rotas de redistribuição dos africanos recém-chegados pelo comércio interno, graças a subterfúgios nos registros. Os livros de despachos e passaportes da Intendência de Polícia da Corte atestam que os africanos novos remetidos a Minas, São Paulo e províncias do Sul passaram a sair como "ladinos", e não mais como "novos". A mudança nos registros é sensível já no segundo semestre de 1831, sinal de que os debates do projeto de lei já convenciam os negociantes de escravos de que haveria repressão ao tráfico, tanto no mar quanto em terra, ou ainda que as instruções emitidas por Feijó em agosto tiveram cumprimento peculiar. Os encarregados da Intendência, cujo número não havia crescido na mesma proporção do tráfico e, portanto, das (muitas) necessidades burocráticas da repartição, fizeram vistas grossas para seu reembarque ou despacho por terra e, dessa forma, passaram a encobrir o tráfico ilegal, voluntária ou involuntariamente.[67]

AFRICANOS DA ESCUNA *EMÍLIA* VOLTAM À ÁFRICA

Os africanos livres da escuna *Emília* cumpriram o serviço compulsório nesse período de grande alvoroço político e mudanças administrativas. Faltam informações individualizadas sobre os destinos dos camaradas de Cosme, Ângelo e Casemiro no início da década de 1830. Sabemos, no entanto, que alguns empreenderam a volta à África, e outros — que reaparecem no próximo capítulo — ficaram no Rio.

No início de 1836, instruídos pelo ministro Palmerston para descobrir o paradeiro dos africanos resgatados do tráfico catorze anos após sua emancipação, os comissários britânicos George Jackson e Frederick Grigg relataram ter procedido a investigações a partir de uma informação de que duzentos ou trezentos africanos livres se preparavam para retornar à África. Os detalhes da operação eram bem interessantes: os africanos tinham fretado um navio britânico por cinco contos de réis (5:000$000) para levá-los a Onim, na Costa da Mina. Os comissários relataram que

> a empreitada era chefiada por um negro livre, um dos do carregamento de escravos do *Emília*, e que, tendo adquirido alguma propriedade e muita influência sobre seus conterrâneos emancipados, usou disto para engajá-los a retornar à sua terra natal e para facilitar, tinha vendido vários escravos de sua propriedade e alforriado seis outros que o acompanhariam.[68]

Ao buscar explicar seus motivos para deixar o Brasil, Jackson e Grigg deram voz às opiniões correntes no Rio:

> Algumas pessoas supõem que os líderes estavam envolvidos em planos recentes de revolta, e que o governo prefere livrar-se deles, sigilosamente, desta forma; outros atribuem a decisão à apreensão por parte dos negros, que eles sejam eventualmente forçados a deixar o Brasil; enquanto outros tendem a crer que o verdadeiro objetivo deles é obter novas vítimas para o mesmo tráfico imoral, do qual eles mesmos foram resgatados... Quando questionados a res-

peito, eles negaram enfaticamente tal ideia, e todos declararam que estavam retornando de livre e espontânea vontade e exclusivamente por amor à pátria.[69]

Alguns informantes dos comissários britânicos demonstravam conhecimento da varredura promovida pelo chefe de Polícia Eusébio de Queirós contra os africanos minas no Rio de Janeiro no ano anterior, em que se buscavam indícios de articulações para reproduzir, na capital do Império, a rebelião tentada em Salvador.[70] Associaram o fretamento do navio para Onim à tal operação de repressão e ao esforço empreendido pelo governo para expulsar africanos implicados na revolta dos malês, ou simplesmente indesejáveis.[71] É difícil apurar se algum dos africanos da escuna *Emília* era suspeito de tramar insurreição no Rio. Mas que eles devem ter sofrido investidas das autoridades policiais e judiciais é quase certo.

Sessenta daqueles que se preparavam para voltar à África eram mesmo da *Emília*, os comissários confirmaram. Com relação a seus termos de serviço obrigatório, Jackson e Grigg avaliaram que eles não tinham sido submetidos propriamente a um aprendizado:

> A história deles, em geral, parece ser que as pessoas a quem eles foram originalmente alugados morreram e que, tendo o curador também falecido, e não havendo ninguém para cuidar ou tomar conta deles, eles ganharam o sustento da melhor maneira que puderam: em alguns casos, seus arrematantes, em vez de empregá-los em serviços domésticos em algum ofício regular, autorizaram-nos a levar uma vida de vagabundagem, ganhando quanto dinheiro conseguissem, e pagando aos arrematantes uma soma diária; outros desses negros pagaram uma soma em dinheiro para redimir-se do que faltava do seu tempo de servidão; mas em nenhum caso, aparentemente, houve algum pagamento de salários para eles.[72]

Parecia hipocrisia de Jackson e Grigg ignorar que aqueles africanos livres da *Emília* haviam, na realidade, trabalhado ao ganho; os comissários, que já moravam no Rio havia algum tempo e que por certo liam relatos de viajantes estrangeiros, escolheram classificar o arranjo pejorativamente como vagabundagem, mesmo sabendo que era muito comum entre senhores e escravos nas cidades brasileiras.[73] O fato de o sistema ser adotado com africanos livres era significativo em si, mas esse não foi o problema enxergado pelos comissários. Esperavam que tivesse havido pagamento de salário aos africanos livres e criticaram que houvessem pagado para se redimir do tempo que lhes faltava servir. De qualquer maneira, o relato dos comissários para Palmerston dá o tom do olhar britânico sobre o tratamento brasileiro dos africanos livres: Jackson e Grigg admitiram que aquele era o lado positivo, pois muitos africanos provavelmente tiveram destinos piores; e não deixaram de registrar que "mesmo essa visão do funcionamento do sistema adotado até agora [...] está longe de cumprir as intenções humanitárias do governo de sua majestade quando o sistema foi formulado, e o resultado parece indicar a necessidade de submeter o processo todo a um controle mais cuidadoso e eficiente".[74] Entretanto, naquele momento de 1836 em que os comissários se preocupavam com o destino dos africanos livres da *Emília*, as normas que regulavam a distribuição dos africanos livres que desembarcassem no Brasil já tinham sido profundamente alteradas pela legislação brasileira.

3. Africanos livres e a política conservadora

A política do governo imperial em relação aos africanos emancipados entre 1834 e 1850 esteve intrinsecamente relacionada ao processo de organização do Estado nacional. A consolidação do domínio político dos conservadores, que se traduziu na defesa do tráfico de escravos e na manutenção da escravidão, trouxe consequências negativas aos africanos livres, cujas chances de desfrutar a liberdade adquirida com base na legislação diminuíram até quase desaparecer. Este capítulo trata da administração dos africanos livres depois que a tentativa de estabelecer uma política de repressão ao tráfico e reexportação dos africanos fracassou.

O LIVRO DE ASSENTOS DOS AFRICANOS BOÇAIS REMETIDOS À CASA DE CORREÇÃO

Em 3 de junho de 1834, Eusébio de Queirós, então chefe de Polícia do Rio de Janeiro, abriu um livro exclusivamente para "os assentos dos africanos boçais que vão remetidos para a Casa de

Correção". O livro, apesar de muito comido por traças, sobreviveu ao tempo e guarda várias chaves para a compreensão da experiência dos africanos apreendidos e da política do governo imperial para aqueles considerados africanos livres. É de notar que, apesar de escolher o termo "africano" no lugar do mais corrente "preto", Eusébio tratou das pessoas remetidas à Casa de Correção como "boçais" e não como "africanos livres", como se tornaria corrente mais tarde. Àquela altura de suas trajetórias, todos os africanos arrolados já haviam sido declarados emancipados por juízes de paz ou pela Comissão Mista. O recolhimento dos africanos livres à Casa de Correção em 1834 demonstra uma mudança importante na política do governo imperial, que centralizava, sob uma autoridade subordinada à Secretaria dos Negócios da Justiça, o que antes tocava mais de perto à Alfândega.

O Império tinha desde 1830 um Código Criminal e desde 1832 um Código de Processo Criminal. A fundação da Casa de Correção, nesse contexto, estava associada à entrada do Brasil na modernidade do direito penal: seria um estabelecimento onde os presos cumpririam pena trabalhando, o que condizia com as novas crenças na "regeneração" dos criminosos e rebeldes. As prisões existentes no Rio — o Calabouço, o Aljube, a de Santa Bárbara e os cárceres militares — já não estavam à altura da demanda, e algumas eram do tempo em que as punições envolviam castigos corporais.

Instalada numa chácara do Catumbi, distante das freguesias mais populosas da cidade, a Casa de Correção havia sido planejada para ter várias alas, conforme modelo inspirado no Panopticon de Bentham. Em janeiro de 1834, sessenta presos, condenados a galés e a pena com trabalho, foram destacados para o início da construção, sob a fiscalização de feitores. Meses depois chegariam os africanos livres, muitos dos quais também trabalhariam na obra. Àquela altura, a Casa de Correção era apenas um terreno e uma pedreira. Nem muros tinha.[1]

Os assentos copiados no livro aberto por Eusébio de Queirós são recibos de entrega de africanos já emancipados à Casa de Correção. Estavam dispersos, em poder de depositários, por algum tempo. Alguns, o suficiente para ganhar o direito de serem identificados pelo nome no livro. O escrivão provavelmente os inquiria, pois entre os doze africanos apreendidos na ilha das Flores e remetidos pelo juiz de paz da freguesia de Sant'Anna em 14 de julho de 1834 havia "uma preta que não sabe o nome, nação Conga, de cinco pés e três polegadas, rosto redondo, boca grande, olhos pardos, nariz chato".[2]

A forma de identificação dos africanos era a descrição física. Fossem "preto", "preta", "moleque" ou "moleca", todos tinham a altura registrada (no sistema britânico, em pés e polegadas), frequentemente a idade, mesmo que aproximada, e também aspectos físicos considerados úteis à identificação individual: formato do rosto, do nariz, da boca ou dos lábios, tamanho das orelhas e, por vezes, a aparência dos dentes. Sinais de nação e marcas feitas ao longo da trajetória de escravização também eram algumas vezes registrados, como os da "moleca de nação Benguela" que apareceu na porta da Casa de Correção, em 5 de julho de 1834, com "marcas de nação por todo o corpo da cintura para cima, inclusive os braços e um E na espádua à direita".[3]

Alguns dos africanos que chegavam do depósito já haviam sido emancipados bom tempo antes. Era o caso de Damião Benguela e outros seis apreendidos pela Polícia a um certo Salomão Valentim em sua casa na rua do Sabão em outubro de 1832. Só em julho de 1834 — ou seja, vinte meses depois — eles passaram à Casa de Correção. Dois jovens africanos, o "moleque de nome Catraio de nação" e a "muleca de nome Rita, de nação Conga", também haviam passado tempo em depósito, mas junto a um particular: julgados livres em abril de 1832 pelo juiz de paz da Lagoa, foram "depositados em poder de Manuel Pereira Mendes" e em julho de 1834 transferidos à Casa de Correção. É de se perguntar como eram escolhidos esses depositários naqueles tempos em que o guarda-mor da Alfândega tinha autoridade sobre os africanos apreendidos e proximidade com os comerciantes de escravos novos.

Vários africanos chegaram à Casa de Correção em 1834 sem ter passado muito tempo em depósito, ou talvez vindos diretamente do navio onde aguardaram julgamento. Nesses casos, os registros de entrada na Casa eram muito sumários, sem nome, só com descrições físicas. Foi assim que entraram para a Casa, em 2 de setembro, os 118 africanos dados como de nação Gabão, que eram do patacho português *Santo Antônio*, apresado pela escuna brasileira *Lebre*, e que se encontravam desde 15 de junho em depósito na "casa do engenho de vapor". No dia 24 de setembro, quando 91 deles receberam cartas de emancipação da Comissão Mista (27 tendo falecido na Casa), já haviam sido batizados com nomes cristãos e passaram a constar como de nação Nagô.[4]

O livro de entrada dos africanos na Casa de Correção tinha ainda alguma escrituração dos falecimentos, feita à margem dos registros individuais. Também continha registro de duas saídas de africanos, quatro deles para o Jardim Botânico e dois para a Santa Casa, provavelmente para prestar serviços, numa prática que retomava a aplicação do Alvará de 1818 e que se tornaria mais corrente no fim de 1834, quando foram emitidas instruções a respeito da arrematação dos serviços dos africanos. Não há, no entanto, registro dos termos em que os africanos trabalhariam.

Entre os registros, é notável o número de apreensões avulsas, feitas em terra, que resultaram na emancipação de africanos por juízes de paz, provavelmente com base no Decreto de 1832. Mesmo que brevemente registradas junto ao nome de cada africano, as circunstâncias das apreensões são reveladoras do clima da cidade naqueles anos. Três africanos encontrados "em uma casa particular em Pertininga", por exemplo, foram declarados boçais e emancipados pelo Juízo de Paz do 2º Distrito da paróquia de Sacramento na Corte em meados de 1834. No Natal do ano seguinte, talvez depois de uma denúncia, a Polícia efetuou a apreensão de uma africana:

> Joana Benguela, idade presumível de onze anos, marca R no peito direito, com beiços grossos, nariz chato, um furo grande na extremidade da orelha esquerda e apreendida pelo juiz de paz do 1º distrito do ss, em um armazém na praia de D. Manoel, no dia 24 de dezembro de 1835.

Alguns registros identificavam nominalmente as pessoas que detinham os africanos no momento da apreensão: Joaquim Cassange, de aproximadamente quinze anos, com sinal de marca de ferro no braço esquerdo, e Fidélis Rebolo, de idade estimada entre doze e catorze anos, com sinal de âncora nos dois braços, foram apreendidos pelo juiz de paz do 2º Distrito de Santana a d. Angélica de Castro, viúva de Antônio José de Castro.[5] Doze africanos boçais foram apreendidos a José Antônio Amorim na estrada de Minas Gerais em novembro de 1835.[6] Todos voltarão a aparecer nesta nossa história.

Corria o ano de 1836 quando o escrivão da Casa de Correção registrou a chegada de Antônio e João, ambos de nação Benguela, remetidos por ordem do juiz de paz de Iguaçu. Essa foi a última anotação feita no livro aberto por Eusébio de Queirós dois anos antes. Os registros da remessa dos africanos à Casa de Correção são instantâneos preciosos do tráfico ilegal que vinha desafiando as leis e as autoridades encarregadas de aplicá-las. Ali aparecem o pequeno tráfico que nos primeiros anos de proibição tentava passar pela Alfândega disfarçando os africanos boçais como tripulantes ou libertos, o trânsito de africanos boçais para outras regiões e, ainda, a posse corriqueira de escravos novos na cidade. Apesar de o tráfico ilegal ultrapassar — e muito — as apreensões, os possuidores de escravos novos não estavam a salvo de ser denunciados. Nesse clima, é difícil imaginar que os africanos importados ilegalmente desconhecessem seu direito à liberdade.

ARREMATAÇÃO E CONCESSÃO DOS SERVIÇOS

É razoável supor que, ao recolher os africanos livres à Casa de Correção, o Ministério da Justiça se preparasse para sua reexportação, uma vez que naqueles meses tramitavam no Senado os projetos complementares à Lei de 1831 visando reverter os recursos da venda das embarcações do tráfico para a reexportação dos africanos, regular a compra e venda de escravos ladinos, criar curadorias nas cidades litorâneas e estabelecer uma matrícula dos escravos africanos. O fracasso de tais propostas em setembro de 1834 explica a regulamentação da distribuição de seus serviços. Abriu-se uma nova fase da administração dos africanos livres pelo governo brasileiro quando Aureliano Coutinho, ministro da Justiça, enviou um aviso ao juiz de órfãos do Rio de Janeiro autorizando-o a arrematar em praça o serviço dos africanos livres que se encontravam em depósito na Casa de Correção e cuja manutenção vinha onerando os cofres públicos.

O aviso de 29 de outubro de 1834 regularizava o tratamento dos africanos depois de três anos nebulosos. Coincidia também com a chegada de mais de trezentos africanos emancipados do *Duquesa de Bragança* e do *Santo Antônio* à Casa de Correção. No referido aviso, Aureliano Coutinho autorizava o chefe de Polícia, com o administrador da Casa e a comissão inspetora das obras, a selecionar africanos livres para o serviço das obras de construção da Casa, e o juiz de órfãos a promover a arrematação dos serviços dos africanos livres restantes a "pessoas deste município de reconhecida probidade e inteireza", entre as quais se desse "preferência a quem mais oferecer por ano pelos serviços de tais africanos".[7]

Aureliano fez referência à falta de regulamentação das ordens de reexportação contidas na Lei de 1831 e incluiu no aviso uma cláusula pela qual os arrematantes dos africanos se responsabilizariam por entregá-los ao governo imperial quando se definisse sua sorte ou se resolvesse sobre a reexportação. O aviso ordenava que o juiz de órfãos fizesse "conhecer aos africanos que são livres e que vão servir em compensação do sustento, vestuário, tratamento, e mediante um módico salário", que seria arrecadado pelo curador com vistas a custear sua reexportação, e além disso que o mesmo juiz entregasse a cada africano, "em uma pequena lata que lhe penderá ao pescoço, uma carta declaratória de que é livre, e de que seus serviços foram arrematados a [nome do arrematante], indo na mesma carta inscritos os sinais, nome, sexo e idade presumível do africano".[8] As instruções contidas no aviso também detalhavam os procedimentos a serem tomados para registrar o falecimento ou fuga dos africanos livres, mas significativamente não faziam menção ao limite do tempo de serviço obrigatório ou referência ao Alvará de 1818. Enquanto os funcionários diplomáticos britânicos esperavam que o governo brasileiro seguisse os princípios estabelecidos pelos regulamentos da Comissão Mista, a administração dos africanos livres seguiu outro curso nas décadas de 1830 e 1840. Não só o princípio mais próximo do aprendizado tinha desaparecido das instruções expedidas em 1834, mas a tutela, já indicada no Alvará de 1818, agora vinha mais associada à caridade dos arrematantes que ao compromisso de ensinar ofícios aos africanos e prepará-los para o mundo do trabalho. Os africanos seriam considerados "livres" em 1834, e não mais "libertos", como em 1818, mas sua obrigação de trabalhar era apenas recompensa por seu sustento e cuidados. Nesse sentido, as obrigações dos arrematantes dos africanos livres eram semelhantes às dos senhores de escravos, com a diferença de estarem regulamentadas. Além do pagamento de salários (para um fundo público, e não para os africanos), não havia nada que indicasse aos arrematantes que na prática empregavam pessoas que estavam sendo treinadas para desfrutar de autonomia. Além disso, o que era pior, o aviso não fazia a mais remota referência a um prazo para o serviço compulsório dos africanos livres, provavelmente devido à suposição de que seriam mandados de volta à África.

Por um breve período, voltou a vigorar a prática adotada antes de novembro de 1831, de conduzir leilões públicos para alugar os africanos livres aos que oferecessem o melhor preço por seus serviços. Quando o ministro Aureliano Coutinho notou que crianças com menos de seis anos foram alugadas por até 50$000 réis por ano no leilão feito em novembro de 1834, as regras para distribuição mudaram. A possibilidade de que os arrematantes pudessem ter "vistas sinistras de escravizar esses miseráveis" assustou o ministro, que suspendeu os leilões e estabeleceu que os serviços dos africanos deveriam ser concedidos a pessoas "de reconhecida probidade e inteireza", da escolha do juiz de órfãos.[9]

Para incorporar novas práticas e prevenir abusos, tais Instruções sofreram uma emenda em 19 de novembro de 1835.[10] O decreto regulava a concessão de africanos livres a particulares, obrigava os concessionários (agora não mais arrematantes) a pagar um salário (um aluguel, na verdade) por seus serviços, o qual seria usado na sua reexportação para a África, e listava as razões que justificariam o cancelamento de uma concessão. Os africanos deveriam servir no Rio de Janeiro ou em outras capitais de província e só poderiam ser removidos desses locais se os funcionários do governo no Rio ou os presidentes das províncias autorizassem seus concessionários a fazê-lo. O curador dos africanos livres e os juízes de órfãos seriam responsáveis por certificar-se de que as

Instruções eram seguidas. Sintomaticamente, as alterações nas Instruções de 1834 também não mencionaram os acordos bilaterais ou o Alvará de 1818, que na legislação brasileira limitava o período de serviço obrigatório em catorze anos. Também não faziam referência aos termos em que os concessionários poderiam extrair trabalho dos africanos. Querendo ou não, o governo imperial tornou ainda mais difícil a tarefa de garantir a liberdade dos africanos livres. Com a repressão ao tráfico perdendo apoio da Assembleia Geral, os funcionários do governo tinham dificuldade para se impor sobre os interesses dos traficantes e proprietários de escravos, e o tráfico já retomava o volume pré-1830.

A distribuição dos africanos livres para o serviço a partir de 1835 foi conduzida pelo juiz de órfãos, com a aprovação do Ministério da Justiça. O procedimento estava descrito nas novas Instruções publicadas naquele ano: o juiz anunciaria a distribuição nos jornais, e potenciais concessionários fariam uma petição escrita informando seu estado civil, local de residência e ocupação. Indicariam no pedido o "fim a que destinam os africanos, e o lugar em que estes para isso vão ficar", e quanto ofereciam anualmente por seus serviços. O juiz prosseguiria com a seleção e prepararia uma lista de concessionários, indicando o número de africanos livres a serem distribuídos a cada um. A lista seria aprovada pelo governo na Corte e pelos presidentes nas províncias.[11] Na prática, o método das distribuições era muito menos público: as concessões eram feitas mediante pedidos pessoais ao juiz de órfãos a qualquer tempo e mediante indicações ao juiz feitas pelos ministros da Justiça. A concessão não envolvia uma transação monetária, exceto pelo adiantamento de um ano de salário do africano, em geral fixado pelo juiz de órfãos em 12$000 réis. Extraoficialmente, havia acusações de que o juiz de órfãos recebia propinas de até 150$000 réis por africano para as concessões.[12]

Os concessionários particulares assinavam termos de responsabilidade diante do escrivão dos africanos livres, comprometendo-se "a dar-lhes o sustento, vestuário, curativos, e educação quer moral, quer religiosa, [...] a fazer constar ao mesmo juízo por meio de prova legal a morte ou fugida deles e a dar-lhes serviço correspondente as suas forças e idades".[13]

A distribuição dos africanos da escuna *Duquesa de Bragança* revelou uma duplicidade de registros entre a Comissão Mista e a administração brasileira. Os 247 africanos recolhidos à Casa de Correção em 26 de julho, ainda sem nome ou registro de nação, foram declarados livres e emancipados pela sentença da Comissão Mista em 30 de agosto. Nessa ocasião, teriam sido batizados, recebido nomes cristãos e tido as marcas registradas, uma vez que o escrivão da Comissão preparou uma listagem completa dos 238 sobreviventes emancipados. A arrematação de seus serviços, no entanto, só começou em novembro e estendeu-se até o ano seguinte, sob as ordens do juiz de órfãos do Rio de Janeiro. O fato de as listagens nominais dos africanos da escuna *Duquesa de Bragança* feitas pelo Juízo de Órfãos não coincidirem com as da Comissão Mista demonstra um deliberado distanciamento das autoridades brasileiras, a ponto de ter descartado e refeito o trabalho de registro nominal na Casa de Correção. Foram as cartas de emancipação emitidas pelo Juízo que circularam, e elas citavam as Instruções de 29 de outubro de 1834 e suas alterações pelo Decreto de 19 de novembro de 1835 no lugar do regulamento da Comissão Mista e do Alvará de 24 de janeiro de 1818.[14]

Os africanos apreendidos na estrada de Minas Gerais a J. A. Amorim, mencionados anteriormente, também ganharam novos nomes ao sair da Casa de Correção. Na entrada, declararam seus nomes e nações, e alguns tinham nomes africanos, como Panjo, menino de nação Ambaca; Canho, homem congo; Muturo, menino cassange; Cambo, menina conga; e "d. João Bomba", congo. Na arrematação de seus serviços a particulares, os nomes que os ligavam à família e à linhagem à qual pertenciam foram em geral ignorados; para todos os efeitos legais, eles teriam nomes portugueses. Muturo tornou-se Tobias; Cambo ganhou o nome de Emília; d. João Bomba tornou-se João Bamba. Só Panjo conseguiu guardar seu nome.[15]

A DISTRIBUIÇÃO E SEUS VÍCIOS

A análise da amostra de 955 africanos emancipados entre 1834 e 1838 dos carregamentos dos navios *Duquesa de Bragança, Continente, Novo Destino, Rio da Prata, Cezar, Angélica* e *Amizade Feliz*, e de apreensões avulsas feitas pelas autoridades locais, revela as diferenças na distribuição dos africanos livres entre concessionários particulares e instituições públicas.

A grande maioria dos africanos resgatados do tráfico entre 1834 e 1838 foi distribuída a particulares (82%), ao passo que um pequeno número foi enviado ao serviço público (18%). Essa distribuição foi distorcida por questão de gênero, uma vez que as mulheres, um terço do grupo, foram predominantemente distribuídas aos particulares (95%, contra 5% para as instituições), enquanto entre os homens a proporção foi de 75% para particulares e 25% para as instituições. Tais diferenças de local de trabalho e gênero determinaram que as experiências de trabalho dos africanos livres diferissem muito, fato que dificilmente foi reconhecido pelos contemporâneos.[16]

A distorção da distribuição em favor dos concessionários particulares foi criticada na Câmara dos Deputados em 1839, num período em que vários carregamentos haviam sido julgados pela Comissão Mista e centenas de africanos, distribuídos. O deputado Ferreira Penna avaliava que era mais vantajoso empregar o serviço dos africanos em obras públicas que distribuí-los entre particulares, os quais não costumavam cumprir suas responsabilidades. Ele apresentou um projeto que propunha que, enquanto a reexportação não fosse efetivada, os africanos livres fossem preferencialmente empregados nas obras públicas a cargo do governo geral ou distribuídos "à Câmara da Corte, aos governos das províncias e às companhias nacionais para serem também empregados ou em obras públicas ou em quaisquer trabalhos industriais".[17]

Os serviços das mulheres e das crianças, assim como os dos africanos livres casados, poderiam ser distribuídos a particulares em função de sua aptidão para o trabalho e para não separar as famílias. O projeto foi considerado objeto de deliberação, mas não ganhou urgência e não voltou à pauta da Câmara. Apesar disso, dos africanos pertencentes aos carregamentos distribuídos entre 1839 e 1841, coube às instituições públicas uma proporção maior que no período anterior. Na fase inicial de distribuição, as instituições que mais receberam africanos livres foram a Fábrica de Ferro de São João de Ipanema, em Sorocaba, no interior de São Paulo, e as obras da Casa de Correção. Na segunda fase foram concedidos africanos para a Fábrica de Pólvora da Estrela e para o Arsenal de Guerra, mas também foram beneficiados as obras das estradas da Estrela e de Mangaratiba, o Corpo de Permanentes, o Colégio Pedro II, a Biblioteca Nacional, a Ordem Terceira do Carmo e a Ordem Terceira de São Francisco da Penitência, a província de Minas Gerais e, sobretudo, o Arsenal de Marinha da Corte. Mulheres só havia no Arsenal de Guerra, na Fábrica de Pólvora e na Casa de Correção. Em balanço feito em setembro de 1840 a pedido do encarregado da pasta da Justiça, o juiz de órfãos detalhou a concessão de 961 africanos a instituições públicas. Desses, oitenta haviam retornado para redistribuição e 127 haviam falecido.

TABELA 2
AFRICANOS LIVRES ENVIADOS A INSTITUIÇÕES PÚBLICAS E NÃO GOVERNAMENTAIS E ÀS OBRAS PÚBLICAS ATÉ 1840

INSTITUIÇÕES E LOCAIS	HOMENS				MULHERES				TOTAL			
	C	R	F	E	C	R	F	E	C	R	F	E
Arsenal de Guerra	136		25	111	36		1	35	172		26	146
Arsenal de Marinha	123		21	102					123		21	102
Biblioteca Nacional	2			2					2			2
Casa de Correção	204	29	33	142	10	1	1	8	214	30	34	150
Corpo de Permanentes	21	1	7	13					21	1	7	13
Colégio Pedro II	10			10					10			10
Estrada da Estrela	27			27					27			27
Estrada de Mangaratiba	20			20					20			20
Fábrica de Ferro de S. João de Ipanema	94	15	9	70					94	15	9	70
Fábrica da Pólvora	74		7	67	26	1	1	24	100	1	8	91
Hospital da Ordem Terceira do Carmo	5	1		4					5	1		4
Obras do município	65	29	4	32					65	29	4	32
Obras da província	58	3	1	54					58	3	1	54

Ord. Terc. S. Francisco da Penitência	5		5			5		5	
Província de Minas	40	17	23			40		17	23
Sociedade de Pesca Feliz Lembrança	2		2	3		3	5		5
Total	886	78	124	684	75	2	3	70	961	80	127	754

LEGENDA: (C) Concedidos; (R) Revertidos; (F) Falecidos; (E) Existentes
FONTE: Tabela anexada a Diocleciano do Amaral para Paulino Limpo de Abreu, 3 set. 1840, AN, Diversos SDH — cx. 782 pc. 1.

A leitura da documentação do Ministério da Justiça acerca dos africanos livres revela uma gradual centralização da administração deles e uma diminuição da autoridade do juiz de órfãos e do curador dos africanos. As medidas tomadas respondiam às críticas sobre os abusos de autoridade dos juízes de órfãos e à dificuldade de cobrar responsabilidade aos arrematantes e concessionários, com os quais se tornavam muitas vezes coniventes no descumprimento dos compromissos assumidos. Isso fica claro em um caso de 1840, em que Lourenço Caetano Pinto, juiz municipal da 3ª Vara do Rio de Janeiro e interino de órfãos, teve uma decisão revertida pelo Ministério da Justiça. Aplicando as Instruções de 1835, o juiz havia cancelado a concessão dos serviços da africana livre Januária, de nação Rebola, a Margarida da Conceição, por falta de pagamento dos salários referentes a 1839 e 1840. O juiz já havia concedido os serviços da africana a outra pessoa quando Conceição apelou diretamente ao ministro da Justiça, que mandou reverter a decisão.[18]

O controle da arrecadação dos salários dos africanos livres também ocupou o ministério. Já em 1836 o ministro Limpo de Abreu ordenava ao chefe de Polícia que supervisionasse o estabelecimento de um cofre de três chaves e de um livro para a escrituração da renda provinda da arrematação dos serviços dos africanos livres. O responsável seria ainda o juiz de órfãos, mas agora secundado por um tesoureiro e um escrivão. O ministro esperava, com a medida, regularizar o registro da arrecadação dessa renda, mas também tirá-la do poder apenas do juiz, que dela não prestava contas.[19] Os funcionários do ministério talvez desconhecessem, mas àquela altura havia dois fundos de arrecadação dos salários dos africanos livres, um deles em mãos de um particular, o negociante José Fernandes de Oliveira Penna, referente à arrematação dos serviços dos "pretos minas e moçambiques".[20] O processo de centralização avançou até que o Ministério da Fazenda atribuiu a cobrança de salários dos africanos à Recebedoria do Município, órgão arrecadador subordinado ao ministério encarregado de todo o recolhimento de impostos na Corte. A medida instituiu uma escrituração elaborada, porém os livros não foram passados a limpo e sim entregues pelo Juízo de Órfãos à Recebedoria do Município, em cuja repartição ficaram a cargo de um escriturário que servia como escrivão dos africanos livres.[21] A cobrança dos inadimplentes passou ao Juízo dos Feitos da Fazenda e o salário dos africanos livres veio a integrar o Tesouro Nacional, tornando-se, em 1843, um item de receita no orçamento anual do Império.

A arrecadação correspondia ao valor dos serviços anuais do africano ou da africana, definido em leilão ou, mais tarde, fixados pelo juiz de órfãos. As Instruções de 1834 sugeriam que os africanos seriam informados de que prestariam serviços "em compensação do sustento, vestuário, tratamento, e mediante um módico salário", o que implicava que o pagamento correspondesse a uma recompensa monetária por seus serviços cotidianos, e não a um aluguel ou compensação pela arrematação. Adotar o termo "salário" reforçava essa ideia, mas na prática continuava sendo um aluguel depositado diretamente no fundo coletivo, que agora tinha o fim expresso de custear o processo de reexportação. Pelas Instruções de julho de 1840, depreende-se que o curador usava esse fundo para os gastos que tinha com os africanos, e pode-se supor que custeassem a alimentação, os cuidados médicos, a aquisição de vestimentas, a confecção de cartas e outros gastos burocráticos.

Acusações de conivência com a reescravização de africanos livres levaram o governo a impor ordens para o registro das mortes dos africanos e a emissão de certidões de óbito. Como Feijó já notara em 1831, alguns arrematantes declaravam a morte dos africanos livres a seu serviço no lugar de seus escravos. Por ordem do Aviso de 25 de junho de 1839, os curadores, ao proceder ao exame dos cadáveres, deviam confrontá-los com a descrição física e as marcas contidas nas cartas de emancipação, e remetê-las à Secretaria de Justiça com registro da data da morte e tabelas mensais quantificando os africanos livres falecidos. Apenas em 1844 essas regras passaram a ser seguidas pelos administradores das instituições públicas.[22]

A corrupção em torno das concessões de africanos livres foi tema de recorrentes críticas ao governo no Parlamento. No entanto, raramente se referiam ao tratamento dos africanos ou às condições de trabalho. Figura emblemática do campo conservador, Bernardo Pereira de Vasconcelos observou que a procura por africanos livres era muito grande, de gente de todas as camadas sociais, por motivos diferentes:

> O fato é que, apenas entra no porto do Rio de Janeiro alguma presa com africanos, aparecem muitos pretendentes; tem havido ocasião que, tendo-se de distribuir duzentos africanos, os pretendentes subiam a 5 e 6 mil! Os pobres consideram-se com direito a arrematar os serviços dos africanos porque são pobres; os ricos reclamam essa

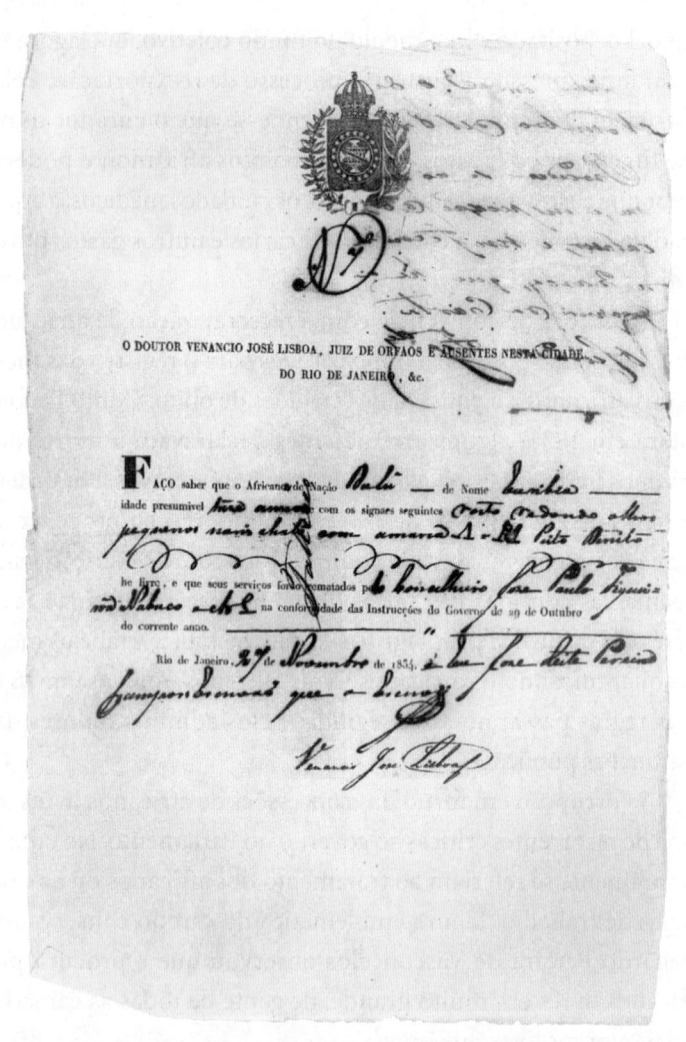

Os africanos apreendidos na escuna Duquesa de Bragança, em 1834, deram entrada na Casa de Correção em julho e foram emancipados pela Comissão Mista um mês depois. No leilão de arrematação dos serviços conduzido em novembro de 1834, as crianças e jovens alcançaram preços muito elevados, o que preocupou o ministro Aureliano Coutinho. O conselheiro José Paulo Figueiroa Nabuco de Araújo arrematou os serviços de Eusébia Dulu, de treze anos, e em 1846 registrou seu falecimento, devolvendo sua carta de emancipação ao Juizado.

arrematação porque, tendo muitos capitais, desejam pô-los em movimento, mas faltam-lhes braços [...]. Em tais casos, como proceder? Parece-me que se devem preferir aqueles que melhor podem alimentar, vestir, educar e pagar os serviços dos africanos.[23]

Numa hábil inversão, Vasconcelos defendeu a concessão de africanos livres a pessoas abastadas sob a justificativa de que eram mais capazes de sustentar os africanos livres, mesmo sabendo que, na verdade, eram os africanos que as sustentavam. Fazendo parecer que eram os arrematantes que faziam favor ao governo, e não o inverso, ele continuou:

> Como se pode julgar possível a corrupção de votos pela arrematação dos serviços dos africanos, obrigando-se os arrematantes a alimentá-los, tratá-los em suas moléstias, e vesti-los e educá-los e além disso ficando quem os arremata sujeito ao preço da arrematação dos serviços? É de tanto valor a concessão de um africano que por ela se consiga uma votação favorável ao Governo?[24]

Em mais uma operação retórica, Vasconcelos distorcia a acusação de "patronagem" na distribuição dos africanos para desqualificar seus críticos. Reduzia a relação entre a política e a distribuição de africanos à compra de apoio no Parlamento, quando era evidente que os votos de deputados e senadores não se compravam com africanos livres. Buscava assim fechar a questão, deixando de fora os concessionários que não tinham assento no Parlamento, como se não interessassem à política e não fossem alvo do tráfico de influências. Tratava-se de um momento particularmente difícil da política imperial, em que as forças conservadoras se aglutinavam e, ao ocupar postos-chave no Estado, começavam a impor seus interesses ao país.

O TRÁFICO ILEGAL E A AMEAÇA AOS DIREITOS DOS AFRICANOS

Naquela mesma ocasião, em 1839, Diogo Feijó e Bernardo Pereira de Vasconcelos trocaram farpas sobre temas de justiça e tocaram no ponto nevrálgico da repressão ao tráfico: a definição de africano livre. Para mostrar que o ministério integrado por Vasconcelos "não pode alardear de escrúpulos", Feijó relatou um episódio de apreensão de escravos adquiridos em leilão na Corte e levados para Santos. O juiz de paz reconheceu o direito do suposto senhor à propriedade, enquanto o juiz de direito, não; a ordem do Ministério da Justiça teria sido de entregá-los ao senhor apenas após uma sentença do juízo civil. Aplicava-se, provavelmente, o procedimento legal baseado na Lei de 1831 e no Decreto de 1832. Feijó mostrou-se indignado: "Eis o que se pratica: toma-se a um cidadão a sua propriedade, e diz-se-lhe: ela não vos será entregue senão quando provardes que é vossa!".[25]

Vasconcelos tratou da acusação de injustiça para com o "cidadão" de Santos com uma aula de política da escravidão:

> Disse o nobre senador que em outro tempo era necessário provar que um africano era livre para deixar de ser escravo de quem o possuía, mas que hoje segue-se o contrário; e que o ministro da Justiça ordenava que não se entregassem os africanos, sem que o que se dizia dono deles justificasse que lhe pertenciam. É preciso que se note que hoje a legislação se tem um tanto alterado, depois da fatal lei de 7 de novembro de 1831; até então era necessário que, para qualquer africano ou homem de cor dizer que era livre, o justificasse; hoje, porém, depois dessa lei, todo o africano que parece boçal *se considera* livre. É esta a prática geral, seguida e fundada na lei de novembro de 31.[26]

Vasconcelos atribuía a Feijó o argumento que sugeria ter havido (em momento incerto) uma mudança no ônus da prova em caso de dúvidas sobre o estatuto de uma pessoa: enquanto antes era a liberdade que tinha o ônus da prova, agora era a propriedade. A "fatal" Lei de 1831 seria responsável pelo avanço excessivo da liberdade. Se antes de 1831 um africano ou homem de cor precisava provar sua liberdade — o normal era presumi-lo escravo —, agora só a aparência de africano boçal já a garantia.

Com presunções e falsas hipóteses, os dois criticavam os procedimentos de emancipação associados à repressão ao tráfico de escravos. Ao dizer que "em outro tempo era necessário provar que um africano era livre para deixar de ser escravo", Vasconcelos remetia ao tempo em que a presunção era de escravidão e só por meio de um processo se provava o direito à liberdade. Agora era a propriedade que precisava ser provada, realidade exasperante para os que detinham escravos, pois até então não costumavam sofrer interferência do Judiciário ou do Executivo sobre o que consideravam assunto privado. Naquele tempo de volumoso tráfico ilegal, requerer prova de propriedade dos escravos era visto como medida "impolítica", para usar expressão oitocentista. Mas Vasconcelos foi além, lançando uma denúncia de duplo sentido: ao afirmar que depois de 1831 "todo o africano boçal se considera livre", ele sugeriu que as autoridades declaravam a liberdade de um africano por sua aparência e ainda que os africanos importados ilegalmente tomavam consciência de sua liberdade.

Vasconcelos se incomodava, àquela altura, com o fato de que as apreensões e julgamentos vinham incidindo sobre africanos já introduzidos no país, comprados e vendidos como "ladinos". A repressão ao tráfico mudava (ou se expandia) do mar para a terra e ameaçaria a propriedade escrava adquirida desde 1831 com a expansão do direito de ser africano livre.

A instabilidade da propriedade adquirida por contrabando vinha sendo apontada por outras figuras emblemáticas, num outro tom. Em 1833, Aureliano Coutinho, secretário dos Negócios da Justiça, preocupado com o crescimento do tráfico ilegal, oficiou ao juiz de paz de Vassouras que este deveria "convencer-se e fazer convencer aos moradores do seu distrito" de que,

> além de cometerem um crime com semelhante tráfico, promovem e cavam um abismo futuro para si, e suas famílias, pois que tais africanos, quando ladinos e conhecedores de que são livres, não deixarão de esforçar-se para subtraírem-se ao cativeiro condenado hoje pelas leis, sem que estas, ou o governo em tais casos, possam garantir aos seus possuidores uma tal propriedade, e nem livrá-los das penas em que se acharem incursos, sendo bem fácil de conceber-se as consequências funestas que podem seguir-se da continuação de tal abuso.[27]

Para Coutinho, não havia dúvida de que os escravos importados ilegalmente eram, na verdade, livres e que seu cativeiro ilegal era uma ameaça à ordem vigente. No ano seguinte, ele admitiria à Câmara que "a impunidade dos contrabandistas aparecia escandalosamente", sem saber se atribuía "à bonomia dos juízes, se ao prejuízo de que estava imbuída a maior parte da nossa população, de que a extinção da escravatura no Brasil era um mal".[28]

No final de 1834, Diogo Feijó, ainda regente, apontou outro motivo para as dificuldades de repressão ao tráfico: a contradição intrínseca entre a lei e a hierarquia da sociedade escravista. Aos olhos dele e de outros brasileiros, não seria justo libertar os escravos africanos recém-chegados e manter os crioulos na escravidão:

> Embaraçar que boçais africanos, pela maior parte destinados a ser escravos de seus conterrâneos, deixem de sê-lo no Brasil; entretanto que os nascidos cá, criados entre os filhos dos brancos, educados segundo nossos usos, alguns deles já mestiçados com raça europeia ou brasileira, continuarão a ser escravos em todas as seguintes gera-

ções! É miserável contradição, que não escapa à mesquinha inteligência dos nossos rústicos.²⁹

A Lei de 1831 determinava a emancipação dos africanos boçais, que nem sequer haviam sido "aculturados" e que, pelos padrões da sociedade, pertenciam à parte mais baixa da hierarquia. Para Feijó (e a população geral), os crioulos mereciam mais que os africanos a liberdade, uma vez que estavam mais próximos dos brancos em modos culturais e traços físicos. Na sequência do raciocínio, Feijó propôs uma mudança na política:

> Concluímos que em nossa opinião a lei deve quanto antes ser derrogada para evitar os males que causa atualmente e para o futuro causará: que deixemos à vigilância inglesa o embaraçar o embarque, o transporte dos africanos; e que tratemos já das escolas normais de agricultura, e de colonos, para então de uma vez acabarmos com esta vergonha e infâmia que deve cobrir a toda a nação que quer ser justa.³⁰

A proposta de revogação da Lei de 1831, em nome de "evitar males" no presente e no futuro, não deixava de estar articulada com a condenação do tráfico, desde que a repressão fosse atribuição apenas dos cruzeiros ingleses e limitada às apreensões feitas em mar. Sendo os compradores de escravos novos parte da cadeia do tráfico que a lei criminalizava, a revogação da lei teria o sentido de anistiá-los, mas também de dar garantias sobre a propriedade que diziam ter adquirido "de boa-fé" e que a ameaça de aplicação da lei tornava instável.

Ao oficializar a proposta de revogação da Lei de 1831 no novo projeto de lei de proibição do tráfico proposto ao Senado em 30 de junho de 1837, o marquês de Barbacena enumerou as estratégias de evasão utilizadas pelos traficantes: eles haviam descoberto "meios de iludir os exames na entrada e saída dos portos", "estabelecido vários depósitos para recepção dos escravos e ensino da língua portuguesa" e se utilizavam de "corretores organizados em força para levar os escravos para tentar a inocência dos lavradores". Segundo o senador, os fazendeiros teriam sido ludibriados pelos comerciantes de escravos, portanto não podiam sofrer as penas previstas na lei. Convinha que os "proprietários tranquilos, chefes de família respeitáveis, homens cheios de indústria e virtude" fossem inocentados do crime que cometeram, por motivos que a "razão e a política" recomendavam. O projeto propunha proibir o tráfico e reprimir os traficantes dali em diante, mas inocentar os compradores pelo envolvimento com o tráfico até então.[31] O projeto passou no Senado, mas não na Câmara.

A preocupação com o tráfico ilegal, esboçada no começo da década, deixara de ser em relação à liberdade dos africanos e se transformara em debate acerca da proteção jurídica aos donos desses africanos importados ilegalmente. A justificativa para proteger os detentores de africanos ilegais da aplicação da lei era política: prestavam apoio ao governo central naqueles anos de instabilidade e de dissidências que se tornavam revoltas nas províncias. Várias petições de câmaras municipais e de assembleias provinciais foram encaminhadas à Câmara e ao Senado pedindo a revogação ou pelo menos a rediscussão da Lei de 1831.[32] Em 1840, Montezuma acusou "o partido que subiu ao poder em 19 de setembro", isto é, o grupo do qual Bernardo Pereira de Vasconcelos fazia parte, de fazer da revogação da lei "uma alavanca política para por este meio se tirar da urna eleitoral aqueles que se haviam declarado contra a lei do Senado".[33] Assim, por trás das críticas tecidas por Vasconcelos à Lei de 1831 estava um projeto político de aglutinar os defensores da manutenção da escravidão, convencê-los da necessidade de abrir mão da repressão ao tráfico e ainda de buscar apoio para sua reabertura.[34] Essa guinada conservadora teve impacto sobre a vida de todos, em particular dos africanos, como veremos em seguida.

DE AFRICANO ESCRAVIZADO A AFRICANO LIVRE,
E VICE-VERSA

Os meandros da repressão ao tráfico guardam enorme complexidade e serão abordados aqui pelo ângulo dos africanos livres. As circunstâncias da apreensão e do julgamento eram cruciais para a definição do estatuto de uma pessoa e, na prática, significavam uma encruzilhada. Se àquela altura, final da década de 1830, os africanos desembarcados clandestinamente já eram centenas de milhares, quais as chances de um africano, ou africana, ser apreendido como "boçal"? Maiores do que até agora se imaginava. Não vigorava uma conivência generalizada com a escravização ilegal. Porém as chances de viver como "africano livre" vinham diminuindo à medida que os procedimentos de repressão ao tráfico eram desqualificados nos tribunais superiores.

Pela Lei de 1831 e o Decreto de 1832, seguiam caminhos distintos no Judiciário brasileiro a acusação de compra ou importação de africanos novos e a definição do estatuto da pessoa suspeita de escravização ilegal. Os perpetradores — traficantes, compradores — estavam sujeitos às penas previstas no art. 179 do Código Criminal, pelo crime de redução de pessoa livre à escravidão. Por outro lado, era uma ação cível que julgava o direito à liberdade da pessoa apreendida.

Em 1836, Antônio Paulino Limpo de Abreu, então ministro da Justiça, repreendeu um juiz municipal por devolver um africano apreendido ao suposto proprietário depois que este foi absolvido do crime de importação de escravos. Para o ministro, "a sentença do júri […] nada podia decidir a respeito de ser ou não liberto o africano, visto que esta questão, sendo diversa e puramente civil, devia ser tratada e decidida noutro juízo".[35] Limpo de Abreu ressaltou ainda que casos semelhantes "diariamente se oferecem", indicando que o Judiciário já naquela data se tornara uma arena da repressão ao tráfico.

Na década de 1840, as apreensões de africanos boçais e as emancipações com base na Lei de 1831 continuaram, tanto no mar quanto em terra. Em outubro de 1844, o juiz municipal da 2ª Vara da Corte comunicava ao ministro da Justiça que tinha procedido à averiguação de cinco africanos apresentados à Polícia para serem despachados como escravos de Joaquim da Silva Dias. O procedimento havia sido requerido pelo chefe de Polícia, pois os africanos pareceram boçais à primeira vista. Dos cinco, só uma foi emancipada: o juiz ficou convencido de que Isabel fora importada depois da proibição do tráfico.[36] Ela provavelmente foi encaminhada ao juiz de órfãos para ficar à disposição do Ministério da Justiça enquanto seus serviços não fossem concedidos a um particular ou a uma instituição. Outro africano, Manoel Cassange, apreendido pelo subdelegado da Lagoa e julgado livre pelo juiz da 3ª Vara (também da Corte), foi concedido a Vicente Joaquim Torres, mediante pedido formulado à repartição de Justiça, argumentando ter "extrema precisão de um criado para seu serviço doméstico" e se oferecendo para cumprir as Instruções de outubro de 1834 e de novembro de 1835.[37]

Caetano Congo havia sido declarado livre no início de 1844, também pelo juiz da 2ª Vara Cível da Corte, Sebastião Machado Nunes, e teve seus serviços concedidos a um particular. Mas não viveu como africano livre por muito tempo, pois seu suposto senhor recorreu da sentença e levou o caso até o Supremo Tribunal de Justiça. Sua história revela estratégias do tráfico ilegal, mas

O dinamarquês Paul Harro-Harring esteve no Brasil em 1840, momento de grande atividade do tráfico ilegal de africanos. A série de 24 desenhos aquarelados Tropical Sketches from Brazil *traça um panorama do tema e para observadores atentos, dos obstáculos para sua repressão. A aquarela* Ilhas de Santa Ana, desembarque de escravos negros *é a mais eloquente, visto que representa o transporte dos africanos recém-chegados à luz do dia, no litoral norte da província do Rio de Janeiro.*

também o embate no Judiciário acerca da aplicação da Lei de 1831 e do Decreto de 1832. Caetano foi apreendido pela Polícia como boçal em 4 de janeiro de 1844 e foi primeiro examinado diante do chefe de Polícia, Eusébio de Queirós; os peritos se declararam "persuadidos ser o mesmo africano boçal e por não saber nada de português [sic]".[38] Eusébio encaminhou o caso ao juiz da 2ª Vara Cível da Corte, que procedeu a exame e a um interrogatório em que, diante de um curador, o africano, além de seu nome e nação, só soube dizer que tinha chegado recentemente ao Brasil e que seu senhor era branco. A sentença de 16 de janeiro declarou Caetano africano livre "no gozo de sua liberdade de hoje para sempre" e ele teve seus serviços concedidos a Bernardino José Rodrigues três dias depois. Rodrigues era residente em Porto das Caixas, São João de Itaboraí, na província do Rio de Janeiro. Em setembro, o suposto proprietário de Caetano, Manoel Pedro de Alcântara Ferreira Costa, apelou da sentença do juiz municipal alegando que o procedimento na 2ª Vara Cível não havia seguido os "termos da lei" por não tê-lo ouvido, como parte interessada, e por ter considerado como meio de prova os autos de interrogatório e exame, sendo que o africano tinha interesse em "empregar toda a simulação de que fosse capaz". Ferreira e Costa, morador da Tijuca, se dizia legítimo proprietário de Caetano e anexou documentos ao processo para tentar prová-lo: um comprovante do imposto da meia-sisa de 29 de janeiro de 1844 (depois, portanto, que ele havia sido apreendido); e uma declaração do capitão do patacho *Bela Amiga*, de ter trazido de Pernambuco para o Rio um Caetano Congo de 38 anos com seis outros africanos mais jovens, todos declarados ladinos, em outubro de 1841. Ainda segundo a documentação apresentada por Ferreira e Costa, Caetano fora comprado pelos comerciantes Carvalho e Rocha, que o venderam a Leopoldo Augusto de Câmara Lima no mesmo mês de outubro de 1841 por 420$000. Câmara Lima lucrou a considerável soma de 30$000 ao vender Caetano a Ferreira e Costa cinco dias depois, por 450$000.[39]

O promotor público interveio no processo e atuou na defesa de Caetano. Em primeiro lugar, defendeu o procedimento, alegando que o processo não tratava de julgar o crime de contrabando, mas de saber se o africano era boçal, e para isso os interrogatórios eram prova suficiente. Declarou ainda que os documentos apresentados por Ferreira Costa não se referiam necessariamente ao africano apreendido pela Polícia e não provavam que o africano era ladino.

Caetano demorou para vir de Itaboraí, onde estava, segundo

ele, "cortando lenha e tratando de cavalos", mas ao chegar foi novamente examinado e interrogado, a pedido de Ferreira Costa. Os peritos, dessa vez, declararam que ele era ladino, aparentava ter mais de quarenta anos e se atrapalhava com a língua porque "os pretos congos quase que pouco falam desembaraçado". No interrogatório o africano não conseguiu explicar quando chegou, e, indagado sobre onde havia sido comprado, respondeu que foi "na Cidade Nova, numa casa em que se cozia sacas de café, não sabendo explicar a paragem". Após produzidas todas as provas, nas razões finais de sua apelação, o advogado de Ferreira Costa insistiu no argumento de que não era o desembaraço com a língua que devia "decidir o ser ou não boçal" e invocou conhecimentos africanistas da Corte ao alegar que "ninguém ignora que os pretos da Costa que são importados já adultos nunca falam bem a nossa língua, mormente os congos". Argumentou ainda que a "qualidade das pessoas" envolvidas prova que o africano não podia ser boçal,

> porquanto os africanos ilicitamente importados da África não necessitam de vir disfarçados entre os escravos ladinos, que costumam vir das províncias do Norte: a importação como ninguém ignora é diretamente feita, pois não há província marítima do Império que não tenha na Costa imensos portos próprios para esse comércio.[40]

O uso seletivo do conhecimento que todos tinham do cotidiano do tráfico ilegal é notável. Ao lançar o holofote para os desembarques de centenas de africanos em portos camuflados, a intenção era isentar os ramos posteriores do tráfico, fase durante a qual, uma vez desembarcados, os africanos eram vendidos e revendidos, muitas vezes transferidos de uma província a outra e registrados como ladinos para apagar os rastros da ilegalidade.

Mas isso dependia do sucesso de vários mecanismos de contravenção: além de desembarcar e conseguir transportar os africanos sem sofrer apreensão da Polícia, os detentores de africanos novos precisavam obter passaportes na Polícia ou na Alfândega para reembarcá-los como ladinos, enquanto seus compradores precisavam registrar a transação no cartório e pagar meia-sisa à coletoria. Precisavam também contar com a conivência do pároco local caso quisessem batizar o africano recém-chegado. Contando que todos esses fingissem ignorar que se tratava de um africano recém-importado, o suposto proprietário ainda precisava disfarçar, em sua localidade de residência, quanto à proveniência do escravo novo, uma vez que pela Lei de 1831 qualquer um podia denunciá-lo. Precisava, portanto, ser visto como uma pessoa honrada e/ou ter amigos bem relacionados para reduzir as chances de responder a um processo.

Em outubro de 1845, o juiz de direito da 2ª Vara Criminal da Corte, a quem, estranhamente, o processo foi encaminhado para julgar o mérito da apelação, sustentou a sentença do juiz municipal e manteve a liberdade de Caetano. O suposto proprietário insistiu, levando o processo até o Supremo Tribunal de Justiça sob a alegação de nulidade dos autos. O Supremo julgou procedente o recurso de revista: entre outras tecnicalidades, nos exames e interrogatórios feitos, não interveio intérprete como era previsto no art. 9º do Decreto de 1832. O processo foi remetido ao Tribunal da Relação do Rio de Janeiro para novo julgamento. Apesar de não terem sido realizados novos exame e interrogatório — agora com intérprete, com vistas a sanar a nulidade apontada pelo STJ —, os desembargadores do Tribunal da Relação consideraram os documentos apresentados por Ferreira Costa suficientes para provar que Caetano era seu escravo. É muito difícil saber se o suposto proprietário tinha relações com pessoas influentes que houvessem interferido a seu favor junto aos desembargadores do Tribunal da

Paul Harro-Harring, que veio ao Rio de Janeiro em missão abolicionista, se autorrepresentou na aquarela em que um africano congo descreve a experiência do desembarque na baía de Guanabara. Em 1840, o tráfico ilegal alcançava volume significativo de chegadas e a repressão enfrentava momento particularmente delicado, visto que os senhores de escravos, com o apoio de políticos influentes, contestavam na imprensa e nos tribunais os procedimentos que permitiam às autoridades imperiais recolher testemunhos dos africanos recém-chegados para emancipá-los com base na Lei de 1831 e no Decreto de 1832.

Relação, mas é sintomático que o advogado de Ferreira Costa tivesse feito críticas à aplicação do Decreto de 1832 na primeira instância semelhantes às que Bernardo de Vasconcelos e Diogo Feijó fizeram anos antes. Em 13 de fevereiro de 1847, portanto, Caetano voltou a ser escravo.

Nenhum caso semelhante chegou ao Tribunal da Relação da Corte naqueles anos, mas na primeira instância eram numerosos. O próprio curador Luís de Assis Mascarenhas fazia a defesa do africano livre Bernardo, cujos serviços haviam sido confiados às Obras Públicas na Corte e que vinha atuando como advogado em outras "causas cíveis intentadas por particulares que se julgam com direito à liberdade de alguns africanos livres".[41]

"AFRICANOS MINAS E MOÇAMBIQUES" FORAM EMANCIPADOS

Havia, na administração dos africanos livres, o entendimento de que os "pretos da escuna *Emília*" e os "pretos minas e moçambiques", emancipados entre 1821 e novembro de 1831, tinham direitos distintos dos distribuídos ao serviço a partir das Instruções de 1834 e 1835, sobretudo no que dizia respeito ao prazo de serviço obrigatório.

O caso de Helena Moçambique o demonstra. Em uma petição que chegou à Secretaria dos Negócios da Justiça em 1843, Lucinda Rosa de Miranda se ofereceu para assumir a responsabilidade sobre duas africanas livres que tinham sido arrematadas por sua falecida mãe, Ana Joaquina Rosa. O serviço obrigatório das duas mulheres, Helena e Justiniana, de nação Moçambique, havia sido arrematado em leilão público em abril de 1831 por catorze anos, prazo que venceria em 1845. Dona Lucinda pedia para manter o serviço das duas africanas, assinando um novo termo de responsabilidade e pagando os salários devidos, agora sob as Instruções expedidas em 1834. O curador dos africanos livres, José Batista Lisboa, assinalou ao ministro que a arrematação de abril de 1831 "era regulada pelo Alvará de 24 de janeiro de 1818 — art. 5º e não pela lei de 7 de novembro de 1831", pela qual o serviço obrigatório das duas africanas era limitado a catorze anos, terminava em 22 de abril de 1845 e não poderia ser prorrogado, pois "a lei de 7 de novembro de 1831, e instruções a respeito precisamente regulam acerca dos importados dessa época em diante; e então por esse não há limitação de tempo para o serviço". Lisboa, entretanto, achou um meio-termo: não querendo negar o pedido da filha da arrematante falecida para manter as duas africanas em seu poder, ele sugeriu a extensão da concessão até abril de 1845, declarando aos funcionários da Secretaria da Justiça que a sra. Lucinda Rosa de Miranda era "pessoa mui digna de se lhe confiar um semelhante depósito".[42]

Helena, uma das africanas em questão, logo após a morte de dona Ana Joaquina e provavelmente à revelia da filha Lucinda, aproveitou para entrar com uma petição de emancipação definitiva, para a qual teve a ajuda de seu companheiro português, um negociante de farinha residente na rua do Cano. Na petição, o advogado Hermógenes Francisco de Aguilar Pantoja demonstrou grande conhecimento da legislação ao citar os acordos bilaterais pela abolição do tráfico e argumentar pela aplicação do alvará de janeiro de 1818 para regular o termo de serviço obrigatório dos africanos livres na ausência de qualquer instrução sobre o assunto na nova legislação.[43] Helena havia trabalhado por doze anos, de 1831 a 1843, "cumprindo deveres e respeitando seus amos", e pedia uma redução do tempo de catorze anos, oferecendo-se para compensar a Fazenda Nacional pelo tempo que faltava. O curador Lisboa, chamado a dar sua opinião sobre a petição de Helena, não rejeitou o direito dela à emancipação, mas também não recomendou sua antecipação. Ficou do lado da arrematante, simulando defender os interesses de Helena ao acusar o português de desejar "ter relações ilícitas com a referida africana". Lisboa relatou ao juiz de órfãos que o casal tinha até implicado a arrematante, dona Ana Joaquina Rosa, em um processo-crime, atormentando-a em suas tentativas de forçá-la a desistir dos serviços da africana:

> Muitas vezes a falecida arrematante recorreu à sua autoridade pedindo auxílio para repreendê-la e dar o castigo conveniente porque faltava-lhe constantemente com o respeito e obediência, passava

noites fora de casa em companhia de seu incógnito protetor, faltava as suas obrigações e ultimamente se tornou tão perversa por suas más palavras e ações que a arrematante, além de um processo que esse protetor intentou para conseguir que ela abrisse mão da africana com o que essa senhora muito se apaixonou, faleceu [...] logo depois desse processo arranjado.⁴⁴

Ao atribuir a morte de dona Ana Joaquina aos incômodos que teve com Helena, o curador provavelmente buscava desqualificar a petição da africana, mas seu relato nos ajuda a entrever as dificuldades enfrentadas pelos africanos livres de se desvencilhar da tutela e das obrigações que lhes eram impostas, mesmo quando já tinham adquirido autonomia e relações que lhes permitiam viver sobre si. O curador surgia como peça-chave nessa manutenção do poder, pois era ouvido em todos os casos e tomava, invariavelmente, o lado dos arrematantes e concessionários. Seguindo José Batista Lisboa, tanto o juiz de órfãos quanto a pessoa encarregada na Secretaria de Justiça negaram o pedido de Helena. Não havia dúvidas quanto a seu direito à emancipação depois que cumprisse o período, mas nada recomendava seu encurtamento. Fazia-se um uso circunstancial da legislação existente.

A diferenciação entre grupos emancipados antes e depois da Lei de 1831 foi confirmada pelo edital publicado pelo curador dos africanos livres no *Jornal do Commercio*:

O dr. d. Luís de Assis Mascarenhas, curador dos africanos livres por s. m. o imperador etc.: faço saber que, tendo de se finalizar em 21 do corrente mês os catorze anos que deviam servir os africanos minas e moçambiques, julgados livres pela Comissão Mista brasileira e inglesa, por serem ilicitamente introduzidos no Brasil, cujos serviços foram arrematados em 22 de abril de 1831, são pelo presente convidados todos os arrematantes dos serviços dos ditos africanos a apresentá-los na casa da minha residência, na rua da Imperatriz n. 105; a fim de lhes serem entregues suas cartas de emancipação e poderem gozar de sua plena liberdade, na forma que recomendam os tratados a respeito, até o dito dia 21 do corrente mês, em que se findam os sobreditos catorze anos; procedendo-se contra os que assim não cumprirem, na forma do art. 179 do Código Criminal. E para que chegue à notícia de todos, mandei afixar o presente e publicá-los [sic] pelos jornais da Corte. Rio de Janeiro, 12 de abril de 1845.[45]

Não se tem notícia de que a medida tenha sido amplamente acatada. De fato, há apenas indícios esparsos de sua aplicação. Registros notariais comprovam que alguns dos africanos importados antes de 1831 tiveram suas cartas de emancipação reconhecidas em cartório. Policarpo e Michelina, ambos nagôs, o primeiro da escuna *Destemida* e a segunda da escuna *Emília*, registraram suas cartas em 1841. Luís, Aleixo e Patrício, todos de nação Jeje e provenientes da escuna *Destemida*, fizeram o registro em fevereiro de 1845. Depois do edital do curador, há ainda o registro, em junho e outubro de 1845, das cartas de José Jeje, André e Fortunato, nagôs também da *Destemida*, e o da carta de Clemente, de nação Quissamã, feito em julho de 1849.[46] Sinal de que nem todos os africanos compreendidos no edital de 1845 foram emancipados é que, em 1849, André Mina-Nagô ainda não o havia sido. Ele se recusava a aceitar a transferência para a Casa de Correção e reclamava sua plena liberdade, no que teve a concordância do juiz de órfãos, porque estava entre os arrematados em 22 de abril de 1831.[47]

Em São Paulo, onde o edital de 1845 chegou através do *Jornal do Commercio*, houve dúvida acerca da aplicação da decisão. No início de novembro, o presidente da província consultou o Ministério da Justiça, encaminhando ofício do juiz de órfãos de Santos acerca da "necessidade de dar-se destino aos africanos livres cujo prazo de serviços arrematados já terminou". As ordens recebidas, de remeter à Casa de Correção do Rio os africanos arrematados em Santos cujo tempo agora expirava, não foram cumpridas.⁴⁸ Em abril de 1847, o tema daqueles africanos foi levado à seção de Justiça do Conselho de Estado, cuja resolução lhes concedeu a imediata "ressalva do serviço". Alguém achou por bem recomendar ao juiz de órfãos de Santos a nomeação de um curador para "presidir sobre os contratos" que os africanos fizessem, pressupondo que não tinham "suficiente desenvolvimento da razão para bem se regerem".⁴⁹ Uma lista nominal preparada provavelmente pelo escrivão do Juízo de Órfãos de Santos em 1850 indicava que existiam naquela cidade 130 africanos dos apreendidos em Bertioga, já emancipados da tutela. A lista nominal indicava os arrematantes de seus serviços, particulares ou instituições, e por quantos anos cada um havia trabalhado. O escrivão fez questão de acrescentar uma observação sobre sua vida em liberdade: "estes africanos, os homens são alguns oficiais de ofícios e outros trabalhadores de aluguel e as mulheres vivem alugadas, tendo algumas ficado [nas mesmas] casas em que existiam; porém entre eles existem muitos de ambos os sexos que são dados a ociosidade e embriaguez".⁵⁰ Tudo indica, portanto, que, apesar do clima difícil, pelo menos uma parte dos africanos que cumpriram a tutela em Santos conseguiu a emancipação e vivia autonomamente.

Desse grupo, alguns dos que foram levados para São Paulo vivenciaram situações limítrofes. Em 1845, dentre os dezoito postos sob a responsabilidade do juiz de órfãos da capital, no cartório não havia registro algum de seis deles, enquanto quatro foram dados como falecidos, e dos outros oito as histórias eram no mínimo suspeitas. Antônio "faleceu com nome de Luís", conforme o atestado apresentado pelo arrematante, capitão Francisco da Silva Prado, o que indicava quase certamente a troca de um cadáver pelo africano livre e sua reescravização. Francisco, arrematado por Joaquim Teodoro de Araújo, já em 1835 havia sido trocado por uma africana de nação Benguela, Maria, dada como fugida dez anos depois. Outra Maria, cujo arrematante Joaquim Freire da Silva rebatizou de Antônia, teve seus serviços novamente entregues a ele por ordem do presidente da província quando o prazo de treze anos da arrematação acabou, em 1844. Joaquim Benguela, arrematado pelo reverendo Manoel Joaquim do Amaral Gurgel por doze anos, não estava mais com o cura em 1845, que apresentou uma africana de nação, Teresa, em seu lugar, dizendo que tinha arrematado uma mulher, não um homem. Já Rosa, que com Antônia havia servido o tenente-coronel José Joaquim da Luz, quando terminou o prazo de seus serviços, buscou a emancipação mas foi enviada para a Fábrica de Ferro de Ipanema por "trapacismo" do arrematante para atrapalhar, segundo ela.[51] Vê-se que não havia garantia de aplicação dos direitos, que diferentes formas de exploração do trabalho dos africanos livres foram adotadas sem necessariamente reescravizá-los e que em um sem-número de casos eles sumiram das vistas das autoridades responsáveis por garantir seu estatuto. Os casos de São Paulo indicam também a impotência do curador e do juiz de órfãos diante dos arrematantes que descumpriam as regras da arrematação. Suas autoridades haviam sido esvaziadas pela centralização da administração pelo Ministério da Justiça.

Enquanto em São Paulo havia algum controle no cumprimento do tempo de serviço, crescia na Corte a tendência contrária à emancipação dos africanos livres ao fim do período de tutela. Felício Mina, da escuna *Destemida*, teve seus serviços arrematados por José Paulo Figueiroa Nabuco de Araújo, figura destacada na sociedade, desembargador no Supremo Tribunal de Justiça. Em 1844, Felício estava recolhido à Casa de Correção e reclamava sua soltura. Sentindo-se ameaçado, o arrematante escreveu longa carta ao chefe de Polícia queixando-se do comportamento "altivo" do africano, "jamais disposto a humilhar-se". Por alguns anos Felício teria demonstrado aptidão e fidelidade, trabalhando como hortelão e jardineiro, mas fugira, fora tratado de um reumatismo pelo renomado homeopata dr. Sigaud, antes de escapar novamente "apenas restituído ao livre exercício de seus membros". Nabuco de Araújo queixava-se de desentendimentos de Felício com a cozinheira da casa, "que não aceita suas proposições de roubo", e com um criado do interior, com quem desenvolvera uma "querela de morte". O africano teria entrado em acordo para ficar na casa do curador, de onde pagaria jornal ao arrematante, "enquanto os ingleses o não vinham buscar para protegê-lo".[52] Sabemos que Nabuco de Araújo teve mais catorze africanos livres concedidos entre 1834 e 1835, sendo onze homens e três mulheres, metade dos quais faleceu até 1850.[53] Trabalhavam para ele enquanto se dedicava à publicação dos seis volumes da Coleção Cronológica das Leis, Decretos [...] do Império do Brasil desde o ano de 1808 até 1831. Talvez pela necessidade do trabalho dos africanos, ele tenha dito ao chefe de Polícia que gostaria de ter aplicado uma "rigorosíssima punição" a Felício, para não dar mau exemplo aos outros. O jurisconsulto se dirigia diretamente a Eusébio para lhe pedir que prendesse "o dito mina Feliciano n. 13" e registrasse todos os seus sinais corporais para identificá-lo, pois esperava que fosse embarcado à força para Angola ou Serra Leoa. Pedia até prova do capitão, na volta, de que lá deixara o africano. Nabuco de Araújo sabia que o chefe de Polícia se sensibilizaria com seu pleito e aprovaria seu pedido. Já em 1839 Eusébio reclamara dos africanos "cujos serviços foram aqui arrematados mas que hoje gozam de plena liberdade", alegando que cometiam furtos e seduziam escravos. O chefe de Polícia talvez estivesse se referindo à viagem dos africanos da *Emília* para Onim em 1836, quando lembrou que "alguns deles" foram voluntariamente para a costa da África algum tempo antes, e era para o mesmo lugar que pretendia mandar os "dez ou doze" que estavam incomodando, contando que os outros, por temor de semelhante destino, mudariam o comportamento.[54] Ele extrapolava as ordens que autorizavam a deportação de estrangeiros que ameaçassem a ordem política e lançava mão de meios extrajudiciais para punir o comportamento independente e desafiador de alguns africanos da escuna *Emília* já emancipados da tutela. Felício, outro mina que "jamais [esteve] disposto a humilhar-se", não teve escolha: quando sua tutela acabou, foram expedidas ordens para sua deportação do país.

No mesmo ano de 1845, o vapor *Correio Brasileiro* apreendeu o patacho *Subtil* com 421 africanos a bordo. Eles foram declarados livres pelo juiz municipal da 2ª Vara Cível da Corte, Sebastião Machado Nunes, e suas cartas de emancipação foram emitidas em 26 de julho. O julgamento do navio no Judiciário arrastou-se um pouco mais, mas em 1849 a tripulação do *Correio Brasileiro* teve aprovado pelo Conselho de Estado seu pedido de prêmio pela captura do patacho, à razão de 30$000 por africano apreendido.[55] Eles foram distribuídos entre instituições públicas, como o Arsenal de Marinha, o Hospício Pedro II e a Fábrica de Ferro de Ipanema, instituições de caridade, como o Hospício dos Missionários Capuchinhos, e concessionários particulares, como o juiz de órfãos Lourenço Caetano Pinto e o senador José Martiniano de Alencar.[56] A Comissão Mista havia encerrado as atividades meses antes, o governo brasileiro não assinou novo tratado para repressão ao tráfico, e a Inglaterra tomou a medida unilateral de condenar como piratas todos os navios brasileiros envolvidos no tráfico que fossem apreendidos, com ou sem africanos a bordo.

O Bacharel Sebastião Machado Nunes, Cavalleiro da Ordem de Christo, Juiz Municipal da 2.ª Vara Cível, por S. M. o Imperador, que Deos Guarde, &c.

Faço saber aos que a presente virem, que tendo sido emancipados os Africanos boçáes, encontrados a bordo do Patacho aprisionado pelo Correio Brasileiro, cujo Patacho se empregava no trafico illicito da escravatura, fica d'ora em diante, e por esta Carta considerado o Africano _____ de Nação _____ marcado com a marca _____ livre, e emancipado da escravidão, na fórma da Lei de 7 de Novembro de 1831 para ser empregado segundo as Instrucções de 29 de Outubro de 1834. Esta se cumprirá, como n'ella se declara, sendo registada.

Mesmo após intenso debate acerca de sua aplicação e até tentativas de revogação, em julho de 1845 a Lei de 1831 embasou a emancipação, pelo juiz municipal da 2ª Vara Cível do Rio de Janeiro, dos mais de 420 africanos apreendidos pelo Correio Brasileiro *a bordo do patacho* Subtil.

4. O tempo do trabalho compulsório

Os africanos livres enfrentaram uma gama variada de condições de vida e de trabalho, fossem concedidos a particulares ou encaminhados a instituições públicas. Os dados individuais contidos nas petições de emancipação e na matrícula compilada entre 1865 e 1869, na correspondência do curador de africanos livres, nos registros de falecimento e complementados por inventários post mortem de arrematantes e relatórios das instituições públicas permitem explorar as condições em que cumpriram o período de trabalho obrigatório.

Este capítulo busca situar a experiência de trabalho dos africanos livres em relação à dos outros trabalhadores com quem conviviam ou que também estavam sob o domínio do Estado imperial — imigrantes europeus, índios e trabalhadores pobres, de origem africana ou não — e avaliar, nesse contexto, suas reações à exploração que sofriam. As experiências dos africanos livres servem de ponto de observação privilegiado da política de mão de obra do Estado brasileiro na primeira metade do século XIX.[1]

A LEGISLAÇÃO SE DISTANCIA DE SEUS PRINCÍPIOS

No Alvará de 1818, a Coroa portuguesa estabeleceu que os africanos resgatados do tráfico atlântico seriam submetidos a um longo período de serviço compulsório antes que pudessem alcançar a "plena liberdade". As pessoas a quem serviriam "como libertos" assinariam termos de responsabilidade junto ao juiz, com o compromisso de mantê-los e educá-los, preparando-os para um ofício ou trabalho. O alvará ainda previa que alguns podiam ter redução do tempo de serviço obrigatório se "por seu préstimo e bons costumes se fizerem dignos de gozar antes dele do pleno direito da sua liberdade".[2] Os africanos ficariam sob a custódia dos juízes de órfãos, ou da mesma autoridade responsável pelos índios, o que indicava que seriam tratados como pessoas juridicamente incapazes. Entretanto, o alvará previa pagamento de "soldada" aos africanos — isto é, reconhecia que seu trabalho deveria ser remunerado, embora pareça que não receberam diretamente o dinheiro.[3]

O tratamento dos índios através da tutela e sob a responsabilidade dos juízes de órfãos remonta à formulação da política indigenista que tomou forma no Diretório dos Índios, de 1757. Francisco Xavier Furtado de Mendonça justificava a necessidade de um período de controle sobre os índios entre o "estado de escravidão" e a "absoluta liberdade", para que se submetessem ao trabalho para os colonos; do contrário, voltariam à floresta. Furtado de Mendonça os equiparava a "dementes" por desconhecerem "o bem que se segue do trabalho", motivo da escolha da jurisdição do Juízo de Órfãos. O grau de civilização, a capacidade de "viver sobre si" e de ser útil aos colonos eram os critérios para avaliar o merecimento da liberdade, portanto, o fim da tutela.[4] Interessa-nos aqui perceber que a tutela era justificada pela suposta incapacidade dos sujeitos de se reger autonomamente e sancionava a exploração de sua força de trabalho pela administração dos aldeamentos ou por pessoas autorizadas pelo Juízo de Órfãos enquanto não eram legalmente emancipados. O mesmo princípio foi adotado coletivamente com os africanos livres através do Alvará de 1818.

A alternativa, de tratar os africanos "libertos" como pessoas juridicamente capazes e supervisionar seu engajamento como aprendizes de ofício, como aconteceu em algumas colônias britânicas, não parece ter sido cogitada, mas existia. Até 1824, quando foram extintas junto com outros privilégios e distinções entre os cidadãos, as corporações de ofícios regulavam o acesso às profissões especializadas no Brasil. Segundo Carlos Lima, no entanto, pelo menos no Rio de Janeiro as corporações viam seu monopólio se enfraquecer no início do século em virtude das autorizações e licenças concedidas pela Câmara.[5] De qualquer forma, o aprendizado de um ofício qualificava as pessoas — e não havia restrição a escravos ou libertos — para exercer atividades mais bem remuneradas do que as que não exigiam treinamento.

O Aviso de outubro de 1834, que estabeleceu a arrematação dos africanos livres entre particulares, é muito econômico no que se refere aos termos jurídicos que enquadravam as pessoas emancipadas a partir de novembro de 1831. Sobre os africanos a serem destacados para as obras da Casa de Correção, recomendava ao juiz de órfãos do Rio de Janeiro dar preferência àqueles que já aprendiam ofícios e demonstravam gosto pelo trabalho. Os demais deveriam ter seus serviços leiloados, cabendo aos arrematantes assinar o compromisso de "vesti-los e tratá-los com toda a humanidade" e devolvê-los ao governo quando fosse resolvida a reexportação.[6] Os africanos deveriam ser informados de que eram livres, que prestariam serviços "em compensação do sustento, vestuário e tratamento" e que seus salários anuais seriam recolhidos pelo curador em um fundo para custear a reexportação.[7] Africanos livres continuaram a ser tratados juridicamente como incapazes, e, muito importante, agora sem nenhuma menção aos atributos necessários à emancipação e recomendação quanto ao treinamento para o trabalho, apenas referência à garantia de sua manutenção.

Na década de 1830, a legislação que se aplicava aos africanos livres parecia distanciar-se da que se aplicava aos outros trabalhadores livres, mesmo aqueles sob tutela. Por um lado, havia uma distinção entre os "termos de responsabilidade" dos africanos livres e os "contratos de soldada". Os termos eram apenas registros da transferência de responsabilidade pelos africanos com compromisso por parte do concessionário (ou administrador de instituição) de alimentar, vestir, cuidar em caso de doença e avisar em caso de fuga ou falecimento. Já os contratos de soldada eram contratos de locação de serviços mediados pelos juízes de órfãos, frequentemente usados para empregar crianças pobres em serviços domésticos. Por esses contratos, havia até fiador para garantir que houvesse pagamento dos serviços prestados pelos tutelados.[8] Por outro lado, a chamada "lei de locação de serviços" de 1830, que regulava os contratos celebrados com brasileiros e estrangeiros para serviços por tempo determinado ou por empreitada, nunca foi invocada para africanos livres.[9] Havia proibição expressa de emprego de "africanos bárbaros" por esses contratos, provavelmente para evitar que fossem usados para encobrir o tráfico ilegal. O contrato com os africanos que já estivessem no país, no entanto, era sancionado, mas aparentemente não foi difundido. Segundo Joseli Mendonça, a lei visava garantir aos empregadores o cumprimento dos contratos pelos trabalhadores, sobretudo estrangeiros, que, desenraizados, não estavam submetidos a nenhum poder privado ou inseridos em redes de dependência que os forçasse a trabalhar.[10] A distribuição dos africanos livres entre arrematantes e concessionários particulares garantia justamente essa dependência e os distanciava do trabalho livre voluntário. A falta de aplicação, com os africanos livres, da legislação trabalhista voltada para as pessoas livres demonstra que não estava no horizonte da política da década de 1830 o modelo de trabalho livre pelo qual o africano adquiriria autonomia para contratar seus serviços, responderia por seus atos e colheria os frutos do próprio trabalho.

A SERVIÇO DE CONCESSIONÁRIOS

Nove em cada dez mulheres e três em cada quatro homens com serviços distribuídos entre 1834 e 1838 foram concedidos a particulares. Ao contrário da propriedade e da posse de escravos, a concentração de africanos livres não refletia renda, mas prestígio social. Os dados da matrícula realizada entre 1865 e 1869, com o destino de 955 africanos livres de carregamentos apreendidos entre 1834 e 1838, servem de amostra.[11] A maioria dos concessionários recebeu só um africano, e três em cada quatro africanos livres cumpriram o período de trabalho obrigatório sozinhos ou em grupos de até quatro africanos livres. Em contraste, oito concessionários no topo da pirâmide receberam entre nove e 22 africanos livres cada um, números que ultrapassavam o limite estabelecido pelo Decreto de 1835.[12] A distribuição era baseada nas regras estabelecidas em dezembro de 1834, pelas quais o ministro Aureliano Coutinho proibiu a arrematação dos serviços dos africanos livres em praça pública e determinou que o juiz de órfãos concedesse os serviços dos africanos a "pessoas de reconhecida probidade e inteireza", de sua própria escolha.[13] A consequência dessa decisão foi que os serviços dos africanos livres se tornaram moeda de troca de favores políticos, e o grupo dos concessionários de africanos livres pôde ser visto como uma seleção de pessoas ligadas ao Estado imperial.

Os concessionários de africanos livres eram principalmente

funcionários públicos, membros da elite política ou pessoas que mereciam favores do governo imperial. A maioria não tinha muitas posses. Era o caso do capitão do Exército Luís Carlos da Costa Lacé, a quem foram concedidos os serviços de Muturo, um dos doze africanos novos apreendidos a José Antônio Amorim na estrada de Minas, em novembro de 1835. Rebatizado de Tobias Cassange, o africano livre acompanhou Lacé quando este teve de se mudar para o Rio Grande do Sul, em 1844. Quando Lacé morreu, em 1869, deixou uma propriedade em Petrópolis para suas duas filhas, mas nenhum escravo.[14] Outros concessionários dos serviços dos africanos livres eram homens de ciência que trabalhavam nas academias imperiais ou em instituições públicas de ensino ou saúde. O naturalista Emílio Joaquim da Silva Maia, por exemplo, ensinava botânica e zoologia no Colégio Pedro II e tinha dois africanos livres a seu serviço até 1855, quando ambos foram emancipados.[15] O dr. João Vicente Torres Homem era membro da Imperial Academia de Medicina e exercia suas funções no Hospital da Misericórdia, sendo por um tempo concessionário dos serviços do africano livre Carlos, que foi emancipado em 1863.[16]

Entre os funcionários públicos que receberam africanos livres contavam-se pessoas como Francisco Xavier Bontempo, alto funcionário do Ministério da Marinha; Caetano Maria Lopes Gama, visconde de Maranguape, senador pelo Rio de Janeiro e membro do Conselho de Estado; e Frederico Carneiro de Campos, diretor da Fábrica de Pólvora. Aureliano de Sousa e Oliveira Coutinho, senador, conselheiro e eminente figura do governo regencial, e sua esposa, Narcisa Emília de Andrada Vandelli, dama de honra da imperatriz, além de neta de José Bonifácio de Andrada e Silva, tinham, em conjunto, pelo menos treze africanos livres.

Dos que receberam africanos livres como recompensa por serviços prestados ao Império pode-se mencionar o caso do almirante inglês John Taylor, que, tendo defendido a causa brasileira nas batalhas pela independência em 1822 e 1823, permaneceu no país e participou da repressão à Confederação do Equador. Ele teve a concessão dos serviços de Frederico Macua, que sobreviveu até a década de 1860 e foi emancipado da tutela. Luís Alves de Lima, conhecido como duque de Caxias, foi o concessionário individual com o maior número de africanos livres: recebeu 22.[17] Nos anos 1830, quando comandante do corpo de Guardas Municipais Permanentes da Corte, Caxias também solicitava africanos livres para os serviços do quartel, a fim de poupar seus guardas de "serviços indignos".[18]

Os africanos livres que prestavam serviços a particulares usufruíam de diferentes graus de autonomia, que variavam entre a reclusão do serviço doméstico ou rural e a flexibilidade do trabalho ao ganho. Além disso, conviviam com escravos nas casas de seus concessionários e nos locais de trabalho. As petições de emancipação preparadas pelos africanos livres nas décadas de 1850 e 1860 oferecem rico testemunho dos arranjos de trabalho e muitas crônicas de conflitos deles decorrentes. Investigar as ocupações e arranjos de trabalho dos africanos livres e, sobretudo, sua capacidade para acumular dinheiro, viver sobre si ou simplesmente circular com liberdade pela cidade serve para comparar a vida dos africanos livres com a dos outros trabalhadores livres e escravos.

Nos pedidos de concessão de africanos livres que chegavam às mesas dos funcionários do Ministério da Justiça, os solicitantes costumavam declarar que precisavam dos africanos para prestar serviços, em geral domésticos. As filhas do finado coronel Nepomuceno, Teodora Raquel e Balbina Benigna, não se limitaram a isso, pedindo ao ministro da Justiça "*uma escrava* para seus serviços mais pesados, que seu mau estado de saúde lhes não permite fazer", esperando que "relevantes serviços desse honrado militar e o decoro que elas têm sabido guardar com a proteção Divina" justificassem tal concessão.[19] Nas décadas de 1830 e 1840, não havia nada errado no fato de justificar o pedido de um africano livre pela necessidade de alguém para fazer trabalhos pesados, ou pela dificuldade financeira de alugar um escravo para tais serviços, como fez o tenente da Marinha José Joaquim de Sousa Lobo Júnior.[20] Na Corte, o emprego mais comum dos africanos livres era mesmo o do serviço doméstico.

Os africanos livres a serviço dos concessionários faziam todas as tarefas domésticas comuns, lado a lado com os escravos da casa. Os homens cozinhavam, cultivavam roças e trabalhavam como cocheiros. As mulheres cozinhavam, lavavam, engomavam, passavam e costuravam roupas, e também cuidavam das crianças dos concessionários, com variados graus de autonomia para sair de casa. Fazer parte do mundo dos empregados domésticos significava, para alguns africanos livres, ser mantido dentro dos limites da casa de famílias abastadas, seguindo as prescrições burguesas relativas à separação entre a vida pública e a vida doméstica, privada.[21]

Este deve ter sido o caso de Eufêmia Benguela, que, como ama de leite, cuidou dos filhos e netos de seu concessionário. Eufêmia, que foi emancipada quando chegou ao Brasil no *Paquete de Benguela*, em outubro de 1840, havia servido à família do tenente-coronel João Victorino Alves Machado por dezesseis anos e tinha dois filhos quando seus concessionários encaminharam petição para sua emancipação, em 1856. De acordo com a petição, depois de receber sua emancipação definitiva, ela queria continuar a residir com a família à qual tinha servido por tantos anos, "para poder tratar de seus filhos adotivos e menores".[22] Eufêmia vivia com seus concessionários e talvez recebesse uma pequena recompensa monetária por seus serviços; nas palavras de Sandra Lauderdale-Graham, trocava proteção por obediência.

Outros africanos livres, por causa de suas ocupações e dos próprios arranjos com os concessionários, podiam circular pela cidade. Trabalhar como lavadeira, por exemplo, implicava passar a maior parte dos dias fora de casa, nos riachos ou nas cariocas, onde se podia fazer contatos com outras mulheres, escravas e livres, e participar da vida agitada da cidade. Várias africanas livres trabalhavam como lavadeiras e conseguiam dinheiro ao servir outras famílias além da de seus concessionários. Esse era o caso de Maria Rebola, cujo concessionário, Francisco do Rego Quintanilha, a acusou de desobediência e de interesse em trabalhar somente fora de casa, estratégia com a qual, segundo ele, "ela faz um bom dinheiro".[23]

A fuga, o roubo, o aluguel e a troca de africanos livres eram publicados nos jornais da Corte em meio aos anúncios de escravos.

Uma parte dos africanos livres trabalhavam como criados domésticos não para seus concessionários, mas para terceiros, que alugavam seus serviços — prática que não era proibida nas instruções que regulamentavam sua distribuição. Os jornais traziam anúncios dos serviços de africanos livres para atividades domésticas em geral, ou para ocupações específicas, como cozinheiras ou amas de leite. Tratava-se de um negócio particularmente lucrativo para os concessionários, uma vez que o aluguel obtido em um mês pelos serviços dos africanos era o equivalente ao que eles pagavam (ou muitas vezes deixavam de pagar) ao governo em "salários de africanos livres" em um ano, ou seja, 12$000 réis.[24] Os próprios africanos não recebiam nenhum pagamento e, por vezes, reclamavam de ser tratados como escravos, como no caso de Maria, que veio reclamar ao curador dos africanos livres, em 1853, que, desde que o navio em que chegou ao Brasil fora aprisionado, ela se sentia vítima da escravidão, "já por andar servindo a uns outros que não a distinguem nem na sua condição nem no gênero de trabalho, e já por ser mandada para a Casa de Correção como qualquer escravo".[25] Figueiredo relatou ao ministro da Justiça que os serviços de Maria, na época, eram alugados a Mariana Joaquina de Porciúncula por 14$000, como se ela fosse escrava de Alzira Montez, e ofereceu um raro comentário em que criticava a prática do aluguel de africanos livres: "É inqualificável o proceder de algumas pessoas que têm a seu cargo africanos livres, que os alugam a bom preço; isso tem que acabar".[26]

Outro tipo de arranjo adotado com frequência permitia aos africanos livres trabalhar autonomamente e pagar jornal ao concessionário, uma vez por semana. Um acerto comum na década de 1850 era de 480 réis diários, o que somava 12$000 réis por mês em 25 dias de trabalho. Os africanos podiam guardar para si tudo o que ganhassem além do jornal combinado. O sistema do ganho lhes permitia mobilidade particularmente se, em vez de viver na casa de seus concessionários, eles negociassem de viver sobre si. Trabalhando ao ganho (de forma independente) nas ruas do Rio de Janeiro, africanos livres conviviam com escravos, com libertos e com imigrantes portugueses. As mulheres ganhavam dinheiro como lavadeiras, costureiras, cozinheiras e vendedoras de rua. No Rio de Janeiro, como em Salvador, escravas e mulheres libertas, particularmente aquelas da Costa Ocidental africana, controlavam o comércio de alimentos em barraquinhas e quitandas, e também em bancas e tabuleiros de comida pronta. Os homens ganhavam seus jornais como pedreiros e carpinteiros, e também na ocupação bastante comum de carregadores. Os africanos livres trabalhavam ao ganho ao lado de escravos e libertos e faziam parte desse grande contingente da força de trabalho urbana em grandes cidades.[27]

Os carregadores de café constituíam uma elite entre os trabalhadores "ao ganho" no Rio de Janeiro, e entre eles havia muitos africanos minas — escravizados, libertos e livres.

Certo número de africanos livres distribuídos na Corte cumpriu seu período de serviço obrigatório na zona rural. Era necessária uma autorização especial do Ministério da Justiça para que os concessionários pudessem levar os africanos para fora dos limites da Corte. Havia receio de que, longe dos olhos do curador, os africanos livres fossem alvo de abusos e reescravização com mais frequência que na cidade.

Alguns exemplos mostram como o tratamento dos africanos levados para fora da cidade variou. Quando morreu, em 1848, o concessionário José Antônio Carneiro era proprietário de alguns imóveis urbanos, de uma propriedade na ilha de Sapucaia e de 31 escravos (28 homens e três mulheres), dos quais apenas dois não eram africanos. A maioria estava empregada na pesca. Lauriano Congo, declarado livre em 1836 pelo juiz de paz do 3º Distrito da Freguesia de São José, na Corte, foi o único africano livre concedido a Carneiro, mas tinha destino desconhecido pelos funcionários do Ministério da Justiça encarregados da matrícula em 1865. Muito provavelmente havia sido empregado nas mesmas atividades que os escravos de seu concessionário. Pode ter se beneficiado da morte daquele para viver sobre si, ou pode ter sido escravizado sem o conhecimento dos funcionários do governo. Dada sua proximidade com tantos escravos, a segunda hipótese é a mais plausível.[28]

Os concessionários com frequência levavam os africanos livres e os escravos de uma a outra propriedade, fazendo-os transitar entre a cidade e os distritos rurais. Os serviços de Izidoro, de Luís Angola e de Sérgio e Honorato Benguela, todos emancipados do *Rio da Prata*, em 1835, foram concedidos a José Francisco Bernardes, comerciante do Rio de Janeiro, também proprietário de uma pequena fortuna em imóveis urbanos e de dezenove escravos quando faleceu em 1855. Quinze dos escravos de Bernardes eram africanos: catorze homens e uma só mulher, com idades variando entre 33 e 93 anos em 1855, o que significa que os africanos livres, provavelmente jovens quando chegaram ao Brasil, cresceram entre africanos trazidos para o Brasil nos últimos anos do tráfico legal ou nos primeiros anos depois de sua proibição. Bernardes obteve permissão do juiz de órfãos e do Ministério da Justiça para levar Izidoro, Sérgio e Honorato para sua fazenda, no distrito de São João Marcos, na província do Rio, em 1847, depois que eles haviam passado doze anos na cidade.[29]

Os africanos livres cujos serviços foram concedidos ao dr. Joaquim Cândido Soares de Meirelles também cumpriram o serviço obrigatório em ocupações rurais, mas o concessionário parecia respeitar seus status de pessoas livres. Formado na França, o mulato Meirelles era um dos fundadores da Academia Imperial de Medicina, deputado na Assembleia Provincial do Rio de Janeiro, e representou o Rio de Janeiro na Assembleia Nacional na década de 1840.[30] Os vários africanos livres a seu serviço viveram em sua propriedade em Cantagalo e formaram famílias. Em 1856, Meirelles entrou com petição de emancipação para oito deles, entre eles dois casais, um dos quais com cinco crianças. Não está claro se os africanos livres que trabalhavam nas propriedades rurais tinham pequenas roças, se podiam comercializar seus produtos ou quantos dias por semana precisavam trabalhar para os concessionários, elementos que permitiriam compará-los a outros trabalhadores rurais.

Detalhes dos arranjos de trabalho entre os concessionários e os africanos livres vêm à tona quando havia conflitos, como no caso do pedido de emancipação feito por Dionísia Angola. Para defender seu direito à emancipação depois de quase dezesseis anos de serviços, a africana livre declarou que era capaz de viver sobre si, "pois é verdade que pelo seu ofício de lavadeira sabe a suplicante adquirir meios com que paga 480 [réis] de jornal e se sustenta". Ela também esclareceu que a concessionária "não dá de comer nem de vestir à suplicante, e só trata de receber o jornal, sustentando-se e vestindo-se a suplicante à sua custa", e ainda acrescentou que "a concessionária sem dó nem piedade obriga a suplicante a sair de casa nos dias chuvosos e mesmo em estado de doença para dar-lhe o jornal".[31] Sua concessionária, Joaquina Amália de Almeida, declarou à Polícia que vivia só do jornal da suplicante. Assim como ela, muitos outros não escondiam do governo que seu ócio era garantido pelo rendimento do trabalho dos africanos livres e além disso achavam que esse era um argumento legítimo para mantê-los sob seu domínio. Essas histórias reveladas aos funcionários do governo durante o processo de emancipação, nas décadas de 1850 e 1860, dão uma rara perspectiva das negociações cotidianas dos arranjos de trabalho entre os africanos livres e seus concessionários, e revelam grande similaridade com aquelas travadas entre escravos e senhores.

No amplo espectro dos arranjos de trabalho dos africanos livres, os que gozavam de mais autonomia eram os que podiam viver longe do concessionário. Luís Nagô propôs por escrito um arranjo a Manoel Banhez Planal Montenegro pelo qual viveria sobre si e pagaria um jornal correspondente a 14$000 réis por mês. O concessionário disse à Polícia que Luís deixou de honrar o acordo por seis meses e relatou que o africano tinha comprado e libertado uma escrava, e por isso respondera a um processo por furto, que também lhe rendera tempo na prisão. Montenegro estava especialmente incomodado que Luís nunca o tivesse consultado sobre seus negócios. Mas Luís integrava uma rede de africanos nagôs na cidade e usou o arranjo de trabalhar ao ganho e viver sobre si para sumir na "cidade negra".[32]

Já o concessionário João Caetano de Almeida França usou o acordo de trabalho para ameaçar João Benguela. O africano livre pagava dez tostões por dia a França e foi ameaçado de venda por não aceitar o aumento do jornal para quatro patacas (uma moeda de prata conhecida por tostão valia cem réis e uma pataca valia 320 réis, de forma que o reajuste imposto pelo concessionário era de mil réis para 1280 réis diários).[33] O trabalho de João rendia mais que o de outros africanos livres e era plausível que França quisesse dispor dele, vendendo-o como se fosse seu escravo. A ameaça de venda indica que muitos concessionários agiam como se pudessem não apenas explorar o trabalho dos africanos livres como se fossem escravos, mas também dispor deles da mesma forma.

Se a população escrava da cidade do Rio de Janeiro cresceu de 50 mil para 78 mil habitantes entre 1828 e 1849, isso se deveu especialmente à importação de africanos novos,[34] o que significa que nas casas dos concessionários ou nas ruas da cidade a continuação do tráfico ilegal pôs africanos livres em contato com africanos ilegalmente escravizados. A ameaça de reescravização era real.

O emblemático caso de Fidélis Rebolo se impõe. Como vimos, Fidélis e Joaquim Cassange foram apreendidos na casa de dona Leonarda Angélica de Castro em 1835 e, depois de emancipados pelo juiz de paz da freguesia de Santana, na Corte, seus serviços foram concedidos à mesma senhora a despeito da ordem expressa do ministro Limpo de Abreu de que não era admissível a manutenção dos objetos do delito em poder dos indiciados.[35] O favorecimento se explica, no entanto. Leonarda Angélica era viúva de Antônio José de Castro, negociante de escravos na praça do Rio de Janeiro entre 1811 e 1830. Apesar de ter falecido antes de 1835, seu inventário aberto em 1856 arrola propriedades rurais e sessenta escravos.[36] Pelos menos metade dos 49 africanos, dadas suas idades, foi trazida depois da proibição do tráfico. A maior parte de seus escravos estava empregada na roça, mas havia muitos com ofícios — pedreiros, marceneiros, sapateiros, alfaiates e rendeiras — e outros em ocupações domésticas, como cozinheiras, lavadeiras, engomadeiras e passadeiras. Alguns de seus escravos mais habilidosos eram alugados a terceiros e lhe rendiam aluguel diário. Entre os escravos arrolados no inventário de Leonarda Angélica, aberto em 1863, havia cinco africanos e um crioulo.[37]

Sabemos que, além de Fidélis Rebolo e Joaquim Cassange, dona Leonarda recebeu mais alguns africanos livres em 1838 e 1839. Dois faleceram na década de 1840 e um entrou com petição de emancipação em 1856. Fidélis e Joaquim, no entanto, tinham destino desconhecido em 1865.[38] Havia dois Fidélis no inventário de Antônio José de Castro, porém muito jovens para ser o africano livre em questão. Mas havia um certo Fidélis Moçambique, de quarenta anos, no inventário da viúva. O menino Rebolo havia crescido em meio a tantos africanos ilegalmente escravizados que seu estatuto de livre se tornou impraticável, possivelmente um risco à subordinação dos outros. É irônica a escolha recorrente do nome Fidélis para os escravos na casa dos Castro, mas serviu quase certamente de estratégia para embaralhar as identidades e acobertar a escravização ilegal e a reescravização de africanos livres.

Na cidade ou na zona rural, os arranjos de trabalho dos africanos livres distribuídos a particulares na Corte não eram diferentes daqueles a que os escravos estavam submetidos. A continuação do tráfico impôs a convivência, por vezes sob o mesmo teto, com africanos que teriam o direito ao estatuto de africano livre mas viviam ilegalmente escravizados. Não houve restrição à exploração do trabalho dos africanos livres e de apropriação dessa renda pelos concessionários.

O MARQUÊS EXPLICA COMO USOU AFRICANOS LIVRES PARA ENRIQUECER

Por ocasião de uma disputa política em 1854, Honório Hermeto Carneiro Leão, então ainda visconde de Paraná, foi acusado de enriquecimento ilícito e assim instado a esclarecer a origem de sua fortuna pessoal. Em discurso bastante detalhado, o chefe do Gabinete da Conciliação, preocupado com sua reputação, expôs a história e a composição de sua fortuna àquela altura da vida. Sua exposição nos interessa muito, pois é um dos raros testemunhos pessoais — talvez o único — acerca da maneira como a mão de obra de africanos livres contribuiu para a acumulação de fortunas pessoais no século XIX.[39]

Filho de militar sem grande projeção, Paraná havia se formado em direito em Coimbra e ingressara no serviço público tão logo regressara ao Brasil. Foi juiz de fora na província de São Paulo, ouvidor no Rio de Janeiro, desembargador na Relação da Bahia e até 1848 na Relação do Rio de Janeiro, representante por Minas Gerais na Câmara dos Deputados entre 1830 e 1841, eleito para o Senado em 1842 e presidente das províncias do Rio de Janeiro e de Pernambuco — chamado em contextos de conciliação política em 1842 e 1849, respectivamente. Integrava o Conselho de Estado e, naquele momento, o ministério. O visconde relatou em seu discurso que os salários que recebia serviram sempre para a manutenção de sua família, sem luxos. A fortuna que àquela altura acumulava, ele a atribuía ao sucesso dos investimentos feitos com o pequeno capital de que dispunha em meados da década de 1820. Do pai, segundo ele, herdara apenas a educação no reino e dois escravos aos quais se referiu eufemisticamente apenas como "pajens", um dos quais já estava forro em 1854.[40] Honório casou-se com uma prima, Maria Henriqueta Neto Carneiro, filha de próspero negociante da praça do Rio de Janeiro, e o dote, cujo valor não revelou, serviu de capital inicial para alguns investimentos.

Na primeira metade da década de 1830, emprestava dinheiro a juros a fazendeiros conhecidos e através de casas comerciais. Foi quando deu o sonhado passo para se tornar fazendeiro: em 1836 adquiriu terras, segundo ele, a preços módicos, e dedicou-as ao cultivo de café. A mão de obra, de início, era de 26 africanos livres cujos serviços haviam sido confiados a ele e a sua mulher. Honório classificou esse fato como um "adjutório", um auxílio. Declarou também ter investido o resto de seu capital disponível na aquisição de escravos da fazenda de um suíço falecido em Cantagalo e de outros proprietários nas praças do Rio e do Porto da Estrela. Apesar da tentativa de dizer que adquirira escravos ladinos, parece muito pouco provável que tivesse constituído sua escravaria apenas com africanos chegados antes da proibição do tráfico.[41] Nos anos seguintes obteve empréstimos a juros módicos do cofre de órfãos da Corte para custear mais investimentos na fazenda, outra vantagem obtida graças a sua proximidade com o poder. Comprou também uma chácara para sua residência em Botafogo. Em 1850, sua Fazenda Lordelo valia aproximadamente 160 contos de réis; em 1852, colhera 20 mil arrobas de café e tinha aproximadamente 150 escravos "entre grandes e pequenos". Em 1854, se fosse vendê-la, Honório não aceitaria o mesmo valor em que estava estimada quatro anos antes: o preço dos escravos havia subido muito desde a Lei Eusébio de Queirós e dificilmente se encontraria investimento mais lucrativo para esse capital.[42]

> Vê-se, pois, sr. presidente, que tive para empregar na aquisição da minha fazenda cinquenta e tantos contos de réis; a saber: trinta contos de capital próprio; e 24:600$ que obtive emprestado do cofre dos órfãos a juros de 6%; isto além dos 26 africanos. [...] Que muito era, sr. presidente, que nestas circunstâncias, com a minha economia, com a minha indústria, com a boa ordem que sempre reinou em minha casa, eu prosperasse no fim de dezoito anos?[43]

Paraná reconhecia a importância dos africanos livres no capital inicial de sua fazenda. No entanto, atribuía sua fortuna a economia e boa administração dos recursos. Talvez o fizesse por-

Honório Hermeto Carneiro Leão e sua mulher, Maria Henriqueta Neto Carneiro (marquês e marquesa de Paraná), detiveram a concessão dos serviços de 26 africanos livres cujo trabalho na fazenda de café Lordelo, em Sapucaia, assegurou a multiplicação do patrimônio do casal.

que tais concessões do bem público eram comuns. Assim, insistiu no que acreditava diferenciá-lo: reiterou inúmeras vezes sua aversão ao luxo e sustentou que sua família vivia sem ostentação. Declarou ter enviado para a fazenda todos os escravos que podia dispensar do trabalho doméstico. Na fazenda, dizia empregar poucas pessoas livres, mas pagar aos escravos "o que colhem nos dias de guarda e o excesso de sua respectiva tarefa nos dias de serviço", indicando que havia estabelecido um arranjo de trabalho que priorizava os incentivos positivos.[44]

Qual teria sido o trabalho dos africanos livres concedidos a Honório e a Maria Henriqueta? Como teriam se relacionado com os escravos da fazenda? Até quando teriam prestado serviços? Nos registros dos destinos de africanos livres de alguns carregamentos apreendidos na década de 1830, encontramos 22 dos africanos livres concedidos ao casal. Entre eles, apenas uma mulher. Sete vinham de apreensões avulsas feitas pelos juízes de paz da freguesia da Candelária e da Lagoa, dois do grupo dos africanos distribuídos a partir da Casa de Correção em 1834-5, e outros treze do carregamento do patacho *Cezar*, declarado boa presa pela Comissão Mista Anglo-Brasileira em julho de 1838. A julgar pelo relato de Honório, os africanos livres e os escravos de que já dispunha serviram para implantar a fazenda: trabalharam provavelmente na derrubada da mata e no plantio das mudas, na construção das primeiras instalações e no plantio das primeiras roças. Alguns dos africanos faleceram logo: Prudêncio Cabinda, do *Cezar*, trabalhou por um ano até falecer, em julho de 1839; Venâncio Congo, do mesmo carregamento, faleceu em fevereiro de 1841. Muitos outros, no entanto, trabalharam na fazenda do estadista-fazendeiro por vários anos. É improvável que recebessem salário ou que fossem tratados como trabalhadores livres. Dos 22 africanos listados sob a responsabilidade do marquês e da marquesa de Paraná, em meados da década de 1860, catorze haviam falecido, seis tinham destino desconhecido e apenas dois haviam obtido emancipação da tutela, vários anos depois do falecimento do marquês, em 1856. Sebastião Congo, também do carregamento do *Cezar*, foi emancipado em julho de 1862, após 24 anos de serviço, e Tristão Angola, do *Duquesa de Bragança*, recebeu sua carta de emancipação dois meses depois, após 28 anos de serviço.[45]

Esse é um dos raros casos documentados em que africanos livres trabalharam em fazendas, e não em atividades urbanas ou no serviço público. O resultado não parece ter sido muito diferente: trabalhavam junto dos escravos, dificilmente recebiam tratamento diferenciado e tiveram o limite da tutela ignorado. Além disso, favoreceram a acumulação de fortuna por parte do concessionário, nesse caso em uma das atividades mais lucrativas da época. É notável também que se trate de um destacado membro da elite política: Honório Hermeto Carneiro Leão não só se beneficiou da concessão de africanos livres para enriquecimento próprio como tinha interesse pessoal na manutenção da escravidão.

A SERVIÇO DO ESTADO IMPERIAL

A experiência de trabalho dos africanos livres empregados em instituições públicas foi bem distinta da dos que foram distribuídos entre concessionários particulares. Em instituições públicas não havia a figura "senhorial" de um concessionário, mas administradores, que também lidavam com escravos da nação, escravos alugados de particulares e trabalhadores livres contratados. Além disso, como na maior parte das vezes eram concedidos em grupos, partilhavam o cotidiano com outros do mesmo estatuto, o que, em alguns casos, facilitou a formação de famílias estáveis e de comunidades nos locais de trabalho e moradia. Mas trabalhavam sob as ordens de feitores e viviam sob estrita vigilância, muitas vezes confinados, sem poder transitar pela cidade.

Como já vimos, nas primeiras concessões, entre 1834 e 1838, apenas um em cada cinco africanos distribuídos pelo governo imperial coube às instituições públicas. Os primeiros setores da administração a receber grupos de africanos livres foram as obras da Casa de Correção, as obras públicas da Corte e da Província do Rio de Janeiro, o Arsenal de Guerra, o Arsenal de Marinha e a Fábrica de Ferro de Ipanema, em Sorocaba, São Paulo. Nos anos seguintes, as concessões se estenderam para as obras das estradas da Estrela e de Mangaratiba, para o Colégio Pedro II, a Biblioteca Nacional, a província de Minas Gerais e a Fábrica de Pólvora. Como nove em cada dez deles eram do sexo masculino, supriam mão de obra fundamental para obras públicas que transformavam o espaço da Corte e dos arredores, para as instituições militares-fabris e para o serviço público, que se expandia.[46] A mortalidade deles — talvez pelo serviço pesado, talvez pelas condições de tratamento das doenças nas instituições — foi alta. No Arsenal de Marinha, um terço dos africanos livres recebidos entre 1836 e 1839 faleceu nos primeiros cinco anos.[47]

Marcou a experiência dos africanos livres nas instituições o fato de que trabalhavam lado a lado com escravos da nação. Adquiridos pelo Estado imperial por compra, doação ou reprodução natural, os escravos da nação formavam comunidades, com famílias de duas ou três gerações, trabalhando nos estabelecimentos públicos da Coroa ou do Estado imperial.[48] Desde 1830, o grupo tendia a envelhecer e decrescer, pois seus números não aumentavam pela aquisição de africanos novos, mas apenas através do crescimento natural e de incorporações ocasionais, como a dos escravos que lutaram na Revolução Farroupilha ao lado das forças imperiais. Relatórios de administradores sobre a insubordinação de escravos da nação e reclamações sobre a ineficiência de seu trabalho fornecem sinais de resistência cotidiana. Em resposta, eram frequentemente transferidos de uma instituição a outra, na tentativa de aumentar sua produtividade.[49] A chegada dos africanos livres ao serviço público, vista dessa perspectiva, supria a demanda gerada pelo falecimento e envelhecimento dos escravos da nação.

Estabelecimentos como a Fábrica de Pólvora, os Arsenais de Guerra e de Marinha da Corte e das províncias e a Fábrica de Ferro de Ipanema integravam um complexo industrial que produzia equipamentos militares vitais e suprimentos para o país. Neles, a mão de obra era estruturada em uma complexa hierarquia que incluía funcionários civis e militares, trabalhadores especializados ou não, brasileiros e estrangeiros.

Em novembro de 1844, os 41 africanos livres designados para o Arsenal de Marinha da Corte partilhavam a vida cotidiana com

146 escravos da nação, dos quais 97 do sexo masculino e 49 do feminino, entre os quais estavam treze crianças menores de sete anos. A listagem nominal preparada pelo inspetor do Arsenal de Marinha da Corte na ocasião arrolou conjuntamente todos os escravos da nação e africanos livres, identificando-os pelos nomes, idades, ocupações e vencimentos. A hierarquia da lista se dava pelos vencimentos pagos por dia de trabalho: cada escravo da nação adulto recebia jornais variando entre oitenta e 160 réis, conforme a função; os jovens acima de quinze anos de idade, oitenta réis; já as escravas da nação e os africanos livres não recebiam nada. A lógica da hierarquia correspondia, provavelmente, à especialização e ao tempo de trabalho no Arsenal.[50]

Uma medida de avaliação do aproveitamento da mão de obra dos africanos livres está no fato de que havia proporcionalmente mais escravos da nação empregados nas oficinas, isto é, engajados em tarefas especializadas. Um relato mais detalhado das ocupações dos africanos livres e dos escravos da nação no Arsenal da Marinha foi dado pelo inspetor do Arsenal em 1849:

> Os que estão na Cábrea são empregados diariamente nos muitos e diversos trabalhos da mesma Cábrea, lanchas e escaleres de reboques, transportes, em suspender e fazer amarrações de navios e boias; e os que estão aquartelados no brigue *Imperial Pedro* empregam-se uns nas oficinas, outros também em escaleres, e alguns com as negras em limpeza geral do Arsenal; dos que trabalham em terra é que são tirados os que vão ao curral com carros transportar a carne para todos os navios de guerra, transportes e navios desarmados, para carregarem doentes e defuntos; e finalmente para o trabalho de encalhar lanchas, escaleres, antenas, mastros, grandes vergas, e os mando muitas vezes tirar de todas as oficinas, isto há três anos a esta parte, depois que os galés que faziam estes e outros serviços pesados foram todos tirados para as obras do dique da ilha das

Cobras; acrescento que muitas vezes ainda são reforçados esses trabalhos com os colonos que estão empregados como serventes nos trabalhos da Ribeira Nova e em que não param."[51]

O inspetor explicou que os africanos livres e escravos eram retirados das oficinas sempre que fossem necessários para as tarefas pesadas antes feitas pelos galés — os presos sentenciados a prisão com trabalho e ao uso de calceta no pé —, demonstrando que sua mão de obra era fundamental e seu treinamento para o trabalho especializado era secundário. Africanos livres, escravos da nação e galés faziam no Arsenal de Marinha todos os serviços recusados pelas pessoas livres. O inspetor do Arsenal testemunhou nesse sentido quando, em seu relatório de 1851 ao Ministério da Marinha, admitiu que "procurar mais gente livre não [era] possível porque não se encontra, já porque o salário é diminuto, já porque o trabalho é pesadíssimo".[52]

Africanos livres partilhavam ocupações, alojamento e alimentação com os escravos da nação, apesar de terem, por vezes, feitores distintos. No orçamento para escravos e africanos livres, o Arsenal de Marinha previa gastos com o sustento deles, com as roupas dos homens e com o pagamento de jornais. O valor diário estabelecido para o sustento era de 140 réis para os adultos e adolescentes (a partir de quinze anos) e 110 réis para cada criança que trabalhasse. Era do dinheiro do sustento (que aparentemente não era entregue aos escravos e africanos) que a comida era comprada pelo Arsenal. De acordo com o inspetor, eram servidas três refeições diárias: carne-seca e pirão no almoço, feijão com carne e toucinho no jantar, e arroz temperado com toucinho de noite. As roupas das mulheres e das crianças, os remédios ou alimentos como galinha para mulheres grávidas não estavam no orçamento, mas eram comprados com as sobras do dinheiro. Os homens recebiam duas camisas, dois pares de calças e uma japona duas vezes ao ano, mais uma manta e um boné por ano. Não havia previsão no orçamento para as roupas das mulheres e das crianças.[53]

A crônica necessidade de trabalhadores sentida ao longo da primeira metade do século XIX no Arsenal tinha levado a diferentes soluções: o recrutamento de índios, a contratação de trabalhadores livres desempregados, o uso de mão de obra de prisioneiros e o aluguel de escravos de terceiros. Em vez de treinar um maior número de africanos livres para desempenhar funções especializadas e dar-lhes, assim, maior autonomia, a administração do Arsenal os empregava em serviços que dispensavam treinamento. Havia grande demanda por trabalhadores especializados, tanto no setor público quanto no privado. Várias divisões do Arsenal de Marinha empregavam trabalhadores livres, e o pagamento deles variava de acordo com o nível de especialização. Enquanto um torneiro de ferro experiente era empregado em 1843 pela soma diária de 4$000 réis, em fins dos anos 1840 colonos açorianos foram engajados como remadores pela soma mensal de 8$000 a 10$000 réis mais comida em seu primeiro ano de contrato. Por serviço menos especializado, os colonos açorianos recebiam no primeiro ano de seus contratos duas vezes o montante pago aos escravos da nação, e provavelmente teriam seus contratos ajustados nos anos seguintes.[54] Nunca se cogitou engajar os africanos livres através de contratos de trabalho desse tipo enquanto estivessem no período de serviço obrigatório, o que demonstra que eram tratados como trabalhadores involuntários.

Os africanos concedidos à Imperial Fábrica de Ferro São João de Ipanema exemplificam as trajetórias daqueles enviados para fora da Corte nas décadas de 1830 e 1840. Os primeiros 25 chegaram em 6 de junho de 1835, acompanhados de instruções sucintas que deveriam guiar o procedimento do diretor da fábrica na administração do grupo — providenciar registro de cada africano entregue, com nome, nação, aspectos físicos e sinais característicos e informar-lhes, diante do juiz de órfãos e intérprete, que eram livres e que trabalhariam "em compensação do sustento, vestuário e tratamento que com eles deve haver".[55]

Em 1837, segundo Jaime Rodrigues, a Fábrica de Ferro contava com 121 escravos e 48 africanos livres, e nos anos seguintes a proporção de africanos livres em relação aos escravos só aumentaria.[56] Uma listagem nominal dos africanos livres da Fábrica, concluída em 1851, mostra que ainda lá estavam dezesseis do grupo pioneiro de 25 africanos chegados em 1835 e mais quarenta chegados até 1839. Entre eles vários tinham funções especializadas: havia ferreiros, pedreiros, moldadores, torneiros e trabalhadores nas fundições dos altos-fornos. O grupo de africanos livres se completava com os 49 africanos chegados à fábrica em 1845 (provavelmente do patacho *Subtil*) e 21 africanos minas vindos da Bahia, chegados no fim de 1848 ou início de 1849), que eram ocupados em funções que não requeriam grande especialização, como o serviço do mato e o trabalho de carreiro. Todas as mulheres, à exceção de Joaquina, que era cozinheira, eram empregadas no serviço do mato, que envolvia tanto a plantação de alimentos para os trabalhadores da fábrica quanto a coleta e produção de lenha para os fornos da siderúrgica.

Entre as 169 pessoas listadas como "africanos livres" em 1851, havia dezessete crianças nascidas na Fábrica de Ferro, filhas de casais de africanos livres, cinco delas já incorporadas ao trabalho: José, filho de Joaquina, nascido em 1841, era tropeiro; Inácio, filho de Teodora, nascido em 1840, carreiro; e os outros, nascidos nos anos seguintes, acompanhavam os adultos no serviço do mato. Como em muitos outros espaços de trabalho àquela época, aos sete anos as crianças já tinham função designada na fábrica, onde acompanhavam a prática estabelecida com os filhos dos escravos da nação.[57] Para desânimo do diretor, a fábrica servia de reserva de mão de obra para os empreendimentos imperiais na região: em outubro de 1854, dezoito africanos e dois escravos foram entregues para o barão de Antonina, responsável pela abertura da estrada entre São Paulo e Mato Grosso, e em 1859 e 1860 dezenas de famílias, de africanos livres principalmente, foram transferidas para a recém-fundada Colônia Militar de Itapura, no Tietê. Muitos dos africanos livres que chegaram a Ipanema na década de 1830 continuavam àquela altura a serviço do Império, sem nenhum sinal de que o tempo de trabalho obrigatório teria fim.

AFRICANOS LIVRES E A POLÍTICA DE MÃO DE OBRA DO IMPÉRIO

Vimos que os "pretos libertos" da escuna *Emília* e os "pretos minas e moçambiques" cujos serviços foram arrematados em abril de 1831 se mobilizaram para alcançar a emancipação da tutela antes de completar catorze anos de serviços. Em 1831, Casemiro e os outros africanos entregues a serviço do Passeio Público, além de Cosme e Ângelo, que trabalharam para o cônsul francês, entraram com petições de emancipação alegando que estavam aptos a viver sobre si. Dá para entender por que se depositava tanta expectativa na reexportação dos africanos apreendidos depois de 1831. Em 1835, o ministro da Justiça, Manoel Alves Branco, alertava: "o meio da distribuição não satisfaz ao grande fim de livrar o país de uma população sempre perigosa, e agora tanto mais quanto é certo que estes africanos distribuídos se tornaram insuportáveis depois de ladinos, com a opinião de livres entre os mais escravos".[58] Ao tratar os africanos apreendidos depois de 1831 como escravos que não deveriam se reconhecer como livres, o ministro expressava a preocupação crescente com o potencial de impacto dos africanos livres sobre os que haviam sido contrabandeados mas mantidos como escravos. De fato, Helena Moçambique, Felício Mina e outros africanos dos navios julgados entre 1830 e o início de 1831 também não demoraram a assumir vida de libertos. Incomodavam seus arrematantes espalhando maus exemplos para escravos e outros africanos livres ao requerer seu direito à emancipação na década de 1840. Em Pernambuco, Cândida Maria da Conceição, africana livre vinda na escuna *Clementina*, apreendida em 1831, foi até o Superior Tribunal de Justiça para demonstrar que podia viver sobre si e defender o direito a ser emancipada.[59]

Os africanos cujos serviços foram concedidos a partir de 1834 tomaram consciência de seu estatuto jurídico aos poucos e frequentemente adotaram os códigos de resistência e negociação usados pelos escravos. Sua reação à tutela e ao trabalho compulsório ficou documentada nas petições, nos pedidos de emancipação e de desistência dos serviços de africanos livres formulados por concessionários.

Dos senhores esperava-se que alimentassem, vestissem e cuidassem da saúde de seus escravos; dos concessionários esperava-se fizessem o mesmo com os africanos livres sob sua responsabilidade. Vimos alguns casos de africanos livres que reclamaram de tratamento injusto por parte de seus concessionários: Dionísia Angola, a lavadeira forçada a trabalhar quando estava doente ou nos dias de chuva, reclamava que sua concessionária nem sequer a alimentava ou vestia; João Benguela decidiu, com seus companheiros, apelar ao juiz de órfãos quando seu concessionário resolveu cobrar jornal mais caro e ameaçava vendê-lo para São Paulo caso não aceitasse pagar; Maria reclamou ao curador que as pessoas que alugavam seus serviços "não a distinguem nem na sua condição nem no gênero de trabalho". Fica claro que os africanos livres não se recusavam ao serviço obrigatório, em condições muito semelhantes àquelas vividas por escravos, mas reagiam quando os concessionários cometiam excessos.

Também os africanos livres destinados às obras públicas reclamavam dos abusos que sofriam. Em 1841, os que trabalhavam nas obras da Casa de Correção dirigiram ao imperador uma petição em que reclamavam de não poder mais passear livremente pela chácara que circundava as obras da instituição aos domingos e nos dias santos, em virtude da alegação do administrador de que se embebedavam e roubavam frutas das chácaras vizinhas. Segundo eles, eram confinados em um curral nos domingos, dias santos e nos horários livres depois do trabalho, sempre com os "pretos da prisão do Castelo", os escravos recolhidos à Correção para serem punidos. Reclamaram também que, quando cometiam qualquer leve falta, "nem ao menos passa o cheiro do toucinho no caldeirão" da comida, e ainda ficavam suspensos de receber o vintém "que a nação lhes mandou dar para comprarem o seu fumo". Reclamavam igualmente dos "mais abomináveis castigos", relatando punições por chicotadas, libambo por dois ou três meses e ainda a obrigação, ao fim disso, de andar com corrente. A petição trazia também denúncias contra o administrador, Tomé Joaquim Torres, que desviara um africano livre para seu serviço particular. "Porventura o administrador pode tirar um oficial da obra que a nação lhe paga 320r. todos os dias para trabalhar dois anos e meio a fim de mobiliar sua casa, usurpando esses lucros à nação?", questionavam os africanos.

A petição dava ênfase a um pleito das mulheres, que diziam viver "todos os dias, noite e dia, domingos, dias santos e dias de serviço trancadas à chave". Semelhante desumanidade não se esperava em um Império constitucional, notavam, usando linguagem de direito.[60] É notável, entretanto, que eles não tenham argumentado com base no direito à liberdade. Talvez temessem que seu pleito fosse sumariamente rejeitado. Reclamavam da mesma forma como escravos reclamariam da alimentação ou do excesso de castigo, buscavam diferenciar-se dos escravos presos com quem conviviam, mas sabiam que estavam a serviço da nação e que pelo trabalho recebiam gratificações. Assim, pleiteavam sua transferência para o Arsenal de Marinha, considerado uma alternativa melhor de trabalho no mesmo serviço público.[61]

Se conheciam o direito à liberdade, o funcionamento da tutela, sem prazo, era paradoxal para os africanos. Plácido Cabinda, que ganhava jornal como pedreiro, confundia a emancipação da tutela com alforria, pois acreditava na promessa de sua concessionária de que seria libertado quando ela morresse. Outros calculavam o valor do serviço que prestavam. Beliza, da Fábrica de Pólvora, ao pedir sua emancipação, oferecia uma escrava em seu lugar, ou dinheiro correspondente ao valor de sua emancipação. Custódia Rebola também oferecia "[remir] com dinheiro o resto de tempo de serviços que porventura lhe faltar".[62]

Na Bahia, em junho de 1848, os africanos livres a serviço do Arsenal de Marinha começaram a reclamar, em termos semelhantes, do impasse que o estatuto lhes impunha. Reclamavam estar havia catorze anos prestando serviço no Arsenal "sem que

Dezenas de africanos livres cumpriram o serviço obrigatório no Arsenal de Marinha da Bahia entre 1834 e 1850. O grupo que, em 1848, reclamou já ter cumprido o prazo acabou remetido para o Rio de Janeiro e para a Fábrica de Ferro de Ipanema, no interior de São Paulo, mas não deixou de reivindicar o direito à emancipação.

lhes tenha dado, até a presente, destino algum, tolhendo-se-lhes assim a sua liberdade, pois que os serviços prestados por um tal tempo, há muito excedem a seus respectivos valores, como fossem libertados a dinheiro".[63] Eles todos expunham com muita clareza sua insatisfação com a tutela, que, em termos práticos, lhes custava mais caro que comprar a alforria. Dale Graden mostrou que o presidente da província, Francisco Martins, já notório pela perseguição aos revoltosos de 1835 e pelo terror imposto aos libertos africanos que viviam na Bahia, tratou de despachar os queixosos para o Rio de Janeiro.[64] Dali, alguns deles foram levados para a Fábrica de Ferro de Ipanema, onde encontraram o grupo já consolidado de africanos livres de origem centro-africana, vindos em diversas remessas desde 1835, muitos deles com família. Apenas um mês após sua chegada, alguns dos minas pediram licença para comprar palha para chapéu e foram a Sorocaba apresentar um pedido ao juiz:

> Diz os Fricanos q. vierro na provincia da cidade da bahia foi tomado no engenho cabrito por ordem de S. M. para servir 10 annos como ja 10 annos ja passou temos mais servindo de 16 annos no arsinal da marinha, em tendente foi Carvalho e testemunho eo mesmo Snr Carvalho emquanto ele sahio no arsinal da marinha da provincia da cidade da bahia veio feito ao espetor para arsinal da marinha do rio de janeiro por isto vos suppte. [ileg.: espiricas?] V. Sa. em [ileg.] emquanto foi ao governo mendou emsibora 30 pessoa em sua terra nos fiqueimos por ordem do governo pa. servi 10 annos como ja no lugar de servir 10 annos ja servimos de 16 annos por isto requerou ao Snr. Dr. Martins presidente da provincia da cidade da bahia informação que deo ao Snr. Dr. Martins presidente da provincia da cidade da bahia emformação q. dão ao Snr. Dr. Martins presidente da provincia da bahia mandou logo pero rio de janeiro nos não chega [?] mos de sataras em terra ser nos chega [?]

a satara ser em terra no rio de janeiro emtão nos requeria a V. S. Em.
[ileg.] portanto seja bem atedindo ao q aos suppte requerei V. Em
[ileg.] ha [ileg.] bem atende no que pede.
a V. Em.

[ileg.] M. C.[65]

Em um palavreado truncado mas eloquente, os africanos minas deixaram claro que sabiam que eram livres, que já tinham completado o tempo de serviço a que eram obrigados e que não se submeteriam mais às condições sob as quais eram mantidos. Uma vez mais a reação, em nome "da ordem e da subordinação", foi removê-los do grupo de africanos livres da instituição, no qual eles podiam incutir suas ideias indesejáveis.[66] Eles não sossegaram, como veremos adiante.

Na década de 1840, não foram muitos os africanos livres que, como Helena Moçambique, Cândida Maria da Conceição ou os africanos nagôs do Arsenal de Marinha da Bahia, reclamaram o direito à liberdade tão categoricamente. A maioria ainda se submetia ao serviço obrigatório imposto pelas condições de sua distribuição a concessionários e instituições públicas. Se muitos eram conscientes de seu estatuto jurídico de pessoas livres, o que os mantinha no trabalho involuntário era a expectativa de que o Estado imperial garantisse sua liberdade. Longe dos olhos das autoridades que sancionavam a exploração de seu trabalho, encoberta pelo instituto jurídico da tutela, eles podiam ser reescravizados.

A administração dos africanos livres demonstra que, diante da perspectiva de transformações nas relações de trabalho causadas pelo fim do tráfico, a política de mão de obra do Estado imperial privilegiou o uso de trabalho compulsório nas instituições públicas e promoveu um extenso esquema de exploração forçada de trabalhadores livres por particulares.

A difusão da prática de alugar os serviços de africanos livres ou de deixá-los ao ganho nas ruas do Rio para arrecadar dinheiro por seu trabalho mostra que os concessionários de africanos livres não eram obrigados a tratá-los como trabalhadores livres em treinamento. Dados a complexidade do mercado de trabalho urbano na primeira metade do século XIX e o fato de que as relações de trabalho eram cada vez mais traduzidas em transações monetárias, a constatação de que, proporcionalmente, poucos africanos livres eram remunerados por seu trabalho e de que pouquíssimos podiam guardar parte de seus ganhos demonstra claramente que em muitos casos eles estavam abaixo dos escravos no mercado de trabalho. A opção do Estado imperial de distribuí-los entre um seleto grupo de concessionários, usando-os como moeda de troca política, sustentou o não trabalho e facilitou a acumulação e concentração da riqueza por parte de poucos.

No serviço público, africanos livres exerciam ocupações iguais às dos escravos, tarefas que as pessoas livres se recusariam a fazer por serem "baixas" ou perigosas, e cuja remuneração não atraía aqueles que pudessem escolher. A falha em estabelecer uma política consistente de treinamento e a dificuldade em alocar os africanos livres de forma eficiente resultaram no pequeno aproveitamento do potencial de sua mão de obra. Ainda assim, não há dúvida de que a mão de obra dos africanos livres foi indispensável ao funcionamento de muitas instituições e para o avanço das obras públicas na primeira metade do século.

A existência de outros grupos de pessoas livres subordinadas à autoridade do Estado e submetidas a trabalho forçado demonstra que esse tratamento não era exclusivo dos africanos livres. O recrutamento de indígenas aldeados para trabalhos públicos e o engajamento deles pelos diretores para o trabalho de particulares;

Quando chegaram do Arsenal de Marinha da Bahia, os africanos livres minas-nagôs encontraram na Fábrica de Ferro de Ipanema uma comunidade de africanos livres já consolidada, inclusive com crianças. Cientes do seu direito à emancipação, procuraram o juiz de órfãos de Sorocaba apresentando uma petição.

15 Requereu ao Exº Dor Martim Presidente da
16 provincia da cidade da bahia emformação
17 q' deo ao Exº Dor Martim Presidente da
18 provincia da cidade da bahia mandou
19 logo que no rio de janeiro nos não chegacei
20 mos de Salvar em terra se nos chegasse
21 a Salvar ser em terra no rio de janeiro
22 emtão nos requeria a V. Sª m Xª por tanto
23 seja bem atendendo aos ws Supp.tes requerei
24 V. E m Xª haja p/ bem atende no q' pede
a V. E m Xª

P.r M. C.

o recrutamento involuntário de índios, mestiços e negros livres considerados "vagabundos, ociosos ou não produtivos" nos Corpos de Trabalhadores depois da Cabanagem, no Pará; o recrutamento para o Exército, tratado como punição a uma gama de indesejáveis; e ainda a exploração da força de trabalho das pessoas condenadas eram manifestações da política do Estado imperial de lidar com "pobres intratáveis", submetendo-os a restrição de mobilidade e trabalho compulsório.[67]

Se para os "pretos libertos" da *Emília* o direito à emancipação da tutela foi reconhecido, para os africanos julgados livres depois da Lei de 1831 isso ficou mais difícil. Eles também adquiriram conhecimento sobre seus direitos e demonstraram disposição para buscar as autoridades competentes para requerê-los por meios legais, mas a conjuntura mudou suas chances de se livrar da tutela. A conivência com a escravidão ilegal, as considerações de segurança pública e a defesa da ideologia senhorial se sobrepuseram aos direitos dos africanos.

5. O contraponto britânico

Em maio de 1843, Serafina, dezesseis anos, africana de nação Cabinda, procurou o consulado britânico para reclamar proteção. Disse ao cônsul Hesketh que era emancipada e havia sido entregue a "dona Maria Jacinta, moradora do beco do Mosqueiro" e vendida a um homem cujo nome não sabia, morador do campo da Aclamação. Hesketh encontrou feridas no pescoço da jovem, que aparentavam ter sido feitas recentemente por chicote, e a entregou ao curador dos africanos livres, José Batista Lisboa. Levou o caso também à Comissão Mista — alimentando, assim, os atritos corriqueiros entre a Grã-Bretanha e o Brasil sobre o tratamento dos africanos livres.[1]

O governo britânico, desde o começo, demonstrou preocupação com os africanos emancipados pela Comissão Mista do Rio de Janeiro. O tratamento dos africanos livres, tema visto como relacionado à aplicação dos acordos bilaterais para a abolição do tráfico de escravos, ocupou os funcionários do Foreign Office quase tanto quanto os assuntos relacionados à captura e condenação dos navios negreiros. A correspondência entre o departamento dedicado às questões do tráfico de escravos do Foreign Office em Londres e seus correspondentes no Brasil demonstra como, entre as décadas de 1820 e 1860, o interesse pelo destino dos africanos livres acompanhou as mudanças na política abolicionista britânica, que se irradiava para as colônias e territórios estrangeiros no Atlântico e no Índico.

Este capítulo expõe a interferência britânica no tratamento dos africanos livres no Brasil e aborda o debate velado que envolvia funcionários dos dois governos a respeito dos significados da liberdade. A política abolicionista adotada pelo Foreign Office em países como o Brasil se transformou, seguindo a experiência com africanos livres e a abolição da escravidão nas colônias britânicas na década de 1830. Os funcionários do governo brasileiro, por outro lado, defendiam uma posição delicada, à medida que o país se comprometia cada vez mais com a escravidão mediante a contínua importação ilegal de escravos. O direito dos africanos à liberdade estava sujeito a diferentes interpretações pelos funcionários brasileiros e britânicos. As trajetórias de muitos deles testemunham isso.

LIBERATED AFRICANS NO IMPÉRIO BRITÂNICO

Em julho de 1820, a Câmara dos Comuns solicitou à Secretaria dos Negócios Coloniais (Colonial Office) dados acerca dos africanos postos sob regime de aprendizado com base na legislação que proibia o tráfico nas colônias do Caribe. O material reunido, listas nominais preparadas pelos *collectors of customs* — os tesoureiros das alfândegas coloniais —, revela os arranjos de trabalho a que foram submetidos e a precariedade da liberdade, no sentido tanto da proximidade com a escravidão quanto das condições de vida. Dos 1388 africanos declarados livres pela corte do Vice-Almirantado situada na colônia de Antígua entre 1811 e 1819, por exemplo, 1015 foram entregues a comandantes das forças militares da Coroa para serviço militar, 118 haviam falecido, 178 cumpriam o aprendizado com moradores da colônia e 75 já tinham destino desconhecido na ilha de apenas 281 km², onde viviam e trabalhavam aproximadamente 30 mil escravos. Foram provavelmente reescravizados.² Os registros apresentados mostraram-se desiguais de colônia para colônia, no entanto. Até o termo para se referir a eles variava: *liberated Negroes, captured Negroes, African apprentices* e *liberated Africans* eram usados de forma mais ou menos intercambiável. Em 1821, a Câmara dos Comuns indicaria comissários de inquérito para proceder a um levantamento extenso nas colônias caribenhas sobre os africanos resgatados da escravidão com base na legislação de proibição do tráfico, que foram engajados no serviço imperial ou empregados sob regime de aprendizado. Os relatórios resultantes desse extenso inquérito são ricos e se prestam a diferentes análises. Talvez o mais importante aqui seja mostrar que sua própria elaboração expôs os conflitos existentes no Império colonial britânico a respeito do futuro da escravidão.

Em 1823, a política abolicionista deu um passo decisivo: militantes históricos reuniram-se em uma nova associação, voltada à defesa da emancipação gradual, uma vez que reconheciam poucos avanços na causa desde a abolição do tráfico e muita resistência por parte da classe senhorial colonial, exemplificada pela demora em implementar o registro dos escravos. A frente parlamentar ligada à Society for the Mitigation and Gradual Abolition of Slavery Throughout the British Dominions contava com dezenove membros do Parlamento, rivalizando com 56 associados aos interesses coloniais e à defesa da escravidão.³ A proposta apresentada ao Parlamento em maio de 1823, pelo líder da Anti-Slavery Society, Thomas Buxton, que recomendava medidas para preparar gradualmente os escravos para o gozo da liberdade, foi recebida com uma manobra do governo para tomar as rédeas do processo e garantir que não houvesse ameaça aos interesses coloniais. O lobby dos proprietários de escravos apoiou o que foi chamado "plano de melhorias" no tratamento dos escravos, a ser proposto, e não imposto, às colônias. Instrução religiosa, apoio ao casamento entre escravos e defesa da integridade da família faziam parte do plano, assim como a proibição de castigos cruéis, a admissão do testemunho de escravos em processos e o incentivo à alforria mediante pecúlio. O plano interferia na prática costumeira dos escravos de promover feiras aos domingos: os senhores deviam dar-lhes outro dia de folga para que não ocupassem o dia santo. O plano de Buxton era mais avançado em seu gradualismo e propunha a emancipação das crianças nascidas a partir de certa data. Naquele mesmo ano, outra grande revolta escrava eclodiu em Demerara, na Guiana Inglesa.[4]

Os comissários de inquérito nomeados foram às colônias vistoriar registros e entrevistar funcionários, arrematantes e os próprios africanos, além de levantar suas ocupações, arranjos de trabalho e condições de vida. Buscavam indícios de aptidão para viver em liberdade. O clima de impasse na política de manutenção da escravidão, em que os abolicionistas buscavam provar as vantagens de sua substituição por trabalho livre e em que os interesses coloniais desconfiavam da capacidade de sustentar a economia açucareira sem trabalho forçado, dava à tarefa um sentido especial: a experiência dos africanos emancipados em virtude da proibição do tráfico serviria de indicação dos desafios e amostra dos resultados do maciço investimento britânico em defesa da liberdade dos africanos.

Os dados individuais levantados dão conta da forma e do cumprimento dos contratos com os africanos, de sua adesão às práticas religiosas cristãs e da aptidão deles para sustentar-se ao fim do aprendizado. George Freeman, um africano guiné emancipado com 210 outros da escuna espanhola *San Jose y Anemas*, em Antígua, foi contratado em 10 de maio de 1811 por um senhor de nome James Scotland, por catorze anos, para trabalhar como tipógrafo. Os comissários apuraram que trabalhou como doméstico para Scotland e depois aprendeu o ofício de padeiro. Tentou viver sobre si, mas isso incomodou o detentor de seu contrato, que o devolveu ao tesoureiro da Alfândega. George foi então engajado a um certo Mr. Kirk que exigia dele mais trabalho do que conseguia fazer e quis puni-lo com prisão e castigos, situação da qual escapou. Viveu ainda nove meses "pelas ruas", até ser posto como empregado doméstico do próprio tesoureiro da Alfândega, que assegurou aos comissários a capacidade de George de viver sobre si em qualquer lugar.[5] O que o impedia era aparentemente a obrigação de cumprir "aprendizado" por catorze anos, e talvez o incômodo dos senhores com africanos livres sem patrão. Há muitos casos semelhantes, mas também de africanas livres que tiveram filhos e não se submetiam ao trabalho regular, de modo a depender do tesoureiro da Alfândega para seu sustento.

A percepção que os comissários tiveram das experiências de trabalho dos africanos e a avaliação que fizeram de suas chances de liberdade variaram conforme suas posições no debate sobre o futuro da escravidão e do sistema colonial. A polêmica exposta ao Parlamento em virtude da renúncia do comissário Thomas Moody chamou a atenção para o embate entre abolicionistas e o lobby das colônias do Caribe na formulação da política colonial. Dougan, seu parceiro na comissão de inquérito, acusou-o de chegar às colônias com opinião formada e afirmou que a política estabelecida em 1808 — de tratar como pessoas livres os africanos resgatados do tráfico e submetê-los ao aprendizado — tinha falhas, e que os africanos emancipados não podiam ser preparados para viver em liberdade. Ainda segundo Dougan, Moody, que havia trabalhado na colônia de Berbice, na administração de escravos da Coroa britânica, queria resolver o problema da mão de obra para as plantations açucareiras e defender o sistema colonial. Moody, por sua vez, acusou Dougan de marionete dos abolicionistas, a quem faltou objetividade no levantamento e na análise dos dados do inquérito. O fato de um africano se comportar bem e trabalhar com regularidade durante o aprendizado não garantia, segundo ele, que fosse um bom trabalhador ao fim do período. A necessidade de coerção se impunha; não via outra maneira de extrair trabalho e criar necessidades nos trabalhadores.[6] Assim, Moody expressava uma opinião amplamente difundida à época, que não era mais a antiga defesa da escravidão, e sim a da desigualdade entre as "raças", provada pela incapacidade moral e física dos africanos de corresponder ao comportamento esperado pelos europeus. Sua posição foi combatida pelo eminente abolicionista Thomas Macaulay em artigo intitulado "As capacidades sociais e industriais dos negros".[7]

Em 1826, comissários de inquérito foram enviados à África com missão semelhante àquela dada para as colônias caribenhas: apurar o estado dos africanos lá emancipados desde 1808. O secretário responsável pelas colônias enviou instruções precisas acerca da amostragem a ser adotada para selecionar as pessoas para entrevistas em Serra Leoa: buscava famílias que tivessem chegado nos primeiros anos da política de repressão ao tráfico, outras de uma fase posterior, e outras, mais recentes, para apurar se algum grupo tivera melhores chances de estabelecer-se e prosperar, em função do momento da emancipação ou de outras variáveis. Ele imprimiu à missão a tarefa de avaliar as condições para o emprego de mão de obra dos africanos emancipados no estabelecimento de plantations com investimento britânico para o cultivo de produtos com valor de mercado na Europa. Os comissários deviam indicar se "engajamentos voluntários" ou "os que são descritos como aprendizado" seriam o melhor arranjo de trabalho.

O secretário para as colônias queria uma posição clara a respeito da melhor política de emprego dos africanos livres, perguntando se o aprendizado "não demonstrava ser mais vantajoso tanto para eles [os africanos] quanto para a colônia do que o mero aluguel dos seus serviços, sem restrições ou coerção, em que a demanda por sua mão de obra é limitada à necessidade de sustentar a si e às suas famílias".[8] Na impossibilidade de garantir contratos de aprendizado para tanta gente e mesmo de controlar sua adaptação, os governadores tinham optado por deixar que os africanos, tão logo chegados e registrados, se agrupassem conforme suas origens étnicas em comunidades rurais dirigidas por missionários.[9] O governador da colônia, àquela altura, questionava a autonomia dos africanos emancipados e temia que o aumento de seu número — já eram aproximadamente 20 mil, e a repressão do tráfico teria trazido 2400 só no ano de 1827 — fizesse deles uma massa incontrolável de pessoas, além de um encargo muito grande para a Coroa. Ele também seguia planos de investimentos capitalistas na produção de algodão ou café, mas sugeria a vinda de "superintendentes ou feitores" das colônias caribenhas com conhecimento de agricultura europeia ou tropical — única forma, segundo Turner, de tornar produtivo o trabalho dos africanos emancipados.[10]

Num sentido geral, desde 1808, apenas um pequeno número de africanos emancipados foi recrutado para o serviço imperial e passou a integrar regimentos militares;[11] a maioria tinha ficado a cargo dos governadores e dos *collectors of customs*, que os distribuíram entre residentes das colônias, sob contratos simples ou contratos de aprendizado para algum ofício. Na Colônia do Cabo, nas Bahamas e em outras colônias do Caribe onde vigorava a escravidão, os africanos livres tinham sido empregados em atividades produtivas — na agricultura, nas salinas ou em tarefas especializadas — e também como criados, tanto nas áreas urbanas quanto nas áreas rurais das colônias, mas recebiam as mesmas rações de comida e vestuário que os escravos. As ocupações variavam de acordo com a economia e o mercado de trabalho de cada colônia, mas poucos aprendizes tinham recebido treinamento para trabalhos especializados. Além disso tudo, e talvez mais grave aos olhos dos comissários de inquérito, foi a descoberta de que os africanos livres não vinham recebendo nenhuma recompensa monetária pelo trabalho durante os longos anos de contrato.[12]

Os relatórios dos comissários de inquérito provocaram uma reavaliação do tratamento dos africanos livres nas colônias britânicas. Havia a questão de como lidar com os africanos que tinham concluído o período de aprendizado. Nas Bahamas, eles foram alocados em área desocupada na ilha de Nova Providência, onde se esperava que cultivassem lotes individuais, pelos quais pagariam em parcelas. O assentamento, conhecido como Headquarters (quartel-general), foi estabelecido longe das áreas ocupadas pelos brancos, e o interesse do governador Carmichael Smyth pelo bem-estar dos africanos ainda era visto com ressentimento pela elite da colônia.[13] Na opinião do sr. Poitier, tesoureiro da Alfândega e responsável pela aquisição do terreno em 1825, as pessoas que mantinham interesse na escravidão se incomodavam por ver "os africanos livres bem-vestidos de sua majestade vindo ao nosso mercado, trazendo cargas de produtos de abastecimento, fruto do seu trabalho voluntário e laborioso e do desejo sincero de adquirir propriedade".[14] A insistência de autoridades coloniais e da secretaria dos assuntos coloniais em garantir a liberdade dos africanos livres foi uma maneira de mostrar às elites da colônia o compromisso do governo britânico com a abolição. A liberdade estava associada ao trabalho voluntário, produtivo, e à entrada no mundo dos proprietários.

A reavaliação do sistema de aprendizado aplicado aos africanos livres levou à redução drástica dos períodos de contrato aos quais os africanos novos seriam submetidos. Os contratos de aprendizado por catorze anos, sem pagamento, passaram a ser considerados contraproducentes. Em 1836, o governador Colebrooke, das Bahamas, estava convencido de que um período de seis meses era suficiente para que os africanos adultos se ajustassem ao novo estatuto e ao novo espaço. Para ele,

> não pode haver justificativa para recusar-lhes as plenas vantagens da sua indústria por qualquer período de tempo sob o pretexto de prepará-los para a autossuficiência. Na verdade, com o auxílio das pessoas mais experientes do seu país e encorajados por seus exemplos, eles prontamente adquirem conhecimento do valor de seu trabalho e trabalham com mais satisfação quando seus salários são pagos semanalmente.[15]

Colebrooke acreditava que contratos mais curtos e o assentamento como camponeses independentes constituíam o melhor caminho para a adaptação dos africanos resgatados do tráfico às colônias. Num amplo espectro das soluções adotadas, a alternativa camponesa, adequada para colônias onde não vigorava sistema de plantation e com fronteira agrícola aberta, ficou num extremo e o aprendizado por catorze anos, no outro. No meio estavam os contratos de trabalho, agora mais curtos, com período variando de acordo com a idade dos africanos recém-chegados, a colônia e as circunstâncias.

O tratamento dos africanos resgatados do tráfico nas colônias do Império britânico sofreu influência do processo de emancipação dos escravos, em vigor a partir de agosto de 1834. O regime transitório de aprendizado duraria quatro anos para os escravos domésticos e seis para os outros, com 45 horas de trabalho semanal obrigatórias e as demais remuneradas. Os ex-escravos podiam recorrer aos agentes da Coroa para reclamar de maus-tratos e quebras de contrato.

Nas colônias em que havia terra disponível, os ex-escravos se recusaram a trabalhar nas fazendas, preferindo ocupar ou adquirir terras a se engajar por salário.[16] A abolição da escravidão tornou o pagamento de salários uma medida de diferenciação entre trabalho livre e trabalho escravo, de tal modo que qualquer arranjo de trabalho dali para a frente que não envolvesse pagamento seria considerado mais próximo da escravidão pelos padrões da Secretaria dos Negócios Coloniais. Além disso, a estabilidade da economia colonial pesava nas decisões e forçava os funcionários da Coroa nas colônias a ceder à forte demanda por mão de obra nas plantations açucareiras e a aproveitar o trabalho dos africanos recém-apreendidos do tráfico.

O dilema dos funcionários da Coroa sobre o engajamento dos africanos livres ficou claro quando se discutiu o destino dos africanos emancipados em Havana, transferidos às colônias britânicas em função de uma revisão no tratado antitráfico anglo-espanhol de 1835. Um documento interno da secretaria britânica dos Assuntos Coloniais, aparentemente redigido por vários subsecretários de Estado, reconhecia como alternativas opostas o assentamento dos africanos como camponeses nas Bahamas ou seu engajamento por contrato nas colônias açucareiras, em função da autonomia que os africanos teriam.[17] A fundação de assentamentos independentes evitaria a exploração do trabalho dos africanos pelos grandes proprietários e os poria sob controle do governo e de missionários que promoveriam sua "educação moral". O engajamento dos africanos em plantations onde havia grande demanda por mão de obra, por outro lado, facilitava sua incorporação ao mercado de trabalho e promovia sua integração à sociedade. Perdiam autonomia, mas contribuíam para o "grande experimento" da abolição, a demonstração da superioridade do trabalho livre sobre o trabalho escravo. Ao fim, nenhuma das alternativas sobressaiu: entre 1836 e 1841, as colônias de plantation e as Bahamas receberam aproximadamente a mesma proporção dos quase 2 mil africanos recém-emancipados pela Comissão Mista Anglo-Espanhola de Havana transferidos para administração britânica.[18]

O fim do aprendizado dos ex-escravos, em 1838, trouxe mudanças à administração dos africanos resgatados do tráfico. Lorde Glenelg, secretário de Estado, instruiu os governadores das colônias do Caribe a abster-se de pôr os africanos recém-chegados em regime de aprendizado, sistema considerado restritivo. A experiência tinha mostrado que os africanos obtinham meios de sustento sem a obrigação de um contrato. Apenas no caso de crianças deveria haver contrato, com limite de cinco anos. Meses depois, em janeiro de 1839, circularam novas ordens. Os contratos de aprendizado foram considerados ilegais, mas, com receio de que os empregadores não se interessassem pelo trabalho dos africanos se não fosse regulado por contrato, a Coroa recomendava aos governadores que instituíssem funcionários responsáveis para estabelecer contratos com os africanos resgatados do tráfico, conforme as normas vigentes.[19] A ordem do conselho de 7 de setembro de 1838 regulava os contratos nas colônias da Coroa britânica: tinham que ser voluntários, feitos diante de autoridades coloniais, e não podiam exceder um ano. Dessa forma, os africanos emancipados do tráfico eram incorporados à mão de obra imigrante das colônias nessa fase pós-emancipação, composta também de indianos, portugueses e chineses, trazidos para suprir a necessidade de trabalhadores para o cultivo da cana-de-açúcar.[20] A adaptação deles seria medida por sua incorporação ao mercado de trabalho assalariado.

Todas as nuances nos "estados de liberdade" que os comissários de inquérito testemunharam na década de 1820 se apagaram para a administração imperial. A liberdade preconizada pela administração britânica para os africanos livres havia se transformado de uma liberdade jurídica associada a vários anos de trabalho forçado em uma combinação de liberdade jurídica e trabalho voluntário, de preferência assalariado. À medida que a campanha abolicionista britânica se estendia, essas novas ideias acerca da liberdade dos africanos livres entravam nas negociações com as outras nações.

O FOREIGN OFFICE E OS AFRICANOS RESGATADOS DO TRÁFICO NO BRASIL

O quadro de funcionários do Foreign Office no Brasil na primeira metade do século XIX era formado pelos diplomatas da legação britânica no Rio de Janeiro, cônsules (alguns de carreira, outros honorários) em várias cidades portuárias brasileiras e pelo juiz e o árbitro da Comissão Mista sediada no Rio de Janeiro. Entre suas funções habituais, levantavam dados sobre a importância da escravidão na economia brasileira, investigavam e relatavam desembarques clandestinos, acompanhavam as discussões sobre escravidão e colonização na assembleia geral, e também coletavam dados sobre as condições de trabalho e o tratamento dos africanos livres já distribuídos. Vez por outra lidavam pessoalmente com os africanos que buscavam proteção.

Na correspondência dos representantes britânicos do Brasil com seus superiores do Foreign Office, as denúncias de desembarques ilegais, as apreensões e os julgamentos de navios negreiros, as tentativas de negociar novas cláusulas para o Tratado de 1826 e a questão dos africanos livres eram tratados em paralelo. Julgando-se responsáveis pela liberdade dos africanos emancipados pela Comissão Mista sediada no Rio de Janeiro, os comissários e funcionários da legação britânica reuniam informações sobre o tratamento dispensado pelo governo brasileiro aos africanos livres, para demonstrar a quebra dos acordos bilaterais firmados. A posição acerca do melhor destino a ser dado aos africanos trazidos para julgamento no Brasil mudou algumas vezes entre o início da década de 1830 e a de 1850, passando de reforma do sistema de aprendizado para a remoção dos africanos emancipados para o Caribe.

Na década de 1830, o Foreign Office tentou revisar a parte do Tratado de 1826 que se referia aos africanos resgatados do tráfico e entregues ao governo brasileiro, considerando a experiência com os africanos livres no Caribe e as críticas tecidas pelos comissários britânicos ao tratamento dado aos africanos livres da escuna *Emília*, da *Destemida* e dos outros navios julgados no início da década de 1830. Mesmo que essas negociações tenham fracassado, como todas as tentativas de renovar, revisar ou substituir o tratado, são indicativas das mudanças na política abolicionista britânica.[21]

Atendendo a um pedido de Londres, depois de deixar o cargo de juiz da Comissão Mista Anglo-Brasileira do Rio de Janeiro, Henry Hayne preparou em 1833 uma "Minuta de regulamento para o sistema de aprendizado, assim como o tratamento e proteção dos africanos emancipados", para ser anexada às versões futuras do tratado de abolição do tráfico. Considerando-se que naquela data o sistema de aprendizado dos africanos resgatados do tráfico estava sendo revisado no Império britânico e que o próprio governo brasileiro planejava uma alternativa radical para essa questão, as propostas de Hayne eram conservadoras. A principal mudança que ele propôs ao sistema vigente foi transferir a responsabilidade sobre os africanos resgatados do tráfico do governo brasileiro para a Comissão Mista. Dessa forma, os membros dessa Comissão atribuiriam os serviços dos africanos livres às pessoas que escolhessem, nomeariam o curador, elaborariam os contratos e recolheriam o dinheiro pago pelo salário dos africanos.

A Comissão Mista também garantiria que os africanos livres receberiam suas cartas de emancipação definitivas assim que completassem seus termos de serviço obrigatório. Certamente com base nos debates sobre o contrato dos africanos emancipados nas colônias britânicas, Hayne sugeriu que o aprendizado dos africanos sob responsabilidade das comissões mistas fosse reduzido de catorze para oito anos para adultos e para dez anos para crianças menores de treze anos de idade. Oito ou dez anos, com uma possível redução de dois ou três anos, era o tempo estimado para que os africanos ganhassem autossuficiência.[22] O regulamento esboçado por Hayne não levava em consideração a diferença entre o aprendizado e a tutela, nem o fato de que o governo brasileiro estava negociando um local para receber os africanos na costa da África. Ele se baseava nos princípios de que a responsabilidade compartilhada sobre os africanos resgatados do tráfico e um controle rígido da concessão e do tratamento deles no país onde haviam sido julgados e emancipados eram a melhor solução para o problema. Note-se que em 1833 o governo britânico não estava querendo tomar para si a responsabilidade pelos africanos livres desembarcados no Brasil.

Dois anos depois, em 1835, uma revisão no tratado anglo-espanhol de abolição do tráfico estabeleceu a transferência dos africanos emancipados pela Comissão Mista situada em Havana para as colônias britânicas. Em Cuba, os grandes proprietários e as autoridades coloniais demonstravam desconforto com a presença e a chegada constante de africanos resgatados do tráfico na ilha. Eles temiam o impacto dos africanos emancipados sobre uma população escrava já vista como instável. A rebelião escrava na Jamaica, no período de Natal, entre 1831 e 1832, e o surgimento do cólera em Havana, na primavera de 1833, trouxeram urgência aos esforços das autoridades cubanas em evitar receber mais africanos resgatados do tráfico e se livrar de mais de 2 mil emancipados já presentes na ilha. O Foreign Office e a Secretaria dos Negócios Coloniais tinham determinado, em 1832, que os africanos resgatados do tráfico de Havana seriam recebidos em Trinidad sob determinadas condições; o primeiro de tais embarques saiu de Havana em 1833.[23]

O Foreign Office esteve próximo de negociar cláusula semelhante com o Brasil. Naquele momento se negociavam cláusulas adicionais ao Tratado de 1826 para dar à Comissão Mista o poder de condenar navios equipados para o tráfico, mas que não necessariamente tivessem escravos a bordo. A questão dos africanos livres fazia parte daquelas negociações. O Brasil queria que a Inglaterra se responsabilizasse pelos africanos emancipados pela Comissão Mista situada no Rio e os transportasse para uma de suas colônias; a Inglaterra só aceitava levá-los se o governo brasileiro pagasse as despesas. O fracasso do governo brasileiro em assegurar a ratificação pelo Parlamento dos artigos adicionais assinados em julho de 1835 azedou as relações diplomáticas entre os dois países durante os anos seguintes e impediu a conclusão das negociações para o transporte de africanos livres às colônias britânicas.[24]

No fim da década de 1830, os africanos resgatados do tráfico já eram vistos pelos dois lados menos como um fardo e mais como trabalhadores em potencial. Vigorava desde 1833 a transferência dos africanos emancipados pela Comissão Mista de Havana para Trinidad, Bahamas e outras colônias britânicas onde a abolição da escravidão tinha criado uma forte demanda por trabalhadores contratados. A nova fase da repressão ao tráfico faria crescer o fluxo de africanos resgatados que ficariam sob custódia britânica. Em 1839, o tráfico conduzido em navios portugueses foi declarado pirataria pelo Ato Palmerston, e o governo britânico avançou na decisão de forçar o governo brasileiro a partilhar a custódia dos africanos emancipados já existentes no Brasil e permitir a transferência daqueles recém-capturados por embarcações britânicas para suas colônias. O "Regulamento a ser proposto ao Brasil com relação ao tratamento dos negros liberados" foi copiado daquele proposto a Portugal e baseado no que estava em vigor depois da emenda ao tratado anglo-espanhol.[25] Os africanos que estivessem a bordo de navios capturados por cruzeiros ingleses teriam direito à proteção do governo britânico, que garantia que fossem tratados "na conformidade dos regulamentos adotados nas colônias britânicas em prol dos negros recém-liberados". Os africanos livres desembarcados no Brasil ficariam sob responsabilidade de um "conselho de superintendência dos africanos livres" composto de membros da Comissão Mista, que nomearia o curador dos africanos livres, supervisionaria a concessão de seus serviços e as condições de trabalho. O curador seria responsável, no momento da entrega dos africanos ao governo brasileiro, por inspecioná-los, dar-lhes nomes e registrar sinais característicos. O regulamento previa que os africanos fossem marcados no antebraço direito com "um pequeno instrumento de prata contendo um símbolo de liberdade". Os serviços dos africanos seriam arrematados ou alugados, as condições do engajamento postas em um contrato firmado pelo conselho e pelo arrematante (ou responsável da instituição pública) e os termos de serviço obrigatório deveriam limitar-se a sete anos para adultos e até a idade de vinte anos para os menores de catorze anos. Havia cláusulas para se dar preferência a quem empregasse os africanos como oficiais mecânicos ou em serviços domésticos, para garantir que os africanos livres trabalhassem junto com outros de mesma origem étnica e que as famílias não fossem divididas no momento da arrematação dos serviços. Além disso, ao contrário da prática corrente, o regulamento permitiria o alistamento militar dos africanos livres, desde que voluntário. A renda obtida dos contratos de arrematação ou aluguel dos africanos livres serviria para pagar o curador e os serviços inerentes às funções do conselho. Não se cogitava pagar salários aos africanos. Estava prevista apenas a concessão de um certificado de cumprimento do termo de aprendizado, declarando que "tinham direito a todos os direitos e privilégios de pessoas livres".

Assumir a responsabilidade sobre os africanos livres que já estavam no Rio de Janeiro era um dos principais objetivos da política do Foreign Office em 1839, embora fosse apresentada como tentativa de regulamentar a distribuição e o tratamento dos africanos por meio de um sistema de aprendizado. Palmerston justificou a mudança ao encarregado de negócios da legação do Rio de Janeiro recuperando dos arquivos um ofício recebido do Rio no final de 1834, em que o ministro Fox discutia as limitações e falhas do sistema de aprendizado no Brasil e relatava o desejo de Aureliano Coutinho de que os africanos livres fossem enviados para uma colônia britânica. Fox apontou as dificuldades em garantir a liberdade dos africanos resgatados do tráfico no Brasil argumentando que nem o governo tinha autoridade suficiente "para evitar que os negros aprendizes fossem mais uma vez vendidos fraudulentamente como escravos", nem os comissários ou as autoridades britânicas tinham jurisdição suficiente para "zelar pela existência e o bem-estar dos aprendizes em um país de maneiras selvagens e extensão incrível como o Brasil". A culpa, segundo ele, era dos fazendeiros e proprietários a quem os africanos livres foram confiados, e também dos magistrados locais, que deveriam garantir a aplicação da lei, pois o interesse e o preconceito deles conspiravam contra a liberdade dos africanos. A conclusão natural desse raciocínio foi retomada por Palmerston em 1839: a ideia de que a transferência dos africanos livres do Brasil para uma colônia britânica representava "o melhor, talvez o único, meio de assegurar o benefício da liberdade aos objetos [sic] desafortunados mais interessados na questão".[26]

Assim como os outros regulamentos e instruções esboçados, os que foram preparados em 1839 não receberam a sanção do governo brasileiro. Entretanto, da mesma forma que outras emendas que os britânicos tinham preparado para os acordos bilaterais sobre repressão ao tráfico, essas passaram a ser unilateralmente executadas tão logo as negociações formais foram abandonadas. A percepção de que era impossível aplicar o sistema de aprendizado em um país onde vigorava a escravidão e a impossibilidade de alterar os regulamentos convenceram os britânicos, cujo espírito de justiça (e superioridade) estava inflado pela abolição da escravidão nas colônias, de que os africanos resgatados do tráfico nunca seriam livres no Brasil.

O RAMO BRASILEIRO DO RECRUTAMENTO DE AFRICANOS PARA O CARIBE INGLÊS

No início de fevereiro de 1839, o impasse gerado pela insistência brasileira em aceitar recursos das decisões da Comissão Mista quase justificou o envio dos navios *Diligente* e *Feliz* ao Caribe. Um acordo extraoficial entre os comissários havia proibido os recursos, mas o governo brasileiro não podia admitir publicamente ter se curvado à posição britânica. William Gore Ouseley, encarregado de negócios britânico, usou os mais de quinhentos africanos que se encontravam a bordo dos dois navios como peças de chantagem, ameaçando enviá-los para Demerara.[27] As condições de saúde a bordo eram precárias, e a segurança dos africanos estava ameaçada: um africano havia sido roubado a bordo do *Diligente* durante a noite de 10 de fevereiro. Apesar disso, os africanos não podiam ser desembarcados sem correr risco de ataque por grupos insuflados contra os britânicos e dispostos a resgatar para a escravidão os emancipados pela sentença da Comissão Mista.[28] Só quando o governo brasileiro concordou com as condições que Ouseley estabelecera os africanos puderam desembarcar e ser oficialmente registrados como emancipados.[29] Dos 330 africanos embarcados em Benguela, o *Diligente* tinha sido apreendido com 302. Mais de cem africanos faleceram no período de oitenta dias entre a chegada ao Rio e a entrega das cartas de emancipação, a maioria vitimada por doenças contagiosas como a varíola.

A transferência dos africanos livres para colônias britânicas integrava um esquema de recrutamento de trabalhadores formulado para fomentar a emigração voluntária dos africanos da colônia de Serra Leoa, mas acabou canalizando aqueles resgatados do tráfico, a quem não foi facultado escolher. O esquema surgiu da demanda dos grandes proprietários açucareiros por mão de obra barata e abundante, e logo teve a sanção do Colonial Office para tornar-se um fluxo migratório intercolonial.[30] A colaboração do Foreign Office e da Royal Navy fez com que grande parte do volume do tráfico destinado ao Brasil engrossasse esse fluxo migratório. A conexão tão perfeita entre os esforços de repressão ao tráfico e o suprimento de mão de obra para as colônias punha sob suspeita o sentimento humanitário britânico, que seria o argumento institucional de toda a campanha repressiva.[31]

A adoção de táticas diplomáticas mais agressivas e a mudança nas estratégias de repressão ao tráfico adotadas pelo Foreign Office e pela Marinha britânica na década de 1840 também representavam uma transformação mais ampla na política britânica com relação à África e ao Caribe. Os abolicionistas começavam a duvidar da eficácia da abordagem diplomática para a abolição do tráfico, que atingira um volume antes inimaginável e desafiava o aparato repressivo.[32] A articulação da militância abolicionista chegou a um novo patamar com a fundação da British and Foreign Anti-Slavery Society (BFASS), em 1839, sucessora daquela voltada à abolição nas colônias britânicas, fundada em 1823. Com membros espalhados pelo mundo e ligação com sociedades abolicionistas em outros países, a sociedade tinha como objetivo a abolição universal da escravidão.

Dessa nova fase do abolicionismo, interessa-nos aqui o plano apresentado por David Turnbull a lorde Palmerston para o combate ao tráfico de escravos. Turnbull, depois de uma viagem pelo Caribe, arriscou-se a discutir o contraste entre a economia escravista cubana e a das colônias britânicas, convertida a mão de obra livre. Seu plano de abolição do tráfico, uma alternativa à custosa campanha naval, atacava o tráfico não pela oferta, mas pela demanda por escravos:

> É pela destruição do valor monetário dos escravos importados nos mercados espanhol e brasileiro que espero atingir o objetivo. Dê-se às comissões mistas o poder de inquirir a origem dos negros e de aplicar as leis da Espanha e do Brasil contra o tráfico africano e o objetivo será instantaneamente atingido.[33]

Na aplicação das leis locais pela Comissão Mista, Turnbull propunha que se reconhecesse a presunção da liberdade e se exigisse dos supostos proprietários a prova da legalidade da propriedade. Ele previa a desvalorização da propriedade escrava e a queda da demanda pela importação de africanos novos depois do julgamento dos primeiros casos. Era um plano impraticável, mas recebeu a atenção do plenário da Convenção da Anti-Slavery Society, em Londres (1840), e do poderoso ministro das Relações Exteriores, Palmerston, que, embora não tivesse ilusão sobre sua eficácia, o considerou "útil, tanto em princípio quanto na prática".[34] Turnbull foi indicado para o consulado britânico em Havana, de onde acompanhou o impacto fulminante de seu plano sobre a classe senhorial e as autoridades coloniais quando se tornou proposta de convenção entre a Grã-Bretanha e a Espanha, em meados de 1841.[35] Nos anos seguintes, seu nome seria sinônimo de abolicionismo radical, motivo pelo qual foi expulso de Cuba já em 1842.

Depois da abolição da escravidão nas colônias britânicas, a campanha abolicionista inglesa voltou as atenções para o tráfico e a escravidão em outros países. A convenção da Anti-Slavery Society, em 1840, é considerada um marco dessa nova fase.

David Turnbull participou da convenção da Anti-Slavery Society e logo depois foi nomeado por lorde Palmerston cônsul em Havana. Seu plano de questionar a propriedade dos africanos importados depois da proibição do tráfico resultou em sua expulsão de Cuba e foi retomado em 1849 na campanha abolicionista britânica contra o tráfico no Brasil.

Naquele momento, em 1844, o Foreign Office lançou mão de uma versão mais amena do plano Turnbull nas negociações com o Império brasileiro. Palmerston queria que os africanos livres emancipados com base no tratado até aquela data fossem apresentados novamente à Comissão Mista para registro e exames, para verificar "se eles estão em estado de inteira e perfeita liberdade" e ofertar-lhes passagem para uma das colônias britânicas. Palmerston também queria que o governo brasileiro cedesse ao governo britânico a autoridade sobre os africanos emancipados pela Comissão Mista dali por diante, para que fossem igualmente transferidos às colônias no Caribe.[36] Não se tratava ainda de chamar os africanos ilegalmente escravizados para a Comissão Mista, como propunha Turnbull, mas de garantir a liberdade aos africanos livres.

Enquanto as autoridades brasileiras continuaram a evitar a cooperação e não sancionaram o plano de recolher os africanos livres distribuídos entre os arrematantes e as instituições públicas, os agentes britânicos no Brasil aplicaram o esquema de recrutamento involuntário dos africanos recém-apreendidos. Os cruzeiros passaram a levar aos tribunais britânicos os navios que normalmente seriam julgados pela Comissão Mista do Rio de Janeiro.

O brigue brasileiro *Dois de Fevereiro* deixou Benguela com quinhentos escravos em janeiro de 1841. Apenas 375 africanos chegaram vivos à costa brasileira, e 195 deles foram desembarcados antes que o navio fosse apreendido pelo cruzeiro britânico e levado a julgamento na Guiana. O navio foi condenado pela corte do Vice-Almirantado, e os 156 africanos sobreviventes foram emancipados naquela colônia em maio.[37] Palmerston aprovou a decisão tomada por seus agentes no Rio de enviar o navio a julgamento no Caribe e lhes informou que em breve expediria ordens ao Vice-Almirantado para que todos os navios apreendidos, com ou sem escravos, fossem julgados em tribunais britânicos. Ele insistiu que seu ministro no Rio, Ouseley, informasse ao governo brasileiro que, caso continuasse a evitar cooperação nas atividades de repressão ao tráfico, o mesmo procedimento sumário seria adotado com os navios brasileiros.[38]

Palmerston e Ouseley justificaram ao governo brasileiro a mudança nas táticas de repressão como zelo pelo bem-estar dos africanos livres e dos recém-resgatados do tráfico. Disseram, como ameaça, que os comandantes dos cruzeiros captores não iriam mais entregar os africanos dos navios capturados condenados pela Comissão Mista caso a liberdade, tal como estava inscrita nos acordos bilaterais, permanecesse sem execução.[39]

A tabela a seguir resultou do cruzamento entre os registros dos navios apreendidos pela Marinha britânica e os relatórios dos agentes de imigração das colônias caribenhas. Mostra o número de africanos chegados à Guiana e a Trinidad como "imigrantes" embarcados no Rio de Janeiro. Totaliza 2552 pessoas entre 1838 e 1852, a maioria recrutas involuntários, o que é apenas uma fração do volume do tráfico desviado. Os navios apreendidos eram levados a Serra Leoa, Santa Helena ou, mais raramente, às cortes do Vice-Almirantado no Caribe, e dali os africanos eram reembarcados para as colônias. Parte dos 22 mil africanos que desembarcaram nas colônias seria destinada à escravidão no Brasil, mas acabaria em território britânico. Da escala em Serra Leoa e Santa Helena resulta a dificuldade em contabilizá-los, pois eles eram reembarcados para as colônias caribenhas em navios fretados, com africanos de diferentes carregamentos em boas condições de saúde para enfrentar nova viagem. Os doentes ficavam em tratamento e eventualmente seriam embarcados mais tarde. A mortalidade era altíssima, pelo clima muito insalubre.[40] Ilha de 122 quilômetros quadrados no meio do Atlântico Sul, Santa Helena assistia, duas décadas depois da morte de seu mais famoso exilado, Napoleão, à chegada de milhares de africanos resgatados do tráfico, escala que significava, se não a última morada, um desvio no caminho à escravidão.

TABELA 3
AFRICANOS DESEMBARCADOS NAS COLÔNIAS BRITÂNICAS VINDOS DO RIO DE JANEIRO (1838-52)

ANO	GUIANA INGLESA	TRINIDAD	TOTAL	OBSERVAÇÕES
1838	91		91	
1839				
1840				
1841	578		578	*Dois de Fevereiro*: 145 africanos
1842	563		563	*Nove Irmãos*: partiu de Benguela em março de 1842 com 410 africanos a bordo, perdeu 130 na travessia, desembarcou 160 no Rio, foi apreendido e levado para Demerara com 115 africanos.
1843				
1844	145	504	649	Trinidad: *Earl Grey*: 216 africanos; *Lancashire Witch*: 288 africanos; Guiana: *Zulmeira*: 145 africanos.
1845				
1846				
1847		52	52	*Despatch*: 42 africanos livres (28 deles do *Flor de Luanda*, tendo servido oito anos no Brasil) e dez filhos.
1848				
1849	111	323	434	Trinidad: *Viscount Hardinger*: 213 africanos; *Marion Leith*: 110 africanos (somente homens e meninos, mas sobretudo meninos). Guiana: *Challenger*: 112 africanos embarcados no Rio, 57 do sexo masculino e 55 do feminino (2/3 crianças).

1850	72		72	*Fame*: partiu do Rio em setembro de 1850 com 73 africanos (66 do sexo masculino e sete do feminino; uma pessoa morreu), embarcou mais 322 em Santa Helena, em outubro.
1851				
1852	113		113	*Salonica*: embarcou 116 africanos no Rio, cinco dos quais eram "africanos residentes". Provavelmente a maioria era do *Piratinim*, navio de cabotagem apreendido em julho de 1851.
Total	1673	879	2552	

Fonte: *Colonial Land and Immigration Reports*. British Parliamentary Papers (BPP), 1850, v. 39. "Return showing the number of immigrants and Liberated Africans admitted into each British West Indian colonies, as well as the places from whence they were introduced for each year since the abolition of slavery and similar return for Mauritius"; e relatório similar no *Colonial Land and Immigration Report* publicado em BPP 1854-5; BPP 1850, v. 55, p. 15. "A return of all slave vessels captured from 1840 to 1848 both inclusive; specifying the date of capture, the latitude and longitude, and whether with slaves on board or not"; e também Schuler, "Liberated Central Africans", 325; Adderley, "New Negroes from Africa", pp. 245-8.

SERAFINA PROVOCA EMBATE DIPLOMÁTICO

A devolução de Serafina ao curador José Batista Lisboa, em maio de 1843, permitiu à legação britânica cobrar do governo brasileiro explicações sobre o tratamento dos africanos livres emancipados pela Comissão Mista, buscando reabrir as negociações acerca da transferência de responsabilidade sobre os apreendidos pelos cruzeiros britânicos e oficializar a prática vigente.

Em nota do fim de junho, o Ministério dos Negócios informava que Serafina, emancipada do brigue *Leal* em 1839, não queria servir e demonstrava mau comportamento. Seu testemunho sobre maus-tratos não devia ser tomado ao pé da letra. Por ordem de lorde Aberdeen, Hamilton insistiu no caso, buscando retomar temas da pauta dos africanos livres que estavam dormentes. Segundo ele, os fatos desde que havia proposto que o governo britânico assumisse a responsabilidade sobre os africanos a serem apreendidos e os transferisse para uma colônia britânica só reforçavam essa demanda. Arrolava os maus-tratos infligidos a Serafina e a recusa do governo brasileiro em aceitar interferência da Comissão Mista no assunto, e também o desvio do pagamento do salário dos africanos livres para as rendas do governo como argumento para a decisão de "não entregar ao governo brasileiro nenhum negro livre para ser tratado como escravo".[41] Até que o governo brasileiro cumprisse sua responsabilidade com os africanos livres, os apreendidos seriam alojados no navio-hospital *Crescent* e encaminhados a uma colônia britânica depois do julgamento. O ministro dos Negócios Estrangeiros, Paulino Soares de Sousa, refutou cada ponto e acusou o governo britânico de usar o caso de Serafina como pretexto para violar os artigos da Convenção de 1817 e do regulamento da Comissão Mista, segundo os quais os africanos emancipados pela Comissão Mista ficavam a cargo do governo brasileiro.[42]

A insistência britânica no controle dos procedimentos tomados com os africanos livres abriu mais uma frente de batalha: em dezembro de 1843, Hamilton chamou a atenção de Paulino para as atas da Comissão Mista em que se discutia a entrega das cartas de emancipação aos 592 africanos do patacho *Paquete de Benguela* e da escuna *Asseiceira*, cujas sentenças foram concluídas em outubro de 1840 e em março do ano seguinte, respectivamente. Como as cartas haviam sido encaminhadas pela Comissão Mista ao juiz de órfãos, os comissários britânicos alegavam que não se haviam seguido as instruções de entregar as cartas aos africanos declarando que eram livres. Hamilton exigia, então, que os africanos fossem chamados para receber as cartas enviadas pelos membros da Comissão Mista.⁴³ Instado a explicar os procedimentos de entrega das cartas no caso de Serafina, o curador Lisboa revelou ao ministro que os africanos não ficavam de posse das cartas. Eram entregues aos concessionários, pela necessidade de apresentá-las em caso de conferência por fuga ou morte. Lisboa alegava que os africanos podiam esconder ou perder suas cartas de emancipação.⁴⁴ Era pouco plausível. É mais provável que temesse a circulação dessas cartas ou a apropriação indevida de cartas de africanos livres por escravos. De qualquer maneira, o episódio indica que não havia cerimônia com os africanos livres diante da Comissão Mista e que, a exemplo de Serafina, eles consideravam os membros da legação britânica seus protetores.

Naqueles meses em que a Comissão Mista vivia um impasse no julgamento de um navio, John Samo e Frederick Grigg, respectivamente juiz e árbitro britânicos da comissão, prepararam um extenso relatório sobre a situação dos africanos livres no Brasil, retomando várias críticas e acusações feitas na correspondência diplomática. Com base em dados fornecidos por informantes, acusaram o juiz de órfãos de receber propina para conceder africanos livres e relataram a ocorrência diária de anúncios em jornais oferecendo o aluguel de africanos livres. Descreveram a entrevista que haviam feito com uma africana livre assim empregada. Ela havia trabalhado para várias pessoas, e, embora seu tratamento variasse, sua situação se assemelhava à de um escravo. Para Samo e Grigg, o caso simbolizava a história de todos os africanos livres sob a guarda do governo brasileiro. Eles também chamaram a atenção para o destino dos africanos livres que trabalhavam no serviço público, ao mencionar os que viviam e trabalhavam em péssimas condições na Casa de Correção:

> Na Casa de Correção desta cidade vários desses africanos são empregados nas funções mais desqualificadas e penosas da prisão. A ração de comida e vestuário a eles fornecida está consideravelmen-

te abaixo da ração de um escravo, e é até mesmo inferior na qualidade. O alojamento é em quarto pequeno no pátio de serviço dessa instituição, onde à noite esses pobres desgraçados são alojados, ou melhor, são apertados. Seus sofrimentos e privações podem ser facilmente imaginados.[45]

A resposta ao que Samo e Grigg classificaram como "prova da crueldade e má-fé do governo brasileiro"[46] só chegou dois anos depois, após o encerramento das atividades da Comissão Mista, mas não foi menos provocativa e reveladora. O recém-nomeado curador dos africanos livres, Luís de Assis Mascarenhas, reclamou do tom e do conteúdo do relatório dos comissários britânicos. Contestou as acusações de maus-tratos e afirmou que a legislação relativa ao grupo era plenamente cumprida.

O argumento se baseava em uma concepção peculiar de liberdade. Em três passagens da carta ao ministro, o curador comparou a situação dos africanos livres à dos trabalhadores europeus, que "se julgariam felizes se tivessem igual sorte à dos africanos existentes no Brasil". Para Mascarenhas, tanto o governo brasileiro quanto os particulares que arrematavam os serviços dos africanos estavam sendo injustamente acusados de não tratar de sua educação, pois "não podiam comprometer a dar-lhes mais instrução do que aquela que na Europa costumam dar os que alugam os serviços dos trabalhadores livres". Para fechar seu ofício, afirmou não haver notícias de que "um só dos africanos livres mendigue a subsistência pelas ruas desta tão vasta cidade", referindo-se ao Rio de Janeiro, enquanto na Europa havia "desgraçados que nem encontravam o alimento indispensável à vida".[47]

O tom da carta correspondia à animosidade levantada pela promulgação do Ato Aberdeen, em agosto daquele ano. Mas as palavras do curador também revelavam suas ideias acerca do regime de trabalho e de controle social: ele apresentou a tutela dos africanos livres como preferível ao mercado de trabalho livre, pois a tutela — ou mesmo a escravidão — não permitia que as pessoas ficassem desamparadas ou sem controle, ao contrário do que acontecia sob o mercado de trabalho livre desregulado.[48]

Em 1845, o ministro brasileiro das Relações Exteriores, Ernesto Ferreira França, retomou o caso Serafina com o encarregado de negócios britânico Hamilton, encaminhando-lhe cópia de um ofício do curador Lisboa sobre a africana. Hamilton aparentemente resolveu deixar o tema de lado. No mesmo ano, concluíram-se as negociações sobre José Majojo, Francisco Moçambique, André e Jacó, marinheiros de navios apreendidos em 1841. Tinham ficado sob proteção britânica, apesar de reclamados como escravos por senhores brasileiros. Reconhecendo o direito à propriedade, a Inglaterra pagou pela liberdade dos quatro depois de longa negociação diplomática.[49] Como se vê, havia base nas expectativas de Felício Mina, o africano livre que trabalhava para José Paulo Figueiroa Nabuco de Araújo, que à mesma época aguardava que os ingleses fossem protegê-lo.

Ainda que a conivência das várias esferas do governo com o tráfico tenha permitido, na segunda metade daquela década, o maior volume de todos os tempos de desembarque ilegal de africanos nas praias e enseadas brasileiras, a apreensão de tantos navios de brasileiros e a evidência de aliciamento de africanos para as colônias britânicas despertaram reação oficial. Em 1844, o ministro Paulino Soares de Sousa arrolou diversos pontos que justificavam a recusa de renovação do tratado e o fechamento definitivo da Comissão Mista Anglo-Brasileira no Rio, previsto para o ano seguinte. Entre esses pontos constavam a quebra do acordo bilateral para a abolição do tráfico, a reclamação de que os britânicos levaram para julgamento nas cortes do Vice-Almirantado os navios que deveriam ser trazidos para a Comissão Mista e a indignação com o fato de que, dessa forma, assumiam a responsabilidade sobre os africanos resgatados, executando assim, unilateralmente, artigos não ratificados da convenção bilateral.[50]

AFRICANOS DO *FLOR DE LUANDA* E O RECRUTAMENTO VOLUNTÁRIO NO BRASIL

Os registros da migração entre o Brasil e o Caribe indicam que nem todos os que chegaram a Trinidad e à Guiana vinham diretamente dos navios negreiros. Havia uma parcela desse fluxo composta de voluntários, recrutados no Brasil. Um dos exemplos documentados é o grupo de 52 pessoas que chegaram a Trinidad em 1847, dos quais 28 eram do carregamento do *Flor de Luanda* e haviam passado oito anos no Rio de Janeiro. Outros tinham trajetórias igualmente interessantes.

Apreendido em abril de 1838 ao desembarcar cerca de trezentos escravos nas proximidades das ilhas Maricás, ao norte do Rio de Janeiro, o *Flor de Luanda* foi levado à Comissão Mista no Rio, mas não sofreu condenação, por ser português e, assim, não estar sob a jurisdição da Comissão Mista Anglo-Brasileira. Nos longos meses de negociações sobre seu destino, que envolveram os agentes britânicos no Brasil, o cônsul português e o ministro brasileiro dos Negócios Estrangeiros, as condições a bordo do navio pioravam. O encarregado de negócios britânico Ouseley, preocupado com o bem-estar dos africanos e as despesas para mantê-los, resolveu, no final de 1838, entregá-los como aprendizes na Santa Casa de Misericórdia do Rio de Janeiro e também a "respeitáveis súditos ingleses residentes no Rio", com a condição de que aprendessem algum ofício ou trabalho manual, recebessem roupa e alimentos e fossem admitidos como aprendizes pelo prazo de sete anos, com a possibilidade de devolução a qualquer momento.⁵¹ Oito anos depois, em 1846, os africanos livres sobreviventes do *Flor de Luanda* receberam suas cartas definitivas de emancipação dos membros da legação britânica, que usaram a ocasião para exemplificar o tratamento que julgavam adequado.

Dos 85 africanos livres confiados à Santa Casa de Misericórdia em 1838, 71 sobreviveram e puderam receber cartas de emancipação do cônsul britânico no Rio, Robert Hesketh. Em cerimônia que, sem dúvida, causou impacto em todos que trabalhavam na Santa Casa, dois agentes britânicos vieram ao encontro dos africanos livres do *Flor de Luanda*, entregaram as cartas, declararam sua liberdade e lembraram a necessidade de que dali em diante se sustentassem com o próprio trabalho. Hesketh foi instruído a oferecer uma passagem a quem quisesse "ser criado ou trabalhador livre nas colônias britânicas no Caribe", onde seriam "tratados e protegidos como súditos britânicos". Aqueles que escolhessem ficar no Brasil "não deveriam mais procurar pelo governo britânico para proteção ou emprego".⁵² Da mesma forma, os 34 africanos livres sobreviventes entre os que haviam sido confiados a particulares receberam suas cartas de emancipação e tiveram de escolher entre ficar no Brasil ou ir para o Caribe: no total, 28 escolheram recomeçar a vida no Caribe, dezessete homens e onze mulheres, que levariam com eles sete de seus filhos.

Os que escolheram ficar demonstraram intenção de continuar trabalhando onde estavam, agora como pessoas livres. A manutenção dos laços familiares e a garantia da liberdade das crianças foi possivelmente o que determinou suas escolhas: todas as mulheres do *Flor de Luanda* com filhos decidiram ir para o Caribe, enquanto as que ficaram provavelmente não queriam partir sozinhas e deixar familiares para trás.⁵³

Uma ocasião como essa não deve ter passado despercebida. A

notícia de que os africanos livres do *Flor de Luanda* haviam recebido sua emancipação definitiva depois de um termo de serviço de oito anos sob supervisão britânica, além da oferta de ir para uma colônia britânica no Caribe, por certo se espalhou rapidamente entre outros africanos livres da cidade do Rio. A maioria já havia trabalhado por mais de dez anos e não via perspectiva de emancipação definitiva. Esse efeito fora calculado pelos agentes britânicos, que transformaram o caso *Flor de Luanda* em símbolo de sua política relacionada aos africanos livres.

O que se passou no período até a entrega das cartas de emancipação não parece, entretanto, muito diferente do que ocorria com os demais africanos livres do Rio. Os setenta homens e quinze

A legação britânica no Rio de Janeiro confiou à Santa Casa de Misericórdia os serviços de 85 africanos livres do navio Flor de Luanda, *apreendido em 1838. Oito anos depois, 71 deles receberam cartas de emancipação em cerimônia organizado pelo cônsul britânico e puderam escolher partir para a colônia de Trinidad, no Caribe, ou ficar no Brasil.*

O engenheiro alemão Koeller, encarregado da colônia de Petrópolis e da construção do palácio imperial, tinha africanos livres sob sua responsabilidade e há registro de que africanos livres e escravos da nação tenham sido empregados, com colonos alemães, na obra do palácio.

mulheres destinados à Santa Casa de Misericórdia foram engajados em trabalho pesado, de construção e abertura de canais de abastecimento de água, nas chácaras de abastecimento da Santa Casa e nos serviços gerais dos estabelecimentos de saúde e caridade, como na lavação de roupas e na cozinha. Aqueles que serviram aos particulares estavam em sua maioria empregados em serviços domésticos, apesar de um súdito britânico ter empregado africanos livres em salinas situadas em Itaguaí, a dois dias de viagem do Rio. O trabalho nas salinas era um dos mais duros e insalubres.[54] O engenheiro alemão Júlio Frederico Koeller, encarregado da colônia de Petrópolis e da construção do palácio imperial, também tinha africanos de outros carregamentos sob sua responsabilidade e muito provavelmente os empregava no corte da mata, na abertura de estradas, na construção de casas, no funcionamento do hospital e no prédio do palácio.[55] O senador e conselheiro Caetano Lopes Gama, aliado britânico de longa data, também teve a seu cargo uma africana do *Flor de Luanda*, Mariana, que trabalhou ao lado de Fernando e Mateus, do *Rio da Prata*, dois africanos que jamais receberiam suas cartas definitivas de emancipação.[56]

A diferença para os africanos do *Flor de Luanda* foi que tiveram acompanhamento para evitar abusos — especialmente a reescravização —, e um período de serviço obrigatório mais curto que o dos africanos distribuídos pelo governo imperial. Os britânicos ainda levantaram fundos junto ao Tesouro britânico para pagar os salários atrasados de todos os africanos livres que escolheram não emigrar — 12$000 réis por cada um dos oito anos que haviam trabalhado na Santa Casa de Misericórdia ou com os arrematantes.[57] A decisão de devolver aos africanos livres do *Flor de Luanda* as importâncias pagas como aluguéis por seus concessionários e arrecadadas ao longo dos anos para cobrir o custo de sua manutenção não estava no acordo original. Foi tomada para salientar a diferença entre o tratamento desses africanos livres e o tratamento que o governo brasileiro dispensava àqueles sob sua custódia.[58]

O relatório de James Hudson, encarregado da legação britânica, ao ministro brasileiro dos Negócios Estrangeiros mostra a lição que o caso do *Flor de Luanda* queria dar ao governo imperial:

> Sua excelência ficará gratificada ao saber que os relatórios recebidos por esta legação em várias datas, a respeito da conduta dos africanos do *Flor de Luanda*, têm sido do mais alto grau de satisfação, e que as expressões de contentamento por parte deles são o

mais forte testemunho que poderia ser oferecido do bom tratamento que eles receberam no Brasil e dos bons resultados e da facilidade de preparar o africano ignorante e inculto através de treinamento adequado para a condição de livre na qual ele depois se torna um membro útil do Estado que o adota como cidadão.[59]

O tempo de serviço era classificado pelos representantes britânicos como um período de transição durante o qual o "africano ignorante e inculto" era treinado para a liberdade. A associação entre liberdade e cidadania nesse discurso sinalizava novos tempos. Sua extensão aos africanos livres no Brasil prova como a experiência com a emancipação dos escravos no Caribe influenciou a política do Foreign Office. A lição que os britânicos queriam dar ao governo brasileiro era que, uma vez completada a fase de adaptação, os africanos livres deveriam ter a oportunidade de gozar de cidadania plena; já para os africanos queriam enfatizar a opressão indevida sob a qual viviam e apresentar-lhes uma noção alternativa de liberdade, além de, talvez, uma rota de saída.

O navio fretado pelo agente de emigração britânico no Rio de Janeiro, o *Despatch*, zarpou do Rio de Janeiro com destino a Trinidad em 4 de dezembro de 1846. Levou 28 africanos livres do *Flor de Luanda*, sete de seus filhos e catorze outros africanos livres que haviam trabalhado a bordo do *Crescent*, além de três de seus filhos, totalizando 52 pessoas.[60] Entre elas estavam José Majojo e Francisco Moçambique, marinheiros do *Dois de Fevereiro*; André e Jacó, marinheiros do *Maria Carlota*; e cinco africanos do *Anna*, apreendido em 1841.[61] A viagem, estimada em sessenta dias, foi cheia de percalços: depois de 44 dias no mar, o *Despatch* aportou em Pernambuco com vazamentos e necessitando de provisões, situação que não deixou de causar preocupação tanto para o mestre quanto para o cônsul britânico. Depois da partida para Trinidad, em 29 de janeiro, o cônsul registrou que o mestre e a tripulação se encontravam "alcoolizados" e "distraídos", enquanto os africanos pareciam "excitados e confusos".⁶² Após terem sofrido a escravização na África, a travessia do Atlântico, a apreensão e a emancipação no Brasil, e ainda anos de trabalho forçado com perspectiva de emancipação ao final, a vida nova no Caribe parecia promissora, mas as circunstâncias da viagem os preocupavam.

Após a chegada a Trinidad, em fevereiro ou março de 1846, a legação britânica no Rio enviou instruções ao governador da colônia, lorde Harris, listando suas ocupações e explicando que os africanos do *Flor de Luanda* já haviam trabalhado oito anos sob a custódia da legação. Sugeriu-se que ele não os perdesse de vista, uma vez que o governo devia a cada um deles o equivalente a 96$000 réis brasileiros pelos anos de serviço.⁶³ Não está claro se foram forçados a cumprir novos contratos, agora em plantations de açúcar, como os outros africanos resgatados do tráfico que chegavam a Trinidad naqueles anos, ou se puderam estabelecer-se como grupo autônomo imediatamente após a chegada.⁶⁴

As ações britânicas na costa brasileira deram origem a vários incidentes, como o ocorrido no Maranhão em janeiro de 1846. Uma escuna não identificada, capturada no cabo Lopes na costa ocidental africana, ao sul do golfo de Biafra, estava sendo levada pelo captor, o cruzeiro britânico *Alert*, para Demerara. Foi preciso entrar no porto do Maranhão por dificuldades na navegação. À exceção de um, os 57 africanos a bordo foram roubados da escuna, durante a ausência do comandante do *Alert*, por pessoas disfarçadas em uniforme militar. A negociação entre a legação britânica e o ministério brasileiro dos Negócios Estrangeiros para investigar o caso e reaver os africanos arrastou-se por anos. O incidente tocou no problema da jurisdição sobre os navios negreiros em águas brasileiras e chegou ao Conselho de Estado. Os conselheiros, reunidos na seção de Justiça e Estrangeiros, optaram por evitar confronto aberto com a Grã-Bretanha: em vez de ordenar a aplicação da Lei de 1831 e autorizar a apreensão do navio negreiro pelas autoridades maranhenses, a despeito de já ter sido apreendido pela tripulação do *Alert*, eles avaliaram que seria melhor que as autoridades locais fizessem vista grossa à presença no porto da escuna apreendida pelos britânicos.[65] Um rapaz africano foi resgatado pela Polícia do Maranhão e enviado ao Rio de Janeiro aos cuidados da legação britânica. Palmerston queria que todos os africanos recuperados do incidente do Maranhão fossem enviados às colônias britânicas, onde, conforme havia afirmado anos antes em um caso semelhante, "teriam, por lei, a segurança de permanecerem livres".[66]

A essa altura, a legação britânica no Brasil abandonara a estratégia de partilhar a custódia dos africanos livres ou de supervisionar a aplicação do sistema de aprendizado deles no país. Em vez disso, defendia a transferência imediata dos recém-apreendidos para colônias britânicas e a preparação da transferência dos africanos livres que tivessem cumprido seus termos de serviço, além da de "outros que seriam consignados à escravidão" para territórios britânicos, onde seriam "postos no gozo permanente de sua liberdade".[67] Assim estava redigida a minuta de um novo tratado para a abolição do tráfico a ser negociado com o Brasil, apontando para uma radicalização em relação às propostas anteriores. O governo brasileiro, por sua vez, rejeitava qualquer tipo de interferência britânica no tratamento dos africanos livres, decisão reiterada após consulta à seção de Justiça do Conselho de Estado em 1847, motivada por uma demanda da legação britânica por um relatório do curador dos africanos livres.[68]

O abolicionismo foi uma política de Estado para a Grã-Bretanha no século XIX, chegando a articular a política exterior e a administração colonial. À frente do Foreign Office — Ministério das Relações Exteriores britânico — nas décadas de 1830 e 1840, lorde Palmerston empregou meios oficiais e extraoficiais para reprimir o tráfico de escravos e pressionar o governo brasileiro a respeito das condições da liberdade dos africanos livres, estendendo também a proteção britânica a africanos importados depois de 1831.

APRENDIZADO, TRABALHO SOB CONTRATO E OS SIGNIFICADOS DO TRABALHO LIVRE NA ERA DA ABOLIÇÃO

O esquema de recrutamento de trabalhadores africanos para as colônias britânicas no Caribe recebeu críticas severas da comunidade internacional, desconfiada das motivações para tal engajamento na campanha de repressão ao tráfico. Espanha, França e Estados Unidos criticaram o uso dos africanos resgatados do tráfico para suprir a grande demanda por mão de obra nas colônias após a abolição. Em 1844, a Espanha cancelou a transferência dos *emancipados* de Havana para as colônias britânicas e pressionou a Grã-Bretanha a permitir o recrutamento de *coolies*, trabalhadores sob contrato vindos da China e da Índia para as plantations cubanas. A França começou a recrutar africanos "livres" mediante compra dos próprios traficantes na costa ocidental e na costa oriental da África, e da remessa deles para suas colônias como trabalhadores sob contrato, *engagés libres*.[69]

Os africanos livres estavam no centro de um grande dilema enfrentado por proprietários de terra e governantes naquele momento crucial do século, quando todo o tráfico atlântico havia sido abolido e extinto, à exceção do cubano e do brasileiro, e quando a manutenção da economia de plantation dependia do fornecimento regular de trabalhadores juridicamente livres. O experimento da emancipação dos escravos nas colônias britânicas estava sob escrutínio internacional e os padrões britânicos de trabalho livre eram observados de perto. O engajamento dos africanos livres, a própria categoria criada pela campanha abolicionista, era usado como símbolo do compromisso britânico com a liberdade e o trabalho livre.

Uma crítica severa do engajamento de africanos por contrato nas colônias britânicas partiu de observadores norte-americanos, em meio a uma controvérsia a respeito do papel americano na campanha de repressão ao tráfico e da concessão do direito de visita a navios ingleses.⁷⁰ Criticado pelos britânicos pelo envolvimento de cidadãos e pelo uso da bandeira dos Estados Unidos no tráfico de escravos, o presidente dos Estados Unidos, John Tyler, em mensagem ao Congresso, criticou duramente o apoio do governo britânico ao esquema de recrutamento de trabalhadores africanos, classificando a transferência de resgatados do tráfico como consequência interesseira das atividades de repressão ao próprio tráfico — e que isso, no final das contas, atrapalharia a abolição definitiva:

> Os escravos, quando capturados, em vez de serem devolvidos a seus lares, são transferidos para as possessões coloniais [britânicas] no Caribe, e usados como meios de aumentar sua produção através de um sistema de aprendizado por um período de anos. É óbvio que enquanto esses vastos interesses favorecerem a continuação, será difícil, se não impossível, suprimir o nefando tráfico, e os resultados serão nada mais que a continuação do tráfico em outra forma mais cruel; pois deve haver pouca diferença para o africano, se ele é arrancado de seu país natal e transferido para o Caribe britânico como escravo pelo comércio regular, ou apreendido por um cruzeiro, transportado para o mesmo lugar e forçado a fazer o mesmo trabalho como aprendiz, que é na prática como a política adotada funciona.⁷¹

Forçado a defender a escolha britânica, o primeiro-ministro Robert Peel enfatizou o aspecto "voluntário" do sistema, que dava aos africanos a oportunidade de escolher voltar à África ou ir para o Caribe. Seu maior argumento contra a crítica norte-americana era que

> o aprendizado foi completamente abolido nas colônias do Caribe. Nenhum negro, que vá voluntariamente como imigrante, ou man-

dado para lá como negro capturado [sic], é posto sob aprendizado. Seja qual for sua aptidão ao chegar lá, é completamente livre e tem todos os direitos de pessoas libertas [*freedmen*].⁷²

Àquela altura, a definição dada pelos britânicos à liberdade envolvia mobilidade espacial e possibilidade de escolha no engajamento para o trabalho, ainda que na prática a escolha talvez não fosse viável.

Henry Wise, ministro norte-americano no Rio de Janeiro, estava por trás da censura apresentada pelo presidente Tyler ao tratamento dado pelos britânicos aos africanos recapturados do tráfico. Formado em direito, Wise integrara a Câmara dos Representantes por seu estado natal, Virgínia, e fora indicado em 1844 por Tyler como representante no Brasil — onde trataria, entre outros temas, da fixação de tarifas comerciais entre os dois países. Aparentemente se envolveu também com questões fora de sua alçada. Defensor da escravidão, era ferrenho opositor do tráfico ilegal, além de crítico do envolvimento de norte-americanos, geralmente dos estados do Norte, no lucrativo negócio. Seu posicionamento lhe rendeu grande animosidade na Corte, a ponto de ser chamado de volta em 1847.⁷³

Wise criticava a campanha abolicionista britânica, por visar, em última instância, o fim da escravidão. Em 1846, ele voltou ao tema dos africanos ao dirigir a Hamilton Hamilton, da legação britânica no Rio, um longo comentário sobre a ambiguidade do envolvimento britânico na repressão ao tráfico. Ao provocar Hamilton para explicar o estatuto exato dos africanos recapturados, pôs-se a exercitar sua formação jurídica e a comparar o aprendizado ao sistema que o substituiu:

> Aprendizes estão [...] em todas as classes, sob a proteção especial da Corte como *parens patria*, estão obrigados sob contrato ou es-

critura a servir seus mestres, e a maior consideração é manutenção e instrução. Eles são de uma ordem mais alta de criados [*servants*] sob a lei inglesa do que a primeira classe *intra maenia* ou a terceira classe de jornaleiros [*daily labourers*], ou tal como os que não vivem *intra maenia*, e só estão abaixo da classe de mordomos, feitores e meirinhos [*stewards, factors* e *bailiffs*]. A qual classe de criados sob a lei inglesa esses africanos capturados, "perfeitamente livres", que "se engajam voluntariamente por contrato" nas colônias britânicas do Caribe, pertencem, eu não estou precisamente informado. Eles não podem ser tutelados [*wards of law*] como aprendizes de paróquia [*parish apprentices*], porque sou levado a inferir que o Governo não tem nada a ver com seus contratos. Eles não são, eu presumo, criados *intra maenia*, pois ainda que seus contratos estejam associados ao engajamento [*hiring*], como no caso de criados domésticos [*menial servants*], poucos deles, se tanto, estão aptos a serem "domésticos". Eles não podem ser jornaleiros propriamente, pois ainda que possam ser "obrigados a trabalhar por não ter posses" e provavelmente não sejam admitidos como membros da família, eu presumo que nenhum proprietário ou comerciante os contrataria por salários diários. Eles devem então partilhar tanto o caráter de aprendizes quanto o de criados domésticos. Como aprendizes se tornam obrigados a servir seus mestres por escritura ou contrato por certo número de anos; mas, ao contrário de aprendizes, seus contratos não são determinados e regulados pela lei e não necessariamente lhes garantem instrução além da manutenção, e eles não são tutelados [*wards of court*].[74]

Wise identificava claramente a ambiguidade no estatuto dos africanos recapturados do tráfico como trabalhadores e atribuía os problemas ao fato de que deveriam ser engajados e tratados como aprendizes, mas que, em vez disso, ficavam presos a contratos. Por trás do interesse de Wise no engajamento da mão de obra dos recapturados no tráfico nas colônias britânicas do Caribe não havia preocupação com a injustiça do sistema de contrato, mas a convicção de que esse tipo de liberdade não cabia àqueles africanos, que ele considerava incapazes de fazer escolhas. "Africanos novos são selvagens, sem tutela, incultos — arrancados de suas tribos — só aprenderam a 'desumanidade do homem para com o homem' [...] eles não são aptos a serem 'perfeitamente livres' e são completamente incapazes de apreciar e aproveitar 'todos os direitos de pessoas livres'", afirmava.

A opinião expressa por Wise refletia a de muitos de seus contemporâneos nos Estados Unidos, de que os negros livres deviam voltar à África. Os africanos recapturados, ele acreditava, deveriam "ser treinados para a liberdade, preparados para seus deveres árduos e tornados responsáveis por seu desempenho". A solução era mandá-los para onde estariam protegidos da reescravização — ele sugeria Serra Leoa, Libéria ou a Colônia do Cabo —, sob "algum sistema bem regulado e humanitário de tutela e educação", associando a cruzada contra o tráfico de escravos a um objetivo ainda maior, a "civilização da África".

Na Inglaterra, essa associação era feita pelos abolicionistas. Na década de 1840, planos de estabelecer plantations e colonizar partes da África foram iniciados por ingleses e franceses; a ideia era que o comércio legítimo de produtos tropicais (óleo de palma, goma-arábica etc.) substituiria o de escravos. Instruir os africanos resgatados do tráfico para ser agentes da difusão do cristianismo e da civilização europeia fazia parte da missão dos administradores coloniais e dos missionários em Serra Leoa e na Libéria desde o começo da colonização. A prática vinha mostrando, no entanto, que os europeus não teriam grande controle sobre as consequências de sua "missão civilizatória". Uma vez cristianizados, os africanos emancipados em Serra Leoa, conhecidos como "saros", se espalharam por boa parte da África Ocidental e, através da atividade comercial, tornaram-se uma classe intermediária, que mediava as trocas econômicas e culturais entre os povos do interior e os comerciantes europeus. O mesmo papel foi desempenhado pelos africanos retornados do Brasil, chamados agudás.[75]

A objeção ao engajamento dos africanos resgatados do tráfico nas Américas expressa pelo ministro norte-americano e por outras vozes que os rejeitavam como bárbaros não estava associada a dificuldades de encontrar arranjos de trabalho justos ou à crença de que sua missão mais importante era na África. Na verdade, estava relacionada ao perigo potencial que representavam nas sociedades escravistas e pós-abolição.

6. O "partido brasileiro", a pressão inglesa e a abolição do tráfico

Entre 1849 e 1852, foi impresso na Corte *O Philantropo, Periódico Humanitário, Científico e Literário*, sem identificação do editor ou redatores nos dois primeiros anos — apenas do local de impressão, a Tipografia Philantropica. "Combater a *escravidão*, e indicar os meios de sua extinção será o nosso principal trabalho", professou o editorial de estreia, em que o periódico se apresentava aos leitores e potenciais assinantes como crítico da escravidão, porém livre de radicalismos:

> Não se julgue porém que desvairados vamos correr de luminosa em luminosa ideia, de utopia em utopia; apresentaremos as opiniões dos mais célebres estadistas, faremos aplicação de suas doutrinas ao nosso estado; citaremos os fatos passados no Brasil e trataremos de explicá-los; assim como consultaremos os princípios de economia política e doméstica. E assim, certo, os nossos escritos serão modulados pelo interesse do país e dos particulares, e a nossa existência refletiva, prudente e necessária.[1]

Ao pé das duas primeiras páginas, o jornal publicava em partes uma obra de referência para o tema: a *Memória analítica do comércio de escravos*, de Frederico Burlamaque, originalmente de 1837. Na "parte humanitária", trazia matérias sobre a escravidão na história e reproduzia artigos filosóficos, em geral de cunho cristão, para justificar a condenação da prática. Na "parte literária" trazia textos de ficção ou poesia cujos temas, em geral, se relacionavam com os da parte humanitária.[2]

Desde seu lançamento, *O Philantropo* condenava o tráfico ilegal e denunciava a conivência das autoridades. Em artigo intitulado "O contrabando da escravatura", o autor anônimo dirigiu sua denúncia aos dirigentes e funcionários que faziam vistas grossas à ação dos traficantes: "E vós, encarregados da execução das leis, tendes cumprido os vossos deveres, e obedecido a voz da vossa consciência moral quando tolerado haveis seus negros crimes? É verdade que pensais ainda que os contrabandistas de carne humana prestam algum serviço ao Brasil? Respondei-nos".[3]

A publicação de *O Philantropo*, que conseguiu considerável espaço no debate travado por meio da imprensa ao comentar artigos de outros jornais e ter também seus artigos e denúncias comentados, revela uma faceta até agora desconhecida da abolição do tráfico para o Brasil, que será tratada neste capítulo: a existência de um grupo articulado contrário ao tráfico de escravos e crítico da escravidão cuja estratégia de enfrentamento do governo revela relação com os ingleses. O reconhecimento dessa articulação abolicionista no final da década de 1840, deliberadamente omitida da memória nacional, ajuda a reler a crise de 1850 e a demonstrar a centralidade do problema dos africanos no intricado jogo político e diplomático. Não se trata somente do fim do abastecimento de mão de obra africana, mas também do destino dos africanos que fossem apreendidos na futura repressão ao tráfico, dos direi-

O jornal abolicionista O Philantropo, *publicado entre 1849 e 1852, foi a face pública da Sociedade Contra o Tráfico de Africanos e Promotora da Colonização e Civilização dos Indígenas, uma rede de políticos, juristas, intelectuais, médicos e funcionários imperiais que defendiam o fim gradual da escravidão e o incremento da colonização estrangeira. Nos meses anteriores à Lei Eusébio, o jornal atacou a conivência do governo imperial com o tráfico ilegal, invocou a Lei de 1831 e levantou o assunto dos africanos livres.*

tos dos africanos livres cujo período de tutela se completava e do estatuto dos africanos mantidos em cativeiro ilegal. Diante de tão variados atores concorrentes e de tão complexos desafios, o sucesso do gabinete saquarema de 1848 e do ministro Eusébio de Queirós revela-se ainda maior.

A POLÍTICA DO TRÁFICO NO FINAL DA DÉCADA DE 1840

Aquele era um momento delicado da campanha britânica de repressão ao tráfico e da posição do governo brasileiro diante dela. Em março de 1845, a vigência da Convenção adicional de 1817 (anexa ao Tratado de 1826) expirou sem que a Grã-Bretanha tivesse conseguido renová-la. A resistência brasileira se devia à inclusão de cláusulas novas que eram consideradas inaceitáveis.[4]

A Comissão Mista Anglo-Brasileira sediada no Rio de Janeiro encerrou atividades em setembro de 1845, tendo deixado um balanço medíocre: dos 43 navios trazidos a julgamento, 22 foram condenados como boa presa, quinze absolvidos, dois entregues ao governo brasileiro para julgamento, três devolvidos por não poderem ser julgados lá, e um caso, o do *Nova Granada*, foi deixado sem veredicto.[5] A cronologia dos casos demonstra perfeitamente que, de 1840 em diante, os capitães de cruzeiros ingleses preferiram levar os navios apreendidos para julgamento em tribunais do Almirantado, para não correr risco de absolvição, e também para aproveitar a carga de africanos como mão de obra para as colônias britânicas, como discutido no capítulo anterior.

A Comissão Mista Anglo-Brasileira sediada em Serra Leoa teve um balanço mais favorável. Somados aos resultados da comissão anglo-portuguesa, ambas julgaram, entre 1819 e 1845, um total de 279 casos, tendo 262 resultado em condenação e dezessete em restituição dos navios aos proprietários.[6] Entretanto, ali as circunstâncias eram francamente favoráveis aos britânicos, uma vez que raramente a representação brasileira da comissão contava com o seu árbitro, responsável pelo desempate em caso de discordância no veredicto dos juízes.

Em 1845, o balanço que os ingleses faziam do impacto da repressão era desanimador: só 2,8% dos africanos embarcados na África para a travessia atlântica foram resgatados e, fora os que morreram, o resto foi efetivamente escravizado.[7] Diante da posição irredutível do governo brasileiro, a solução de lorde Aberdeen, então à frente do Foreign Office, foi assumir que a Grã-Bretanha tinha direito a dar continuidade à repressão do tráfico brasileiro, com base no compromisso firmado pelo Tratado de 1826. Aberdeen tomava o artigo primeiro daquela convenção bilateral como garantia de seu direito de interferência:

> Acabados três anos depois da troca das ratificações do presente tratado, não será lícito aos súditos do Império do Brasil fazer o comércio de escravos na costa da África debaixo de qualquer pretexto, ou maneira qualquer que seja. E a continuação desse comércio, feito depois da dita época por qualquer pessoa súdita de sua majestade imperial, será considerado e tratado de pirataria.[8]

Assim, se não havia mais tribunais bilaterais, os ingleses levariam os navios a julgamento em seus próprios tribunais, sob acusação de pirataria. Era esse o teor do Ato Aberdeen, de 1845.[9] Na verdade, desde 1840 as apreensões e julgamento dos navios já se processavam assim, mas extraoficialmente. E o tráfico só faria aumentar em volume nos anos seguintes.

Na política brasileira, o cenário era muito complexo, objeto de estudo de vários autores.[10] A campanha britânica de repressão ao tráfico, com excessos e ilegalidades, acabava inibindo sua defesa pública e dando razão à opinião pró-tráfico, que se revestia de argumentos nacionalistas. Na verdade, havia em jogo projetos conflitantes para o Brasil. De um lado, conservadores defendiam a reabertura do tráfico; de outro, liberais rejeitavam a presença de africanos e defendiam a imigração de europeus.

A pressão pela revogação da Lei de 1831 catalisou a formação de um grupo conservador desde meados da década de 1830. Ainda que o projeto Barbacena não tivesse sido aprovado em 1837, houve consenso de que a revogação vigorava.[11] Na década de 1840, ante a dificuldade de reabrir formalmente o tráfico, as propostas conservadoras se fundiam em projetos de "colonização". Era esse o teor do primeiro projeto da Lei de Terras apresentado à Câmara, em junho de 1843: além de toda a regulamentação sobre a venda das terras, havia o artigo que autorizava o governo imperial a empregar pelo menos metade dos recursos arrecadados com a venda de terras e os impostos "na importação de colonos livres de qualquer parte do mundo".[12]

Bernardo Pereira de Vasconcelos, autor do projeto de lei e um dos cérebros saquaremas, inscrevia a importação de trabalhadores braçais para a lavoura, fossem eles africanos ou chineses, numa política mais ampla de garantia dos privilégios dos cidadãos brasileiros que exerciam direitos políticos, entre os quais admitiria estrangeiros "dignos de aperfeiçoamento". "A África tem civilizado a América", disse, sugerindo que os norte-americanos mais eminentes eram sulistas e proprietários de escravos, para reforçar seu argumento de que a abolição do tráfico traria "tendências barbarizadoras".[13] Esse talvez fosse seu modo enviesado de reconhecer a importância política da luta de pretos e pardos livres e libertos por cidadania e uma resposta ao deputado Antônio Rebouças, que também defendia a imigração de africanos como trabalhadores livres, mas advogava uma cidadania mais inclusiva, que coexistisse com a ordem escravista. Para Vasconcelos e seu grupo, como Keila

Grinberg ressaltou, "a organização da sociedade imperial brasileira deveria continuar a ser pautada de acordo com os princípios hierárquicos tradicionais do antigo Império português, [...] de acordo com os critérios de direitos e privilégios, a partir dos quais apenas um pequeno grupo teria acesso aos dois".[14]

Foi dessa forma que a vinda de africanos como colonos integrou a pauta saquarema. Bethell destaca que Carneiro Leão e Vasconcelos teriam condicionado a aprovação do novo tratado antitráfico com a Inglaterra à liberação da imigração africana para o Brasil.[15] O projeto não foi adiante naquele momento, mas nos anos seguintes houve várias tentativas de legalizar a vinda de africanos como colonos. A última talvez tenha sido o projeto de Holanda Cavalcanti, que tramitou no Senado em 1850 e previa negociação com a Grã-Bretanha para viabilizar o "resgate" de africanos na costa da África e sua importação como "colonos livres".[16] Os franceses já estavam operando esse sistema, mas os brasileiros precisavam do consentimento britânico, sob pena de ter os navios apreendidos como tumbeiros.[17]

Em contraste com o projeto saquarema, havia a posição liberal — dispersa e desarticulada na década de 1840 — de defender a colonização, sim, mas por europeus, vistos como única garantia de desenvolvimento e civilização. Para muitos liberais, a continuação do tráfico representava um perigo social, por afrontar a legalidade, e a manutenção da escravidão, uma aposta contrária ao progresso, por obstar o crescimento do mercado de trabalho livre. A presença africana era, para alguns deles, um obstáculo à extensão da cidadania. Porém, os liberais tinham pouco espaço para expressar suas posições na década de 1840: todas as vezes que figuras como Aureliano Coutinho, Caetano Lopes Gama e Saturnino de Sousa e Oliveira Coutinho se posicionaram a favor de negociações com a Inglaterra ou da repressão ao tráfico, foram duramente censurados no Parlamento. Os políticos da oposição liberal viam seu raio de atuação severamente limitado pela articulação entre os líderes saquaremas e os grandes proprietários do vale do Paraíba.[18]

O SILÊNCIO SOBRE O PLANO DE REVOLTA ESCRAVA DE 1848

Em fevereiro de 1848, um juiz de Lorena, em São Paulo, soube que havia um plano de revolta de escravos em curso e acionou a Polícia. Interrogatórios com supostos líderes e integrantes do plano motivaram o alerta das autoridades de Paraty, no Rio, e mais tarde dos presidentes das duas províncias. Em março desenrolaram-se as investigações: a eclosão estava prevista para o dia de São João (24 de junho). Em Lorena havia pelo menos três líderes, dois dos quais foram presos; e o plano era articulado entre escravos de Lorena, de Paraty e de Baependi, em Minas Gerais. Em abril, os escravos Vicente e Francisco foram condenados a sofrer 1400 açoites cada um e a levar ferro de gancho no pescoço por três anos, por serem apontados como articuladores. À medida que a notícia corria pelos canais das autoridades policiais, planos similares eram descobertos também em outros lugares, com articulação e extensão que assustaram as autoridades da Corte, que logo buscaram saber

> se uma tão criminosa combinação pode ser filha ou de inspirações próprias ou de sugestões tramadas por alguma Sociedade Gregoriana, ou agentes dos princípios abolicionistas da escravidão, ou outra qualquer influência estrangeira, que conspire a colocar a Administração em circunstâncias difíceis para depois impor-lhes condições ou finalmente se por espírito da malvadeza um outro estrangeiro isoladamente tem acoroçoado e instigado os escravos para cometerem semelhante crime.[19]

Vê-se daí que nenhuma possibilidade estava descartada: o plano podia ser obra dos próprios escravos, de pardos que tramavam contra os brancos, de grupos abolicionistas ou de agentes estrangeiros que estivessem insuflando os escravos para desestabilizar a situação e pressionar o governo brasileiro. Todas essas explicações pareciam plausíveis.

Em Lorena, apurou-se que o principal líder dos escravos na região seria o crioulo Agostinho, ex-escravo de Antônio Gaspar Martins Varanda. Pajem, ele sabia ler e escrever e foi reconhecido por todos como "muito sagaz". No início, recaiu suspeita sobre um francês ou suíço, Jacques Troller, que se hospedava por longos períodos na casa de Varanda e que "lia os jornais e notícias estrangeiras sem reserva na vista do escravo Agostinho [e fazia] mesmo observações relativas ao atual estado do Brasil, reprovando a escravidão e ponderando as consequências que podiam seguir-se à semelhança das da ilha de S. Domingos".[20]

Jacques, também conhecido por Jacó, seria "republicano de nação e por princípios", mas muito bem relacionado na sociedade escravista, pois conseguiu livrar-se da acusação de participar da articulação do plano. Houve divergência quanto à autoria e extensão da premeditada revolta: enquanto o juiz de Lorena, em abril, reconhecia sua organização e articulação e duvidava que os escravos fossem capazes de tal, em junho o juiz de Guaratinguetá absolvia Troller e atribuía a premeditada revolta à tendência natural dos escravos de "sacudirem o jugo da escravidão".[21]

Infelizmente, os interrogatórios e processos produzidos a respeito desse plano de revolta ainda não foram encontrados. Portanto, até agora as evidências são fragmentárias, mas nem por isso menos contundentes. O juiz de Lorena, em abril de 1848, demonstrou surpresa com a organização e premeditação do levante, especialmente com o conhecimento que os escravos interrogados demonstraram da crise entre o Brasil e a Grã-Bretanha a respeito da abolição do tráfico e com a expectativa do apoio inglês para sua luta pela liberdade. Para ele,

> é um plano há tempo combinado com bastante premeditação, pelo que se depreende do processo respectivo, e interrogatórios dos pretos quando declaram serem convidados para pegarem em armas para o fim de haverem suas liberdades por meio da força, para o que os ingleses os coadjuvariam visto que o Brasil acha-se bastante empenhado para com aquela nação da Inglaterra, e tanto mais por haver cessado o tráfico da escravatura, e outras proposições desta natureza, não próprias de escravos que nem sabem ler.[22]

Na província vizinha houve também extensa investigação pela Polícia de diversas localidades e a remessa de tais documentos pela presidência da província à Assembleia Provincial do Rio de Janeiro, que instituiu comissão especial para avaliar o material. Seu relatório, apresentado em sessão secreta, no dia 8 de julho de 1848, expõe os poucos dados de que dispomos até agora sobre a organização dos escravos. Composta de círculos de cinquenta escravos, cada um liderado por um "Tate" ou "Pai" em várias línguas bantas, acompanhado de "cambondos" e "mocambas do anjo", seus encarregados, a "sociedade" tinha por objetivo "matar todos os senhores de qualquer sexo ou idade, administradores e mais empregados livres nas fazendas inclusive aqueles escravos que quisessem ser fiéis a seus senhores", que alcançariam através do envenenamento dos senhores pelas "mocambas do anjo", posição ocupada por criadas domésticas. Especificou-se também que "a ferro se daria cabo aos que não tivessem sucumbido ao veneno".[23]

Robert Slenes vem explorando os significados culturais desses elementos por uma lente africanista e sugere, a partir do vocabulário usado de raízes *kongo* e *mbundu*, que se tratava de uma estrutura de culto religioso cujo tipo remete a cultos de aflição do tipo Kimpasi, identificados na África Centro-Ocidental pela literatura etnográfica. Tais cultos teriam, nas culturas de raiz kongo, a função de atacar as causas de doenças ou de males sociais, e fortalecer o indivíduo ou o grupo em época de crise. Sendo os escravos da região Sudeste do Brasil, àquela altura, predominantemente africanos das nações Congo, Angola e Benguela, com alto grau de proximidade linguística e cultural, Slenes sugere que o plano de revolta de 1848 tenha sido uma resposta deles, em sua própria linguagem e cultura política, àquele momento percebido como de crise.[24]

Slenes defende que a descoberta desse plano de revolta e o reconhecimento de sua importância tenham influído na tomada de decisões que levou à abolição do tráfico em 1850. Para isso invoca o discurso feito por Eusébio de Queirós na Câmara em julho de 1852, no qual o ministro atribuiu a aprovação da lei ao apoio da opinião pública, galvanizado por episódios de "terror" em locais das províncias do Rio e do Espírito Santo.[25] Sidney Chalhoub procurou reforçar tal argumento apontando sinais de que o declínio da população escrava da Corte após 1850 estaria relacionado à insegurança atribuída à crescente resistência dos escravos. Jaime Rodrigues, da mesma forma, reuniu elementos para mostrar que o medo da africanização e da haitianização contribuiu, acumuladamente, para a decisão do governo. Por outro lado, Jeffrey Needell e, mais recentemente, Tâmis Parron rejeitaram qualquer influência do plano de revolta de 1848 ou da ação coletiva de escravos sobre a votação da nova lei em 1850. Para Needell, o gabinete saquarema não se deixaria influenciar por tais movimentos e estava mais preocupado com a crise no rio da Prata; para Parron, a projetada revolta de 1848 — de cuja existência chega a duvidar — poderia ter influenciado a tramitação do projeto na Câmara naquele ano, mas não explicaria a crise de 1850.[26]

O sigilo guardado por autoridades públicas a respeito do

projeto de insurreição dos escravos do vale do Paraíba em 1848 foi tão eficiente que o episódio caiu no esquecimento. Ato deliberado, sua omissão dos registros tornados públicos deve ser explorada, e não tomada como evidência de irrelevância. Os debates da Assembleia Provincial do Rio, publicados no *Diário do Rio de Janeiro*, deram conta, segundo Maria de Fátima Gouvêa, de que os deputados percebiam uma ameaça iminente à ordem pública e cogitavam ampliar a força policial. O *Diário* até noticiou uma sessão secreta, porém os leitores jamais teriam como saber que se tratava do assunto do plano de revolta.[27] Os encarregados da comissão especial da Assembleia, deputados provinciais Dias da Motta, Alves Carneiro e Montezuma, haviam justamente recomendado "reserva", na ocasião dessa discussão, sobre a força policial, assim como "prudência", "circunspecção" e "discrição" das autoridades ao tratar das investigações. Queriam evitar "inocular o terror" entre proprietários e a população livre em geral. Aparentemente, depois do envio de armas à Guarda Nacional em Lorena e Silveiras, em julho, os ânimos se acalmaram.[28]

O relatório da Comissão Especial da Assembleia do Rio revela detalhes importantes da articulação entre os escravos e pessoas livres, e também da ramificação do movimento.[29] Os deputados estavam entre aqueles, como o juiz de Lorena, que não acreditavam que os escravos tramassem tudo sozinhos. As evidências reunidas na documentação que receberam forneciam-lhes fortes indícios de uma articulação superior: a divisão da sociedade em círculos era, para eles, uma maneira eficaz de propagação dos planos; a regularidade das reuniões, o método de trabalho e a maneira de arrecadar os fundos necessários e reuni-los entre os líderes na Corte lhes serviam de confirmação de que havia ajuda de pessoas livres. Os interrogatórios davam conta de que a "sociedade" tinha focos até na Corte, onde estavam estrangeiros que "dirigem todo o movimento" e guardavam o dinheiro coletado dos círculos. Era também da Corte que partiriam escravos para ajudar outros no interior da província. Falou-se ainda que mascates eram emissários dos chefes na comunicação com os Tates, porque a atividade comercial envolvia circulação entre as fazendas e facilitava a transmissão de instruções. O relatório dava conta, também, de que esses mascates insuflavam os escravos dizendo "que tantos negros não devem estar sujeitos a tão poucos brancos".

A revelação da existência de aliados no plano de revolta dos escravos africanos não diminui a importância política da complexa operação simbólica que envolvia ler a realidade e responder aos senhores mediante a atualização de formas ancestrais de agir sobre ela. O fato de os escravos do vale do Paraíba terem aliados livres torna a história ainda mais interessante. Em março, o Ministério da Justiça havia consultado juízes e delegados acerca dos responsáveis pelo plano de revolta, buscando apurar se havia envolvimento de alguma "sociedade gregoriana" — expressão que se referia a grupos de defesa dos direitos das pessoas livres de cor — ou ainda de agentes abolicionistas. Os documentos consultados pela comissão talvez dessem alguma pista de quem eram as pessoas livres envolvidas, mas no relatório isso não foi revelado. Também não deram uma resposta precisa sobre a origem dos agentes do plano. Sabemos, entretanto, que havia ex-escravos entre os Tates (era o caso de Agostinho), falava-se em termos racializados ao propor a morte dos brancos, havia estrangeiros entre os líderes na Corte, e os escravos esperavam a ajuda dos ingleses em defesa de sua liberdade.

Ao buscar motivos para a situação de instabilidade e perigo de insurreição de escravos, a comissão cuidou de condenar "a introdução sempre crescente de africanos", destacando seus efeitos:

> A vossa Comissão pensa que um grande desserviço fez ao país o governo que imprevidente derramou pelo seu interior milhares de

africanos, a quem declarou que eram livres, a quem se nomeou um curador obrigado a repetir-lhes sempre esta proposição e a tomar contas do modo por que aqueles que haviam arrematado os serviços destes africanos os tratavam. Melhor teria sido a reexportação destes africanos ou mesmo a entrega aos respectivos captores.[30]

Associar o risco de resistência escrava à presença dos africanos livres implicava reconhecer que estes, ainda que tutelados, perturbavam as relações senhor-escravo, tanto por representarem uma intervenção do governo na escravidão quanto, talvez, pelo fato de os africanos livres informarem aqueles mantidos como escravos de seus direitos.

O tráfico escancarado logo começou a suscitar reações. No início de agosto de 1848, a presidência da província do Rio de Janeiro ordenou a apreensão de africanos novos nos depósitos da Jurujuba, em Niterói. Foram remetidos à cadeia de Niterói 112 africanos, mas muitos faleceram até outubro, quando os sobreviventes foram transferidos para a Corte. Ou talvez tenham sido roubados, é difícil dizer. Dos remanescentes, 58 ficaram depositados no Hospício Pedro II até serem distribuídos para o serviço compulsório. Mais da metade tinha menos de quinze anos. Pelo menos 29 foram encaminhados à Fábrica de Ferro de Ipanema e não há registro de que tenham sido distribuídos a particulares.[31]

No início de setembro, o gabinete liberal chefiado pelo ministro Paula Sousa retomou a discussão, na Câmara, do projeto de lei apresentado pelo marquês de Barbacena, aprovado pelo Senado em 1837. Continha algumas alterações: considerava o tráfico pirataria, identificava com mais precisão os envolvidos no crime e as circunstâncias que justificassem a apreensão de um navio, e elevava o prêmio a ser pago aos captores pelas apreensões. Foram aprovados todos os artigos e emendas em segunda discussão, com exceção do último, que previa a revogação da Lei de 1831. Quatro sessões secretas não foram suficientes para resolver o impasse: a maioria liberal havia se dividido a respeito da manutenção da lei. A aprovação por 32 votos contra 29 do pedido de adiamento da discussão para a próxima sessão, proposto por Carvalho Moreira, futuro barão de Penedo, derrubou o gabinete liberal.[32] Além de sepultar no silêncio as notícias sobre o plano de revolta escrava do vale do Paraíba, o gabinete saquarema, que o substituiu, tentou esfriar a discussão pública engavetando o projeto.

O ABOLICIONISMO INTERNACIONAL

Em 1848, o abolicionismo inglês estava em fase de balanço dos resultados, com organizações desmobilizadas depois da emancipação dos escravos nas colônias, em 1838. Entretanto, já a partir de sua fundação, em 1839, a British and Foreign Anti-Slavery Society passou a monitorar o estado do tráfico de escravos e da escravidão tanto nas Américas quanto na África, no Mediterrâneo e no Oriente. Na década seguinte emergiria um forte debate acerca da política de repressão ao tráfico e sua eficácia envolvendo diferentes grupos de interesse econômico, forçando o governo britânico a expor detalhes e resultados e a renovar as justificativas para a campanha naval e diplomática.

Os membros da BFASS reagiram às críticas sobre o alto custo e o baixo resultado do aparato para a repressão ao tráfico atlântico com uma diversificação de estratégias. Joseph Sturge, católico e pacifista, rejeitava ações violentas, mesmo que o fim fosse nobre. A BFASS adotou o plano de David Turnbull, proposto em 1840 ao ministro britânico das Relações Exteriores, Palmerston, porém com resultados imediatos insatisfatórios. Registrou-se também uma atenção ao comércio de escravos transaariano e ao envolvimento de britânicos no tráfico e na escravidão.[33]

Um enviado inglês da BFASS, George Pilkington, viveu no Brasil no início da década de 1840, de onde mandou matérias para o *British and Foreign Anti-Slavery Reporter* sobre o estado da escravidão, o tráfico ilegal e o envolvimento de súditos britânicos tanto num quanto noutro. Pilkington identificava autoridades contrárias ao tráfico, como os irmãos Andrada, Holanda Cavalcanti e Leopoldo Augusto da Câmara Lima, guarda-mor da Alfândega. Seus informantes também davam detalhes de compras recentes de escravos novos, como aquela feita pelo visconde de Barbacena de cinquenta africanos novos para sua mina de ouro em Brocotó, Minas Gerais.[34]

No Parlamento britânico, os abolicionistas foram contrários à proposta de William Hutt e dos outros defensores do livre-comércio de derrubar o subsídio ao açúcar das colônias, o que, na prática, deixaria o açúcar brasileiro e o cubano, produzidos por escravos, em melhores condições no mercado britânico. Essa posição da Sociedade, por fim derrotada, afetou a popularidade da bandeira abolicionista, uma vez que o público começava a concordar com os argumentos de Hutt de que a campanha naval era uma interferência descabida no comércio de outras nações e extremamente custosa aos contribuintes britânicos. Outras críticas às ações do governo britânico apontavam para transformações no tráfico, que o tinham tornado ainda mais penoso a suas vítimas, em virtude da superlotação dos navios e das condições impostas pela clandestinidade. O fato é que, a partir de 1846, o mercado para o açúcar cultivado por escravos abriu-se — 17% do açúcar cultivado no Brasil encontraria mercado na Grã-Bretanha em 1847-8 — e o tráfico de escravos, a despeito das ordens contidas no Ato Aberdeen, só cresceu.[35] Junto à opinião pública, a BFASS passou a defender o boicote aos produtos cultivados por escravos.

O Parlamento britânico promoveu extenso inquérito, entre 1848 e 1850, sobre o tráfico ilegal e a eficácia da campanha naval e diplomática de repressão. Foram chamados a testemunhar ministros e funcionários do Foreign Office, políticos abolicionistas, lobistas pelos interesses das colônias, inúmeros capitães da Royal Navy, médicos da Marinha, religiosos e até traficantes arrependidos. Os testemunhos coletados são fonte rica de informações sobre o funcionamento do tráfico ilegal tanto no mar quanto em terra, as regiões fornecedoras de escravos na África e compradoras no Brasil e em Cuba, e toda a dinâmica e as dificuldades da repressão.

Em reação às evidências da continuação do tráfico e de seus horrores, apresentadas no inquérito sobre o tráfico na Câmara dos Comuns, a BFASS apresentou um memorial apelando a que se adotassem outros métodos para a repressão. Historiavam a campanha abolicionista lembrando a fundação da African Institution, cujos objetivos de "curar as feridas da África e derramar as luzes da civilização e da religião entre seu povo" dependiam do fim do tráfico. Avaliavam que era o mercado de demanda que alimentava a oferta e retomavam o plano apresentado por Turnbull em 1840, argumentando que a Grã-Bretanha tinha adquirido o direito de cobrar a aplicação das medidas contra o tráfico e exigir que os países cossignatários dos tratados cumprissem a palavra. O memorial atribuiu o fracasso do plano em Cuba à saída de Palmerston do Foreign Office, em 1841, e argumentava que a aplicação do plano era então ainda mais necessária, uma vez que o tráfico tinha crescido desde a mudança nas tarifas de importação. Apelavam, assim, para "a renovação da demanda de 1840, em termos que não podem ser confundidos ou contornados, pela libertação da escravidão de todos os negros introduzidos nas colônias espanholas desde 30 de outubro de 1820 e aplicando o mesmo princípio ao Brasil em relação a todos os africanos importados àquele país desde 7 de novembro de 1831".[36] Os militantes abolicionistas propunham um embargo aos produtos cubanos e brasileiros como pena caso a Espanha e o Brasil não colaborassem.

Turnbull encontrava-se na Jamaica desde sua expulsão de Cuba, no fim de 1842. Em 1849, ele participou da mobilização de produtores de açúcar descontentes com a competição cubana e brasileira, unidos para pressionar a rainha Vitória e o Parlamento britânico a renovar as medidas contra o tráfico de escravos. Sua orientação é evidente nessa mobilização e na petição que dela resultou, em maio de 1849, uma vez que a estratégia sugerida era a cobrança da aplicação dos tratados assinados com a Espanha e o Brasil nos termos propostos em 1840. A campanha teve ampla divulgação.[37] Temos a partir daí que os militantes abolicionistas duvidavam da eficiência da campanha naval e apostavam em uma radicalização da campanha diplomática, mobilizando o lobby das colônias para apoiá-los.

Havia naquele momento uma preocupação das comissões em avaliar a legalidade da intervenção britânica em favor dos africanos. Quando se indagou de Stephen Lushington, abolicionista histórico, deputado, conselheiro da rainha e jurisconsulto, se acreditava que os escravos importados para o Brasil desde que o tratado entrara em vigor tinham direito à liberdade e se a Inglaterra tinha o poder para requerer essa liberdade, foi cauteloso. Disse que se podia reclamar de quebra do tratado de forma mais geral, mas não se podia exigir que os escravos importados ilegalmente fossem libertados. Tinha como certo apenas o direito da Inglaterra de cobrar a liberdade dos africanos livres, os que tinham sido emancipados a partir de apreensão pelos cruzeiros britânicos, e que julgava serem mantidos como escravos. E assim resumiu o que considerava ser o direito da Inglaterra:

> Nós temos o direito de reclamar da importação de qualquer pessoa para o Brasil como quebra de tratado, e é o que foi feito; mas temos um direito especial, pelo tratado, de exigir a liberdade daqueles

cujos navios foram condenados e tenham sido escravizados em contravenção a um artigo específico do tratado.[38]

Os africanos importados ilegalmente e não apreendidos, segundo essa intepretação, escapavam das provisões do tratado, que alcançava só até onde a marinha britânica e a Comissão Mista pudessem atuar, isto é, na captura e julgamento dos navios e na emancipação dos africanos encontrados a bordo.

Palmerston, diante da comissão da Câmara dos Comuns, declarou que aguardava do governo brasileiro uma proposta de tratado antitráfico e sabia que o Brasil exigiria a revogação do Ato Aberdeen. Esclareceu que, pelo Tratado de 1826, o Brasil havia condenado o tráfico como pirataria, e que a Lei de 1831 considerava livres os africanos importados desde aquela data. Se a lei fosse aplicada, segundo ele, "uma grande proporção dos africanos mantidos sob a escravidão no Brasil teriam a liberdade restabelecida conforme seu direito".[39] Entretanto, ele foi claro: a Inglaterra só tinha direito de exigir do Brasil o cumprimento dos compromissos bilaterais.

Como foi exposto no capítulo anterior, a diplomacia inglesa não só apoiava, no direito adquirido pelo Tratado de 1826, as cobranças feitas ao governo brasileiro sobre o estatuto dos africanos livres como ensaiava garantir a liberdade a todos os africanos ilegalmente escravizados. O governo brasileiro não reconhecia nem a primeira interpretação, alegando que, uma vez entregues à custódia das autoridades imperiais brasileiras, como previa o regulamento da Comissão Mista, cessava o direito britânico de intervenção no destino dos africanos.

Outra das questões recorrentes nos interrogatórios das comissões de inquérito se referia ao impacto das ações navais sobre a opinião pública brasileira e sobre o que se chamou de *anti-slavery party*. Robert Hesketh trouxe à comissão de inquérito, em junho de 1849, a experiência de quem era cônsul britânico no Rio e havia morado no Brasil desde 1808, tendo passado três anos na Bahia e vinte no Maranhão. Ele acreditava na existência de um grupo crescente de defensores da abolição no Brasil e relatou que, desde que deixara o país, em 1847, pessoas desse grupo haviam tomado o controle de muitos jornais e publicado matérias duras contra o tráfico de escravos. Ele próprio fora consultado sobre o interesse britânico de pagar por um jornal que apoiasse a causa. A mudança de gabinete — referia-se à de 1848, provavelmente — representara para Hesketh um fracasso da estratégia.[40] Hesketh não nomeou os jornais ou os integrantes do *anti-slavery party*, mas associou o movimento a um ressentimento antilusitano. Já Palmerston foi mais lacônico. À pergunta sobre a existência de "um partido considerável" de oposição à continuação do tráfico, ele respondeu: "um partido emergente". Diante do pedido de esclarecimento, retrucou: "sim, um partido crescente [...] não posso dizer no momento se é um partido considerável".[41]

Em maio de 1850, David Turnbull prestou testemunho diante da comissão de inquérito na Câmara dos Lordes e teve a oportunidade de apresentar seu plano de combate ao tráfico, agora respaldado pelo lobby das colônias.[42] Ao propor atacar a legitimidade da posse de escravos africanos e forçar os supostos proprietários a provar seus direitos, Turnbull contava provocar uma grande desvalorização dos africanos novos e a diminuição do tráfico. Para isso, no entanto, era necessária a negociação com a Espanha e o Brasil da extensão dos direitos da Comissão Mista para tratar dos africanos importados ilegalmente e mantidos sob regime de escravidão. Para Turnbull, o direito à cobrança britânica recaía no fato de que a lei de 7 de novembro de 1831 considerava o tráfico de escravos pirataria, o que não era verdade, e declarava livres os escravos importados a partir daquela data — no que ele tinha razão. Trechos da lei chegaram a ser citados num artigo no *Anti-Slavery Reporter*, em março de 1849.[43]

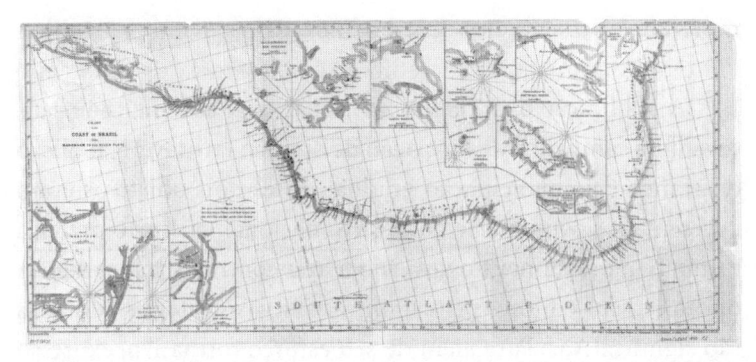

O mapa preparado com base em dados colhidos pelos oficiais da Royal Navy encarregados da repressão ao tráfico de escravos mostra os lugares onde os negreiros desembarcavam os carregamentos e também onde os navios eram equipados para as viagens transatlânticas. Fruto dos trabalhos da Comissão de Inquérito sobre o tráfico de africanos na Câmara dos Comuns, foi impresso no auge da crise em torno das ações britânicas em águas territoriais brasileiras, que precipitou o debate da Lei Eusébio de Queirós.

Representando uma vitória dos abolicionistas, o relatório da comissão de inquérito da Câmara dos Lordes de 1850 incluiu, entre as propostas para obter resultado prático das convenções bilaterais, "dar, por tratado, às comissões mistas do Rio e de Havana o poder para declarar livres todos os escravos trazidos a elas que tenham sido importados a partir de uma data a ser fixada". E como a indicar o lastro para a aplicação dessa medida, a mesma proposta completava: "Parece haver em Cuba um grande e no Brasil um crescente partido do qual se pode esperar apoio quando para este país [Grã-Bretanha] requisitar e aplicar tal tratado".[44] Naquele momento, em julho de 1850, a crise já havia sido desencadeada no Brasil pelas apreensões feitas por cruzeiros britânicos em águas territoriais brasileiras. Por enquanto, cabe explorar a existência desse grupo brasileiro de apoio às medidas abolicionistas com o qual os britânicos contavam.

O PHILANTROPO: A PONTA DO ICEBERG

A publicação d'*O Philantropo*, a partir de abril de 1849, lançava uma campanha de formação de opinião favorável à abolição do tráfico e à emancipação gradual. Esses dois objetivos eram apresentados como parte do projeto nacional; no curto prazo, a campanha pressionava o governo a agir contra os traficantes. A opção de seus editores pelo anonimato e as estratégias adotadas são significativas. Para além de seu esforço formativo, expresso nas matérias sobre a história da escravidão no mundo ocidental ou dos primórdios do movimento abolicionista, ou ainda sobre a conveniência da colonização, o jornal, como era comum à época, participava da política ao incitar polêmicas e fazer denúncias.

Em maio de 1849, já no sétimo número, *O Philantropo* descreveu a injustiça do tratamento dispensado aos africanos livres. Referindo-se aos africanos que chegavam em carregamentos capturados pela marinha brasileira, o artigo denunciou inicialmente o fato de que eram distribuídos "aos afilhados das pessoas do governo" e que essas pessoas tratavam os africanos como escravos, inclusive passando seus serviços de pai para filho. Criticou também que muitos fossem recolhidos à Casa de Correção, apresentada como lugar destinado ao "castigo dos desregrados, especialmente dos escravos". Essa realidade era certamente conhecida de muitos na Corte. O redator fez questão de expor os direitos dos africanos livres:

> É bem claro e sabido que esses africanos, arrancados à voraz cobiça dos contrabandistas, são estrangeiros, livres, sob a proteção das leis internacionais; e que como tais devem ser reconhecidos e respeitados pela nação que os abriga. O nosso procedimento porém é diverso daquele que temos com os outros que nos visitam e com os que entre nós existem. Será isso porque eles não têm *consules* ou

ministros que pugnem por seus direitos? [S]omos surdos [às reclamações da humanidade] porque esses estrangeiros são fracos e indefesos. Covardes, oprimimos os fracos e não ousamos alevantar-nos contra as vis exigências que nos tem feito o governo inglês.[45]

Era uma posição notável, na contramão daquela adotada por Eusébio de Queirós e pelo presidente da província da Bahia, Francisco Martins, entre outros, os quais tratavam libertos africanos como pessoas sem nacionalidade. O artigo concluiu com um apelo para que o governo defendesse "os infelizes expatriados" e prometeu voltar ao tema em breve, sendo seguido por uma série de denúncias veladas:

> Aos habitantes do Rio de Janeiro:
> 1ª: pergunta: Quais serão os mistérios da Casa de Correção?
> 2ª: Quais serão os nomes dos contrabandistas de carne humana premiados pelo Governo?
> 3ª: O que será feito das expostas negras da Santa Casa da Misericórdia?
>
> Ao Governo:
> 1ª: Não existirá uma lei de proteção aos africanos livres?
> 2ª: Não haverá castigo para aquele que rouba a liberdade a outrem; e que posterga as leis do país?
> 3ª: A administração da Santa Casa de Misericórdia não estará debaixo da alçada do Poder Executivo?
>
> Ao Clero Brasileiro:
> 1ª e única: Será religioso que os frades tenham escravos?[46]

Nos meses seguintes, esses temas antes raros na imprensa brasileira à época seriam reiterados com frequência. O jornal publicou uma denúncia velada de escravização das crianças negras expostas na Santa Casa de Misericórdia, recorrentes censuras à posse de escravos por ordens religiosas ou clérigos e numerosas denúncias de tráfico ilegal, com críticas pesadas aos traficantes e seguidas denúncias de conivência das autoridades imperiais com o tráfico e a publicidade dada à Lei de 1831.

O número de 20 de julho de 1849 trouxe na capa, sob a forma de carta do leitor, outra discussão, essa bastante explícita, dos direitos dos africanos livres. Nela, o autor, que assinou simplesmente "B.", afirmava que a legislação de proteção dos africanos livres "foi convertida em lei de patronato para os afilhados dos executores", e que "africano livre significa[va] ESCRAVO BARATO".[47] O autor sugeria que o valor pago pelos concessionários pelo serviço dos africanos livres, 18 mil-réis, de fato pagava por sua escravização, tirando deles todos os direitos de pessoas livres e pondo-os em situação semelhante, ou ainda pior que a dos africanos escravos. Além disso, questionava o motivo pelo qual a reexportação dos africanos não havia sido posta em prática, reclamação que se tornou recorrente nas páginas do jornal. A conclusão do artigo é bem mais provocadora:

> Depois de ter escrito todo esse aranzel, fiquei na dúvida a respeito de que africanos livres se refere na sua pergunta, sr. redator — "São livres todos os africanos importados no Império desde a promulgação da lei de 7 de novembro de 1831". É destes que trata, sr. redator, ou somente daqueles que *contra a vontade de todo mundo* têm sido apreendidos *por acaso* a alguns miseráveis contrabandistas? Para que eu possa dizer mais alguma cousa, sr. redator, espero que primeiramente me resolva esta dúvida.[48]

O jornal expunha a ferida aberta: os africanos apreendidos e postos a serviço de concessionários ou de instituições públicas eram os poucos apreendidos, quase "por acaso" e "contra a vontade de todo mundo", como ironizou o leitor, enquanto pela Lei de 1831, cujo primeiro artigo foi citado, na verdade deveriam ser considerados livres todos os africanos importados desde aquela data.

Duas semanas depois, o tema da ilegalidade da escravidão passou ao editorial do jornal. Na primeira parte do texto buscava-se reforçar a campanha do jornal em favor dos africanos livres, associada a motivos humanitários. Já a segunda parte visava insistir na campanha contra o tráfico ilegal, demonstrando que por dois caminhos levava "a nossa bem-querida pátria ao abismo insondável, de onde ela jamais poderá sair".[49] Os argumentos do editorial são interessantes: a riqueza e a segurança do país dependiam da lavoura e a lavoura estava entregue a escravos que não tinham interesse nela. Caso se insurgissem, punham a riqueza do país em risco; caso compreendessem sua posição e seus direitos, pediriam a liberdade aos tribunais e, da mesma forma, haveria perdas dos fazendeiros e, em consequência, do país. O editor de *O Philantropo* defendeu abertamente a aplicação da Lei de 1831, como "um remédio profícuo aos males do presente, uma certa prevenção dos do futuro", insistindo que era irresponsabilidade do governo não aplicar a lei, uma vez que todos, inclusive os fazendeiros, sabiam que os africanos importados desde 1831, juridicamente, não eram escravos, mas livres. No artigo, os fazendeiros são tratados por "incautos", os magistrados por "tolerantes", os traficantes por "infames contrabandistas de carne humana", os africanos ora como "ininteligentes e imorais criaturas", ora como passíveis de algum discernimento para lutar por seus direitos, e, por último, o governo como imobilista e conivente.

Qual, exatamente, a aplicação da Lei de 1831 defendida pelo editor de *O Philantropo*? Isso se veria naqueles meses, pois o jornal continuou batendo nessa tecla com relativa insistência. Já em 27 de julho o texto da lei havia sido integralmente transcrito sob o intrigante título "A resposta que damos aos peticionários da Barbada, da Jamaica, da Goyana [sic] ingleza e da Trindade". Naquele mesmo número, o editorial reproduzia artigo do *Times* de Londres publicado no *Correio Mercantil*, possivelmente suscitado pelos trabalhos das comissões de inquérito no Parlamento britânico, que fazia um balanço da campanha abolicionista britânica, dos resultados da aplicação dos tratados e das ações da Marinha.[50] Reconhecendo a pouca efetividade das ações diplomáticas e navais em estancar o tráfico, o autor do artigo tinha esperança de que a escravidão estivesse para ser abolida nos Estados Unidos, pois, se assim fosse, a manutenção da escravidão em territórios contíguos aos poucos seria inviabilizada. Entretanto, o editorial não mencionou a Lei de 1831, assim como também não fez referência direta ao movimento de proprietários da Jamaica desencadeado por David Turnbull. A referência à pressão externa era tão cifrada que a defesa da aplicação da Lei de 1831 pelos dois grupos talvez não servisse aos mesmos objetivos.

A Lei de 1831 foi novamente publicada na íntegra por *O Philantropo* em 10 de agosto, seguida de um comentário que tomou uma coluna e meia e alertava "proprietários, fazendeiros, lavradores e industriais" para os perigos iminentes:

> O que será de nós quando repentinamente se alevantarem essas massas brutas de africanos pedindo-nos o cumprimento de uma lei que a humanidade e o interesse da pátria ditaram com mão justiceira mas que o magistrado, a autoridade venal e corrompida, calcou debaixo dos pés para o nosso opróbrio e para a nossa fatal desgraça? Como poremos um dique à torrente dos crimes e às intestinas guerras de escravos contra *senhores indevidos*? Quais serão os soldados que pelejarão para nossa causa? São problemas difíceis de resolver.[51]

A solução seria, para o editor de *O Philantropo*, promover "colonizações internas e externas", isto é, fundar colônias de trabalhadores livres no Brasil para servir de alternativa à mão de obra escravizada e fundar uma colônia na África para onde mandar os libertos africanos. Isso, por um lado, daria "estabilidade à nossa lavoura fornecendo-lhe braços livres e inteligentes" e, por outro, promoveria "o aumento de força moral e física para podermos resistir a qualquer revolta e insurreição desses *pretendidos* escravos". Ao fim do artigo, o receio foi exposto por completo: não se aplicando a lei, "a população negra irá crescendo prodigiosamente, e com ela a boca do abismo que nos quer tragar, chamejando a imoralidade, as insurreições e o sangue de milhares de vítimas". Se ela fosse aplicada, "o país ficava inçado de libertos, que, ainda não preparados para isso, trarão a desordem e o vício ao coração da sociedade".

A imagem do abismo era recorrente entre os opositores do tráfico, associado ao crescimento da escravidão com base no tráfico ilegal. Só que a alternativa, a emancipação dos africanos, era associada à quebra da ordem, ao caos. A multiplicação de pessoas livres de cor não era nada atraente. Daí a proposta de colonização na África, que incluía justamente os africanos livres.

O tema da reexportação dos africanos livres, presente na Lei de 1831, era caro aos liberais. Foi retomado e tratado em *O Philantropo* de "colonização externa" desde os primeiros números, mas parece não ter atraído muito a atenção ou o interesse, pois mais tarde foi deixado de lado. O princípio deve ser lembrado aqui. O plano era que o Brasil negociasse com a Libéria, a colônia para onde iam os libertos norte-americanos, ou que de outra forma tivesse acesso a território na África para onde remeter africanos livres e africanos libertos, vistos como incômodos:

> Os brasileiros, naturalmente bons senhores, dão com facilidade a liberdade a seus escravos, e por isso se vê surgir entre nós uma geração incapaz dos direitos que conferem-lhes nossas instituições pelo

estado degradante em que se achava antes. É este o primeiro mal! Os africanos livres, importados desde tanto tempo a nossas praias, podem um dia reivindicar o jus de estrangeiros, e sacudirem as imposições de que os sobrecarregamos hoje, sem prevermos os resultados desta nossa imprevidência. É este o segundo mal! A rara ilustração de alguns libertos, e mesmo dos já livres, mas descendentes da raça africana, em vista do embrutecimento em que conservamos o maior número deles, dá um desequilíbrio, que nos será sem dúvida desastroso e por demais funesto. É este o terceiro mal! — Mas onde está o remédio?... em uma hipótese, em uma bela e enfeitada utopia à guisa do pensar dos franceses?!... — Não, não! — Então?!... — O Brasil, enfraquecido e vicioso, pode tornar-se vigoroso, enérgico e cheio de virtude. Necessita somente de um estímulo, de um excitante que aplicado sobre a sua enervação vá produzir contrações fortes e determinadas sobre os seus órgãos motores. O Brasil pode passar de país colonizado a país colonizador![52]

A apresentação do plano valia-se de metáforas médicas: o remédio que traria vitalidade para nosso enfraquecido país seria uma campanha que incitasse a expulsão dos libertos como corpos estranhos. Era isso que *O Philantropo*, como médico, ministrava ao doente: estímulo, excitante para contrair os órgãos motores e promover esse expurgo.

A campanha pela aplicação da Lei de 1831 nas páginas do jornal seguiu pelo segundo semestre de 1849 e pelo primeiro de 1850. Mais de uma vez o jornal reproduziu a legislação que condenava o tráfico e punia os envolvidos: eram publicados juntos o aviso de 21 de maio de 1831, que mandava os juízes de paz guardar vigilância sobre a introdução de escravos novos e enviar os casos aos juízes criminais; o segundo e o terceiro artigos da Lei de 1831, que indicavam que os importadores e os compradores de escravos novos estavam sujeitos a penas pelo art. 179 do Código Criminal;

e ainda o texto do art. 179 do referido código, que determinava pena de três a nove anos de prisão e multa para aqueles que reduzissem pessoas livres à escravidão. O recado para os traficantes era que havia lei; o recado para os governantes era que precisavam aplicá-la.[53] *O Philantropo* também continuou trazendo artigos de denúncia, fosse de desembarques ilegais e de depósitos de africanos novos (chamados "depósitos de africanos livres"), fosse de conivência de funcionários públicos e autoridades com o tráfico ilegal. Explorar o medo dos proprietários e o constrangimento das autoridades era central à estratégia do jornal, mas nisso também se incluíam as matérias que se aproveitavam do medo da população. Em março e abril de 1850, algumas matérias exploraram a associação entre a epidemia de febre amarela e a continuação do tráfico;[54] outra trouxe a história de um africano boçal condenado à morte por assassinar seu senhor na Bahia; outra, ainda, "os perigos da escravidão na mais tenra idade": o caso de uma escrava crioula, Eva, de onze anos de idade, que teria assassinado os filhos menores de seu senhor, no Rio Grande do Sul.[55]

As apreensões britânicas em águas territoriais brasileiras levaram definitivamente a repressão ao tráfico à ordem do dia na política e ao debate público através dos jornais em 1850. De início foram a apreensão e queima da barca *Santa Cruz*, ao sul do porto do Rio de Janeiro, bem no começo do ano, depois de ter desembarcado aproximadamente 680 africanos em São Sebastião, litoral de São Paulo; depois foi a apreensão do navio *Sereia*, no litoral paulista, em março. Desse desembarque de mais de oitocentos africanos em São Vicente, 480 foram resgatados e levados para a Corte no vapor *Dom Affonso*.[56] *O Philantropo* absteve-se de comentar caso a caso e de tomar posição pró ou antibritânica. Durante todo o primeiro semestre de 1850, os redatores do jornal repetiram a campanha centrada na aplicação da Lei de 1831: insistiam na condenação dos traficantes que eram conhecidos de todos e protegidos dos ministros, e na reexportação dos africanos importados depois da Lei de 1831.[57] Depreende-se dessas matérias que os redatores de *O Philantropo* queriam não só a expulsão dos africanos livres, mas também a dos africanos trazidos por contrabando. Mas não deixavam claro se defendiam a punição dos detentores dos africanos ilegais, o confisco de sua pretensa propriedade sem indenização, ou se defendiam a deportação dos africanos apenas quando fossem alforriados. Considerando a difusão da propriedade de africanos ilegais tanto na cidade do Rio quanto no interior, é difícil pensar que sonhassem com apoio para alternativa que não fosse expulsar os africanos apenas uma vez que fossem libertos.

EUSÉBIO DE QUEIRÓS: "TENHO NEGÓCIO URGENTE"

Na manhã do dia 8 de julho de 1850, as galerias da Câmara estavam lotadas à espera de uma discussão que prometia ser acalorada. Desde que o cruzeiro britânico *Cormorant* chegara ao porto do Rio com os navios negreiros apreendidos em Paranaguá, na noite do dia 5, a cidade vivia dias de violência e apreensão. No dia 6 a notícia espalhou-se e, no domingo, 7, gangues de homens ligados aos maiores traficantes ocupavam os atracadouros, inclusive o cais próximo ao Paço Imperial, e insultavam ou atacavam oficiais e marinheiros ingleses que aparecessem. Um informante do cônsul Hesketh relatou vários episódios de portugueses atacando ingleses. Assinalou que os brasileiros não teriam tomado o lado dos traficantes, ainda que por vezes os guardas permanentes tenham sido coniventes com os ataques. No dia da sessão na Câmara, segundo consta, o povo atirou duas moedas de dois vinténs no carro do ministro da Marinha, e muitos portugueses teriam ficado do lado de fora do prédio aos gritos de: "Mata tudo quanto é inglês!".[58]

As atenções estavam voltadas para o salão da Câmara, onde se esperava que os ministros prestassem explicações sobre apreensões feitas por cruzeiros ingleses nas semanas anteriores. Deputado e ministro da Justiça, Eusébio de Queirós pediu a palavra: solicitava urgência para seu requerimento, a fim de que fossem adiados por uma semana os esclarecimentos pedidos pelo deputado paulista Silveira da Mota. O governo ainda não tinha recebido as notícias oficiais do que havia acontecido em Paranaguá, e as que se publicavam nos jornais eram desencontradas. O caso era grave, e o governo imperial esperava acalmar o público. A oposição teve de concordar, mas não sem antes expressar indignação com o ocorrido.[59]

O "episódio do *Cormorant*" é um dos poucos, se não o único, dos eventos associados à abolição do tráfico de escravos que entrou para a memória nacional. Evoca, no entanto, sentimentos contraditórios. O cruzeiro comandado por Herbert Schomberg chegou à baía de Paranaguá em 29 de junho, depois de ter apreendido e afundado o brigantim *Rival*, em Cabo Frio, na província do Rio de Janeiro, três dias antes, equipado para mais uma viagem transatlântica. A baía de Paranaguá, um porto natural de grandes proporções no sul da província de São Paulo, já servia ao tráfico ilegal desde pelo menos o final da década de 1830, com a proteção das autoridades locais.[60] Schomberg atestou que a baía tinha fama de "local de encontro de grandes negreiros que se equipavam para Moçambique e o sul da África".[61] O comandante e a tripulação do *Cormorant* encontraram pelo menos cinco navios ancorados na ponta da ilha da Cotinga, em frente ao ancoradouro da cidade, sendo preparados para a travessia transatlântica. Um deles era o brigue *Sereia*, que tinha desembarcado oitocentos africanos novos em Macaé pouco antes. O juiz municipal de Paranaguá, Filástrio Nunes Pires, protestou contra a presença do navio britânico em águas brasileiras e declarou que a eventual repressão ao tráfico, no porto da cidade, cabia às autoridades locais.⁶² A presença do cruzeiro inglês causou comoção. O episódio agravou-se e destacou-se de outros semelhantes ocorridos no litoral do Centro-Sul desde 1849, porque, quando rebocava três navios apreendidos na saída da baía no dia 1º de julho, o *Cormorant* foi atacado por tripulantes de navios negreiros que ocuparam a fortaleza situada na ilha do Mel. Da breve batalha resultaram, do lado inglês, um morto e dois feridos, além de estragos no navio.⁶³

Os conselheiros de Estado, reunidos na tarde do dia 11 de julho no Paço Imperial da Boa Vista, tiveram a difícil tarefa de encontrar uma solução para o impasse criado com a escalada da repressão britânica em águas territoriais brasileiras, unilateral-

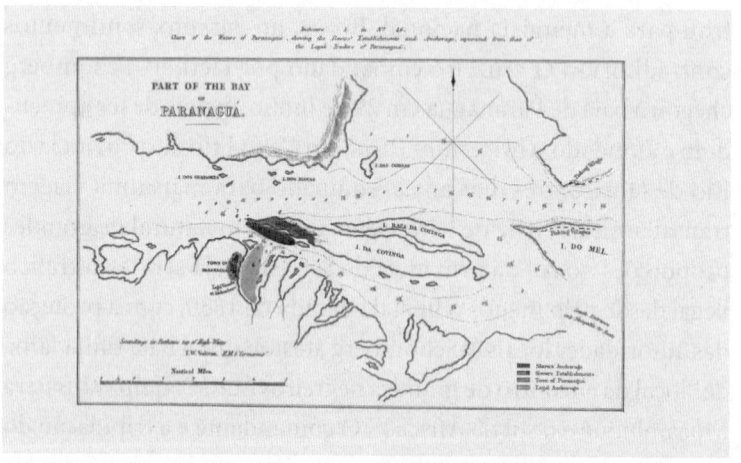

A baía de Paranaguá servia ao tráfico ilegal desde pelo menos o final da década de 1830. A estadia do cruzeiro britânico Cormorant *na baía no final de junho de 1850 documentou a posição dos depósitos de escravos e locais na ilha da Cotinga, onde os navios se equipavam para as travessias atlânticas. A invasão de águas territoriais brasileiras por navios britânicos se repetia desde o início do ano, mas o ataque ao* Cormorant *a partir da Fortaleza da ilha do Mel desencadeou o debate no Parlamento que levou à promulgação da Lei Eusébio de Queirós, em setembro.*

mente amparada no Ato Aberdeen, de 1845. No preâmbulo às questões propostas para guiar a discussão, Paulino Soares de Sousa, ministro de Estrangeiros, reconhecia a fragilidade da situação: "A posição em que está o Brasil é muito perigosa. Este estado de coisas abala-o, e agita-o [...] Tira a força moral ao Governo, paralisa o nosso comércio, influi sobre as rendas públicas, e agrava terrivelmente as complicações dos nossos negócios no rio da Prata".[64]

A instabilidade interna era dada como o grande perigo: as agitações resultantes dessa crise tendiam a enfraquecer o governo e a complicar sua posição até nas negociações com países vizinhos. Entre os quesitos propostos, cabia aos conselheiros indicar se consideravam que o Brasil deveria resistir, cortar relações com a Inglaterra ou negociar, e, neste caso, em que condições. Descartando a ideia de declarar guerra à maior potência da época (e também porque resistir, como disse o marquês de Abrantes, passaria a imagem de querer defender o tráfico), a maioria dos conselheiros recomendava negociar. Cumpria, no entanto, dar demonstração de boas intenções e reprimir o tráfico, que era a fonte da crise. O conselheiro Lopes Gama, histórico aliado britânico, expressou incômodo ao ver o país sofrendo pressões de dois lados. Para livrar-se dos traficantes e então enfrentar a Inglaterra, o conselheiro indicava a aplicação da Lei de 1831. Sugeria que a introdução de africanos era contrária aos interesses do país e, invocando o padre Antônio Vieira, declarou que "o ponto da escravaria é o mais arriscado da nossa terra". Carneiro Leão avaliava que o governo deveria reprimir o tráfico para poder negociar, do contrário estaria sob pressão das exigências inglesas. Ele tinha certeza de que o tráfico podia ser reprimido, desde que o governo se mostrasse "firme e inexorável na repressão, olhando somente para o futuro e esquecendo o passado".[65] Faltou dizer que tinha interesse pessoal nessa proteção à propriedade adquirida por contrabando, tratada eufemisticamente como "esquecimento".

No dia seguinte, 12 de julho, a Câmara reuniu-se em sessão secreta e retomou a discussão do projeto de lei proveniente do Senado em 1837, que fora adiada em 1848. Paulino declarara, em janeiro, que o gabinete se ocupava da questão do tráfico e Eusébio diria em discurso em 1852 que já vinha trabalhando na revisão do projeto desde 1849.[66] Mas o fato é que só ganhou urgência nesse momento de crise. Foi finalmente aprovado em segunda discussão, com a supressão do artigo sobre a revogação da Lei de 1831. O projeto agora previa que os apresamentos ocorressem não só no mar ou na costa, mas também "antes do desembarque, ou no ato dele, ou imediatamente depois em armazéns e depósitos sitos nas costas e portos". Assim, estendia-se o raio de atuação da repressão para o interior, mas, de certa forma, traçava-se um limite nos armazéns e depósitos.[67] Todos seriam julgados em primeira instância pela Auditoria da Marinha e em segunda pelo Conselho de Estado, retirando-se dos juízes de paz e dos juízes municipais essa atribuição. A cláusula de reexportação dos africanos era mantida, assim como a tutela do governo imperial enquanto isso não acontecesse. O projeto fazia silêncio, notadamente, quanto a compradores e detentores de africanos importados de forma ilegal, remetendo todas as punições para a legislação já existente.

Quando Paulino finalmente falou à Câmara na segunda-feira 15 de julho, a estratégia do gabinete saquarema já estava traçada e as negociações, avançadas. O papel de Paulino era apaziguar os ânimos exaltados com o que muitos viam como um ataque à honra nacional. O ministro prestou esclarecimentos sobre incidentes ocorridos desde maio daquele ano envolvendo ingleses e brasileiros em vários pontos do litoral, que resultaram na morte de um inglês em Santos e na apreensão de vários navios.[68] Tratou também, citando correspondência oficial, do "fato relativo a Paranaguá", mas cuidou de inseri-lo no contexto maior da repressão ao tráfico desencadeada desde o Ato Aberdeen. Citando extensivamente o relatório da comissão de inquérito do Parlamento britânico concluída em 1848,[69] Paulino fez um balanço do estado do tráfico ilegal e da repressão britânica, e buscou desencorajar aqueles que acreditavam que estaria enfraquecida pelas críticas dos defensores do livre-comércio, mostrando que lá a campanha abolicionista era uma questão nacional:

> Desenganemo-nos, senhores, *tories*, *whigs*, protecionistas, não protecionistas, todos quanto à repressão do tráfico pensam da mesma maneira. A direção que nessa questão têm recebido os seus espíritos, os seus princípios religiosos, o puritanismo, os interesses das suas colônias, as associações religiosas, a pressão de uma opinião geral, tudo faz que tenham as mesmas ideias sobre este assunto. É uma empresa em que a Grã-Bretanha tem consumido somas enormes, em que tem empregado todos os recursos de sua hábil diplomacia, e em que segue, principalmente, desde o tratado de Viena, pelo longo espaço de 35 anos, com uma atividade e uma perseverança nunca desmentidas.[70]

Em seguida, empregou sua oratória e sua reputação em compor uma versão oficial para a falta de cumprimento do acordo firmado com a Inglaterra por parte dos sucessivos governos brasileiros. Em uma narrativa que teve como fio condutor as negociações com a Inglaterra — já que respondia pela pasta dos Negócios Estrangeiros —, Paulino buscou isentar de culpa qualquer pessoa ou partido. E, ao contrário da posição uniforme adotada por todos os britânicos, reconhecia que entre nós "tem havido alguma coisa de vacilante, de incoerente, e como que a ausência de uma ideia fixa. Ora adiantávamos, ora recuávamos".[71] Paulino e o gabinete de que fazia parte queriam galvanizar o apoio para a nova lei de repressão ao tráfico. Ele via as implicações maiores desse novo passo. Para ele, a "solução a estas questões da atualidade" não se resumia a protestar contra as ações dos cruzeiros britânicos. Foi enfático: "Há uma questão mais larga e mais importante, questão que devemos procurar todos os meios de resolver por maneira tal que não concorramos para prejudicar o futuro engrandecimento do nosso país".[72] Paulino recebeu vivo apoio de seus colegas representantes da nação. Tratava-se, nesses termos velados, de defender a abolição do tráfico sem abalo à escravidão. Para isso, seria preciso lançar um véu sobre o passado e indicar a absolvição de todos os responsáveis pela continuação do contrabando até então.

A Câmara ainda se reuniu em sessões secretas nos dias 16 e 17 de julho e aprovou o projeto com ligeiras alterações, entre elas a retirada da expressão "pretos livres" de todos os artigos em que constava junto com "escravos", talvez pela previsão da dificuldade de aplicar a proibição de entrada a grupo tão amplo quanto vago. O plenário também acrescentou uma emenda ao artigo que tratava dos africanos livres, esclarecendo que seus serviços não seriam concedidos a particulares. Aprovado o projeto de lei na Câmara na sessão do dia 17, foi remetido ao Senado, onde tramitou na primeira quinzena de agosto e foi promulgado no dia 4 de setembro de 1850.

Com a proibição do tráfico firmada em lei, o grupo por trás de *O Philantropo* veio a público. A edição do dia 6 de setembro noticiava a autorização concedida pelo Ministério do Império para o funcionamento de uma "Sociedade Contra o Tráfico de Africanos e Promotora da Colonização e Civilização dos Indígenas" e convidava seus leitores a presenciar as reuniões marcadas para aquele dia e o próximo.[73] A Sociedade foi oficialmente instalada no dia 7 de setembro, com discursos de Nicolau da França Leite, seu diretor, e dos sócios fundadores Leopoldo Augusto da Câmara Lima (o guarda-mor da Alfândega do Rio), Pedro de Alcântara Lisboa, José Antônio do Vale Caldre e Fião, Brás Joaquim da Silveira e José Speridião de Santa Rita.[74] O periódico, a partir do número 76, de 13 de setembro, passou a apresentar-se como "órgão" da Sociedade. Kaori Kodama, em pioneiro artigo sobre o jornal e a Sociedade, traçou um perfil de seus sócios, indicando que, apesar da predominância de pessoas reconhecidas como liberais, estava representada "uma camada urbana composta por bacharéis, doutores em ciências, médicos, militares, religiosos e comerciantes", muitos deles membros do Instituto Histórico e Geográfico Brasileiro e da Sociedade Auxiliadora da Indústria Nacional.[75] De fato, eram membros fundadores da Sociedade figuras como Caetano Alberto Soares, jurisconsulto, presidente do IAB e autor de um panfleto intitulado "Memória para melhorar a sorte de nossos escravos" (1845); o barão de Cairu, ex-ministro de Estrangeiros; o marquês de Abrantes, conselheiro de Estado; Teófilo Ottoni, destacado político liberal; Thomaz Cochrane e Domingos de Azevedo Coutinho Duque-Estrada, médicos homeopatas; Saturnino de Sousa e Oliveira, sobrinho de Aureliano Coutinho, cirurgião do Exército; Venâncio José Lisboa, bacharel em direito, juiz de órfãos no Rio em 1835, depois presidente das províncias de São Paulo e do Maranhão e deputado geral; e também figuras como Galdino Nunes de Melo, artesão sirgueiro, e João Ignácio da Silva, tipógrafo. O britânico John Pascoe Grenfell, oficial da Marinha brasileira desde as lutas pela independência, que servia como cônsul brasileiro em Liverpool, era membro correspondente. Kodama explorou em detalhe o debate sobre a formação do povo brasileiro apresentado nos artigos de *O Philantropo*, mostrando que a defesa da abolição do tráfico, marcada pela rejeição dos africanos, era articulada a um desejo de incorporação dos indígenas ao projeto nacional e a ideias variadas acerca do aproveitamento de "nacionais" e estrangeiros como colonos. Talvez fosse motivada por razões distintas, mas a expulsão dos africanos livres era ponto comum nos programas da Sociedade Contra o Tráfico e do gabinete saquarema.

O DESTINO DOS AFRICANOS LIVRES

No início de 1850, quando o gabinete saquarema ajustava o projeto de lei para ser rediscutido no Parlamento, debatia-se tanto o destino dos africanos já emancipados pela Comissão Mista quanto o daqueles a ser futuramente apreendidos em virtude da repressão ao tráfico. A legação britânica no Brasil monitorava de perto as intenções do governo imperial. Por meio de sua correspondência com o Foreign Office, vemos que os representantes britânicos na Corte usaram o tema dos africanos como elemento de pressão sobre o Brasil naqueles meses decisivos de 1850 e 1851. Havia consenso de que os africanos livres não deveriam ficar no Brasil, mas os dois lados tinham diferentes motivos e meios para atingir essa remoção.

A James Hudson, agora ministro plenipotenciário britânico no Brasil, o ministro Paulino de Sousa teria dito que a razão da falta de aplicação da Lei de 1831 se devia ao fato de que o governo "não sabia o que fazer" com os africanos que fossem apreendidos. Estudavam-se meios de enviá-los à África. Diante dos problemas logísticos e dos custos envolvidos, que o próprio Paulino admitia, Hudson já condenava o plano de reexportação como "quimérico".[76] Essa admissão de Paulino, se fosse sincera, ajudaria a explicar, pelo menos em parte, o imobilismo de sucessivos governos até então diante da repressão ao tráfico, que acabou sendo feita pelos cruzeiros ingleses. A maioria dos africanos emancipados até aquele momento resultava de apreensões inglesas levadas a julgamento na Comissão Mista ou, ainda, feitas em terra por indicação da legação britânica. Mas a revelação de Paulino sobre os planos de reexportação dos africanos livres também confirma que essa ideia tão central à campanha abolicionista de grupos como o que publicava *O Philantropo* era partilhada por membros do gabinete saquarema e, possivelmente, agradava a sua base política.

Para pôr em execução o art. 6º da Lei de 4 de setembro, que determinava a reexportação dos africanos apreendidos, o governo imperial nomeou o antigo comissário brasileiro em Serra Leoa, Hermenegildo Niterói, como cônsul-geral e encarregado de negócios do Brasil junto à república da Libéria. Ele partiu em novembro para Londres, de onde seguiria para a costa africana.[77] Aparentemente, o governo brasileiro também negociava com Portugal para receber os africanos livres em alguma colônia portuguesa na África, pois a correspondência diplomática registrou um encontro de Paulino com o representante de Portugal na Corte, em que o ministro teria assegurado que a missão de Niterói

> limita-se a saber do governo daquela República se quererá receber e com que condições alguns dos negros importados nesta província, declarados livres por sentença das comissões mistas brasileira e britânica. Dando-me o senhor ministro de Negócios Estrangeiros estes esclarecimentos, concluiu declarando que a dita proposta não alterava de forma alguma igual oferecimento feito ao governo de sua majestade em referência à África portuguesa, e terminou a conversa afirmando que assim o escrevera ao ministro do Brasil nesta corte.[78]

Vemos por essa nota que a missão de Niterói à Libéria era, na verdade, dupla: o governo imperial procurava destino para os africanos recém-emancipados em virtude da lei recém-aprovada, mas também para os africanos livres emancipados pela Comissão Mista, isto é, aqueles que já tinham cumprido seu termo de serviço.

Na correspondência diplomática britânica procurou-se manter separadas as negociações sobre os dois grupos, e houve mais investimento naquela que se referia aos africanos livres cuja liberdade fora declarada em virtude do tratado bilateral. A proposta britânica apresentada ao governo brasileiro em abril de 1850 era de que comissários dos dois países avaliassem pessoalmente cada africano livre para pô-los em liberdade:

> Aqueles negros emancipados deveriam, a essa altura, estar no pleno gozo da sua liberdade. O governo de sua majestade [britânica] tem motivos para acreditar que eles não estão nessa condição, e mesmo que grande parte deles é mantida praticamente em servidão. O governo de sua majestade propõe, portanto, que comissários britânicos e brasileiros sejam nomeados para examinar pessoalmente esses negros emancipados, de modo a pô-los todos no pleno e real gozo da liberdade que lhes foi decretada como direito.[79]

Avaliar a condição dos africanos livres era uma proposta conservadora, se lembrarmos do plano de Turnbull, que sugeria que a Comissão Mista tivesse o poder de entrevistar todos os africanos importados desde a proibição do tráfico e declarar livres aqueles que tivessem sido importados ilegalmente. Mas, no quadro das relações anglo-brasileiras, propor uma comissão para defender os africanos livres era uma pressão significativa, especialmente se levarmos em conta que, nos bastidores, o cônsul britânico já agia junto aos africanos, como se verá adiante.

Nos meses seguintes de 1850, em meio às apreensões feitas pelos cruzeiros britânicos em águas territoriais brasileiras e da tramitação do projeto de lei proposto por Eusébio no Parlamento, Hudson insistiu com Paulino nessa proposta e obteve, em conversas informais, concordância. O ministro teria dito que o governo imperial "não vê dificuldade em dar a plena liberdade àqueles que tenham cumprido o tempo como aprendizes" e ainda teria proposto entregar à legação britânica no Rio aqueles que desejassem seguir para uma colônia britânica, ou providenciar o envio à Libéria daqueles que desejassem voltar à África.[80] Entretanto, oficialmente, Paulino rejeitou qualquer interferência externa no tema dos africanos livres que haviam sido confiados ao governo brasileiro pelo acordo bilateral e declarou a intenção de garantir sua liberdade "de maneira a acabar de vez com todas as reclamações", aplicando a reexportação proposta na Lei de 1831. O ministro reiterou a intenção de enviar à Libéria os africanos livres emancipados pela Comissão Mista, extinta em 1845.[81] Nova Comissão Mista para julgar quem teria esse direito, nem pensar. Nem entregá-los aos ingleses. Para Hudson, Paulino teria dito que, se entregasse os africanos livres ao governo britânico, "temia um clamor contra o governo nas câmaras, por fornecer mão de obra para as colônias britânicas".[82]

Diante da abertura, pelo menos, para o tema da remoção dos africanos do Brasil, Palmerston apressou-se em preparar um protocolo de convenção para selar um acordo. No entanto, no ano seguinte, Paulino conseguiria protelar a decisão em virtude da falta de notícias das negociações feitas na Libéria pelo cônsul Niterói (que teria adoecido), até, por fim, rejeitar em definitivo a assinatura da nova convenção, em dezembro de 1851.[83] Àquela altura, o Ministério da Justiça já vinha fazendo concessões de africanos livres, em grupos, para empreendimentos de interesse do governo, como a abertura da estrada entre São Paulo e Mato Grosso, que recebeu 61 africanos em fevereiro, e a Sociedade de Mineração do Mato Grosso, que recebeu cem africanos em agosto de 1851. Em dezembro ainda, a província de São Paulo receberia outros 64 africanos novos.[84] O impasse quanto ao local para onde enviar tanto os africanos recém-chegados quanto os africanos livres que já haviam cumprido seus termos de serviço parece ter sido o que evitou a remoção deles do país. Aparentemente, não faltava vontade por parte do governo imperial, como em 1831.

Durante toda essa negociação, os representantes britânicos no Rio preparavam-se para a possível remoção dos africanos livres, elaborando uma lista dos africanos na cidade. James Hudson só revelou essa iniciativa para lorde Palmerston em novembro de 1850, e o fez expondo suas razões: "A posição destes africanos é a mais miserável: eles são mal utilizados, mal alimentados, castigados sem piedade nem razão, vendidos, registrados como mortos... eles não têm chance de liberdade real no Brasil".[85] A preparação da lista era uma maneira de "compensar a grande injustiça cometida contra estes infelizes", pois Hudson esperava "ter algum controle" sobre os senhores e "dar alguma esperança de justiça" aos africanos. Hudson usou a proteção britânica como chantagem junto a Paulino: "Eu disse ao ministro brasileiro dos Negócios Estrangeiros que o caso destes africanos teria um dia uma conclusão abrupta quando se apresentassem ao almirante britânico e pedissem sua proteção, que eu sabia que lhes seria concedida".[86]

O CÔNSUL BRITÂNICO HESKETH E A LISTA DOS AFRICANOS LIVRES DO RIO DE JANEIRO

Africanos livres recorriam com frequência ao consulado britânico em busca de proteção. Dois deles procuraram o cônsul Hesketh, em setembro e outubro de 1849, e foram encaminhados ao curador de africanos livres. Cansado de esperar pela resposta ao novo pedido de uma lista de africanos livres feito ao ministro de Estrangeiros em junho de 1848, Hudson teria então confiado a Hesketh a tarefa de elaborar uma. Nos 23 meses entre setembro de 1849 e julho de 1851, a estratégia de "notificar os africanos, através de seus camaradas, para se apresentarem neste consulado" permitiu ao cônsul reunir informações sobre 854 africanos livres que moravam na Corte e na região.

O principal objetivo de Hudson era pressionar o governo brasileiro a cumprir as obrigações, inscritas no Tratado de 1826, de garantir a liberdade dos africanos emancipados pela Comissão

Mista. Mas, tomada naquela conjuntura particularmente delicada da questão do tráfico de escravos, a decisão de chamar os africanos livres espalhados pela cidade para registrarem suas reclamações perante o cônsul britânico e dar-lhes esperanças de melhores dias embutia uma iniciativa que extrapolava a pressão diplomática feita até então.

A lista continha nomes e informações individuais registrados em ordem cronológica e um índice subsequente, ordenado segundo o local de trabalho dos africanos.[87] Os africanos livres que estiveram perante o cônsul deram informações como o nome e o endereço dos concessionários de seus serviços ou o nome da instituição pública em que trabalhavam e por quanto tempo já serviam, declararam suas ocupações, indicaram se recebiam pagamento pelo trabalho, se tinham filhos e qual era seu estado de saúde. Provavelmente inquiridos, aproveitaram a oportunidade para registrar reclamações de maus-tratos. Alguns declararam ter sido vendidos ou saber de parceiros africanos livres que haviam sido. Pela primeira vez, os britânicos tinham uma longa lista de nomes de pessoas que receberam a concessão dos serviços de africanos livres, concessões que chegavam a quinze africanos. Não sabemos se chegaram a surpreender-se com o fato de que José Bernardino de Sá, notório traficante com excelentes relações na cúpula do governo imperial, tinha sete africanos livres listados como estando sob sua responsabilidade.[88]

Três em cada quatro africanos livres que estiveram perante o cônsul britânico trabalhavam para concessionários particulares. Deixaram registrados os nomes das pessoas para quem trabalhavam e os endereços de residência destas. Esses dados permitem traçar, ao menos parcialmente, uma geografia da presença dos africanos livres na Corte. Os africanos que se apresentaram a Hesketh no consulado britânico, situado no número 8 da rua Direita, estavam espalhados por todas as regiões da cidade — do Engenho

Velho à Glória e Botafogo —, mas eram mais numerosos nas freguesias centrais: Sé, Candelária, São José e Santana. Na freguesia de Santa Rita, zona comercial e portuária, encontramos poucos concessionários de africanos livres, o que não impedia que estes trabalhassem lá. Severo Congo, cuja concessionária era Leonarda Angélica de Castro, viúva de Antônio José de Castro, morava na rua Formosa, na Cidade Nova, e vivia alugado como cozinheiro, primeiro para Perry Shaw, na rua Direita, e depois para Baird, Kloig e Cia., na rua dos Pescadores, 12, limite entre as freguesias da Candelária e Santa Rita. Ele foi, aliás, o único dos africanos livres concedidos à dona Leonarda Angélica que pôde ir até o consulado britânico. Fidélis não soube da oportunidade ou não conseguiu mandar seus dados. Na rua do Lavradio, onde funcionou (primeiro no número 44, depois no 27) a tipografia de *O Philantropo*, foram registrados quinze endereços onde trabalhavam africanos livres, entre eles o de Benedito e Florência, na casa de dona Ana Luísa Fernandes, "defronte à Maçonaria"; de cinco a serviço do conselheiro Limpo de Abreu; e de catorze a serviço de Aureliano Coutinho, divididos entre sua casa na rua do Lavradio número 47 e a outra em São Cristóvão. Nem todos os africanos livres a serviço do ex-ministro chegaram a ser registrados junto ao cônsul: aqueles que viviam em Petrópolis, na fazenda de chá, se é que ficaram sabendo da convocação, não tiveram chance de mandar seus relatos.

O cruzamento de informações com outras listagens permite identificar outras ausências notáveis, como as dos africanos livres concedidos ao marquês de Caxias ou daqueles concedidos a Honório Hermeto Carneiro Leão (conselheiro de Estado e futuro marquês de Paraná). Proibição ou distância os impediram de ter os nomes registrados por Hesketh. Dessa forma, a lista do cônsul parece representar melhor os africanos livres que efetivamente trabalhavam na Corte e tinham mobilidade para deslocar-se até o consulado ou uma rede de contatos que permitia enviar suas informações. Talvez revelasse também a percepção que os africanos tinham do embate entre o governo imperial brasileiro e a Coroa britânica, e um cálculo sobre suas chances de melhorar de condição.

Dessa rede se serviram muitos dos africanos livres que trabalhavam em instituições públicas, aproximadamente um quarto de todos os africanos listados: na listagem do cônsul foram registrados oito africanos do Colégio Pedro II, onze do Quartel dos Permanentes, 26 das Obras Públicas da Carioca, 27 do Arsenal de Marinha, 48 do Arsenal de Guerra e oitenta da Casa de Correção. Os africanos da Casa de Correção enviaram, por intermédio de Lodrino e Domingos, no início de agosto de 1850, uma lista de nomes acompanhada de uma petição. Essa lista, anexada pelo cônsul aos dados que compilava, tinha 78 nomes de africanos, todos homens, identificados por nomes de nação e separados por seus ofícios: pedreiros, cavouqueiros, carpinteiros, ferreiros e chacareiros. À margem e no fim da lista, os próprios africanos fizeram referência a alguns dos navios dos quais foram emancipados: "Seguna Dona Agerca Capitão Franco", "Barcofirantes Capitão Fontini morador da Rua da Prainha", "Duquesa de Barngacia Capitão João de Sousa", referindo-se provavelmente à escuna *Angélica*, à escuna *Duquesa de Bragança*, cujo proprietário registrado era mesmo João de Sousa, e a um navio que não pudemos identificar, do qual os africanos, embalados pela onda daqueles meses de denunciar os traficantes, deram o nome e o endereço do capitão, morador da zona portuária do Rio de Janeiro. A listagem foi entregue com um pedido para que o cônsul intercedesse em favor deles:

Ilmo Eo. Sem. Conçol
[ilegível] [ilegível] e engaranteiras
O [fe]dingno os pés de V. Sa nos vinho emporlarla a fim de que V. Sa. nos faça huma esmolhas pelo obra de caridade por quem por

tempo que [sounnos] já os [tsé] muinto passaçando empor issto nosço participamos a V. Sa. porque sab[ilegível] disto porque o tranto era hé deiz annos mais nosso já tem 14 huma a 15 annos em por isto nosso dirigem a digna bondade V. Sa. para que nos faça esmolhos o de nosço ser vendido o o por a na Casa o tempo está a cabando e nada de novos en [por]isto nosso a Requera a V. Sa. porque nasfavoreiça nosça desgrancia en porque nosso bem. Sabemmos que hé nosço Pai e may não temos outro para [ileg]valne senão a V. Sa. porque nos [não] outro esperancia de S. V. Sa. em [cortado] Senhor [ilegível] da justicia se [ilegível] hé escavos V. Sa. nos manda [cortado] Resposta [ilegível]. Affricanos de Caza de Correção 1 de agosto de 1850.[89]

Escrito em linguagem bastante truncada e fazendo uso das fórmulas de petição correntes, o pedido feito em nome dos "africanos da Casa de Correção", talvez mesmo por um deles, invocava o tempo de serviço como o maior incômodo, indicando que sabiam haver ultrapassado o prazo. Eles depositavam muita esperança na ajuda do cônsul, invocado como "pai e mãe", e pareciam aceitar que fossem vendidos, desde que não ficassem indefinidamente na Casa de Correção. Ao contrário do que fizeram em 1841, os africanos livres a serviço daquela prisão não incluíram as africanas livres nessa petição, e nenhuma delas teve seu nome registrado na lista preparada pelo cônsul.

Entre os africanos livres a serviço de instituições públicas recebidos pelo cônsul Hesketh estavam Onofre e Hilário. Eles foram o quarto e o quinto da lista, tendo se apresentado em dezembro de 1849. Malungos a bordo do brigue *Leal*, emancipados desde sua apreensão e condenação por tráfico ilegal, em 1839, os dois africanos trabalhavam no Arsenal de Guerra do Rio de Janeiro. Onofre declarou ser ferreiro, e Hilário, marceneiro; os dois foram marcados na lista como tendo ali trabalhado durante dez anos sem salários.

Preparar uma lista de africanos livres e "dar-lhes alguma esperança de justiça" significava que, em 1850, a legação britânica fazia preparativos para sua remoção do Rio de Janeiro. Apesar de não sabermos se esses planos foram divulgados, é difícil minimizar o impacto que eles tiveram sobre os africanos livres da cidade, e também sobre os escravos em geral. Pela listagem, podemos notar que se apresentar diante do cônsul britânico ganhou urgência para os africanos em julho de 1850, quando a opinião pública estava agitada pela notícia do incidente em Paranaguá e a Câmara tinha dado prioridade ao debate do projeto de abolição do tráfico. Entretanto, quanto mais se discutiam as ações dos cruzadores britânicos, mais os africanos livres associavam a eles seus destinos. Até junho de 1850, em dez meses, a lista de africanos livres tinha apenas 122 casos. Em julho ela receberia mais 78, e só no mês de agosto, quando o projeto aprovado na Câmara tramitava no Senado, mais 233 africanos compareceriam ao consulado britânico. Até o fim do ano de 1850, mais 214 africanos livres foram pessoalmente ou mandaram informações ao cônsul britânico, e em 1851, em sete meses, só mais 46 o fizeram.

É difícil dizer se os africanos que estiveram diante do cônsul britânico receberam mesmo uma proposta de sair do país. É certo, no entanto, que viram a ocasião para reclamar da situação e depositaram esperança na ajuda britânica. Os africanos livres da Casa de Correção escreveram uma segunda nota, no fim de novembro de 1850, cobrando sua "segunda decisão" sobre se seriam escravos até morrer:

lllmo e Emo. Senr. Conçal
O bem digno es pés de V. Sa. no vem enplolar a fim de que esperamos por isso qe. nos dirigem aos pés de V. Sa. pa. saber a segunda de

cizão de V. Sa. e porque nas mão de V. Sa. hé aonde espeiremos alcançar alguma esperacia p. nasço descaso e por isso que nosso pedimos e rogamos a V. Sa. p. nos mande a todo certeza p. nosso saber sem sómos escaravos athe morre nestas a de Correcção se assim nosso desejamos a saber pelos osbedigno mão de V. Sa. Como Paij da umanidade.
Os affricanos de Caza de Correcção
23 de Novembro de 1850.[90]

É evidente que os africanos esperavam ajuda do cônsul britânico, invocado como defensor da liberdade e mesmo "pai da humanidade". No entanto, bem naquele mês, as negociações com o governo brasileiro haviam chegado a um impasse, e a transferência oficial dos africanos livres para colônias britânicas foi vetada. Por mais alguns meses, o projeto de remessa deles para a Libéria ainda ficou no ar, até ser também abandonado.

O ESQUEMA DE RECRUTAMENTO E O PLANO DE TURNBULL APLICADO AO BRASIL

Até o fim de 1849, o esquema de recrutamento de africanos operado pelos britânicos a partir do Rio de Janeiro já havia despachado para a Guiana ou para Trinidad 767 africanos.[91] Essa operação era duramente criticada pelo governo brasileiro, que no entanto não podia evitá-la. Em 1850 e 1851, as ações repressivas dos cruzeiros britânicos em águas territoriais brasileiras resultaram em um bom número de apreensões. Vistas de perto, elas revelam a radicalização da política britânica.

Em novembro de 1850, em paralelo às negociações sobre o destino dos africanos recém-chegados e dos africanos livres que já haviam cumprido termo de serviço, abriu-se uma nova frente:

Palmerston enviou a Hudson uma proposta de convenção bilateral para estabelecer uma nova Comissão Mista, esta com poderes para examinar os casos de africanos importados ilegalmente.[92] Hudson só a apresentou a Paulino em fevereiro do ano seguinte, provavelmente buscando uma ocasião propícia e observando a repressão do tráfico pelo governo brasileiro. Pela convenção proposta, as duas partes signatárias reconheciam a continuação do tráfico, a despeito do disposto no Tratado de 1826 e na Lei de 1831, e a importação de africanos, que eram mantidos em escravidão ilegal. Para prevenir a violação desse acordo bilateral, estabeleciam uma Comissão Mista no Rio de Janeiro autorizada a receber informações sobre "negros importados da África e com direito à liberdade, mas mantidos como escravos no Brasil" e com poderes para convocar tais africanos e seus supostos proprietários, examinar os testemunhos e provas de propriedade, e julgar se haviam sido importados depois de 13 de março de 1830 e, portanto, tinham direito à liberdade. Era, em linhas gerais, uma aplicação do plano de David Turnbull, que fora recomendado como diretriz política no relatório da comissão de inquérito da Câmara dos Lordes em 1850.

O funcionamento da comissão proposta era muito semelhante ao daquela que funcionou até 1845: os dois países partilhavam os gastos, e cada um era representado por um comissário-juiz e um comissário-árbitro; haveria sorteio do árbitro a tomar a decisão em caso de empate entre os juízes. Quanto aos africanos declarados livres pela comissão, seriam entregues ao governo brasileiro para uma fase de "instrução" que duraria dois anos, "de modo a que estejam em condição de ganhar seu sustento como artesãos, [oficiais] mecânicos ou criados", período durante o qual não poderiam ser "alugados nem mantidos a uma distância maior do que dez milhas do Rio de Janeiro".[93] Haveria inspeção dos africanos emancipados por representantes dos dois países e relatório sobre cada um deles diante da comissão; se algum dos africanos emancipados demonstrasse estar apto para receber a plena liberdade sem mais "instrução", o governo brasileiro poderia declará-lo plenamente livre a qualquer momento durante o período de dois anos.

    A proposta surpreende pela ousadia e pela inaplicabilidade. Como esperar que o governo brasileiro aplicasse tal proposta quando sua base política era composta de proprietários de escravos? Como tal tribunal, instalado na cidade do Rio de Janeiro, poderia chamar individualmente africanos escravizados de modo ilegal e supostos senhores de localidades interioranas para julgamento? Como o governo lidaria com tantos africanos emancipados e, sobretudo, com a transferência deles do interior para a Corte? A convenção parecia considerar apenas africanos empregados em funções urbanas, que, uma vez emancipados, se engajariam em relações remuneradas de trabalho como pequenos artesãos ou criados domésticos, sem prever que voltassem à lavoura. Como, afinal, pôr em funcionamento um tribunal desse tipo sem causar um profundo impacto nas relações entre senhores e escravos num país onde centenas de milhares de pessoas teriam direito a ter seus casos julgados? Propor uma Comissão Mista com direito a questionar a propriedade sobre os escravos, até agora protegida pela conivência do governo com traficantes e senhores de escravos, era um teste de Palmerston às intenções abolicionistas do gabinete saquarema. A nova lei seria para valer mesmo ou teria uma aplicação apenas de fachada? As notícias que chegavam a Londres davam conta de que o tráfico não era todo reprimido e que os desembarques ainda avultavam até o fim de 1850. Além disso, a perseguição aos traficantes deixava a desejar; traficantes grandes e pequenos, conhecidos de todos, estavam impunes. Dessa forma, nada melhor, considerava Palmerston, do que propor ao país uma ajuda para aplicar as próprias leis. A convenção baseava-se na aplicação do Tratado de 1826 e na Lei de 1831, e, no vácuo da Lei Eusébio, propunha retroatividade.

A resposta de Paulino foi comunicada a Hudson no fim de abril e encaminhada a Palmerston em maio de 1851: o governo do Brasil, como o de outras nações independentes, executa as próprias leis por meio de seus próprios tribunais e autoridades, e não poderia aceitar a criação de uma comissão que daria a juízes estrangeiros jurisdição sobre questões internas do Império brasileiro. Paulino não explicou quem de seu círculo foi consultado, mas declarou ter recebido ordens para devolver o projeto de convenção a Hudson.[94] Talvez tivesse esperança de que não se deixasse registro desse assunto, mas de nada adiantava: o projeto de convenção foi publicado junto da correspondência diplomática do governo britânico acerca do tráfico, impressa anualmente a pedido do Parlamento britânico.[95]

Palmerston e, na sequência, Hudson não tardaram a responder. Incomodado certamente com o tom lacônico da nota de Paulino, Palmerston retrucou que essa nova convenção não estabeleceria nenhum princípio novo, visto que a de 1826 já havia instituído comissões mistas com funções semelhantes de declarar a liberdade de escravos encontrados a bordo de navios negreiros, considerados, por direito internacional, território brasileiro. Se havia diferença fundamental entre os africanos que seriam julgados pela nova Comissão Mista e aqueles julgados pela antiga, seria

> que o negro que foi importado há vários meses ou anos, trazido por navio negreiro, e que desde então esteve sujeito às misérias da escravidão ilegal, sofreu de uma injustiça mais pesada que o negro que foi recentemente trazido à terra pelo cruzeiro apreensor; e que tal pessoa tem direito mais urgente ao remédio e à proteção que a sentença da Comissão Mista pode lhe oferecer.[96]

O objetivo da nova comissão proposta não era, Palmerston esclareceu, "julgar e sentenciar súditos brasileiros por atos contrários à legislação brasileira de proibição do tráfico", mas "*simplesmente* determinar se negros trazidos diante da comissão tinham direito à liberdade".[97] Em novembro, retomou o assunto com Paulino, em uma conversa sobre os africanos livres em que mencionou a lista preparada pelo cônsul Hesketh. Hudson tentou mais uma vez obter a concordância do governo brasileiro sobre o plano ao apresentar a Paulino um protocolo breve, segundo o qual se daria aos africanos livres a escolha de ir para uma colônia britânica ou para a Libéria. Paulino pediu um tempo para responder.[98] Nada disso entrou no relatório que apresentou no ano seguinte à Câmara, ficando, assim, ausente dos registros oficiais tornados públicos no Brasil.

NAVEGANDO ENTRE CILA E CARÍBDIS

As notícias das apreensões de africanos novos já mostravam o quanto era difícil às autoridades do governo brasileiro operar a linha tênue que agora separava os africanos recém-chegados daqueles tidos como escravos, muitas vezes importados pouco antes. As apreensões não se restringiam à costa, e a Polícia tinha ordens de fazer buscas em terra, para apreender africanos recém-desembarcados.

Os receios vividos pelos proprietários de escravos naqueles meses de intensa repressão ao tráfico foram vocalizados por ninguém menos que Justiniano José da Rocha, o porta-voz dos conservadores. Através de seu jornal, *O Brasil*, pouco mais de um mês depois de promulgada a lei, Rocha já alertava para os riscos de uma repressão que parecia ir longe demais. Em uma série de artigos intitulados "Scylla e Charibdes", Justiniano lançava mão da familiaridade de seus leitores com os mitos clássicos para comparar os dilemas enfrentados pelo gabinete saquarema com uma navegação cheia de riscos: com a aprovação da lei e o começo da repressão, tinha-se atacado o tráfico e seus males, simbolizados pelo monstro de seis cabeças Cila; agora cumpria evitar os perigos de cair no redemoinho de Caríbdis. No primeiro artigo, Justiniano sugeria que o governo estava perseguindo injustamente indivíduos de suposto envolvimento com o tráfico, atacando-os sem prova e sem base legal concreta. Em sua visão dialética, isso traria consequências:

> Uma reação não para: atacou-se o tráfico com sinceridade e energia; era isso justo: passa a atacar os indivíduos a quem a preocupação apresenta como comprometidos no tráfico... ainda será justo? Ataca-os porém com irrefletido rigor, ataca-os sem prova... será isso justo? E quando se atende aos tantos elementos de nossa população; quando no país há uma escravatura legal, e outra que a lei da necessidade, a lei da salvação tem consagrado, e como tal há de sempre consagrar; quando, a par dessas duas escravaturas, há uma grande massa de domésticos livres, sujeitos porém a uma tutela severíssima, podemos descansar com toda a confiança em que a reação não irá frenética agitar esses elementos, e atirar-nos a uma Charybdes furiosa cujos cães ladradores e vorazes já com tantos horrores têm assustado a humanidade em países menos felizes que o nosso?[99]

Caríbdis foi a representação que Justiniano escolheu para o perigo que ele descrevia como real, o perigo de uma insurreição de escravos. Na *Odisseia*, era um monstro-redemoinho que três vezes por dia sorvia as águas do mar e três vezes as cuspia de volta, destruindo tudo o que engolisse, mas o destacado jornalista usou a imagem de uma criatura com cães vorazes, talvez mais palpável para seus leitores. Justiniano temia que a "reação" agitasse três grupos distintos: o dos escravos possuídos legalmente; o daqueles identificados como consagrados pela "lei da salvação", isto é, os importados ilegalmente; e, ainda, os "domésticos sujeitos a tutela", o que incluiria africanos livres e libertos. O fato de ele admitir publicamente o receio de que escravos, africanos ilegalmente escravizados e africanos livres pudessem levar o país ao redemoinho de Caríbdis é, em si, muito relevante. Identificava-os como grupos distintos que tendiam a aliar-se, e também como forças políticas com as quais se teria de lidar caso se desencadeasse a temida "reação". Justiniano sugeria então ao governo "parar na meta e não ir além", e assim evitar qualquer espaço para reação.

Apenas poucas semanas depois, seus receios pareciam confirmar-se. Em editorial intitulado "Charybdes", Justiniano apresentou a seus leitores fatos gravíssimos ocorridos no litoral norte da província do Rio de Janeiro em meados de novembro:

> A chegada da expedição policial à vila de S. João da Barra suscitou entre a escravaria algum movimento; boatos logo se espalharam de que essa força era de ingleses, ou vinha de combinação com eles para dar liberdade aos escravos; esses estúpidos boatos encheram de terror a população livre, e trouxeram em consequência a fuga de alguns negros que, proclamando-se livres, meteram-se em um barco, assenhorearam-se dele, e dirigiram-se para o alto-mar, onde tiveram, muito a tempo, a fortuna de encontrar um navio inglês, o vapor *Rifleman*.[100]

Ao alertar seus leitores e o governo do perigo das buscas conduzidas em terra pela Polícia para capturar africanos recém-importados, Justiniano apelava ao conhecimento do sistema escravista e à familiaridade de todos com a resistência escrava, para demonstrar que a situação não tinha precedentes: em vez de ganharem as matas, os escravos fugitivos da região de São João da Barra tinham se apossado de um barco com intenção de ir para a

África. Como Rocha não admitia que tivessem decidido e executado aquilo sozinhos, insinuou que alguém os aconselhara ou lhes dera esperanças.

O fato de que o grupo tivesse escolhido navegar em um barco costeiro e sem provisões sugere um desespero extremo, ou planos muito bem articulados. A resposta está na leitura que os escravos faziam da situação naqueles meses. Rocha deu algumas pistas. Ele revelou que os rumores em São João da Barra davam a força policial como total ou parcialmente composta de ingleses que teriam vindo para libertar os escravos. Também sugeriu que os fugitivos sabiam da patrulha que a Royal Navy fazia da área e que dava proteção aos escravos a bordo de seus navios. Assim, temos evidência de que a repressão ao tráfico, para os africanos, estava associada aos ingleses, mesmo depois da aprovação da lei, e que a defesa que os ingleses faziam dos africanos também era bem conhecida de todos. Em tom bastante alarmado, Justiniano admitia que alimentava temores de que um dia os escravos ilegalmente escravizados soubessem que eram livres e fugissem ao domínio de seus senhores. Por isso avaliava que as buscas em fazendas eram imprudentes:

> [I]mpossível é que dela não nasça o espírito de insubordinação na escravaria, que a lógica a mais simples não vença a sua mais crassa estupidez para lhe fazer reconhecer *que os vindos ontem são tão livres como os vindos hoje*, e que pois, se a autoridade desenvolve todo o seu aparato de força para proteger a uns, deve necessariamente proteger aos outros, e devem ainda mais esses mesmos auxiliar-se para que sejam pela autoridade auxiliados.[101]

O que se via em São João da Barra lhe parecia a concretização de seus temores, e muito antes do que esperava: os africanos agiam em defesa de seus direitos. Rocha suspeitava que houvesse influência de agentes da oposição ou do general argentino Rosas a insuflar a insurreição, para enfraquecer o governo brasileiro. Temor real ou jogo de cena político, todas essas conjecturas deviam ser plausíveis para seus leitores. Ele se mostrava preocupado com o verdadeiro impasse que a apreensão dos escravos pelos ingleses causava ao governo: haveria uma reclamação formal de restituição da propriedade, mas era quase certo que os ingleses não os entregariam. A maior implicação estava no domínio dos escravos pelos senhores, como ele ponderava: "E se [...] sob a proteção da marinha inglesa conseguirem a liberdade esses escravos fugitivos, pode alguém calcular todo o efeito moral desse exemplo?".[102]

De fato, a documentação inglesa mostra que entre os que tomaram a escuna *Americana* na noite do dia 15 para 16 de dezembro de 1850 havia dez homens e uma mulher, todos africanos, exceto um, e a intenção deles era retornar à África. Foram interceptados pelo cruzeiro *Rifleman* no dia 17 porque a escuna não tinha bandeira nem papéis. Apesar de o dono do navio sequestrado e os proprietários dos escravos fugitivos terem formalizado pedidos de restituição, as demandas não foram atendidas. Segundo os ingleses, todos os africanos tinham sido importados depois da entrada em vigor do Tratado de 1826.[103]

Os eventos dos meses seguintes demonstrariam que Justiniano não se preocupava à toa. As buscas comandadas pelo chefe interino de Polícia da província do Rio de Janeiro na ilha da Marambaia no início de fevereiro, que resultaram na apreensão de 199 africanos, novamente mobilizaram africanos que acreditavam ter direito à liberdade e serviram aos críticos de Eusébio de prova dos perigos suscitados pelas apreensões em terra. A ilha da Marambaia, na verdade uma restinga, desde 1847 pertencia a Joaquim José de Sousa Breves, influente fazendeiro fluminense ligado ao Partido Liberal; tudo indica que servia de local de apoio ao tráfico ilegal: favorecia os desembarques, tinha várias enfermarias para prover cuidados médicos aos africanos novos, produzia alimentos como farinha, arroz, feijão, milho, e servia à redistribuição dos africanos pelas fazendas da região, muitas de sua propriedade e de seu irmão, José Joaquim.[104] No dia da diligência, 1º de fevereiro, Joaquim Breves estava na Marambaia e depois travou intensa disputa na imprensa com o chefe de Polícia interino, Bernardo Azambuja, enquanto o processo era julgado na Auditoria da Marinha. Seus argumentos endossaram os de Justiniano José da Rocha, sem invocar a influência inglesa sobre os africanos. As buscas em fazendas, Breves esforçou-se para demonstrar, eram uma grande ameaça à autoridade senhorial, pois davam oportunidade para que escravos "ladinos" se pusessem sob proteção das autoridades que reprimiam o tráfico, como se fossem boçais. Declarando-se vítima de perseguição política e negando conhecimento prévio dos desembarques, Breves descreveu com detalhes as atitudes da força policial comandada por Azambuja, pontuando seu relato com cenas de arbitrariedade e desrespeito a sua autoridade. Para tocar de perto os fazendeiros leitores do *Jornal do Commercio*, contou que o comandante da força, Hermenegildo Gonçalves Neves, antes de embarcar os africanos novos, teria tocado o sino da fazenda e, uma vez reunidos os escravos, teria dito que "eles e a fazenda pertenciam à nação".[105]

A questão central para Breves e seus apoiadores era a ameaça da propriedade sobre os escravos existentes, muitos deles importados pouco antes. Em resposta, Azambuja negou publicamente o acontecido; pelo contrário, disse ter procurado esclarecer verbalmente que a diligência não visava aos escravos das fazendas de Breves e ter garantido ao fazendeiro "que nada receasse, pois não ia ali resolver o passado, nem fazer pesquisas inquisitoriais, e tão somente descobrir africanos boçais".[106] Se o comandante ameaçou Breves de confisco e declarou seus escravos libertos, não sabemos. As buscas na fazenda de Breves já demonstravam a todos que sua autoridade tinha limite e que ele não estava acima da lei. Os escravos perceberam isso, pois, segundo o próprio fazendeiro, alguns ladinos quiseram se passar por recém-chegados e por isso foram punidos. Um deles, mais tarde identificado como Joaquim Cabinda, conseguiu juntar-se ao grupo apreendido, pois "despiu a sua roupa, e tomando a sua tanga, misturou-se com os novos, e por tal modo se portou não querendo proferir palavra, que foi como tal considerado".[107] Proprietário que era de milhares de escravos distribuídos por dezenas de fazendas e sítios no litoral e sobretudo no vale do Paraíba, esses por certo não lhe fariam falta. Mas a questão era política, e por isso Breves reclamou judicialmente 46 pessoas apreendidas que seriam seus escravos, o que incluía africanos "importados há alguns anos" e um casal de crioulos.[108] No julgamento do caso, cujos detalhes serão discutidos no próximo capítulo, a Auditoria da Marinha reconheceu que 39 dos 199 africanos apreendidos na Marambaia não tinham desembarcado recentemente.

Joaquim Breves contratou ninguém menos que Teixeira de Freitas para defender seu direito à propriedade diante do Conselho de Estado. O caso continuava sendo sobre a forma de aplicação das Leis de 1831 e 1850: o que seria dos fazendeiros se continuassem correndo o risco, nas palavras de Teixeira de Freitas, de "terem suas fazendas invadidas por autoridades com mão armada, apreendendo e levando como livres os escravos ladinos que ali encontrassem sob o terrível pretexto de serem importados posteriormente à lei de 7 de novembro de 1831"? A resposta era clara: "se isto continua, não vacila o reclamante em declarar que a vida e fortuna de numerosos cidadãos, assim com a paz e a tranquilidade do Império, correm iminente perigo".[109] Breves testava a promessa feita nos debates de 1850 de garantir a propriedade existente, legal ou não, mesmo que o suposto proprietário não desse provas de seu direito a ela.[110] O fazendeiro enfrentou essa batalha para mobilizar os senhores para as nuances das estratégias de repressão ao tráfico e para obter do governo compromisso com a ordem nas senzalas, ou seja, com o respeito "ao passado". Como se vê, a causa reunia gente dos dois lados do espectro político. De Justiniano a Breves, choviam críticas à política de Eusébio.

Enquanto o processo da apreensão na Marambaia se desenrolava, na primeira metade de 1851, os funcionários do Foreign Office no Brasil continuavam atentos e, além de monitorar o movimento do tráfico ilegal, acompanhavam o debate sobre a repressão. James Hudson encaminhou a Palmerston a troca de acusações entre Breves e Azambuja através do *Jornal do Commercio*, assim como relatou quando Joaquim Breves, condenado em primeira instância por crime de importação de africanos no caso da Marambaia, fora absolvido pelo Tribunal da Relação do Rio de Janeiro em 26 de julho daquele mesmo ano.[111] Convencido de que o tráfico não encontrava repressão por parte do governo brasileiro à altura de sua organização, o encarregado de negócios britânico já fazia planos de radicalizar.

A legação britânica tinha tido notícia do desembarque do *Sylphide*, em Alagoas, no qual, dos seiscentos africanos trazidos, aproximadamente duzentos haviam morrido na viagem ou nos procedimentos apressados de desembarque.[112] Sabendo que os traficantes se utilizavam da estratégia de reembarcar os africanos novos em navios costeiros de baixo calado, que podiam escapar à vigilância dos cruzeiros britânicos, o *Sharpshooter* teve ordens para apreender o *Piratinim*, que fazia a rota entre a Bahia e São Paulo.[113] O navio de cabotagem tinha 102 escravos a bordo, com passaportes emitidos pela Polícia da Bahia, e foi apreendido em meados de julho próximo à ilha de Búzios, em Tabatinga, no litoral norte de São Paulo.

O caso foi discutido em sessão da Câmara dos Deputados em 26 de julho. O deputado paulista Rodrigues dos Santos repetiu fatos apresentados nos jornais, segundo os quais os escravos apreendidos pertenciam ao "lavrador abastado" João da Costa Gomes Leitão, de Jacareí, que os havia adquirido na praça da Bahia como ladinos. O deputado cobrava do governo brasileiro uma posição a respeito da apreensão, para "tranquilizar o país sobre os funestos resultados que podem sobrevir da repetição de fatos como [este]". Mais adiante, completou:

> O país deve acreditar que o cruzeiro inglês fez completa presa do barco e carga, que julgou o barco criminoso, e quais são as consequências? As consequências serão que se pode crer no país e esta crença pode penetrar numa parte da população cujo estado nos deve sempre interessar muito; pode-se crer que no país esta parte da população a que aludo não se divide somente em duas classes, pode-se estabelecer como fato legal que além de escravos e libertos, há ainda uma classe de africanos que não são nem escravos nem libertos, mas que são livres; e desde que esta ideia se insinuar e for protegida por fatos semelhantes eu nem sei avaliar, nem posso definir quais serão os perigos por que pode o país passar. Sobejas são as complicações com que lutamos no estado atual da nossa população, é mister que elas não sejam agravadas por atos do cruzeiro inglês que possam estabelecer a anarquia no país.[114]

O deputado paulista da oposição sintetizou as preocupações dos proprietários: a omissão do governo brasileiro em declarar a ação ilegal e exigir a devolução dos escravos passaria aos olhos da população como prova da falta de autoridade do governo e aceitação da existência do direito à emancipação dos africanos. Rodrigues dos Santos referia-se provavelmente ao episódio de São João da Barra, de poucos meses antes, e talvez à revolta abortada de 1848, quando fez alusão a outros fatos ocorridos no Rio de Janeiro que comprovariam que os ingleses buscavam a instabilidade da nação brasileira. Eusébio, naquela mesma sessão, declarou que o governo ainda não tinha os detalhes do caso, mas que não seria indiferente à averiguação dos fatos, dada a magnitude da repercussão que teve. O caso uniu governo e oposição na condenação veemente da nova frente da campanha abolicionista britânica. José Maria da Silva Paranhos, ex-deputado liberal e jornalista, em sua "carta ao amigo ausente", publicada no *Jornal do Commercio*, deu grande destaque ao episódio, pela afronta que representava ao comércio costeiro e à ordem interna. Paranhos reproduziu a versão de que havia entre os escravos "muitos mulatos e crioulos", mas, simulando a hipótese de que houvesse africanos importados ilegalmente, sentenciou: "se o governo inglês pretende levar tão longe o seu africanismo, não vê que seu intento é infernal, que tende a conflagrar o país; não vê que os nossos proprietários se levantarão contra uma exigência que tanto tem de iníqua quanto de perigosa?".[115] Sua interpretação buscava um efeito patriótico de aproximar do governo a população e, em particular, os proprietários de escravos e comerciantes lesados, garantindo a esses grupos proteção diante das afrontas britânicas. De fato, o Senado discutiu, nas sessões dos dias 2 e 3 de setembro, a possibilidade de pôr o comércio costeiro brasileiro sob bandeira estrangeira, o que também serviria no caso de ataques argentinos a navios brasileiros no conflito que se desenrolava no rio da Prata.

A documentação britânica mostra que, dos 102 escravos a bordo do *Piratinim*, 93 pertenciam a Leitão e os outros aos proprietários do navio. Eram 63 africanos adultos e três crianças e 27 crioulos, além dos nove africanos da tripulação. O interrogatório deles no *Crescent* mostrou que tinham passado entre quatro meses e trinta anos no Brasil, e só cinco deles não tinham noções do idioma português. Não ficou provado que pertencessem ao carregamento do *Sylphide*, mas todos os pedidos de restituição dos escravos foram negados pelos britânicos.[116] Para Palmerston, a presença de tais africanos recém-importados a bordo sujeitou o navio a ser condenado como empregado no tráfico de escravos, e os crioulos que faziam parte do carregamento do navio a serem consignados à Coroa britânica e em consequência disso terem direito à liberdade; devem portanto ser enviados para uma colônia britânica onde poderão gozar tal liberdade em segurança.[117]

A base legal sobre a qual se assentava essa decisão era, segundo o próprio Palmerston, a Lei de 7 de novembro de 1831, que usava a falta de cumprimento da lei e dos acordos internacionais pelo governo brasileiro como justificativa de suas ações. Em 2 de fevereiro de 1852, 116 "africanos livres" que estavam a bordo do *Crescent* embarcaram no *Salônica*, navio fretado pela legação britânica, rumo a Demerara. O grupo era constituído pelos escravos apreendidos a bordo da escuna *Americana*, em São João da Barra, pelos do *Piratinim* e por cinco africanos que haviam conseguido proteção britânica.[118]

Quando a correspondência britânica foi publicada no ano seguinte, o procedimento do ministro dos Negócios Estrangeiros brasileiro foi tornado público. Em nota ao governo britânico que não foi anexada a seu relatório, Paulino criticara os atos britânicos "porque já não tendem a perseguir o tráfico mas a abalar a sociedade brasileira, pela funesta influência que devem exercer sobre certos elementos semibárbaros da população deste país, em detrimento da civilizada".[119] Na ocasião da publicação da correspondência, em junho de 1852, a oposição voltou a cobrar explicações sobre o caso *Piratinim*, reclamando do requerimento em que Paulino encaminhou uma nova petição de João da Costa Gomes Leitão e pedia a devolução dos escravos sobre os quais não pairavam suspeitas de ilegitimidade. O deputado oposicionista Melo Franco qualificou tal atitude de imprudente, pois revelava que o ministro reconhecia que entre os escravos do *Piratinim* havia alguns cujo estatuto podia ser questionado:

> Se esses escravos obtiveram das autoridades da Bahia o competente passaporte, se estas autoridades não foram de maneira alguma punidas como o deveriam ser, se porventura alguma delas se achasse no caso figurado ou suposto pela legação britânica, como não hei de eu estranhar que s. ex. fosse dar razão à legação britânica? Eu creio que esta questão é importantíssima, porque envolve o direito de propriedade de um cidadão que confiando na proteção do seu país foi a uma província onde empregou seu dinheiro, e que de um dia para o outro se achou esbulhado da propriedade que ele em sua opinião entendia que lhe pertencia de fato e de direito.[120]

Até aquele momento, o gabinete saquarema havia conseguido navegar em águas turbulentas, afastar-se de Cila, dos horrores do tráfico e, ao mesmo tempo, evitar Caríbdis, as forças da desordem. Mas a oposição sabia explorar as contradições da nova política de intolerância ao tráfico. Na ocasião, o deputado cobrava do governo uma posição clara naquele que era o ponto nevrálgico da manutenção da escravidão depois do fim do tráfico: a garantia do reconhecimento, ou melhor, da legalização das transações de africanos importados depois de 1831, que aconteciam todos os dias, transações que vinham sendo ameaçadas quando as ações britânicas denunciavam a ilegalidade e inspiravam a resistência escrava.

A CÉSAR O QUE É DE CÉSAR

A publicação da correspondência diplomática britânica relativa a 1850 suscitou um dos mais famosos discursos da história brasileira. Eusébio de Queirós, em 16 de julho de 1852, subiu à tribuna da Câmara, já não mais como ministro da Justiça, mas como deputado preocupado com a memória nacional acerca da abolição do tráfico.[121] Naqueles dias os deputados debatiam um pedido do governo de recursos para a aquisição de vapores para a repressão ao tráfico. A ocasião servia à oposição para atacar a política do governo. Enumerando casos de leniência com traficantes, dizia o deputado por Minas Gerais, Melo Franco, que, se as autoridades fossem confiáveis, os novos vapores não seriam necessários. Ele acusava Eusébio de Queirós de ter alertado os traficantes com antecedência para encerrar seus negócios e favorecer "particulares amigos" com a concessão de africanos livres.[122] Os deputados da maioria, por sua vez, acusavam os liberais de nunca terem trabalhado para a repressão ao tráfico e de serem antipatrióticos ao silenciar sobre os ataques britânicos à soberania nacional.[123] A oposição usava uma carta de Hudson para Palmerston de 27 de julho de 1850, publicada pelo Parlamento britânico e traduzida no *Correio Mercantil*, como mote para a provocação.

Enviada ao Foreign Office quando a Câmara dos Deputados já havia votado o projeto e quando a aprovação da lei era certa, a carta fazia um balanço da campanha de repressão ao tráfico e inaugurava o debate sobre de quem era o mérito da medida legislativa que levou o nome do ministro brasileiro. Nela, Hudson historiava a criação de uma opinião favorável à abolição, mostrando que merecia crédito por ela:

> Para segurar o apoio de um gabinete brasileiro na supressão do tráfico de escravos, era necessário que *um partido brasileiro contra a escravidão* exercesse ação direta sobre o tráfico e traficantes de escravos pelo intermédio da imprensa pública brasileira. Estas medidas, que estão em execução há mais de dois anos, conseguiram apresentar a questão do tráfico no seu verdadeiro ponto de vista ao povo brasileiro; e sucessos recentes mostram, segundo entendo,

que sem tal auxílio as medidas de repressão ao tráfico de escravos tomadas pelo cruzeiro nesta costa não teriam aquele bom êxito que penso podem agora predizer-se.[124]

O que ele chamava de "partido brasileiro contra a escravidão" ficaria mais claro adiante. Hudson atribuía grande peso do sucesso da organização do "partido" à conjuntura política brasileira de 1848-9, que havia reduzido drasticamente a representação liberal na Câmara, e sugeriu que o tema do tráfico de escravos havia sido escolhido como bandeira política liberal para atacar o gabinete saquarema.

Hudson prosseguiu buscando demonstrar que o desenrolar da questão devia muito às decisões que tinha tomado: quando a opinião pública associou a epidemia de febre amarela ao tráfico africano, ele teria decidido que "chegara o tempo de se obrar decididamente contra os traficantes de escravos", e havia orquestrado as apreensões de navios negreiros em águas territoriais brasileiras, com efeito calculado de provocar uma crise. O que mais enfurecera Paulino e Eusébio, no entanto, foi o relato que o diplomata britânico fez a Palmerston de uma conversa com o ministro de Estrangeiros brasileiro em 13 de julho de 1850, em que ele, Hudson, teria ditado as alterações necessárias no projeto de lei, e Paulino teria se mostrado subserviente e apelado pelo fim dos ataques dos cruzeiros britânicos. Paulino já havia subido à tribuna do Senado no fim de maio daquele ano para defender-se de insinuações feitas por um senador baiano baseadas na publicação dessa carta.[125]

Já em julho, como a discussão sobre o crédito para aquisição dos cruzeiros voltava à carta de Hudson, para esvaziar o mérito do gabinete saquarema, foi a vez de Eusébio contar sua versão da história. "As nações, como os homens, devem muito prezar a sua reputação", declarou, antes de entremear a leitura de trechos da carta de Hudson com comentários irônicos à oposição. Eusébio esforçou-se em minimizar as declarações de Hudson sobre a formação de um "partido brasileiro", apelando para o nacionalismo de seus ouvintes e certamente contando com o dos leitores. Ao comentar a passagem em que Hudson lembra o silêncio do "partido brasileiro" sobre as apreensões de navios, Eusébio ironizou:

> Teríamos pois, sr. presidente, se a narração do sr. Hudson fosse exata, que um partido do Brasil, que um partido que toma para si o nome pomposo de grande partido nacional, ter-se-ia esquecido da dignidade de seu país a ponto de conservar-se silencioso sobre insultos feitos ao nosso pavilhão, não em nome de um princípio que o partido abraçasse com sinceridade, mas de um pensamento que ele apenas considerava como uma arma que poderia lançar na balança para realizar suas vistas. (*Muitos apoiados.*) Se esta narração fosse exata, qual seria a posição desse partido brasileiro? Felizmente, senhores, nós que estamos no Brasil sabemos o contrário. (*Muitos apoiados.*) [126]

O poderoso ex-ministro da Justiça fazia uma hábil manobra política através de sua eloquente oratória, como ficará claro adiante.

Para descartar totalmente as declarações de Hudson, cabia provar que ele não estava certo. A segunda parte do discurso historiou, então, o engajamento do gabinete saquarema na abolição do tráfico, buscando demonstrar que já estavam decididos muito antes do que Hudson supunha e que a pressão inglesa teria tido, quando muito, efeito negativo, quase pondo tudo a perder. E aqui entra o que mais nos interessa: para demonstrar que já vinha negociando apoio para as emendas ao projeto de lei adiado em 1848, Eusébio tornou público um documento de natureza confidencial que havia circulado entre colegas de ministério e "grandes" do Império. Essa "exposição de motivos" mostrava sua preocupação em poupar sua base de apoio, os fazendeiros que detinham africanos ilegalmente escravizados. "Para reprimir o tráfico de africanos sem excitar uma revolução no país", começava ele, "faz-se necessário: 1º. Atacar com vigor as novas introduções, esquecendo e anistiando as anteriores à lei; 2º. Dirigir a repressão contra o tráfico no mar, ou no momento do desembarque, enquanto os africanos estão em mão dos introdutores."[127] A Lei de 1831 criminalizava os possuidores de africanos ilegais e, por isso, sua revogação era tão desejada. Segundo Eusébio, o projeto que tramitava desde 1837 propunha extinguir "todas as ações cíveis e crimes da lei de 7 de novembro" e, assim, legitimar "a escravidão dos homens que essa lei proclamara livres"; ele, entretanto, considerava essa medida insustentável, contrária "aos princípios de direito e justiça universal", e odiosa aos ingleses. O ministro propunha, então, agir informalmente: era seguro deixar a Lei de 1831 em vigor "a respeito do passado", pois contava com sua ineficácia. Eusébio declarou que previa oposição apenas dos "filantropos exagerados" e dos traficantes, pois os detentores de escravos ficariam aliviados. "Nesse crime a cumplicidade é geral", admitiu, arrematando: "deixar subsistir esta legislação para o passado é anistiá-lo; revogá-la para o futuro só no ato da introdução é criar o perigo só para os introdutores."

Aos detentores de africanos contrabandeados interessava que a Lei de 1831, se não revogada, fosse, nos dizeres da expressão depois consagrada, "para inglês ver". O grande mérito de Eusébio em 1850 foi o de encontrar a solução política para isso e dar garantias de que a propriedade ilegal não seria questionada. "Esquecer o passado", como havia dito Carneiro Leão no Conselho de Estado. O próprio Eusébio reconheceu a centralidade desse ponto, destacando-o em sua "exposição de princípios". Na prática, essa operação política confirmou a escravização dos 800 mil africanos importados desde 1830, mesmo que muitos já tivessem morrido.

Quando chefe de Polícia da Corte nas décadas de 1830 e 1840, Eusébio de Queirós favoreceu a política de endurecimento no tratamento dos africanos livres, ao mesmo tempo que fazia vista grossa para o tráfico ilegal, protegendo traficantes e compradores de escravos novos. Como ministro da Justiça de 1848 a 1852, Eusébio presidiu à virada de política em relação ao tráfico de escravos. Na negociação para a aprovação da nova lei, ele prometeu "esquecer o passado", isto é, ignorar as importações ilegais até então. Seu discurso à Câmara em 1852 cristalizou uma memória da abolição do tráfico que apagou as articulações abolicionistas daqueles anos.

Ministro plenipotenciário britânico no Rio de Janeiro em 1850, James Hudson articulou várias frentes de pressão para que o governo brasileiro pusesse fim ao tráfico de escravos: custeio a publicações abolicionistas como O Philantropo, autorização para apreensão de navios em águas brasileiras, negociação de políticas para os africanos livres e para os africanos ilegalmente escravizados e pagamento de informantes. Disputou com Eusébio de Queirós o mérito pelo fim do tráfico de escravos. Em 1851, recebeu o título de Companheiro da Ordem de Bath e foi nomeado ministro britânico em Turim. A caricatura é de 1874.

Que mérito cabe a Hudson na extinção do tráfico além daquele de ser o homem de Palmerston no Rio e representá-lo no jogo pesado da diplomacia britânica? Voltemos ao "Brazilian anti-slavery party", na expressão do ministro britânico. Vimos que a comissão de inquérito do Parlamento britânico já registrara menção ao "partido" como um grupo de opinião favorável à abolição da escravidão que vinha crescendo e sobre cuja atuação Eusébio lançara ironias, acusando-o de joguete na mão de Hudson. Juntando as peças espalhadas pela documentação britânica, podemos ter uma ideia de quem o compunha e quais suas ações. Pierre Verger transcreveu uma carta reveladora de Hudson:

> O presidente desta província [Rio de Janeiro] impeliu-me fortemente a sustentar uma publicação defendendo a causa da supressão do tráfico de escravos no Brasil, no terreno da humanidade e da economia política e que dá a prova das perdas morais, sociais e financeiras consecutivas à escravidão. [...] Adiantei assim cinquenta libras esterlinas ao presidente de uma sociedade contra a escravidão formada nesta cidade, para a compra de uma prensa e de caracteres tipográficos, com a intenção de colocar o impressor da publicação sob o abrigo da pressão financeira dos comerciantes de escravos.[128]

Tratava-se de *O Philantropo*, certamente. Quem intercedeu pelo presidente da Sociedade Contra o Tráfico foi (é bem provável) ninguém menos que Aureliano Coutinho, que presidiu a província do Rio de Janeiro até abril de 1848 e era um dos líderes liberais. Isso coincide com o relato de Hudson de que, alijados do poder depois da ascensão do gabinete saquarema em 28 de setembro de 1848, os liberais teriam encampado a bandeira antiescravidão como arma política. Ao lado das críticas mais genéricas à escravidão, a atuação concentrou-se, de fato, no fim do tráfico.

Leslie Bethell e David Eltis também apontaram que recursos do fundo secreto do Foreign Office custeavam jornais e informantes no Brasil. Em março de 1848, Hesketh relatava que o "partido brasileiro contra a escravidão" crescia e contava, na Corte, com três jornais: *O Philantropo, Correio Mercantil* e *O Grito Nacional*.[129] Hudson relatou em ofício secreto, em maio de 1850, que havia desembolsado recursos para apoiar o *Correio Mercantil*, em nome de compensação pela perda de assinaturas das pessoas contrárias à posição do jornal contra o tráfico. Hudson cobrou garantias de que o jornal manteria essa linha editorial, mas desconfiava da perseverança dos liberais em insistir na causa. Ele também informou a Palmerston que três novos jornais abolicionistas vinham sendo publicados: *O Século*, na Bahia, *Tamanduá*, em Minas Gerais, e *Revista Comercial*, em Santos.[130] Em pelo menos dois momentos, Hudson encaminhou ao Foreign Office exemplares ou recortes desses jornais, marcando as matérias que tratavam da ação britânica contra o tráfico.[131]

Até agora se acreditava que a Sociedade Contra o Tráfico de Africanos e Promotora da Colonização e Civilização dos Indígenas havia sido fundada em 1850, mas há indícios de que funcionava fazia mais tempo. O ofício de Hudson citado acima é uma prova: a Sociedade já estava organizada quando o jornal começou a ser publicado. Mas há uma figura a ser destacada. David Eltis apurou que Leopoldo Augusto da Câmara Lima, o guarda-mor da Alfândega do Rio de Janeiro, era informante da legação britânica, pago com recursos do fundo secreto. Seria Leopoldo quem teria recebido, em 1849, quatrocentas libras esterlinas para *O Philantropo*.[132] Vimos que George Pilkington havia contado Leopoldo entre as figuras contrárias ao tráfico em seus artigos para o *Anti-Slavery Reporter*, em 1841. A correspondência do Foreign Office indica que em 1850 o guarda-mor renegociava com Hudson sua cota de recompensa por ter forne-

O guarda-mor da Alfândega do Rio de Janeiro, Leopoldo Augusto da Câmara Lima, era integrante da Sociedade Contra o Tráfico de Africanos e foi informante da legação britânica, mas também não deixou de se beneficiar com o contrabando de africanos novos. Harro-Harring talvez tenha se encontrado com ele, que era fluente em inglês.

cido informações que possibilitaram a apreensão de treze navios.[133] Foi Leopoldo quem forneceu cópias de documentos oficiais da Alfândega a Hudson sobre a violência ocorrida a bordo da barca *Santa Cruz*, que levaram o cruzeiro britânico a apreendê-la e a afundá-la em janeiro de 1850. Hudson pedia a Palmerston que protegesse a identidade de seu informante, que perderia o cargo se a carta fosse publicada.[134] É possível que Leopoldo também tenha sido a fonte de Hudson para obter o relatório reservado da Assembleia do Rio de Janeiro sobre o plano de revolta dos escravos do vale do Paraíba em 1848, enviado a Londres na mesma ocasião que a documentação sobre a *Santa Cruz*.[135] Os missionários americanos Daniel Kidder e James Fletcher descreveram Leopoldo da Câmara Lima, em 1857, como alguém que falava inglês fluentemente, que estava entre os liberais havia vinte anos e que "tinha estado na linha de frente daqueles que condenavam o tráfico africano, abolido em 1850".[136] De fato, uma vez a Sociedade tornada pública, Leopoldo teve papel de destaque entre seus membros, discursando na cerimônia de fundação, como vimos, e integrando a comissão contra o tráfico, uma das três em que a Sociedade se organizava.[137] Talvez fosse ele que alimentasse *O Philantropo* de acusações contra traficantes e autoridades coniventes com os desembarques de africanos. É interessante pensar que ele integrava uma rede de pessoas que, cada uma em seu ramo de atuação, e talvez clandestinamente, contrariavam a hegemonia saquarema e desafiavam a impunidade que esta conferia ao tráfico e aos compradores de africanos novos.

O testemunho do médico homeopata Thomas Cochrane à comissão de inquérito do Parlamento britânico reunida entre 1852 e 1853 também é revelador. Declarou que vivia no Brasil havia 24 anos e que era um dos fundadores da Sociedade. Indagado sobre a data da fundação, ele respondeu: "há aproximadamente oito anos".[138] Temos por aí que a Sociedade funcionava desde cerca de 1845. Disse ele que, no início, haviam encontrado oposição por parte dos portugueses residentes no Brasil, mas que o presidente França havia batalhado muito pela causa e que nos últimos quatro anos o governo brasileiro trabalhava pela abolição do tráfico e reconhecia que a Sociedade prestava serviço ao Estado imperial. Afirmou ter estado "em praticamente todas as fazendas das províncias de São Paulo e do Rio de Janeiro". Escocês de nascimento, veio para o Brasil na década de 1830 e atuava como médico homeopata, sendo sócio-fundador da Academia Médico-Homeopática do Brasil, associação dissidente fundada em 1847, com metas de atendimento gratuito aos pobres e o estabelecimento de um hospital de caridade para enfermos indigentes.[139] É tentador pensar que transmitisse suas ideias no mínimo humanitárias, quiçá abolicionistas, aos escravos que atendia nas fazendas do interior de São Paulo e do Rio de Janeiro, mas disso ainda não há registro. Voltemos, afinal, ao discurso de Eusébio de Queirós em 1852 e suas implicações para a história da abolição. Sua interpretação propositadamente estreita da expressão "partido brasileiro", assumindo que Hudson se referia aos políticos liberais que empunhavam a bandeira antitráfico, serviu a um jogo retórico duplo. Por um lado, desconsiderou a existência da Sociedade Contra o Tráfico, ocultando a participação política dos agentes de fora do Parlamento na mobilização pela abolição. Por outro, supondo duvidar das declarações de Hudson, absolvia publicamente quem tivesse partilhado daquela posição e buscava apoio para a que defendia. Diante da desonra de parecer ter sido manipulado pelo ministro inglês, ficava difícil admitir ter tomado parte no "partido brasileiro contra a escravidão". Ao chamar a atenção de todos para a disputa diplomática, a oratória do ministro habilmente omitiu as inconvenientes divisões entre a opinião brasileira.

Os dados dispersos dão conta de que o "partido" era heterogêneo e consistia num conjunto disperso de pessoas associadas à causa por diferentes motivos, não apenas políticos. Da rede de jornais abolicionistas, *O Philantropo* foi apenas o mais longevo. Nem todos os membros da Sociedade Contra o Tráfico eram abertamente militantes como Burlamaque e Caldre e Fião; Leopoldo da Câmara Lima, como vimos, atuava em sigilo. Nicolau França Leite, seu presidente, estava mais interessado na colonização: ele negociava com o governo imperial apoio a seu projeto para o rio Doce.[140] Esses e outros membros da Sociedade talvez tivessem atuação mais próxima aos escravos; talvez algum fizesse a ponte com a organização que planejava a revolta no vale do Paraíba em 1848. Isso ainda não se pode afirmar. É certo, no entanto, que o movimento existia, usava a divulgação da Lei de 1831 como forma de pressão e foi deliberadamente omitido da memória oficial por Eusébio — que, ao historiar a abolição do tráfico, escolheu dar ênfase à disputa diplomática e esconder forças políticas dissidentes.

É certo também que as ações clandestinas britânicas de fomento ao "partido abolicionista brasileiro", de oferta de promessas aos africanos livres e de proteção aos africanos apreendidos e aos escravos fugitivos em geral complementaram, de maneira calculada, a pressão naval e diplomática, e devem ser incorporadas à história da abolição do tráfico. As evidências esparsas também provam o impacto das ações britânicas sobre os escravos e os africanos livres. Essa talvez tenha sido a estratégia britânica mais efetiva de desestabilização do jogo: incitar africanos livres a requerer a emancipação, e africanos ilegalmente escravizados a requerer a liberdade. Por duas décadas, o governo imperial brasileiro e o sistema escravista haviam absorvido e resistido à pressão pela abolição do tráfico. As demandas dos africanos que contavam com a proteção britânica não podiam ser ignoradas por muito mais tempo e deviam ser contidas para garantir a manutenção da escravidão. Usada nessa batalha por abolicionistas brasileiros e britânicos, a Lei de 1831 entrou, assim, para o arsenal de combate à escravidão brasileira.

7. A Lei Eusébio de Queirós e os africanos livres

Apreensões se tornaram frequentes a partir de setembro de 1850, resultando em milhares de africanos emancipados em poucos meses. Esses africanos viveram uma mudança na política do Estado brasileiro: o gabinete saquarema condenou e reprimiu a entrada de africanos novos, enquanto protegia a escravização ilegal dos chegados até então. Assim, cessava o tráfico mas mantinha-se intocada a escravidão. A nova política assentou-se no controle estatal ainda maior sobre os africanos livres, que não seriam mais entregues a particulares e sim empregados em instituições públicas e de caridade na Corte, além de obras públicas e projetos de fronteira em várias províncias.

Inês e Paulo, do carregamento do patacho *Jovem Maria*, vivenciaram essa nova política. Ela, registrada como de nação Muiaca, tinha aproximadamente catorze anos, e ele, de nação Umbombe, tinha dezesseis. Haviam sido escravizados no interior da África Central, ela no norte de Angola, ele numa região ao norte do rio Congo. Embarcaram para a travessia atlântica em Loango, ou Cabinda, com 352 outros africanos. Só 291 dos embarcados chegaram à ilha Grande, no final de dezembro de 1850, quando o vapor brasileiro *Urânia*, que fazia a patrulha da costa, apreendeu o navio.[1] Dos "malungos" do patacho *Jovem Maria*, vários morreram de febres ainda na Casa de Correção. Inês e Paulo integravam o grupo composto por 33 malungos do *Jovem Maria* e 28 dos africanos apreendidos na Marambaia, formado para se engajar num projeto caro aos estadistas brasileiros: a abertura de uma estrada entre São Paulo e Mato Grosso. Em fevereiro de 1851, quando partiram, eles se separaram dos outros africanos livres com quem haviam feito a travessia ou com quem haviam convivido na Casa de Correção; estes iriam meses depois para a província de São Paulo, para os trabalhos da Sociedade de Mineração do Mato Grosso, ou ficariam entre a Corte e localidades da província do Rio de Janeiro, empregados em obras públicas e instituições. Paulo e Inês viveriam entre o Aldeamento de São Pedro de Alcântara, no rio Tibagi, e os trabalhos de abertura da estrada para o Mato Grosso, na futura província do Paraná.[2] Este capítulo trata da política de mão de obra do governo imperial brasileiro nas décadas de 1850 e 1860, a partir da experiência dos africanos emancipados depois da Lei Eusébio e dos debates sobre a manutenção da escravidão no país.

AS APREENSÕES E OS CRITÉRIOS DE JULGAMENTO DO
DIREITO À LIBERDADE

Os processos abertos na Auditoria da Marinha relativos à apreensão de navios ou de africanos recém-importados detalham as experiências vividas por eles entre a chegada ao Brasil e a distribuição de seus serviços nessa nova fase da repressão ao tráfico. Uma das novidades da Lei Eusébio foi transferir o julgamento das apreensões para esse tribunal especial, tirando-o do

Judiciário local, em que o júri costumava absolver os culpados. À Auditoria cabia o julgamento das embarcações e também do estatuto dos africanos, separadamente. Cabia-lhe tomar conhecimento dos "escravos cuja importação é proibida pela lei de 7 de novembro de 1831", mas sua jurisdição compreendia apenas "os escravos apreendidos no alto-mar, ou na costa antes do desembarque, no ato dele, ou imediatamente depois em armazéns e depósitos sitos nas costas, e portos".[3] Essa limitação geográfica e temporal para as apreensões — próximas da costa e pouco depois do desembarque — procurava traçar a linha entre os africanos já existentes e os novos.

O decreto que regulamentou a lei estabeleceu o procedimento das autoridades apreensoras e dos auditores de Marinha responsáveis pelo julgamento em primeira instância. Determinava que, ao tomar conhecimento da apreensão, o auditor faria uma listagem dos africanos apreendidos que incluísse nomes e sinais que os pudessem distinguir, garantindo, mediante exame por peritos, que eram "dos proibidos". Eles seriam, então, postos em depósito para aguardar a tramitação do processo. No Rio, ficavam na Casa de Correção. O regulamento impunha ao auditor a obrigação de fazê-los batizar, caso ainda não tivessem recebido esse sacramento. No caso de africanos apreendidos em terra, após seguir os mesmos procedimentos, o auditor devia dar oito dias para que os eventuais interessados invocassem, com prova, seus direitos à propriedade apreendida.[4]

À Auditoria cabia apenas provar que os africanos eram boçais para proferir sentença que os emancipasse. Essa prova era obtida num segundo momento, quando já em depósito os africanos eram interrogados e examinados por peritos juramentados, a quem cabia verificar "se os escravos são ou não dos importados ilicitamente", o que faziam com base no nível de domínio da língua portuguesa e do que falavam sobre pessoas e lugares.[5] A Auditoria da Marinha do Rio de Janeiro foi responsável pela emancipação de 2246 africanos apreendidos entre setembro de 1850 e o início de 1854; destes, 988 haviam sido apreendidos no mar e 1258 em terra.[6] Outras apreensões foram feitas e julgadas nas províncias, e não entraram nesse cálculo. A maioria delas, em terra.

Quando a captura dos africanos se dava no mar, eles eram levados para o depósito, onde os vestiam e alimentavam. Os africanos encontrados a bordo do patacho *Jovem Maria*, por exemplo, foram enviados à Casa de Correção e, poucos dias depois, o auditor da Marinha José Batista Lisboa deu sequência ao processo, interrogando dois dos africanos apreendidos, que sabiam falar português. Pompeu e Alfredo eram de Cabinda e haviam sido "agarrados por um preto e vendidos a d. Firmino na Costa", que os entregou ao capitão. Eles ainda relataram que o barco era espanhol e a travessia durara 25 dias.[7] No mesmo dia 2 de janeiro de 1851, todos foram declarados livres, sem dúvida ou contestação sobre esse direito.

Os processos decorrentes das apreensões feitas em terra pouco depois do desembarque puseram as autoridades diante do problema de identificação dos africanos novos. Só uma parte dos recém-desembarcados acabava apreendida, e algumas vezes africanos e crioulos escravizados passavam por africanos livres, como vimos no caso da apreensão feita na Marambaia em fevereiro de 1851. Para além do debate político que suscitou, esse caso expõe as dificuldades associadas à aplicação dos critérios para separar os africanos boçais dos demais escravos, e ainda as investidas feitas por proprietários como Joaquim Breves para invalidar os procedimentos legais e, assim, enfraquecer a política de repressão ao tráfico.

Os 199 africanos apreendidos pela diligência conduzida pelo chefe de Polícia interino da província do Rio de Janeiro foram encontrados em grupos espalhados por diferentes partes da restinga da Marambaia, sempre em propriedades de Breves. Dezesseis dos apreendidos foram encontrados no dia 1º de fevereiro na Fazenda da Armação e tiveram de ser separados dos escravos que já trabalhavam lá; outros trinta foram encontrados escondidos na mata próxima à praia do Costão e, no dia seguinte, 153 foram apreendidos no sítio da Serra d'Água (ou fazenda Sertão Alegre, segundo Breves), a meia légua da Fazenda da Armação. Tinham desembarcado quatro ou cinco dias antes da apreensão. Um intérprete ("um língua") havia desembarcado com eles, assim como três tripulantes.

Tendo sido identificados às pressas pelos oficiais de Polícia durante as operações na ilha, os africanos apreendidos foram submetidos na Casa de Correção, em 6 de fevereiro, a um auto de exame por dois peritos, para confirmação de que eram africanos novos e tinham direito à emancipação. Os peritos declararam recém-chegados os 199 africanos, ainda que cinco deles falassem algo da língua portuguesa.[8] O interrogatório conduzido pelo auditor da Marinha, no entanto, demonstrou que não haviam desembarcado todos do mesmo navio. Um africano batizado como Firmino "entendia e sabia falar o idioma português" e indicou 39 que não tinham vindo com ele, incluindo cinco que falavam e "entendiam alguma coisa" da língua. No grupo dos que tinham vindo com Firmino, todos declararam "que era a primeira vez que vinham à terra de brancos, tendo vindo há pouco tempo de sua terra, e desembarcado há poucos dias no lugar em que foram presos, que era uma ilha, primeira terra de brancos que viram".[9]

Por sua vez, os africanos apreendidos que não haviam desembarcado com Firmino declararam "que tinham vindo há pouco tempo da sua terra e chegado a este país pouco tempo antes da chegada dos outros que com eles vieram presos", que "desembarcaram no mesmo lugar em que foram presos sendo a primeira vez que vinham à terra de brancos" e "que tinham sido presos justamente com os outros nos matos da fazenda *do seu senhor, que é o sr. Breves*, e depois de presos foram conduzidos com eles para esta cidade".[10] Apesar de semelhantes às respostas dadas pelos africanos do primeiro grupo, suas falas denotavam que já estavam na Marambaia havia mais tempo, tanto que alguns tratavam Joaquim Breves por senhor. O auditor avaliou que esses 39 africanos não estavam compreendidos na letra e disposição do art. 12 do Regulamento de outubro de 1850, pois não haviam desembarcado recentemente. Vê-se que, apesar de eles lhe terem parecido africanos boçais à primeira vista e declarado não conhecerem "a terra de branco", Lisboa procurava aplicar a linha tênue que separava os africanos importados antes e depois da lei de 1850. Foram emancipados pela Auditoria da Marinha 160 dos 199 africanos apreendidos na Marambaia pelo chefe de Polícia interino, Azambuja.

Na disputa travada na imprensa com o chefe de Polícia interino, Joaquim Breves escolheu atacar o principal critério adotado para se identificarem africanos boçais: a língua. Invocava sua experiência de fazendeiro para lembrar que o aprendizado da língua por africanos variava muito. Alegava que, no caso daqueles postos a trabalhar na lavoura sob feitores da mesma nação, o aprendizado do português podia demorar muito tempo, enquanto outros, talvez ligados ao trabalho doméstico e expostos ao contato com escravos de outras nações, crioulos e gente do círculo senhorial, aprendiam mais rápido. De fato, pesquisas recentes têm explorado o tema do aprendizado do português pelos africanos no Brasil e demonstrado uma gama variada de experiências.[11] A questão é que, com esse argumento, Breves defendia que a compreensão e a expressão em português não fossem usadas como critérios de aferição do momento de chegada ao país nem mesmo com africanos desembarcados dias antes da apreensão. Vimos que raciocínio semelhante havia sido usado diante dos desembargadores do Tribunal da Relação do Rio poucos anos antes, no caso de reescravização do africano livre Caetano Congo.

Joaquim Breves, dominado pela influência que julgava exercer sobre as opiniões e decisões tomadas na província, não só trouxe o argumento de volta, mas acrescentou-lhe um ponto que tornava a questão ainda mais delicada: para ele, "uma promessa de liberdade feita a um escravo ladino, supondo-o ser boçal, o tornará mudo, voltando aos seus antigos hábitos para levar de vencida a liberdade que por engano se lhe oferece".[12] O fazendeiro dava o exemplo dos escravos ladinos que haviam tentado passar por boçais para dizer que a presença da Polícia na fazenda provocava desobediência entre os escravos existentes, e que simular o desconhecimento da língua era estratégia para reivindicar seu direito à liberdade. Tratava-os por "ladinos", mas certamente tinham sido importados por contrabando. Ainda assim, Breves se fazia de vítima, pintando a ameaça em cores vivas: "a reproduzirem-se tais ocorrências, dariam elas asas a qualquer preto ladino para se evadir do castigo quando cometesse um crime, e despois [sic] se iria apresentar a qualquer autoridade, sem querer falar, para ser considerado boçal".[13]

Ao lançar dúvida sobre a eficácia do principal procedimento de prova do direito dos africanos boçais à liberdade, o interrogatório, Breves e o advogado Teixeira de Freitas buscavam esvaziar de todo poder as autoridades judiciais e policiais, sugerindo motivações políticas para a atuação delas. Sua estratégia teve sucesso, uma vez que 39 dos 46 apreendidos que reclamava como seus escravos foram considerados um grupo separado dos recém-chegados. A sentença da Auditoria, que emancipou 160 dos africanos apreendidos na Marambaia e julgou o foro incompetente para julgar a apreensão dos 39 restantes, foi confirmada pela seção de Justiça do Conselho de Estado em 30 de julho. A essa altura, eles estavam todos na Casa de Correção, mas o caso foi encaminhado à chefia de Polícia para que se procedesse, com os 39 africanos e crioulos reclamados por Breves, "conforme a legislação existente" — isto é, supõe-se, a Lei de 1831 e o Decreto de 1832. As circunstâncias não eram favoráveis ao fazendeiro. Afinal, ficou público que uma de suas fazendas era local de desembarque e que nisso ele desafiava o gabinete saquarema. Dias depois dessa apreensão em questão, mais 456 africanos haviam sido apreendidos em diligência comandada pelo juiz municipal de Mangaratiba. Eram provenientes do desembarque do patacho *Actividade*, encontrado encalhado em outra praia da Marambaia.[14] Mas, na contramão da repressão ao tráfico e da emancipação dos africanos novos, Joaquim Breves investiu esforços e recursos nos anos seguintes para reaver os 39 africanos e crioulos que julgava serem de sua propriedade.[15]

MEDIDAS PARA EVITAR O TRÁFICO DE AFRICANOS LIVRES

As apreensões feitas pela Marinha britânica em julho de 1851 em diversos pontos do litoral — *Piratinim* em São Paulo, *Novo Mello* e outros barcos pequenos de cabotagem em Santa Catarina — demonstravam que Palmerston não estava convencido da disposição do governo brasileiro em efetivamente reprimir o tráfico de africanos. O ministro britânico acumulava informações de desembarques ilegais em diversos pontos do litoral brasileiro, com indícios da atuação de notórios traficantes com novos associados. Sabia também das tentativas de punir autoridades coniventes — como a demissão do presidente da província das Alagoas pelo desembarque do *Sylphide* —, mas via que os grandes envolvidos no tráfico, como Breves e Manoel Pinto da Fonseca, saíam impunes.[16] Ao considerar como "africanos livres" todos os 102 escravos encontrados a bordo do *Piratinim*, fossem crioulos ou africanos, recém-chegados ou não, Palmerston dava demonstração explícita de que estava pronto para levar a campanha abolicionista britânica a um novo patamar.

Posto novamente em xeque pelo ataque à navegação de cabotagem, o gabinete saquarema teve de ir além da repressão aos desembarques: foi forçado a monitorar a circulação de escravos entre as províncias para coibir o transporte de africanos recém-chegados. Os funcionários do Ministério da Justiça vinham monitorando o volume do comércio interprovincial desde pelo menos setembro de 1851. Segundo Eusébio de Queirós em relatório apresentado em maio de 1852, de 940 escravos remetidos das províncias à Corte em 1849, o número pulara para 1074 em 1850 e para 3088 em 1851. Ele atribuiu tal crescimento ao aumento do preço dos escravos na Corte e enumerou as medidas fiscais adotadas em algumas províncias para evitar a saída de escravos, avaliando que se tratava de escravos já existentes, não africanos novos.[17] Eusébio procurou descartar — ao menos publicamente — a hipótese de que se tratasse de uma reorientação do tráfico africano desembarcar em pontos menos visados e legalizar a propriedade através de vendas interprovinciais.

Medidas mais enérgicas foram adotadas por seu sucessor no ministério, Ildefonso José Ramos, no começo de julho de 1852. Circular reservada aos presidentes de província ordenava aos chefes de Polícia verificar a identidade dos escravos que desembarcassem e conceder passaporte somente mediante apresentação de documento — no caso de africanos, para garantir que houvessem chegado ao Brasil antes da Lei de 7 de novembro de 1831. Na Corte vigorava algo do mesmo teor para verificação da identidade dos escravos trazidos das províncias.[18]

Quando a Lei Eusébio ia completar dois anos, o Ministério da Justiça cobrou vigilância e informações detalhadas dos presidentes das províncias, novamente em circular confidencial. De

Santa Catarina, o presidente respondeu com informações sobre a saída de escravos, buscando tranquilizar o ministério ao dizer que a maioria dos exportados no primeiro semestre era composta de crioulos. Informava também que a assembleia provincial promulgara uma lei em abril impondo taxa à exportação de escravos sem a presença dos senhores, revelando que a medida fiscal podia ter o duplo sentido de servir também à repressão ao tráfico ilegal.[19]

O ministro deu notícia da nova política quando já mostrava resultados:

> Nas vistas de impedir que com o comércio de escravos que se faz entre as diversas províncias do Império se acoberte o tráfico de africanos livres, tomou o governo providências sujeitando ao mais rigoroso exame sobre a condição e identidade os negros escravos que são transportados de uma para outra província. Esta medida tem produzido bons resultados.[20]

Era sintomático que ele se referisse aos africanos recém-importados como livres, sinal de que adotava a definição dada em 1831, englobando assim todos os importados, e não apenas aqueles emancipados. Ninguém ligado ao governo o havia feito até então, ou faria mais tarde. Demonstrando a disposição do gabinete saquarema de coibir as novas importações, no mesmo relatório Ramos declarava que a extensão da competência da Auditoria da Marinha "aos compreendidos na Lei de 1831" serviria para "cortar as esperanças de impunidade" e completar o sistema de repressão adotado desde 1850.[21] De fato, por Decreto de junho de 1854, a competência dos auditores da Marinha foi estendida para "qualquer que [fosse] a distância da costa" em que se achassem os africanos novos, cobrindo, assim, os casos que ainda cabiam aos juízos comuns.[22] Àquela altura, as apreensões e as notícias de desembarque tinham diminuído drasticamente. Mas o recente desembarque do Bracuí, em dezembro de 1852, tinha sido objeto de diligências policiais bem longe da costa, serra acima, em Bananal, e resultado na apreensão de apenas 68 africanos dos cerca de quinhentos desembarcados e na absolvição dos dois fazendeiros indiciados.[23]

Na repressão ao tráfico, a Secretaria de Justiça mantinha vigilância sobre os traficantes notórios, monitorava boatos de desembarques e ordenava diligências; agora passava a acompanhar o transporte de escravos entre as províncias.[24] Nessa missão, o registro dos escravos transportados passou a merecer renovada atenção. Pela lei que reformou o Código Criminal, em 1841, a emissão de passaportes para a identificação de pessoas em trânsito era atribuição do chefe de Polícia ou da autoridade policial mais alta de cada localidade. Ainda assim, tanto a cobrança do passaporte como as formas de identificação das pessoas davam margem à conivência com o tráfico. A regra dizia que os escravos (mesmo em companhia dos senhores), os africanos libertos e os africanos livres eram obrigados a apresentar passaporte quando estivessem em trânsito, mas admitia a falta de passaporte caso fossem conhecidos das autoridades ou abonados por pessoas "de conceito".

Em janeiro de 1855, o governo emitiria um decreto reafirmando a necessidade da apresentação de passaportes para o transporte de escravos entre as províncias, estabelecendo penas de prisão e multa para os capitães e mestres de navios que infringissem as ordens, e ainda retenção dos escravos "até ser provada a propriedade de quem os remeteu ou recebeu, se não forem pessoas conhecidas".[25]

O efeito que ser "conhecido" das autoridades tinha sobre a prova de propriedade dos escravos fica muito claro num caso daquele mesmo ano. Joaquim Salomé Ramos de Azevedo, primeiro-tenente da Armada Nacional, pediu e recebeu autorização do

Ministério da Justiça para trazer à Corte escravos seus que viviam na Fazenda da Lagoinha, na ilha de Santa Catarina, mesmo indicando que deles não tinha nenhum registro de propriedade. A chefia de Polícia de Santa Catarina, no entanto, expediu passaportes apenas para alguns escravos e negou-os para aqueles "a respeito dos quais se não exibiram documentos ou provas que pudessem autorizar sua concessão", na conformidade do regulamento.[26] Salomé, então, apelou novamente ao Ministério da Justiça e insistiu no pedido, apresentando dezoito nomes, sendo dezessete deles africanos de nação (dez homens e sete mulheres, uma delas com uma criança de colo). Tinha vendido a Fazenda da Lagoinha e gostaria de trazê-los para a Corte, onde vivia.

O oficial-mor da Secretaria de Justiça à época, Josino do Nascimento e Silva, sugeriu o deferimento em nome de ser alguém conhecido: "sendo as disposições que regulam a matéria dirigidas para evitar o transporte de africanos boçais, parece-me que por equidade se pode relaxar o seu rigor a respeito de *pessoa conhecida*, e contra quem não há a menor suspeita".[27] Acontece que repousavam em algum lugar nos arquivos da Secretaria de Justiça os ofícios sobre um desembarque ocorrido nessa mesma fazenda em maio de 1851, já contendo a informação de que pertencia ao tenente Salomé.[28] Eles não foram consultados ou não foram levados em conta. Assim, mais dezoito "africanos livres" tiveram a escravidão legitimada pelo governo imperial mediante a aplicação contingencial e personalizada da legislação — que tinha, é verdade, contribuído para desencorajar e praticamente extinguir o tráfico atlântico. As duas últimas apreensões conhecidas aconteceram em Serinhaém, em Pernambuco, em outubro de 1855, e em São Mateus, no Espírito Santo, em janeiro de 1856.

OS AFRICANOS, A ESCRAVIDÃO E OS PROJETOS DE BRASIL

Todos aqueles que se dedicaram a pensar o país naqueles anos o viam em uma encruzilhada, reconhecendo que o tráfico de escravos estava com os dias contados. Associados tanto nas leituras do passado quanto nos projetos para o futuro da nação apenas com a escravidão, os africanos veriam seus horizontes se estreitarem.

Em 1843, quando concorreu ao prêmio proposto pelo Instituto Histórico e Geográfico Brasileiro com a monografia "Como se deve escrever a história do Brasil", o naturalista Carl von Martius buscou uma fórmula "filosófica e pragmática" para representar a história da nação recentemente emancipada.[29] Para ele, a história do Brasil só podia ser contada como fusão entre portugueses, indígenas e africanos. Ao elencar temas e acervos documentais disponíveis sobre índios e portugueses, Martius demonstrou familiaridade e atualização com metodologia de pesquisa e áreas como arqueologia e etnografia. No entanto, atribuiu apenas um pequeno espaço em sua monografia para tratar das influências dos africanos na história e na população brasileira. Destacou o tráfico atlântico e o estabelecimento de feitorias portuguesas na África como temas que mereceriam inclusão na história do Brasil, mas não demonstrou o mesmo interesse pelo estudo da mitologia e da linguística, ou por uma etnografia de nações africanas, como a que propôs para as indígenas. Certamente não era por desconhecimento ou desatualização — ele mencionou a existência de trabalhos britânicos acerca do funcionamento do tráfico na África —, e sim uma escolha estratégica. No auge do tráfico ilegal, os africanos pertenciam a um presente incômodo, politicamente carregado, por demais delicado para uma abordagem fácil. Mesmo assim, ao valorizar o papel e as culturas dos africanos, Martius ia na contramão do projeto do IHGB de escrita de uma história nacional centrada na colonização portuguesa e nos grupos indígenas aliados.

O panfleto "Memorial orgânico que à consideração das assembleias geral e provinciais do Império apresenta um brasileiro", publicado anonimamente pelo engenheiro militar, diplomata e historiador Francisco Adolfo de Varnhagen em Madri no fim de 1849, em defesa do desenvolvimento e da interiorização do Brasil, expressava incômodo com a continuação do tráfico.[30] Ele sugeriu medidas como a fixação das fronteiras externas e a redistribuição das fronteiras internas, a mudança da capital para o planalto central, o incentivo à interiorização com a abertura de estradas e uma política deliberada com respeito à população.

Varnhagen endossava, assim, as ideias de outros pensadores do Brasil, ao projetar a formação de uma população homogênea, resultado de casamentos inter-raciais, mas tinha opiniões precisas acerca da política a ser adotada com respeito a cada grupo. Primeiro, condenava a continuação do tráfico atlântico e defendia a gradual extinção da escravidão mediante sua proibição nas cidades litorâneas e, mais tarde, nas cidades maiores, onde a medida incentivaria o emprego de trabalhadores livres. Em segundo lugar, contava com a tutela forçada dos índios bravos para responder à demanda por mão de obra, justificando a medida por serem incapazes de se guiarem sozinhos. Por fim, defendia a imigração europeia em termos diferentes dos que se delineavam: sem custeio público do sistema de engajamento de colonos, e sim com investimento em infraestrutura que atraísse os estrangeiros. No entanto, talvez em virtude da experiência do pai, engenheiro militar contratado para dirigir a Real Fábrica de Ferro de Ipanema, a primeira siderúrgica do país, ele admitia o engajamento pontual de pessoas especializadas.

Varnhagen publicou outra versão do panfleto no segundo semestre de 1850, detalhando algumas propostas.[31] É notável a integração entre a política para a mão de obra e o plano de interiorização do país. Varnhagen projetava o desenvolvimento de novas regiões no interior com abertura de estradas, oferta de terrenos agricultáveis e proibição da adoção de mão de obra escravizada como estratégia para atrair estrangeiros, fomentar a indústria e fortalecer o país economicamente. Via a concentração da população no litoral como ponto fraco, e projetava uma estrada que interligasse as províncias pelo interior e uma ferrovia entre a capital e o litoral.

Nesse segundo panfleto, Varnhagen previa as dificuldades do governo para abolir definitivamente o tráfico e sugeria medida radical: o fim do mercado de escravos, com a conversão dos existentes em servos. Junto a isso, medidas de melhoria das condições de vida, liberdade para os filhos das escravas e favorecimento do pecúlio. No entanto, não via com tranquilidade a presença de grande número de libertos e invocava a história recente para sugerir as alternativas: a drástica redução de seus direitos ou sua expulsão do país. Nisso também se mostrava sintonizado com a atualidade. A província da Bahia dava exemplos de perseguição aos libertos africanos, após a Revolta dos Malês, e o governo imperial ensaiava, como vimos, a remoção dos africanos livres.

Propostas de emancipação gradual foram retomadas no projeto lançado pela Sociedade Contra o Tráfico em abril de 1852 e publicado no último número de *O Philantropo*, em junho. No "Sistema de medidas adotáveis para a progressiva e total extinção do tráfico e da escravatura no Brasil", assumia-se posição bem mais conciliadora que no início da campanha, em 1849. A proposta visava à extinção gradual da escravidão com todo o respeito à propriedade adquirida, através do incentivo à imigração estrangeira para as cidades, o que permitiria a concentração dos escravos nas zonas rurais e, depois, o aumento da imigração para o estabelecimento de pequenos produtores agrícolas. Propunha-se a liberdade do ventre com indenização dos senhores pelo trabalho das crianças, um registro geral dos escravos, a proibição da propriedade de escravos por estrangeiros e a implementação de medidas para "melhorar o estado e a condição dos escravos", preparando-os para o gozo da liberdade. Como a proposta de Varnhagen, favorecia a fixação de estrangeiros como pequenos proprietários e não tratava da imigração para as grandes fazendas.[32]

As falas de Eusébio de Queirós à Câmara nos dois anos seguintes à aprovação da lei combinaram relatos dos sucessos da repressão ao tráfico e projeções para o futuro da escravidão no país, dialogando com os projetos que estavam em circulação naqueles meses. Sugerindo que haveria empenho de seu ministério em aplicar medidas que favorecessem a redistribuição dos escravos pelo território, ele declarou em maio de 1851:

> Cumpre aproveitar a ocasião para afastar com prudência mas com perseverança a escravatura das cidades para o campo, e depois do litoral para o centro. Conseguido este resultado, o tráfico se tornará impossível. A proibição de serem trazidos de fora para as cidades, a obrigação de serem vendidos para o interior aqueles cujos senhores não quiserem continuar a possuí-los, e os transmitidos por legado ou herança fora da linha reta descendente e o lançamento de imposto moderado mas de crescimento progressivo poderão produzir o resultado que se deseja dentro de algum tempo, e com a vantagem de não ferir interesses, hábitos e mesmo afeições, que cumpre respeitar.[33]

Em nome de evitar o tráfico e sem maiores explicações, Eusébio propunha que os escravos presentes nas cidades fossem aos poucos transferidos para o interior. Ele insistiu nesse ponto no ano seguinte, classificando-o como "sistema de vantagens incalculáveis": a concentração da mão de obra escrava no interior seria boa para os agricultores; a liberação do mercado de trabalho ocupado pelos escravos nas cidades marítimas favoreceria os trabalhadores livres, num movimento que serviria de base para a expansão do trabalho livre pelo interior. Eusébio não falava explicitamente de imigração estrangeira, mas de fomentar interesses hostis à causa do tráfico que dessem demonstração da superioridade do trabalho livre, a exemplo dos Estados Unidos.[34]

A proposta do ministro da Justiça de favorecer a transferência dos escravos para o interior e fomentar a adoção de trabalho livre, começando pelo espaço urbano para depois atingir a zona rural, configurava um projeto de interiorização da escravidão e endossava pontos apresentados no "Memorial orgânico" de Varnhagen e no "Sistema de medidas" da Sociedade Contra o Tráfico. Entretanto, havia uma diferença fundamental: não defendia a emancipação gradual, mas a salvaguarda da escravidão.

Como ex-chefe de Polícia da Corte, Eusébio bem sabia das implicações da presença de tantos escravos numa cidade (a Corte havia atingido, em 1849, a marca de 200 mil habitantes, sendo 80 mil deles escravizados e 10 mil libertos):[35] muitos pequenos e grandes proprietários obtinham renda ao alugar ou ocupar seus escravos ao ganho; essa autonomia do trabalho urbano tendia a confundir pessoas com estatutos distintos; todo o transporte de mercadorias dependia de escravos; boa parte do abastecimento de gêneros e do fornecimento de alimentos prontos era garantida por escravos e libertos; a escravidão amplificava o trabalho da Polícia de controle da ordem pública; o próprio Estado imperial adotava a mão de obra de escravos da nação em serviços na cidade.

A convergência entre as propostas, porém, parava por aí. Enquanto Varnhagen e a associação liderada por Nicolau França Leite, mesmo bastante moderados, defendiam uma emancipação gradual, o ministro silenciava sobre o assunto. Ao advogar que a presença de escravos fosse circunscrita ao interior, o plano de Eusébio visava possivelmente a que eles estivessem a salvo dos avanços das ideias de liberdade e restritos ao espaço privado em que vigorasse apenas a autoridade dos senhores. Embora não tenha mencionado, o plano também apostava na possibilidade de reprodução natural dos escravos, o que veio a acontecer no vale do Paraíba.[36]

A DISTRIBUIÇÃO ENTRE SERVIÇOS DE INTERESSE PÚBLICO

Nos relatórios apresentados em 1851 e 1852, Eusébio de Queirós prestou contas dos números e destinos dos africanos apreendidos durante as operações de repressão ao tráfico. Ele relembrou à Assembleia que o gabinete de que fazia parte adotara a decisão, tomada na votação do projeto de lei sobre o tráfico em 1848, de não mais distribuir africanos livres entre particulares. De setembro de 1848 em diante, e de forma oficial a partir da Lei Eusébio, os africanos livres foram apenas distribuídos entre instituições públicas, de caridade, províncias ou projetos de interesse nacional.

Os dados apresentados por Eusébio em maio de 1851 relatam que 819 africanos foram apreendidos entre a nomeação do gabinete saquarema, em 28 de setembro de 1848, e a promulgação da Lei de 4 de setembro de 1850. Desses, o ministro prestou contas da distribuição ou do falecimento de 810: 482 couberam a diversas instituições públicas ou de caridade na Corte, 293 à Fábrica de Pólvora da Estrela, e 31 a outras instituições na província do Rio. Nos dois anos seguintes, dos 1326 distribuídos, 548 ainda ficariam na Corte, a maior parte na Santa Casa de Misericórdia, talvez em forma de compensação por cuidados médicos a africanos novos. Os restantes foram concedidos às províncias do Rio de Janeiro (quatrocentos), Minas Gerais (120),

São Paulo (133) e à Santa Casa de Misericórdia de Porto Alegre, no Rio Grande do Sul (25). Se contabilizarmos todos os africanos cujos serviços foram distribuídos entre setembro de 1848 e abril de 1853, metade ficou na Corte, um terço na província do Rio, e o resto foi enviado a outras províncias. As obras públicas em geral, incluindo a abertura de estradas, absorveram 45% dos africanos distribuídos, enquanto 20% foram para hospitais, e o resto coube a instituições de caridade, escolas, museus e vários setores do serviço público. Uma única concessão favoreceu uma sociedade particular: cem africanos livres para a Sociedade de Mineração do Mato Grosso, em 1851, decisão pela qual Eusébio foi criticado.[37]

TABELA 4
AFRICANOS LIVRES DISTRIBUÍDOS A INSTITUIÇÕES (1848-53)

INSTITUIÇÃO	LOCAL	SET. 1848 A AGO.1850	SET. 1850 A ABR.1851	MAIO 1851 A ABR. 1852	MAIO 1852 A ABR. 1853
Iluminação Pública	Corte	150		32	
Casa de Correção	(1030)	127		40	
Hospício Pedro II		20			
Câmara Municipal		20	124		
Corpo Municipal de Permanentes		16	8		
Hospital dos Lázaros		13			
Passeio Público		8			
Hospital Militar		8			
Colégio Pedro II		5			
Museu Nacional		2			
Obras Públicas			27		
Arquivo Público			1		
Escola de Medicina			4		

Entidade	Província			
Santa Casa de Misericórdia da Corte		62	289	
Ordem Terceira do Bom Jesus		16		
Ordem Terceira do Carmo		10		
Ordem Terceira de São Francisco de Paula		10		
Ordem Terceira de Santo Antônio		8		
Irmandade do Santíssimo Sacramento da Sé		5		
Irmandade da Conceição		1		
Sociedade Amante da Instrução		1		
Religiosos Franciscanos				20
Sociedade de Instrução Elementar				3
Fábrica de Pólvora	Prov. RJ	293		
Província do Rio de Janeiro	(720)	20	100	300
Santa Casa de Misericórdia de Campos		7		
Obras da estrada de Mato Grosso	Prov. SP (133)		40	
Província de São Paulo				93
Santa Casa de Misericórdia da Ilha Grande		4		
Província de Minas Gerais	Prov. MG			120

Hospital de Caridade de Desterro	Prov. SC				12
Santa Casa de Misericórdia de Porto Alegre	Prov. RS			25	
Sociedade de Mineração do Mato Grosso	Prov. MT			100	
Total dos distribuídos		806	593	733	12
Falecidos			3	45	3
Restantes			1	20	5

FONTE: Relatório do ano de 1851 apresentado à Assembleia Geral Legislativa na 3ª sessão da 8ª legislatura pelo ministro e secretário de Estado dos Negócios da Justiça Eusébio de Queirós Coutinho Matoso Câmara. Rio de Janeiro: Typographia Nacional, 1851, pp. 8-9; Relatório do ano de 1851 apresentado à Assembleia Geral Legislativa na 4ª sessão da 8ª legislatura pelo ministro e secretário de Estado dos Negócios da Justiça Eusébio de Queirós Coutinho Matoso Câmara. Rio de Janeiro: Typographia Nacional, 1852, p. 13; Relatório do ano de 1852 apresentado à Assembleia Geral Legislativa na 1ª sessão da 9ª legislatura pelo ministro e secretário de Estado dos Negócios da Justiça José Ildefonso de Sousa Ramos. Rio de Janeiro: Typ. do Diário de A&L Navarro, 1853, p. 7.

Em sua defesa, Eusébio de Queirós descreveu dramaticamente a seus colegas deputados as circunstâncias das distribuições de africanos na Casa de Correção no tempo da repressão mais intensa ao tráfico:

> Quando as apreensões se sucediam, quando a Casa de Correção os recebia aos centos; quando às dezenas eram remetidos para as enfermarias; quando não havia cômodo suficiente para eles nem nos aquartelamentos provisórios, nem na ponta do Caju, nem na praia Vermelha; quando as epidemias de oftalmia, bexigas, disenterias etc. se tornaram tão frequentes pelo mau estado de alguns carregamentos, o Governo desejava ardentemente achar quem recebesse esses africanos, quem os separasse daquele núcleo que tão prejudicial era à saúde pública. Não faltava quem os quisesse, mas aos

particulares não se podiam nem deviam dar, e as estações e as obras públicas só queriam escolher os próprios para o trabalho; mas se tal expediente fosse adotado, a Casa de Correção dentro de pouco tempo teria de se ver convertida em hospício de inválidos, decrépitos e crianças. Além disto, havia uma consideração humanitária, de grande alcance, que impedia a distribuição dos africanos por esse método, e era a separação das famílias, em que o Governo não podia nem devia consentir; assim pois determinou-se não só que se não separassem as famílias, mas que na distribuição sempre se guardassem as proporções de idade e sexo. Com estas condições e a de pagar as despesas feitas desde a apreensão até a real entrega, poucos queriam receber os africanos, e isto embaraçava de tal maneira o Governo que, em vez de ser um favor dá-los, era um favor achar quem os recebesse.[38]

Eusébio de Queirós classificou a distribuição de centenas de africanos apreendidos em 1850 e 1851, entre a Casa de Correção e depósitos temporários na ponta do Caju e na praia Vermelha, como um constrangimento com o qual seu governo tinha de lidar. Os africanos emancipados naqueles anos eram predominantemente do sexo masculino e sobretudo muito jovens. Era uma tendência do tráfico atlântico daqueles anos. No carregamento do *Segundo*, apreendido em Itabapoana — originário da região ao norte do Congo —, quase três quartos dos africanos tinham entre oito e catorze anos de idade, e mais de 80% eram do sexo masculino, por exemplo.[39] Ainda que os registros de idade nas listagens preparadas pela Auditoria da Marinha não fossem muito precisos, por resultarem de estimativa, impressiona a quantidade de crianças menores de dez anos entre os africanos emancipados nesse período. A idade dos africanos livres no momento da emancipação tinha implicações sobre o trabalho que eram capazes de desempenhar, sobre o tratamento que receberiam e sobre o entendimento que teriam de seu estatuto especial. O representante da Casa de Misericórdia de Porto Alegre desistiu de metade do grupo que tinha sido concedido e levou consigo somente 25 africanos, porque os "africanos livres que existem no depósito da Casa de Correção são tão pequenos e ainda tão inábeis para servir, que [...] não podem deixar de ser nestes primeiros anos senão um ônus e não um auxílio para aquele estabelecimento".[40]

A MÃO DE OBRA DOS AFRICANOS LIVRES E OS CAMINHOS DO PROGRESSO

Observando de perto as concessões para obras públicas e projetos de interesse nacional, vemos que a nova política imperial em relação aos africanos livres estava em consonância com os rumos da economia. A repressão ao tráfico de escravos teve o efeito de liberar os capitais pertencentes a pequenos e grandes investidores antes aplicados nessa atividade. Esse movimento coincidiu com uma fase expansiva do capitalismo industrial, em várias partes do mundo, associada à construção de infraestrutura para circulação de pessoas e sobretudo de mercadorias. As estradas de rodagem, as estradas de ferro e a comunicação regular por navegação a vapor facilitavam a comunicação com o interior e a integração do território. Nesse mesmo período, as cidades receberam grande investimento, com a construção de cais, diques, aterros, a canalização de rios e, em alguns casos, arruamento. A mão de obra dos africanos livres esteve empregada em muitos desses empreendimentos associados ao progresso, administrada diretamente pelo Estado imperial ou por concessionários.

As companhias lideradas por Irineu Evangelista de Sousa, mais tarde barão de Mauá, beneficiaram-se do movimento de liberação dos capitais investidos no tráfico, como ele depois admitiu em suas memórias. Ao menos uma delas, a Companhia de Navegação a Vapor do Amazonas, também recebeu, em 1856, uma concessão de africanos livres para ser empregados nas colônias estabelecidas ao longo do rio Amazonas.[41]

O caso da concessão de cem africanos livres para a Sociedade de Mineração do Mato Grosso explicita a política de favorecimento de empreendimentos considerados de interesse público. Tratava-se de uma companhia privada que tinha recebido, por decreto imperial, a concessão da exploração de minas de ouro "da provín-

Africanos livres e índios trabalharam na construção da igreja matriz de Manaus, assim como em outras obras públicas da província nas décadas de 1850 e 1860. Descendentes dos africanos do desembarque de Serinhaém enviados para trabalhar na Companhia de Navegação a Vapor do Amazonas, do barão de Mauá, hoje formam a comunidade quilombola do Sagrado Coração de Jesus do Lago de Serpa, em Itacoatiara, no Amazonas.

cia de Mato Grosso, no rio Paraguai, desde a foz do Cabaçal até suas cabeceiras e confluentes bem como na localidade denominada 'os Martírios' no norte da província".[42] Seus sócios mais proeminentes eram Custódio Teixeira Leite e Joaquim Leite Ribeiro, donos de fortunas destacadas associadas à lavoura cafeeira e ao crédito no vale do Paraíba carioca, e provavelmente canalizavam para esse investimento capitais liberados pelo fechamento do tráfico.[43] A Sociedade comprometeu-se junto ao governo a empreender a mineração de ouro "por meio da aplicação dos processos mais aperfeiçoados" e também a colaborar para a abertura de uma estrada entre o Mato Grosso e o Pará, atravessando a região dos Martírios, onde "consta[va] dos roteiros de antigos sertanejos existirem ricas minas", e que se encontrava ocupada por índios cuja civilização se tentaria promover. José Maria da Silva Paranhos anunciou nas "Cartas ao amigo ausente" a criação da Sociedade, no início de agosto de 1851.

Além de apresentar a diretoria e dar parte do sucesso da venda das ações, Paranhos descreveu o maquinário e as técnicas modernas que, prometia-se, seriam empregados na extração de ouro. Em tom de propaganda, fez uma extensa descrição física da região e de suas riquezas minerais ainda pouco exploradas, indicando a presença de grupos indígenas hostis e de um "forte e antigo quilombo de pretos" nos lugares a ser explorados.[44] Como as ações da empresa aumentaram em valor desde a concessão de africanos livres em agosto de 1851, Eusébio de Queirós foi acusado de favorecer os sócios da empresa, que fariam parte de seu círculo de amigos — o que ele negou com veemência, alegando não acompanhar os preços das ações e conhecer Custódio Teixeira Leite apenas como "fazendeiro importante e conceituado". Mas conseguiu retoricamente associar a concessão dos africanos aos interesses do país:

Se o fato é verdadeiro, devo congratular-me de ter feito um serviço ao país concorrendo para o crédito das ações de uma companhia de grande utilidade, porque ela não é somente de mineração, o que aliás, principalmente tratando como ela de novas descobertas, é muito vantajoso para o país, mas também se propõe a fazer uma estrada de Cuiabá ao Pará. Ora, uma empresa desta qualidade julgo que bem merecia ser animada com a concessão de simples serviços de cem africanos, que aliás o Governo pode retirar quando achar conveniente, pois não se concederam com prazo, e sim *ad nutum*.[45]

A crítica que Eusébio recebeu se devia à competição desleal, uma vez que a Sociedade de Mineração havia recebido mão de obra praticamente gratuita. Devemos destacar que não havia incômodo com o uso de trabalho forçado em um empreendimento capitalista — era corriqueiro —, nem com o fato de que aqueles trabalhadores, geridos pelo Estado imperial, beneficiariam um empreendimento privado — o que também era corrente.[46]

Outro empreendimento em que Custódio Teixeira Leite tinha interesse também recebeu africanos livres em 1851. A Companhia da Estrada de Magé a Sapucaia, originalmente instituída em 1836, recebeu a concessão, por oito anos, de cinquenta dos africanos livres que haviam sido entregues às obras públicas da província do Rio de Janeiro. Em 1856, considerada uma das obras prioritárias da província, recebeu mais 31 africanos livres por um período limitado, que findaria com a primeira concessão, em 16 de junho de 1859. Representada nas negociações pelo barão de São Gonçalo, grande proprietário próximo do imperador, e por Caetano Alberto Soares, advogado e jurista que havia integrado a Sociedade Contra o Tráfico, a Companhia recebia essa concessão ao assumir "obras que aliás teriam de correr por conta dos cofres provinciais" e que eram de "pública utilidade".

A única cláusula do contrato que se refere ao cuidado com os africanos livres declarava que "a companhia fica obrigada a sustentar, vestir e tratar em suas enfermidades com todo o zelo aos referidos africanos". Além disso, a Companhia era responsável por avisar a Polícia em caso de fuga, informar as autoridades competentes em caso de morte, dar regularmente às autoridades provinciais informações sobre seu estado e devolvê-los ao governo provincial quando o período de concessão expirasse ou se fossem requisitados.[47] Entre os 31 africanos concedidos à Companhia da Estrada de Magé a Sapucaia, seis mulheres tinham crianças pequenas, o que indicava que o trabalho esperado delas era adequado a essa condição. A mão de obra de africanos livres vinha sendo empregada na abertura de estradas desde a década anterior. Eram vários os concedidos à obra da estrada do caminho novo da Estrela, que levava serra acima ao local onde mais tarde se construiu Petrópolis. Era trabalho pesado e perigoso. Em março de 1844, o administrador comunicou duas mortes ao presidente da província: Julião morrera em consequência da varíola ("bexigas"), e Marinho Monjolo, em virtude de uma contusão na cabeça causada por uma pedra que rolou da montanha enquanto trabalhava.[48]

Os africanos livres concedidos para os trabalhos da estrada de São Paulo ao Mato Grosso em fevereiro de 1851 tomaram parte em um grande projeto a cargo de João da Silva Machado, o barão de Antonina. Ele estava engajado na exploração do planalto sudoeste na direção do sul do Mato Grosso, região ocupada por índios dos grupos caingangue e guarani, e foi instrumental na coordenação dos esforços para contatar os grupos e negociar sua remoção das terras tradicionais para aldeamentos.[49] O projeto de estabelecer uma estrada segura para o Mato Grosso através dos vales dos rios Tibagi, Paranapanema, Paraná, Samambaia e Ivinheima ganhou relevância estratégica e urgência na crise de 1850-1 com a Argentina, que ameaçava as comunicações com a província do Mato Grosso através do rio da Prata. Os 61 africanos livres concedidos em 1851 integraram o projeto de interiorização apoiado pelo Ministério do Interior, que significou a fundação de colônias militares e aldeamentos indígenas a intervalos regulares de distância do norte do Paraná até o Mato Grosso, a partir da colônia militar de Jataí, situada no rio Tibagi, e o aldeamento indígena adjacente de São Pedro de Alcântara.[50] Os registros produzidos pelo diretor do aldeamento de São Pedro de Alcântara, o missionário capuchinho Timotheo de Castelnuovo, e aqueles guardados pelo Ministério da Justiça nos permitem reconstituir as trajetórias de Paulo, de Inês e de alguns de seus malungos. O engenheiro Feliciano Nepomuceno Prates, que trabalhava sob as ordens do barão de Antonina, declarou em 1864 ter recebido três grupos de pessoas, em dois momentos diferentes: primeiro, em 1855, na Fábrica de Ferro de Ipanema, em Sorocaba, dez homens cujo status desconhecia (uns seriam africanos livres, outros, escravos da nação); depois, em 1856, na colônia de Jataí, catorze escravos da nação (a maioria crioulos, algumas mulheres e crianças) e catorze africanos livres (ainda que tenha listado apenas seis nomes). Paulo e Inês estavam nesse último grupo. Ele sabia que eram africanos livres porque um deles, Roberto, tinha uma "papeleta" declarando ser do carregamento do patacho *Jovem Maria*, assinada pelo auditor da Marinha em 1851. Os serviços deles estavam associados ao contrato que Prates celebrou com a Repartição Geral das Terras Públicas em junho de 1856 para a abertura de uma estrada "que servisse para transportar artigos bélicos até a fronteira da província de Mato Grosso pela via de comunicação e pelo Tibagi".[51] Ainda de acordo com o engenheiro, ele teve de devolver os escravos da nação e os africanos livres por ordens emitidas pela presidência da província do Paraná em 1859 e 1860.

Depois da Lei Eusébio de Queirós, os africanos livres seriam distribuídos somente entre instituições públicas ou de interesse coletivo e projetos de interiorização. Alguns africanos livres foram destacados para o conjunto de aldeamentos indígenas dirigidos por missionários capuchinhos na estrada entre São Paulo e Mato Grosso.

Paulo e Inês, 26 e 25 anos respectivamente, estavam listados como um casal de africanos livres residentes no Aldeamento de São Pedro de Alcântara em novembro de 1858 e de novo em agosto de 1859. Como notado por Danúsia von Zuben, o regulamento dos aldeamentos não incluía os africanos livres na categoria dos trabalhadores "empregados", com direito a um lote de terra e a dois dias da semana para cultivá-lo. Viviam no que o diretor chamou de "senzalas" e trabalhavam no cultivo de alimentos para os moradores, incluindo os índios e os militares da colônia vizinha. Há indícios de que tinham acesso a roças individuais em terrenos cedidos e que eventualmente vendiam o produto de seu trabalho. Não recebiam gratificações em dinheiro pelos serviços prestados no aldeamento — à exceção de Marcos, o ferreiro. Além do serviço da colônia, eram chamados para a abertura e a conservação das estradas, ou o transporte de mercadorias, sempre sem remuneração. O trabalho deles era fundamental, pois era difícil encontrar trabalhadores livres disponíveis ou dispostos a trabalhar por pouco. Von Zuben também ressaltou o perigo do trabalho na estrada, onde, por vezes, havia confronto com grupos indígenas rivais.[52] O contato com os índios era por certo o grande diferencial nesse empreendimento de fronteira: à medida que o aldeamento se consolidava, as relações entre africanos livres e índios guaranis se tornaram mais próximas, tendo sido vários casais de africanos livres, inclusive Paulo e Inês, padrinhos de filhos de índios guaranis entre meados da década de 1850 e a de 1880.[53]

O estabelecimento de comunicação com o Mato Grosso ganhou nova frente no fim da década de 1850: outro grande contingente de africanos livres foi engajado na abertura de uma estrada na parte oeste da província de São Paulo e na fundação da colônia militar de Itapura, no rio Tietê. Entre 1858 e 1861, africanos livres e escravos da nação que viviam na Fábrica de Ferro de Ipanema foram transferidos com suas famílias para a colônia militar de Itapura. Lá, sob os auspícios do Ministério da Marinha, eles trabalharam no estabelecimento e na manutenção da base avançada a partir da qual a navegação para Mato Grosso era testada e de onde novas estradas eram abertas.[54]

Também na Bahia a mão de obra dos africanos livres foi empregada em obras públicas, maiores e menores. Os 351 africanos emancipados da apreensão na Fazenda da Pontinha, sul da Bahia, no fim de outubro de 1851, chegaram a tempo de contribuir para a modernização da cidade de Salvador e as obras de interiorização. Um dos principais empreendimentos, custeado com recursos do orçamento do Império, visava promover a navegação e o comércio no rio Jequitinhonha, no sul da província. Tratava-se de facilitar o comércio com o norte de Minas Gerais por meio de obras que viabilizassem a circulação terrestre — abrindo e dando manutenção à estrada que corria em paralelo ao rio Jequitinhonha — ou fluvial —, estendendo a distância navegável do referido rio, mantendo limpo o canal Poassu e provendo segurança aos viajantes. A região, contígua àquela em que se desenrolava o projeto de colonização de Teófilo Ottoni no vale do Mucuri, era ocupada por índios botocudos, que opunham resistência à ocupação permanente. Mas, tanto do lado mineiro quanto do lado baiano, era vista como potencialmente muito importante para a colonização por europeus e nacionais, o que justificava o investimento.

Os africanos para lá enviados — provavelmente cem — ficaram a cargo dos responsáveis pelos trabalhos e foram alojados em fazendas. Em 1857, a inspeção do brigadeiro José de Sá Bittencourt e Câmara revelou ao presidente da província que vinte homens, sete mulheres e sete crianças viviam na Fazenda Poassu, onde se plantava café, mandioca e legumes, e 23 homens, 21 mulheres e 23 crianças viviam na Fazenda Genebra. O militar avaliou que se empregavam mais nas culturas de alimentos que nos trabalhos públicos, fato corroborado pelo péssimo estado em que encontrou as estradas e os canais.

O viajante alemão Robert Avé-Lallemant, que visitou a Fazenda Poassu em 1859, reportou que os africanos sabiam que eram livres e resistiam a obedecer às ordens dos feitores. Falantes de "um dialeto nagô", passaram a imagem de uma aldeia africana. De fato, a alta natalidade do grupo indica que viviam em regime de trabalho diferenciado dos outros africanos livres. Em 1862, já havia 31 homens, 24 mulheres e 62 crianças no grupo, o qual não recebeu muitos africanos transferidos desde 1851.[55]

A política de investimento nas obras públicas na Bahia notabilizou o presidente da província, Francisco Gonçalves Martins. Algumas contavam com recursos do Império, outras com recursos provinciais ou das Câmaras, mas nos relatórios Martins gostava de enfatizar a colaboração dos cidadãos de posses, que cediam terrenos, material e mesmo recursos para as obras, além de se envolver nas comissões de acompanhamento e fiscalização. O sistema de arrendamento das obras a empreiteiros floresceu em seu governo. A capital da província assistiu a uma intensa modernização de sua infraestrutura, com o calçamento de muitas ruas — inclusive de várias ladeiras que ligavam a Cidade Alta à Cidade Baixa —, obras no cais do porto e na área comercial, a canalização do rio Camorugipe, a construção de novos prédios públicos (como o Mercado e a nova Casa de Prisão com Trabalho) e a arrumação de espaços públicos, a exemplo da praça do palácio e o Campo Grande.

Francisco Martins destinou cem africanos livres do carregamento do *Relâmpago* para a obra de drenagem, nivelamento e arborização do Campo Grande, investindo no que seria "o mais belo e perfeito local desta cidade, onde podem ter convenientemente lugar as revistas e paradas de tropas e quaisquer outros divertimentos a que muitas vezes se entregam os povos civilizados".[56] Além desses, 25 foram destinados à obra do Cemitério da Quinta dos Lázaros, 95 para instituições religiosas e de caridade da capital e do interior, catorze para outros serviços públicos da cidade, e cem entre os arrematantes e empreiteiros de obras públicas. O argumento era que a medida aliviaria os cofres públicos dos gastos com os africanos que estavam ociosos e que a experiência sob as ordens de particulares lhes daria "os hábitos do trabalho e as convenientes habilitações", inclusive o conhecimento da língua do país, para mais tarde ser úteis às obras provinciais.[57] Na prática, era uma espécie de incentivo aos contratantes das obras, que reduziriam seus gastos com mão de obra e aumentariam a margem de seus ganhos.

Uma listagem preparada no início da década de 1860 e atualizada até 1864, enumerando 362 dos africanos emancipados na Bahia a partir de 1851, indica que a maioria circulou entre as diversas obras e instituições, provavelmente resultado de negociação dos arranjos de trabalho.[58] Numa cidade como Salvador, onde o trabalho era muito monetarizado, não havia nenhuma previsão de pagamento pelo trabalho dos africanos, regular ou eventual; os contratantes deviam garantir-lhes apenas o sustento, a moradia e o vestuário. Fica claro que o governo provincial não fez a opção por treiná-los em ofícios mecânicos, por exemplo, ou dar-lhes outras oportunidades de subir na hierarquia dos trabalhadores. É notável, no entanto, que muitos dos africanos cujos serviços foram inicialmente concedidos ao serviço de iluminação pública, às obras públicas e ao cemitério tivessem passado, entre 1858 e 1862, para "as obras a cargo de Barros Reis".

O comendador Barros Reis era responsável pelo serviço de iluminação de Salvador e provavelmente arrematante de numerosas obras, pois detinha 68 africanos por volta de 1862. Naquele ano, o Ministério da Agricultura, Comércio e Obras Públicas informou à província da Bahia que os africanos livres deviam estar ocupados em serviço público geral ou provincial (leia-se diretamente administrados pelo Império ou pelas províncias) e não deviam ser entregues a particulares, pois os serviços que prestavam eram mais valiosos que a subsistência que estes davam aos africanos em troca do trabalho. O aviso parecia dirigido ao caso dos africanos no Jequitinhonha, mas também serviu para que Barros Reis perdesse sua mão de obra barata. Restaram-lhe apenas dois africanos.[59]

Desse breve panorama do emprego de africanos livres pelo Estado depois de 1850, depreende-se uma novidade em relação à fase anterior: a mão de obra de africanos livres era mais frequentemente destinada a obras públicas e a projetos associados com a nova fase de modernização capitalista. A realização dos empreendimentos se dava por concessão estatal, a companhias particulares, de privilégios para a exploração de determinados setores, e algumas tinham subsídios especiais, na forma da mão de obra dos africanos livres. Dessa maneira, os africanos livres continuaram, nessa nova fase da história brasileira, a servir de moeda de troca política: contribuíam para as fortunas daqueles que apoiavam o governo imperial e, assim, garantiam a base da centralização conservadora. Porém, onde antes estavam centenas de concessionários particulares, agora se encontrava apenas um grupo seleto de empreendedores.

ENGAJAMENTO? ESCRAVIDÃO? CIDADÃOS?

Os africanos distribuídos para o serviço obrigatório a partir de 1834 completaram os catorze anos a partir de 1848 e passaram cada vez mais a demonstrar descontentamento. Muitos concessionários preferiram abrir mão dos serviços deles, devolvendo-os à Casa de Correção. Foi o que aconteceu com Maria Rebola, emancipada da escuna *Angélica* e concedida a Francisco do Rego Quintanilha em janeiro de 1836. Ele reclamou que desde 1851 a conduta dela "era péssima", pois não aceitava mais servi-lo e trabalhava mais para fora do que para a casa, dizendo-se explorada indevidamente e chamando Quintanilha de "ladrão de seus serviços".[60]

Assim como Maria, inúmeros outros africanos livres se recusaram a continuar obedecendo a seus concessionários ou aos administradores das instituições quando avaliaram que o tempo devido havia terminado. Raramente tinham consciência exata de seus direitos e do período de serviço devido, mas recusavam o que associavam à escravidão. Essa tomada de consciência foi decerto influenciada pela crise em torno da abolição do tráfico e a mobilização para a repressão nos anos seguintes à Lei Eusébio.

O senador Montezuma, que acompanhava de perto o debate acerca do tráfico e dos africanos, subiu à tribuna nos últimos dias da sessão parlamentar de 1851 para propor um requerimento acerca dos africanos livres e dar ao governo a oportunidade de demonstrar a boa-fé ao "mundo civilizado" e, ao mesmo tempo, humanidade com os "miseráveis africanos". Referindo-se apenas aos africanos emancipados entre 1831 e 1850, o conselheiro, respeitado como herói da Independência e primeiro presidente do Instituto dos Advogados do Brasil, criticou com sutileza os sucessivos gabinetes, por deixar que a condição dos africanos fosse associada à servidão e por não manter boa escrituração de seus dados. Montezuma requeria que o governo reunisse informações acerca do número e do destino dado aos africanos livres — se trabalharam para estabelecimentos públicos, de caridade ou em casas particulares —, além de dados sobre a mortalidade, o pagamento dos salários, o treinamento em ofícios, a educação moral e religiosa, e a emancipação após o cumprimento do serviço obrigatório. Por ser a primeira vez que se falava disso em público, ele abordou a questão com cautela.

O senador via aquele momento como uma virada na administração dos africanos livres: antes havia "dificuldades invencíveis" — as mesmas associadas ao tráfico ilegal — que "faziam e obrigavam o governo a não dar passo que não fosse tímido e prudente a tal respeito" e que justificavam o descontrole sobre os africanos concedidos a particulares.[61] Ao tocar exatamente no ponto em que os regulamentos haviam sofrido revisões extraoficiais, sua fala marcava posição firme a respeito da condição dos africanos livres. O senador insistiu no uso do termo "engajamento" para descrever o arranjo de trabalho dos africanos livres e situou-o em relação a outros: "estou intimamente convencido de que o serviço [sic] dos africanos livres não são dados senão por mero engajamento; quero dizer, esse contrato, esse arrendamento de serviços não constitui uma espécie de servidão, não pode ter de forma alguma um caráter perpétuo".[62] Ele sabia que a interpretação corrente da legislação negava a aplicação de um limite para o

Montezuma, logo após a Lei Eusébio de 1850, quebrou o silêncio no Parlamento acerca do estatuto dos africanos livres e de seus filhos, que considerava mais próximo da escravidão que da liberdade.

período de trabalho obrigatório e por isso defendia a adoção do prazo de catorze anos estabelecido pelo Alvará de 1818. Para deixar sua posição ainda mais clara, reforçou:

> Não entendo que o arrendamento dos serviços dos africanos livres constitua escravidão, porque se são livres devem ter os direitos de homens, livres sujeitos unicamente à condição em que se acham, de estrangeiros sem nenhum meio de vida, sem nenhuma educação, sem conhecerem a língua, e assim não era possível que ficassem dispersos no país, entregues a si próprios.[63]

Montezuma denunciava a ocorrência de uma manipulação da condição dos africanos que vinha ameaçando seu próprio estatuto de livres. A concessão dos serviços estava se aproximando da servidão, uma vez que perdera o prazo e beirava a perpetuidade. Por isso o senador fez questão de reforçar que era a condição de estrangeiros sem educação ou conhecimento da língua nacional que justificava a distribuição de seus serviços, uma vez que sua força de trabalho pagava pela proteção durante o período de adaptação. Para ele, o sistema de arrendamento dos serviços dos africanos deveria ser considerado como um engajamento, sistema de trabalho livre mais próximo do contratual. O termo não costumava ser usado em relação aos africanos livres, mas com isso Montezuma os trazia para o mundo do trabalho livre, quando as circunstâncias costumavam associá-los à escravidão. Era uma escolha atualizada e informada pelo circuito atlântico, o qual ele por certo acompanhava por leituras e conversas. Sua definição de engajamento equivalia provavelmente ao sistema de contrato, *indenture*, das colônias britânicas, ou ao sistema de contrato de muitos trabalhadores portugueses no Brasil no mesmo período.

Ainda assim, a condição dos africanos livres num e noutro

lugar contrastava. No Império britânico, o estatuto de livre era garantido e sustentava a ideia de liberdade que envolvia também autonomia, mobilidade, engajamento voluntário e trabalho remunerado. No Brasil, Montezuma não se enganava, a condição dos africanos livres esteve mais próxima da escravidão e, naquele momento, o próprio estatuto deles parecia ameaçado. A fala do político veterano recém-eleito para o Senado também continha um apelo em defesa dos direitos civis dos africanos e de seus filhos. Ele admitia que os africanos livres eram estrangeiros, mas como livres deveriam "ter os direitos de homens", talvez se referindo aos direitos mais básicos associados à liberdade — mobilidade e autonomia —, quem sabe até sugerindo outros. É notável que Montezuma tenha chamado a atenção para a situação em que se encontravam os filhos dos africanos livres. Deles, o governo não tinha registro. O senador lembrou a todos que não só eram nascidos de ventre livre, mas como filhos de estrangeiros nascidos no Brasil também eram cidadãos brasileiros. Sugeriu que talvez pudessem servir nas tropas ou ser úteis de outra forma.

O requerimento apresentado por Montezuma ao Senado em setembro de 1851 endossava o breve debate acontecido na Câmara quatro meses antes. No começo da sessão de 10 de maio, o deputado Silva Guimarães pediu a palavra para fazer um requerimento no mesmo teor, e as exclamações com que foi recebido expuseram o incômodo latente:

> O sr. Silva Guimarães: — Sr. presidente, temos desde 1831 a lei de 7 de novembro do mesmo ano, que considera livres os africanos importados no Brasil. Tivemos depois disso disposições que contêm mui boas providências acerca do destino desses africanos, seu tratamento etc. Sabemos que dessa época para cá têm-se feito muitas apreensões, mormente nestes últimos tempos. Mas eu não sei qual

o número desses cidadãos africanos atualmente existentes entre nós...

Alguns srs. deputados: — Cidadãos!

O sr. Nabuco: — Cidadãos, não.

O sr. Silveira da Mota: — Cidadãos?! Só se forem da Costa d'África.

O sr. presidente: — Atenção!

O sr. Silva Guimarães: — São cidadãos, sim. Não sei qual o número desses cidadãos africanos nem o destino que o governo pretende dar-lhes, existindo leis a este respeito, nem quanto tem produzido seus salários. É por este motivo pois que faço o presente requerimento, pois espero merecerá a consideração da Câmara.[64]

"Cidadãos africanos" soava como provocação. Pedro Pereira da Silva Guimarães, deputado pelo Ceará, havia apresentado projetos de emancipação gradual à Câmara, em março e agosto de 1850, em que propunha a libertação do ventre, a obrigatoriedade da alforria por indenização do valor e a proibição da separação dos casais.[65] Era, portanto, dessa figura conhecida como abolicionista que partia a expressão. O fato é que causou arrepios no plenário, arrancando de Nabuco de Araújo uma negativa veemente — "cidadãos, não" — e do paulista Silveira da Mota a ironia "só se forem da Costa d'África". O lugar dos africanos no Império não era nada pacífico e, contrariando muitos, estava na ordem do dia.

Os requerimentos feitos à Câmara e ao Senado em 1851 foram solenemente ignorados pelo gabinete saquarema: não consta que a lista solicitada tenha sido produzida ou que a escrituração dos africanos tenha melhorado. Pelo que vimos, o governo ocupava-se em distribuir os africanos recém-chegados entre as instituições públicas e as províncias, e a reproduzir o sistema de exploração do trabalho compulsório dos africanos com a nova leva, beneficiando-se deles para reforçar a centralização conservadora.

Mas os africanos livres chegados na década de 1830 não sossegaram. O curador de africanos livres, Carlos Honório Figueiredo, recebia muitas reclamações.

Um caso é mais emblemático: vários africanos livres que serviam na Casa de Correção vieram à presença do curador Carlos Honório Figueiredo em março e, depois, em julho de 1853 para reclamar que já estavam servindo havia mais de vinte anos e para pedir a desoneração de seus serviços ou a reexportação.[66] Entre os 24 africanos signatários da representação em que relatavam sofrimentos, maus-tratos, "vexações de toda espécie" e falta de "garantia de sua liberdade", estavam muitos que tinham enviado seus nomes ao cônsul britânico Hesketh em 1850 e novamente acionavam um meio formal de reivindicação de seus direitos.

O diretor da Casa de Correção, João Paulo Ferreira Dias, negou que sofressem violência desmedida e apontou o que lhe parecia ser tratamento razoável: castigo apenas moderado, trabalho gratificado, roupa, comida três vezes ao dia, autorização para trabalhar fora aos domingos e feriados — e para guardar o dinheiro — e tratamento médico na enfermaria do estabelecimento quando necessário.[67] Sobre o cumprimento do tempo, Dias declarou, certamente sem consultar a documentação, que os mais antigos tinham ido para a Casa em 1835, tentando desmentir os africanos e criticar a suposta parcialidade do curador. Àquela altura, em fase de transição no Ministério da Justiça, não se tomaram providências. No fim de dezembro, depois de consultar a seção de Justiça do Conselho de Estado, o recém-empossado ministro da Justiça, José Tomás Nabuco de Araújo, decretou o direito à emancipação para os africanos livres que tivessem servido a particulares por catorze anos e, ainda que não tivesse beneficiado os africanos livres da Casa de Correção, abriu nova fase dessa história.[68]

8. Emancipação da tutela

Perguntada se tinha requerido ou pedido a alguém para requerer a sua emancipação? — Respondeu que estando na Fazenda recebeu de sinhazinha d. Amália filha do defunto sr. Aureliano uma carta escondida dentro de uma lata de açúcar, da qual foi portador o crioulo Jacinto escravo da Fazenda, cuja carta ela mandando ler por um Antônio de tal, viu que a carta era aconselhando-a a que fugisse para cá para ela sinhazinha lhe arranjar alforria, e que vindo ela respondente para Niterói com uma filhinha doente aí recebeu um recado da sinhazinha trazido por um pardo de casa de d. Clara, onde morava a mesma sinhazinha, dizendo-lhe que visse se podia escapulir para ir para sua casa para ela tratar de sua alforria, o que com efeito ela fez fugindo uma noite com sua filha Eva por casa de d. Clara, onde morava a sinhazinha, e que daí a embarcaram em um bote de noite e a foram levar a praia de Santa Luzia, e que daí foi para a rua das Marrecas para a casa de um sr. Pedro de Alcântara, acompanhada pelo pardo Belmiro, que tinha sido criado do defunto sr. Aureliano e que agora estava em casa da referida d. Clara cujo pardo a estava esperando na praia de Santa Luzia.[1]

* * *

Carolina Conga havia sido emancipada do *Duquesa de Bragança* em 1834 e cumprira seu serviço obrigatório na Fazenda Paquequer, perto de Petrópolis, na serra fluminense. A fazenda, na qual se cultivava chá, havia pertencido a Aureliano Coutinho, ministro da Justiça à época de sua emancipação. Tinha sido vendida por ele a um médico, José Francisco Frongeth, que obteve permissão para manter os africanos livres sob sua responsabilidade. Com quatro filhos e casada com Domingos, um escravo da fazenda do dr. Frongeth, Carolina vivera 22 anos entre africanos livres e escravos quando a filha de Aureliano, Amália Guilhermina, a ajudou a obter sua emancipação da tutela, em 1857. O caso dela revela muitos aspectos do cotidiano dos africanos livres e de seus relacionamentos com escravos e libertos, e, mais que isso, testemunha a árdua batalha que os africanos livres travaram pela emancipação definitiva.

As petições de emancipação que chegaram ao curador dos africanos livres ou à terceira seção do Ministério da Justiça oferecem um olhar único sobre a vida dos africanos que sobreviveram aos termos do serviço obrigatório. A essa altura, um número significativo daqueles emancipados nas décadas de 1830 e 1840 tinha morrido, e muitos sobreviventes mostravam sinais de envelhecimento e de doenças mentais. Após tantos anos no Brasil, os africanos livres tiveram filhos, formaram laços, adotaram novos nomes e construíram suas vidas dentro dos limites que lhes foram impostos. Várias petições indicavam que os africanos viam seus termos de serviço obrigatório como um período de cativeiro e esperavam que sua emancipação lhes desse um título que garantisse a "plena liberdade".

A análise desenvolvida neste capítulo baseia-se num conjunto de 262 pedidos de emancipação dirigidos ao imperador e tramitados no Ministério da Justiça entre 1854 e 1864, vários deles com mais de uma petição da mesma pessoa e, além disso, em dados compilados entre 1864 e 1869 sobre o destino de 955 africanos livres, de sete carregamentos apreendidos na década de 1830.[2] As petições e registros indicam trajetórias individuais e os sentidos que os africanos deram a seu serviço obrigatório e à emancipação. Tomados em conjunto, expõem os vícios da política de emancipação do grupo e os limites impostos pelo governo imperial sobre a conquista de autonomia.

"EXPIRADO O TEMPO DE SEU CATIVEIRO"

Parte considerável dos africanos resgatados do tráfico e emancipados no momento da chegada ao país não sobreviveu aos catorze anos de serviço obrigatório para obter a emancipação definitiva. A amostra de 955 registros de africanos chegados na década de 1830 aponta que, dos 731 cujos destinos são conhecidos, 324, ou 44,3%, morreram antes de completar o prazo.[3] Os três anos iniciais eram particularmente difíceis, tendo ceifado a vida de quase um terço de todos os africanos recém-chegados, pesando mais sobre os que serviam em instituições públicas. Com o passar dos anos, a diferença nos índices de mortalidade de acordo com o local de trabalho foi revertida: entre o décimo e o 14º ano de serviço obrigatório, os africanos livres que serviram aos concessionários particulares morreram com mais frequência que aqueles que trabalhavam em instituições públicas, possivelmente indicando que a socialização diária com outros africanos livres e algum arranjo de trabalho favorável dentro das instituições possam ter favorecido suas condições de vida, enquanto os que trabalhavam para os concessionários continuavam a ser explorados como antes. Os africanos livres morriam das mesmas causas que os escravos e a população livre: doenças contagiosas, ferimentos relacionados ao trabalho e doenças crônicas devido à má nutrição ou à idade avançada.[4]

O que os registros dos africanos livres que chegaram à década de 1830 revelam, com muita clareza pela primeira vez, é que muitos continuaram trabalhando além dos catorze anos de serviço obrigatório: dos 731, 108 (quase 15%) faleceram à espera da prometida emancipação definitiva, mesmo tendo servido por vinte, 25 ou até 29 anos.

As petições de emancipação e outros registros do Ministério da Justiça mostram que muitos estavam velhos e doentes depois de cumprir o serviço obrigatório. Maria Angola, por exemplo, se dizia "cega pelo mau tratamento e sevícias", denunciando seu já falecido arrematante, João Caetano d'Almeida França, de tê-la castigado "a ponto de vazar-lhe um olho".[5] Miguelina Bié estava com tuberculose e sofrendo "fenômenos que conduzem acreditar na existência de tênia", mas seu arrematante, Domingos Alves Loureiro, continuou a tratar dela mesmo que não pudesse servi-lo.[6]

Eram inúmeros os casos de africanos livres que tinham se tornado alcoólatras e, por isso, enviados ao rígido controle da Casa de Correção. Caso extremo foi o de Firmina Benguela, emancipada do *Paquete de Benguela* em 1840, que havia completado seu serviço obrigatório para o concessionário Basílio Quaresma Torreão e trabalhado por mais quatro anos na Casa de Correção como lavadeira. De acordo com o diretor daquela instituição, em 1862, ela mostrou ser muito "trabalhadeira", "sendo contudo propensa ao vício da embriaguez, tanto assim que durante todo aquele longo tempo nunca lhe foi concedida licença para sair à rua".[7]

Beliza Nagô, da Fábrica de Pólvora, registrou em sua petição que tinha uma irmã dona de um "pequeno negócio" na Corte. Talvez, na tradição das africanas minas, fosse um negócio de quitandas.[8] Salustiana Conga queria a emancipação para "gozar de algum repouso em companhia do seu padrinho, preto casado morador na rua da Lapa". É significativo que muitos africanos livres tenham feito questão de indicar, em suas petições, os laços familiares e relações construídas no mundo dos libertos. Muitas africanas livres se casavam ou tinham filhos com homens brancos. Ricardina, por exemplo, teve uma filha parda com um "português carniceiro", a quem seu concessionário acusava de incitá-la à insubordinação. Elizia, que servia na Fábrica de Pólvora, casou-se com um pedreiro português que também trabalhava lá, com quem tinha uma filha de seis meses de idade, Balbina. José João de Araújo teve alguma dificuldade para conseguir a guarda da filha, pois enfrentou a resistência dos administradores.[9]

Nem sempre as africanas livres tinham custódia dos filhos, legalmente nascidos livres, ingênuos. As crianças nascidas durante o período de serviço obrigatório de suas mães em instituições públicas cresciam ali e eram incorporadas à mão de obra aos sete anos de idade.[10] Aquelas que moravam com suas mães em casas de particulares geralmente tinham os concessionários das mães como tutores e eram postas para aprender ofícios.

Firmino, o filho de dez anos da africana livre Maria, tinha como padrinho o filho do concessionário de sua mãe, Francisco do Coração de Jesus Quintanilha, que era padre. O menino ajudava o padrinho na missa e conseguiu contrato com um alfaiate da cidade. Do mesmo modo, Maria e Eva, as filhas mais velhas de Carolina Conga, da Fazenda Paquequer, cujo interrogatório abriu este capítulo, se achavam em casas de mestras de costura em Niterói. Elas haviam sido batizadas "no tempo do sr. Aureliano na Capela Santa Rita". Maria tinha por padrinho um homem branco, filho do vizinho Tomás Francisco, e por madrinha Nossa Senhora; Eva era apadrinhada pelo africano Geraldo e pela africana Isabel.[11] Tais casos parecem indicar que os filhos dos africanos livres tiveram chances não oferecidas a seus pais de incorporação ao mundo das pessoas livres. Entretanto, as frequentes disputas acerca de seu estatuto jurídico demonstram que não foi o caso de todos e que esse não foi um processo pacífico. Os africanos livres geralmente tinham de insistir em ganhar a custódia dos filhos após terem recebido sua emancipação, ou entrar com uma petição para a emancipação dos filhos mesmo que fossem ingênuos.

No início da década de 1850, o significado do estatuto de africano livre difundiu-se gradualmente, graças à agitação em torno da abolição do tráfico, do fim do prazo de serviço obrigatório daqueles que haviam sido emancipados na década de 1830 e da expedição do decreto ordenando sua emancipação. Se alguma vez houve uma "identidade africana livre" individual ou coletiva, foi formulada na década de 1850, quando ficou evidente para os africanos livres que eles tinham servido por tempo suficiente, que sua liberdade estava associada à proibição do tráfico de escravos e que os britânicos vinham brigando pelas duas causas com a administração imperial.

O TRÂMITE DAS PETIÇÕES

O Decreto de 28 de dezembro de 1853 concedia emancipação aos africanos livres que haviam servido a concessionários particulares durante catorze anos, negando as mesmas condições aos que serviram em instituições públicas. Quem tinha tal direito precisaria apresentar-se para requerê-lo ao governo imperial:

> Hei por bem [...] ordenar que os africanos livres que tiverem prestado serviços a particulares por espaço de catorze anos sejam emancipados quando o requeiram, com obrigação porém de residirem no lugar que for pelo Governo designado, e de tomarem ocupação ou serviço mediante um salário.[12]

Era a primeira vez que a legislação imperial mencionava o prazo de catorze anos. Nem o Aviso de 1834 nem o Decreto de 1835 sobre a distribuição de seus serviços o faziam, porque se baseavam no princípio de que seriam reexportados, como determinava a Lei de 1831. Em decorrência disso, a administração dos africanos na Corte — curador, juiz de órfãos, funcionários do Ministério da Justiça — seguira a premissa de não haver limite de tempo para o serviço compulsório dos africanos.

A análise das petições dos africanos livres e de sua tramitação pela burocracia imperial é reveladora: expõe tanto as estratégias e os argumentos dos africanos para se provarem merecedores da liberdade como os vícios dos procedimentos administrativos que dificultavam, em vez de favorecer, a emancipação. À primeira vista, como procedimentos formais para requerer a liberdade, as petições dos africanos livres podem parecer com as ações de liberdade pelas quais escravos requeriam liberdade no Judiciário. Mas uma das diferenças é que tramitavam no Ministério da Justiça, e não no Judiciário — as petições, portanto, não envolviam advogados ou juízes, nem argumentos jurídicos elaborados.[13] O documento mais importante para iniciar um pedido de emancipação era a certidão extraída do Livro de Matrícula dos Africanos Livres pelo escrivão dos africanos livres, funcionário que dava expediente na Recebedoria do Município. Esse livro era, segundo o próprio escrivão, "um abecedário geral das pessoas a quem se acham confiados africanos livres".[14] A certidão atestava quando a pessoa havia começado a trabalhar e para quem. O documento era então anexado a uma petição dirigida ao imperador e entregue ao Ministério da Justiça. Às vezes, os africanos anexavam também alguma declaração atestando sua boa conduta e aptidão para a liberdade.

A petição seguia um longo caminho na burocracia imperial. Passava pelo juiz de órfãos, o curador dos africanos livres, o diretor da Casa de Correção e o chefe de Polícia da Corte. Este último requisitava um interrogatório do africano, para checar a identidade e apurar se havia interesse de terceiros no processo de emancipação. Ao africano eram indagados seu nome e nação, idade e ocupação, se a petição era iniciativa sua e se havia sido bem tratado pelo concessionário. Só em casos excepcionais se buscavam mais detalhes. Cada uma dessas autoridades despachava a petição com recomendação de emancipar ou não o africano ou africana em questão, com base em critérios diferentes. Cabia ao juiz de órfãos e ao curador garantir que o registro correspondia mesmo à pessoa que pedia emancipação e atestar o cumprimento do prazo de serviço obrigatório. Eles sempre eram favoráveis à emancipação, a despeito de o serviço ter sido para concessionário ou instituição. O chefe de Polícia buscava informações do africano junto ao concessionário (anexando um interrogatório ou um atestado) e informações do diretor da Casa de Correção onde o africano estava em depósito e das pessoas que supervisionavam seu trabalho lá. Procurava provas de obediência e de capacidade de sustentar-se através do trabalho regular e, em particular, indicações sólidas do que considerava "boa conduta" do africano. O chefe de Polícia nunca deixava de mencionar a seus superiores o que considerava vício, fosse de jogo ou bebida. Demonstrando o esvaziamento da autoridade do juiz de órfãos e do curador, os funcionários do Ministério da Justiça que lidavam com a petição e que a relatavam ao ministro concordavam com a opinião do chefe de Polícia, fosse ela favorável ou não à emancipação. Ainda assim, sempre cabia ao ministro da Justiça a última palavra, negando a emancipação ou emitindo avisos de emancipação ao juiz de órfãos, que emitia as cartas, e ao chefe de Polícia, que as entregava aos africanos.

O formato das petições seguia um padrão, mesmo que fossem redigidas por pessoas diferentes. Todas as petições centravam suas justificativas no fato de que os africanos livres haviam completado (ou até mesmo ultrapassado) o termo de serviço obrigatório e que, em virtude da legislação, a pessoa deveria ser emancipada. A formulação da petição também incluía argumentos para convencer os funcionários de que o requerente era digno de emancipação. Demonstrar obediência e respeito aos concessionários ou superiores, provar ter capacidade de manter-se por meio do próprio trabalho ou mostrar ser casado e ter filhos para sustentar eram algumas das estratégias comuns. Dionísia Bié, por exemplo, argumentava que estava "cansada de prestar serviços" e que queria morar com seus dois filhos, cujo pai, José Guedes, presumidamente um homem livre, pretendia "educá-los e dar instrução moral e religiosa".[15] Hipólito Angola apresentou provas de que tinha conseguido um contrato de três anos para trabalhar como empregado doméstico por 96$000 réis por ano para uma viúva.[16] Claramente, as petições buscavam atender aos critérios de avaliação dos diferentes burocratas encarregados delas; na década de 1850, as pessoas julgadas dignas de emancipação, além de ter completado o período de serviços, "juntam a essa condição a de terem bom comportamento e poderem se regular por si mesmos, independente de qualquer tutela".[17]

Quase nenhum escravo, liberto ou africano livre se aventurava a lidar sozinho com a burocracia imperial. Os africanos livres tiveram ajuda em diferentes etapas do processo. As petições eram geralmente escritas por "solicitadores de causas", profissionais não formados que anunciavam seus serviços no *Almanak Laemmert*, logo depois da listagem dos advogados. Os africanos provavelmente custeavam esse serviço com seus ganhos. Em 262 casos de emancipação consultados, apenas quatro foram escritos ou assinados pelos próprios africanos livres. Em outros casos, os africanos eram alfabetizados, mas preferiram que a petição fosse escrita por outra pessoa.[18]

Com frequência, os africanos livres tiveram apoio de pessoas favoráveis a seus pedidos de emancipação. Fosse na forma de cartas atestando boa conduta, de testemunhos à Polícia, de garantias de proteção ou emprego, muitos concessionários ou pessoas para quem os africanos trabalharam ou com quem se relacionavam envolveram-se no processo. O caso de Carolina Conga, cujo interrogatório abriu este capítulo, demonstra a existência de toda uma rede de pessoas engajadas na causa dos africanos livres. Carolina trabalhava na fazenda de chá em Petrópolis que pertencera a Aureliano Coutinho. Em seu interrogatório na Polícia, em novembro de 1857, ela contou que um dia recebeu, na fazenda, escondida em uma lata de açúcar, uma carta da "sinhazinha" Amália Guilhermina, filha do falecido Coutinho, encorajando-a a fugir para Niterói, a fim de buscar sua emancipação. Carolina foi ajudada por uma rede de pessoas ligadas à "sinhazinha" para levá-la, com sua filha, ao Rio de Janeiro, onde foi abrigada na casa de Pedro de Alcântara, na rua das Marrecas.[19] Amália Guilhermina fez uma petição em nome de Carolina, cuja argumentação vale reproduzir quase na íntegra:

> Tendo a suplicante conhecido a preta Carolina desde sua mais tenra infância, sendo sempre exemplar sua conduta durante todo o tempo em que esteve em casa de seu falecido pai, recordando-se de seus desvelos e condoendo-se da triste sorte que foi deparar na fazenda do dr. Frongeth, não pode por caridade e por seus sentimentos de gratidão recusar-lhe um amparo, que conquanto fraco, poderia talvez salvar duas infelizes dos maus-tratos a que estavam reduzidas como cativas, entregues a um senhor desumano.
>
> Não desconhece a suplicante com que prudência, para se evitarem maus precedentes, se deve atender a queixas desta natureza, mas a prudência mesma tem um limite quando não se cumpre com as condições da lei em favor dos africanos livres que são postos de aprendizagem em casa de particulares.
>
> Se a preta Carolina não tivesse concluído essa aprendizagem,

deveriam passar seus serviços para quem lhe suavizasse mais a existência. A lei dá o prazo de catorze anos para que um africano livre, consignado a algum particular, possa requerer a sua liberdade, e a africana Carolina tem estado em serviço particular por espaço de mais de 23 anos! O seu bom comportamento e o seu amor ao trabalho dão as precisas garantias de que poderá prover a sua subsistência e a de suas filhas.

Não é de agora que solicita aquela africana a sua carta de emancipação; foi burlada esta sua pretensão pelo seguinte fato, que só por si merecerá a proteção do Governo Imperial sob cuja tutela está esta classe desgraçada da sociedade.

Estando a africana Carolina em casa do dr. Frongeth em Niterói há tempo, recorreu à suplicante para promover a sua liberdade, e já então havia excedido em muito o prazo da lei que lhe dava aquele direito. Nada mais justo. Entretanto logo que disso teve notícia, o dr. Frongeth a fez seguir para a sua fazenda em Paquequer aonde a forçou a casar com um seu escravo. Consta à suplicante pela africana Carolina que não teve só ela esta triste sorte; que o mesmo se praticava ali com alguns outros africanos livres na mesma ocasião. Casar uma africana livre com um cativo era o mesmo que reduzi-la ao cativeiro, fazê-la partilhar a condição de seu marido. E seus três filhos, antes livres, hoje enteados do escravo do dr. Frongeth, não seguirão também a condição de seu padrasto? Que proteção pode lhes dar este, que recursos pode ter contra qualquer violência [uma] mulher escravizada por um casamento tão desigual e disparatado?

Nunca a escravidão se torna mais horrível como quando se consideram as suas consequências nas relações de família, e o fato acima exposto no ato de impetrar a sua carta de emancipação a africana Carolina, é de um caráter odioso e até criminoso por importar reduzir à escravidão pessoas livres.[20]

Amália talvez estivesse inspirada pelos sentimentos abolicionistas que se espalhavam entre mulheres de elite na Europa e nos Estados Unidos. Quiçá fosse leitora de *Uncle Tom's Cabin*, verdadeiro manifesto abolicionista publicado pela americana Harriet Beecher Stowe em 1852, que rapidamente ganhou edições em vinte idiomas, inclusive em português (foi publicado em Paris, em 1853, como *A cabana do Pai Thomaz, ou, A vida dos pretos na América: Romance moral*, e no mesmo ano, no Porto, justamente na coleção Biblioteca das Damas).

Amália provavelmente punha em prática ideias discutidas no círculo de sua família de políticos liberais. Saturnino de Sousa e Oliveira, seu primo, havia integrado a Sociedade Contra o Tráfico e agora se preparava para assumir o consulado do Brasil em Luanda. Na petição, Amália defendia que Carolina merecia emancipação, por já ter servido por 23 anos, e estar apta a viver sobre si. Mostrou ciência do estatuto e da situação dos africanos livres, que ela chamou de "classe desgraçada da sociedade sob tutela do governo imperial". Evitando ser rotulada de radical, admitiu, bem ao modo senhorial, a necessidade de agir com "prudência para se evitarem maus precedentes", mas firmou posição ao declarar que, em nome da ordem social, o governo cometia injustiças.

Pontual e estratégica em sua denúncia, Amália acusou o dr. Frongeth de buscar reduzir Carolina à escravidão, ao menos na prática, através do casamento com um escravo seu. Essa mesma condição se estenderia a suas três primeiras filhas, ameaçadas de seguir a condição do padrasto. Casada com um escravo, Carolina seria impotente para defender a própria liberdade e a de suas filhas. Usar o argumento de que a escravidão corroía as famílias era uma escolha adequada à situação. Amália também instruiu Carolina a denunciar os maus-tratos que teria sofrido na fazenda. Uma vez na Casa de Correção, Carolina foi interrogada, e parte do argumento se desmanchou. O escravo com quem Frongeth teria casado Carolina já era o pai de suas três primeiras filhas e ao que parece comprado a pedido da africana. Entretanto, graças à intervenção de figura tão proeminente quanto Amália, Carolina não esperou muito por sua carta de emancipação.[21]

Amália já havia ajudado a africana livre Delfina no ano anterior, declarando que poderia contratar os serviços desta assim que a africana recebesse sua emancipação.[22] Assistir a essa movimentação talvez tenha inspirado o pardo Vicente, escravo alfaiate de Amália, a evadir-se, em novembro de 1857. Foi visto com trajes de marinheiro, segundo a comunicação da "sinhazinha" à Polícia.[23] Talvez não houvesse contradição em ajudar africanos livres a conseguir emancipação e possuir escravos. Amália devia estar entre os que defendiam uma fronteira mais clara entre escravidão e liberdade, a começar pela emancipação definitiva dos africanos tutelados pelo governo imperial.

OBSTÁCULOS PARA A EMANCIPAÇÃO DEFINITIVA

O caso de Carolina mostra que a hierarquia social entre os concessionários interferia no acesso dos africanos livres à emancipação definitiva. Alguns concessionários ou protetores dos africanos — ministros, conselheiros de Estado, senadores, funcionários graduados do governo — tinham influência poderosa sobre os trâmites das petições e podiam facilmente acelerar ou bloquear processos de emancipação. Essa distorção não foi a única identificada na análise dos trâmites das petições dos africanos livres no Ministério da Justiça. Completar os catorze anos de serviço era condição necessária, mas não suficiente para a emancipação.

Identificar uma lógica que tivesse guiado os funcionários na análise dos pedidos de emancipação é tarefa inglória. Nem a combinação de obediência, boa conduta e capacidade de sustentar-se, nem garantias dos concessionários pareciam assegurar que as petições fossem deferidas. Conclui-se que várias armadilhas foram montadas ao longo da tramitação dos processos: o fato de que os africanos e africanas tivessem que reiterar seus pedidos enquanto esperavam resposta daqueles entregues meses antes, o recorrente indeferimento de petições dos africanos "pertencentes a instituições públicas" e o apelo daqueles cujos avisos haviam sido expedidos mas que continuavam a esperar pela entrega das cartas apontam para uma política deliberada do governo imperial de reter os africanos livres como mão de obra na segunda metade da década de 1850.

O primeiro sinal da armadilha foi constatar que as petições dos africanos livres que serviam em instituições públicas eram repetidamente indeferidas na segunda metade da década de 1850, mesmo que eles tivessem completado e muitas vezes ultrapassado os catorze anos de serviço. A justificativa era que não tinham direito à emancipação pelo Decreto de 1853. O africano livre Lino, por exemplo, vinha servindo o Corpo Municipal Permanente da Corte desde dezembro de 1835, e ele mesmo redigiu uma petição em novembro de 1856 dizendo que "o tempo da lei" havia passado, seu comportamento era bom e tinha "prestado serviços sem cometer a menor falta". Lino era provavelmente um rapaz quando começou a servir os Permanentes e nos vinte anos de serviço obrigatório lá deve ter aprendido a ler e escrever. Demonstrando que o grau de adaptação ao país e a habilidade de sustentar-se ou de garantir sua própria liberdade não eram considerados, Nabuco de Araújo, ministro da Justiça, indeferiu o pedido de Lino quatro meses depois, "por estar empregado em estabelecimento público".[24]

Quando ministro da Justiça, entre 1853 e 1859, Nabuco de Araújo decretou a emancipação definitiva dos africanos livres que tinham servido a particulares por catorze anos. Coerente com a medida mas de forma injusta, indeferiu muitas petições de africanos que estavam no serviço público.

Da mesma forma, petições dos africanos livres que trabalhavam nas outras instituições públicas da Corte foram negadas sistematicamente. Tertuliano e Catarina serviam em instituições ligadas ao Ministério da Guerra desde 1839 e 1836, respectivamente. Em 1857 estavam casados e, a serviço do Arsenal de Guerra da Corte, tiveram sua "plena liberdade" indeferida "por pertencerem seus serviços a estabelecimento público".[25] O mesmo já havia acontecido a dois outros casais que serviam no Arsenal de Guerra: Onofre e Susana e Hilário e Carolina.[26] Os africanos livres a serviço de instituições públicas sabiam que seus companheiros de travessia que haviam servido a particulares estavam recebendo suas cartas de emancipação.

Desidério Mina fazia parte do grupo de africanos declarados livres em 1834 e 1835 que trabalharam por catorze anos no Arsenal de Marinha da Bahia e reclamaram o direito à liberdade. Ele estava entre os que foram enviados para a Fábrica de Ferro de Ipanema e dali voltou ao Rio. Em 1855 servia no Quartel do Corpo de Cavalaria do Exército, juntamente com o companheiro de grupo João. Eles estavam a serviço do governo imperial havia quase vinte anos. Em sua petição, Desidério fez um apelo especial ao imperador em nome de todos os africanos livres a serviço de instituições públicas:

> Os companheiros do Suplicante foram parte deles emancipados na forma da Lei, pelo respectivo presidente da província, e só o Suplicante que veio com outros para esta Corte e se acha ao serviço do governo é que está sendo oprimido na escravidão. A vista do que, assistindo ao Suplicante o mesmo direito e justiça garantida aos africanos livres em geral pelos respectivos tratados; e não tendo sido o suplicante atendido pelo Governo imperial, por maneira alguma, por isso, vem respeitosamente recorrer à justiça, benignidade, e alto valimento de v. exa. como digno Representante de uma

das Altas Partes Contratantes, a fim de que se digne intervir e pedir ao Governo imperial que lhe faça justiça, mandando que se lhe passe sua carta de emancipação e liberdade para tratar de sua reexportação para fora do Império [...]; pois ao contrário, se v. exa. não se dignar intervir para que seja [sic] fielmente executados os tratados e mais convenções e Leis estabelecidas para a completa liberdade e emancipação dos africanos livres em geral, de certo que, o suplicante e os mais africanos livres que se acham ao serviço do Governo imperial, serão *para sempre verdadeiros escravos do mesmo governo* a seu mero arbítrio; e assim exaustos de mais recurso algum *sucumbirão ao rigor de uma tão negra sorte.*[27]

A redação dessa petição tinha o dedo dos ingleses. Nenhum mero solicitador de causas apelaria ao imperador como "representante de uma das altas partes contratantes" dos acordos bilaterais. Ela passava, por meio do pedido de um africano livre, o recado da defesa britânica da liberdade de todos, não apenas os que tinham servido a particulares. Jerningham, da legação britânica no Rio, admitiu ter intercedido em favor de Desidério junto ao governo brasileiro, e há indícios de que o consulado e a legação eram procurados pelos africanos livres na década de 1850, com o mesmo propósito.[28]

As dificuldades impostas pela administração imperial não visavam exclusivamente aos africanos livres do serviço público. Até aquele momento, os africanos livres a serviço de particulares tinham mais chance, mas nenhuma garantia, de receber suas cartas de emancipação sem muita demora. A circunstância de ficarem em depósito na Casa de Correção enquanto aguardavam o trâmite de suas petições fez com que os africanos livres à espera da emancipação fossem incorporados no sistema de distribuição de mão de obra que operava naquele estabelecimento e acabassem sendo enviados para trabalhar em instituições públicas, adiando consideravelmente a emancipação. A armadilha ficava evidente quando as petições subsequentes dos africanos eram negadas porque eram identificados como "pertencendo ao serviço da instituição" à qual serviam temporariamente. Emblemático é o caso de Inácio Oanba, declarado africano livre em 1839, quando seus serviços foram confiados ao dr. Joaquim Cândido Soares de Meireles, a quem serviu até 1856, momento em que ele e os outros africanos livres do médico foram depositados na Casa de Correção para o trâmite da petição de emancipação. Tinham trabalhado em uma propriedade rural em Cantagalo, como vimos no capítulo 3. Seus companheiros foram emancipados, ao passo que Inácio, transferido para a Santa Casa de Misericórdia, só recebeu sua emancipação em 1864.[29] Minas Quelimane caiu na mesma cilada. Tendo servido a particulares por catorze anos (era do carregamento do *Asseiceira*, de 1841), foi recolhido à Casa de Correção em 1855, quando o segundo concessionário morreu, e transferido para trabalhar na Faculdade de Medicina e depois na enfermaria do largo da Lapa. Fez pelo menos três petições para pedir a carta de emancipação, que acreditava ter sido expedida em 1855, mas teve todos os pedidos indeferidos pelo fato de seus serviços "pertencerem a estabelecimento público".[30]

Em novembro de 1859, o direito à emancipação dos africanos livres a serviço de estabelecimentos públicos foi discutido na seção de Justiça do Conselho de Estado. O visconde do Uruguai, o visconde de Maranguape e o veterano no assunto, Eusébio de Queirós, admitiram que a única razão para que eles tivessem sido excluídos da emancipação inscrita no Decreto de 1853 era a necessidade de sua mão de obra. Expressaram igualmente sua crença na igualdade de direitos entre os dois grupos e aconselharam o governo a estender as cláusulas do decreto àqueles no serviço público. Mas não era bem "emancipação plena" que os estadistas tinham em mente:

Se o Governo de vossa majestade imperial está resolvido a isentar-se de todo da obrigação que contraiu de reexportar esses africanos, é de justiça que o referido decreto seja ampliado aos que servem em estabelecimentos públicos. Se porém o número desses africanos for avultado, pensa a Seção que seria conveniente a adoção de algumas providências que os sujeitassem à inspeção de alguma autoridade e que os dispersassem, por exemplo, por algumas colônias, porquanto a rápida introdução de tantos pretos livres no mesmo lugar onde viveram, se não inteiramente como escravos, ao menos sujeitos a certo regime, não deixa de trazer inconvenientes. O que é certo é que com justiça, sendo livres, não podem ficar perpetuamente sujeitos a uma *tutela parede em meio com a escravidão*, à espera de uma reexportação que se vai tornando uma verdadeira burla.[31]

Os conselheiros admitiram a estreita semelhança entre a tutela dos africanos livres e a escravidão, parecendo justificar a demora na tutela pela promessa de reexportação dos africanos, que eles mesmos já admitiam beirar a fraude. Por fim, sendo pragmáticos, recomendaram a emancipação da tutela dos africanos do serviço público, porém não esperavam que ganhassem autonomia. Nossos estadistas defendiam não somente uma emancipação a conta-gotas, mas também controlada: os africanos deveriam ser distribuídos por colônias no interior ou postos sob a inspeção de alguma autoridade. O motivo para tal necessidade de controle era o mesmo invocado para manter a escravidão, e para isso os conselheiros tiveram de recorrer a um contorcionismo verbal: considerar "rápida introdução" dos pretos livres "no mesmo lugar onde viveram" é uma contradição. Na verdade, a única novidade era que agora os africanos seriam liberados da tutela, não estariam mais "sujeitos a certo regime", associado pelos conselheiros à escravidão porque garantia controle sobre aqueles.[32] A pergunta que nos resta é: por que motivo os conselheiros de Estado avaliavam que a permanência dos africanos no mesmo lugar onde haviam vivido, uma vez emancipados da tutela, traria inconvenientes?

A MIRAGEM DA EMANCIPAÇÃO

O que aconteceu com os africanos livres depois da expedição de seus avisos de emancipação pelo ministro da Justiça é a história não contada desse processo. Os registros guardam as datas em que os avisos foram expedidos, ou seja, quando o Ministério da Justiça tinha deferido as petições. A emancipação da tutela em si podia ainda demorar. O aviso ordenava que o juiz de órfãos emitisse uma carta de emancipação para ser enviada ao chefe de Polícia, que deveria entregá-la ao africano ou africana livre após fixar-lhe o local de residência. A recorrência de petições de africanos que tiveram os avisos expedidos mas aguardavam a entrega da carta por meses a fio, às vezes anos, aponta para a existência de uma política velada do Ministério da Justiça de reter as cartas, outra armadilha em que caíam os africanos livres que esperavam pela emancipação da tutela.

Narcisa Cassange entrou com petição em dezembro de 1855 e novamente em janeiro de 1856 para receber sua carta de emancipação, que já havia sido expedida e estava esquecida sobre uma mesa (ou mais provavelmente em uma gaveta) do chefe de Polícia do Rio de Janeiro. Ela fora declarada livre em 1835, emancipada do *Rio da Prata*, e servira a particulares por mais de vinte anos. Enquanto estava em depósito na Casa de Correção, foi cedida para trabalhar no Recolhimento das Expostas, um setor da Santa Casa encarregado de meninas órfãs.

Na petição que entregou em janeiro de 1856, Narcisa teve o cuidado de anexar uma cópia do aviso do Ministério da Justiça datado de 30 de julho de 1855, que pedia que sua carta de emancipação fosse expedida. Mesmo assim, não foi chamada para recebê-

-la. Narcisa tinha sido oficialmente emancipada da tutela, mas sua carta não lhe seria entregue.[33] Casos como o dela, de retenção deliberada das cartas de emancipação dos africanos livres pelo chefe de Polícia, se multiplicaram em 1856 e 1857, resultado de uma virada na política ministerial.

Da correspondência trocada entre a chefia de Polícia e o Ministério da Justiça sobre as repetidas queixas dos africanos livres depreende-se que a ordem de reter as cartas de emancipação veio do próprio Ministério da Justiça. De fato, o chefe de Polícia declarou que parou de entregar as cartas após ter recebido comunicado do próprio Nabuco de Araújo, datado de 19 de setembro de 1855, "que manda sustar não só a entrega de cartas a africanos como também a remessa deles para as províncias".[34] Em consequência, todos os africanos livres que esperavam a emancipação e aqueles cujos avisos de emancipação já haviam sido expedidos continuariam esperando suas cartas. A distribuição dos africanos livres depositados na Casa de Correção para as instituições públicas ávidas por mão de obra continuou, agora que tinham à disposição um número crescente de africanos, uma vez que aqueles que trabalhavam para particulares continuavam a ser depositados na Casa de Correção, para aguardar a emancipação, e aqueles a serviço das instituições tinham sua emancipação negada repetidamente. Não surpreende que os africanos livres estivessem cada vez mais irrequietos no final da década de 1850 e só representassem incômodo para os administradores das instituições, que devolviam à Casa de Correção os africanos considerados "incorrigíveis" e pediam em troca africanos "mais morigerados e de melhor conduta".[35]

Já em 1861, o ministro da Justiça tinha achado a melhor maneira de lidar com os africanos livres confiados a particulares que tivessem completado o tempo de serviço: ordenou ao chefe de Polícia, junto com o juiz de órfãos, que fizesse recolher todos à

Casa de Correção e pusesse seus nomes em uma lista de africanos à espera de emancipação. Eles seriam emancipados quando o ministério determinasse para onde seriam enviados.[36] A distribuição de grupos de africanos livres para projetos imperiais nas províncias, frequente no início da década de 1850, agora incluiria africanos "emancipados".

Em aparente contradição com a nova política, o chefe de Polícia recebeu ordens enfáticas para informar aos africanos emancipados, no momento da entrega das cartas, "que se acham perfeitamente livres sem ônus ou obrigação de servirem a pessoa determinada, assim como a sua descendência", e sobre seus serviços, que eram "livres para ajustá-los com quem melhores vantagens lhes fizer".[37] A combinação dessas ordens pode ser vista nos casos de Bento Francisco Paranaguá, Firmo José de Miranda, Joaquim Congo, Epifânio, Policarpo e Paulo, todos "oficiais de diferentes ofícios", cujos avisos de emancipação haviam sido expedidos em setembro de 1860, os quais, um ano depois, ainda aguardavam na Casa de Correção. Em outubro de 1861, o chefe de Polícia recebeu ordem para entregar-lhes suas cartas, "designando-lhes para lugar de residência a província das Alagoas, fazendo-lhes ver que são inteiramente livres e que querendo podem contratar os seus serviços com o conselheiro João Lins Vieira Cansansão de Sinimbu, que deseja empregá-los naquela província nos seus respectivos ofícios, mediante salário". Na mesma data, um aviso foi expedido ao presidente da província anunciando que os africanos chegariam lá sob contrato com Sinimbu e que deveriam ser postos "debaixo da necessária proteção do governo". É evidente que os africanos não tiveram escolha no engajamento "voluntário" na ida para Alagoas.[38]

Uma vez estabelecidos, esses procedimentos permaneceram inalterados após 1861. O chefe de Polícia, ao designar os lugares de residência dos africanos livres, seguia as recomendações do Ministério da Justiça de mandá-los para fora da Corte. Individualmente, eles receberam suas cartas com a condição de que se mudassem para algum outro lugar na província do Rio de Janeiro; em grupos, foram enviados a províncias distantes como mão de obra para obras públicas, colônias militares ou novas companhias. Os presidentes das províncias recebiam os africanos "emancipados" com instruções de mantê-los sob vigilância e eram responsáveis por designá-los para alguma função.

OS INCONVENIENTES DA AUTONOMIA

A autonomia e o trânsito entre os pares demonstrados por muitos africanos emancipados causavam incômodo. Delfina e Carolina, as duas africanas livres que serviram à família do falecido Aureliano Coutinho e às quais sua filha Amália havia ajudado durante o processo de emancipação, são exemplos. Em fevereiro de 1857, a viúva do ministro, a viscondessa de Sepetiba, entrou com petição junto ao Ministério da Justiça para que Delfina, emancipada, fosse recolhida à Casa de Correção ou enviada a "qualquer das províncias do Império", porque a africana andava "em torno da casa da suplicante a seduzir os outros africanos livres que também foram confiados a seu mesmo marido, e os escravos do respectivo casal, para que fujam ou se entreguem como ela, no deboche".[39] Aparentemente, o pedido da viscondessa foi atendido, e Delfina foi recolhida temporariamente à Casa de Correção como medida de intimidação. A africana logo recuperou a mobilidade que lhe era tão cara e voltou a contatar seus velhos companheiros. Em novembro daquele ano, visitou Carolina na Casa de Correção e deu-lhe notícias de sua filha.

A própria Carolina, emancipada no início de 1858, deu trabalho à chefia de Polícia da Corte quando requereu autorização para morar em Petrópolis. Mais de um funcionário da Polícia foi de opinião contrária à autorização, argumentando que "parece haver fundado receio de pretender essa ir residir em Petrópolis, onde está sita a dita fazenda [do dr. José Francisco Frongeth] com o intuito de seduzir as outras africanas livres ali existentes e empregados no serviço da mesma a fugir e abandonar o trabalho para andarem ao ganho nesta Corte".[40] As forças da ordem e os concessionários estavam obcecados com a ideia de que os africanos livres, uma vez emancipados e fora do domínio senhorial, seriam má influência para os africanos livres que ainda serviam, e também aos escravos.

A capacidade de viver autonomamente, alugando os próprios serviços para sustentar-se, era vista como ameaça, e não como medida de preparação para a vida em liberdade. Carolina queria retornar ao local onde tecera relações. Com exceção de suas duas filhas, que eram aprendizes de costura em Niterói, sua família ainda morava na Fazenda Paquequer: seu marido Domingos, escravo do dr. Frongeth, e uma filha pequena, doente. Carolina era a cozinheira da fazenda e provavelmente se sentia parte da comunidade de africanos livres, escravos e pessoas livres de cor (como o pardo Belmiro, que a conduziu na travessia noturna e clandestina pela baía de Guanabara) que trabalhavam para o visconde e a viscondessa de Sepetiba, e o dr. Frongeth, na Fazenda Paquequer e em suas residências urbanas.

O pedido de Carolina para morar em Petrópolis alegava que ela se alugaria "em casa de Francisco de Melo Franco", revelando que o deputado liberal, que anos antes fazia oposição a Eusébio e aos saquaremas, também integrava a rede. Como prova de que nem depois de emancipados da tutela os africanos livres escapariam do controle do governo, a autorização para a mudança foi emitida, mas a Polícia daquela cidade receberia ordens para tê-la "debaixo de suas vistas", não consentir que saísse do distrito e, especialmente, não lhe dar licença para ir até o distrito onde se situava a Fazenda Paquequer.

Outros africanos livres fizeram o possível e o impossível para evitar cair nas armadilhas do processo e garantir que a emancipação da tutela fosse incondicional. O mais bravo deles foi Cyro, parceiro de Desidério na luta que travaram, desde o Arsenal da Bahia, em 1848, pelo direito à emancipação após o cumprimento do serviço obrigatório. Cyro foi declarado livre em 1834 e tinha servido por quinze anos no Arsenal quando ele, Desidério e vários de seus companheiros foram transferidos para o Rio de Janeiro, depois de reclamarem de sua condição. Uns ficaram na Corte, distribuídos a funcionários do Ministério da Marinha e a repartições do mesmo ministério; outros foram enviados à Fábrica de Ferro de Ipanema, onde não tardaram a reclamar seus direitos.[41] Os serviços de Cyro foram concedidos a Dionísio Peçanha, oficial do Ministério da Marinha, em 1850. Em 1855 e 1856, Peçanha fez de tudo para obstruir a tramitação da petição de Cyro e, uma vez que o aviso de emancipação foi expedido, evitar a entrega da carta de emancipação. O concessionário admitiu que sua intenção ao enviar Cyro para a Casa de Correção era "dar um exemplo aos outros [africanos livres] que tinha para não se insubordinarem como este".[42] De fato, de acordo com a documentação consultada, Peçanha tinha pelo menos outros quatro africanos livres a seu serviço.[43] Essa preocupação explicava por que ele tentava usar sua influência para que Cyro, uma vez emancipado, fosse enviado ao Alto Amazonas ou de volta à África — ou seja, o mais longe possível do Rio de Janeiro, onde o africano livre tinha sua rede de companheiros da Costa da Mina articulados para lutar por seus direitos.

De fato, depois da passagem de alguns por Ipanema, eles se organizavam para recorrer a pessoas que pudessem ajudar nos trâmites — vimos que Desidério conseguiu apoio da legação britânica — ou testemunhar em seu favor. Um antigo intendente do Arsenal de Marinha da Bahia que se encontrava no Rio, Pedro Ferreira de Oliveira, relatou que tanto ele quanto seu antecessor, Antônio Pedro de Carvalho, tinham a prática de entregar aos africanos livres recebidos para o serviço do Arsenal de Marinha o que ele descreveu como "o documento que justificava a sua qualidade de livre, fechado em uma lata, para trazerem dependurada ao pescoço".[44] Tratava-se, provavelmente, da carta de emancipação, ou de uma versão curta dela, dobrada e guardada em um pendente metálico, como recomendava o art. 2º do aviso de 29 de outubro de 1834, que continha as instruções sobre a arrematação dos africanos livres. O fato é que depois que Oliveira trocou a Bahia pelo Rio, o que deve coincidir com a reclamação coletiva dos africanos livres do Arsenal em 1848, as latinhas e os documentos foram recolhidos, e agora, no Rio, muitos africanos livres recorriam a ele, pois apenas seu testemunho permitia datar a época em que chegaram ao Brasil.

Cyro enfrentou uma oposição ferrenha do concessionário de seus serviços, Dionísio Peçanha, que conseguiu que o africano fosse recolhido a bordo da fragata *Príncipe*, no Arsenal de Marinha, quando ia receber sua carta de emancipação. Seus dois filhos pequenos, àquela altura órfãos de mãe, haviam ficado na Casa de Correção. Cyro endereçou-lhe, de próprio punho, um ultimato, que vai transcrito na íntegra:

Snr. Pisanjes de Oliveira
Rio de Janº 5 de Marco de 1856
   Muinto estimarei que estas duas letras os vão achar em perfeita saude em comp[anhia] de quem vm.^{ce} mais estima da toda a fami--milia da Casa do Senhor;
   Quero que Vm^{ce}. bá tirrar o meu filho athe amanhão não quero o meu filho lá quero que me mande dizer que meu filho está solto; e com esta faz tres cartas que tenho escrebido ainda não tive resposta sobre a minha soltura sabado já se foi eu ainda estou a espera para sahir solto senão quer metirar eu faz uma cumunhão que o sn^r. ade saber que he o preto mina quero que isto se fassa athe tres dias todo o que pesso deste seu esCrabo
Chiro Pisanjes Africano livre.[45]

Um decreto de 1853 permitiu aos africanos livres que tivessem servido a particulares tramitarem pedidos de emancipação. Tamanha era a burocracia e tão diminuta a disposição dos funcionários e dos concessionários de dar-lhes autonomia que os africanos tiveram que vencer todo tipo de obstáculo. Retido no Arsenal de Marinha, o africano livre mina Cyro mandou um bilhete para o concessionário Dionísio Peçanha ameaçando preparar-lhe uma armadilha digna de "preto-mina" caso não fosse liberado em três dias.

Sr.
Visconde de Oliveira
S S

Para insistir que Peçanha obtivesse a soltura imediata dele e de seus filhos, Cyro usou da reputação de implacáveis que os africanos da Costa da Mina tinham no Rio.[46] Se Peçanha não atendesse a seu pedido em três dias, podia ter certeza de que "o preto-mina" lhe guardava uma surpresa. Peçanha, sentindo-se ameaçado, encaminhou a nota aos funcionários do Ministério da Justiça, para provar que Cyro não merecia a emancipação:

> Este africano é um rancoroso e vingativo, como são aqueles da sua raça em geral, e desde que ele se sinta ferido por ter perdido a queixa injusta que ele procurou contra o reclamante, ele nutre pensamentos terríveis contra o reclamante... um ex-servo do Estado, e chefe de uma grande família, com aproximadamente cinquenta anos de bons serviços ao país, que vê a sua existência em perigo e exposta à perigosa faca de um africano bárbaro, perigoso e selvagem sem moral ou religião, um analfabeto, que só respira vingança.

Depois de ter admitido que queria obstruir a emancipação para dar uma lição de subordinação aos outros africanos livres a seu serviço, Peçanha agora evocava todos os tipos de preconceitos para provar que Cyro era um perigo para ele e a sociedade em geral. Sua articulação com os camaradas, a capacidade de angariar apoio e a disposição de brigar até o fim faziam dele um perigo em potencial àquela altura dos acontecimentos.

A altivez de Cyro causou boa impressão aos funcionários da chefia de Polícia, que lhe entregaram sua carta. Ele não apenas reunia as condições legais para a emancipação — havia servido por 21 anos, em vez dos catorze —, mas também vivia de seu trabalho como carregador de café, uma das ocupações mais respeitadas entre os ganhadores no Rio. No dia seguinte, ele a registraria em cartório.[47] Cyro conseguiu evitar, mas a transferência para províncias distantes foi usada pelos concessionários e pela chefia de Polícia como meio de tirar de circulação africanos livres incômodos.

AFRICANOS LIVRES E AFRICANOS "EMANCIPADOS" FORAM ENVIADOS AO AMAZONAS E AO PARÁ

O fato de que a emancipação dos africanos livres na década de 1850 e 1860 não passava de uma miragem fica evidente pelas trajetórias daqueles remetidos às províncias do Norte depois de terem completado o serviço obrigatório no Rio de Janeiro. O caso de Honório Benguela e Laudelino, enviados ao Pará em 1855, suscitou reclamação formal da legação britânica ao ministro da Justiça.

Honório Benguela havia sido declarado livre em 1839 ou 1840, e tinha servido a José de Moraes Silva, juntamente com o africano livre Carlos. Silva era dono de uma pequena fábrica de objetos de pena e dependia do trabalho de Carlos para manter os negócios funcionando. Os dois africanos livres entraram juntos com uma petição, e seus avisos de emancipação determinavam que ambos fossem enviados para fora da Corte: Carlos deveria ir para São Paulo, a fim de trabalhar no Jardim Público, e Honório para o Pará, como servidor da recém-fundada colônia militar de Óbidos. Honório foi enviado ao Norte em outubro de 1855, com outro africano "emancipado", Laudelino, que deveria seguir de lá para o Amazonas. Os dois homens foram mandados ao Arsenal de Marinha do Pará, e, de acordo com uma queixa feita por intermédio do cônsul britânico de Belém, Laudelino e Honório lá estavam trabalhando e eram "guardados e tratados como se fossem criminosos convictos, e em pior condição que os pretos cativos".[48] Na verdade, a prova de que o emprego dos africanos "emancipados" não era voluntário reside no fato de que eles eram sempre transportados com escolta policial. Emancipado pelo ministro da Justiça por aviso datado de 4 de julho de 1855, tendo completado seu termo de serviço obrigatório a um concessionário, Honório fora enviado ao Pará sem ao menos ter recebido sua carta formal de emancipação. Em agosto de 1861, a carta ainda estava na chefia de Polícia da Corte.[49]

O Amazonas havia adquirido autonomia administrativa como província havia pouco e seu desenvolvimento econômico era assunto de debate internacional e de consideráveis investimentos, conjuntura que levaria ao boom de exploração da borracha. O recrutamento de trabalhadores voluntários era um problema e os africanos livres fizeram parte desse empreendimento imperial. Patrícia Sampaio, em extenso levantamento dos africanos livres enviados ao Amazonas, mostrou que trabalharam na olaria mantida pela presidência daquela província e nas oficinas anexas, e também na Casa dos Educandos Artífices, instituição voltada ao treinamento de "menores desvalidos" em ofícios especializados, como carpintaria, sapataria, alfaiataria, ferraria e mesmo música. Nessas duas instituições, os africanos livres conviviam com crianças indígenas, alguns serviam mesmo de mestres para os aprendizes.[50]

Outra concessão imperial foi feita em 1856, quando o barão de Mauá recebeu africanos novos para a Companhia de Navegação a Vapor do Amazonas. O Ministério da Justiça instruiu os presidentes das províncias da Bahia e de Pernambuco a enviar 25 africanos livres cada, das duas últimas apreensões do tráfico ilegal. A Bahia enviou 25 homens do carregamento do *Mary E. Smith*, enquanto Pernambuco conseguiu enviar somente dez homens e duas mulheres da apreensão feita em Serinhaém, porque a frágil condição de saúde dos africanos recém-chegados não favorecia uma viagem até o Amazonas.[51]

Em 1861, o Amazonas também recebeu africanos já emancipados vindos do Rio de Janeiro, para se juntar àqueles empregados nos serviços públicos da província. Trinta africanos cujos avisos de emancipação haviam sido emitidos foram escolhidos pelo diretor da Casa de Correção para integrar essa remessa. Dessa vez, ao contrário de Honório, eles receberam suas cartas; suas emancipações haviam sido condicionadas à transferência para o Amazonas. Trinta e um africanos emancipados, todos solteiros, chegaram ao Pará para ser encaminhados ao Amazonas em outubro de 1861.[52]

O estatuto, mais que as condições de trabalho dos africanos livres e emancipados enviados às províncias do Norte, foi tema de trocas diplomáticas envolvendo o novo ministro britânico no Brasil, William Christie. Em resposta às acusações que chegaram à legação britânica de que os africanos concedidos à Companhia de Navegação a Vapor sofriam maus-tratos na colônia de Serpa, Christie pressionou o governo brasileiro a emancipá-los da tutela. Sua queixa anterior, a respeito dos africanos emancipados enviados ao Amazonas em 1861, foi respondida prontamente pelo ministro da Justiça, esclarecendo que eles haviam recebido suas cartas de emancipação e que o presidente da província do Amazonas fora instruído a empregá-los em obras públicas "mediante o salário que for devido aos homens livres e segundo a sua respectiva aptidão". Christie queria que os africanos livres da Companhia de Navegação tivessem o estatuto igual ao dos africanos "emancipados" enviados ao Amazonas em 1861. Sua insistência levou a uma troca de correspondência entre o Ministério da Justiça e o presidente da província do Amazonas sobre a conveniência dessa emancipação; alguns ainda não tinham completado os catorze anos de serviço obrigatório, entretanto os funcionários do Ministério da Justiça queriam mostrar que "o governo brasileiro não se tem descuidado da sorte dos africanos livres".[53]

Enquanto representante da Grã-Bretanha no Brasil entre 1860 e 1863, William Christie insistiu que o governo imperial apresentasse listagens nominais dos africanos livres emancipados e já falecidos, pressionou acerca dos africanos enviados para o Mato Grosso e para o Amazonas e provavelmente se articulou com abolicionistas brasileiros.

A pressão diplomática fazia algum efeito, pois o Ministério da Justiça autorizou, ainda em 1862, o presidente da província do Amazonas a providenciar cartas de emancipação "àqueles africanos que por seu comportamento e bons serviços" ele julgasse "dignos e merecedores desse favor", mesmo se não tivessem completado os catorze anos. Tratava-se dos africanos livres enviados à Companhia de Navegação a Vapor do Amazonas em 1856. As informações trocadas entre os funcionários no Rio e a presidência da província revelaram que um grande número de africanos vinha servindo no Amazonas por incontáveis anos e que as datas de sua emancipação original eram desconhecidas. Dos africanos enviados à Companhia de Navegação, 27 foram emancipados. Já os treze a serviço das obras públicas não gozaram da simpatia dos funcionários do Ministério da Justiça, que, apesar de reconhecerem que aqueles tinham direito à emancipação, só a recomendavam a cinco deles: "sendo bem-comportados e não se dando ao vício de embriaguez, parecem-me os únicos em questão no caso de se poderem reger e receberem portanto a sua carta".[54]

A lista dos sessenta africanos livres existentes no Amazonas enviada pela presidência daquela província ao Ministério da Justiça em 1864 é reveladora. Reunia na mesma listagem nominal africanos que chegaram à província em diversos momentos e que, de alguma forma, ainda se encontravam sob a vigilância da presidência da província. Quem compilou a lista procurou reunir informações sobre suas ocupações, sobre os locais de trabalho para os quais haviam sido designados, e esclarecer onde realmente estavam trabalhando. Também criou uma coluna para "comportamento", que variava entre "bom" e "péssimo", tendo sido dois terços dos africanos classificados como de "mau" comportamento. Todos menos onze deles já estavam emancipados. De dois, não se sabia a condição. Dos nove ainda não emancipados, alguns haviam chegado à província em 1853, outros em 1855, mas nada se sabia de quando haviam sido apreendidos e onde, isto é, quanto tempo já tinham de serviço.

A lista não arrola todos os africanos livres mandados ao Amazonas. O Ministério da Justiça tinha registro dos 25 enviados da Bahia em fevereiro de 1857 e dos doze de Pernambuco, remetidos no mês seguinte, além dos 31 "emancipados" despachados do Rio em 1861. Desses 68, certamente alguns faleceram. Dos sessenta da lista preparada em 1864, pelo menos dezoito não constavam das listagens guardadas no Ministério da Justiça, outros quatro que foram citados em correspondência oficial também não constavam.

Tentando cruzar os nomes dos africanos das várias listagens é que vemos as lacunas do sistema de identificação dos africanos sob a custódia do governo. É recorrente que as informações da primeira emancipação que identificavam cada indivíduo para além do prenome e da nação se tivessem perdido na década de 1860. Os dados registrados nas cartas de emancipação, a exemplo de nome do navio, número na listagem de emancipação dos africanos de cada carregamento e marcas corporais, dificilmente seguiam com os africanos quando eram transferidos, e assim não entravam nos livros de registro dos novos locais de trabalho de onde a identificação era tirada décadas depois. Se lembrarmos que muitos africanos adotavam novos prenomes e que as nações pelas quais se identificavam ou eram identificados também mudavam, nota-se a dificuldade de "rastrear" um indivíduo e garantir a identificação, e em consequência o estatuto dos indivíduos de um grupo. Por parte dos africanos, a qualidade dos registros era a garantia da liberdade; sua fragilidade ou extravio, um grande risco de reescravização.

Os sessenta africanos arrolados pela presidência da província do Amazonas tinham idades entre 21 e sessenta anos, mas a maioria era composta de homens solteiros entre trinta e 45 anos. Ocupavam-se como pedreiros, cavouqueiros e carpinas. Um era ferreiro, dois eram cozinheiros. Quase metade eram serventes, a ocupação de menor grau de especialização. Embora tivessem sido todos enviados para as obras públicas ou a Companhia de Navegação a Vapor do Amazonas, em 1864 havia 35 nas obras públicas e dezenove "engajados" a particulares. Esses possivelmente recebiam salários, enquanto os do serviço público provavelmente não. Todas as mulheres foram listadas como lavadeiras, mas registradas como afastadas do serviço. Viviam com seus maridos e três delas tinham filhos. Nas ocupações, confundiam-se os africanos livres e aqueles que foram para o Amazonas já emancipados — que, mantidos sob vigilância, provavelmente não seriam reescravizados, mas também nunca teriam liberdade plena.[55]

9. A Questão Christie e a "questão dos africanos livres"

A notícia sobre o decreto de emancipação dos africanos livres espalhava-se desde 1854. Primeiro chegou aos que trabalhavam na rua, que a levaram àqueles nas casas dos concessionários e aos que trabalhavam nas instituições públicas. O trâmite do pedido de emancipação implicava ficar em depósito na Casa de Correção enquanto a petição seguia seu curso por vários setores da administração. Mas sair dos lugares e da companhia daqueles com quem se vivia era trocar o certo pelo incerto, e talvez por isso muitos africanos livres tenham demorado a dar entrada em suas petições. Talvez até sofressem pressão dos concessionários de seus serviços, ou ameaças de que perderiam proteção.

Como vimos no capítulo anterior, muitos africanos livres caíram nas armadilhas do processo de emancipação e foram encaminhados para trabalhar em instituições, ou em outras províncias, depois de cumprir o tempo de serviço obrigatório. Entretanto, à medida que uns conseguiam suas cartas de emancipação, serviam de exemplo aos outros, e aos poucos ser africano livre deixou de ser a pior coisa que se podia imaginar — como havia figurado no jornal *A Marmota*, da Bahia, em 1849 — e passou a ser algo por que valia a pena lutar. Este capítulo interliga a emancipação dos africanos livres remanescentes na década de 1860, a pressão abolicionista exercida pelo ministro britânico Christie, articulado com políticos liberais, e os esforços do governo imperial para fechar a "questão dos africanos livres", uma vez que já dava muitos sinais de ter atingido alvos indesejados.

ERA "O REFERIDO AFRICANO ESCRAVO E NÃO LIVRE COMO SE INCULCAVA"

Até por volta de 1859, as africanas livres Laura e Firmina tiveram, segundo o português José Batista Martins de Sousa Castelões, concessionário de seus serviços, um comportamento regular. Trabalhavam no serviço doméstico, junto com outros africanos livres e escravizados. As africanas, ambas com idade de quarenta e poucos anos, haviam sido declaradas livres em 1835, portanto já haviam ultrapassado — e muito — o prazo do serviço obrigatório. Foi quando passaram a ser "altaneiras e intoleráveis", e ainda "a fazer crer ao preto Júlio de que ele era livre".[1]

Castelões avaliava que alguém havia instigado as duas a deixar sua casa. Segundo declarou em interrogatório na 1ª Delegacia de Polícia, em dezembro de 1860, foi tanto pelo desrespeito com ele quanto com sua família que ele mandou recolher os três à Casa de Correção no fim de julho daquele ano e pediu desistência do serviço das duas. O processo de averiguação da condição de Júlio tramitou apenas na chefia de Polícia da Corte e foi informado por interrogatórios dos três africanos e do concessionário, e por alguns documentos — se estes foram apresentados voluntariamente por Castelões ou solicitados pela chefia de Polícia ao Juízo de Órfãos da Corte não sabemos. Enquanto isso, os três ficaram na Casa de Correção, onde muitos africanos livres aguardavam igualmente o resultado de suas petições. O caso é apenas um entre muitos de africanos ilegalmente escravizados que, em diferentes instâncias, aproveitaram a emancipação dos africanos livres para requerer a liberdade. Revela também, além da proximidade física entre africanos livres e africanos ilegalmente escravizados, a confusão entre o estatuto jurídico e a condição das pessoas que pairava no cotidiano desse grupo.

Castelões declarou na 1ª Delegacia de Polícia da Corte que, em algum momento na década de 1830 ou de 1840, aceitou a proposta de Tibúrcio Antônio Craveiro de lhe vender os pretos de nação Júlio e Paulo e ceder os serviços dos africanos livres Laura e Epifânio, em virtude da transferência de Craveiro, que era professor, para Portugal. Castelões declarou ter pagado a Craveiro a quantia de um conto e duzentos réis na ocasião e declarou ainda que matriculou os dois escravos e que pagava a correspondente taxa por eles — referia-se à taxa que recaía sobre os escravos que viviam nas cidades —, assim como efetuou a transferência de responsabilidade dos dois africanos livres junto ao Juízo de Órfãos e pagava os salários correspondentes a seus serviços. Paulo e Epifânio faleceram logo, e, por intermédio de seu cunhado, Castelões conseguiu a concessão de outra africana livre, Firmina, pela qual pagava os salários anuais. Ele declarou sempre ter considerado Laura e Firmina africanas livres; para ele, as duas se comportaram como tais até o momento em que ficaram "altaneiras e intoleráveis".

O negociante português descartou a hipótese de que Júlio fosse africano livre, pois "homem sério e que gozava de conceito", Craveiro "não havia de vender-lhe como escravo um africano livre". Castelões conhecia Júlio da casa de Craveiro, onde sempre havia sido tratado como escravo, e por esse nome. Em sua casa, segundo o comerciante português, "esse preto Júlio sempre foi tido por ele declarante como seu escravo e nunca fez a menor oposição sobre o modo por que era tratado".[2] O delegado de Polícia até cogitou que Júlio fosse africano livre reescravizado, mas Castelões buscou demonstrar que conhecia a distinção entre os estatutos, que fazia com que tivesse que pagar taxa dos escravos para Júlio e Paulo, e salários pelos serviços de Laura, Epifânio e, mais tarde, Firmina. Só não explicou exatamente como diferenciava o tratamento de uns como escravos e de outros como africanos livres.

Interrogados no mesmo dia e pelo mesmo delegado, mas em separado, Laura, Firmina e Júlio deram alguns giros nesse caleidoscópio. Laura confirmou ter vivido muito tempo na casa de Tibúrcio Antônio Craveiro, "servindo-o como africana livre", e declarou que lá também viviam Paulo e Júlio, escravos dele. Disse que ela, na casa de Castelões, "sempre foi tida como africana livre", que Júlio lhe dizia ser africano livre, mas "ele servia como os outros escravos da casa", e que Firmina, "apesar de servir como escrava, sempre ouviu dizer por todos da casa que ela era africana livre". Firmina declarou que, quando chegou da Costa da África, foi entregue a um morador da rua do Cano, Francisco Landim d'Araújo, onde ficou algum tempo, "considerada sempre como africana livre". Dali passou para o poder de Castelões, "servindo e tratada como africana livre". A preta Laura e o preto Júlio, segundo ela, "eram considerados como africanos livres apesar de servirem como os outros escravos da casa". Já Júlio declarou

> que veio da Costa d'África muito pequeno e por isso não sabe em que navio veio, lembrando-se que esteve por muito tempo em casa de um indivíduo de nome Craveiro, que foi para o Porto, onde faleceu. Que ele declarante era africano livre, por isso que lembra-se de ter o ido buscar a bordo o dito Craveiro, e que, como tal fora por ele tratado em casa; sendo que quando Craveiro se retirou para o Porto, disse a ele declarante que o deixava entregue na mão de Caste-

lões, para o servir enquanto estivesse fora e que quando chegasse tomaria conta dele. Que quando veio para casa de Castelões à rua de São Pedro diziam-lhe lá *que ele era escravo do mesmo Castelões e como tal o tratavam*, mas que *ele declarante se julgava africano livre* e não dizia nada porque não sabia se tinha sido vendido. Que sempre ouviu dizer em casa que Laura e Firmina eram africanas livres e *elas faziam serviços iguais aos das outras escravas da casa*. Que enquanto desde pequeno sempre foi tratado pelo nome de Júlio não sabendo se tinha outro nome a bordo.[3]

Dos interrogatórios depreende-se que cada um dos três se considerava africano livre, mas via que os outros trabalhavam como se fossem escravos. O estatuto de africano livre, para eles, era distinto da escravidão, mas não excluía arranjos de trabalhos e formas de domínio e submissão semelhantes aos que os senhores mantinham com seus escravos. Não havia linha clara demarcando escravidão e liberdade.

Restava a Júlio conseguir provar seu direito ao estatuto de africano livre. A essa altura, em dezembro de 1860, os três africanos já estavam na Casa de Correção havia cinco meses. Um certo Pedro de Alcântara Sardenberg, que aparece em pelo menos mais dois processos, estava representando o africano Júlio na busca por documentação que comprovasse seu estatuto de africano livre.[4] A possibilidade inicial era o registro junto ao Juízo de Órfãos, mas esse caminho se fechou: Castelões produziu uma certidão de batismo de Júlio, pela qual ele teria recebido o sacramento na freguesia da Candelária em maio de 1848, junto com cinco outros africanos adultos, todos registrados como seus escravos; além disso, o juiz de órfãos, ao rever os livros de responsabilidade dos africanos livres, negou que houvesse qualquer africano chamado Júlio concedido a Craveiro ou a Castelões, ao mesmo tempo que confirmou a existência da concessão de um certo André Mucena ao primeiro, em 1839, e de Firmina e Laura ao segundo, em 1842.

Dessa forma, Júlio, que insistia ter sido reduzido à escravidão e acusava Castelões de ter feito o mesmo com duas outras africanas livres, Rosália e Joaquina, ficou sem margem de manobra. Ele, que tinha por volta de quarenta anos em 1860 e que declarara ter chegado pequeno ao Brasil, podia ser dos "pretos-minas e moçambiques" emancipados em 1830-1, mas não conseguiu provar seu estatuto como africano livre. Deve-se dizer que nem Júlio levantou, nem as autoridades que cuidaram de seu caso investigaram a hipótese de direito à liberdade baseado na importação ilegal. Ficou valendo a palavra de Castelões, reforçada pela certidão de um batismo muito suspeito celebrado no auge do tráfico ilegal pelo coadjutor da Candelária, Rodrigo de Almeida e Sousa Moreira, em momento também de intenso debate político sobre a garantia do governo à propriedade adquirida por contrabando. Em fevereiro de 1862, o Ministério da Justiça devolveu Júlio a Castelões, sentenciando que "o referido africano [era] escravo e não livre como se inculcava". Meses antes, Laura e Firmina tiveram aviso de emancipação emitido com cláusula que condicionava a entrega de suas cartas à mudança para fora da Corte.[5]

Era grande o número de africanos livres recolhidos à Casa de Correção enquanto suas petições tramitavam. Só de abril a dezembro de 1861, 182 deram entrada na instituição e 168 já lá estavam, fossem dos antigos africanos a serviço da casa ou daqueles recolhidos de particulares. Nesse mesmo período, apenas 49 foram emancipados, doze faleceram e sete foram entregues ao serviço de repartições públicas. Os outros continuaram na Casa.[6] Essa convivência dos que prestavam serviços a particulares com aqueles submetidos ao regime mais fechado da Casa teve efeitos irreversíveis. Segundo o diretor Antônio de Miranda Falcão, desde meados da década anterior os africanos da Casa de Correção já não trabalhavam como antes, demonstrando má vontade e empregando "a inércia por resistência". O motivo era a demanda por liberdade: "os africanos desta Casa viam entrarem e saírem esses seus companheiros, e esse favor [a carta de liberdade], que eles reputavam o supremo bem, era-lhes vedado. Desde então, nunca mais houve meio de contentá-los".[7] Falcão também reclamou que a Casa de Correção servia de depósito para os africanos livres indesejados e incorrigíveis, e tinha recebido muitas africanas livres com crianças que distraíam as mulheres do trabalho.

AFRICANOS LIVRES NA ORDEM DO DIA: A CAMPANHA LIBERAL E A QUESTÃO CHRISTIE

O destino dos africanos livres ganhou grande publicidade ao longo da primeira metade da década de 1860 graças às ações da oposição liberal e de agentes diplomáticos britânicos. Aureliano Cândido Tavares Bastos, então deputado liberal, irritado por ter sido demitido de um cargo no Ministério da Marinha, começou a publicar, em 1861, sob o pseudônimo "Solitário", uma série de artigos no jornal liberal *Correio Mercantil* criticando o governo por ineficiência, centralização e incapacidade de promover as reformas necessárias. Três das cartas fizeram um histórico da repressão ao tráfico, para demonstrar a dificuldade do governo imperial em promover o trabalho livre e a colonização no país. Tavares Bastos recordou a seus leitores o conteúdo da Lei de 1831 e discutiu a falta de sua aplicação, segundo ele motivada por "egoísmo e imbecilidade": era conveniente "encher o país de trabalhadores adaptados ao clima".[8] O tráfico ilegal teria, para ele, inibido a imigração espontânea.

Insistindo na questão delicada do tráfico ilegal, Tavares Bastos ainda sentenciou: "onipotência do poder Executivo triunfou: mentiu-se à promessa da reexportação, rasgou-se a lei e sancionou-se um duplo crime contra a honra e contra o futuro do país".⁹ As cartas fizeram um balanço abrangente da questão dos africanos livres, discutindo a base de seu estatuto peculiar e seu tratamento pelo governo imperial de maneira nunca antes vista pelo público. Tavares Bastos enumerou os passos da tramitação das petições de emancipação, citou as armadilhas do processo e mencionou a transferência dos trinta africanos emancipados para o Amazonas, o que contribuiu para uma imagem dos africanos livres como vítimas do governo — que lhes devia, afinal, a emancipação definitiva.¹⁰

Quando reuniu todas as *Cartas do solitário* em livro, em 1863, Tavares Bastos indicou, em nota, que a emancipação dos africanos livres havia sido objeto de debate na Câmara depois da publicação de suas cartas em 1861, e citou duas notas do deputado liberal Francisco Otaviano sobre o mesmo assunto, publicadas no mesmo *Correio Mercantil* em julho de 1862. O tratamento que Otaviano deu à questão dos africanos livres demonstra que ele teve acesso à correspondência entre a legação britânica no Rio e o Foreign Office. Dessa forma, Tavares Bastos deu ampla exposição aos esforços do ministro William Christie, na esfera diplomática, no sentido de pressionar o governo imperial pela emancipação definitiva dos africanos livres.¹¹ A similaridade entre os argumentos de Christie, na correspondência com o governo imperial, e os que foram usados nessa campanha de imprensa sugere que os dois deputados liberais e Christie estivessem articulados. A crise que veio depois determinou que os dois brasileiros não deixassem registro dessa provável conexão.

Oficialmente, os incidentes que justificaram a crise diplomática conhecida no Brasil como "Questão Inglesa", ou "Questão Christie", foram o saque do navio *Prince of Wales*, encalhado na costa do Rio Grande do Sul em 1861, o desaparecimento da tripu-

As Cartas do solitário, *publicadas por Tavares Bastos em 1861 sobre os africanos livres, deram inédita publicidade à trajetória do grupo, criticando duramente o governo imperial pelo descumprimento da legislação que lhes garantia emancipação após catorze anos de serviços. O livro com as cartas reunidas foi republicado durante a Questão Christie, quando o tema se tornou incontornável.*

— *Christi audi nos......*
— Si, yes, mim agora ouve povo brasileiro, porque vê que ter razão e falla direita, e conhecer que mim gosta mais de nota de banca que de nota diplomátic. Se vossê falla sempre comiga assim, eu estar sempre sua amiga de vossê, porque mim no gosta de briga. Recuta: outra dia Jonathas mandar mim planta batatas, e eu responde manda Jonathas planta algodão; Jonathas ficar furioza, e quer logo briga comiga: mas John Bull correr para Petropole tomar fresca n´ t sua cabeça. Quando pode ouve tinir dinheira, John Bull no faz tinir espada.

A Semana Ilustrada *de 10 de janeiro de 1863 representou o ministro inglês Christie dançando em cima de um barril de pólvora com uma bomba "Direito das Gentes" na mão. A "Questão Christie", que oficialmente se devia ao naufrágio do navio* Prince of Wales *em 1861 e à prisão dos oficiais do* Forte *em 1862, esteve relacionada à pressão britânica pela emancipação definitiva dos africanos livres e liberdade dos africanos importados depois de 1831.*

lação e a breve detenção de alguns dos oficiais do *Forte* por desacatarem autoridades brasileiras em junho de 1862. Os incidentes tomaram a proporção de crise diplomática porque Christie insistiu em receber um pedido de desculpas oficial e reparações. Seu ultimato, em dezembro de 1862, foi respondido pelo marquês de Abrantes, ministro de Estrangeiros, com a declaração de que não se curvaria a ameaças.

Em retaliação, Christie ordenou o bloqueio do porto do Rio de Janeiro nos primeiros dias de janeiro de 1863, o que causou comoção popular — primeiro na Corte, depois em todo o país. Nos meses seguintes, o governo imperial rompeu relações diplomáticas com a Grã-Bretanha e demandou reparação das perdas sofridas durante o bloqueio. O Rio viveu momentos de intensa agitação e de crescente civismo. Vítor Meireles, a convite do marquês de Abrantes, retratou uma cena em que o imperador Pedro II falava no Paço Imperial a uma multidão composta de toda a gama da sociedade da Corte, desde homens e mulheres de elite, até libertos e escravos africanos ganhadores.[12]

A "Questão Inglesa" era, para todos os efeitos, sobre os incidentes do *Forte* e do *Prince of Wales*, e o governo brasileiro esforçou-se muito para parecer estar, aos olhos do público, em pleno controle da situação. Nisso acreditaram os comentaristas contemporâneos e nisso têm acreditado alguns intérpretes brasileiros até hoje. A portas fechadas, como na reunião do Conselho de Estado em 5 de janeiro de 1863, admitia-se que as questões pendentes da repressão ao tráfico tinham imenso peso na crise: desde 1860 a Comissão Mista de reparações, estabelecida em 1858 para tratar dos navios indevidamente confiscados, estava num impasse. O Brasil cobrava indenizações pela apreensão dos navios à revelia dos tratados bilaterais, em particular depois do Ato Aberdeen, e a Inglaterra se recusava a reconsiderar casos de navios envolvidos no tráfico.[13]

Os conselheiros de Estado admitiam que a situação começava a assemelhar-se à de 1850, quando a comoção com a invasão das águas territoriais por navios britânicos levou o governo imperial a tomar medidas de repressão ao tráfico, em nome da honra.[14] Avaliavam que a dignidade nacional estava em jogo novamente e recusavam-se a recuar nas negociações sobre a Comissão Mista de reparações. Essas preocupações e a admissão de que Christie tocava em questões incômodas ligadas à abolição do tráfico não chegaram ao público graças à confidencialidade das reuniões do Conselho. Publicamente, a posição do governo imperial expressa no relatório preparado pelo marquês de Abrantes em maio de 1863, para ser apresentado à Câmara, foi dar publicidade à correspondência trocada sobre os dois incidentes menores e a uma seleção da correspondência sobre a Comissão Mista de reparações.[15] Nenhuma das cartas trocadas a respeito dos africanos livres contendo a posição de Christie sobre o fim da tutela e sua crítica à escravização ilegal dos africanos importados desde 1830-1 foi sequer citada em relatórios oficiais brasileiros. Mas, graças à segunda edição das *Cartas do solitário*, em dezembro de 1863, o público brasileiro, que já associava a "questão inglesa" à pressão sobre o tráfico, não deixaria de associá-la também ao debate sobre o destino dos africanos livres e à defesa que os britânicos faziam deles.

Na Inglaterra, o rompimento de relações diplomáticas entre os dois países foi recebido com preocupação nos meios políticos e mercantis. Vendo a política diplomática agressiva e o comportamento de seu ministro sendo duramente atacados no Parlamento, Palmerston justificava-se lembrando a seus pares e ao público britânico a resistência brasileira à repressão do tráfico, e incluía essa crise no histórico das negociações entre os dois países. A oposição cobrava dele tratamento justo com a nação que era a terceira em volume de transações com a Inglaterra e onde os súditos britânicos tinham investimentos da ordem de 20 milhões de libras esterlinas. Cobrava também a revogação do Ato Aberdeen, que só servia de humilhação ao Brasil.[16]

A essa altura, o Parlamento britânico revivia o debate sobre a repressão ao tráfico e seus responsáveis: o governo invocava o Ato Aberdeen e as apreensões em águas territoriais brasileiras autorizadas por Hudson em 1850-1, e a oposição dava crédito ao governo brasileiro. Palmerston relembrava também a longa história da defesa que os britânicos fizeram da liberdade dos africanos apreendidos dos navios capturados. O Parlamento britânico, pela primeira vez, publicou em separata a correspondência sobre os africanos livres no Brasil, dando grande repercussão à preocupação de Christie com os africanos livres levados à Colônia Militar de Itapura, no Mato Grosso.[17]

A crise com o Brasil havia evoluído para uma discussão ampla sobre as relações entre os dois países e, principalmente, para um balanço da política britânica a respeito do tráfico de escravos e da escravidão no Brasil. O ponto alto foi, sem dúvida, o discurso de Palmerston na Câmara dos Lordes em 12 de julho de 1864, justamente sobre os africanos livres no Brasil. Buscando demonstrar a superioridade moral britânica, ele fez uma retrospectiva da existência do grupo e de seu estatuto, e acusou o governo brasileiro de lhes impor unilateralmente um termo de serviço de catorze anos antes da plena emancipação. Depois apresentou a seus pares os detalhes do processo de tramitação das petições dos africanos livres pela burocracia imperial, enfatizando a duração e a complexidade do processo. Lembrou que muitos foram reescravizados. Só não disse que as informações vinham da oposição liberal no Brasil. Também fez questão de frisar a dificuldade que sofria o governo britânico para obter listas dos africanos a quem devia proteção.[18]

Palmerston associava diretamente a crise diplomática às pendências associadas à repressão ao tráfico e defendia de modo

Em discurso na Câmara dos Lordes em julho de 1864, o primeiro-ministro Palmerston atacou duramente a política brasileira de dificultar a emancipação dos africanos livres e justificou as ações do ministro Christie que haviam levado ao rompimento de relações diplomáticas, alegando que o Brasil não merecia credibilidade por não cumprir seus acordos internacionais.

incondicional a posição britânica, com base no histórico das medidas abolicionistas britânicas. Em resposta a um artigo sobre o discurso de Palmerston no *Daily News*, William Christie passou a enviar cartas ao editor, que mantiveram o assunto vivo até setembro. Assinadas simplesmente com "C", as cartas faziam extensa abordagem dos africanos livres, da Comissão Mista de reparações, da revogação do Ato Aberdeen e das relações comerciais entre os dois países. Foram depois republicadas no livro *Notes on Brazilian Questions*, que demonstra muito claramente como a crise diplomática sobre dois incidentes menores havia trazido de volta a crise da abolição do tráfico e dado copiosa publicidade à questão dos africanos livres no Brasil. No livro, Christie deu tratamento superficial ao fechamento do porto do Rio e às retaliações que desencadearam o rompimento de relações por parte do Brasil em 1863. Ao explicar a crise, Christie pôs grande ênfase no desentendimento entre os dois países acerca do tratamento dos africanos livres e sobre o estatuto dos africanos que tinham direito à liberdade com base na proibição do tráfico. Acusou o governo brasileiro de não responder a seus pedidos de informação sobre os africanos, de estender o período de "aprendizado" indefinidamente, de não pagar salários e de transferir os emancipados para regiões de fronteira, como Mato Grosso e Amazonas.[19]

Do lado de cá do Atlântico, o estrago estava feito desde que chegou a notícia do discurso de Palmerston na Câmara dos Lordes. A imprensa do Rio deu conta de que a "nossa questão com o governo dos lordes Palmerston e Russell" não parecia perto de uma saída amigável, pois Palmerston havia feito provocações ao governo brasileiro, invocando o tema dos africanos livres.[20] Ainda que as notícias buscassem reforçar a ideia de que a Inglaterra evitava admitir a culpa pelo incidente diplomático, o tema do tráfico e dos africanos livres tinha sido indelevelmente "colado" à crise diplomática. O marquês de Olinda chegou a cancelar a encomenda da pintura sobre a Questão Christie feita a Vítor Meireles por seu antecessor na pasta de Estrangeiros.[21]

Não resta dúvida de que a publicidade sobre o destino dos africanos livres acelerou a concessão de suas cartas de emancipação. Mesmo antes do discurso de Palmerston, o governo liberal liderado por Zacarias de Góis e Vasconcelos demonstrou o compromisso de resolver a questão pendente: a análise cronológica das cartas emitidas entre 1859 e 1864 mostra que o número delas no primeiro semestre de 1864 foi três vezes maior do que a soma

O marquês de Abrantes encomendou a Vítor Meireles uma pintura que representasse o ânimo patriótico despertado pelo rompimento das relações diplomáticas com a Inglaterra no início de 1863. O estudo não teve a versão em escala maior porque a Questão Christie foi mais tarde associada ao problema da escravidão.

dos três anos anteriores. Os avisos expedidos para todas as províncias onde havia africanos livres autorizavam os juízes de órfãos locais a emitir cartas de emancipação, e os chefes de Polícia, a entregá-las, e os instruía a abrir livros de matrícula em que ficassem "registradas as cartas e consignada a declaração da residência e serviço a que se vão ocupar os ditos trabalhadores" sob a justificativa de que "conv[inha] que a liberdade destes africanos continu[asse] sob a proteção do Governo imperial".[22]

Depois da queda do gabinete de Vasconcelos, no fim de agosto, e possivelmente em resposta à reação causada pelo discurso de Palmerston na opinião brasileira, o novo gabinete, chefiado por Francisco José Furtado, emitiu um decreto, em setembro, declarando a emancipação imediata de todos os africanos livres remanescentes, sem processo e incondicionalmente. O governo se reservava o direito de monitorar onde os africanos fixariam residência e fiscalizar que vivessem de "ocupação honesta" — devendo eles, para isso, registrar-se na Polícia. O decreto dava providências sobre os filhos dos africanos e africanas livres e anunciava que o governo na Corte e as presidências de província publicariam as listas dos emancipados.[23] O assunto, entretanto, estava longe de terminar.

LUIZ GAMA E O REGISTRO DOS AFRICANOS EMANCIPADOS EM SÃO PAULO

Luiz Gama era amanuense da Secretaria de Polícia da cidade de São Paulo quando a publicação do decreto de 24 de setembro de 1864 fez somar a suas funções habituais uma nova: registrar as cartas de emancipação dos africanos livres da província de São Paulo. O baiano, filho da africana Luiza Mahin, havia sido trazido para São Paulo para ser vendido como escravo em 1840, quando tinha dez anos. Aos dezoito, por circunstâncias ainda desconhecidas, não era mais cativo e integrava a Força Pública de São Paulo. A proximidade com estudantes de direito e funcionários da burocracia lhe rendera a alfabetização e conhecimentos jurídicos; desde 1859 exercia a função de amanuense, ou seja, escriturário da Secretaria de Polícia.[24]

Antes do decreto de setembro, já era na chefia de Polícia que os africanos livres buscavam suas cartas de emancipação. A novidade agora era o registro delas num livro próprio, aberto em 9 de novembro, "para nele se fazer a matrícula dos africanos emancipados residentes nesta província, e o registro das respectivas cartas, com declaração da residência e serviço em que se tem de ocupar os mesmos africanos".[25] Até o fim do ano, 32 africanos livres receberam suas cartas e declararam onde pretendiam residir e trabalhar. Todos trabalhavam na capital e nela pretendiam continuar, no mesmo lugar onde já serviam. Até julho do ano seguinte, 1865, passaram por lá mais 79 africanos livres, que haviam servido a particulares e a diversas instituições da capital e do interior, como a Santa Casa da capital, a de Santos, a Fábrica de Ferro de Ipanema, o Jardim Público, o Palácio do Governo e a Colônia Naval de Itapura. Deles, 66 eram africanos livres de Itapura, cujas cartas haviam sido emitidas pelo juiz de órfãos da Corte e tinham vindo do Rio de Janeiro. Contra a vontade do diretor da Colônia, 68 africanos haviam feito a viagem, incluindo os doentes e inválidos. Saíram em canoas no dia 16 de janeiro em direção à cidade da Constituição, com um ajudante do diretor, e receberam suas cartas em 5 de março.[26]

Entre os africanos que compareceram à Secretaria de Polícia de São Paulo estavam André Lualle e Honorata Benguela. A documentação da Colônia Militar de Itapura, da Fábrica de Ferro de Ipanema e da Comissão Mista permite reconstituir a trajetória dos dois.[27] Em 1864, estavam listados como um casal, André e Honorata Pirataca, na documentação da Colônia Militar de Itapura, ele engajado na abertura e manutenção da estrada do Avanhandava, e ela como lavadeira. André tinha 46 anos e Honorata, mais de sessenta anos de idade e duas filhas: Marciana, de vinte anos, era solteira e fazia velas de sebo; e Maria do Rosário, 25 anos, casada com Cantidiano Lualle, trabalhava na roça. Suas duas filhas tinham nascido quando Honorata servia na Fábrica de Ferro de Ipanema.

Honorata viera no *Orion* e, emancipada em janeiro de 1836, chegara a Ipanema no começo de abril, com pelo menos vinte de seus companheiros de travessia atlântica. Ali havia trabalhado no cultivo de alimentos nas roças da fábrica. André também tinha vindo para Itapura depois de ter servido em Ipanema. Provavelmente, fora emancipado do *Subtil* em julho de 1845 e chegara a Ipanema no mês seguinte com um grupo de pelo menos quarenta de seus companheiros de travessia. André e Honorata estiveram entre os primeiros recrutados para trabalhar na fundação da colônia militar, para onde partiram com as duas filhas de Honorata e outros 28 africanos livres e alguns escravos. Todos tinham sido cuidadosamente escolhidos por sua idade e força para o trabalho pioneiro de abertura da estrada para o oeste e no estabelecimento da projetada colônia.[28]

Nos anos seguintes, seduzidos pela promessa de uma vida camponesa independente, mais famílias de africanos livres aceitaram a transferência de Ipanema para Itapura. Entretanto, continuaram a ser empregados como trabalhadores compulsórios em funções essenciais da colônia: a manutenção da estrada que ligava Avanhandava a Itapura e o cultivo de alimentos.

Em 1863, graças a uma revolta dos africanos livres, eles tinham sido constituídos num "Corpo de Trabalhadores de Itapura" e recebido a promessa de que desfrutariam do mesmo tratamento concedido aos colonos de terceira classe, o que incluía a concessão de um lote de terra. Nessa mesma ocasião, os africanos livres ganharam sobrenomes de origem toponímica: Pirataca, Urubupungá, Avanhandava. A demanda dos africanos livres por emancipação foi respondida com uma promessa de que deveriam trabalhar por mais seis anos e demonstrar bons serviços e aptidão para a liberdade, decisão que sofreu duras críticas do ministro britânico Christie.[29] O trabalho dos africanos livres havia permitido o assentamento de pequenos proprietários ao longo da estrada de Avanhandava e o contato com os grupos indígenas, que logo seriam expulsos pela expansão dos assentamentos.[30] Segundo Maria Apparecida Silva, em 1872 havia 22 famílias "africanas" em Itapura e nove em Ipanema. Talvez André, Honorata e suas filhas estivessem entre eles, já que o casal declarou, em 1864, que voltaria à colônia.

O notável, no entanto, é que a Secretaria de Polícia de São Paulo, no momento da emancipação, não dispunha dos nomes dos carregamentos aos quais os africanos pertenciam ou da data em que chegaram ao Brasil. Eram dados que se haviam perdido pelo caminho naqueles quase trinta anos. Impossível calcular havia quanto tempo estavam servindo sob tutela. Mas esse mesmo Estado cujos registros eram falhos visava ao futuro: na matrícula feita por Luiz Gama houve a preocupação de registrar a descrição física dos africanos, como o formato do rosto, a cor dos olhos, o formato do nariz, dos lábios e das orelhas. De muitos deles, tomou-se também as marcas a ferro ou as escarificações que traziam no corpo. Calixto, nagô, que trabalhara na Fábrica de Ferro de Ipanema — seria ele um daqueles vindos do Arsenal de Marinha da Bahia? —, tinha sinais de ferro no braço esquerdo; muitos, como Margarida, que havia trabalhado na Fábrica de Ferro, tinham sinais já quase apagados. Os registros das características físicas e dos sinais corporais permitiriam à Polícia, caso fosse necessário, identificar os indivíduos que agora saíam do controle direto da administração.

Em 1866, Luiz Gama registrou mais onze cartas de emancipação, a maioria de africanos livres que haviam trabalhado na Fábrica de Ferro de Ipanema. Dois anos depois, ainda apareceria a ordem para registrar a carta de Antônio Benguela; estranhamente não ficou registro de onde ele havia trabalhado. Quando esteve na Polícia em julho de 1868, o africano declarou apenas que se sustentaria do seu emprego.[31]

"A QUESTÃO DOS AFRICANOS LIVRES" E A ESTATÍSTICA

Um relatório interno do Ministério da Justiça intitulado "A questão dos africanos livres" circulou entre os funcionários do segundo escalão logo após a emissão do decreto que determinava a emancipação imediata de todos os africanos livres remanescentes no país. O relatório fazia um balanço da legislação e dos acordos bilaterais que regeram a proibição do tráfico, desde o Tratado anglo-português de 1810 até a Lei de 1850, e listava todos os carregamentos apreendidos ao longo dos anos, dando o número de africanos emancipados pela Comissão Mista e pelas autoridades brasileiras antes e depois de 1850. A preparação de tal relatório e a política adotada pela seção do Ministério da Justiça encarregada da administração dos africanos livres nos anos seguintes demonstraram claramente a decisão do governo de pôr um fim à "questão dos africanos livres", de avaliar seu significado e de dissociá-la da questão maior da abolição da escravidão.

O esforço de fazer chegar a cada um dos africanos livres sobreviventes a notícia de que tinham direito à emancipação e de elaborar uma matrícula completa dos africanos livres gerou uma publicidade sem precedentes para a questão. Esse movimento produziu, ao mesmo tempo, a estatística mais completa já compilada sobre os destinos dos africanos livres. Nenhum setor da administração imperial havia organizado até então qualquer avaliação sistemática da presença dos africanos livres: nem relatório sobre suas condições de trabalho, nem análise da conveniência da emancipação, nem mesmo uma compilação dos números de africanos resgatados do tráfico ao longo dos anos. Qualquer um procuraria em vão nos relatórios anuais do Ministério da Justiça por informação sistematizada e completa sobre o número de africanos livres existentes e seus locais de trabalho, ou por qualquer outra informação sobre sua administração. Após 1864, tudo mudou: nota-se um esforço articulado de estabelecer uma versão oficial para a "questão dos africanos livres" e, ao mesmo tempo, mostrá-la como concluída.

O relatório de 1864 tinha o propósito de apresentar informações básicas e introdutórias sobre a existência dos africanos livres no Brasil, como parte da tentativa de formular uma versão oficial da questão que havia ganhado a esfera pública desde o início da década de 1860. Nele os africanos livres estavam associados à repressão do tráfico, mas nada se falou sobre os arranjos de trabalho a que foram submetidos ou por quanto tempo. Na verdade, na opinião de Antônio José Vitorino de Barros, diretor da 3ª Seção do Ministério da Justiça, não havia informação suficiente sobre o aspecto diplomático da questão. Para ele, a "questão dos africanos livres" não poderia ser dissociada da campanha britânica que visava à emancipação dos escravos. A Grã-Bretanha, ele estava convencido, "não quer que no Brasil a abolição da escravatura seja a consequência da ação do tempo e do amadurecimento da ideia".[32] Explicando, talvez, o motivo pelo qual foram presos a tutela tão longa, Vitorino de Barros admitiu que a emancipação dos africanos livres e a abolição da escravidão estavam, sim, associadas, e, sintomaticamente, explicou as dificuldades:

> A abolição da escravatura é questão que se prende à emancipação dos africanos muito no caso de ser considerada um preparo em favor daquela ideia, grandiosa sem dúvida, mas de impossível realização no Brasil enquanto não se estabelecer em grande a navegação fluvial e não houver sistema de estradas, que convide emigração industriosa e facilite a colonização.

Temos aí um oficial maior do Ministério da Justiça admitindo que a emancipação dos africanos poderia ser um primeiro passo para a abolição. Mas, como considerava a abolição impossível no médio prazo, entende-se sua reserva. Barros preocupava-se que a Inglaterra viesse "tentar negociações relativas à imediata ou progressiva abolição da escravatura no Império". Lançando mão de uma metáfora recorrente, ele associou as exigências infindáveis do governo britânico a "cabeças da hidra de Lerna, que não tem sido possível decepar".

É interessante pensar que o mito clássico que remetia aos trabalhos de Hércules tenha sido retomado pelo funcionário com gosto para literatura — nas horas vagas colaborava em *A Semana Ilustrada* e tinha sido censor do Conservatório Dramático Brasileiro — num sentido que fundia o perigo representado pelos ingleses e pelos escravos.[33] Barros dá a entender que a pressão inglesa tinha argumentos mais radicais em ameaça à própria base da escravidão e que levariam à abolição imediata, mas também tinha métodos mais brandos e diplomáticos. Essas circunstâncias justificavam sua preocupação em apresentar ao público a "questão dos africanos livres" como assunto concluído e, sobretudo, separado da questão maior e mais delicada do direito à emancipação de todos os africanos ilegalmente escravizados.

Funcionários do Ministério da Justiça concordavam que nenhum balanço da questão estaria completo sem estatísticas sobre os africanos livres. Viam mesmo como uma forma de aplacar a recorrente insistência britânica por informações detalhadas. Vitorino de Barros antevia críticas e reclamações "se não ficar bem assinalado o destino dos africanos, se a soma dos importados não for igual à dos concedidos a particulares e às estações públicas". Ele até presumiu um dilema sobre o modo como a informação dos africanos livres cujos destinos eram desconhecidos seria apresentada; sabia que os britânicos recebiam relatos de reescravização de africanos livres e não queria dar motivo para nenhuma outra disputa diplomática. Vitorino de Barros foi explícito quanto ao caráter delicado da empreitada, pois não poderia haver discordância entre os dados estimados pelos britânicos e aqueles a serem apresentados pela estatística oficial, portanto recomendava: "deve o organizador da estatística [...] ver se com a linguagem dos algarismos previne futuros embaraços, de onde podem surgir grandes desgostos ao país".[34]

Barros talvez soubesse que a legação britânica havia muitos anos cobrava do governo brasileiro um balanço dos africanos livres no Brasil e de seu tempo de serviço. Em 1860, o consulado britânico no Rio obteve nova listagem nominal, dessa vez contendo 1345 nomes de africanos que ainda se achavam confiados a particulares. Certamente extraída do livro de matrícula dos africanos livres existente na Recebedoria do Município, a lista era organizada por ordem alfabética dos concessionários e continha nome e nação dos africanos, o tempo de serviço, o endereço dos concessionários e o salário que recolhiam na Recebedoria. Aos ingleses, a lista servia para identificar os concessionários que ainda detinham africanos livres mesmo depois do Decreto de 1853; mostrar que recolhiam salários irrisórios ao Tesouro Nacional por eles e ainda provar que os catorze anos de serviço obrigatório haviam sido ultrapassados, e muito.[35] Em março de 1865, Lennon Hunt, encarregado de negócios britânicos no Rio, pagou a um informante, Reginaldo Freire, um conto de réis por dois documentos: um relatório e uma série de listagens nominais de africanos. O relatório talvez fosse compilado daquele que Vitorino de Barros comentou: constavam nos registros oficiais que 4785 africanos haviam sido emancipados de navios julgados pelas comissões mistas até 1849, 485 haviam sido emancipados pelo Judiciário, e 3430 tinham sido julgados livres depois da Lei de 1850; do total de 8673, havia registro de 1684 falecidos e de 1890 emancipados, resultando 5099 ainda por emancipar.

As listagens nominais arrolavam 934 africanos livres existentes a serviço de concessionários e 1631 em instituições públicas no Rio e nas províncias. Disso resultava a informação tão preciosa: o número de 2534 africanos dos quais não havia notícia, fato que os agentes ingleses atribuíam a falhas nos registros que abriam brechas para a reescravização.[36] Parece claro que, enquanto as relações diplomáticas não eram restabelecidas, os britânicos guardavam munição para voltar à carga.

Talvez por isso a decisão tomada em 1864 pelo governo brasileiro de encerrar a questão dos africanos tenha sido seguida à risca, a despeito das dificuldades burocráticas. A julgar pelos relatórios do Ministério da Justiça, entre 1865 e 1869 a "estatística dos africanos livres" ocupou intensamente os funcionários da seção antes dedicada à administração dos africanos livres. Em maio de 1866, o ministro Nabuco de Araújo relatou ter enviado pedidos de informação sobre os africanos livres e seus filhos aos presidentes de todas as províncias, ao diretor da Casa de Correção e ao chefe de Polícia da Corte.[37] Para Martim Francisco Ribeiro de Andrada, seu sucessor, a preocupação com a ciência da estatística vinha de família. Era sobrinho de José Bonifácio e filho do deputado e ministro liberal Martim Francisco Ribeiro de Andrada, que décadas antes havia escrito um ensaio intitulado "Memória sobre a estatística ou análise dos verdadeiros princípios desta ciência, e sua aplicação à riqueza, forças e poder do Brasil".[38] Em maio de 1869, Martim Francisco, o filho, prestou longos e detalhados esclarecimentos à Assembleia. Ele admitiu que a tarefa da matrícula dos africanos livres sofria "embaraços":

> Não tínhamos uma estatística do pessoal que sucessivamente, e por muito tempo, foi se confundindo no meio da população. As relações que se encontram não apresentam sobre cada indivíduo qualificação que o distinga de outros: muitas vezes, se não quase sempre,

é ele designado por um nome próprio, sem indicação de idade nem de nacionalidade.[39]

Ainda que estivessem enfrentando dificuldades de identificação dos indivíduos, deu notícia dos avanços: estavam organizando a "matrícula geral dos africanos livres" com base nas informações recebidas das diversas autoridades da Corte e também vindas das províncias. Já se encontravam, àquela altura, arrolados e matriculados 32 carregamentos, com 7439 africanos desembarcados e emancipados na Corte e na província do Rio. A listagem continha nomes, nações, marcas e seus destinos. Daqueles emancipados nas províncias chegavam, aos poucos, informações fragmentadas.

No ano seguinte, o ministro mostrava considerável progresso: a matrícula já contava com 10 719 africanos importados entre 1821 e 1851, 7309 dos quais se sabia o destino. Entre os 3410 cujo destino ainda era desconhecido, contavam-se os que haviam sido enviados da Corte, principalmente, mas também da Bahia, de Pernambuco e de Alagoas, para as províncias do Rio de Janeiro, Minas Gerais, São Paulo, Mato Grosso, Espírito Santo, Amazonas, Pará, Paraíba, Paraná e Santa Catarina. Esclarecimentos seriam necessários para registrá-los como emancipados ou falecidos.[40]

Em julho de 1868, o gabinete Zacarias caiu, e a matrícula dos africanos livres, que havia avançado sob o liberal Martim Francisco de Andrada, não foi muito adiante no tempo de José de Alencar à frente da pasta da Justiça. Até maio de 1869, mais 289 indivíduos haviam sido acrescentados à listagem, mas o número daqueles com destino desconhecido pouco diminuiu. Alencar explicou que a comissão encarregada lutou contra "a confusão nascida da troca de nomes e da naturalidade [e] as transferências de uns a outros concessionários de serviços" e prometeu "mandar imprimir a ma-

Entre 1864 e 1869, o Ministério da Justiça se esforçou para encerrar a questão dos africanos livres, concedendo a todos cartas de emancipação definitiva e produzindo uma matrícula geral que identificava o destino dos cerca de 11 mil africanos emancipados desde 1821. Graças ao estúdio fotográfico montado na Casa de Correção no início da década de 1870, temos um registro da fisionomia do africano livre Adelino. Ele estava entre os trezentos homens e duas mulheres que foram fotografados para o álbum conhecido como "Galeria dos condenados". Os outros africanos livres, a essa altura, estavam dispersos entre a população de origem africana pelo país.

trícula existente para distribuir, pelas autoridades locais, exemplares que as habilitem com as necessárias indicações para investigação do destino daqueles de que não há notícia".[41] Em maio de 1870, o conselheiro Nébias já não acrescentava nada; garantia apenas, como fizeram outros ministros antes dele, que o Decreto de 1864 vinha sendo aplicado e não constava que "deixasse de ser atendido indivíduo algum que tenha se apresentado para gozar das garantias permitidas naquele ato do governo".[42]

Inacabada, a matrícula dos africanos livres conduzida pelos funcionários do Ministério da Justiça arrolou, no total, 11 008 indivíduos até 1869. Dos identificados, 3871 (35%) haviam morrido, 2534 (23%) foram emancipados, 748 (quase 7%), reexportados, 191 (quase 2%) tinham fugido sem deixar sinal, dois cumpriam pena, e de 3308 (30%) não se sabia o destino.[43] Pouca explicação foi dada às circunstâncias da reexportação de mais de sete centenas de africanos ou das da emancipação de 354 (3%) por aviso de 15 de março de 1833.

Já vimos que alguns africanos emancipados antes da Lei de 1831 e distribuídos para o serviço antes do Aviso de outubro de 1834 registraram suas cartas de emancipação da tutela em cartório. Os africanos livres que haviam sido enviados às províncias figuravam entre aqueles de quem o governo imperial perdeu o rastro. Ainda assim, o governo nunca admitiu em público que algum africano livre pudesse ter sido reescravizado, quando internamente lidava com alguns casos, como se verá no próximo capítulo.

FRAGMENTOS DA MATRÍCULA: DE TRAJETÓRIAS INDIVIDUAIS À COLETIVA

A única parte da matrícula dos africanos livres de que dispomos reúne os registros dos emancipados do *Duquesa de Bragança*,

Continente, Novo Destino, Rio da Prata, Cezar, Angélica e *Amizade Feliz*, e em pequenas apreensões feitas pelas autoridades locais e julgadas por juízes de paz na década de 1830. Somam 955 registros individuais. As tabelas estão reunidas a outra documentação relativa aos africanos livres sem nenhuma referência à matrícula ou ao resto do conjunto.[44] Os dados permitem uma leitura agregada da experiência dos africanos livres jamais feita e revelam a verdadeira duração do serviço obrigatório, assim como contrastes importantes entre a experiência dos africanos que trabalharam para particulares e daqueles dedicados ao serviço público.

Desse conjunto de africanos emancipados e distribuídos para o serviço na década de 1830, 28,5% acabaram emancipados da tutela; 46,8% morreram antes de receber a carta de emancipação definitiva; 3% tinham fugido e nunca foram recuperados e 21,6% não tinham destino conhecido. E havia um preso.[45] Nenhuma referência é feita à reexportação de africanos, e somente cinco africanos livres desse grupo foram emancipados da tutela antes da emissão do Decreto de 1853.

O detalhamento da análise conforme o local de trabalho dos africanos traz as primeiras revelações: os que serviram concessionários particulares alcançaram a emancipação em maior proporção do que aqueles que serviram em instituições públicas, e morreram em menor proporção antes do fim da tutela. Um olhar ainda mais aproximado revela uma grande diferença nos prazos de serviço obrigatório completados pelos africanos dos dois grupos e ainda uma diferença significativa nos prazos cumpridos por africanos e africanas livres. Fica claro como era difícil emancipar-se da tutela, especialmente se o indivíduo fosse homem e trabalhasse para o Estado.

TABELA 5

DESTINOS DOS AFRICANOS LIVRES EMANCIPADOS NA DÉCADA DE 1830

	EMANC	%	FALEC	%	FUG	%	DESC	%	PRES	%	TOTAL
Concessionários	239	30,9	342	44,2	28	3,6	163	21,1	1	0,1	773
Instituições	33	19,5	94	55,6	1	0,6	41	24,3	0	0	169
Todos	272	28,5	447	46,8	29	3,0	206	21,6	1	0,1	955

LEGENDA: EMANC: Emancipado; FALEC: Falecido; FUG: Fugido; DESC: Destino desconhecido; PRES: Preso

FONTE: "Matrícula dos africanos apreendidos entre 1834 e 1838", c. 1865, AN, IJ6 471.

NOTAS: Entre os 447 falecidos foram incluídos um cujo lugar de trabalho não foi registrado e dez que faleceram antes de ser distribuídos, e entre os 206 cujo destino era desconhecido foram incluídos dois cujo local de trabalho não foi registrado.

Proporcionalmente ao número em que foram distribuídos, mais africanos que trabalhavam em instituições públicas morreram antes de receber a emancipação definitiva do que os que trabalhavam para concessionários. De todos os africanos dessa amostra, 55,6% dos que trabalhavam para o Estado morreram e 19,5% alcançaram a emancipação da tutela, em contraste com o falecimento de 44,2% e a emancipação de 30,9% dos que trabalharam para concessionários. A diferença se deve não só à maior mortalidade dos africanos cedidos ao serviço público, mas também ao prolongamento de sua tutela até a década de 1860. Assim, os africanos livres que trabalharam para o Estado imperial serviram compulsoriamente por mais tempo do que aqueles que serviram a particulares. Entre aqueles que, como Desidério, alcançaram a emancipação, nenhum trabalhou menos de 24 anos, ultrapassando em muito os catorze anos obrigatórios. A maior parte deles trabalhou mais ainda.

Se organizarmos os registros pela data de emissão dos avisos de emancipação, temos demonstração clara das mudanças na política e das distorções impostas pelo Ministério da Justiça na emancipação dos africanos livres. Fica evidente que, nos primeiros anos após o Decreto de 1853, o Ministério da Justiça emitiu um bom número de avisos para os africanos considerados "dignos" de emancipação. A primeira fase foi seguida por uma queda brusca do número de avisos emitidos, resultado da mudança de política inscrita nas ordens de 1855 discutidas no capítulo anterior. Um movimento gradual de volta à concessão de emancipações teve início depois da decisão do Conselho de Estado de dezembro de 1859, mas na verdade foi mesmo em 1864 que a emancipação incondicional começou. A análise dos registros dos avisos de emancipação emitidos pelo Ministério da Justiça entre 1859 e 1864 mostra que mais de um quarto dos africanos livres remanescentes foram retidos pelo governo até o último momento. De 976 avisos emitidos entre julho de 1859 e outubro de 1864, 473 foram concedidos no ano de 1864 a africanos livres do sexo masculino que trabalhavam para o serviço público; 48% do total dos emancipados nesse intervalo ficou para a última hora.[46] Qual o motivo de tanta demora? Possivelmente a necessidade de mão de obra nos serviços públicos.

O cálculo do tempo de serviço prestado pelos africanos livres dos carregamentos apreendidos na década de 1830 e distribuídos para o serviço com base nos Avisos de 1834 e 1835 revela que todos haviam completado os catorze anos de serviço obrigatório quando o decreto foi expedido em 1853, e ainda a maior parte deles continuou trabalhando por vários anos até alcançar a emancipação da tutela.

TABELA 6

TEMPO DE SERVIÇO DOS AFRICANOS EMANCIPADOS DE ACORDO COM O SEXO E O LOCAL DE TRABALHO

ANOS DE TRABALHO	CONCESSIONÁRIOS						INSTITUIÇÕES					
	H	%	M	%	T	%	H	%	M	%	T	%
15-19	25	19,2	30	29,1	55	23,6	0	0	0	0	0	0
20-24	26	20,0	39	37,9	65	27,9	0	0	2	66,7	2	6,5
25-29	69	53,1	28	27,2	97	41,6	26	92,9	1	33,3	27	87,0
30+	10	7,7	6	5,8	16	6,9	2	7,1	0	0	2	6,5
TOTAL	130	100	103	100	233	100	28	100	3	100	31	100

FONTE: "Matrícula dos africanos apreendidos entre 1834 e 1838", c. 1865, AN, IJ6 471. Conjunto de 264 africanos emancipados cujos sexo, local de trabalho e destino foram registrados.

A duração do serviço compulsório variou bastante entre os homens e as mulheres, e se haviam trabalhado para particulares ou instituições. Nesse fragmento da matrícula há poucos africanos que trabalharam para instituições, mas 28 homens e três mulheres foram emancipados. Duas delas trabalharam entre vinte e 24 anos, e a outra entre 25 e 29, enquanto 26 (93%) homens trabalharam entre 25 e 29 anos, e os outros dois (7%) trabalharam mais de trinta anos. Uma diferença semelhante entre a experiência dos homens e das mulheres é percebida do conjunto de 130 homens e 103 mulheres emancipados depois de cumprir serviço obrigatório em casa de particulares: 69 mulheres (67%) cumpriram entre quinze e 24 anos, enquanto 53% dos homens serviram entre 25 e 29 anos, até serem emancipados da tutela.

Esses dados agregados revelam alguns aspectos importantes da história dos africanos livres que não eram visíveis a partir do estudo de casos individuais. Primeiro, mostram claramente que os africanos que trabalharam para particulares e os que trabalharam no serviço público tiveram experiências distintas em função da duração do tempo de serviço e das chances de alcançar o fim da tutela. As implicações de algumas das diferenças ainda precisam ser exploradas: qual o significado do fato de os africanos livres (tanto homens quanto mulheres) que trabalhavam para concessionárias mulheres terem tido melhores chances de ser emancipados do que aqueles que trabalhavam para concessionários homens? Os números são claros: dos africanos a serviço de mulheres, 34,5% morreram e 40,3% foram emancipados, enquanto entre os africanos a serviço de homens, 46,2% morreram e 28,9% foram emancipados.[47] Diferenças semelhantes são encontradas entre as práticas de alforria dos senhores de escravos: senhoras de escravos alforriavam com mais frequência que senhores.[48] Entretanto, a emancipação da tutela não poderia ser comprada pelos africanos ou concedida pelos particulares: isso era decidido pelos funcionários do governo, com informações dos concessionários e dos administradores das instituições nas quais os africanos trabalhavam.

Os dados mostram também exatamente quanto tempo cada africano serviu além dos catorze anos de serviço obrigatório e, no conjunto, que foram retidos sob tutela por um período muito maior que o determinado na convenção bilateral e no Alvará de 1818, mesmo depois da emissão do Decreto de 1853, que supostamente demonstraria a disposição do governo para emancipá-los. Em outros territórios do Atlântico, os africanos livres serviram junto com escravos e estavam também sujeitos a condições de trabalho precárias; portanto, trabalho compulsório durante o termo de serviço obrigatório não era exclusividade do Brasil. O que distingue a experiência brasileira é o fato de que o governo brasileiro prorrogou o já extenso período de tutela para muito além do indicado na legislação. Por quê?

Foram retidos mais homens que trabalhavam para instituições públicas. A necessidade de mão de obra para o serviço público pode explicar isso. Mas não explica o motivo da transferência de africanos já emancipados para fora da Corte. Ilustra essa questão o esforço coordenado pelo Ministério da Justiça e pelo chefe de Polícia para emitir avisos de emancipação condicional determinando novos locais de residência para os africanos livres. Na década de 1850 e no início da década de 1860, africanos livres (em geral os solteiros) foram frequentemente enviados para outras partes da província do Rio (38% dos avisos), para outras províncias (7%) ou até mesmo despachados para a África (3%). Só um quinto deles foi autorizado pelo chefe de Polícia a ficar onde já residia, enquanto outros (30%) não tiveram condições estabelecidas na carta.[49]

Além de considerações de utilização da mão de obra, portanto, a lentidão e as distorções no processo de emancipação dos africanos livres no Rio de Janeiro estavam relacionadas à preocupação do governo imperial com o controle social. Depois de atingir o auge, em 1849, o número de escravos na população da capital do Império esteve em constante declínio em números absolutos e relativos até a abolição, em 1888. A chegada de imigrantes para competir no mercado de trabalho urbano, a mortalidade que não foi compensada com africanos novos depois de 1850 e os altos preços alcançados na venda de escravos para as fazendas do interior são levantados como as causas dessa virada demográfica na escravidão urbana. Sidney Chalhoub argumentou que, além dos fatores de atração existentes no interior, o clima de medo criado pelos escravos, que desafiavam cada vez mais as ordens de seus senhores após 1850, talvez tenha afetado os donos de escravos urbanos e deva ser considerado fator de expulsão.[50]

Os dados dos africanos livres sustentam a hipótese de expulsão de indivíduos indesejáveis. Não se tratava, no caso deles, de circunstâncias no interior ou nas áreas de fronteira que os atraíssem. Não parecia relacionar-se com alguma política de reforço da escravidão rural e incentivo ao trabalho livre urbano, como se projetava no início da década de 1850. Vários africanos continuaram a ser tratados como trabalhadores compulsórios em projetos apoiados pelo governo imperial nas fronteiras mesmo após o fim da tutela. Além disso, não se pode perder de vista que muitos africanos capazes de viver sobre si foram instados a sair da Corte se não provassem ser pessoas confiáveis e que tinham motivos que os prendessem ao Rio. O governo imperial, assim como os senhores de escravos, tentava enviar os indivíduos considerados indesejáveis para fora da Corte.

DOS ALDEAMENTOS DO PARANÁ PARA UM NOVO LUGAR NA SOCIEDADE

O assento da emancipação dos africanos livres existentes na província do Paraná começou em 1864 e arrolou 76 pessoas que receberam suas cartas na Secretaria de Polícia até 1866. Delas, 62 eram africanos livres que chegaram à província em diferentes circunstâncias, e nove eram crioulos adultos — a maioria vindos do Arsenal de Marinha do Rio de Janeiro — que aparentemente tinham laços de família com africanos livres. Desses 62 africanos, seis haviam servido a particulares em Castro ou Curitiba, oito na Colônia Thereza Cristina, fundada em 1847, no vale do rio Ivaí, para receber colonos franceses, e os restantes nos aldeamentos de São Pedro de Alcântara, Paranapanema e São Jerônimo, no âmbito do projeto de interiorização comandado pelo barão de Antonina. Da mesma forma que em São Paulo, raros são os registros dos carregamentos em que os africanos chegaram ao Brasil que permitiriam calcular seu tempo de serviço. Há indícios, porém, de que os que foram encaminhados para a Colônia Thereza teriam chegado ao Brasil em 1836 e 1837 e servido algum tempo no

Arsenal de Marinha antes de ir para lá; há também quinze africanos identificados como provenientes do iate *Jovem Maria*, apreendido em 1851.

Entre eles encontramos Paulo e Inês, que saíram da Casa de Correção da Corte em fevereiro de 1851 com 31 outros africanos do mesmo carregamento. Eles estavam casados e tinham cinco filhas menores, de três a oito anos de idade, entregues no momento da emancipação à tutela do pai. Paulo e Inês, como muitos outros, registraram a intenção de residir em Curitiba e de não voltar para o Aldeamento de São Pedro de Alcântara. Na ocasião, o chefe de Polícia os fez saber que tinham de trabalhar por salário e registrar qualquer mudança naquela repartição.[51]

Outras tantas famílias de africanos livres e africanos solteiros comprometeram-se a voltar aos aldeamentos onde viviam e trabalhavam. Essa alternativa havia sido criticada pelo chefe de Polícia, Luís Francisco da Câmara Leal, em outubro de 1864, em tom discriminatório:

> Parece-me bem fundado o receio de que a permanência dos africanos nos aldeamentos indígenas seja nociva ao fim da catequese e encaminhamento dos bravos ao grêmio da civilização. Não são por certo os filhos escuros da região etíope os mais próprios para fomentarem no ânimo dos habitantes das selvas o desejo e amor à vida social de que gozamos nós outros amamentados com o doutrinal e salutífero leite do Evangelho; e da junção de duas ignorâncias jamais poderá resultar sabedoria pela cultura da inteligência e do coração.[52]

A autoridade responsável pela ordem pública que declarava ao presidente da província seu temor de que os africanos tivessem influência negativa sobre os indígenas sabia que lá estavam há uma década e meia; o que receava era justamente a mudança de estatuto:

> Porque o refreamento moral proveniente das obrigações contraídas pelos contratos (locação de serviços) não nos parece suficiente para conter os excessos e pretensões insubordinadas dos africanos ignorantes, contra cujas consequências de força material não bastarão os pequenos recursos da ação pública e policiamento de que dispõem os diretores de aldeamentos.[53]

Esse argumento permitia tirar a autoridade dos administradores dos aldeamentos, cujos relatórios não continham críticas ao comportamento dos africanos que justificassem tamanha virulência. Câmara Leal dá a entender que os planos da administração eram aplicar a legislação que regulava o trabalho livre — a Lei de locação de serviços de 1837 — para os africanos agora emancipados, mas ele rejeitava essa alternativa, discordando da emancipação dos africanos livres e desconfiando da capacidade deles de viver em liberdade sem controle.

E ele certamente não estava sozinho. O diretor da Casa de Correção da Corte expressou incômodo semelhante em seu relatório de 1865. Ao apresentar os números daqueles que haviam servido naquele estabelecimento, os ofícios que tinham aprendido e seus destinos, fez um balanço negativo da exploração da mão de obra dos africanos livres:

> Foi este um funesto presente a nossa sociedade. De tão crescido número de indivíduos alimentados e ensinados pela Fazenda pública, pouco ou nada deve ter lucrado a sociedade. O africano, uma vez liberto, dificilmente se sujeita ao trabalho diurno com constância, os recursos do país lhes dão com facilidade o necessário para sua alimentação, e em geral eles não cuidam do futuro. Neste esta-

belecimento, entre os africanos emancipados é notável que em tal número somente poucos se sujeitassem a salário.[54]

O diretor provavelmente se ressentia, como faziam os senhores de escravos, de que os africanos emancipados deixassem a Casa de Correção e rejeitassem qualquer oferta de emprego assalariado lá em favor de vidas independentes. Desconsiderava todo o trabalho forçado não remunerado que tinham prestado ao longo de tantos anos à sociedade e, assim como o chefe de Polícia do Paraná, se mostrava descontente com a solução da emancipação. Ao que tudo indica, a opinião dos dois funcionários representava a de uma parcela do público que via justiça na emancipação dos africanos depois de tantos anos de tutela, mas guardava dúvidas quanto a sua conveniência, por razões de ordem pública.

Perdigão Malheiro respondeu a tais opiniões pouco tempo depois. Omitido de propósito no discurso que proferiu a seus pares no Instituto dos Advogados Brasileiros em 1863, a respeito da ilegitimidade da propriedade escrava, o problema dos africanos livres recebeu a devida atenção no ensaio que o eminente jurista publicou sobre a escravidão brasileira em 1866 e 1867.[55] Malheiro discutiu o destino do grupo imediatamente após suas observações sobre os esforços do governo brasileiro para acabar com o tráfico de escravos, mas tentou dissociar a existência da categoria da interferência britânica, dando, em vez disso, ênfase à administração e à legislação brasileiras sobre ela. Ele presumiu, de modo equivocado, que a convenção bilateral de 1826 determinava a reexportação dos africanos e nunca mencionou abertamente as tentativas britânicas de transferir os africanos livres para suas colônias do Caribe. Ao recapitular a administração do grupo pelo governo imperial, Malheiro admitiu que os africanos haviam sido tratados como escravos, discutiu alguns problemas relacionados a seu tratamento pelos concessionários e administradores, mas escolheu concentrar-se nas medidas adotadas pelo governo imperial para sua emancipação. Ele queria retratar a "questão dos africanos livres" como um assunto concluído e, repetindo o debate sobre a abolição do tráfico, chamou para o governo imperial a responsabilidade pela emancipação dos africanos, que Christie havia atribuído à pressão diplomática e ao discurso de lorde Palmerston no Parlamento britânico em julho de 1864.[56]

Sobre o estado dos africanos livres depois da emancipação definitiva, ele comentou o seguinte:

> Se alguns têm-se entregado à ociosidade, ao vício, deve-se isto atribuir a efeito quase necessário e natural da sua vida e hábitos anteriores, e não à emancipação. Sem educação, sem estímulo pelo trabalho, sem os afetos de família, degradados, portanto em tudo como o escravo ou pior que este, não admira que, entregues a si, tenham-se alguns dado ao vício e à indolência. Aqueles, porém, que eram melhor tratados entraram na sociedade como membros úteis a si e ao país; os casamentos, isto é, a constituição de famílias, tiveram lugar; e outros, a exemplo desses, o têm feito. As exceções nada provam contra a emancipação. Em toda a parte há indivíduos, e até classes livres, que vivem pior do que esses africanos, e em maior degradação e miséria. Outras seriam, e são as providências a tomar, que não a escravidão, a sujeição forçada, ou quase escravidão.[57]

Perdigão Malheiro respondeu aos reticentes com a emancipação dos africanos livres como quem abordava uma questão maior, a da abolição. Ele avaliava que o estado de suposta degradação moral de alguns africanos emancipados deveria ser atribuído a sua condição anterior, que lhes negava incentivos à educação e ao trabalho e dificultava a vida familiar. Não era resultado da emancipação. Como quem mandava recado àqueles que se recusavam a discutir a emancipação gradual, sentenciava que manter as pessoas na escravidão, sujeição forçada ou quase escravidão não resolvia os problemas de integração desses sujeitos à sociedade. É pena que Perdigão Malheiro não tenha explorado mais o assunto. Se tivesse explicado em que termos esperava que os africanos emancipados fossem integrados à sociedade, ou se tivesse ousado comentar a política do governo de transferir africanos livres para as fronteiras do Império, ou ainda a continuidade de seu emprego como trabalhadores involuntários após sua emancipação, saberíamos o significado que ele atribuía à liberdade dos africanos.

Perdigão Malheiro preocupou-se acima de tudo em dissociar a "questão dos africanos livres" da discussão dos direitos dos africanos ilegalmente escravizados, à qual vinha sendo ligada. Por isso, concluiu a seção sobre os africanos livres com uma profissão de fé: "Resta somente a magna questão da escravidão existente no Império, e da sua consequente abolição: questão da maior gravidade e ponderação, que cumpre estudar e resolver com o maior critério e prudência".[58] Era seu voto por uma solução gradual, não imediata, para "a questão servil". Isso também se traduzia como defesa da propriedade sobre os africanos importados por contrabando. Ele respondia à agitação das ruas e dos tribunais.

10. Registros da escravidão e da liberdade

A movimentação dos africanos livres em busca da emancipação da tutela não passou despercebida pelos africanos escravizados com quem conviviam. A circulação das notícias no espaço privado das casas, chácaras e fazendas dos concessionários, no espaço público das ruas, praças, chafarizes, mercados, trapiches, e ainda no espaço mais controlado dos navios, hospitais e instituições públicas, inspirou africanos mantidos como escravos a requerer a liberdade.

Cabia a poucas autoridades da estrutura burocrática centralizada do Império julgar quem tinha direito a ser considerado africano livre. Os procedimentos e os requisitos necessários para essa identificação eram postos à prova com alguma frequência, como vimos, mas tiveram um novo desafio na década de 1860, à medida que a emancipação dos africanos livres avançou e a definição de africano livre, aos olhos do público, se ampliava a ponto de incluir aqueles ilegalmente escravizados. A partir dali, a questão do direito à liberdade com base na Lei de 1831 tomou os tribunais e as ruas, e pautou, como alternativa radical, o debate político acerca do "encaminhamento para a questão servil".

Nessa campanha, a batalha em torno das provas do direito à liberdade ou à propriedade, que já despontava em vários casos aqui tratados, tomou proporções nacionais. Este capítulo trata, em paralelo, da multiplicação de casos de escravização ilegal levados ao Judiciário, das estratégias radicais que promoviam a aplicação da Lei de 1831 para dar fim à escravidão e do impacto dessa movimentação sobre o Legislativo e o Executivo.

A PALAVRA DOS SENHORES COMO PROVA DE PROPRIEDADE

O Juízo de Órfãos de São Paulo recebeu, no espaço de um ano e meio, entre 1855 e 1857, dois africanos com longas trajetórias a relatar, que reclamavam o direito de ser reconhecidos como africanos livres e tinham, muito provavelmente, convivido por algum tempo sob as ordens do barão de Antonina e de seu genro, Luís de Campos Vergueiro. Primeiro veio Felipe, fugido de seu suposto proprietário, o alemão joalheiro Guilherme Landeman, porque "lhe diziam que neste juízo o dariam carta". Em interrogatório na presença de Landeman e do curador de africanos livres de São Paulo, ele relatou ser "Felipe de nação Cabinda, com 33 anos de idade, sendo sua condição de africano livre".[1]

Contou ter desembarcado no Rio de Janeiro e ter sido conduzido do porto do Valongo para a região de Queluz, na província de São Paulo, por um certo Máximo Jasson. Sobre sua idade naquela época, Felipe declarou "que veio muito pequeno e que não sabia bem que idade tinha exatamente, mas que em sua língua se chamava Paque, que corresponde a quatro". Mais velhos e ladinos, seus companheiros haviam fugido pelo caminho. Relatou ter trabalhado como pajem em um sítio em Queluz e, depois de longas andanças pelo Centro-Sul, teria estado no Rio Grande do Sul em companhia de Luís Vergueiro, genro do barão de Antonina, em uma fazenda de criação em cima da serra. Contou também ter morado na Fazenda Ibicaba, em Limeira, de onde passou para o domínio do "alemão Guilherme".

As perguntas do juiz de órfãos visaram obter detalhes de seu desembarque ilegal e de sua eventual apreensão: indagou a existência de um sinal de identificação que tivesse recebido no depósito, ou de marcas; buscou saber do que ele se lembrava das circunstâncias que permitissem datar sua chegada ao Brasil. Sobre sinais de seu estatuto — o juiz devia esperar que ele relatasse sobre a latinha amarrada ao pescoço —, Felipe apenas informou que na viagem de navio da Corte para São Paulo "recebeu um sinal acima da maminha direita", marca que aparecia ainda. Sobre o desembarque, lembrava-se que "veio no tempo em que os piratas andavam tomando os navios que traziam negros, sendo o seu também tomado por um vapor na entrada do Rio". O brigue em que viera chamava-se *Carlota*, e o navio que o havia capturado era inglês. Instado a precisar com mais clareza "o tempo dessa vinda", ele disse lembrar-se "que nesse tempo ainda estava no Rio o outro imperador, d. Pedro I, que ele viu no dia 7 de abril quando o imperador passou para embarcar", e completou que algumas coisas sabia "por ouvir seus parceiros", mas recordava-se "de ter visto o imperador e de ter visto também no Campo de Santana um ajuntamento de povo numa noite lembrando mais que o imperador saiu de noite para embarcar".

O curador João Feliciano da Costa Ferreira não se sentiu esclarecido pelo interrogatório de Felipe e por uma declaração apresentada pelo suposto proprietário, e sugeriu que se consultasse o Juízo de Órfãos do Rio de Janeiro. A estratégia do advogado que representava o alemão Landeman foi preparar um longo arrazoado desqualificando uma a uma as evidências que pudessem ser tiradas do interrogatório de Felipe — sugerindo, assim, que ele havia inventado tudo aquilo. Os dados apresentados para datar sua chegada foram todos desqualificados: o advogado argumentou que os ingleses não traziam navios a julgamento no Rio, levando todos para Serra Leoa; que o fato de Felipe ter estado no Valongo e não ter sido impedido pelas autoridades de viajar com Jasson implicava que isso tivesse ocorrido durante o período do tráfico legal; que o tempo decorrido desde o desembarque, calculado a partir da suposta idade de Felipe, aliado a sua declaração de que se lembrava dos eventos da abdicação de d. Pedro I, em abril de 1831, confirmavam que estava no Brasil antes da proibição, ocorrida em novembro daquele ano.

Para não deixar nenhuma parte do testemunho de pé, o advogado acrescentou: "Mas o certo é que ele é crioulo; pelo traquejo que tem tido com africanos aprendeu algumas palavras; e por ser muito esperto quer aproveitar-se dessa circunstância ilusória, para armar um romance absurdo com o fim impossível de ser declarado livre". Vemos aqui o argumento da habilidade linguística usado ao inverso: Felipe, crioulo e provavelmente bom conhecedor de português, teria aprendido algumas palavras com africanos com quem convivera, para passar-se por africano livre. Pode ser que Felipe tivesse mesmo inventado toda essa história; era uma estratégia comum e cabível no protocolo da resistência escrava. Mas há elementos para sustentar que ele não estava mentindo, apesar de ter caído em contradição algumas vezes.

O conhecimento a respeito do tráfico ilegal e de sua repressão nos permite reabilitar partes da história contada por Felipe. Houve, sim, a apreensão de um brigue de bandeira portuguesa chamado *Maria Carlota*, em junho de 1839. Enquanto saía do porto do Rio sem escravos a bordo, foi apresado pelo cruzeiro britânico *Grecian*, por suspeita de ter sido empregado no tráfico, e depois condenado como tal pela Comissão Mista sediada no Rio em setembro do mesmo ano. Essa informação foi dada pelo ministro de Estrangeiros ao Parlamento, em maio de 1840.[2] Como os escravos haviam desembarcado clandestinamente, não é implausível supor que Felipe tenha, sim, passado um tempo na região do Valongo, onde muitos comerciantes ofereciam escravos novos à venda como ladinos.[3] Explica-se também a ironia de Jasson dizer a eles que os levava para aprender a "rezar e a contar": o estatuto de africano livre devia estar em todas as bocas naqueles meses, uma vez que 1200 africanos de quatro carregamentos condenados — *Carolina*, *Especulador*, *Ganges* e *Leal* —, depois de emancipados pela Comissão Mista, foram distribuídos entre particulares e instituições públicas da cidade. Ademais, as circunstâncias da viagem do Rio para Queluz, incluindo a prisão em São João de Marcos, não destoam dos relatos de tráfico ilegal.

Dezesseis anos teriam decorrido desde o desembarque no Rio, e Felipe lembrava tais circunstâncias de modo tão vivo porque quando chegou tinha provavelmente dezessete anos de idade, e não quatro. O uso do seu nome, Paque, no interrogatório parece ter sido propositalmente mal interpretado. Quanto a ter testemunhado a abdicação e a agitação no Campo de Santana quando do embarque de d. Pedro I, à noite, há duas possibilidades. A primeira, de que, ficando bastante tempo no Valongo, tenha presenciado ou sentido o clima das festas de aclamação pela coroação do imperador Pedro II, em julho de 1841, e depois amalgamado essa lembrança à memória coletiva sobre a Abdicação.[4] A segunda hipótese é que Felipe tenha adquirido a memória dos episódios da Abdicação, de abril de 1831, os mais marcantes daquela geração, por intermédio de seus parceiros escravos ou livres. A intensa participação popular e a identificação com a causa antilusitana podem ajudar a explicar o fato de os eventos terem passado à memória coletiva e reaparecerem naquela de um africano que nem estava no Brasil na época.[5]

Diante do testemunho de Felipe e do longo arrazoado do advogado do suposto proprietário, o juiz de órfãos nem parou para pensar. Resolveu, seguindo a sugestão do advogado, tomar testemunho do barão de Antonina para dar autenticidade à declaração, apresentada dias antes, de que Felipe havia sido seu escravo. Nenhum título de propriedade foi requerido para provar a palavra do barão. O juiz Francisco da Costa Carvalho sentenciou, em fevereiro de 1856, que Felipe fosse devolvido a Landeman, visto que

> das informações tomadas a [ele] nada se depreendeu em favor de sua pretensão sendo que pela maior parte são elas confirmatórias da sua condição de escravo, e nenhuma vem em apoio de sua reclamação. [...] Não havendo na dita reclamação fundamento algum para a ação protetora desse Juizo aliás não competente para a declaração de sua liberdade e simplesmente habilitado para promovê-la pelos meios competentes em o juízo próprio estabelecido pela legislação respectiva se na dita reclamação e informações houvesse procedência e verossimilhança.[6]

Conclui-se que operou em dois níveis: tentou apurar se Felipe era africano livre, pois, nesse caso, teria direito à proteção daquele juízo, e disso não tirou provas suficientes; e também tentou encontrar indícios de que mereceria ser encaminhado ao juízo competente, para julgar seu direito à liberdade (provavelmente pela Lei de 1831 e pelo Decreto de 1832), mas não encontrou na reclamação de Felipe quaisquer "procedência e verossimilhança". Ora, que era plausível era. Mas, nesse caso, provavelmente pesou muito a palavra do barão de Antonina e talvez mesmo a intimidação que ela causasse. Não se exigiu que Landeman, protegido por Antonina, provasse seu direito à propriedade, mas esperava-se que Felipe o fizesse.

Pouco mais de um ano depois, quando chegou o pleito de

Joaquim Benguela ao mesmo Juízo de Órfãos de São Paulo, sua história de trabalho para Luís Vergueiro deve ter soado familiar. Joaquim fugira da Fazenda Ibicaba para Campinas, onde foi preso e transferido para São Paulo. Ele dizia ser africano livre e que seus serviços haviam sido arrematados por Luís Vergueiro por catorze anos, que "há muito se venceram". Interrogado pelo juiz Francisco da Costa Carvalho, relatou as circunstâncias da apreensão feita em Bertioga, em setembro de 1831:

> tendo o capitão da embarcação em que ele respondente vinha de sua terra com muitos outros pretos tido receio de entrar na barra grande de Santos, procurou a praia de Bertioga, onde desembarcaram e donde foram levados para uma armação no mesmo lugar, sendo aí apreendidos ele e seus companheiros pela Justiça que os fez conduzir para a cidade de Santos.[7]

Em seguida, deu conta de que seus serviços foram arrematados junto com os do africano Bento, por Luís Vergueiro, "em cujo poder esteve sempre", e relatou passos de sua trajetória ao lado do fazendeiro: "[foi] em sua companhia para o Rio de Janeiro, depois para Missões da Província do Sul, depois em Pirituba, fazenda do barão de Antonina, aonde esteve morando o mesmo Vergueiro, finalmente depois para Ibicaba, no termo de Limeira, onde mora agora o dito Vergueiro". Joaquim sabia que os companheiros de viagem cujos serviços foram arrematados na mesma ocasião "estavam já todos fora das casas dos arrematantes", inclusive Bento, que deixara Vergueiro um ano e meio antes e estava em São Vicente naquele momento. Para buscar confirmação do estatuto de Joaquim e estimar havia quanto tempo estava em poder de Vergueiro, o juiz pediu mais detalhes, ao que o africano respondeu com vários nomes de pessoas em Campinas, em São Paulo e em Santos que sabiam que ele fora arrematado. Lembrou também que estava em companhia de Vergueiro "havia bastante tempo quando houve o Barulho do Tobias" — referia-se à revolta liberal de 1842, liderada por Tobias de Aguiar, em que Nicolau Vergueiro e provavelmente todo o seu círculo estiveram envolvidos.

Diante disso, o juiz de órfãos de São Paulo pediu informações a seu correspondente em Santos, para detalhes sobre a arrematação de Joaquim, e ainda ao de Limeira, para inquirir Luís Vergueiro. Interrogou também Fidélis Nepomuceno Prates, concunhado de Vergueiro, que declarou conhecer o africano, também chamado de "Joaquim novo", havia aproximadamente doze anos. O juiz de órfãos de Santos confirmou que Joaquim era um dos africanos apreendidos em Bertioga, mas indicou que a história não era tão simples: Luís Vergueiro havia arrematado um casal, Antônio e Maria, em 11 de outubro de 1831, pelo período de doze anos. Trocou Maria (rebatizada de Virgínia) com um certo João Otávio pelo africano Joaquim e chegou a pedir autorização para levá-lo ao Rio de Janeiro, em 1840. O interrogatório de Luís Vergueiro em Limeira foi lacônico: confirmou que havia arrematado os serviços de Joaquim em 1831 e declarou que "concluído o tempo da dita arrematação o mesmo africano o acompanhou por diversas províncias do Império sem que ignorasse ter concluído o tempo de serviço arrematado, e por fim retirou-se dele depoente quando bem lhe pareceu, tendo tido sempre conduta regular". O juiz de órfãos de Limeira, provavelmente enredado nas teias da política e sem isenção para enfrentar o clã dos Vergueiro, não questionou as condições sob as quais Joaquim havia trabalhado desde 1843 — isto é, por catorze anos excedentes, mesmo diante de fortes indícios de que beiravam a escravidão.

Os dois casos só reforçam a ideia de que nos círculos do barão de Antonina e de Nicolau Vergueiro e nas atividades por eles administradas havia gente de diversos estatutos — escravos, africanos livres, índios, imigrantes europeus e trabalhadores livres pobres. Tomados juntos, os dois casos abrem uma janela para observar-se o funcionamento da escravidão ilegal, que sonegava a liberdade àqueles que haviam sido vendidos como escravos, como Felipe, e ameaçava a dos africanos livres, como Joaquim. E isso sob a égide dos negócios de duas figuras proeminentes na província de São Paulo com trânsito no âmbito imperial.

Como várias pessoas do mesmo carregamento, Joaquim havia sido trocado com outra africana livre ainda em Santos e levado a outra cidade, prática que dificultava o trabalho das autoridades encarregadas de acompanhar a tutela e apagava os rastros documentais sobre o estatuto dos africanos. Muitos ganharam outros nomes mediante batizado ou uso corriqueiro, o que tinha efeito semelhante. Africanos novos como Felipe eram passados de mão em mão até que sua origem no tráfico ilegal fosse desconhecida do círculo de pessoas do lugar onde viviam e trabalhavam. No caso dele, o relato sugere que a dificuldade de encontrar comprador na rota das Missões tenha feito com que ficasse com o barão de Antonina, figura que certamente teria poder para justificar a posse de um africano de origem suspeita. Foi o que acabou tendo que fazer para defender a transação realizada pelo genro com o alemão joalheiro. Tudo indica que todos sabiam da ilegalidade e lidavam com ela. Os proprietários mais importantes tinham mais chances de defender escravos adquiridos por contrabando, e por isso é relevante ver aqui o barão de Antonina e o filho de Nicolau Vergueiro.

Os dois casos mostram também que naqueles anos, em meados da década de 1850, os africanos tinham expectativas de que as autoridades agissem em defesa da liberdade. Mas não qualquer autoridade: não fugiram para Limeira, onde estava o juiz de órfãos mais próximo. Provavelmente inspirados por Bento, Felipe foi direto ao Juízo de Órfãos de São Paulo, e Joaquim tinha a mesma intenção, mas seu caminho foi interrompido pela prisão, em

Campinas. Eles podiam ter fugido antes: Joaquim já trabalhava para Vergueiro havia mais de 25 anos e sabia que era africano livre; Felipe tinha chegado havia dezoito anos e suspeitava ter também esse direito, mas o fato de só terem resolvido tentar naquele momento possui um significado. Talvez interpretassem a imposição de autoridade do governo sobre os senhores no caso da proibição do tráfico a partir de 1850 e da decretação da emancipação gradual dos africanos livres em 1853 como um sinal de mudança. Talvez a conjuntura em Ibicaba favorecesse a reivindicação de direito, visto que no Natal de 1856 foram os colonos suíços que se levantaram contra Nicolau Vergueiro.[8]

"OS PROTETORES DA CLASSE DA GENTE PRETA"

Em meio à comoção causada pela apreensão de navios brasileiros ordenada pelo ministro britânico Christie e à repercussão do decreto de Lincoln de emancipação dos escravos nos estados rebeldes do Sul dos Estados Unidos, a Polícia da cidade sulina de Pelotas prendeu o preto livre Sebastião Maria, acusado "do crime de insurreição".[9] A denúncia partira do negociante português Jacinto Granjor, que em sua venda de molhados

> ouvira por várias vezes ao preto livre Sebastião Maria, em círculo de outros muitos pretos, provocar arguições ao governo brasileiro injuriando-o com epítetos degradantes à pessoa de sua majestade o imperador do Brasil, e tratando de propagar doutrinas de insurreição, convidando e aliciando a pretos livres e cativos para em caso de guerra do Brasil com a Inglaterra tomarem eles pretos o partido dos ingleses, visto que é esta nação a quem cumpria-lhes ajudar por serem eles os protetores da classe da gente preta.

"Desfavoráveis e iguais sentimentos" espalhavam-se entre "pequenos grupos de pretos", o que alarmara o português — que notou ainda para o delegado que Sebastião era persuasivo e bem capaz de levar o plano adiante. Interpretando as notícias que ouvia ou que lia, ele relatava "aos seus iguais" que Santa Catarina já estava ocupada por forças inglesas e que logo seria a vez da província de São Pedro. Não estavam muito longe do lugar do naufrágio do *Prince of Wales*, em 1861, e não deviam desconhecer a presença de um cônsul inglês, Vereker, em Rio Grande desde pelo menos a década de 1840, encarregado, entre outras coisas, de noticiar o tráfico e a vitalidade da escravidão na província. Portanto, a crise com a Inglaterra devia ser assunto corrente, que suscitava posicionamentos. Mesmo assim, não deixa de surpreender a eloquência com que Sebastião Maria, um pedreiro de 63 anos nascido no Rio de Janeiro, incitava tanto escravos quanto libertos e pretos livres a tomar o partido dos ingleses como "protetores da classe da gente preta". O potencial de distúrbio da ordem em Pelotas era grande: os escravos perfaziam 37% da população.[10] Talvez nunca se saiba precisamente como Sebastião Maria formou sua opinião a respeito das práticas filantrópicas — ou subversivas, dependendo de como se veja — inglesas, mas sabemos que ele não era o único a tomar os ingleses por protetores dos negros.

Os ingleses vinham construindo essa imagem havia décadas no mundo inteiro, com discurso e ações. Já vimos que o ministro e o cônsul britânicos no Rio colaboraram entre si em defesa dos africanos livres em torno de 1850, e que a política era a de insistir no direito à liberdade dos africanos trazidos por contrabando, aplicando unilateralmente a Lei de 1831, se necessário. Vários africanos recorreram à legação britânica no Rio e tiveram apoio para a tramitação de suas petições de emancipação na década de 1850. Da mesma forma, o ministro Howard havia começado uma campanha de denúncia da venda pública de africanos ilegais, anunciados todos os dias nos jornais da Corte.[11]

A chegada de Christie, em 1860, trouxe novo fôlego à campanha britânica em defesa dos africanos. Além da insistência na emancipação definitiva dos africanos livres, Christie retomou o tema da escravidão ilegal, insistindo nessa que era uma das estratégias abolicionistas mais radicais: usar os registros contendo nação e idade de uma pessoa para provar sua importação ilegal. Já em 1861, em encontro com o ministro de Estrangeiros, Antônio Coelho de Sá e Albuquerque, Christie chamou a atenção do brasileiro para a frequência com que escravos africanos jovens eram anunciados para venda nos jornais da Corte. Naquela época, a proibição da venda pública de escravos e a separação das famílias estavam em discussão no Senado, graças a um novo projeto do senador José Inácio Silveira da Mota.[12]

Passada a Questão Christie, em 1865, Reginaldo Muniz Freire, o mesmo que havia clandestinamente prestado serviços à legação britânica na obtenção do relatório e da listagem de africanos livres meses antes, apresentou-se como "encarregado da estatística dos africanos livres existentes no Império" e requereu ao juiz da 1ª Vara do Rio de Janeiro, Sales, a expedição de um mandado de intimação ao leiloeiro M. P. Bastos Júnior, para suspender o leilão de Samuel Mina, Martinho Angola e Agostinho, e colocar os africanos escravizados em depósito, "a fim de se tratar de demonstrar a liberdade dos mesmos", alegando Freire que tinham sido importados depois das leis de proibição do tráfico. Diante da demanda inusitada, o juiz consultou o Ministério da Justiça para saber se Freire estava habilitado a tomar tais providências, pois achava o fato digno de ponderação, "em vista das condições excepcionais em que está esta espécie de propriedade".

Une vente d'esclaves, à Rio-de-Janeiro.

Condenar a separação das famílias e a venda de africanos ilegais estava entre as ações da militância abolicionista na década de 1860, rede com a qual o francês Biard certamente se entrosou.

Na terceira seção do Ministério, onde se tratava dos assuntos relativos aos africanos livres, não havia notícia de tal ordem, e a sugestão foi que o juiz exigisse de Freire o título com o qual se apresentava para fazer tal requerimento.[13] Não está claro se Freire estava novamente a mando da legação britânica, mas ele demonstrava atualização quanto às estratégias abolicionistas. Nesse caso, retomava o plano de Turnbull de 1840 — exigir dos supostos senhores, numa Comissão Mista, prova de propriedade sobre os escravos e emancipar aqueles que não tivessem registros de escravidão. Freire talvez tentasse forçar a prova sobre a propriedade dos três africanos. O juiz Sales deu o alarme: "esta espécie de propriedade", referindo-se à dos africanos chegados depois da proibição do tráfico, estava em "condições especiais", para aludir à falta de base legal e à escassez de registros.

O caso de Henriqueta Benguela, uma africana que em 1863 recorreu ao Judiciário e obteve a liberdade, também passou pela reclamação de prova de propriedade, com uma variação importante.[14] Havia chegado com catorze ou quinze anos, por volta de 1846, e fora entregue pelo visconde de Macaé, a pedido do comendador Antônio Luís Fernandes Pinto, para os serviços de sua sobrinha, Rita, conforme o próprio marido dela relatou mais tarde. Henriqueta estava doente e era claramente recém-chegada do tráfico ilegal, porém não veio com nenhum papel que indicasse sua condição de africana livre.

Em 1859, a movimentação em torno da emancipação dos africanos livres concedidos a particulares fez o marido de Rita, capitão-tenente Antônio Carlos Rodrigues da Silva, sair em busca de explicações sobre o estatuto da africana junto ao Juízo de Órfãos, que aparentemente fez vista grossa para o caso espinhoso. Assim, em 1863, Henriqueta entrou com uma ação na 2ª Vara da Corte contra o capitão, cujo resultado lhe foi favorável. Na tramitação do pedido de emancipação no Ministério da Justiça, encontramos fragmentos do caso que permitem inferir que a estratégia foi provar que Henriqueta era africana livre, mas que os registros disso haviam desaparecido. Assim, ela provavelmente forçou o tenente a apresentar em juízo as provas de sua propriedade. Foi uma hábil manobra para evitar a invocação da Lei de 1831 e a alegação da importação durante o tráfico ilegal, o que condenaria a ação ao fracasso.

O curador de Henriqueta, Augusto Fromm, adotou, na petição de emancipação, o que talvez fosse a base de seu argumento também no processo judicial: a presunção da liberdade. Para isso recorreu à Lei de 6 de junho de 1775, referente originalmente à liberdade dos índios no Maranhão e no Grão-Pará, mas recorrentemente citada em ações de liberdade durante o século XIX, segundo Keila Grinberg.[15] "Exceção do direito comum, a escravidão nunca se presume", dizia Fromm na petição, completando que, para ter fundamento jurídico, carecia "de ser cumprida e completamente provada". O juiz Gaspar Silveira Martins considerou que o capitão Rodrigues da Silva não reclamava Henriqueta como sua propriedade, não apresentou documentos que provassem um suposto direito de propriedade e assim a declarou africana livre. Ele também fazia parte da rede com tendências "radicais".[16] O aviso de emancipação resultante da tramitação da petição pelo Ministério da Justiça diferia dos outros, dizendo que seus serviços haviam sido confiados a d. Rita Emiliana Pereira da Costa em 1846 "sem as fórmulas legais".[17] Seu caso chegou ao público através do *Jornal do Commercio* bem no dia em que lorde Palmerston discursava no Parlamento britânico em defesa da emancipação dos africanos livres. Acusando o chefe de Polícia de atrasar a entrega da carta a Henriqueta, o artigo anônimo expunha — para os bons entendedores — o caminho da denúncia de escravização ilegal passando pela reclamação do estatuto de africano livre. Christie recebeu o artigo e aproveitou-o em sua descrição do funcionamento da escravidão brasileira, depois republicada em livro.[18]

O SENTIDO DE "AFRICANO LIVRE" SE AMPLIA DE MANEIRA DEFINITIVA

Se o direito à liberdade existia para os africanos tidos ilegalmente como escravos, até agora era remoto. A Questão Christie e a aceleração da emancipação dos africanos livres em 1863-4 tiveram o efeito de devolver ao horizonte dos africanos — e de seus filhos — essa possibilidade. A existência de pessoas dispostas a desafiar abertamente o pacto de silêncio a respeito das "condições especiais" — leia-se ilegalidade — da propriedade escrava e o efeito que isso teve sobre o comportamento dos africanos são traços notáveis da década de 1860, sobretudo da segunda metade.

Na Corte, onde o número de africanos livres era enorme, a sensibilização a respeito do estatuto de africano livre aparecia até nas ocorrências policiais. Cresceu muito, de 1862 para 1867, o número de africanos que, ao serem presos, se declaravam africanos livres. Não se tratava de africanos livres já reconhecidos como tal, como Cândido, preso em outubro de 1862 por ser encontrado fora de hora carregando em uma salva de prata "objetos com que [se] fazem nigromancias", ou Eleutério, preso para averiguações um ano depois com jacas e galinhas para vender a preços baixos.[19] Tratava-se de pessoas cujo estatuto, no momento da prisão, não era claro, e que, em vez de se dizerem livres ou escravos, se declararam africanos livres.

Foi o caso, entre outros, do "preto Antônio Francisco", preso por ser encontrado fora de horas — isto é, violando o toque de recolher — em abril de 1863; de Lauriano Gomes, preso por embriaguez em junho do mesmo ano; de Jorge, preso por suspeita de ser escravo fugido em setembro de 1867; ou ainda da preta Macária, presa para averiguações com um filho menor em fevereiro de 1863.[20] Talvez fossem africanos livres mesmo, talvez ganhassem tempo até conseguir a proteção de alguém para sair da prisão, mas também não podemos descartar a hipótese de que invocassem o sentido ampliado de africano livre, isto é, que se reconhecessem como africanos importados por contrabando com direito à liberdade.

A perspectiva de uma difusão da consciência do direito à liberdade entre os africanos importados por contrabando pode ajudar a reler casos como o de Maurício, cuja fuga foi anunciada no *Jornal do Commercio* em setembro de 1868. Fugira em 28 de agosto vestindo paletó escuro e chapéu baixo de castor, e fora visto na casa de uma quitandeira na rua Uruguaiana. Maurício era "de nação", aparentava ter entre trinta e quarenta anos, havia trabalhado como cozinheiro e era bem-falante. No anúncio, seu suposto senhor registrou que o africano costumava dizer que era livre. Pela lei, ele era mesmo.[21]

Notícias se multiplicaram de pessoas que estavam dispostas a ajudar escravos africanos a passar por africanos livres ou requerer oficialmente o direito à liberdade. Em 1862, o juiz municipal de Pouso Alegre, em Minas Gerais, recusou-se a aceitar petições de africanos livres porque descobriu que o vigário da paróquia de Santana do Sapucaí estava batizando os africanos importados depois de 1831 e registrando-os como livres.[22] Em Castro, no Paraná, o juiz de direito oficiou ao presidente da província um incômodo com o procedimento do juiz municipal, que havia julgado livre um africano preso em Jaguariaiva por fugido, "pelo simples fato de declarar-se tal o sobredito africano no interrogatório que lhe fez". José de Almeida Martins Costa, o juiz de direito, julgava tal procedimento "abusivo e de consequências mui perigosas para muitas fortunas brasileiras", e tinha "uma ideia vaga de um acordo havido entre o governo brasileiro e o inglês sobre a condição dos africanos importados no Brasil como escravos até 1850".[23]

Outro episódio, agora de Cimbres, no sertão de Pernambuco, reforça a constatação do receio desencadeado na população e nas autoridades locais pela aplicação da Lei de 1831, e revela ainda a radicalização de alguns advogados. O delegado de Polícia de Cimbres, Joaquim de Carvalho Cavalcanti, oficiou ao presidente da província, barão de Vila Bela, em junho de 1867, que os senhores de escravos estavam "incomodados e agitados", e os escravos, "com princípio de desobediência a seus senhores" desde que se tinha tornado público o caso da africana Rosa e seu filho Justino, havidos por escravos do alferes Tenório de Albuquerque e do capitão Antônio Joaquim Torres Galindo, respectivamente. O bacharel Jesuíno Claro da Silva tinha conseguido junto ao juiz municipal do termo o depósito de Rosa e Justino, com vistas a emancipá-los com base na Lei de 7 de novembro de 1831. Foi quando, segundo o relato do delegado,

> houve quem se dirigisse ao requerente [o advogado] com bons termos a fim de que ele retirasse semelhante procedimento, e sendo essa conferência em um dia de domingo ao sair o povo da missa, esse homem desalmado gritou na rua perante um grande número de povo livre, e escravos, que estava no gozo de seus direitos e na qualidade de curador dos órfãos que estava pronto a receber a todos escravos que fossem africanos e os que dele descenderem para tratar de suas liberdades e que não admitia conselho de pessoa alguma.[24]

O destemido bacharel estava entre os primeiros que resolveram levar aos tribunais ações de liberdade com base nessa lei em favor de africanos ilegalmente escravizados, ainda que não saibamos como abordaria a ilegalidade. O relato do delegado dá a justa medida do potencial explosivo de se considerarem livres os africanos desembarcados depois de 1831 e também seus filhos e netos. Mesmo com uma população escrava relativamente pequena — em 1872 a paróquia de Nossa Senhora das Montanhas de Cimbres foi recenseada com 379 escravos entre os pouco mais de 6 mil habitantes — naquele momento, em 1867, o delegado temia que se desse algum "conflito sanguinolento".[25]

O mesmo argumento de ameaça à ordem foi usado pelo delegado de Santo Antônio da Patrulha e pelo presidente da província do Rio Grande do Sul em 1868, para conter um promotor decidido a aplicar a Lei de 1831. Depois que defendeu oito libertos, beneficiados em um testamento, de serem reescravizados, Luís Ferreira Maciel Pinheiro deve ter chamado a atenção dos escravos da região. A ele recorreram os africanos Joaquim e Maria, que se diziam desembarcados em Capão da Canoa depois da Lei Eusébio de Queirós, "em companhia de muitos outros hoje pertencentes a diferentes senhores".²⁶ A pedido de Maciel Pinheiro, um jovem bacharel paraibano formado em Recife, que havia sido colega de Castro Alves, o juiz municipal de Conceição do Arroio fez as diligências indicadas no Decreto de abril de 1832 e se preparava para "livrar da escravidão um avultado número de pessoas", quando os senhores intervieram e instalou-se um debate velado sobre o valor do testemunho dos africanos. Segundo denúncias dos supostos proprietários ao presidente da província, os africanos em questão eram "pessoas extremamente interessadas", a quem não se podia dar crédito. Maciel Pinheiro esclareceu que teve por base o Decreto de 1832 e tomou-os como partes do processo, não informantes, e por sua vez acusou "os senhores desses e de outros africanos" de criminosos que procuravam abafar a ação do Judiciário. Mas a voz dos supostos proprietários falava mais alto que os procedimentos judiciais. Maciel Pinheiro recusou-se a silenciar e pediu demissão, mas não sem antes sugerir que suas ações davam esperanças aos africanos, que sabiam da ilegalidade em que eram tidos como escravos, mas que tinham suas ações contidas pelo medo e pela violência.²⁷

A PRECARIEDADE DA LIBERDADE, A INSTABILIDADE DA PROPRIEDADE ESCRAVA E A LEI DE 1871

A escravização de pessoas livres de cor, ou a reescravização de libertos, foi muito comum durante a vigência da escravidão. Fosse através da contestação das alforrias, de sequestro seguido de venda, de registro indevido ou de outras transações com aparência de legalidade, homens, mulheres e crianças viram-se com frequência (re)escravizados indevidamente e obrigados a resignar-se ou a enfrentar forças maiores que as suas para reaver a liberdade. Sidney Chalhoub argumentou que a liberdade das pessoas de origem africana tornou-se particularmente precária depois de 1831 em virtude da conivência de todas as esferas do governo imperial com o tráfico ilegal e a escravidão ilegal das centenas de milhares de africanos trazidos por contrabando.[28]

A escravização de pessoas livres era considerada crime pelo art. 179 do Código Criminal do Império de 1830, passível de prisão e multa. No entanto, a aplicação dessa legislação pelas autoridades imperiais, procedimento que guarda uma das chaves para entender o papel do Estado imperial nesse fenômeno, ainda não foi bem investigada. Os elementos já levantados indicam que as autoridades — tanto do Judiciário quanto do Executivo — nem sempre concordaram nem atuaram em uníssono, o que resultou em uma atenção desigual para o problema da reescravização. Mas isso não significa que fossem todas, o tempo todo, coniventes com o crime. A origem da vítima, a posição social do acusado, o acesso às autoridades, a existência de rede de apoio e as circunstâncias políticas e mesmo diplomáticas do caso influenciaram a abertura e o resultado dos processos. Apesar de haver processos de redução de pessoas livres à escravidão em várias regiões do país, os sujeitos que podiam reclamar outra nacionalidade, ou a proteção de autoridades diplomáticas estrangeiras — como os da legação britânica ou da uruguaia —, foram os que mais causaram dificuldades às autoridades imperiais. Tudo indica que a implantação de uma matrícula dos escravos tenha respondido ao problema corrente da escravização de pessoas livres, ao mesmo tempo que buscou legalizar a escravização dos africanos importados por contrabando.[29]

O número de casos de escravização ilegal levados ao Judiciário cresceu na década de 1850. Em virtude da falta de estudos sistemáticos, é difícil dizer se o fato se deve ao aumento da frequência do crime ou à intensificação de sua repressão. Alguns exemplos dão ideia da gama de casos. Na comarca do Cabo, em Pernambuco, em 1858, o promotor público pronunciou o tenente Hermino

Laurentino de Andrade pelo crime de reduzir à escravidão os africanos apreendidos em seu engenho em Caeté. Três anos depois, em Rio Formoso, na mesma província, foram denunciados João Manoel de Barros Accioly e Maria Luísa de Moura por crime de reduzir à escravidão a preta Cipriana e seus dois filhos.[30] Em Oliveira, Minas Gerais, no fim de 1858, o negociante Pedro da Silva Pereira e o roceiro Vicente José da Silva tentaram fazer a liberta Antônia Gomes passar por cativa e ofereceram-na à venda, com seus dois filhos; os dois foram condenados com base no artigo 179 do Código Criminal.[31] Na mesma vila já se desenrolava o processo em que o avô de Eduardo, forro, denunciou Belarmino Francisco Barbosa por raptar o menor com intenção de vendê-lo, em 1842. O caso aparentemente se arrastou até 1879 e resultou na absolvição de Barbosa.[32] Com exceção do caso dos africanos livres mantidos em escravidão em Pernambuco, os outros casos têm em comum o fato de o crime recair sobre pessoas libertas ou livres de cor, muitas delas crianças.

Era esse também o perfil das pessoas sequestradas no Uruguai e vendidas no Rio Grande do Sul como escravas, cujos casos pontilharam a correspondência diplomática da legação do Estado Oriental com a Secretaria dos Negócios Estrangeiros brasileira desde pelo menos 1850. André Lamas, o ministro uruguaio no Rio de Janeiro, foi incansável defensor dos direitos de liberdade e cidadania dos cidadãos orientais, o que rendeu inúmeras queixas suas de que havia, por parte das autoridades brasileiras na província sulina, conivência com os crimes, além de alguns atritos a respeito da interpretação da legislação. Ao comentar o assassinato de um brasileiro acusado de raptar duas crianças uruguaias na localidade de Aceguá, em 1858, Lamas reclamou mais uma vez da impunidade com que brasileiros praticavam o sequestro de pessoas no Uruguai com o objetivo de vendê-las no Rio Grande do Sul. Comparou os casos de escravização na fronteira com uma nova frente, agora terrestre, do tráfico de escravos e instou o governo imperial a agir em sua repressão, como tinha feito com o tráfico marítimo de africanos.[33]

Esses casos de escravização vinham à tona num contexto particularmente delicado de definição de fronteiras nacionais e, em consequência, de direitos para aqueles considerados cidadãos. A abolição da escravidão nos países vizinhos e sua manutenção no Brasil, acrescidas do trânsito de pessoas pelas fronteiras, exigiram dos estadistas do Império uma política diplomática ajustada à defesa da propriedade de seus cidadãos, como vem mostrando Keila Grinberg.[34] Diversos casos provindos das fronteiras do Brasil com os países vizinhos desafiavam os juristas brasileiros em temas de escravidão e cidadania. Em 1854, a seção de Negócios Estrangeiros do Conselho de Estado avaliou que escravos que tivessem fugido do Pará para território peruano antes da assinatura do Tratado de 28 de outubro de 1851 com aquele país não poderiam ser extraditados.[35] Dois anos depois, a seção encarregada dos Negócios da Justiça negava a extradição de um escravo que se encontrava no Uruguai para ser julgado por um crime. A decisão, tomada com base na Lei de 1831, estabeleceu a interpretação de direito à liberdade para escravos de súditos brasileiros que voltassem para o Império tendo saído com o consentimento dos senhores.[36] É digno de destaque o fato de os conselheiros marquês de Abrantes, visconde de Maranguape e Eusébio de Queirós terem, nessa ocasião, discutido os termos da lei e reiterado sua vigência para esse e outros casos, como o da proibição da entrada de libertos no país, enquanto para os africanos trazidos por contrabando ela era tratada como letra morta.[37]

Em 1863, um caso de devolução de escravos fugidos do Rio Grande do Sul para o Uruguai demonstrava, outra vez, que o direito à propriedade enfrentava limites. A requisição de extradição formulada pelos senhores rio-grandenses com base no Tratado de

1851 esbarrou no fato de que as autoridades uruguaias não reconheceram como válidos os registros dos escravos reclamados. Seguiu-se, assim, uma consulta à seção de Negócios Estrangeiros do Conselho de Estado em que se acusava o país vizinho de quebra do acordo bilateral. Foi quando os conselheiros se viram forçados a discorrer sobre o problema dos registros dos escravos no país e a reconhecer que as certidões de batismo e os títulos de venda eram meios legais de provar a propriedade de um escravo, mas estes não cumpriam a função de identificar o indivíduo em questão e diferenciá-lo de outros com o mesmo nome. Assumiam que os documentos aceitos no Brasil operavam "em um vago extraordinário", já que baseados quase exclusivamente em um prenome que, nas certidões de batismo, era acompanhado do nome da mãe e de seu proprietário, e nos títulos de venda, da naturalidade e dos nomes do comprador e do vendedor apenas.[38]

Atentos à contradição entre a prática brasileira de relegar a identificação individual a critérios definidos no âmbito privado e às tendências do direito civil e do internacional de regulamentar essas matérias e de estabelecer registros públicos dos indivíduos, os conselheiros se limitaram a apontar que o impasse não derivava de quebra do tratado por parte dos uruguaios, mas da deficiência dos registros brasileiros:

> Essa confusão foi, de indústria, mantida e argumentada, durante o largo tempo em que se fez o tráfico. Era indispensável não consagrar, em documentos, provas da importação ilícita. É este o caso em que se acha esse assunto. Daí que, não da violação do tratado, derivam as dificuldades, cuja remoção pede a assembleia de S. Pedro do Sul. Essas dificuldades sana-as entre nós o geral e recíproco interesse dos senhores. Avultam, porém, quando aproveitadas por nações vizinhas.[39]

Resguardados pelo sigilo das reuniões do Conselho, o visconde do Uruguai, o visconde de Maranguape e Eusébio de Queirós indicaram o que lhes parecia ser a causa do problema: a "confusão", isto é, a falta de registros claros seria resultado da fase do tráfico ilegal, quando havia preocupação em evitar o registro do contrabando de africanos. Os conselheiros escolheram as palavras para qualificar a "confusão": ela foi "mantida e argumentada", disseram, "de indústria", isto é — de propósito. Além disso, através da construção na voz passiva (sem o agente), os conselheiros evitaram identificar atores e atribuir responsabilidade pela "confusão". Indicaram apenas que a situação não era fruto do acaso, nem de omissão, e que encontrava respaldo num sujeito coletivo. Naquele momento, o impasse decorria do fato de que a prática consolidada historicamente resultava em um problema diplomático, pois "as dificuldades" no Brasil eram sanadas pelo "geral e recíproco interesse dos senhores", mas avultavam "quando aproveitadas por nações vizinhas". Essa observação também é muito interessante. Nela os conselheiros reconheceram que a ameaça à ilegalidade da propriedade adquirida por contrabando vinha de fora, pois internamente a conivência geral impedia que "as dificuldades" aflorassem.

A implantação de uma matrícula geral dos escravos estava entre os cinco projetos apresentados por Pimenta Bueno ao Conselho de Estado em 1867, a pedido de d. Pedro II, para um começo de discussão acerca do que se chamava "problema da extinção da escravatura". O próprio imperador declarou sua intenção de evitar "abalo profundo em nossa primeira indústria — a agricultura" e respeitar "a propriedade atual", sinalizando apoio para uma proposta gradual que garantiria a propriedade constituída sobre os africanos importados por contrabando.[40]

Nas discussões de abril de 1867 e abril e maio de 1868, a principal divergência consistia no direito dos senhores à indenização pela liberdade do ventre. Ao mesmo tempo, o consenso mais significativo era quanto à necessidade de uma matrícula dos escravos.[41] Havia dúvidas acerca de seu funcionamento e do grau de coação a ser imposto aos senhores, mas a maioria concordava ser uma medida indispensável no pacote de propostas para planejar o fim gradual da escravidão.

Havia também as vantagens práticas decorrentes do registro, apesar de não sabermos se foram levadas em conta no debate. Em 1869, a 3ª Seção do Ministério da Justiça monitorava três casos de redução de pessoas livres à escravidão. Dois eram de escravização de menores, na Bahia e em Pernambuco, enquanto o terceiro, investigado por denúncia da legação britânica, era de um casal de africanos livres e de seus três filhos, em Minas Gerais. Neste último, o juiz municipal apurou que José Bernardino de Almeida Borges, o acusado, alegava ter comprado o casal de africanos de um parente, mas não tinha escritura; interrogado, o casal confirmou ter chegado ao Brasil aproximadamente vinte anos antes.[42] Sem acesso ao processo é impossível saber se o casal havia sido apreendido no tráfico ilegal e declarado livre ou não. Diante da ampliação do sentido de "africano livre", a dispersão e as lacunas dos registros aumentavam a dificuldade da burocracia imperial de identificar quem pertencia ao grupo mais restrito — o que, por sua vez, colocava em risco a propriedade sobre os africanos contrabandeados, que o governo imperial tanto se esforçou em defender e garantir.

No final da década de 1860, a demanda por reformas tomou a cena política, e entre elas estava a bandeira liberal da emancipação gradual dos escravos. Porém, havia gente mais radical, que questionava a propriedade escrava e invocava a Lei de 1831. Nas faculdades de direito do Recife e de São Paulo, o clima era abolicionista e republicano entre os professores e os alunos engajados.[43] Maciel Pinheiro, o promotor de justiça de Santo Antônio da Pa-

O uso "radical" da Lei de 1831 em defesa da liberdade dos africanos se difundiu a partir de meados da década de 1860 entre bacharéis com passagem pela Academia de Direito de São Paulo.

trulha, formado no Recife, foi um dos que levaram esse engajamento para sua vida pública. Rui Barbosa, Joaquim Nabuco e outros, formados em São Paulo à mesma época, também adotariam a denúncia da ilegalidade da escravidão como bandeira. Rui Barbosa, Luiz Gama e outros integravam o Clube Radical Paulistano, onde Rui discursou em setembro de 1869 sobre a emancipação dos escravos e não usou meias palavras ao declarar que seria mais fácil alcançar a emancipação dos escravos no Brasil que nos outros países, pois

> uma porção imensa da propriedade servil existente entre nós (mais de um terço) além de ilegítima, como toda a escravidão, é também ilegal, em virtude da lei de 7 de novembro de 1831, e do regulamento respectivo [...] donde se conclui que o governo tem obrigação de

verificar escrupulosamente os títulos dos senhores, e proceder na forma do decreto sobre a escravatura introduzida por contrabando.[44]

Diante da escalada da crítica à legalidade da escravidão no debate político, é compreensível que o tema da propriedade dos africanos adquiridos depois de 1831 tenha tido destaque no debate do projeto que depois se tornou a Lei do Ventre Livre. Para dar encaminhamento ao projeto e acalmar os proprietários, seus defensores precisaram, muitas vezes, reiterar o reconhecimento "dos direitos preexistentes". Assim fez a comissão especial da Câmara designada em maio de 1870, na própria abertura do parecer formulado para defender o projeto.[45] Na defesa do projeto no Senado, Nabuco de Araújo deu a entender que as várias forças em jogo os instavam à ação e à admissão de alguns prejuízos: "Não quereis as consequências de uma medida reguladora pausadamente, haveis de ter as incertezas da imprevidência. Não quereis os inconvenientes econômicos das Antilhas francesas, podeis ter os horrores de S. Domingos".[46] Ao mesmo tempo que ameaçava, Nabuco buscava afastar os fantasmas da aplicação da Lei de 1831, que rondavam os debates públicos radicais. Dizia ele:

> A emancipação simultânea e imediata está fora de questão. Ela não foi suscitada nem no Senado nem na Câmara dos Deputados onde, a falar a verdade, a discussão se colocou entre o status quo e a proposta do governo... A emancipação imediata é um abismo, por causa da transição brusca de 2 milhões de homens do estado da escravidão para o de liberdade! Transição fatal em relação aos perigos de ordem pública, fatal em relação à desorganização e aniquilação do trabalho.[47]

E, como se selasse um pacto entre os reticentes e o governo, propôs:

Eis aqui, senhores, a necessidade de que a lei seja definitiva. A palavra do governo firme e enérgica deve ser esta: Que descansem os senhores a respeito de seus direitos adquiridos; que confiem os escravos na emancipação gradual. A porfia dos partidos será em aplicar meios eficazes para que esta emancipação gradual seja a mais ampla e a mais leve possível.[48]

Como Nabuco de Araújo era veementemente contra a indenização dos senhores pelas crianças nascidas das escravas, ele estava mesmo se referindo aos direitos sobre a propriedade dos africanos de contrabando e seus descendentes. E assim foi. A Lei de 1871, através da matrícula especial de 1872, deu ao governo a autoridade de emitir registros sobre todos os mantidos como escravos naquela data, incluindo os africanos trazidos por contrabando e seus filhos e netos. Os registros de matrícula seriam documentos obrigatórios, dali em diante, para se fazer transferência de propriedade, registro de penhor ou hipoteca, emitir passaporte dos escravos e lavrar inventários ou partilhas. Em suma, seriam indispensáveis para identificar os indivíduos e certificar-se de que eram escravos. Quem não fosse matriculado, ou "dado à matrícula", nos termos da época, seria considerado livre.

A falta de registros confiáveis da propriedade escrava, longe de ser inconveniente, foi bem aproveitada pelos proprietários para impor seu domínio sobre pessoas que muitas vezes tinham, por lei, direito à liberdade. Àquela altura, porém, dar um contorno claro ao direito de propriedade e ao direito à liberdade foi a solução do Estado imperial para garantir uma sobrevida para a escravidão.

OS AFRICANOS DO ENGENHO BELÉM E OS ESTADISTAS DO IMPÉRIO

Em outubro de 1874, a seção de Justiça do Conselho de Estado deliberou novamente acerca da aplicação da Lei de 1831. Ao contrário de 1856, quando os conselheiros — entre eles Eusébio de Queirós — reconheceram a vigência da Lei de 1831 para os casos de entrada no país de escravos que tivessem saído com o consentimento dos senhores, dessa vez a opinião foi diferente. Dois ex-ministros da Justiça, José Ildefonso de Sousa Ramos (agora visconde de Jaguary) e José Tomás Nabuco de Araújo enfrentaram a questão espinhosa dos africanos chegados no tráfico ilegal e buscaram revestir uma solução política com verniz jurídico.

O caso que chegou ao Conselho em 1874 tinha começado como uma comunicação do presidente da província do Rio Grande do Norte, João Capistrano Bandeira de Melo Filho, ao Ministério da Justiça sobre os trâmites tomados pelo promotor público e pelo juiz municipal do termo de Papary, a respeito de diversos africanos arrolados no inventário de Inácio de Albuquerque Maranhão, senhor do Engenho Belém. O presidente da província havia aprovado a abertura de ação de liberdade em favor dos africanos, depois de as diligências terem indicado que os africanos haviam sido importados após 1831 e ainda informara ao ministério que não havia risco de quebra da ordem no Engenho Belém, como alegavam os representantes dos herdeiros de Maranhão. A expectativa do ministro ou dos funcionários da Secretaria de Estado dos Negócios da Justiça ao encaminhar a questão para o Conselho era que se deliberasse acerca da aplicação da Lei de 1831 e do Decreto de 1832, já que certamente assistiam com apreensão a um crescimento do número de casos no Judiciário, depois da Lei de 1871 e da matrícula de 1872. De fato, os dois conselheiros avaliaram de início que a questão não era tão simples quanto Bandeira de Melo supunha, e sim "muito grave por seu alcance e consequências".⁴⁹

O visconde de Jaguary, encarregado do parecer, fez grande esforço de argumentação para demonstrar que a Lei de 1831 e o Decreto de 1832 não podiam ser aplicados aos africanos que tivessem vivido décadas como escravos, que não podiam ter o mesmo direito dos africanos livres. Procurando reforçar a diferença entre o direito dos africanos livres e o dos africanos ilegalmente escravizados (estes chamados de "importados como escravos"), eles recapitularam toda a legislação e os procedimentos administrativos tomados com o primeiro grupo, lembrando que a lei havia determinado sua reexportação para a África e que, depois do período de serviço obrigatório, tinham sido emancipados pelo Decreto de 1864. Não apenas tal tratamento não poderia ser estendido ao outro grupo, como lhes parecia

> fora de dúvida que não pode ter apoio na Lei de 1831 o direito que se quer atribuir ao africano importado como escravo, depois daquela data, de ser equiparado a pessoa que nasceu livre no Brasil para o gozo de plena liberdade civil. [...] Aquele pretendido direito poria o africano importado como escravo em melhor condição que o africano apreendido como livre, que a lei citada mandou reexportar com a *maior possível brevidade*; e ainda em melhor condição que o liberto, que não for brasileiro, a quem expressamente proibiu desembarcar nos portos do Brasil, debaixo de qualquer motivo, devendo ser imediatamente reexportado o que desembarcar.⁵⁰

O raciocínio é cheio de falácias. Não consta que alguém tenha cogitado que o resultado de uma eventual ação de liberdade com base na Lei de 1831 desse aos africanos em questão direitos de brasileiros natos e ingênuos, como os dois conselheiros sugeriam. Mas a base do argumento deles estava em um problema de jurisdição: o julgamento de tais ações não cabia ao foro comum. Para os jurisconsultos, o Decreto de 5 de junho de 1854, que estendeu a jurisdição da Auditoria da Marinha para as apreensões de africanos feitas em terra, seria a única legislação válida para os casos de tráfico, e a Auditoria, o único foro reconhecido para tal.

Para complementar, em uma tentativa bastante oblíqua de vedar aos africanos ilegalmente escravizados um foro em que reivindicar a liberdade, os conselheiros sentenciaram que o Decreto de 1854, pelas palavras "depois da publicação da presente resolução", teria estabelecido a prescrição dos fatos passados. Era uma leitura abertamente política à qual procuravam dar lastro legal:

> essa prescrição [dos fatos passados] se funda em evidentes reclamações de ordem pública porquanto um grande número de escravos provenientes de importações anteriores à época da efetiva repressão, importações constantes da fama pública, mas não constatadas legalmente, tinham sido adquiridas e transmitidas *bona fide* por títulos *inter vivos ou cousa mortis* [sic], e seria uma medida revolucionária arrancá-los sem indenização dos seus senhores. A verdade é que essa *prescrição* se não ressumbra daquelas palavras, adrede escritas na Lei, está na consciência de todos, está em uma prática de mais de vinte anos, depois que começou a época da efetiva repressão.[51]

Pela interpretação dada na resolução, portanto, ao foro comum competiriam apenas as causas de liberdade que não provinham do tráfico — questões de solo livre ou de redução de pessoa livre à escravidão —, mas não as dos africanos contrabandeados. Estas caberiam à Auditoria. No entanto, e essa era a última camada do verniz, não podia haver nenhum espaço para as causas de africanos ilegais, pois, segundo os conselheiros estadistas, elas se apoiariam em direito que havia prescrito em virtude do respeito à propriedade adquirida e do costume, acordo informal que remontava à Lei Eusébio. O direito dado na Lei de 1831 (e no Decreto de 1832) a questionar a importação e a requerer a liberdade teria prescrito depois de décadas de efetiva escravização ilegal, mesmo que não houvesse medida legal para revogar a lei, ou para oficializar a propriedade.

É possível rastrear tal interpretação no debate subsequente acerca da aplicação da Lei de 1831. Mas antes é necessário inquirir sobre o andamento do processo dos africanos do Engenho Belém e sobre sua repercussão. Segundo nota publicada no *Diário do Rio de Janeiro* em agosto de 1874, cerca de "quarenta africanos livres [...] que se achavam reduzidos à escravidão nos engenhos Belém e São João", de Inácio Albuquerque Maranhão e Antônio Felipe Albuquerque Maranhão, respectivamente, estavam em depósito em Papary e em São José de Mipibu.[52] É notável o uso da expressão "africanos livres" e também o desdobramento da demanda entre grupos de escravos de dois engenhos em localidades próximas. Três anos depois, por meio da *Gazeta Jurídica*, temos excertos da tramitação do caso. Na primeira instância, parece ter havido considerável tensão entre as autoridades e as partes envolvidas na causa. O bacharel Antônio Felipe Albuquerque Maranhão, que vinha a ser genro e desafeto do falecido, entrou em choque com o juiz municipal e de órfãos, Luís Antônio Vieira Souto, a respeito dos trâmites do inventário, que envolvia herdeiros menores e incapazes, imbróglio que chegou aos jornais e à tribuna da Câmara dos Deputados na Corte.[53] Na sentença da ação de liberdade, de 22 de abril de 1875, o juiz considerou que havia contradições nos interrogatórios das testemunhas quanto à época em que os africanos teriam chegado ao Brasil, e julgou a ação improcedente por falta de provas. Sem se referir à resolução do Conselho de Estado, ele repetiu o argumento de que o foro para tal ação seria a Auditoria da Marinha. Ainda assim, seguindo o estabelecido na Lei do Ventre Livre, automaticamente remeteu a ação para a instância superior. O acórdão do Tribunal da Relação de Fortaleza, de 19 de maio de 1876, por sua vez, foi novamente contrário ao pleito dos africanos e seus descendentes, visto que "não provaram, no curso da ação, nem o ano em que foram importados do continente africano, e nem tampouco o navio que os transportou ao Brasil".[54]

Mas em Fortaleza, como em Papary, os africanos do Engenho Belém e seus descendentes tiveram apoio para a causa de sua liberdade. O curador geral, Frederico Augusto Borges, formulou um pedido de revista cível junto ao Supremo Tribunal de Justiça com base no princípio da boa razão: se as certidões de batismo e testemunhos apresentados fossem provas insuficientes e subsistisse dúvida, apelava para que o julgamento favorecesse a liberdade. Era um argumento difundido por Caetano Alberto Soares e outros emancipacionistas para embasar interpretações em favor da liberdade. Borges ainda invocou a legislação régia acerca da liberdade dos indígenas como o Alvará de 6 de junho de 1755 e o de 1º de abril de 1680.[55] O Supremo Tribunal de Justiça, talvez surpreendentemente, concedeu a revista pedida, por injustiça manifesta: os africanos mantidos em cativeiro tinham a presunção de serem livres e o ônus da prova não cabia a eles, como sustentou o Tribunal da Relação de Fortaleza, mas aos pretensos senhores. Foram nove votos contra oito. Nenhuma referência à resolução do Conselho de Estado. Em 24 de julho de 1877, os autos foram remetidos à Relação de Recife para revisão e novo julgamento.

Os jornais silenciam a respeito do andamento subsequente do processo ou de sua repercussão em São José de Mipibu ou Papary. Qual teria sido a reação dos doze africanos e seus 21 filhos e netos diante dessa reviravolta operada pelo Supremo? Como os senhores de escravos teriam recebido a notícia? Que influência essa causa pode ter tido sobre a atuação de advogados e juízes abolicionistas país afora?

Sua "fortuna crítica" sugere que serviu de referência para o embate jurídico-político em torno da Lei de 1831 por mais alguns anos. A publicação do caso na *Gazeta Jurídica*, por exemplo, foi no contexto do debate acerca do ônus da prova e dos tipos de prova cabíveis em tais casos. Para o editor, a ação era relevante por ter demonstrado que

> 1º Basta a *simples alegação* do escravo de ter sido transportado para o Brasil depois da lei de 7 de novembro de 1831, art. 1º, para ser declarado livre de então por diante, e toda a sua descendência; 2. Ao senhor incumbe a prova em contrário; 3º. O princípio capital, para os casos de liberdade, já consignado pela nossa jurisprudência, é que: quem tem por si a presunção de direito, não carece de prova.[56]

A adoção do princípio da "boa razão" e o favorecimento da liberdade em caso de dúvida foram criticados pelos editores do periódico, que registrou em nota: "ficção que produz sérios embaraços e graves prejuízos; e que constitui regra fofa em matéria de fato".[57] No ano anterior, os editores já haviam indicado sua discordância quanto à decisão do Supremo de dispensar de provas de liberdade duas escravas libertadas condicionalmente que eram mantidas no cativeiro. "Os fatos não se presumem, provam-se", comentaram adiante.[58]

O uso das certidões de matrícula produzidas no âmbito da aplicação da Lei de 1871 ampliaria esse já complexo debate acerca das provas aceitas em juízo. Quando a campanha abolicionista eclodiu no Parlamento, o parecer de 1874 da seção de Justiça do Conselho de Estado voltou à tona justamente por isso. O deputado Moreira de Barros resolveu polemizar com aqueles que defendiam a abolição imediata e, com a desculpa de solicitar ao governo uma cópia da resolução do Conselho acerca dos africanos do Engenho Belém, trouxe à tribuna os argumentos para conter a interpretação alargada de "africano livre", que ameaçava as bases da propriedade escrava. Para ele, a Lei de 1831 havia sido uma lei especial e de ordem pública voltada para a repressão ao tráfico. Equiparou-a à Lei Eusébio, de 1850, que igualmente não teria tratado da ordem privada, isto é, daqueles tidos como escravos. De acordo com o deputado, as duas tratavam apenas das apreensões. Para reforçar seu ponto, retomou uma passagem do parecer de Jaguary e Nabuco em que estes alegavam que nem o governo inglês, "em suas exageradas exigências", havia reclamado o direito dos africanos ilegais à liberdade. Mais falácias, sabemos. O intuito do deputado era aglutinar as forças "legalistas" em torno de uma saída gradual e indenizada para a escravidão, uma "triste herança", pela qual nenhum dos contemporâneos era responsável e que todos desejavam abolir, sem abalo à ordem pública, à riqueza do país e à organização do trabalho. Para isso, era preciso conter a tendência de aplicação da Lei de 1831, baseada na adoção da matrícula dos escravos como prova de importação ilegal, e nessa estratégia entrava o resgate da resolução de 1874. Seus interlocutores não foram menos vocais. Deputado pela Bahia, Jerônimo Sodré parecia ser o alvo da ira, já que era defensor assumido da abolição imediata e sem indenização. Joaquim Nabuco, na ocasião, também se pronunciou em defesa da estratégia abolicionista de denunciar a escravidão ilegal.[59]

A resolução do Conselho de Estado de 1874 seria duramente criticada por Luiz Gama, no artigo "Questão jurídica", publicado em *O Abolicionista* no ano seguinte, a propósito do acórdão dos desembargadores do Tribunal da Relação de São Paulo contra a liberdade do africano Caetano, em que invocaram — como afirmação política, por certo — os argumentos de Jaguary e Nabuco.[60] Para rebater os argumentos contrários à aplicação da Lei de 1831, Luiz Gama escolheu atacar Nabuco de Araújo, "o príncipe dos jurisconsultos pátrios", e não qualquer intermediário: classificou o julgamento de "inexato, injurídico, impolítico e improcedente".

Gama trouxe para o debate passagens selecionadas do discurso de Eusébio de Queirós de 1852, em que afirmava que as atribuições dadas à Auditoria da Marinha na Lei de 1850 complementavam as dos juízos comuns sem que a Lei de 1831 tivesse sido revogada. "Quem era Nabuco para distorcer a intenção de Eusébio de Queirós?", parecia querer dizer o rábula abolicionista.

Naquele mesmo discurso, sabemos, Eusébio desdenhou da capacidade do Judiciário de incomodar os traficantes e compradores de africanos novos com uma lei que julgava praticamente letra morta e também prometeu aos fazendeiros contrabandistas "esquecer o passado". Mas não convinha a Luiz Gama colocar os dois senadores, conselheiros e jurisconsultos do mesmo lado, e sim capitalizar o prestígio de Eusébio de Queirós para a campanha pela vigência da Lei de 1831. Os africanos do Engenho Belém de Papary, assim como Caetano, curatelado de Luiz Gama, talvez não suspeitassem que seus casos chegariam aos salões e gabinetes da alta esfera imperial. Mas certamente tiveram notícia disso e oportunidade para considerar vários cenários, de acordo com os possíveis resultados. Ficamos sem saber o destino que tiveram, se o Tribunal da Relação de Recife decidiu pela continuidade deles no cativeiro ou em favor da liberdade. O herdeiro do finado Inácio de Albuquerque Maranhão é certo que não desfrutou de suas posses: faleceu no Engenho Belém em janeiro de 1881.[61] Uma vez reapropriada pelos militantes abolicionistas, a Lei de 1831, por sua vez, continuaria assombrando os estadistas do Império.

A LEI DE 1831 NA CAMPANHA ABOLICIONISTA

Outro episódio de escravização ilegal já tinha preparado o terreno para o que viria nessa nova fase da campanha abolicionista. Em discurso à Câmara em agosto de 1879, Joaquim Nabuco denunciou que a companhia britânica de mineração Saint John d'El Rey Mining Company mantinha centenas de escravos da extinta Brazilian Mining Company em sua mina de Morro Velho, quando deviam ter sido emancipados em 1859.[62] O caso, que já transcorria no Judiciário em Minas Gerais, deu a Nabuco a oportunidade de aproximar-se da British and Foreign Anti-Slavery Society: a exposição da exploração ilegal de escravos por súditos britânicos servia à militância abolicionista dos dois lados do Atlântico, por motivos distintos. Desde a década de 1840, a BFASS denunciava as companhias mineradoras por burlar a proibição imposta aos britânicos de possuir escravos. Já Nabuco podia atacar a fragilidade da escravidão brasileira, a instabilidade de propriedade, usando como vilã a lucrativa companhia mineradora do país ao qual os brasileiros adorariam dar uma lição. Foi, quase certamente, um engajamento calculado para angariar um amplo espectro de apoios à causa, mas também provocar um impacto incontornável.

A denúncia da ilegalidade da escravidão esteve na pauta da Sociedade Brasileira Contra a Escravidão, em contraste com as plataformas de associações e militantes mais conservadores. No manifesto lançado em setembro de 1880, Joaquim Nabuco, o presidente da Sociedade, dirigiu-se "ao país" e procurou associar a escravidão ao passado e a abolição ao progresso. Invocou iniciativas abolicionistas anteriores — os revolucionários pernambucanos de 1817, José Bonifácio e uma "tradição abolicionista" no Parlamento — e assim estabeleceu sua posição numa "linhagem" para então criticar os efeitos da Lei de 1871 e propor um pacto entre pessoas interessadas no futuro do país.

Nabuco buscou responder a todas as reservas e críticas à ideia de abolição, e dirigiu-se retoricamente a diferentes grupos sociais, prevendo o que os esperava. Aos senhores de escravos, lançava um tipo de chantagem, dizendo que a lei poderia protegê-los, caso aceitassem o caminho das reformas, ou então poderia responsabilizá-los. Foi assim que invocou a Lei de 1831:

> Inúmeros africanos estão empregados na lavoura, que foram criminosamente importados, e os filhos desses escravizados constituem a nova geração dos escravos. Nem mesmo a desculpa de que a escravidão é uma propriedade legal existe em favor dela: ela é pelo contrário ilegal e criminosa em uma escala tão grande que a simples revisão dos títulos da propriedade escrava bastaria para extingui-la.[63]

Joaquim ecoava as palavras de seu pai quando este defendeu o caminho reformista da Lei de 1871 em resposta ao imobilismo conservador e à agitação radical. Para pai e filho, o argumento da ilegalidade da escravidão servia como ameaça para forçar a negociação política de uma saída para a escravidão. Outros militantes abolicionistas da década de 1880 estavam mais próximos de defender a aplicação efetiva da Lei de 1831.

No jornal *O Abolicionista*, que a Sociedade Brasileira Contra a Escravidão publicou mensalmente entre novembro de 1880 e dezembro de 1881, o tema da liberdade com base na importação ilegal foi invocado menos de dez vezes, e só a partir de notícias reproduzidas de outros jornais, nunca em editoriais. As denúncias e polêmicas geradas por leilões de escravos africanos de menos de cinquenta anos pareciam mobilizar outros órgãos da imprensa, como a *Gazeta de Notícias* e o *Jornal do Commercio* do Rio. Em *O Abolicionista*, elas ficavam diluídas entre notícias da correspondência entre a sociedade e os grupos abolicionistas estrangeiros, das atividades dessa e demais sociedades abolicionistas país afora, e outras denúncias de maus-tratos e injustiças contra escravos.[64] Não por acaso, a maioria das referências à ilegalidade da escravidão trazidas pelo jornal vinha de militantes irredutíveis, como Luiz Gama e José do Patrocínio.

Luiz Gama foi amanuense na Secretaria de Polícia de São Paulo e registrou as cartas de emancipação definitiva dos africanos livres da província entre 1864 e 1868. Em seguida, passaria a advogar em favor da liberdade dos africanos importados depois de 1831.

José do Patrocínio foi um dos militantes abolicionistas mais aguerridos e populares. Como jornalista da Gazeta de Notícias, *da* Gazeta da Tarde *e, mais tarde, da* Cidade do Rio, *ele atacou de frente o argumento da legalidade da propriedade escrava, dando o exemplo do próprio pai, cônego de Campos, que teria escravizado os africanos livres que lhe haviam sido confiados quando deputado provincial pelo Rio de Janeiro.*

Joaquim Nabuco fez da abolição sua causa e manteve estreito contato com abolicionistas estrangeiros na década de 1880. Seu livro, O abolicionismo, *de 1883, em consonância com a campanha da Confederação Abolicionista, denuncia a escravização ilegal de africanos e seus descendentes.*

* * *

Como jornalista da *Gazeta de Notícias*, Patrocínio comentava a atualidade política e atacava impiedosamente a resistência imposta pelo governo e pelo Parlamento imperial ao tema da abolição. Em setembro de 1880, na ocasião em que a Câmara recusou a urgência a um projeto de Joaquim Nabuco e em que a Sociedade Brasileira Contra a Escravidão veio a público, Patrocínio criticou o Parlamento imperial por insensibilidade ao "direito de mais de 1 milhão de homens" e expôs detalhadamente, em um artigo, a questão da ilegalidade da propriedade de escravos. O jornalista retomou estatísticas da importação ilegal de africanos e estimou em 600 mil os africanos trazidos por contrabando e em mais 600 mil seus descendentes. Contando com alguma mortalidade e dando crédito à legalidade da importação de metade dos africanos existentes, ele estimou em 700 mil o número de pessoas livres mantidas em cativeiro ilegal, aproximadamente metade dos escravos existentes. Prosseguiu nos cálculos para estimar a dívida dos senhores com os salários devidos a eles desde o fim do tráfico, cifra que avaliou em 1.328.600:000$000 (1 trilhão, 300 milhões e seiscentos contos) de réis. A conclusão a que queria chegar era que o valor devido em salários atrasados era suficiente para indenizar a emancipação dos escravos legais restantes. E arrematava: "Diante do direito positivo, que é a única base da escravidão, a escravatura está extinta *de jure* entre nós".[65]

Patrocínio buscava convencer seus leitores de que o Parlamento imperial não podia eximir-se de tratar tal questão que tocava ao progresso do país e não podia continuar cedendo à pressão dos proprietários, que só defendiam interesses próprios, não de toda a nação. Em fevereiro de 1881, ele voltou à carga, dessa vez criticando o governo imperial pela escolha de presidentes de província comprometidos com os interesses escravistas. O receio era fundado: homens de confiança do presidente do Conselho de

Ministros, os presidentes de província trabalhavam para garantir que o resultado das eleições favorecesse o partido no poder. Para Patrocínio, o movimento do governo parecia um golpe: ele deu a entender que havia uma pressão sobre o governo e o Parlamento decorrente do número de demandas no Judiciário para a aplicação da Lei de 1831 e antevia que, em poucos meses, o Parlamento eleito seria forçado a pronunciar-se sobre a legalidade da escravidão. Por isso, as nomeações dos presidentes conservadores lhe pareciam um posicionamento em defesa dos interesses escravistas. O crescimento do sentimento de condenação da escravidão no país parecia claro para Patrocínio: o tráfico interprovincial fora limitado por pesada taxação, as alforrias cresciam, e o preço dos

Em meados da década de 1880, quando Marc Ferrez fez esta série de fotografias, era corrente a denúncia abolicionista de que as pessoas que ainda estavam no cativeiro eram os africanos importados depois de 1831 ou seus descendentes. Muitos ficaram livres por meio de ações de liberdade baseadas na Lei de 1831; já os escravizadores foram poupados de processos-crime.

APOTHEOSE
DOS
Iniciadores da Abolição do Tráfico de Africanos
Banquete Abolicionista a 7 de Novembro de 1883

Menu du Diner

POTAGE	VINS
Crême de perdrix à la *Diogo Feijó*	Madère
HORS-D'ŒUVRE	
Petits pâtés aux huîtres à la *Souza França*	Rhin frappé
RELEVÉS	
Poisson sauce remoulade à l'*Avocat Rebouças*	Chambertin
Filet de veau sauce béarnaise à la *José Bonifacio*	
ENTRÉES	
Côtelettes de poulets à la *Ferreira França*	
Salmis de gibier à la *Régence*	Chat. Margaux
Mayonnaise de crevettes gelée à la *7 Novembre*	
COUP DU MILIEU	
Punch à l'*Abolition de l'Esclavage*	Rhum Jamaique
ROTIS	
Dinde à la *Confédération Abolitioniste*	
Jambon d'York à la *Province de Ceará*	Champ. frappé
ENTREMETS	
Choux-fleurs au gratin à la *Ferreira de Menezes*	
Pudding de marasquin à la *Luiz Gama*	Porto Vieux
Gelée aux fruits à la *Presse Abolitioniste*	
FROMAGE GLACÉ	
Grande pièce montée à la *Liberté*	Liqueurs
DESSERT ASSORTI	

FOURNI PAR L'HOTEL DU GLOBE.   G. LEUZINGER & FILHOS.

No banquete organizado pela Confederação Abolicionista em 1883 no aniversário da promulgação da Lei de 1831, os "patronos" da causa foram homenageados até no menu. A celebração presidida por João Clapp teve discursos, brindes, alforrias e a abertura de um "Livro 7 de novembro", para registrar as alforrias gratuitas e incondicionais. Um dos presentes caracterizou a Lei de 1831 como "um punhal que os escravocratas trazem cravado no peito".

escravos caía, associado a uma mudança significativa no mercado de crédito: não se aceitavam mais escravos como garantia de dívidas.⁶⁶ Em tom velado de ameaça, ele concluiu: "o governo sabe perfeitamente que é um perigo assentar a ordem sobre a desgraça de mais de 1 milhão de homens".⁶⁷

A Confederação Abolicionista, reunião de associações abolicionistas e clubes de libertos espalhados pelo país e coordenada por João Clapp, tinha em José do Patrocínio provavelmente a principal estrela. Mesmo de partida para a Europa para tratamento de saúde, Patrocínio foi figura central no banquete organizado pela confederação no Hotel do Globo, que comemorou o aniversário da Lei de 7 de novembro de 1831, em 1883. O menu à francesa homenageava um panteão seleto de "iniciadores da abolição do tráfico": Diogo Feijó, Sousa França, José Bonifácio, o advogado Rebouças, Ferreira França, Luiz Gama e Ferreira de Menezes. Entre um prato e outro, brindes e discursos. Foram entregues vinte cartas de alforria e aberto um "livro de ouro" para registrar alforrias gratuitas e incondicionais. José do Patrocínio destacaria, no relato do banquete que publicou na *Gazeta da Tarde* dias depois, a fala de Joaquim Serra sobre o sentimento dos proprietários de escravos com quem convivera na Câmara dos Deputados, em torno de 1880:

> a lei de 7 de novembro [de 1831] é como que um punhal que os escravocratas trazem cravado no peito. Tocar nessa lei, insistir pelo seu emprego, é o mesmo que tomar o cabo do punhal, revolver a ferida com a lâmina e lavrar as carnes com as arestas cortantes do aço. E isso acontece porque no espírito de todos esses homens está a convicção profunda, que, no dia em que fosse honestamente aplicada essa lei, a escravatura estaria extinta no solo brasileiro, porque os escravos que jazem no cativeiro não são mais do que os descendentes dos africanos importados depois de 1831, e portanto livres!

Compreende-se [...] o terror pânico que essa lei causa aos inimigos da liberdade. O punhal está-lhes cravado no peito e o menor movimento pode trazer-lhes a morte.[68]

Um punhal cravado no peito era uma imagem poderosa, metáfora ideal para militantes como Patrocínio e André Rebouças. Ao contrário de Joaquim Nabuco, que nessa ocasião estava ausente do país, José do Patrocínio confundiu a própria vida com a causa. Em 1885 admitiria que seu pai, João Carlos Monteiro, fora concessionário dos serviços de certo número de africanos livres quando deputado provincial, que ao fim de sua vida foram vendidos para pagar dívidas. Lembrou-se de Arsênio, que recitava uma estrofe sugestiva: "Branco é muito honrado/ Não bebe catambá/ Mas faz zi negro forro/P'ra zelle trabaiá".[69] No contexto do debate do projeto de lei dos sexagenários, Patrocínio sugeria que a fortuna de muitos legisladores provinha de atos semelhantes. Assim, expunha as contradições irreconciliáveis entre a realidade e o argumento da legalidade da propriedade.

OS REGISTROS DOS SENHORES SE TORNARAM PROVA PARA A LIBERDADE

Quando se tratava de discutir o encaminhamento da abolição, no início da década de 1880 choviam críticas dos abolicionistas à Lei do Ventre Livre. A estratégia gradualista teria servido para protelar o processo. A matrícula era vista como fraudulenta, uma vez que os africanos chegados depois de 1831 haviam sido matriculados como escravos, muitas idades tinham sido alteradas e até mortos foram substituídos por vivos. A liberdade dos ingênuos era falaciosa, por estar atrelada à vontade dos senhores e por não ser acompanhada de medidas de educação, como se havia previsto; e do fundo de emancipação, a reclamação era que havia demorado quatro ou cinco anos para começar a funcionar e que os senhores se indenizavam com valores altíssimos.

Fazia parte da campanha pública abolicionista provocar no público essa indignação e incitar a demanda por medidas mais eficazes. As propostas e estratégias variaram conforme as circunstâncias e os atores. No lado mais radical do espectro, estava o argumento de que eram os senhores que tinham dívida com todos os escravos: um panfleto da Confederação Abolicionista publicado em 1883, provavelmente redigido por André Rebouças, defendia que, em virtude de espoliações, atrocidades e crimes, "a abolição deve ser imediata, instantânea e sem indenização alguma".[70] Do outro lado, conservador, havia um apego ao princípio de que a propriedade era legítima, pois fora adquirida "de boa-fé", e defendia-se a indenização dos senhores.

Os embates acerca do direito à propriedade escrava tinham alcance maior do que os outros casos individuais que vinham sendo levados ao Judiciário. Reconhecer o direito à liberdade dos africanos importados depois de 1831 implicaria a emancipação deles próprios e de seus filhos e netos crioulos, mas também causaria abalo às relações entre senhores e escravos em volta, que seriam contaminadas pela suspeita de ilegitimidade da escravidão. Além disso, em última instância, a mobilização pela liberdade dos africanos poderia resultar na identificação de responsáveis pela escravização ilegal e até levar à cobrança de indenização pelos serviços prestados, como os abolicionistas vinham alardeando. Não era à toa que os conselheiros de Estado a julgavam questão "muito grave por seu alcance e consequências".

Na menor escala de análise, a das experiências das pessoas, o embate em torno do direito à propriedade sobre escravos é observado nas situações que envolviam a avaliação e o reconhecimento dos registros disponíveis. Desde a década de 1860,

Christie, Luiz Gama e outros militantes abolicionistas denunciavam os leilões de africanos cujas idades declaradas indicavam que fossem ilegalmente escravizados, e vários juízes tomavam as declarações de idade e naturalidade dos inventários como base para iniciar ações de liberdade em favor de africanos importados depois de 1831. A novidade agora era a existência dos registros da matrícula especial dos escravos, feitos em 1872. As declarações de matrícula feitas pelos senhores sem exigência de prova anterior de propriedade e guardadas em duplicata nas coletorias continham nome, cor, idade, estado, naturalidade, filiação, aptidão para o trabalho e profissão de cada pessoa mantida como escrava. Oficialmente, foram produzidas para evitar a escravização de pessoas livres e dirimir dúvidas sobre quem era legalmente escravo e quem não era. Deviam ser exigidas em qualquer transação que envolvesse os indivíduos escravizados e dariam garantia à propriedade, tanto para proprietários quanto para herdeiros ou compradores.

Entretanto, o uso das declarações de matrícula "a contrapelo", no sentido inverso ao oficial, ou seja, como prova do direito à liberdade, difundia-se no Judiciário e motivou, no Legislativo, um requerimento do senador Silveira da Mota. O senador por Goiás, que havia apresentado o projeto de lei contra os leilões de escravos e a separação de famílias no início da década de 1860, relatou um caso de Pouso Alto, Minas Gerais, noticiado no *Jornal do Commercio* do Rio, em que o africano Galdino havia sido libertado em virtude de sua matrícula indicar que tinha 36 anos em 1872. O senador então interpelava o conselheiro Lafayette, presidente do Conselho de Ministros, a respeito da vigência da Lei de 1831 e da conveniência de o governo proceder a averbações mais precisas acerca da naturalidade dos indivíduos havidos por escravos que permitissem identificar quantos e quais eram os africanos com direito à liberdade. Silveira da Mota alegou não querer ser visto como defensor dos africanos e declarou até que era terminantemente contrário aos direitos dos africanos libertos, que também considerava estrangeiros. Sua posição era a de defesa de uma emancipação "lenta e gradual" e, em virtude disso, insistia, era "preciso guardar o direito"; na verdade, a proposta fazia parte de uma estratégia abolicionista.[71]

O presidente do conselho, Lafayette, por sua vez, saiu-se dessa situação delicada invocando uma nova versão da "legalidade". Inicialmente repreendeu o senador por requerer interferência do poder Executivo sobre o Judiciário. Aquelas "questões que se referem ao estado pessoal de certa classe de indivíduos são questões que entendem com aquilo que os jurisconsultos chamam *status personarum*" e cabiam, portanto, ao Judiciário, declarou.[72] Sobre a matrícula, disse cifradamente:

> Se o nobre senador entende que as declarações relativas à naturalidade e à idade, da matrícula geral, não são suficientes, dirá a s. ex. que estas declarações não constituem um direito *adversus omnes*. Elas são propriamente um cadastro, e como o nobre senador sabe, não podem por isso ter efeito absoluto; isso só teriam se houvesse sentenças judiciárias; mas as simples declarações de naturalidade e de idade não podem ter esse efeito *adversus omnes*. Portanto, declara ao nobre senador que a disposição da matrícula especial e da matrícula geral são, na opinião do governo, suficientes para os intuitos que o legislador tem em vista.[73]

Lafayette assumia que eram "questões de direito civil" e que o Judiciário poderia decidir o status daquelas pessoas que a buscassem individualmente. Não admitia, no entanto, usar os registros de matrícula contra os proprietários de escravos para identificar os africanos que tivessem direito à liberdade. De fato, se assim o fizesse, quebraria o pacto selado em 1871.

Coincidência ou não, o recurso ao Judiciário para requerimento de liberdade pela Lei de 1831, tomando por base a matrícula de 1872, tornou-se muito frequente em 1883 e difundiu-se como uma epidemia nos anos seguintes, através da rede de advogados e juízes abolicionistas e da publicidade que eles davam a suas petições e sentenças em veículos como a revista jurídica *O Direito* e jornais de maior circulação. Evaristo de Morais, em sua memória da campanha abolicionista, deu destaque ao tema da aplicação da Lei de 1831 nos tribunais e procurou registrar nomes de militantes que avançavam a causa, em particular advogados e juízes de diversas comarcas país afora. Entre eles, destacou Antônio Joaquim de Macedo Soares e Amphilóphio Botelho Freire de Carvalho, que na República seriam ministros do Supremo Tribunal Federal. Macedo Soares, além de ativo juiz de direito em Mar de Espanha, Minas Gerais, e depois em Cabo Frio, província do Rio, escreveu, em 1883 e 1884, textos de doutrina em que defendia a vigência da Lei de 1831.[74]

Dois casos julgados nesses anos servem aqui de exemplo do uso da matrícula em defesa do direito dos africanos ilegalmente escravizados. O primeiro é de São João da Barra, província do Rio de Janeiro, onde Amphilóphio de Carvalho atuava como juiz de direito em 1883. Nele, declarou livres os crioulos Antônio e Rufino, por terem nascido de mulher livre, visto que sua mãe, a africana Rosa, havia sido importada depois da Lei de 1831. A prova estava na matrícula, que indicava serem filhos de Rosa, que ela era natural do continente africano e fora registrada em 1872 com 38 anos. Carvalho baseou a sentença em longo arrazoado de doutrina e de história sobre a vigência da Lei de 1831, associando-a a medidas de regulamentação do comércio de escravos que remontavam ao Alvará português de 1761, proibindo o desembarque de escravos no reino de Portugal — e, como Luiz Gama, também refutando os argumentos contidos na resolução do Conselho de

Em artigo de doutrina publicado em 1883, o jurista Antônio Joaquim Macedo Soares refutou o argumento corrente de que a Lei de 1831 não estivesse em vigor e defendeu sua aplicação. Maçom, integrou uma rede de advogados e juízes abolicionistas radicais.

Estado de 1874.⁷⁵ Nesse caso, não houve contestação das provas arroladas por parte dos senhores que estavam no banco dos réus.

No caso julgado por Macedo Soares em Cabo Frio, comarca quase vizinha, no ano seguinte, 1884, houve disputa a respeito do uso da matrícula como prova. Nele, o juiz declarou livres os africanos José, Antônio e Maria Benguela, incluídos no inventário de Manoel Antônio Vidal, por constar do registro de matrícula anexado pelo inventariante que haviam nascido na África e, em 1872, tinham 37, 38 e 28 anos, respectivamente. Macedo Soares calculou que todos haviam nascido depois de 1831, portanto só poderiam ter chegado ao Brasil durante o tráfico ilegal. O inventariante tentou argumentar que pudesse haver algum erro no registro, mas interessante aqui é destacar o que o juiz sentenciou a respeito da declaração de matrícula feita em 1872:

> A matrícula, se vale, tanto vale contra o escravo como contra o senhor... Se a matrícula favorece ao escravo contra o senhor no tocante à cor, ao sexo e ao nome, não descobre a razão por que não há de valer no tocante à idade e à naturalidade. Manda a lógica, ensina o direito, prescreve a moral, aconselha a equidade e ordena a lei que seja a matrícula documento comum ao senhor e ao escravo; e, portanto, não há de ser atendido só na parte que favorece àquele com desfavor deste [...] A matrícula, como qualquer outro documento, é indivisível [...] Ou a matrícula de fl. 27 nada vale e então são forros todos os escravos avaliados neste inventário, ou vale, em todas as suas declarações contra ou a favor de quem pertencer [...] Finalmente cumpre não perder de vista que a matrícula é documento construído pelo senhor contra o escravo, sem ciência nem paciência deste; e desde que em documentos dessa ordem aparecem dúvidas, manda a hermenêutica jurídica resolvê-las contra quem os fez e a favor daqueles contra quem foram feitos.⁷⁶

A tentativa do senhor de invalidar as informações de idade e naturalidade contidas na matrícula foi rejeitada, pois ele próprio as havia fornecido quando lhe interessou registrar aqueles indivíduos como sua propriedade. Para Macedo Soares, o documento não podia ser considerado válido apenas no que favorecia ao senhor, e assim a matrícula de 1872 serviu, mais uma vez, como prova do direito à liberdade de pessoas registradas como escravas. O próprio procurador da Coroa, Aquino e Castro, adotou posição semelhante, defendendo a validade da matrícula, a vigência da Lei de 1831, a competência do foro comum e a inversão do ônus da prova de propriedade para os senhores. Mas a polarização no Judiciário se acentuava.[77]

O debate sobre o projeto de libertação dos sexagenários não foi menos acalorado que o de 1870 e 1871 a respeito do ventre livre. De acordo com Joseli Mendonça, a maior oposição ao projeto apresentado em 1884, durante a presidência de Sousa Dantas, era a de que não garantia indenização aos senhores pela perda da propriedade dos escravos de sessenta anos ou mais, a serem beneficiados pela lei. Naqueles tempos em que a legalidade da propriedade escrava era questionada abertamente, a expectativa que os senhores nutriam por indenização era associada a uma demanda de reconhecimento da propriedade escrava. Isso era o que o projeto, propositalmente, negava. Rui Barbosa, em um famoso parecer ao projeto de Dantas, ironizou a defesa da legalidade pelos inimigos do abolicionismo: trocaria a libertação dos sexagenários pela execução plena da Lei de 1831.[78] Mas o ministério Dantas perdeu a maioria, e a discussão acabou conduzida por conservadores.

A Lei dos Sexagenários, promulgada em setembro de 1885, acabou por conceder indenização aos senhores, através do serviço obrigatório dos libertos por cinco anos. Além de estabelecer mudanças no fundo de emancipação, a lei também instituiu uma nova matrícula dos escravos, em virtude da dificuldade de obter dados atualizados das averbações feitas à matrícula de 1872. O novo registro conteria nome, nacionalidade, sexo, filiação ("se for conhecida"), ocupação ou serviço em que o escravo era empregado, idade e valor. Os dados viriam das certidões da matrícula anterior, e a idade seria calculada pela diferença entre a data dos dois registros.[79]

Os abolicionistas, derrotados, prometiam retomar a campanha. Em conferência proferida em 7 de novembro de 1885, em celebração da lei promulgada naqueles mesmos dia e mês em 1831, Rui Barbosa criticou duramente a "reforma servil" e acusou o ministério Cotegipe de encobrir a escravização ilegal dos africanos e anistiar os criminosos. Naquela ocasião, o político baiano relembrou iniciativas anteriores de invocação da lei e deu crédito aos britânicos, aludindo à proposta do governo inglês, de 1850, de criação de uma Comissão Mista para emancipar os africanos importados por contrabando e às denúncias feitas no início da década de 1860 (certamente por Christie) de anúncios de venda desses africanos. Em sua argumentação, a estratégia abolicionista de invocar a Lei de 1831 em defesa dos africanos ilegalmente escravizados tinha origem nos exemplos dados pelos representantes britânicos, que envolviam a inversão do ônus da prova e o desafio aos registros apresentados como de propriedade.[80]

Foi nos tribunais que essa batalha teve os melhores resultados. O clima de contestação da legalidade da escravidão difundiu-se muito ao longo da década de 1880, e os registros da propriedade escrava, de todos os tipos, eram alvo de escrutínio. A nova versão da matrícula dos escravos não deu melhores garantias aos senhores. Evaristo de Morais destacou a amplitude que alcançou entre advogados e juízes abolicionistas o argumento da "filiação desconhecida", a partir de 1887. Tratava-se de uma interpretação dos dados constantes na matrícula referentes à filiação da pessoa escravizada: quando o registro indicava que sua mãe era desconhecida, presumia-se que a pessoa era nascida na África, ou, se brasileira, que fosse livre, pois só poderia ser reconhecida como escrava aquela que tivesse, comprovadamente, nascido de ventre escravo. No argumento proposto pelo advogado João Marques, a falta do registro do nome da mãe indicava ilegalidade da escravização daquela pessoa. Segundo Morais, acórdãos favoráveis à liberdade vindos do Tribunal da Relação do Rio de Janeiro serviram de orientação para que juízes promovessem milhares de libertações no país inteiro nos meses seguintes.[81]

A questão da instabilidade da propriedade escrava em virtude da escravização ilegal dos africanos tornou-se o calcanhar de aquiles da escravidão brasileira, e a escolha da campanha abolicionista de explorá-la retomou e atualizou as estratégias adotadas pelos britânicos em 1850-1 e pelos advogados abolicionistas desde o fim da década de 1860. Nelas, cobrar dos supostos senhores as provas do direito à propriedade e questioná-las foi fundamental. Dar publicidade ao problema do direito à propriedade escrava e trazê-lo para o centro das disputas pela abolição durante a década de 1880 foi estratégia crucial dos abolicionistas, pois a dúvida da ilegalidade desestabilizava as relações entre senhores e escravos; complicava as compras, vendas e transmissões de propriedade; baixava o valor da suposta propriedade e, em última instância, forçava o governo e a bancada escravista a negociar. Como a luta no Parlamento foi sucessivamente bloqueada por maiorias cada vez mais conservadoras, a campanha avançou nas ruas, nas fazendas, nos tribunais, e acabou chegando de volta ao Parlamento, em maio de 1888, já vitoriosa.

Mas a última batalha em torno dos registros da escravidão e da liberdade deu-se dois anos depois da abolição, já sob o regime republicano. Respondendo a demandas de ex-proprietários de escravos que buscavam indenização "dos prejuízos causados pela lei de 13 de maio de 1888", Rui Barbosa, então ministro da Fazenda, ordenou o recolhimento à Recebedoria, no Rio de Janeiro, de "todos os papéis, livros e documentos existentes nas repartições do Ministério da Fazenda, relativos ao elemento servil, matrícula dos escravos, dos ingênuos, filhos livres de mulher escrava e libertos sexagenários", para serem incinerados.[82]

Barbosa justificou a iniciativa como um ato humanitário para com os ex-escravos, novos cidadãos brasileiros. De fato, a militância abolicionista histórica não só apoiou a medida como celebrou a queima dos documentos, que começou poucos dias depois, ainda em dezembro de 1890, e repetiu-se algumas vezes nos anos seguintes. Em Salvador, no dia 13 de maio de 1893, várias autoridades e "cidadãos de todas as classes sociais" reuniram-se no Campo da Pólvora e receberam dois carroções acompanhados da banda de música da Polícia, com documentos que foram queimados numa fogueira por várias horas, sob os olhares atentos de um grande público.

As condições políticas dos abolicionistas históricos eram tão difíceis desde que a causa da abolição foi sequestrada por adesistas de última hora que iniciativas mais ousadas, como a criminalização dos senhores por redução de pessoas livres à escravidão ou a cobrança de indenização por serviços prestados, eram inviáveis. Talvez por isso tenha havido um grande investimento simbólico naquelas cerimônias, que começaram pela documentação da Fazenda, com indícios de que tenham atingido outros conjuntos documentais, ainda que certamente tenham poupado a maioria. Era como se os abolicionistas históricos estivessem selando com os ex-escravos, em nome da sociedade brasileira, um pacto para esquecer a escravidão e como se a queima da documentação garantisse o mínimo — isto é, que o passado não voltaria.

Epílogo: O baobá de Papary, a memória e a história da abolição do tráfico

> *O dom de despertar no passado as centelhas da esperança é privilégio exclusivo do historiador convencido de que também os mortos não estarão em segurança se o inimigo vencer. E esse inimigo não tem cessado de vencer.*
>
> Walter Benjamin, "Sobre o conceito da história"[1]

Um frondoso baobá no centro de Nísia Floresta, no Rio Grande do Norte, testemunha a memória subterrânea do tráfico ilegal. Uma placa informa ter sido plantado por Manoel Moura Júnior em 1877 e tombado por lei federal de 1965. O folclorista Câmara Cascudo sugeriu que a semente teria vindo de um outro baobá existente em localidade próxima — este, por sua vez, dotado de sugestiva origem:

> Uma tradição local explica como tendo sido carregamento de negros escravos, descidos clandestinamente nas redondezas. [...]

Conduzida uma semente por um negro, na esperança de plantar e ainda ver as primeiras folhas da árvore nacional de sua raça, o baobá vigorou em Olheiros e renasceu na praça, ante a Igreja, testificando a pegada da África. Nada mais comovedor que ver esse baobá, agigantado e disforme, dando a sombra tênue de sua copa aos descendentes de escravos e de senhores, irmanados na pobreza e na sesta [...]²

A tradição oral, possivelmente transmitida por duas ou três gerações, recebeu de Câmara Cascudo no início da década de 1940 uma interpretação marcada pelo debate a respeito das relações raciais e da cultura de origem africana no Brasil. O baobá do centro de Nísia Floresta, antiga Papary, seria testemunho da "pegada da África" naquela região, fruto da ação heroica do africano escravizado movido por um pioneiro sentimento de negritude, e sua sombra teria se transformado décadas depois num espaço de coexistência para descendentes de escravos e de senhores, "irmanados na pobreza e na sesta".

Ao deixar de enfatizar a radical oposição de interesses entre senhores e escravos ou proprietários de terras e trabalhadores e adotar uma interpretação conciliatória do tempo em que vivia, Câmara Cascudo não estava sozinho. Cinquenta anos depois da abolição, a memória e a história da escravidão flertavam com a ideologia da democracia racial. É muito significativo, no entanto, que ele tenha escolhido registrar a tradição oral que associava a chegada da primeira semente de baobá ao comércio clandestino de escravos. A interpretação não desafiava abertamente a história oficial a respeito do tráfico, consolidada havia muito. Mas o registro da tradição oral nos permite hoje acessar memórias subterrâneas e uma história alternativa da abolição.

A memória oficial da abolição do tráfico se assenta sobre três pilares: a asserção de que o fim do tráfico era um desejo comum a

O baobá no centro de Nísia Floresta, antiga Papary, é um lugar de memória do tráfico ilegal de africanos. A época em que teria sido plantado coincide com a do julgamento da ação de liberdade dos africanos do Engenho Belém, caso que chegou ao Conselho de Estado em 1874.

toda a nação em 1850 e que o maior embate foi com os britânicos; o consenso sobre o esquecimento da Lei de 1831 e ainda a ideia de que o fim do tráfico representou um primeiro passo deliberado em direção à abolição da escravidão. A formulação dos dois primeiros remonta ao discurso de Eusébio de Queirós na Câmara dos Deputados, em julho de 1852. Nele, instado pelas críticas da oposição liberal de que o governo brasileiro tivesse agido em 1850 apenas em resposta à escalada da pressão britânica, o então ex-ministro apresentou a abolição do tráfico como uma causa nacional, defendendo o protagonismo do gabinete saquarema diante das afrontas à soberania nacional. Tal enfoque negou qualquer reconhecimento e lugar na história para as articulações da Sociedade contra o Tráfico, pois implicitamente condenou como antipatriotismo qualquer colaboração com o movimento abolicionista naquele momento traumático de crise.

A memória oficial da abolição compreende ainda uma cuidadosa formulação do esquecimento da Lei de 1831. Desde 1845, por ocasião do fechamento das comissões mistas e da imposição do Ato Aberdeen, vários discursos oficiais historiaram as dificuldades na repressão ao tráfico desde 1830-1 com a intenção de dizer que a Lei de 1831 havia se tornado letra morta. A lei, que previa punição para traficantes e detentores de africanos ilegais e declarava livres os africanos trazidos por contrabando, havia se tornado uma ameaça à manutenção da escravidão. A solução política selada por Eusébio de Queirós em 1850 foi prometer "esquecer o passado": anistiar informalmente todos os envolvidos com o tráfico ilegal nas duas décadas anteriores e garantir que a propriedade ilegal não fosse questionada. A política do esquecimento a respeito da Lei de 1831 teve o efeito de encobrir as dissensões internas ocorridas desde 1830-1 em relação à repressão ao tráfico, eximir qualquer um de responsabilidade pelo extenso contrabando e reforçar o acordo de proteção à propriedade adquirida ilegalmente.

A narrativa oficial cristalizada depois do discurso de Eusébio de Queirós projetou para as gerações seguintes a abolição do tráfico como uma causa nacional resolvida depois de duas décadas de dificuldades e de conflito com a Grã-Bretanha. A esses dois pontos agregou-se mais um em meados da década de 1860: a ideia de que a abolição do tráfico teria sido o primeiro passo no caminho para a abolição da escravidão. Adotada em outro momento de crise da escravidão, a solução gradualista para "o problema servil" se contrapunha às pressões imediatistas protagonizadas por militantes abolicionistas que retomavam a Lei de 1831 depois da Questão Christie.

Os argumentos pela emancipação gradual situavam a escravidão no Brasil em perspectiva histórica e atribuíam grande importância à abolição do tráfico por projetar o fim da escravidão no quadro de um abolicionismo cioso da ordem e dos direitos adquiridos. A abolição do tráfico foi novamente descrita como uma causa nacional, um embate com inimigos externos e não internos. A novidade era poder apresentar o tema como concluído, aproveitando o processo de emancipação dos africanos livres, selado pelo Decreto de 1864. Dessa forma, a inclusão dos africanos livres na narrativa oficial simulava uma conclusão conveniente para o capítulo da história do tráfico, negando a ampliação do sentido do estatuto para incluir aqueles trazidos por contrabando. Para os abolicionistas da década de 1880, a abolição do tráfico seria a primeira etapa da emancipação.

Este livro buscou desafiar a história da abolição do tráfico enquadrada nas décadas de 1850 e 1860 e ainda hoje vigente na memória nacional, propondo assim uma leitura alternativa baseada na imprevisibilidade, na atenção aos conflitos e na valorização de atores antes menosprezados.

Observar o processo de abolição do tráfico pelo ângulo da construção do Estado nacional permitiu recuperar os conflitos internos a respeito da aplicação do Tratado de 1826 e o contexto da aprovação da Lei de 1831, demonstrando a intenção dos estadistas no início da Regência de pôr fim ao tráfico e começar a discutir a diminuição do uso de mão de obra escravizada. Ao mesmo tempo, ficou claro que a centralização do poder que atribuiu controle ao Ministério da Justiça sobre a aplicação da legislação serviu aos sucessivos governos para barrar ou operar a repressão ao tráfico e à escravização ilegal de acordo com conveniências políticas. Assim, o pacto de anistia dos crimes da Lei de 1831 foi sendo renegociado: a partir de 1850, não se toleraria importação de africanos novos, mas aquela feita até então seria ignorada; em 1871, não haveria incremento da escravidão por nascimentos ou escravização ilegal, mas todos aqueles tidos como escravos — inclusive os africanos trazidos por contrabando — seriam registrados como propriedade legal.

A atenção às diferentes instâncias de poder e ao protagonismo dos agentes públicos permitiu abordar posições dissonantes no interior do governo, assim como no Legislativo e no Judiciário, desafios às orientações oficiais sobre a repressão ao tráfico ou o tratamento dos africanos livres ou ilegalmente escravizados. Entre esses, a pesquisa revelou que a organização abolicionista em torno da Sociedade contra o Tráfico foi mais duradoura e ramificada do que se supunha e indicou a existência de nova articulação em meados da década de 1860, dois movimentos obliterados da história do abolicionismo brasileiro. Se somarmos a esses "segredos internos" da abolição do tráfico no Brasil as ações britânicas em defesa dos africanos livres e dos africanos ilegalmente escravizados, vemos que o processo não foi tão previsível ou linear quanto ficou na memória, nem esteve sempre sob o controle daqueles que levaram crédito por ele.

O mergulho na história social da abolição do tráfico de escravos também permitiu olhar as transformações no mundo do trabalho no século XIX por um novo ângulo, o da experiência dos africanos livres. Emancipados graças aos acordos bilaterais ou à legislação nacional de proibição do tráfico de escravos em vários territórios coloniais e nacionais no Atlântico e no Índico, os chamados "*liberated Africans*", "*Noirs de traite*", "emancipados", "africanos livres" ou "libertos" simbolizavam o compromisso das nações modernas com a busca de alternativas à escravidão e viveram sob diferentes regimes de trabalho, de acordo com a legislação e as conjunturas locais. No Brasil, o sistema que deveria promover o treinamento para ofícios e a futura autonomia foi reinventado na Regência para garantir mais controle dos africanos livres e facilitou a exploração de sua mão de obra compulsória por parte de indivíduos, instituições públicas ou grupos econômicos privados associados ao governo imperial. Tomada como política de Estado, a administração dos africanos livres se mostrou em consonância com a prática de controle e exploração da mão de obra de índios, prisioneiros e recrutas, grupos de pessoas livres consideradas incapazes de exercer a cidadania plena, e expôs uma face pouco conhecida da precariedade da liberdade na era da abolição.

Ao desafiar a crença de que a Lei de 1831 teria sido "para inglês ver", a pesquisa deste livro questionou o cerne da memória oficial a respeito da abolição do tráfico. Em primeiro lugar, explorando a variação das interpretações da Lei de 1831 conforme diferentes circunstâncias, demonstrou o papel da campanha britânica, desde a década de 1840, na expansão do sentido de "africano livre" para atribuir esse estatuto aos africanos ilegalmente escravizados, estratégia apropriada pelo abolicionismo radical brasileiro nos embates no Judiciário a partir dos anos 1860 e fundamental durante a campanha abolicionista duas décadas depois. Em segundo lugar, a atenção às circunstâncias de passagem de um estatuto a outro, ou seja, aos procedimentos jurídicos da emancipação dos africanos livres e também de reescravização, assim como a análise das formas de registro, legais ou forjadas, da escravidão e da liberdade expandiram o entendimento das dinâmicas sociais afetadas pelo extenso tráfico ilegal, que acabaram reverberando sobre todo o sistema escravista. Por último, o elenco de evidências do impacto da Lei de 1831 no debate político brasileiro tornou sua referência incontornável. Como uma ameaça a pairar sobre os senhores de escravos, a ilegalidade da propriedade adquirida por contrabando forjou compromissos políticos que, a cada renegociação, garantiram ao mesmo tempo mudanças interpretadas como abolicionistas — o fim do tráfico, a liberdade dos nascituros — e alguma sobrevida à escravidão.

Entretanto, engana-se quem pensa que a história da abolição do tráfico de escravos e das injustiças vividas pelos africanos importados ilegalmente seja uma página virada. A política do esquecimento nunca conseguiu impor o silêncio às vítimas nem impedir que lutassem por direitos. Um dos muitos episódios de conflito em torno da aplicação da Lei de 1831 relatado no livro ocorreu justamente em Papary, em meados da década de 1870. Nele, africanos escravizados por mais de trinta anos no Engenho Belém requereram a liberdade durante o processo de inventário do falecido proprietário, invocando a Lei de 1831. As autoridades locais — promotor e juiz municipal da comarca de São José de Mipibu — e o próprio presidente da província do Rio Grande do Norte pareciam dispostos a cumprir a lei até o caso chegar ao Conselho de Estado, em que dois eminentes juristas recitaram a cartilha do esquecimento.[3] O processo ainda assim seguiu seu curso, tendo os africanos resultados desfavoráveis à liberdade em primeira e em segunda instâncias. Não se sabe o desfecho depois que o Supremo Tribunal de Justiça remeteu o processo ao Tribunal da Relação de Recife para novo julgamento, em 1877. Também não se tem registro das reverberações do episódio na população local.

O caso dos africanos ilegalmente escravizados no Engenho Belém merece atenção especial. Ele confirma a tradição local que indicava a ocorrência de contrabando para a região durante o século XIX. O baobá, que teria sido plantado à época do processo, provavelmente guardava um significado especial para os africanos da região, opaco para o resto da população. Coube a Câmara Cascudo encontrar um veio dessa memória subterrânea. Há quase um século e meio uma árvore, o baobá de Papary, desafia a história oficial como um memorial das vítimas da escravização ilegal e um símbolo de suas lutas por direitos.

Agradecimentos

Demorou, mas chegou a hora. Queria muito reconhecer e agradecer a contribuição de todos que acompanharam, nesses mais de vinte anos, a preparação deste livro. Originalmente uma tese de doutorado defendida em 2002, na Universidade de Waterloo, no Canadá, o trabalho foi desde então significativamente reescrito. Devo ao meu orientador, Michael Craton, a sugestão de que eu trabalhasse com a documentação da campanha britânica de repressão ao tráfico de escravos, disponível em microfilme na biblioteca. A pesquisa na correspondência britânica sobre o funcionamento da comissão mista do Rio e as leituras da historiografia da escravidão atlântica me levaram a escolher tratar dos africanos livres no Brasil sob o prisma da história social. Michael Craton, Jim Walker e David Murray foram meus primeiros guias pelos debates da historiografia anglo-saxônica da escravidão e da abolição. Durante a pesquisa para a tese, Sidney Chalhoub, Manolo Florentino e Carlos Eugênio Soares deram valiosas sugestões de documentação disponível no Arquivo Nacional e de abordagem do material. Mary Karasch e David Eltis leram e comentaram a tese, incentivando sua publicação. No entanto, escolhi o caminho mais longo.

Viajei muito divulgando minhas conclusões parciais, contando as histórias até então desconhecidas dos africanos livres e provocando os historiadores a pensar no impacto da ilegalidade do tráfico sobre a interpretação do Brasil oitocentista. Sempre aproveitava para explorar os arquivos. Assim revisitei Paranaguá, conheci Recife e Brasília e voltei a Porto Alegre, a Campinas, ao Rio, a Londres e Paris. Numa dessas viagens me deparei com o baobá de Papary, na atual Nísia Floresta (RN), árvore tombada que é um lugar de memória do tráfico atlântico enraizado em localidade insuspeita. Foi nesse percurso que assumi um programa ambicioso: integrar as histórias dos africanos livres e dos africanos ilegalmente escravizados.

Faltam-me palavras para agradecer o apoio de João Reis à escolha de expandir o livro, contrariando expectativas. Joseph Miller talvez não se lembre, mas quando sugeriu que eu prestasse atenção à relação entre a repressão do tráfico e a construção do Estado Nacional brasileiro abriu outra perspectiva de interpretação do material. A parceria com Andréa Delgado no Programa Santa Afro Catarina, por sua vez, me desafiou a refletir sobre memória e patrimônio.

Várias instituições me receberam durante esse período de revisões: o Gilder Lehrman Center da Yale University (2008), a Michigan State University (2008), o Cecult/Unicamp (2009), a USP (2014) e o Eisenberg Institute for Historical Studies da Universidade de Michigan (2014-5). Agradeço imensamente a Peter Beattie e Erica Windler, Silvia Hunold Lara, Maria Helena Machado, Rebecca Scott e Peter Railton pelos convites, apoios institucionais e hospitalidade.

A pesquisa foi marcada pela revolução digital: começou em 1994 na seção de microfilmes da Biblioteca Dana Porter da Universidade de Waterloo e terminou no meu escritório de casa, em janeiro de 2016, com acesso remoto à Hemeroteca Digital da Biblioteca Nacional do Rio de Janeiro. Tenho fichas em papel, planilhas eletrônicas, fotografias digitais e anotações em papéis de todos os tamanhos e cores espalhados por várias pastas e caixas assim como gravados em suportes eletrônicos de várias gerações. Registro aqui agradecimentos sinceros aos arquivistas e bibliotecários das instituições em que trabalhei e também aos idealizadores e executores dos projetos de digitalização que popularizam o acesso a documentos frágeis, a livros raros, a material iconográfico único.

Não estive sozinha. Muitos colaboraram na pesquisa e partilharam referências ou documentos: Alinnie Silvestre Moreira, Ana Paula Sousa, Antonia Pedroza, Carlos Engemann, Carlos Eugênio Soares, Cássila Cavaler Pessoa de Mello, Cláudia Ricci, Daryle Williams, Divino Xavier, Eduardo Spiller Pena, Elciene Azevedo, Felipe Neis, Flora Azevedo, Gabriela Reis Veloso, Hendrik Kraay, Jaime Rodrigues, Janice Gonçalves, João Reis, Joseli Mendonça, Júlia Balbinotti Perosa, Kaori Kodama, Keila Grinberg, Manolo Florentino, Marcus Carvalho, Maria Angélica Zubarán, Maria Emília Vasconcelos, Maria Helena Schweizer, Maria Inês Côrtes de Oliveira, Maysa Espíndola Souza, Moisés Sebastião da Silva, Patrícia Sampaio, Paulo Staudt Moreira, Pedro Brandão, Rafael Luz, Raquel Petri, Regina Xavier, Roberto Guedes, Roquinaldo Amaral Ferreira, Tatiane Modesti e Urano Andrade, entre outros cujos nomes me escapam. Apresentei diferentes partes do livro em seminários e conferências no Brasil, nos Estados Unidos, no Canadá, na França, na Alemanha e na Itália e recebi comentários e críticas valiosas de muitos colegas.

Margareth Perucci e Joca Wolff fizeram a primeira tradução dos capítulos da tese, que depois revisei e reescrevi. Giovanni Secco e Maurício Oliveira revisaram os originais, tornando a prosa mais clara e concisa. Henrique Espada Lima, Keila Grinberg, Mariana Dias Paes, Mariana Muaze, João Reis e Zilda Alves de Moura tiveram a generosidade de ler e comentar o livro todo, colaborando assim para as revisões. Quando enviei os originais para a Companhia das Letras, Lilia Schwarcz apoiou a publicação; de lá para cá Flávio Moura foi um editor atencioso e paciente com meu fito de continuar revisando. A empolgação com que Ricardo Teperman assumiu o lugar de Flávio e o profissionalismo de Adriane Piscitelli fizeram toda a diferença.

Meus colegas do Laboratório de História Social do Trabalho e da Cultura e alunos de graduação e de pós-graduação leram e discutiram várias partes do livro também. O incentivo à publicação veio de todos os lados. De conhecidos e desconhecidos. Compartilhei as angústias profissionais, os achados, as viagens e assuntos não acadêmicos com Karen Racine, José Augusto Leandro, Henrique Espada Lima, Aisnara Perera Díaz, Maria de los Angeles Meriño Fuentes, Mariana Joffily, Yara Guasque e Keila Grinberg. Registro também o financiamento da Capes (bolsa de doutorado no exterior) e do CNPq (auxílios a pesquisa, bolsa de produtividade em pesquisa e auxílio de participação em eventos no exterior), assim como o apoio institucional e financeiro da UFSC, sem o qual este trabalho teria sido impossível.

Por último, devo um agradecimento especial aos meus pais e irmãos, tios e primos, ao Marcelo Bessa e à minha filha Luíza, pela combinação de inspiração, estímulo, apoio e paciência. Outro vai para o André, por isso tudo e mais o carinho e a energia ilimitados. Se não estivéssemos juntos, eu não teria conhecido o baobá de Papary.

Abreviaturas

AAC — Anais da Assembleia Constituinte
ACD — Anais da Câmara dos Deputados
AESP — Arquivo do Estado de São Paulo
AGCRJ — Arquivo Geral da Cidade do Rio de Janeiro
AGM — Auditoria Geral da Marinha
AHI — Arquivo Histórico do Itamaraty
AHRS — Arquivo Histórico do Rio Grande do Sul
AN — Arquivo Nacional (Rio de Janeiro)
APA — Arquivo Público de Alagoas
APEBa — Arquivo Público do Estado da Bahia
APERJ — Arquivo Público do Estado do Rio de Janeiro
APEJE — Arquivo Público Estadual Jordão Emerenciano
AS — Anais do Senado Federal
ASF — Arquivo do Senado Federal
BFSP — British and Foreign State Papers
BN — Biblioteca Nacional
CO — Colonial Office (Great Britain National Archives, Inglaterra)

DEAP-PR — Departamento Estadual de Arquivo Público (Paraná)

FO — Foreign Office (Great Britain National Archives, Inglaterra)

FDCRM-UFSJ — Fórum Documenta Comarca Rio das Mortes (Universidade Federal de São João del-Rei)

Notas

INTRODUÇÃO: AFRICANOS LIVRES NA CONFLUÊNCIA DE VÁRIAS HISTÓRIAS [pp. 17-29]

1. Autor anônimo. "Memória Estatística do Império do Brasil." *Revista do Instituto Histórico e Geográfico do Brasil*, Rio de Janeiro, v. 58, n. 1, pp. 91-9, 1895; Laird W. Bergad, *Escravidão e história econômica: Demografia de Minas Gerais, 1720-1888*. Bauru: Edusc, 2004, pp. 198-9; Ricardo Salles, *E o vale era o escravo: Vassouras, século XIX, senhores e escravos no coração do Império*. Rio de Janeiro: Civilização Brasileira, 2008, p. 182; Stuart B. Schwartz, *Segredos internos: Engenhos e escravos na sociedade colonial, 1550-1835*. São Paulo: Companhia das Letras, 1988, pp. 209-23.

2. Francisco Vidal Luna e Herbert Klein, *Escravismo no Brasil*. São Paulo: Edusp; Imprensa Oficial, 2010, p. 190.

3. Manuela Carneiro da Cunha, *Negros, estrangeiros: Os escravos libertos e sua volta à África*, 2 ed. São Paulo: Companhia das Letras, 2012, pp. 33-129; João José Reis, *Rebelião escrava no Brasil: A história do levante dos malês em 1835*, 2 ed. São Paulo: Companhia das Letras, 2003; Wlamyra Albuquerque, *O jogo da dissimulação: Abolição e cidadania negra no Brasil*. São Paulo: Companhia das Letras, 2009.

4. Robert E. Conrad, "Neither Slave nor Free: The *Emancipados* of Brazil", *The Hispanic American Historical Review*, Durham, v. 53, n. 1, pp. 50-70, 1970, traduzido em "Os emancipados: Nem escravos nem libertos". In: *Tumbeiros: O tráfico escravista para o Brasil*. São Paulo: Brasiliense, 1985, pp. 171-86. As estimativas de

760 mil apresentadas por Eltis em 1987 foram revisadas no Transatlantic Slave Trade Database para 796 mil africanos desembarcados; David Eltis, *Economic Growth and the Ending of the Transatlantic Slave Trade*, Nova York: Oxford University Press, 1987, apêndice A, pp. 243-4; Transatlantic Slave Trade Database, Estimates. Disponível em: <http://slavevoyages.org>. O tema da ilegalidade da escravidão como central à história do Brasil oitocentista foi sugerido por Luiz Felipe de Alencastro ("La traite négrière et l'unité nationale brésilienne", *Revue Française d'Histoire d'Outre-Mer*, Paris, t. 66, n. 244-5, pp. 395-417, 1979) e retomado na última década; ver, notadamente, Beatriz Mamigonian, "O direito de ser africano livre: os escravos e as interpretações da lei de 1831". In: Silvia H. Lara e Joseli M. N. Mendonça (Orgs.), *Direitos e justiças no Brasil: Ensaios de história social*. Campinas: Ed. da Unicamp, 2006, pp. 129-60; Tâmis Parron, *A política da escravidão no Império do Brasil (1826-1865)*, Rio de Janeiro: Civilização Brasileira, 2009; e Sidney Chalhoub, *A força da escravidão: Ilegalidade e costume no Brasil oitocentista*, São Paulo: Companhia das Letras, 2012.

5. Autos de interrogatório, Amaro e outros africanos; Arquivo do Tribunal de Justiça de São Paulo, 2º ofício civil da capital, cx. 75 (1871). O caso foi também discutido por Elciene Azevedo em *Orfeu de carapinha: A trajetória de Luiz Gama na imperial cidade de São Paulo* (Campinas: Ed. da Unicamp; Cecult, 1999, pp. 215-28), e *O direito dos africanos: Lutas jurídicas e abolicionismo na província de São Paulo* (Campinas: Ed. da Unicamp, 2010, pp. 124-35); ver também passagens em Maria Cristina C. Wissenbach, *Sonhos africanos, vivências ladinas: Escravos e forros em São Paulo, 1850-1888*. São Paulo: Hucitec, 1998, pp. 57-8 e 155.

6. O procedimento e as implicações do trabalho com "escalas de análise" são discutidos em Jacques Revel, "Microanálise e construção do social". In: J. Revel (Org.) *Jogos de escalas: A experiência da microanálise*. Rio de Janeiro: Ed. da FGV, 1998, pp. 15-38.

7. Dale Tomich, *Through the Prism of Slavery: Labor, Capital, and World Economy*. Boulder, Co: Rowman & Littlefield, 2004; Eltis, *Economic Growth*; Sue Peabody; Keila Grinberg, "Free Soil: The Generation and Circulation of an Atlantic Legal Principle". *Slavery & Abolition*, Londres, v. 32, n. 3, pp. 331-9, 2011, e os demais textos do dossiê.

1. EMANCIPAÇÃO NA CHEGADA [pp. 30-57]

1. *Gazeta do Rio de Janeiro*, n. 56, 10 jul. 1821, pp. 3-4. Essa e as outras apreensões feitas pela repressão ao tráfico ilegal estão na Tabela 1: "Apreensões de

navios e de grupos de africanos em terra e resultados dos julgamentos (1821-56)", no Anexo.

2. Arquivo Histórico do Itamaraty (Rio de Janeiro, doravante AHI), Coleções Especiais 33, Escuna *Emília*, lata 13, maço 1, fls. 34-38v.; Pierre Verger, *Fluxo e refluxo do tráfico de escravos entre o golfo do Benin e a Bahia de todos os Santos, dos séculos XVII a XIX*. São Paulo: Corrupio, 1987, pp. 408-10; Walter Hawthorne, "'Sendo agora, como se fôssemos, uma família': Laços entre companheiros de viagem no navio negreiro *Emília*, no Rio de Janeiro e através do mundo atlântico", *Mundos do Trabalho*, Florianópolis, v. 3, n. 6, pp. 7-29, 2011.

3. David Eltis, "O significado da investigação sobre os africanos escapados de navios negreiros no século XIX". *História: Questões e Debates*, Curitiba, n. 52, pp. 13-39, jan.-jun. 2010.

4. "Tratado de Aliança e Amizade firmado entre o príncipe regente, d. João e George III da Inglaterra, 19/02/1810". In: Paulo Bonavides; Roberto Amaral (Orgs.). *Textos políticos da História do Brasil*, v. 1, 3. ed. Brasília: Senado Federal, 2002. 10 v.

5. Pierre Verger, *Fluxo e refluxo*, pp. 301-9; Louise H. Guenther, *British Merchants in Nineteenth-Century Brazil: Business, Culture, and Identity in Bahia, 1808-1850*. Oxford: Centre for Brazilian Studies, 2004, pp. 41-2; Paulo Cesar Oliveira de Jesus, *O fim do tráfico de escravos na imprensa baiana (1811-1850)*. Salvador: UFBA, 2004, pp. 23-46. Dissertação (Mestrado em História).

6. "Carta de Lei de 8 de julho de1815. Ratifica o tratado entre o príncipe regente de Portugal e o rei da Grã-Bretanha, assinado em Viena a 22 de janeiro deste ano, para abolição do tráfico de escravos em todos os lugares da costa d'África ao norte do equador". In:*Coleção das Leis do Brasil de 1815*. Rio de Janeiro: Imprensa Nacional, 1890, pp. 27-31.

7. Leslie Bethell, "The Mixed Commissions for the Suppression of the Transatlantic Slave Trade in the Nineteenth Century". *Journal of African History*, Cambridge, v. 7, n. 1, pp. 79-93, 1966.

8. David R. Murray, "A New Class of Slaves". In: _____., *Odious Commerce: Britain, Spain and the Abolition of the Cuban Slave Trade*. Cambridge: Cambridge University Press, 1980, pp. 271-97; Inés Roldán de Montaud, "Origen, evolución y supresión del grupo de negros emancipados en Cuba (1817-1870)". *Revista de Indias*, Madri, v. 57 n. 169-70, pp. 559-641, 1982; Inés Roldan de Montaud, "En los borrosos confines de la libertad: el caso de los negros emancipados en Cuba, 1817-1870". *Revista de Indias*, Madri, v. 71, n. 251, pp. 159-92, 2011; Pieter C. Emmer, "Abolition of the Abolished: The Illegal Dutch Slave Trade and the Mixed Courts". In: D. Eltis; J. Walvin (Orgs.), *The Abolition of the Atlantic Slave Trade: Origins and Effects in Europe, Africa and the America*. Madison: Uni-

versity of Wisconsin Press, 1981, pp. 177-92; Samuel Coghe, "The Problem of Freedom in a Mid-Nineteenth-Century Atlantic Slave Society: The Liberated Africans of the Anglo-Portuguese Mixed Commission of Luanda (1844-1870)". *Slavery & Abolition*, Londres, v. 33, n. 3, pp. 479-500, 2012; Afonso Bandeira Florence, "Nem escravos, nem libertos: os 'africanos livres' na Bahia". *Cadernos do* CEAS, Salvador, n. 121, pp. 58-69, 1989; Conrad, "Neither Slave nor Free".

9. Françoise Thesée, *Les Ibos de l'Amélie: Destinée d'une cargaison de traite clandestine à la Martinique (1822-1838)*. Paris: Editions Caribéennes, 1986; Serge Daget, *La répression de la traite des Noirs au XIXe siècle*. Paris: Karthala, 1997; Karen F. Younger, "Liberia and the Last Slave Ships". *Civil War History*, Kent, v. 54, n. 4, pp. 424-42, 2008; Gail Swanson, *Slave Ship Guerrero*. West Conshohocken: Infinity Publishing, 2005; Sylviane Diouf, *Dreams of Africa in Alabama: The Slave Ship Clotilda and the Story of the Last Africans Brought to America*. Nova York: Oxford University Press, 2007; Sharla M. Fett, "Middle Passages and Forced Migrations: Liberated Africans in Nineteenth-Century US Camps and Ships". *Slavery & Abolition*, Londres, v. 31, n. 1, pp. 75-98, 2010.

10. Christopher Saunders, "Liberated Africans in Cape Colony in the First Half of the Nineteenth Century". *International Journal of African Historical Studies*, Boston, v. 18, n. 2, pp. 223-39, 1985; Alvin O. Thompson, "African 'Recaptives' Under Apprenticeship in the British West Indies, 1807-1828". *Immigrants & Minorities*, Londres, v. 9, n. 2, pp. 123-44, 1990; Michael Craton; Gail Saunders, "Transition, Not Transformation: Apprentices, Liberated Africans, and the Reconstructed Oligarchy, 1834-1860". *Islanders in the Stream: A History of the Bahamian People*. Athens: University of Georgia Press, 1998, p. 3. v. 2.; Marina Carter; V. Govinden; Satyendra Peerthum, *The Last Slaves: Liberated Africans in 19th Century Mauritius*. Cassis: Crios, 2003; Alexander Hugo Schulenburg, "Aspects of the Lives of the 'Liberated Africans' on St. Helena". *Wirebird*, Jamestown, n. 26, pp. 18-27, 2003.

11. J.U.J. Asiegbu, *Slavery and the Politics of Liberation, 1787-1861: A Study of Liberated African Emigration and British Anti-Slavery Policy*. Nova York: Africana Publishing Corp., 1969, apêndice VI, p. 189; Monica Schuler, *"Alas, Alas, Kongo": A Social History of Indentured African Immigration into Jamaica, 1841-1865*. Baltimore: The Johns Hopkins University Press, 1980; Rosanne Adderley, *"New Negroes from Africa': Slave Trade Abolition and the Free African Settlement in the Nineteenth-Century Caribbean*. Bloomington: Indiana University Press, 2006; Monica Schuler, "Liberated Central Africans in Nineteenth-Century Guyana". In: Linda Heywood (Org.), *Central Africans and Cultural Transformations in the American Diaspora*, Cambridge: Cambridge University Press, 2002, pp. 319-52.

Para as mais recentes estimativas, ver Eltis, "O significado da investigação sobre os africanos escapados de navios negreiros", p. 22.

12. No original, "*apprenticed to prudent and humane masters or mistresses... either in the same or other colonies, to learn such trades, handicrafts, or employment as they may seem most fit for, or most likely to gain their livelihood by, when their apprenticeship shall expire*". R. R. Kuczynski, *Demographic Survey of the British Colonial Empire*. v. 1. West Africa, London: Oxford University Press, 1948, p. 113. Note-se que "*master*" tinha o sentido de "mestre", para aprendiz, como também de "senhor", para escravo.

13. Paul Michael Kielstra, *The Politics of Slave Trade Suppression in Britain and France, 1814-1848*. Londres: Macmillan, 2000, pp. 7-15.

14. James Stephen para Liverpool, 14 jul. 1811, CO 23/58, cit. em Johnson, "The Liberated Africans in the Bahamas", p. 28.

15. Joan Lane, *Apprenticeship in England, 1600-1914*. Boulder, Colorado: Westview Press, 1996.

16. Muitos africanos emancipados em Serra Leoa foram alistados nos Regimentos das Índias Ocidentais (West India Regiments), no Corpo Real Africano (Royal African Corps) e no Corpo Real Colonial Africano (Royal African Colonial Corps), graças à suspensão da proibição de recrutamento de estrangeiros nas forças militares. Ver Roger Norman Buckley, *Slaves in Red Coats: The British West India Regiments, 1795-1815*. New Haven: Yale University Press, 1979, p. 130. No Brasil, os africanos livres nunca foram alistados no Exército propriamente, mas exerceram funções auxiliares em instituições militares.

17. Leslie Bethell, *A abolição do comércio brasileiro de escravos: A Grã-Bretanha, o Brasil e a questão do comércio de escravos, 1808-1869*, 2 ed. Brasília: Editora do Senado Federal, 2002, pp. 21-47. Para uma discussão das implicações da pressão britânica pela abolição do tráfico brasileiro, ver Alan Manchester, *Preeminência inglesa no Brasil*. São Paulo: Brasiliense, 1973.

18. "Carta de Lei de 8 de novembro de 1817. Ratifica a convenção adicional ao tratado de 22 de janeiro de 1815 entre este reino e o da Grã-Bretanha assinada em Londres em 28 de julho deste ano sobre o comércio ilícito da escravatura", *Coleção das Leis do Brasil de 1817*, Rio de Janeiro: Imprensa Nacional, 1890, pp. 74-101.

19. "Alvará com força de lei de 26 de janeiro de 1818", *Coleção das leis do Brasil de 1818*, pp. 7-10.

20. Sobre a caracterização de incapazes no pensamento jurídico português, ver António Manuel Hespanha, *Imbecillitas: As bem-aventuranças da inferioridade nas sociedades de Antigo Regime*. São Paulo: Annablume, 2010; Manuela Car-

neiro da Cunha assinalou o paralelo com o tratamento dos índios, também pelo Juízo de Órfãos: Carneiro da Cunha, *Negros, estrangeiros*, p. 96.

21. Carta régia de 13 maio 1808, *Coleção das Leis do Brasil de 1808*. Rio de Janeiro: Imprensa Nacional, 1891, pp. 37-41; Carta régia de 5 de novembro de 1808, *Coleção das leis do Brasil de 1808*. Rio de Janeiro: Imprensa Nacional, 1891, pp. 156-9.

22. Carta régia de 2 de dezembro de 1808, *Coleção das leis do Brasil de 1808*. Rio de Janeiro: Imprensa Nacional, 1891, pp. 171-4, cit. p. 173.

23. Carta régia de 1º de abril de 1809, *Coleção das leis do Brasil de 1809*, Rio de Janeiro: Imprensa Nacional, 1891, pp. 36-9, cit. p. 38.

24. David Northrup, *Indentured Labor in the Age of Imperialism 1834-1922*. Cambridge: Cambridge University Press, 1995.

25. AN, códice 184, v. 3, Junta do Comércio, Emancipados da Escuna *Emília*, 1821. Hawthorne relata o caso do marinheiro Gorge, que resistiu à tentativa dos comissários de classificá-lo como africano livre e preferiu ser devolvido a seu proprietário, Walter Hawthorne, "Gorge: An African Seaman And His Fights From 'Freedom' Back to 'Slavery' in the Early Nineteenth Century". *Slavery & Abolition*, Londres, v. 31, n. 3, pp. 411-28, 2010.

26. José Silvestre Rebelo para Pedro Álvares Dinis, 7 ago. 1821, AHI, Comissão Mista, lata 51, maço 4.

27. Rebelo para Dinis, 10 jul. 1821, AHI, Comissão Mista, lata 51, maço 4. Sobre Rebelo, comerciante português que aderiu à causa nacional e foi enviado aos Estados Unidos em 1824 para negociar o reconhecimento da independência, ver Augusto V. A. Sacramento Blake, *Dicionário bibliográfico brasileiro*, 5 ed. Rio de Janeiro: Conselho Federal de Cultura, 1970, pp. 204-5. v. 5; e Arthur P. Whitaker, "José Silvestre Rebello, The First Diplomatic Representative of Brazil in the United States", *Hispanic American Historical Review*, Durham, v. 20, n. 3, pp. 380--401, 1940.

28. Henry Hayne para marquês de Londonderry, 24 out. 1821, "Further papers relating to the slave trade", *Parliamentary Papers 1822 (175) III*, p. 91.

29. José Clemente Pereira para Antônio Luís Pereira da Cunha, 10 set. 1821, AN, cód. 363, Despesas da administração dos libertos da escuna *Emília*, 1821.

30. Antônio Luís Pereira da Cunha a João Ribeiro da Silva Guimarães, 12 out. 1821, AN, cód. 363.

31. Atas da Comissão Mista Anglo-Portuguesa, 4 dez. 1821, AN, cód. 184, v. 2, Junta do Comércio — Protocolo de conferências da Comissão Mista, 1819-38.

32. AHI, Coleções Especiais 33, Escuna *Emília*, lata 13, maço 1, fls. 34-38v.

33. Roquinaldo Ferreira, *Cross-Cultural Exchange in the Atlantic World:*

Angola and Brazil during the Era of the Slave Trade. Cambridge: Cambridge University Press, 2012, pp. 58 e 109.

34. Marcus Rediker, *The Slave Ship: A Human History*. Nova York: Penguin Books, 2007, p. 268; Robert Harms, *The Diligent: A Voyage Through the Worlds of the Slave Trade*. Nova York: Basic Books, 2002, p. 250; Luciano Raposo Figueiredo, "Uma joia perversa". In: _____, *Marcas de escravos: Listas de escravos emancipados vindos a bordo de navios negreiros, 1839-1841*. Rio de Janeiro: Arquivo Nacional, 1990, pp. 23-4.

35. Auto de Apreensão da Escuna *Emília*, AHI, Coleções Especiais 33, Escuna *Emília*, lata 13, maço 1; AN, cód. 184, v. 3.

36. G. Ugo Nwokeji e David Eltis, "The Roots of the African Diaspora: Methodological Considerations in the Analysis of Names in the Liberated African Registers of Sierra Leone and Havana", *History in Africa*, Cambridge, n. 29, pp. 365-79, 2002; Richard Anderson et al., "Using African Names to Identify the Origins of Captives in the Transatlantic Slave Trade: Crowd Sourcing and the Registers of Liberated Africans, 1808-1862", *History in Africa*, Cambridge, v. 40, n. 1, pp. 165-91, 2013; Schuler, "Liberated Central Africans in Nineteenth-Century Guyana", pp. 331-6; Carter; Govinden; Peerthum, *The Last Slaves*; Jean Hébrard, "Esclavage et dénomination: imposition et appropriation d'un nom chez les esclaves de la Bahia au XIXe siècle", *Cahiers du Brésil Contemporain*, Paris, n. 53-4, pp. 31-92, 2003.

37. Tratava-se, provavelmente, de Ricarda Benguela, do *Paquete de Benguela*, condenado em 1841. Ricarda tinha os monogramas SVSP no peito esquerdo e um oito cortado ao meio no peito direito, enquanto sua carta indicava FLC no peito esquerdo; João José da Silva Pinto para Diocleciano Augusto César do Amaral, juiz de órfãos, jan. 1841, AN, IJ6 467, "Africanos — Cartas de libertação e mapas de falecimento, 1831-1863"; sobre as marcas, ver Raposo Figueiredo, "Uma joia perversa" e também o levantamento feito das marcas presentes nos passaportes emitidos pela intendência de Polícia entre 1826 e 1830 em Alzira Durão Salles, "Marcas da submissão: iconografia das marcas corporais dos escravos no Rio de Janeiro". Rio de Janeiro: UFRJ, 2002. Monografia (Final de Curso de História).

38. Luís de Assis Mascarenhas para Manoel Antônio Galvão, 1º abr. 1845, AN, IJ6 523, "Ofícios e processos sobre africanos livres, 1833-1864". É provável que tenha havido livros dos africanos da escuna *Emília* e dos "pretos-minas e moçambiques" de 1830-1 antes dessa série aberta em 1834. Infelizmente, minhas buscas por esses livros não tiveram sucesso.

39. Em Salvador, em 1835, o "Livro dos termos de arrematação dos africanos livres" estava a cargo do escrivão do Juízo dos Feitos da Fazenda; Termo assi-

nado pelo intendente de Marinha Pedro Ferreira de Oliveira em 11 jun. 1839, anexado ao pedido de emancipação de André, AN, Diversos SDH — cx. 782 pc. 3.

40. Anônimo. "Memória estatística do Império do Brasil", pp. 91-9.

41. Anônimo. "Memória estatística do Império do Brasil", p. 91.

42. Cit. por José Honório Rodrigues, *Independência: Revolução e contrarrevolução: A evolução política*. Rio de Janeiro: Francisco Alves, 1975, p. 115, apud Ilmar Mattos, "Construtores e herdeiros: A trama dos interesses na construção da unidade política", *Almanack Braziliense*, São Paulo, n. 1, p. 16, 2005. Ver também István Jancsó e João Paulo Pimenta, "Peças de um mosaico (ou apontamentos para o estudo da emergência da identidade nacional brasileira)". In: Carlos Guilherme Mota (Org.), *Viagem incompleta: A experiência brasileira (1500-2000)*. São Paulo: Senac, 2000, pp. 127-75, e Ivana Stolze Lima, *Cores, marcas e falas: Sentidos da mestiçagem no Império do Brasil*. Rio de Janeiro: Arquivo Nacional, 2003.

43. AAC, 25 set. 1823, p. 184.

44. "Projeto de Constituição para o Império do Brasil", AAC, 1º set. 1823, p. 7.

45. AAC, 30 set. 1823, p. 208, fala do deputado Maciel da Costa.

46. AAC, 30 set. 1823, p. 208, fala do deputado Maciel da Costa.

47. AAC, 30 set. 1823, p. 204.

48. AAC, 30 set. 1823, pp. 204-5.

49. AAC, 30 set. 1823, p. 205, fala do deputado Silva Lisboa. Grifos no original.

50. "Projeto de Constituição...", AAC, 1º set. 1823, art. 254 e 255, p. 16.

51. AAC, 30 set. 1823, p. 204, fala do deputado Alencar.

52. AAC, 30 set. 1823, p. 207.

53. AAC, 30 set. 1823, p. 204, fala do deputado Muniz Tavares.

54. AAC, 30 set. 1823, p. 207 e 211.

55. Cristina Nogueira da Silva explorou em detalhes o estatuto das populações ultramarinas portuguesas e demonstrou que, na doutrina portuguesa do período subsequente, alguns grupos de africanos não eram considerados cidadãos nem propriamente estrangeiros. Ver Cristina Nogueira da Silva, *Constitucionalismo e Império: A cidadania no ultramar português*. Coimbra: Almedina, 2009, pp. 153-4; 298-335.

56. Constituição de Cádiz, 1812, cap. IV, art. 22.

2. IMPASSES DA NOVA NAÇÃO [pp. 58-89]

1. Diogo A. Feijó para juiz de paz da freguesia da Candelária, 16 mar. 1832, "Regimentos e avisos da Secretaria de Estado e Negócios da Justiça". In: Jorge Caldeira (Org.) *Diogo Antônio Feijó*. São Paulo: Ed. 34, 1999, p. 251.

2. Lei de 20 out. 1823, art. 24, par. 10, *Coleção de leis do Império do Brasil*, v. 1, pt 1, p. 4. Sobre a atuação dos conselhos gerais de província, ver Sandra Oenning da Silva, *Estado monárquico (des)centralizado: A dinâmica política em torno dos Conselhos provinciais de Santa Catarina (1824/1834)*. Florianópolis: UFSC, 2013. Dissertação (Mestrado em História).

    3. José Bonifácio de Andrada e Silva, "Representação à Assembleia Geral Constituinte e Legislativa do Império do Brasil sobre a escravatura" e "Apontamentos para a civilização dos índios bravos do Império do Brasil". In: Miriam Dolhnikoff (Org.) *Projetos para o Brasil*. São Paulo: Companhia das Letras; Publifolha, 2000, pp. 23-41, 47-77, respectivamente.

    4. Andrada e Silva, "Representação à Assembleia Geral Constituinte e Legislativa do Império do Brasil sobre a escravatura". In: *Projetos para o Brasil*, p. 31.

    5. Dolhnikoff, "Introdução". In: *Projetos para o Brasil*, pp. 7-10. A *Representação sobre a escravatura* foi publicada em português, em Paris, em 1825, e em inglês, em Londres, em 1826. Teve duas edições brasileiras, em 1840 e 1851, associadas ao movimento de condenação do tráfico de escravos, antes de ser retomada pelo movimento abolicionista da década de 1880. Ver *Representação à Assembleia Geral Constituinte e Legislativa do Império do Brasil sobre a* escravatura. Paris: Typographia de Firmin Didot, 1825; *Memoir Addressed to the General, Constituent and Legislative Assembly of the Empire of Brazil on Slavery!*, trad. do português por William Walton. Londres: Butterworth, 1826; *Representação à Assembleia Geral Constituinte e Legislativa do Império do Brasil sobre a escravatura*. Rio de Janeiro: Typographia de J. E. S. Cabral, 1840; *Representação à Assembleia Geral Constituinte e Legislativa do Império do Brasil sobre a escravatura*. Ceará: Typographia Cearense, 1851; *A abolição: Reimpressão de um opúsculo raro de José Bonifácio sobre a emancipação dos escravos no Brasil*. Rio de Janeiro: Lombaerts, 1884.

    6. Busca por navios com bandeira portuguesa/brasileira cuja travessia foi interceptada entre 1817 e 1830, no Transatlantic Slave Trade Database. Disponível em: <www.slavevoyages.org>. Para uma primeira compilação desses dados, ver Verger, *Fluxo e refluxo*, apêndice 1, pp. 637-47. Ver também Ana Flávia Cichelli Pires, "O caso da escuna *Destemida*: Repressão ao tráfico na rota da Costa da Mina — 1830-1831". In: Mariza de Carvalho Soares (Org.), *Rotas atlânticas da diáspora africana: Da baía do Benim ao Rio de Janeiro*. Niterói: Eduff, 2007, pp. 157-89.

    7. J. F. Ade Ajayi, "Samuel Ajayi Crowther of Oyo". In: Philip Curtin (Org.), *Africa Remembered: Narratives by West Africans from the Era of the Slave Trade*. Madison: University of Wisconsin Press, 1967, pp. 289-316; Pierre Verger, *Os libertos: Sete caminhos na liberdade de escravos na Bahia do século XIX*. São Paulo:

Corrupio, 1992. Crowther foi escravizado na mesma região que Rufino José Maria; ver João Reis; Flávio dos Santos Gomes; Marcus J. M. de Carvalho, *O alufá Rufino: Tráfico, escravidão e liberdade no Atlântico negro* (c. 1822-c. 1853). São Paulo: Companhia das Letras, 2010, p. 232.

    8. Manchester, *Preeminência inglesa*, pp. 165-91.

    9. "Carta de Lei de 23 de novembro de 1826. Ratifica a convenção entre o Império do Brasil e a Grã-Bretanha para a abolição do tráfico de escravos", *Coleção das leis do Império do Brasil, Parte II — Atos do Poder Executivo, 1826*, Rio de Janeiro: Typographia Nacional, 1880, pp. 71-5.

    10. J. L. Alves, "A questão do elemento servil: A extinção do tráfico e a lei de repressão de 1850. Liberdade dos nascituros", *Revista do Instituto Histórico e Geográfico Brasileiro*, Rio de Janeiro, tomo especial dedicado ao I Congresso de História Nacional, parte IV, p. 203, 1914.

    11. Anais da Câmara dos Deputados, sessão de 4 jul. 1827, p. 40.

    12. Arquivo do Senado Federal (ASF), "Parecer da Comissão do Comércio do Senado referente à proposta do Conselho Geral da Província da Bahia, que trata da não admissão dos escravos como trabalhadores das repartições públicas", 14 ago. 1830, caixa 15, maço 3, pasta 4; ASF, "Proposta do Conselho Geral da Província da Bahia para isentar de impostos as máquinas e animais, para fazer frente à abolição do tráfico de escravos", 17 fev. 1831, caixa 17, maço 2, pasta 13.

    13. Dados extraídos do Transatlantic Slave Trade Database (www.slavevoyages.org), apresentados e discutidos em Beatriz G. Mamigonian, "A proibição do tráfico e a manutenção da escravidão". In: Keila Grinberg; Ricardo Salles (Orgs.) *O Brasil imperial*. Rio de Janeiro: Civilização Brasileira, 2009, p. 223. v. 1; Manolo Florentino sugere que as importações seriam ainda maiores; seus dados confirmam que traficantes e compradores trabalharam com a ideia de que a proibição do tráfico em 1830 seria para valer; ver Manolo Florentino, *Em costas negras: Uma história do tráfico de escravos entre a África e o Rio de Janeiro*. São Paulo: Companhia das Letras, 1997, pp. 64-9.

    14. Anônimo, "Memória estatística do Império do Brasil", p. 99.

    15. Hesketh para Canning, 8 mar. 1826, British and Foreign State Papers (doravante BFSP), 1826-7, pp. 371-97. A lista dos navios está na p. 381. Sobre o comércio de escravos para o Maranhão, ver Walter Hawthorne, *From Africa to Brazil: Culture, Identity, and an Atlantic Slave Trade, 1600-1830*. Nova York: Cambridge University Press, 2010.

    16. Lúcio Soares Gouvea para visconde de Alcântara, 20 out. 1830, AN, IJ6 469, Ofícios de diversas autoridades sobre africanos, 1824-64.

    17. Sobre Joaquim José de Oliveira como proprietário de navios negreiros, ver o banco de dados Transatlantic Slave Trade Database.

18. Sentença do julgamento do brigue *Estevão de Ataíde*, anexa a Aston para Aberdeen, 18 dez.1830, Class B Correspondence with Foreign Powers Relating to the Slave Trade (1831), House of Lords, Sessional Papers, v. 313, p. 64, 1830-1.

19. Sentença do julgamento da barca *Eliza*, 10 dez. 1830, Class A Correspondence with British Commissioners relating to the Slave Trade, p. 125, 1832.

20. Sentença do julgamento da escuna *Destemida*, 22 jan. 1831, Class A Correspondence with British Commissioners relating to the Slave Trade, pp. 130-1, 1832.

21. Pennell para Aston, 12 nov. 1830, anexo a Pennell e Cunningham para Aberdeen, 24 nov. 1830, Class A Correspondence with British Commissioners relating to the Slave Trade p. 120, 1832.

22. AHI, Coleção Especial 33, lata 10, maço 2, pasta 1. Outros casos de marinheiros que ficaram entre a escravidão e a liberdade nas malhas da repressão ao tráfico em Jaime Rodrigues, *De costa a costa: Escravos, marinheiros e intermediários do tráfico negreiro de Angola ao Rio de Janeiro (1780-1860)*. São Paulo: Companhia das Letras, 2005, pp. 161-2.

23. Aviso de Manoel José de Souza França para Câmara do Rio de Janeiro, 21 maio 1831, *Coleção das decisões do Império* p. 89, 1831; Lei de 16 dez, 1830, Código Criminal do Império do Brasil, *Coleção de leis do Império de 1830*. Rio de Janeiro: Typographia Nacional, pp. 142-200, 1876.

24. Aviso de Manoel José de Souza França para ouvidor da comarca do Rio de Janeiro, 25 maio 1831, *Coleção das decisões do Império*, p. 92, 1831.

25. Petição de Casemiro preto de nação nagô, 21 jun. 1831, Arquivo Geral da Cidade do Rio de Janeiro (AGCRJ), Documentos sobre a Escravidão e Mercadores de Escravos, p. 111, 1777-1831. A petição foi encaminhada ao curador, que a repassou ao intendente de Polícia, possivelmente por ser o chefe do setor que administrava o Passeio Público à época da arrematação. Não ficou clara a resposta.

26. Antônio Augusto Monteiro de Barros para presidente e mais vereadores da Câmara Municipal [Rio de Janeiro], 11 jul. 1831 [sic], AGCRJ, Documentos sobre a Escravidão e Mercadores de Escravos, , p. 109, 1777-1831.

27. Intendente de Polícia para ministro da Justiça, 6 jul. 1831, ANRJ, IJ6 165, transcrito em Carlos Eugênio Líbano Soares, *A capoeira escrava e outras tradições rebeldes no Rio de Janeiro (1808-1850)*. Campinas: Ed. da Unicamp; Cecult, 2001, pp. 353-5.

28. Soares, *A capoeira escrava*, p. 355.

29. Aviso de Diogo Antônio Feijó para Antônio Augusto Monteiro de Barros, 13 jul. 1831, *Coleção das leis do Império, Decisões do Executivo*, p. 131, 1831.

30. Aviso de Diogo Antônio Feijó para Antônio Augusto Monteiro de Bar-

ros, 26 jul. 1831, *Coleção das leis do Império, Decisões do Executivo*, pp. 150-1. 1831.

31. Chefe de Polícia para ministro da Justiça, 28 jul. 1831, ANRJ, IJ6 165, transcrito em Soares, *A capoeira escrava*, p. 244.

32. Ver Gladys Sabina Ribeiro, *A liberdade em construção: Identidade nacional e conflitos antilusitanos no Primeiro Reinado*. Rio de Janeiro: Relume-Dumará, 2002, pp. 281-99.

33. Instruções anexas ao aviso Diogo Feijó para o intendente geral da Polícia, 2 ago. 1831, *Coleção das leis do Império, Decisões do Executivo*, pp. 164-5, 1831.

34. Conselheiro juiz da Alfândega da Corte para Bernardo Pereira de Vasconcellos, 15 set. 1831, ANRJ, IJ6 469, Termo de responsabilidade anexo.

35. Lúcio Soares Teixeira de Gouvea para Diogo Feijó, 4 set. 1831, AN, IJ6 469; Aviso de Diogo Feijó a Lúcio Soares de Gouvea, 11 out. 1831, *Coleção das leis do Império, Decisões do Executivo*, p. 239, 1831.

36. Feijó para presidente da província de São Paulo, 22 out. 1831; Feijó para presidente da Província de São Paulo, 3 nov. 1831; Feijó para presidente da Província de São Paulo, 10 jan. 1832, Arquivo do Estado de São Paulo (AESP), cx. 7715, Avisos vindos do Ministério da Justiça (1824-33).

37. ACD, 1831, 5 ago. 1831, p. 30. Montezuma apresentou uma proposta de resolução a esse respeito, e Rebouças, um requerimento ao governo.

38. Anais do Senado (AS), 1831, 15 jun.1831, p. 365.

39. AS, 1831, 15 jun. 1831, p. 366.

40. AS, 1831, 15 jun. 1831, p. 372.

41. AS, 1831, 31 maio 1831, p. 254. No projeto, o artigo já estabelecia as exceções que foram aprovadas e passaram à lei.

42. AS, 1831, 15 jun. 1831, p. 365.

43. AS, 1831, 15 jun. 1831, p. 368.

44. AS, 1831, 15 jun. 1831, p. 370.

45. AS, 1831, 15 jun. 1831, p. 365.

46. AS, 1831, 21 jun. 1831, p. 410.

47. Jackson para Palmerston, 2 abr. 1833, FO 84/138.

48. Id.

49. George Jackson para Palmerston, 2 abr. 1833, FO 84/138; Palmerston para Fox, 5 jun. 1833, FO 84/141.

50. Relatório da Repartição dos Negócios Estrangeiros apresentado à Assembleia Geral Legislativa na sessão ordinária de 1834 pelo ministro e secretário de Estado Aureliano Coutinho. Rio de Janeiro: Typographia Nacional, 1834, pp. 7-8.

51. Relatório da repartição dos Negócios Estrangeiros apresentado à Assembleia Geral Legislativa na sessão ordinária de 1836 pelo ministro e secretário

de Estado José Ignácio Borges. Rio de Janeiro: Typographia Nacional, 1836, pp. 5-6; Relatório da repartição dos Negócios Estrangeiros de 1836, p. 6; Wellington para Fox, 11 mar. 1835, FO 84/179. As condições determinavam que as embarcações tivessem igual número de homens e mulheres, todos abaixo de trinta anos e aptos ao trabalho, cada um portando duas mudas de roupa, chapéu, coberta e colher, e que tivessem ainda provisões para um mês caso o despacho não fosse informado ao governador da colônia com antecedência. A presidência da província da Bahia também tinha interesse nessa negociação: procurava destino para os africanos deportados depois da Revolta dos Malês, de 1835, e eventualmente para todos os que se alforriassem ou fossem considerados ameaça à segurança; ver Reis, *Rebelião escrava no Brasil*, p. 454.

52. Projeto de compra e venda de escravos ladinos, 22 maio 1834, ASF, cx. 31, maço 3, pasta 4.

53. AS, 1834, 22 jul. 1834, pp. 158-60. Vale notar que o projeto do Senado previa a matrícula apenas dos escravos africanos, e não de todos os escravos, o que daria novas margens para interpretação. A matrícula dos escravos era uma medida complementar à proibição do tráfico, a única capaz de garantir que a população escrava não crescesse por imigração. A medida fora adotada após a proibição do tráfico de escravos no Caribe britânico, primeiro em Trinidad e em Santa Lúcia, em 1813 e 1814 respectivamente, depois nas outras colônias; ver Barry Higman, *Slave Populations of the British Caribbean, 1807-1834*. Baltimore: Johns Hopkins U. Press, 1984, pp. 7-9.

54. Projeto de criação de curadorias, 22 maio 1834, ASF, cx. 31, maço 3, pasta 4.

55. AS, 1834, 23 jul. 1834, p. 161.

56. AS, 1834, 5 set. 1834, p. 237, para o registro do parecer.

57. Sentença da Comissão Mista no caso dos escravos da escuna *Camilla*, 24 jan. 1831, anexa a Alex Cunningham e Fred Grigg para Palmerston, 31 jan. 1832, BFSP, 1833, pp. 83-4.

58. Honório Hermeto Carneiro Leão para presidente da província de Pernambuco, 12 fev. 1833, *Coleção das Decisões do Governo do Império do Brasil de 1833*, pp. 51-2. Tratava-se provavelmente do navio denominado *Despique*; Maciel Henrique Carneiro da Silva, "Uma africana 'livre' e a 'corrupção dos costumes': Pernambuco (1830-1844)", *Estudos Afro-Asiáticos*, Rio de Janeiro, n. 1-3, p. 129, 2007.

59. Marcus J. M. Carvalho, *Liberdade: rotinas e rupturas do escravismo, Recife 1822-1850*. Recife: Ed. Universitária da UFPE, 1998, pp. 244-6; e Maciel Silva, "Uma africana 'livre'".

60. Ofício da Presidência da Província para a Secretaria de Negócios da

Justiça, 21 jun. 1834, APEBa, Correspondências para o Governo Imperial, maço 681, p. 108, cit. por Adriana Santana, *Africanos livres na Bahia, 1831-1864*. Salvador: CEAO/UFBa, 2007, p. 40. Dissertação (Mestrado em Estudos Étnicos e Africanos).

61. Aureliano de Sousa Coutinho para presidente da Província da Bahia, 27 ago. 1834. *Coleção das leis do Império, Decisões*, p. 218, 1834.

62. Aureliano de Sousa e Oliveira Coutinho para presidente da Província de Minas Gerais, 23 set.1834, *Coleção das leis do Império, Decisões*, p. 245, 1834.

63. Art. 7 do Decreto de 12 de abril de 1832, *Coleção das leis do Império, Atos do Poder Executivo, 1832*. Rio de Janeiro: Typographia Nacional, 1874, pp. 100-2.

64. Artigo 9 do Decreto de 12 abr. 1832.

65. Artigo 10 do Decreto de 12 abr. 1832.

66. Diogo A. Feijó para José Antônio da Silva Maia, 1º jun. 1832, Regimentos e Avisos da Secretaria de Estado e Negócios da Justiça. In: Caldeira (Org.), *Diogo Antônio Feijó*, p. 259.

67. Os dados e a constatação da mudança nos registros vêm de João Luis Ribeiro Fragoso e Roberto Guedes Ferreira, "Tráfico de escravos, mercadores e fianças: dois bancos de dados (despachos de escravos, passaportes e licenças)". Relatório de Pesquisa. Rio de Janeiro: LIPHIS/UFRJ e Ipea, 2001.

68. George Jackson e Frederick Grigg para Palmerston, 5 mar. 1836, FO 84/198.

69. Jackson e Grigg para Palmerston, 5 mar. 1836, FO 84/198.

70. Soares, *A capoeira escrava*, pp. 355-68.

71. A província da Bahia iniciara uma política de deportação de libertos africanos acompanhada de várias medidas para dificultar-lhes a vida, o que motivou outros a emigrarem voluntariamente. No Rio, esse movimento migratório também se verificou; ver Carneiro da Cunha, *Negros, estrangeiros*; Reis, *Rebelião escrava no Brasil*, pp. 479-85; Mary Karasch, *A vida dos escravos no Rio de Janeiro, 1808-1850*. São Paulo: Companhia das Letras, 2000, pp. 421-6; Mônica Lima e Souza, *Entre margens: O retorno à África de libertos no Brasil, 1830-1870*. Niterói: UFF, 2008. Tese (Doutorado em História).

72. George Jackson e Frederick Grigg para Palmerston, 5 mar. 1836, FO 84/198.

73. Ver, entre outros, Luís Carlos Soares, *O "Povo de Cam" na capital do Brasil: A escravidão urbana no Rio de Janeiro do século XIX*. Rio de Janeiro: 7 Letras/Faperj, 2007, pp. 123-45; Reis, *Rebelião escrava no Brasil*, pp. 350-70.

74. George Jackson e Frederick Grigg para Palmerston, 5 mar. 1836, FO 84/198.

3. AFRICANOS LIVRES E A POLÍTICA CONSERVADORA [pp. 90-128]

1. Sobre a fundação da Casa de Correção, seu funcionamento e a presença de africanos livres, ver Carlos Eduardo Moreira de Araújo, *Cárceres imperiais: A Casa de Correção do Rio de Janeiro. Seus detentos e o sistema prisional do Império, 1830-1861.* Campinas: Unicamp, 2009. Tese (Doutorado em História Social), e também Gustavo Pinto de Sousa, *Os africanos livres na Casa de Correção: Política e direito como disciplinarização, 1831-1850.* Rio de Janeiro: Uerj, 2011. Dissertação (Mestrado em História).

2. Registro de 14 jul. 1834, AN, cód. 399, Assentos referentes aos africanos remetidos para a Casa de Correção, 1834-6.

3. Registro de 5 jul. 1834, AN, cód. 399.

4. Eram 128 quando foram transferidos do patacho para o depósito, mas dois faleceram nessa operação e outros oito nos dias seguintes; Auto de exame em um moleque e uma preta falecidos que vieram no patacho *Santo Antônio*, 15 jun. 1834, AHI, Coleções Especiais, Comissões Mistas, lata 62, maço 1, pasta 1. As cartas de emancipação dos sobreviventes estão registradas em AN, cód. 184, v. 3.

5. Recibo n. 30, de 24 nov. 1835, AN, cód. 399.

6. Recibo n. 31, de 10 dez. 1835, AN, cód. 399.

7. Aureliano Coutinho para juiz de órfãos da Corte, aviso de 29 de outubro de 1834, com instruções relativas à arrematação dos africanos ilicitamente introduzidos no Império, *Coleção das decisões do governo do Império do Brasil, 1834.* Rio de Janeiro: Typographia Nacional, 1866, pp. 278-81.

8. Aviso de 29 out. 1834, par. 1º, linha 6, e par. 2º.

9. Aviso do Ministério da Justiça, 1º dez. 1834, AN, IJ1 168. Comprar um escravo daquela idade em Salvador custava, na época, entre 150$000 e 230$000 réis segundo Maria José de Souza Andrade: *A mão de obra escrava em Salvador, 1811--1860.* São Paulo: Corrupio; CNPq, 1988, pp. 178-9.

10. Alterações feitas às Instruções que acompanham o Aviso expedido pela Secretaria de Estado dos Negócios da Justiça, com data de 29 out. 1834, e de que faz menção o Decreto desta data, 19 nov. 1835, *Coleção das leis do Império de 1835*, parte 2, Decretos, Rio de Janeiro: Typographia Nacional, 1864, pp. 125-30.

11. Alterações 4, 5 e 6 do Decreto de 19 nov. 1835.

12. Samo e Grigg para Palmerston, 22 dez. 1843, British Sessional Papers, 1845, v. X, Correspondence with the British Commissioners relating to the Slave Trade from January 1 to December 31, 1844 inclusive, pp. 177-9.

13. Lauriana ou Edeltrudes, Petição de Emancipação, 6 fev. 1860, AN, IJ6 523.

14. Ver AN, cód. 399; AN cód. 184, v. 3 (listagem da Comissão Mista) e AN, IJ6

467, que contém cartas devolvidas ao Ministério da Justiça por ocasião do falecimento dos africanos livres.

15. Cruzamento entre os registros do cód. 399, recibo de 10 dez. 1835 e registros feitos dos seus destinos na década de 1860, constantes de listagens em AN, IJ6 471, Ofícios, relações e processos sobre africanos livres, 1834-64.

16. Tabelas com informações dos africanos livres dos carregamentos *Duquesa de Bragança* (1834), *Continente* (1835), *Novo Destino* (1835), *Rio da Prata* (1835), *Angélica* (1835), *Amizade Feliz* (1835), *Cezar* (1838) e de apreensões de juízes de paz entre 1835 e 1837, preparadas pela Secretaria dos Negócios da Justiça, provavelmente em 1865, completadas com informações coletadas de petições de emancipação e registros de falecimento de africanos livres trazem os destinos de 955 africanos. Essa amostra serviu de base para várias análises apresentadas ao longo dos cap. e será referenciada adiante como "Matrícula dos africanos apreendidos entre 1834 e 1838", c. 1865, AN, IJ6 471.

17. ACD, 13 maio 1839, p. 73.

18. Lourenço Caetano Pinto para Francisco Ramiro de Assis Coelho, 8 maio 1840, AN, Diversos SDH — cx. 782, pc. 1.

19. Antônio Paulino Limpo de Abreu para chefe de Polícia, 7 mar. 1836, *Coleção das leis do Império, Decisões de 1836*, pp. 91-2; Antônio Paulino Limpo de Abreu para chefe de Polícia, 30 maio 1836, *Coleção das leis do Império, Decisões de 1836*, p. 198.

20 Ministro da Justiça para Juiz de órfãos interino, 4 jul. 1837, *Coleção das decisões do governo do Império do Brasil*, 1837, p. 256.

21. As instruções previam um livro para a inscrição dos arrematantes, com todos os seus dados e os dos africanos arrematados, data da arrematação e valor; um livro de receita dos salários; um livro de receita e despesa para os gastos com os africanos; e um quarto para os adiantamentos feitos ao curador. Aviso do Ministério da Fazenda, 2 jul. 1840, *Coleção das decisões do Império*, 1840, pp. 70-1.

22. José Batista Lisboa para Francisco de Paula Almeida e Albuquerque, 1º ago. 1839, AN, IJ6 471; Luís de Assis Mascarenhas, recém-nomeado curador dos africanos livres depois da nomeação de José Batista Lisboa para a Auditoria da Marinha em abril de 1844, procedeu a um levantamento completo da situação dos africanos livres e de sua administração, a pedido dos ministros liberais em exercício; José Carlos Pereira M. Torres para Manoel Antônio Galvão, 19 dez. 1844; Mascarenhas para Galvão, 3 mar. 1845; Mascarenhas para Galvão, 30 mar. 1845, AN, IJ6 523.

23. AS, 28 maio 1839, p. 229.

24. AS, 28 maio 1839, p. 229.

25. AS, 27 maio 1839, pp. 222-3.

26. AS, 28 maio 1839, pp. 229-30. Itálicos meus.

27. Aureliano de Sousa e Oliveira Coutinho para juiz de paz da vila de Vassouras, 5 dez. 1833, *Coleção das decisões do governo do Império do Brasil, 1833*. Rio de Janeiro: Typographia Nacional, 1873, pp. 544-45.

28. Sessão da Câmara dos Deputados de 24 set. 1834, cit. em Alves, "A questão do elemento servil", pp. 219-20.

29. Feijó, "O tráfico dos pretos africanos", *O Justiceiro*, 25 dez. 1834, reproduzido em Caldeira (Org.), *Diogo Antônio Feijó*, pp. 151-4.

30. Id. ibid.

31. Para o debate do projeto Barbacena ver AS, 1837, 24 jul. 1837, pp. 247-8. Ver também Bethell, *A abolição do tráfico de escravos*, pp. 70-94.

32. Duas representações pela revogação da Lei de 1831: Representação da Assembleia Provincial de São Paulo, 6 mar. 1838, e Representação da Assembleia Provincial do Rio de Janeiro, 7 dez. 1837, ambas em ASF, cx. 42, maço 1, pasta 24. Para uma discussão dessas e de outras petições, ver Parron, *A política da escravidão*, pp. 144-6; pp. 154-6.

33. ACD, 23 maio 1840, p. 445.

34. Parron, *A política da escravidão*, pp. 137-56.

35. Ministro da Justiça para juiz municipal, 8 mar. 1836, *Coleção das decisões do governo do Império do Brasil de 1836*. Rio de Janeiro: Typographia Nacional, 1861, p. 92.

36. Sebastião Nunes Machado para ministro da Justiça, 15 out. 1864, AN, IJ6 471.

37. Vicente Joaquim Torres para Justiça, 21 mar. 1844, AN, IJ6 471. Vicente era filho de Tomé Torres, diretor da Casa de Correção, e não surpreenderia que tivesse sabido da chegada de Manoel por seu pai.

38. AN, Supremo Tribunal de Justiça, Revista Cível. Recorrente Caetano Congo, recorrido Manuel Pedro de Alcântara Ferreira e Costa, recorrente (1844-7). Todas as referências subsequentes vêm do mesmo processo. Agradeço a Keila Grinberg pela indicação e a Mariana Armond Dias Paes pela interpretação dos trâmites processuais. O mesmo caso é discutido por Marcos Abreu Leitão de Almeida em *Ladinos e boçais: O regime de línguas do contrabando de africanos (1831-c.1850)*. Campinas: Unicamp, 2012, pp. 159-65. Dissertação (Mestrado em História Social).

39. Leopoldo Augusto de Câmara Lima era funcionário graduado da Alfândega do Rio, como veremos adiante.

40. AN, Supremo Tribunal de Justiça, Revista Cível. Recorrente Caetano Congo, recorrido Manuel Pedro de Alcântara Ferreira e Costa, recorrente (1844-7), fl. 43.

41. Luís de Assis Mascarenhas para Antônio Paulino Limpo de Abreu, 8 out. 1845, AN, IJ6 523. Em dezembro, o administrador dos africanos livres cedidos às Obras Públicas não queria se responsabilizar pelo transporte de Bernardo do depósito para a casa do escrivão, pois temia que Bernardo fugisse.

42. José Batista Lisboa para Honório Hermeto Carneiro Leão, 1º set. 1843, AN, IJ6 523.

43. Helena Moçambique, Petição de Emancipação, 14 out. 1843, AN, IJ6 471. As citações a seguir vêm do mesmo processo. Pantoja era filho de Gustavo Adolfo, ministro da Justiça sob a regência de Feijó e neto de um dos inconfidentes da Bahia, seu homônimo. No ano seguinte foi nomeado juiz municipal em São João del-Rei (Minas Gerais), onde se casou em novembro e quatro meses depois foi assassinado. Sebastião O. Cintra, *Efemérides de São João del-Rei*, São João del-Rei: Artes Gráficas, 1963, p. 17. v. 1., e informação genealógica compilada por Bartyra Sette. Disponível em: <http://www.projetocompartilhar.org/Familia/JoseVieiradeBrito.htm>. Acesso em: 23 jan. 2012.

44. Helena Moçambique, Petição de Emancipação, 14 out. 1843, AN, IJ6 471.

45. *Jornal do Commercio*, Rio de Janeiro, 21 abr. 1845, p. 3.

46. Registros de 18 maio 1841 e 22 nov. 1841, livro 70, fl. 282 e 223; registro de 22 fev. 1845, livro 75, fls. 625 a 626v.; registro de 10 jun. 1845, livro 75, fl. 706v.; registro de 16 jun. 1845, livro 75, fl. 720v.; registro de 1º out. 1845, livro 76, fl. 97 e registro de 13 jul. 1847, livro 81, fl. 95v., todos do AN, 2º Ofício de Notas do Rio de Janeiro. Agradeço a Manolo Florentino por me ceder os registros notariais do Rio relativos a africanos livres.

47. Juiz de órfãos para Eusébio de Queirós, 12 mar. 1849, AN, IJ6 471.

48. Antônio Paulino Limpo de Abreu para presidente da Província de São Paulo, 18 nov. 1845, AESP, CO 5450.

49. Aviso do Ministério da Justiça para a Presidência da Província de São Paulo, 10 jul. 1847, AESP, CO 5451, e Ofício da Vice-Presidência da Província de São Paulo para Juiz de Órfãos de São Paulo, 15 dez. 1847, no mesmo maço. A consulta à Seção de Justiça teria sido em 23 abr. 1847, data em que, de fato, houve reunião em que se tratou do tema dos africanos livres em virtude de uma demanda da legação britânica por informações sobre os africanos emancipados pela Comissão Mista. Mas a consulta e a resolução acerca dos africanos livres de Bertioga não foram incluídas na compilação feita por Caroatá. José Próspero da Silva Caroatá (Org.), *Imperiais resoluções tomadas sobre consultas da seção de justiça do Conselho de Estado*. Rio de Janeiro: Garnier, 1884, p. 118. v. 1.

50. "Mapa dos africanos livres existentes nesta cidade de Santos que se acham com cartas de emancipação", [18--], AESP, cx. 5535-A.

51. "Mapa dos africanos livres formalizado à face dos autos e mais memó-

rias deste cartório". São Paulo, 26 set. 1847, anexo a Francisco José de Castro (curador dos africanos livres) para juiz de órfãos, 26 set. 1847, AESP, CO 5451; Petição de Rosa, africana de nação Benguela, [1848], AESP, CO 5451. Ela foi emancipada por ordem emitida pela presidência da província, em 19 maio 1848.

52. O caso está relatado em Soares (*A capoeira escrava*, p. 383), e se refere, aparentemente, a 1845.

53. Listagens dos carregamentos do *Duquesa de Bragança, Continente* e *Rio da Prata*, AN, IJ6 471.

54. Eusébio de Queirós para ministro da Justiça, 31 jul. 1839, AN, IJ6 194, cit. em Soares, op. cit., p. 375.

55. José Joaquim Torres Fernandes para promotor público, 29 maio 1847, *Coleção das decisões do governo do Império do Brasil de 1847*, p. 153; Consulta de 5 abr. 1849. In: Antônio Carlos César de Melo Andrada (Org.), *Consultas do Conselho de Estado sobre Negócios Concernentes ao Ministério da Marinha*. Rio de Janeiro: Typographia Perseverança, 1868, pp. 200-4. v. 1: 1842-1850.

56. Dados oriundos dos registros de falecimento contidos em AN, IJ6 524, Africanos — Cartas de libertação, 1845-64.

4. O TEMPO DO TRABALHO COMPULSÓRIO [pp. 129-164]

1. Uma versão preliminar deste capítulo foi publicada em Beatriz G. Mamigonian, "Revisitando o problema da 'transição para o trabalho livre': a experiência dos africanos livres" In: Manolo Florentino (Org.), *Tráfico, cativeiro e liberdade: Rio de Janeiro, séculos XVII-XIX*. Rio de Janeiro: Civilização Brasileira, 2005, pp. 389-417.

2. Art. 5º do "Alvará com força de lei de 26 de janeiro de 1818". *Coleção das leis do Brasil de 1818*, pp. 7-10.

3. O ouvidor da comarca do Rio sugeria que a soldada dos africanos da escuna *Emília* que trabalhassem para a Intendência de Polícia devia ser "certa, líquida e anual" e regulada pelo valor do aluguel dos libertos no mercado; Clemente José Pereira para Antônio Luís Pereira da Cunha, 10 set. 1821, AN, cód. 363.

4. Patrícia M. M. Sampaio, "Fronteras de la libertad: Tutela indigena en el Diretorio Pombalino e en la Carta Regia de 1798". *Boletín Americanista*, Barcelona, v. 64, pp. 13-24, 2012.

5. Carlos A. M. Lima, *Artífices do Rio de Janeiro (1790-1808)*. Rio de Janeiro: Apicuri, 2008. Ver também José Newton Coelho Meneses, "Ensinar com amor uma geometria prática, despida de toda a teoria da ciência e castigar com caridade: A aprendizagem do artesão no mundo português, no final do século XVIII".

Varia Historia, Belo Horizonte, v. 23, n. 37, pp. 167-83, 2007; Marcelo MacCord, "A Irmandade de São José do Ribamar e o fim das corporações de ofício: Recife, primeiras décadas do Oitocentos". *Portuguese Studies Review*, Trent, v. 18, pp. 135-50, 2011.

6. Par. 1º, art. 2º das instruções contidas no Aviso de 29 de outubro de 1834. *Coleção das decisões do governo do Império do Brasil, 1834*. Rio de Janeiro: Typographia Nacional, 1866, p. 279.

7. Par. 1º, art. 6º das instruções contidas no Aviso de 29 de outubro de 1834. *Coleção das decisões do governo do Império do Brasil, 1834*. Rio de Janeiro: Typographia Nacional, 1866, p. 280.

8. "Soldada", *Ordenações ilipinas*, livro I, título 88. Gislane Azevedo chama a atenção para a intensificação do uso do contrato de soldada no fim do século XIX; o emprego de crianças de sete a catorze anos frequentemente não envolvia remuneração; ver Gislane Campos Azevedo, *De Sebastianas e Geovanis: O universo do menor nos processos dos juízes de órfãos da cidade de São Paulo, 1871-1917*. São Paulo: PUC, 1995. Dissertação (Mestrado em História).

9. "Lei de 13 de setembro de 1830". *Coleção das leis do Império do Brasil — Atos do Poder Legislativo*. Rio de Janeiro: Tipografia Nacional, 1876, pp. 32-3.

10. Joseli M. Nunes de Mendonça, "Leis para 'os que se irão buscar': Imigrantes e relações de trabalho no século XIX brasileiro". *História: Questões & Debates*, Curitiba, n. 56, pp. 63-85, 2012.

11. "Matrícula dos africanos apreendidos entre 1834 e 1838", c. 1865, AN, IJ6 471.

12. De todos os arrematantes, 2% tinham mais de nove africanos livres, ou 13,7% de todos os africanos distribuídos nos anos 1830.

13. Aviso da Secretaria de Justiça para juiz de órfãos, 1º dez. 1834, AN, IJ1 168, Justiça — Registro de Avisos, 1º fev. 1834-30 abr. 1835.

14. Tobias recebeu sua emancipação definitiva em 1864. Luís Carlos da Costa Lacé, "Pedido de remoção do africano livre Tobias para o Rio Grande do Sul", 6 ago. 1844, AN, IJ6 471; Luís Carlos da Costa Lacé, AN, "Inventário post mortem", 1869; o destino de Tobias Cassange está em AN, IJ6 471.

15. Inventário de Emílio Joaquim da Silva Maia, 1860, AN, "Inventários post mortem"; Gertrudes Conga, Petição de Emancipação, 1º out. 1855, AN, Diversos SDH — cx. 782 pc. 2; o registro do destino dos africanos livres está em AN, IJ6 471.

16. "João Vicente Torres Homem". In: Sacramento Blake (Org.), *Dicionário bibliográfico brasileiro*, v. 4, pp. 63-5; Aviso de Emancipação de Carlos Quissamã, 23 nov. 1863, AN, IJ6 16, Africanos livres — Registro de avisos a diversas autoridades, 1863-5.

17. Todos os africanos foram concedidos em 1834-5, dos carregamentos do

Duquesa de Bragança, Angélica e *Amizade Feliz*; os registros estão em "Matrícula dos africanos apreendidos entre 1834 e 1838", c. 1865, AN, IJ6 471.

18. Adriana Barreto de Souza, *Duque de Caxias: o homem por trás do monumento*. Rio de Janeiro: Civilização Brasileira, 2008, pp. 237-8.

19. Itálicos meus. Theodora Raquel e Balbina Benigna Nepomuceno da Silva para Justiça, 8 maio 1856, AN, Diversos SDH — cx. 782 pc. 3. O pedido foi negado, não por causa da maneira como foi formulado, mas porque, em meados da década de 1850, não se faziam mais concessões a particulares.

20. José Joaquim de Sousa Lobo Júnior para Ministério da Justiça, 15 maio 1857, AN, GIFI 6D-136.

21. Sandra L. Graham, *Proteção e obediência: Criadas e seus patrões no Rio de Janeiro, 1860-1910*. São Paulo: Companhia das Letras, 1992.

22. Eufêmia Benguela, Petição de Emancipação, 2 out. 1856, AN, Diversos SDH — cx. 782 pc. 2.

23. Maria Rebola, Petição de Emancipação, 17 jun. 1857, AN, GIFI 6D-136.

24. Os comissários britânicos da Comissão Mista Anglo-Brasileira, Samo e Grigg, descreveram esta prática em 1843, no relatório em que os britânicos chegaram mais perto de entender o funcionamento da administração dos africanos livres pelo governo imperial brasileiro; Samo e Grigg para Aberdeen, 22 dez. 1843, British Sessional Papers, 1845, v. x, Correspondence with the British Commissioners relating to the Slave Trade from January 1 to December 31, 1844 inclusive, pp. 177-9.

25. Figueiredo para Ramos, 7 mar. 1853, AN, IJ6 523.

26. Id. ibid.

27. Sobre o trabalho urbano na Corte, ver especialmente Karasch, *A vida dos escravos no Rio de Janeiro*, pp. 259-91; Soares, *O "Povo de Cam"*, pp. 107-75; Juliana Barreto Farias, "A 'nação' da mercancia: Condição feminina e as africanas da Costa da Mina, 1835-1900". In: _____ et al., *No labirinto das nações: Africanos e identidades no Rio de Janeiro, século XIX*. Rio de Janeiro: Arquivo Nacional, 2005, pp. 209-63.

28. Inventário de José Antônio Carneiro, 1848, AN, "Inventários post mortem"; o registro de Lauriano Congo está em AN, IJ6 471.

29. Inventário de José Francisco Bernardes, 1855, AN, "Inventários post mortem". O tamanho de sua fortuna e o perfil de seus escravos levantam a suspeita de que Bernardes tenha sido ligado ao tráfico de escravos. Uma pessoa de nome Francisco José Bernardes está listada entre traficantes de escravos ativos no Rio de Janeiro entre 1811 e 1830 no apêndice 26 de Florentino, *Em costas negras*. José Francisco Bernardes, em sua petição para remover os africanos livres da cidade, se apresentou como negociante na praça do Rio de Janeiro e morador da

rua Larga de São Jorge, 138; juiz de órfãos para ministro da Justiça, 4 maio 1847, AN, IJ6 471. Sérgio e Honorato foram emancipados na década de 1860, Luís morreu em 1855 e o destino de Izidoro era desconhecido em 1865; seus registros se encontram em AN, IJ6 471.

 30. "Joaquim Cândido Soares de Meirelles". In: Sacramento Blake (Org.), *Dicionário bibliográfico brasileiro*, pp. 117-8, v. 4.

 31. Dionísia Angola, Petição de Emancipação, maio 1855, AN, GIFI 6D-136. Dionísia Angola servia à concessionária Joaquina Amália de Almeida havia quase dezesseis anos, desde que foi emancipada do *Especulador*, em maio de 1839.

 32. Luís Nagô, Petição de Emancipação, set. 1856, AN, Diversos SDH — cx. 782 pc. 3. Luís era um dos africanos apreendidos na Bahia em 1834 que foram transferidos para o Rio em 1848, cuja história veremos adiante. A expressão "cidade negra" vem de Sidney Chalhoub.

 33. José Benguela, Interrogatório, 29 set. 1855, AN, GIFI 6D-136. Tabela de conversão de moedas: Katia M. de Queirós Mattoso, *Ser escravo no Brasil*. São Paulo: Brasiliense, 1985, p. 254. Sobre a variação dos jornais diários em Salvador, ver Maria José de Souza Andrade, *A mão de obra escrava em Salvador, 1811-1860*. Salvador: Corrupio, 1988, p. 133; Reis, *Rebelião escrava no Brasil*, p. 352. Para as reclamações de maus-tratos de Maria Angola contra França ver Petição de Emancipação de Maria Angola, 29 set. 1855, AN, Diversos SDH — cx. 782 pc. 3.

 34. Karasch, *A vida dos escravos no Rio de Janeiro*, p. 108, tabela 3.1.

 35. Recibo n. 30, de 24 nov. 1835, AN, cód. 399; Aviso de Antônio Paulino Limpo de Abreu para chefe de Polícia, 23 dez. 1835, *Coleção de leis do Império, 1835*, p. 320; os registros da concessão de Joaquim Cassange e Fidélis Rebolo, cujo destino era desconhecido em 1865, estão no maço AN, IJ6 471.

 36. Inventário de Antônio José de Castro, 1856, AN, "Inventários post mortem". Antônio José de Castro foi incluído na listagem de comerciantes de escravos no apêndice 26 de Florentino, *Em costas negras*.

 37. Inventário de Leonarda Angélica de Castro, 1863, AN, "Inventários post mortem". Leonarda Angélica de Castro foi sepultada no Cemitério da Ordem de São Francisco de Paula no Catumbi em 4 mar. 1856, conforme informação coligida por Carlos Eduardo de Almeida Barata, do Colégio Brasileiro de Genealogistas. Disponível em <http://www.cbg.org.br/baixar/cemiterio_catumbi_5.pdf>. Acesso em: 20 jan. 2012.

 38. Os registros de falecimento de Agostinho Congo, emancipado da escuna *Brilhante* em 1838 e falecido em jan. 1841, e Guilhermina Ungarangue, emancipada do *Feliz* em 1839 e falecida em fev. 1843, estão no maço AN, IJ6 467.

 39. Ver AS, 31 jul. 1854, pp. 699-708. Ver também a interessante análise da evolução da fortuna de Honório Hermeto desenvolvida a partir desse discurso

por Almir Chaiban El-Kareh, "O marquês de Paraná: O político e o fazendeiro". In: Luiz Felipe Seixas Corrêa et al., *O marquês de Paraná*: Brasília: Funag, 2004, pp. 15-30; e Ricardo Salles, "As águas do Niágara. 1871: crise da escravidão e o ocaso saquarema". In: Keila Grinberg; Ricardo Salles (Orgs.), *O Brasil imperial*. Rio de Janeiro: Civilização Brasileira, 2009, pp. 39-82. v. 3.

40. AS, 31 jul. 1854, p. 699.

41. AS, 31 jul. 1854, p. 702.

42. AS, 31 jul. 1854, p. 704.

43. AS, 31 jul. 1854, p. 703.

44. AS, 31 jul. 1854, pp. 702, 704.

45. Os registros dos africanos livres concedidos ao marquês de Paraná e a Maria Henriqueta Neto Carneiro se encontram em AN, IJ6 471.

46. Não há estudo abrangente da política de mão de obra ou dos trabalhadores a serviço do Estado brasileiro no oitocentos, mas análises de algumas instituições individuais. Ver Juvenal Greenhalgh, *O Arsenal de Marinha do Rio de Janeiro na História*. Rio de Janeiro: Arsenal de Marinha, 1951-65. 2 v.; Carlos Eugênio Líbano Soares, "Da Presiganga ao Dique: os capoeiras no Arsenal de Marinha". In: *A capoeira escrava*, pp. 247-322; Jorge Luiz Prata Sousa, *Africano livre ficando livre: Trabalho, cotidiano e luta*. São Paulo: USP, 1999. Tese (Doutorado em História); Jaime Rodrigues, "Ferro, trabalho e conflito: Os africanos livres na Fábrica de Ipanema", *História Social*, Campinas, n. 4-5, pp. 29-42, 1998; Maria Apparecida Silva, *Itapura: Estabelecimento naval e colônia militar (1858-1870)*. São Paulo: USP, 1972. Tese (Doutorado em História); Afonso B. Florence, "Resistência escrava em São Paulo: A luta dos escravos da Fábrica de Ferro São João de Ipanema, 1828-1842", *Afro-Ásia*, Salvador, n. 18, pp. 7-32, 1966; Alinnie Silvestre Moreira, *Liberdade tutelada: Os africanos livres e as relações de trabalho na Fábrica de Pólvora da Estrela. Serra da Estrela — RJ (c. 1831- c. 1870)*. Campinas: Unicamp, 2005. Dissertação (Mestrado em História Social); Sousa, *Os africanos livres na Casa de Correção*; Araújo, *Cárceres imperiais*.

47. Entre concessionários particulares a mortalidade foi de 15% no mesmo período; Diocleciano A. C. do Amaral para Paulino Limpo de Abreu, 3 set. 1840, AN, Diversos SDH — cx. 782, pc. 1. Ver Tabela 2. Os dados do Arsenal de Marinha provêm de "Relação dos pretos africanos livres que existem neste Arsenal da Marinha até hoje 14 de dezembro de 1844" e "Relação dos pretos africanos livres que têm falecido neste Arsenal de Marinha desde 15 de março de 1839 até o presente mês de fevereiro de 1845", anexa a Luís de Assis Mascarenhas para Manoel Antônio Galvão, 30 mar. 1845, AN, IJ6 523.

48. Ainda há surpreendentemente poucos trabalhos sobre os escravos da nação no período imperial. Ver, por exemplo, Ilana Peliciari Rocha, *Escravos da*

nação: *O público e o privado na escravidão brasileira, 1760-1876*. São Paulo: USP, 2012. Tese (Doutorado em História Econômica); Carlos Engemann, "Os escravos do Estado e o estado de seus escravos: O caso da Real Fazenda de Santa Cruz, RJ (1790-1820)". *Especiaria*, Ilhéus, v. 10, pp. 75-108, 2007; Greenhalgh, *O Arsenal de Marinha do Rio de Janeiro*, v. 2, pp. 179-185; Lilia Moritz Schwarcz, *As barbas do imperador: Pedro II, um monarca nos trópicos*, São Paulo: Companhia das Letras, 1998, p. 234.

49. Ver petições de escravos da nação em Carlos Eugênio Líbano Soares, "Clamores da escravidão: Requerimentos dos escravos da nação ao Imperador, 1828". *História Social*, Campinas, n. 4-5, pp. 223-8, 1997; Florence, "Resistência escrava em São Paulo".

50. "Relação nominal dos escravos da nação e dos africanos livres existentes no Arsenal de Marinha do Rio de Janeiro com declaração dos respectivos empregos", 30 nov. 1844, preparada pelo inspetor Antônio Pedro de Carvalho anexa ao Relatório do Ministro da Marinha apresentado à Assembleia Geral Legislativa na 1ª sessão da 6ª legislatura. Rio de Janeiro: Typographia Nacional, 1845.

51. Greenhalgh, *O Arsenal de Marinha*, v. 2, pp. 177-8.

52. Id. ibid, p. 178.

53. Inspetor Antônio Pedro de Carvalho para ministro da Marinha, 19 out. 1844, anexo ao Relatório do Ministro da Marinha apresentado à Assembleia Geral Legislativa na 1ª sessão da 6ª legislatura. Rio de Janeiro: Typographia Nacional, 1845, também discutido em Sousa, "Africano livre ficando livre", p. 121.

54. Greenhalgh, *O Arsenal de Marinha*, p. 174.

55. Aviso do Ministério da Justiça para o presidente da província de São Paulo, 6 jun.1835 e instruções anexas, *Coleção das decisões do Império do Brasil, 1835*, pp. 112-4.

56. Rodrigues, "Ferro, trabalho e conflito", p. 35.

57. Isso a despeito dos filhos dos africanos livres serem não só livres como cidadãos brasileiros. Também não havia, aparentemente, nenhum contrato celebrado pelo juiz de órfãos com as autoridades da fábrica para garantir às crianças direitos através de contratos de soldada.

58. Relatório da Repartição dos Negócios da Justiça apresentado pelo respectivo ministro e secretário de Estado, Manoel Alves Branco. Rio de Janeiro: Typographia Nacional, 1835, p. 8.

59. Maciel Silva, "Uma africana 'livre'".

60. "Representação dos presos existentes nos trabalhos da Casa de Correção", 2/3/1841, Biblioteca Nacional, Rio de Janeiro (BN). Seção de Manuscritos. II-34, 25, 11.

61. Carlos Eduardo Araújo, que analisou a mesma petição no contexto do funcionamento cotidiano da Casa, apurou que essas denúncias derrubaram o diretor e talvez também tenham contribuído para o desgaste do gabinete liberal, em março de 1841. Torres, no entanto, foi reconduzido ao cargo um mês depois. Araújo, *Cárceres imperiais*, pp. 194-208. O documento também foi discutido em Soares, *A capoeira escrava*, pp. 391-404.

62. Plácido Cabinda, petição de emancipação, 9 nov. 1856, AN, Diversos SDH — cx. 782 pc. 3; Beliza, petição de Emancipação, abr. 1856, AN, Diversos SDH — cx. 782 pc. 2-3; Custódia Rebolo, petição de emancipação, 6 jul. 1856, AN, Diversos SDH — cx. 782 pc. 3.

63. APEBa, pareceres n. 143, pp. 89-90, Bahia, 2 jun. 1848, cit. por Adriana Santana, *Africanos livres na Bahia*, p. 132.

64. Dale T. Graden, "An Act 'Even of Public Security'": Slave Resistance, Social Tensions, and the End of the International Slave Trade to Brazil, 1835--1856". *The Hispanic American Historical Review*, Durham v. 76, n. 2, pp. 267-8, 1996.

65. Petição dos africanos da Fábrica de Ferro de Ipanema, 1849, AESP, lata 5216-4. A petição, cuja grafia foi mantida, foi primeiro transcrita e discutida por Jaime Rodrigues, "Ferro, trabalho e conflito".

66. Discuti a trajetória desses africanos livres, da Bahia ao Rio de Janeiro, e sua luta incessante por direitos em Beatriz Gallotti Mamigonian, "Do que 'o preto-mina' é capaz: Etnia e resistência entre africanos livres". *Afro-Ásia*, Salvador, n. 24, pp. 71-95, 2000.

67. Manuela Carneiro da Cunha (Org.), *Legislação indigenista no século XIX: Uma compilação (1808-1889)*. São Paulo: Edusp; Comissão Pró-Índio de São Paulo, 1992, pp. 27-9; Patrícia M. M. Sampaio, "Política indigenista no Brasil imperial". In: Keila Grinberg; Ricardo Salles (Orgs.). *O Brasil Imperial*. Rio de Janeiro: Civilização Brasileira, 2009, pp. 175-206. v. 1: 1808-1831; Claudia Maria Fuller, "Os corpos de trabalhadores e a organização do trabalho livre na província do Pará (1838-1859)". *Mundos do Trabalho*, Florianópolis, v. 3, n. 6, pp. 52-66, 2011; David Cleary, "'Lost Altogether to the Civilised World': Race and the *Cabanagem* in Northern Brazil, 1750-1850". *Comparative Studies in Society and History*, Cambridge, v. 40, n. 1, pp. 109-35, 1998; Peter M. Beattie, *Tributo de sangue: Exército, honra, raça e nação no Brasil, 1864-1945*. Trad. Fábio D. Joly. São Paulo: Edusp, 2009; Fábio Faria Mendes, *Recrutamento militar e construção do Estado no Brasil imperial*. Belo Horizonte: Argumentum, 2010. A expressão "pobres intratáveis" é de Peter M. Beattie (*Punishment in Paradise: Race, Slavery, Human Rights, and a Nineteenth-Century Brazilian Penal Colony*, Durham: Duke University Press, 2015).

5. O CONTRAPONTO BRITÂNICO [pp. 165-208]

1. Hesketh para curador José Batista Lisboa, 15 maio 1843 e registro de interrogatório em anexo, AHI, Comissões Mistas, III-33, lata 62, maço 1, pasta 1. Ver, entre outros, Hamilton para Paulino Soares de Sousa, 14 out. 1843 anexo a Hamilton para Aberdeen, 19 out. 1843, *British and Foreign State Papers*. Londres: James Ridgway and Sons, 1859, pp. 272-3. v. XXXII.

2. "Negroes. Return to an Address to His Majesty from the House of Commons; Dated 3d July 1820; for Copies of the Several Returns Annually Made by the Collectors of the Customs, in the Several West Indian Islands, of the Names, Numbers, State and Condition of All Negroes that Have Been Apprenticed, in Pursuance of the Directions of the Order in Council, for Carrying into Effect the Abolition of the Slave Trade". House of Commons Papers, 1821, v. XXIII (61), 119, p. 23.

3. William Green, *British Slave Emancipation: The Sugar Colonies and the Great Experiment, 1830-1865*. Londres: Oxford University Press, 1976, p. 100.

4. Michael J. Craton, "The Demerara Revolt, 1823". In: _____, *Testing the Chains: Resistance to Slavery in the British West Indies*, Ithaca: Cornell University Press, 1982, pp. 267-90; Emília Viotti da Costa, *Coroas de glória, lágrimas de sangue: A rebelião dos escravos de Demerara em 1823*. São Paulo: Companhia das Letras, 1998.

5. "Papers Relating to Captured Negroes. Appendix to Mr. Gannon's Report on the State and Condition of Apprenticed Africans at Antigua". Parliamentary Papers 1826-7 (553) II, pp. 6-7.

6. "Captured Negroes at Tortola. Mr. Dougan's Further Report and Major Moody's Remarks thereon". Parliamentary Papers 1826-7 (462), I, pp. 44-56.

7. Thomas Babington Macaulay, "Social and industrial capacities of negroes" *Edinburgh Review* (mar. 1827), rep. em *Critical, Historical and Miscellaneous Essays by Lord Macaulay*. Nova York: Sheldon and Company, 1860, pp. 361-404. v. VI.

8. Hay to Commissioners of Inquiry, 18 jan. 1826, "Papers Relating to Liberated Africans Located in the Colony of Sierra Leone". House of Commons Parliamentary Papers, 1826 (389), XXVI, 371.

9. Peterson, *Province of Freedom*, pp.189-228.

10. General Turner, governador de Serra Leoa para Conde Bathurst, 25/01/1826. "Papers Relating to Liberated Africans Located in the Colony of Sierra Leone". House of Commons Parliamentary Papers, 1826 (389) XXVI, 371.

11. Ver Buckley, *Slaves in Red Coats*, e Roger N. Buckley, *The British Army in*

the West Indies: Society and the Military in the Revolutionary Age. Gainesville: Florida University Press, 1998.

12. Saunders, "Liberated Africans in Cape Colony"; Saunders, "'Free, yet Slaves': Prize Negroes at the Cape Revisited". In: Nigel Worden; Clifton Crais (Orgs.), *Breaking the Chains: Slavery and its Legacy in the 19th Century Cape Colony*. Johannesburg: Witwatersrand University Press, 1994, pp. 99-115; Johnson, "The Liberated Africans in the Bahamas".

13. Johnson, "The Liberated Africans in the Bahamas", pp. 22-3; Craton e Saunders, "Transition Not Transformation".

14. Poitier para Bathurst, 8 fev. 1825, CO 23/74, cit. em Johnson, "The Liberated Africans in the Bahamas", p. 23.

15. Colebrooke para Grenelg, 1º nov. 1836, CO 23/97, cit. em Johnson, "The Liberated Africans in the Bahamas", p. 31.

16. Michael Craton, "Reembaralhando as cartas: A transição da escravidão para outras formas de trabalho no Caribe britânico (c. 1790-1890)". *Estudos Afro-Asiáticos*, Rio de Janeiro, n. 28, pp. 31-83, 1995.

17. O documento e suas implicações para a política do Colonial Office para os africanos livres são discutidos em Rosanne Marion Adderley, "A Most Useful and Valuable People?: Cultural, Moral and Practical Dilemmas in the Use of Liberated African Labour in the Nineteenth-Century Caribbean". *Slavery and Abolition*, Londres, v. 20, n. 1, 59-80, 1999.

18. Adderley, "A Most Useful and Valuable People?", p. 66.

19. Glenelg para governadores das colônias das Índias Ocidentais, 15 maio 1838, e Glenelg para governadores das Colônias das Índias Ocidentais, 14 jan. 1839, "Correspondence Respecting the Treatment of Liberated Africans". Parliamentary Papers 1840 (224).

20. Walton Look Lai, "British West Indian Society and Economy after Emancipation". In: _____, *Indentured Labor, Caribbean Sugar: Chinese and Indian Migrants to the British West Indies, 1838-1918*. Baltimore: Johns Hopkins University Press, 1993, pp. 1-18.

21. As negociações de novas cláusulas e da renovação do Tratado de 1826 são discutidas na historiografia política e diplomática. Bethell, *A abolição do tráfico de escravos*, pp. 113-48; Antonio Ferreira Cesarino Jr., "A intervenção da Inglaterra na supressão do tráfico de escravos africanos para o Brasil". *RIHGSP*, São Paulo, n. 34, pp. 10-166, 1938; Paula Beiguelman, "A extinção do tráfico negreiro no Brasil, como problema político", *Revista de Ciência Política*, São Paulo, n. 1, pp, 13-34, 1967.

22. "Draft of the Regulations for the Apprenticing, as Well as Care and

Protection of Emancipated Slaves, under the Slave Restriction Treaties", anexa a Hayne para George Shee Bart, 28 nov. 1833, FO 84/138.

23. David R. Murray, "A New Class of Slaves". In: _____, *Odious Commerce*, pp. 271-97; Roldan de Montaud, "En los borrosos confines de la libertad".

24. Sobre os africanos livres, Foreign Office para Fox, 4 mar. 1835, FO 84/179; Palmerston para Ouseley, 27 maio 1839, FO 84/286; Wellington para Fox, 11 mar. 1835, FO 84/179.

25. "Regulations to Be Proposed to Brazil in Respect to the Treatment of Liberated negroes", anexo a Palmerston para Ouseley, 27 maio 1839, FO 84/286.

26. Fox para Palmerston, 15 out. 1834, anexa a Palmerston para Ouseley, 27 maio 1839, FO 84/286.

27. W.G. Ouseley para Palmerston, 16 fev. 1839, FO 84/198.

28. Herbert recebeu instruções para levar os dois navios a Demerara. Os africanos adultos seriam contratados por período de cinco anos, os jovens, por sete, e as crianças por doze anos. "Memorandum Regarding the Procedures to Take with the Liberated Africans from the Ships Taken from Brazil to the West Indies", anexa a Ouseley para Palmerston, 4 fev. 1839, FO 84/285.

29. Ouseley exigiu que não se aceitasse recurso das sentenças da Comissão Mista e que o governo brasileiro investigasse a denúncia de envolvimento do comandante do Forte São João no tráfico de escravos.

30. Schuler, "*Alas, Alas, Kongo*", pp. 1-29; Look Lai, *Indentured Labor, Caribbean Sugar*, pp. 1-18.

31. Asiegbu, *Slavery and the Politics of Liberation*, pp. 48-63.

32. Eltis, *Economic Growth*, pp. 102-22.

33. Turnbull para Palmerston, 28 fev. 1840, FO 84/342.

34. Cit. em Murray, *Odious Commerce*, p. 137.

35. Murray, *Odious Commerce*, p. 146.

36. Palmerston para Ouseley, 12 mar. 1841, Ouseley para Aureliano, 21 mar. 1841, transcrito em D. Turnbull, *The Jamaica Movement for Promoting the Enforcement of the Slave-Trade Treaties, and the Suppression of the Slave-Trade*. Londres: Charles Gilpin, 1850, pp. 148-52. A proposta refletia o plano preparado por David Turnbull para pôr fim ao tráfico, apresentado ao Foreign Office em 1840 e oferecido como proposta de tratado ao governo espanhol no mesmo ano; Murray, *Odious Commerce*, pp. 134-9.

37. The Transatlantic Slave Trade Database, viagem #2105. Outros navios apreendidos antes de desembarcar escravos no Brasil e redirecionados para a Guiana Inglesa foram o *Nove Irmãos*, em 1842, e o *Zulmeira*, em 1843, respectivamente #2176 e #2308 no banco de dados. Agradeço a Monica Schuler por ter me indicado esses casos.

38. Palmerston para Ouseley, 23 jul. 1841, FO 84/365.

39. Palmerston para Ouseley, 23 ago. 1841, transcrita em Turnbull, *The Jamaica Movement*, pp. 153-5.

40. Andrew Pearson et al., *Infernal Traffic: Excavation of a Liberated African Graveyard in Rupert's Valley, St Helena*. CBA Research Report 169. York (GB): Council for British Archaeology, 2011.

41. Hamilton para Paulino Soares de Sousa, 14 out. 1843, anexa a Hamilton para Aberdeen, 19 out. 1843, British and Foreign State Papers v. XXXII, p. 272-273.

42. Paulino para Hamilton, 31 out. 1843 anexa a Hamilton para Aberdeen, 22 nov. 1843, Sessional Papers, House of Lords, v. XVI, Slave Trade Correspondence, 1846, pp. 209-10.

43. Hamilton para Paulino Soares de Sousa, 4 dez. 1843, Sessional Papers, House of Lords, v. XVI, Slave Trade Correspondence, 1846, pp. 223-24.

44. Lisboa para Paulino Soares de Sousa, 20 nov. 1843, anexa a Hamilton para Aberdeen, 26 maio 1845, Sessional Papers, House of Lords, v. XI, Slave Trade Correspondence, 1845, pp. 313-4.

45. Samo e Grigg para Aberdeen, 22 dez. 1843, British Sessional Papers, 1845, v. X, Correspondence with the British Commissioners Relating to the Slave Trade from January 1 to December 31, 1844 inclusive, pp. 177-9.

46. Samo e Grigg para Aberdeen, 22 dez. 1843, British Sessional Papers,1845.

47. AN, IJ6 523, Luís de Assis Mascarenhas para Paulino Limpo de Abreu, 18/11/1845.

48. Segundo Tâmis Parron, tal argumento integrava um programa de críticas à política britânica formulado por um dos publicistas conservadores, João Manuel Pereira da Silva, em *Inglaterra e Brasil: Tráfego de escravos*, publicado em dez. 1845; Parron, *A política da escravidão*, pp. 223-30.

49. O caso de José e Francisco foi reconstituído em Beatriz Mamigonian, "José Majojo e Francisco Moçambique, marinheiros das rotas atlânticas: Notas sobre a reconstituição de trajetórias da era da abolição". *Topoi*, Rio de Janeiro, n. 20, pp. 75-91, 2010.

50. "Nota de 11 de janeiro de 1844, dirigida ao sr. Hamilton Hamilton, enviado extraordinário e ministro plenipotenciário da Grã-Bretanha, por s. excia. o Sr. Paulino José Soares de Sousa, ministro e secretário de Estado dos Negócios Estrangeiros do Brasil", 11 jan. 1844, republicada em Agostinho Marques Perdigão Malheiro, *A escravidão no Brasil: Ensaio histórico-jurídico-social*. Rio de Janeiro: Typographia Nacional, 1866-7, Apêndice, pp. 15-25. 3 v., v. 3.

51. Ouseley para Palmerston, 16 abr. 1839, FO 84/285. Ver os termos do

acordo entre os britânicos e a Santa Casa em Ubaldo Soares, *A escravatura na Misericórdia*. Rio de Janeiro: Fundação Romão de Matos Duarte, 1958, pp. 107-8.

52. Hesketh e Morgan para Hudson, 1º nov. 1846, anexa a Hudson para Palmerston, 15 dez. 1846, FO 84/634. O provedor da Santa Casa deu relato um pouco diferente ao chefe de Polícia da Corte. Como se fosse ele o responsável pela emancipação definitiva dos africanos, listou pagamentos anuais ao cônsul pela soldada dos africanos e contou cinquenta que teriam escolhido ficar; Soares, *A escravatura na Misericórdia*, p. 109.

53. Estudos sobre os padrões de emigração entre os escravos alforriados do sul dos Estados Unidos e encaminhados à Libéria mostraram que os laços familiares influenciaram decisivamente a escolha de ficar (nesse caso, na escravidão) ou começar nova vida em outro lugar. Ver Eric Burin, "'If the Rest Stay, I Will Stay; If They Go, I Will Go': How Slaves' Familial Bonds Affected American Colonization Society Manumissions". In: Rosemary Brana-Shute; Randy J. Sparks (Orgs.), *Paths to Freedom: Manumission in the Atlantic World*. Columbia: University of South Carolina Press, 2009, pp. 291-307.

54. "Relatório do estado dos três pios estabelecimentos da Santa Casa de Misericórdia do Rio de Janeiro apresentado no ato da posse da nova Mesa em 25 de julho de 1840 pelo provedor reeleito o ilmo sr. José Clemente Pereira." In: *Actas e termos das sessões e deliberações da administração da Santa Casa de Misericórdia do Rio de Janeiro nos annos de 1840 a 1850*. Rio de Janeiro: Typographia do Jornal do Commercio, de Rodrigues & C., 1915, pp. 17-8; Hudson para Palmerston, 10 jul. 1847, FO 84/678. Um agente britânico ia a Itaguaí, provavelmente uma vez por ano, verificar as condições dos africanos.

55. Ouseley para Palmerston, 16 abr. 1839, FO 84/285; ele morreu acidentalmente em 1847; dois dos quatro africanos livres do *Rio da Prata*, cujos serviços lhe tinham sido confiados, faleceram logo depois, e os dois outros só foram emancipados em 1864, depois de 29 anos de serviço. Seus registros estão em AN, IJ6 471; Sacramento Blake, *Dicionário bibliográfico brasileiro*, p. 260. v. 5. Não há registro da emancipação dos africanos do *Flor de Luanda* confiados a ele. Em 1853 havia mais de vinte africanos livres listados com colonos alemães entre os trabalhadores engajados na construção do palácio imperial; eles trabalhavam junto com escravos da nação vindos da Fazenda de Santa Cruz, do Arsenal de Marinha e da Casa de Correção; Schwarcz, *As barbas do imperador*, p. 234.

56. Os registros dos africanos livres do *Rio da Prata* a serviço de Caetano Lopes Gama estão em AN, IJ6 471.

57. Hudson para Palmerston, 10 jul. 1847, FO 84/678.

58. Hudson explicou a Palmerston que, desde a crítica formulada por lorde Aberdeen em 1841 a respeito da administração dos salários dos africanos livres

pelo Tesouro brasileiro, ele havia prometido aos africanos do *Flor de Luanda* que o governo britânico lhes pagaria salário ao fim do aprendizado; ao apresentar o problema em 1846, ele argumentou que seria uma contradição não cumprir a promessa. Hudson para Palmerston, 3 out. 1846, FO 84/634; Palmerston para Hudson, 23 nov. 1846, FO 84/634; Palmerston para Hudson, 10 fev. 1847, FO 84/677.

59. Hudson para ministro brasileiro dos Negócios Estrangeiros, 15 dez. 1846, FO 84/634.

60. Hudson para Palmerston, 15 dez. 1846, FO 84/634. Não se sabe ao certo como esses africanos se tornaram serventes a bordo do *Crescent*, ou recrutas do oficial da Royal Navy, mas é provável que fossem de navios capturados pelos britânicos e conduzidos às colônias do Caribe.

61. Sobre José e Francisco, ver Mamigonian, "José Majojo e Francisco Moçambique".

62. Cowper para Hudson, 1º fev. 1847, FO 84/678, anexa a Hudson para Palmerston, 16 mar. 1847, FO 84/678.

63. Hudson para F. Hamilton, 28 nov. 1846, FO 84/634, anexa a Hudson para Palmerston, 15 dez. 1846, FO 84/634.

64. Sobre os africanos livres em Trinidad depois da abolição, ver Adderley, "'*New negroes from Africa*'". A correspondência entre lorde Harris e o Colonial Office consultada no Arquivo Nacional da Grã-Bretanha não tem informação detalhada sobre esse grupo de africanos em particular.

65. Hudson para Palmerston, 4 set. 1846, FO 84/633; Hudson para Palmerston, 11 ago. 1846, FO 84/633; Hudson para Palmerston, 13 fev. 1847, FO 84/678; Palmerston para Hudson, 19 abr. 1847, FO 84/677; Hudson para Palmerston, 24 jun. 1847, FO 84/678; Brasil, Conselho de Estado, *Consultas da Seção dos Negócios Estrangeiros*, v. 2, sessão de 1 abr. 1846, pp. 101-7.

66. Palmerston para Hudson, 20 set. 1847, FO 84/677; Palmerston para Ouseley, 21 jul. 1841, FO 84/365.

67. "Draft of New Treaty for the Suppression of the Slave trade to be Proposed to Brazil". Palmerston para Hudson [1847?], FO 84/677.

68. "Consulta de 23 de abril de 1847". In: Caroatá (Org.), *Imperiais resoluções*, p. 118. v. 1.

69. Asiegbu, *Slavery and the Politics of Liberation*, pp. 48-60. Sobre o recrutamento francês, ver François Zuccarelli, "Le régime des engagés à temps au Sénégal (1817-1848)". *Cahiers d'Études Africaines*, Paris, v. 2, n. 7, pp. 420-61, 1962; Céline Flory, "Alforriar sem libertar: A prática do 'resgate' de cativos no espaço colonial francês no século XIX". *Mundos do Trabalho*, Florianópolis, v. 3, n. 6, pp. 93-104, 2011.

70. Sobre a controvérsia a respeito da colaboração entre americanos e britânicos na repressão ao tráfico na década de 1840, ver o trabalho pioneiro de Hugh G. Soulsby, *The right of search and the slave trade in Anglo-American relations, 1814-1862*. Baltimore: Johns Hopkins Press, 1933, pp. 88-106.

71. *Evening Post*, 19/21 mar. 1845, Parliamentary Intelligence, House of Commons, sessão de 19 mar. 1845, do qual uma cópia está anexa a Hamilton Hamilton para Palmerston, 4 nov. 1846, FO 84/634. A citação está no discurso do sr. Aldam.

72. Id.

73. Gerald Horne, *O sul mais distante: Os Estados Unidos, o Brasil e o tráfico de escravos africanos*. Trad. de Berilo Vargas. São Paulo: Companhia das Letras, 2010, pp. 99-124.

74. Henry Wise para Hamilton Hamilton, 31 jul. 1846, FO 84/634, anexa a Hamilton Hamilton (Londres) para Palmerston, 4 nov. 1846, FO 84/634.

75. Verger, *Fluxo e refluxo*, pp. 599-635; Carneiro da Cunha, *Negros, estrangeiros*, pp. 131-240; Kristin Mann, *Slavery and the Birth of an African City: Lagos, 1760-1900*. Bloomington: Indiana University Press, 2007, pp. 92-7.

6. O "PARTIDO BRASILEIRO", A PRESSÃO INGLESA E A ABOLIÇÃO DO TRÁFICO [pp. 209-283]

1. *O Philantropo*, n. 1, 6 abr. 1849, Prospecto, p. 1. Itálico no original.

2. Kaori Kodama, "O fim do tráfico no periódico *O Philantropo* (1849- -1852) e a formação do povo: Doenças, raça e escravidão". *Revista Brasileira de História*, São Paulo, v. 28, n. 56, pp. 407-30, 2008. Burlamaque era identificado apenas como "ilustrado brasileiro, o sr. dr. F.L.C.B.".

3. "O contrabando da escravatura". *O Philantropo*, n. 1, 6 abr. 1849, p. 3.

4. Leslie Bethell, *A abolição do tráfico de escravos*, pp. 232-54; Papers Relating to the Convention between Great Britain and Brazil on the Slave Trade, House of Commons Sessional Papers, 1845 (559), v. XLIX, p. 577.

5. Ver Tabela 1, "Apreensões de navios e de grupos de africanos em terra e resultados dos julgamentos (1821-56)", no anexo.

6. Transatlantic Slave Trade Database, Navios portugueses e brasileiros julgados pelas comissões mistas em Freetown, Serra Leoa. Disponível em: <http://slavevoyages.org>. Acesso em 10 jan 2013.

7. "Slave Trade. A Return Showing the Total Number of African Negroes Landed for the Purposes of Slavery on the Islands and on the Continent of Ame-

rica from the Year 1815 to the Year 1843, Both Inclusive". House of Commons Parliamentary Papers, 1845 (416), v. XLIX, p. 569.

8. "Convenção sobre a Abolição do Comércio da Escravatura, entre o Império Brasileiro e Sua Majestade Britânica", 23 de nov. 1826. In: Bonavides; Amaral (Orgs.), *Textos políticos da história do Brasil*, pp. 833-5. v. 1.

9. Ver memorando enviado de Aberdeen para Hamilton, 2 jul. 1845 em "Papers Relating to the Convention between Great Britain and Brazil on the Slave Trade (1845)". A expiração do tratado e a reação às medidas britânicas foram debatidas na seção Estrangeiros do Conselho de Estado em 9 mar., 18 abr. e 20 set. 1845; *Consultas da seção dos Negócios Estrangeiros*, 1842-1845. Brasília: Câmara dos Deputados, 1978, pp. 309-13; 321-6; 432-48. v. 1. Ver também "Protesto do governo imperial contra o Bill sancionado em 8 de agosto de 1845, relativo aos navios brasileiros que se empregaram no tráfico", Paulino Limpo de Abreu para Hamilton Hamilton, 22 out. 1845. In: Bonavides; Amaral (Orgs.), *Textos políticos da história do Brasil*, pp. 139-48. v. IX.

10. Paula Beiguelman, "Sistemática e dinâmica da organização política imperial". In: _____, *Formação política do Brasil*, 2 ed. São Paulo: Pioneira, 1976, pp. 29-141; Bethell, *Abolição do tráfico de escravos*, pp. 254-308; Ilmar Rohloff de Mattos, *O tempo saquarema: A formação do Estado imperial*. Rio de Janeiro: Access, 1994, pp. 207-38; Jaime Rodrigues, *O infame comércio: Propostas e experiências no final do tráfico de africanos para o Brasil (1800-1850)*. Campinas: Ed. da Unicamp, 2000; Jeffrey Needell, "The Abolition of the Brazilian Slave Trade in 1850: Historiography, Slave Agency and Statesmanship". *Journal of Latin American Studies*, Cambridge, v. 33, n. 4, 681-711, 2001; e Tâmis Parron, *A política da escravidão*, pp. 193-266.

11. Robert E. Conrad, *Tumbeiros*, p. 97 e ss.; Sidney Chalhoub, *A força da escravidão*, p. 83. O contexto foi discutido no cap. 3.

12. ACD, 10 jun. 1843, art. 24, p. 593. O modelo inglês de recrutamento de africanos como trabalhadores contratados vinha sendo observado com atenção e a imigração chinesa não era descartada; ver ACD, 28 ago. 1843, fala do deputado Ferraz, p. 912.

13. AS, 25 abr. 1843, pp. 346-7.

14. Keila Grinberg, *O fiador dos brasileiros: Cidadania, escravidão e direito civil no tempo de Antonio Pereira Rebouças*. Rio de Janeiro: Civilização Brasileira, 2002, p. 176.

15. Bethell, *A abolição do tráfico de escravos*, p. 226. Em 1846, o próprio Antônio Rebouças também defendeu projeto semelhante, mas possivelmente atrelado à sua preocupação com a continuada importação ilegal de africanos

depois do fim do tratado com a Inglaterra; Grinberg, *O fiador dos brasileiros*, p. 171-172. Ver também Parron, *A política da escravidão*, p. 208-219.

16. Ver parecer sobre o projeto em ASF, caixa 54, maço 1, pasta 16. Ver também Parron, *A política da escravidão*, p. 240-244.

17. Céline Flory, "Alforriar sem libertar", p. 93-104; Alex Borucki, "The 'African colonists' of Montevideo: New light on the illegal slave trade to Rio de Janeiro and the Rio de la Plata (1830-1842)", *Slavery & Abolition*, Londres, v. 30 n. 3, pp. 427-44, 2009.

18. Parron, *A política da escravidão*, pp. 207-8.

19. Bernardo José Pinto Gavião Peixoto, vice-presidente da província de São Paulo, para delegado de Polícia de Lorena, 28 mar. 1848, CJ48.7.7, Acervo da Assembleia do Estado de São Paulo, publicado em *Acervo Histórico, São Paulo*, n. 3, p. 67, 2005; a circular do Ministério da Justiça para o presidente da província de São Paulo é de 15 mar. 1848, nesse mesmo teor; Rodrigues, *O infame comércio*, p. 61.

20. Francisco Lourenço de Freitas para presidente da província de São Paulo, 8 jun. 1848, CJ48.7.14, Acervo da Assembleia do Estado de São Paulo, publicado em *Acervo Histórico*, São Paulo, n. 3, p. 70, 2005.

21. Francisco Lourenço de Freitas para presidente da província de São Paulo, 8 jun. 1848, CJ48.7.14, e José Rodrigues de Sousa, juiz municipal de Lorena, para vice-presidente da província de São Paulo, 11 abr. 1848, CJ48.7.8, Acervo da Assembleia do Estado de São Paulo, publicado em *Acervo Histórico*, São Paulo, n. 3, pp. 70 e 67-8, 2005.

22. José Rodrigues de Sousa, juiz municipal de Lorena, para vice-presidente da província de São Paulo, 11 abr. 1848, CJ48.7.8, Acervo da Assembleia do Estado de São Paulo, publicado em *Acervo Histórico*, São Paulo, n. 3, p. 68, 2005.

23. Relatório da Comissão especial da Assembleia Legislativa do Rio de Janeiro sobre os planos de insurreição de 1848, apresentado em sessão secreta em 8 jul. 1848. Documento anexo a Hudson para Palmerston, 20 fev. 1850, Slave Trade 7, FO 84/802.

24. Robert W. Slenes "A Árvore de Nsanda transplantada: Cultos Kongo de aflição e identidade escrava no Sudeste brasileiro (século XIX)". In: Douglas Cole Libby; Júnia Furtado (Orgs.), *Trabalho livre, trabalho escravo: Brasil e Europa, séculos XVIII e XIX*. São Paulo: Annablume, 2006, pp. 273-314.

25. O argumento foi lançado, em nota, por Robert W. Slenes ("Malungu, Ngoma vem!: África coberta e descoberta no Brasil". *Revista da USP*, São Paulo, n. 12, pp. 48-67, 1992) e depois retomado nos trabalhos mais recentes, (Slenes, "A Árvore de Nsanda transplantada", pp. 307-8). Creio que a revolta a que Eusébio se referiu no Espírito Santo foi a chamada "Revolta do Queimado", de junho de

1849. A esse respeito, ver: Afonso Cláudio, *Insurreição do Queimado*, 2 ed. (1 ed: 1884) Vitória: Edufes, 1999.

26. Sidney Chalhoub, *Visões da liberdade: As últimas décadas da escravidão na Corte*. São Paulo: Companhia das Letras, 1990, pp. 186-212; Rodrigues, *Infame comércio*, pp. 50-62. Parron, *A política da escravidão*, pp. 230-2; Needell, "The Abolition of the Brazilian Slave Trade in 1850"; Needell, *The Party of Order: The Conservatives, the State, and Slavery in the Brazilian Monarchy, 1831-1871*. Stanford: Stanford University Press, 2006.

27. Maria de Fátima Silva Gouvêa, *O império das províncias, Rio de Janeiro, 1822-1889*. Rio de Janeiro: Civilização Brasileira, 2009, pp. 149-50.

28. Vice-presidente da província de São Paulo para delegados de Polícia de Lorena e de Silveiras, 6 abr. 1848, CJ48.7.13. Acervo da Assembleia do Estado de São Paulo, publicado em *Acervo Histórico*, São Paulo, n. 3, p. 69, 2005; Gouvêa, *O império das províncias*, p. 150.

29. As citações seguintes são todas extraídas do Relatório da Comissão especial da Assembleia Legislativa do Rio de Janeiro sobre os planos de insurreição de 1848, apresentado em sessão secreta em 8 jul. 1848. Documento anexo a Hudson para Palmerston, 20 fev. 1850, Slave Trade 7, FO 84/802.

30. Relatório da Comissão Especial da Assembleia Legislativa do Rio de Janeiro sobre os planos de insurreição de 1848, apresentado em sessão secreta em 8 jul. 1848. Documento anexo a Hudson para Palmerston, 20 fev. 1850, Slave Trade 7, FO 84/802. Na cópia em português estava "milhones", provavelmente "milhares" no original; em inglês o erro foi corrigido para "*thousands*".

31. Juiz municipal para Eusébio de Queirós, 18 out. 1848 e juiz de órfãos para Ministério da Justiça, 19 nov. 1848, AN, IJ6 471.

32. As atas das sessões secretas foram publicadas em 1885. Aparentemente houve sessões nos dias 22, 23, 25 e 26 set. 1848, apesar de não constarem no arquivo atas dos dias 23 e 25 set. Arquivo da Câmara dos Deputados, Seção de Documentos Históricos, A 1850-E. Ver também Bethell, *A abolição do tráfico*, pp. 276-80, e Renato Mendonça, *Um diplomata na Corte de Inglaterra*, 2. ed. Brasília: Senado Federal, 2006, pp. 72-3. O gabinete saquarema de 1848 foi composto por muitos daqueles que foram favoráveis ao adiamento da discussão do projeto.

33. Howard Temperley, *British Antislavery, 1833-1870*. Columbia: U. South Carolina Press, 1972, pp. 169-75.

34. Pilkington não deixou de indicar a ironia no fato de Barbacena ser membro da London Peace Society; George Pilkington, "Slavery in Brazil", *The British and Foreign Anti-Slavery Reporter*, v. 2, n. 22, p. 234, 1841; ver Antonio Penalves Rocha, *Abolicionistas brasileiros e ingleses: A coligação entre Joaquim*

Nabuco e a British and Foreign Anti-Slavery Society (1880-1902), São Paulo: Ed. da Unesp, 2009, p. 22.

35. Temperley, *British Antislavery*, p. 164

36. "The Slave Trade and Its Remedy", *Anti-Slavery Reporter*, v. 3, n. 35, p. 175, nov. 1848.

37. Turnbull, *The Jamaica Movement*.

38. Stephen Lushington, Report from the Select Committee of the House of Lords, Session 1849. Parliamentary Papers 1849 (53), pp. 83-84. No original: "*Our right stands thus: we have a right to complain of any persons being imported into the Brazils as a breach of the general Treaty and that has been done; but we have a special right under the Treaty to demand the freedom of those who, the slavers having been condemned, have been made slaves contrary to an express article of the Treaty*".

39. First Report from the Select Committee on the Slave Trade, Parliamentary Papers, 1849 (308), p. 14.

40. Interrogatório de Robert Hesketh, Report from the Select Committee of the House of Lords, Session 1849. Parliamentary Papers 1849 (53), p. 224.

41. First Report from the Select Committee on the Slave Trade. Parliamentary Papers, 1849 (308), p. 14.

42. Seu testemunho está em Report from the Select Committee of the House of Lords, Session 1850. Parliamentary Papers, 1850 (590), v. IX, 585, pp. 59-79.

43. "The Slave Trade and Its Remedy". *Anti-Slavery Reporter*, v. 4, n. 39 (mar. 1849), pp. 33-6.

44. Report from the Select Committee of the House of Lords, Session 1850. Parliamentary Papers, 1850 (590), v. IX, 585, p. 5. No original: "*Giving, by treaty, to Mixed Commission courts at Rio and the Havannah, power to declare free all slaves brought before them who shall have been imported after a day to be fixed. There appears to be in Cuba a large, and in Brazil an increasing, party, who might be expected to support this country in requiring and maintaining such a Treaty*".

45. *O Philantropo*, n. 7, p. 3, 18 maio 1849.

46. *O Philantropo*, n. 7, p. 4, 18 maio 1849.

47. "A resposta às nossas perguntas". *O Philantropo*, n. 16, , p. 1, 20 jul. 1849.

48. Id. ibid.

49. "Do nosso correspondente". *O Philantropo*, pp. 1-2, 3 ago. 1849. As citações a seguir provêm desse artigo.

50. "Comércio ilícito de escravos". *O Philantropo*, pp. 1-2, 27 jul. 1849.

51. *O Philantropo*, n. 19, pp. 3-4, 10 set. 1849. As citações a seguir provêm desse artigo.

52. "O Brasil colonizador". *O Philantropo*, n. 2, p. 3, 13 abr. 1849.

53. "A terminação do tráfico de escravos no Brasil". *O Philantropo*, n. 26, p. 1, 28 set. 1849; reproduzidos também no n. 30 e no n. 32.

54. "A causa da epidemia reinante". *O Philantropo*, n. 49, p. 4, 8 mar. 1850; "A epidemia reinante". *O Philantropo*, n. 50, p. 1, 15 mar. 1850; "A epidemia reinante ou a febre africana". *O Philantropo*, n. 51, p. 2, 22 mar. 1850; "Os contrabandistas de carne humana e a epidemia reinante" *O Philantropo*, n. 52, p. 2, 29 mar. 1850; sobre o impacto da febre amarela no debate sobre o fim do tráfico, ver Sidney Chalhoub, *Cidade febril: Cortiços e epidemias na Corte Imperial*. São Paulo: Companhia das Letras, 1996.

55. "O brado pela humanidade". *O Philantropo*, n. 49, p. 2, 8 mar. 1850; "Perigos da escravidão ainda na mais tenra idade". *O Philantropo*, n. 54, p. 3, 12 abr. 1850.

56. Sobre o *Santa Cruz*, ver Hudson para Palmerston, 20 fev. 1850, FO 84/802 e a correspondência reunida no Relatório da Repartição dos Negócios Estrangeiros apresentado na 3ª sessão da 8ª legislatura pelo respectivo ministro e secretário de Estado. Paulino José Soares de Sousa. Rio de Janeiro: Typographia Universal de Laemmert, 1851, Anexo B, pp. 1-6; sobre o *Sereia*, ver Hudson para Palmerston, 12 maio 1850, FO 84/803.

57. "O projeto de Holanda Cavalcanti no Senado e o Governo de SMI". *O Philantropo*, n. 59, p. 1, 17 maio 1850, reproduzido em FO 84/804; *O Philantropo*, n. 60, 24 maio 1850; "Os problemas a serem resolvidos". *O Philantropo*, n. 61, 31 maio 1850, reproduzido no n. 62 e no n. 64.

58. Relato anexo a Hudson para Palmerston, Slave Trade 33, 27 jul. 1850, FO 84/804

59. ACD, 8 jul. 1850, pp. 112-20.

60. José Augusto Leandro, "Em águas turvas: Navios negreiros na baía de Paranaguá". *Esboços*, Florianópolis, n. 10, pp. 99-117, 2003. Sobre o episódio da queima do *Rival* em Cabo Frio, ver Walter Luiz Carneiro de Mattos Pereira, "José Gonçalves da Silva: Traficante e tráfico de escravos no litoral norte da província do Rio de Janeiro, depois da lei de 1850". *Tempo*, Niterói, v. 16. n. 31, pp. 285-312, 2011.

61. FO 420/11. Confidential Print. Correspondence Respecting the Slave Trade of Brazil. Schomberg para Reynolds, 5 jul. 1850, anexa a Hudson para Palmerston, 27 jul. 1850, pp. 112-5.

62. FO 420/11. Nunes Pires para Schomberg, 30 jun. 1850, anexa a Hudson para Palmerston, 27 jul. 1850, pp. 117-8.

63. Além das correspondências britânicas já citadas, ver David Carneiro, *A história do Incidente* Cormorant. Curitiba: Editora da Municipalidade de Paranaguá, 1950. O episódio ainda reverberava meses depois: José Maria da Silva Para-

nhos, "Sexta carta, 26 de janeiro de 1851" e "Sétima carta, 2 de fevereiro de 1851", *Cartas ao amigo ausente*, Rio de Janeiro: Ministério das Relações Exteriores, 1953, pp. 28-39.

64. José Honório Rodrigues (Org.), *Atas do Conselho de Estado*, 13 v. Brasília: Senado Federal, 1978, p. 110. v. 3: 1842-1850.

65. Id., p. 118.

66. Relatório da Repartição dos Negócios Estrangeiros apresentado à Assembleia Geral Legislativa na 1ª sessão da 8ª legislatura pelo respectivo ministro e secretário de Estado, Paulino José Soares de Sousa. Rio de Janeiro: Typographia Imperial e Constitucional de J. Villeneuve, 1850, pp. 15-6, e ACD, 16 jul. 1852, p. 251.

67. "Redação para 3ª Discussão", Atas das Sessões Secretas, Arquivo da Câmara dos Deputados, Seção de Documentos Históricos, A 1850-E, 180.

68. ACD, 15 jul. 1850, p. 198.

69. Paulino faz referência a conclusões votadas em 12 mar. 1849, mas o relatório citado é aquele apresentado em 10 ago. 1848. ACD, 15 jul. 1850, p. 199 e "Fourth Report from the Select Committee on the Slave Trade", Parliamentary Papers 1847-8 (623).

70. ACD, 15 jul. 1850, p. 200.

71. ACD, 15 jul. 1850, p. 207.

72. ACD, 15 jul. 1850, p. 208.

73. *O Philantropo*, 6 set. 1850, p. 1, e Aviso de 2 set. 1850.

74. Publicados em *O Philantropo* de 20 set. 1850.

75. Kodama, "Os debates pelo fim do tráfico no periódico *O Philantropo* (1849-1852) e a formação do povo: doenças, raça e escravidão". Agradeço à autora a cessão do levantamento biográfico dos membros da Sociedade.

76. Hudson para Palmerston, 20 fev. 1850. British and Foreign State Papers (doravante BFSP), 1850-1, pp. 337-9.

77. Hudson para Palmerston, 11 nov. 1850, BFSP, 1850-1, p. 388.

78. Arquivo Nacional da Torre do Tombo, Ministério dos Negócios Estrangeiros, cx. 541. Ofício de José de Vasconcelos e Sousa para o conde do Tojal, 29 nov. 1850. Agradeço a Roquinaldo Ferreira por essa citação.

79. Hudson para Paulino de Sousa, 26 abr. 1850, anexa a Hudson para Palmerston, 12 maio 1850, BFSP, 1850-1, pp. 350-53. A proposta foi enviada em fevereiro: Palmerston para Hudson, 27 fev. 1850, cit. em William D. Christie, *Notes on Brazilian Questions*. Londres: Macmillan, 1865, pp. 33-4.

80. Hudson para Palmerston, 10 out. 1850, BFSP, 1850-1, pp. 381-2.

81. Paulino para Hudson, 24 out. 1850, anexa a Hudson para Palmerston, 11 nov. 1850, BFSP, 1850-1, pp. 385-8.

82. Hudson para Palmerston, 11 nov. 1850, n. 141, Class B Correspondence 1851, p. 319.

83. Palmerston para Hudson, 29 mar. 1851. BFSP, v. 40, 1850-1, p. 420; Hudson para Palmerston, 11 abr. 1851. BFSP, v. 41, 1851-2, pp. 328-9; Hudson para Palmerston, 14 jul. 1851, BFSP, v. 41, 1851-2, p. 335; Hudson para Palmerston, 13 dez. 1851, BFSP, v. 41, 1851-2, p. 374.

84. Listagens de africanos concedidos no início da década de 1850 produzidas pela Casa de Correção em 28 jul. 1864, AN, IJ6 468.

85. Hudson para Palmerston, 11 nov. 1850, n. 141, House of Commons Sessional Papers, Class B — Correspondence with British Ministers and Agents in Foreign Countries, and with Foreign Ministers in England, Relating to the Slave Trade, from April 1, 1850 to March 31, 1851, v. LVI, pt. II.1, p. 319, também citado em Christie, *Notes on Brazilian Questions*, pp. 34-5.

86. Hudson para Palmerston, 11 nov. 1850, cit. em Christie, *Notes on Brazilian Questions*, p. 34-5.

87. List of Persons, and Departments Having under their Charge a Portion of the Africans Liberated by Sentences of the Mixed Commission at Rio de Janeiro, FO 131/7. O documento consiste em uma listagem nominal dos africanos livres (pouco legível em virtude de seu estado de conservação) e em um índice alfabético dos concessionários e instituições, remetendo aos registros nominais dos africanos.

88. Os africanos Justino, Lanislau, Pedro, Miguel, Raimundo, Tintrino e Justo foram registrados pelo cônsul em 24 fev. 1850. Eles não deram o endereço do concessionário.

89. List of Persons [...], FO 131/7.

90. List of Persons [...], FO 131/7.

91. Sobre o esquema de recrutamento de africanos, ver Asiegbu, *Slavery and the Politics of Liberation*; Schuler, "*Alas, Alas, Kongo*", pp. 1-29; Beatriz G. Mamigonian, "Em nome da liberdade: Abolição do tráfico de escravos, o direito e o ramo brasileiro de recrutamento de africanos (Brasil — Caribe britânico, 1830-1850)", *Revista Mundos do Trabalho*, Florianópolis, v. 3 n. 6, pp. 67-92, 2011.

92. Palmerston para Hudson, 8 nov. 1850, n. 114. Class B Correspondence, 1850-1, p. 280-86.

93. Art. II da proposta de Convenção, anexa a Palmerston para Hudson, 8 nov. 1850, p. 281.

94. Paulino J. Soares de Sousa para Hudson, 26 abr. 1851, anexa a Hudson para Palmerston, 12 maio 1851, n. 113, Class B Correspondence from April 1,1851 to March 31, 1852, British Parliamentary Papers, 1852-3, p. 173.

95. Os famosos "Blue Books" traziam uma seleção da correspondência diplomática britânica com todos os países independentes e líderes de territórios a respeito do tráfico; eram impressos pelo Parlamento e distribuídos por todas as representações britânicas no mundo. Trechos selecionados da correspondência eram reproduzidos em jornais, tendo assim redobrado impacto na campanha abolicionista britânica.

96. Palmerston para Hudson, 5 jul. 1851, BFSP, v. 41, 1851-2, pp. 331-3, reproduzido em Christie, *Notes on Brazilian Questions,* pp. 203-5; Hudson para Palmerston, 14 ago. 1851, BFSP, v. 41, 1851-2, pp. 343-5.

97. Palmerston para Hudson, 5 jul. 1851. Itálicos meus.

98. "Draft Protocol of a Conference Held at the City of Rio de Janeiro on the 5th Day of November, 1851", anexa a Hudson para Palmerston, 11 dez. 1851, Correspondence with British Ministers and Agents in Foreign Countries... Relating to the Slave Trade from April 1, 1851 to March 31, 1852, Parliamentary Papers, 1852, p. 326.

99. "Scylla e Charibdes", *O Brasil,* n. 1666, pp. 3-4, 17 out. 1850.

100. "Charibdes", *O Brasil,* n. 1683, p. 1, 28 nov. 1850.

101. Id. ibid. Itálicos meus.

102. Id. ibid., p. 2.

103. FO 420/25, pp. 55-6; "Escuna Americana", Arquivo Histórico do Itamaraty, parte III-33, Comissões Mistas, lata l, maço 5.

104. Thiago Campos Pessoa, *O império dos Sousa Breves nos Oitocentos: Política e escravidão nas trajetórias dos comendadores José e Joaquim de Sousa Breves.* Niterói: UFF, 2010. Dissertação (Mestrado em História); id., *A indiscrição como ofício: O complexo cafeeiro revisitado.* Niterói: UFF, 2015. Tese (Doutorado em História).

105. Carta de Joaquim Breves ao editor, 7 fev. 1851, "Negócios da Marambaia". *Jornal do Commercio,* 14 fev. 1851, p. 2.

106. Bernardo Azambuja, "Negócios da Marambaia". *Jornal do Commercio,* 21 fev.1851, p. 1.

107. "Resolução de 30 jun. 1851 — Sobre o processo da apreensão de 199 africanos boçais na ilha de Marambaia sendo confirmada em parte a sentença do auditor de Marinha". In: Caroatá (Org.), *Imperiais resoluções,* p. 277. v. 1.

108. "Relação dos escravos ladinos e crioulos que foram apreendidos e levados das fazendas da Marambaia". *Jornal do Commercio,* 6 mar. 1851, pp. 2-3.

109. Daniela Paiva Yabeta de Moraes, *A capital do comendador: A Auditoria Geral da Marinha no julgamento sobre a liberdade dos africanos apreendidos na ilha da Marambaia (1851).* Rio de Janeiro: Unirio, 2009. Dissertação (Mestrado em História), p. 87.

110. Nesse mesmo sentido e publicamente, Belisário Barros Barbas, identificado como "amigo de Joaquim Breves", cobrou a promessa feita durante o debate da lei em carta publicada no *Jornal do Commercio*, 21 fev. 1851; Pessoa, op. cit., pp. 146-9.

111. Hudson para Palmerston, 14 ago. 1851, BFSP, v. 41, pp. 340-1.

112. Sobre o desembarque do navio de bandeira sarda *Sylphide* em Alagoas no início de junho 1851, ver Hudson para Palmerston, 14 jul. 1851 e seus anexos, "Correspondence with British Ministers and Agents in Foreign Countries... Relating to the Slave Trade from April 1, 1851 to March 31, 1852, Parliamentary Papers 1852, pp. 199-203.

113. FO 420/25, pp. 57-8.

114. ACD, 26 jul. 1851, p. 319.

115. Paranhos, "Trigésima quinta carta, 2 de agosto de 1851", *Cartas ao amigo ausente*, pp. 210-6. A citação está na p. 212.

116. Parte da correspondência foi reproduzida no Relatório da Repartição dos Negócios Estrangeiros, 1852, apêndice A, pp. 1-2. Ver também Hudson para Palmerston, 14 ago. 1851 e anexos, e Hudson para Palmerston, 13 nov. 1851, Correspondence with British Ministers and Agents in Foreign Countries... Relating to the Slave Trade from April 1, 1851 to March 31, 1852, Parliamentary Papers, 1852, pp. 245-58; 322-3.

117. Palmerston para Hudson, 17 nov. 1851, copiada em FO 84/1433.

118. Southern para Palmerston, 5 fev. 1852, FO 84/878.

119. Paulino para Hudson, 6 ago. 1851, retomada em ACD, 2 jun. 1852, p. 144.

120. ACD, 2 jun.1852, p. 144.

121. Seu longo discurso foi publicado nos jornais e ainda naquele ano republicado em um pequeno panfleto. Eusébio de Queirós Coutinho Matoso Câmara, *Questão do tráfico*. Rio de Janeiro: Typ. Imp. e Const. de J. Villeneuve E.C, 1852. Perdigão Malheiro depois o publicou também, entre os anexos do seu *A escravidão no Brasil*, apêndice, pp. 38-73. v. 3.

122. ACD, 15 jul. 1852, pp. 224-7.

123. ACD, sessões de 13 jul. a 15 jul. 1852, pp. 192-241.

124. Hudson para Palmerston, 27 jul. 1850, Correspondence with British Ministers and Agents in Foreign Countries Relating to the Slave Trade (April 1, 1850 to March 31, 1851), Parliamentary Papers, 1851 (1424-II), pp. 227-35. As citações são extraídas da publicação no *Correio Mercantil*, 7 abr. 1852, p. 1. Àquela altura, Hudson já havia trocado o posto no Rio pelo de representante britânico em Turim.

125. Discurso de 29 de maio de 1852, republicado com dois outros no

panfleto *Três discursos do ilmo. e exmo. sr. Paulino José Soares de Sousa, ministro dos Negócios Estrangeiros*. Rio de Janeiro: Typ. Imp. e Const. de Villeneuve, 1852 e republicado em José Murilo de Carvalho (Org.), *Visconde do Uruguai*. São Paulo: Ed. 34, 2002, pp. 573-98.

126. ACD, 16 jul. 1852, p. 245-6.
127. ACD, 16 jul. 1852, p. 251.
128. Hudson para Palmerston, 9 nov. 1848, transcrita em Verger, *Fluxo e refluxo*, p. 388.
129. Hesketh para Palmerston, 14 mar. 1850, BFSP, v. 40, p. 445; Bethell, *A abolição do tráfico*, p. 296.
130. Hudson para Palmerston, 12 maio 1850, FO 420/11, pp. 96-7.
131. Hudson para Palmerston, 201850, FO 420/11, vários recortes traduzidos em anexo; e exemplares dos jornais *O Philantropo, Americano, Século, Itamontano, Revista Comercial, Grito Nacional, Razão* e *Correio Mercantil* encaminhados no início da correspondência de julho 1850, FO 84/804.
132. David Eltis, *Economic Growth*, p. 115.
133. Hudson para Palmerston, 27 jul. 1850, FO 84/804.
134. Hudson para Palmerston, 20 fev. 1850, ST 8 Confidential, FO 420/11, 48.
135. Tanto a documentação do Santa Cruz quanto o relatório da Assembleia Legislativa do Rio sobre o plano de revolta do vale do Paraíba serviram a Hudson, no início de 1850, para justificar junto ao Foreign Office a radicalização das ações da Royal Navy: os dois episódios serviam de evidência de que o tráfico ilegal tinha se tornado insustentável e ameaçava não só a ordem escravista brasileira, mas os investimentos britânicos no Brasil; Hudson para Palmerston, 20 fev. 1850, FO 84/802.
136. Daniel Kidder; James C. Fletcher, *Brazil and the Brazilians*. Filadélfia: Childs & Peterson, 1857, pp. 31-2.
137. *Almanak Administrativo Mercantil e Industrial da Corte e Província do Rio de Janeiro*. Rio de Janeiro: Eduardo e Henrique Laemmert, 1851, p. 268.
138. "Report from the Select Committee on the Slave Trade Treaties", Parliamentary Papers 1852-3 (920), v. XXXIX, n. 1, p. 76. Cochrane prestou testemunho em 23 jul. 1853.
139. José Emygdio Rodrigues Galhardo, "História da homeopatia no Brasil". In: *Livro do I Congresso Brasileiro de Homeopatia*. Rio de Janeiro: Instituto Hahnemanniano do Brasil, 1928, p. 425. "ACADEMIA HOMEOPÁTICA BRASILEIRA". In: *Dicionário histórico biográfico das Ciências da Saúde no Brasil (1832-1930)*. Disponível em: <http://www.dichistoriasaude.coc.fiocruz.br>. Acesso em: 17 fev. 2017.
140. França foi o único deputado a apoiar o Ato Aberdeen em debate na Câmara; mais tarde foi criticado por Justiniano José da Rocha por usar a campa-

nha de abolição do tráfico a seu favor; Bethell, *A abolição do tráfico de escravos*, p. 239; em out. 1850 estava envolto em críticas feitas na imprensa a respeito do seu plano de colonização no rio Doce, para o qual pedia fundos do governo imperial. Era acusado de oportunismo na defesa da abolição do tráfico; "Colonização", *O Brasil*, 17 out. 1850, p. 2. O contrato para o empréstimo foi de fato assinado em dez. 1856 e o acerto de contas, depois do aparente fracasso da colônia Francilvania, selado pelo Decreto de 18 jul. 1863; W. Scully, *Brazil: Its Provinces and Chief Cities, the Manners and Customs of the People*. Londres: Murray & Co., 1866, p. 397.

7. A LEI EUSÉBIO DE QUEIRÓS E OS AFRICANOS LIVRES [pp. 284-323]

1. Lista dos africanos emancipados, AN, Auditoria Geral da Marinha (AGM), 0B.0.0.6, v. 1 — Processo de presa feita pelo vapor de guerra *Urânia*, de um iate com 291 africanos nos mares da ilha Grande (RJ), 1850, fls. 9-18; Lista dos africanos entregues ao barão de Antonina para serem empregados na estrada de São Paulo para o Mato Grosso em 12 fev. 1851 e 6 mar. 1851, diretor da Casa de Correção para ministro da Justiça, 28 jul. 1864, AN, IJ6 468; Transatlantic Slave Trade Database, viagem 4783 (*Jovem Maria*); Karasch, *A vida dos escravos*, apêndice A, pp. 481-96.

2. Feliciano Nepomuceno Prates para Francisco Inácio Marcondes Homem de Mello, 6 jun. 1864, AESP, lata 5216 — Fábrica de Ferro de Ipanema.

3. Art. 8 da lei de 4 set. 1850, *Coleção de leis do Império do Brasil*, 1850, v. 1, pt. I, p. 267 e art. 6 e 12 do Regulamento, Decreto de 14 out. 1850, *Coleção de leis do Império do Brasil*, 1850, v. 1 pt. II, p.158.

4. Art. 6 e 12 do decreto de 14 out. 1850.

5. Art. 23 do decreto de 14 out. 1850.

6. "Resolução de 1º abr. 1854 — Sobre o requerimento do auditor de Marinha José Batista Lisboa reclamando sobre a inteligência dada ao Decreto n. 731 de 14 nov. 1850". Caroatá (Org.), *Imperiais resoluções*, v. 1, pp. 431-2.

7. AN, AGM, 0B.0.0.6, v. 3 — Autos de averiguação e interrogatórios dos presos do iate apresado pelo vapor de guerra *Urânia*, com 291 africanos nos mares da ilha Grande (RJ), 1851, fl 20v.

8. Uma cópia desse auto de exame constante do processo da Auditoria da Marinha está anexada a uma carta do chefe de Polícia interino no *Jornal do Commercio* de 21 fev. 1851, pp. 1-2.

9. "Resolução de 30 jun. 1851 — Sobre o processo da apreensão de 199 africanos boçais na ilha de Marambaia sendo confirmada em parte a sentença do

auditor de Marinha". Caroatá (Org.), *Imperiais resoluções*, v. 1 pp. 273-9. Jaime Rodrigues e Daniela Yabeta de Moraes trataram em mais detalhe dos interrogatórios de africanos livres. Rodrigues, *O infame comércio*, pp. 171-207; Moraes, "A capital do Comendador", pp. 48-76; sobre o "império dos Breves" e a estrutura do tráfico a ele associada, ver Pessoa, "A indiscrição como ofício".

10. "Resolução de 30/6/1851 — Sobre o processo da apreensão de 199 africanos boçais na ilha de Marambaia sendo confirmada em parte a sentença do auditor de Marinha". Caroatá (Org.), *Imperiais resoluções*, v. 1, pp. 273-9. Itálicos meus.

11. Ivana Stolze Lima, "Escravos bem falantes e nacionalização linguística no Brasil: Uma perspectiva histórica", *Estudos Históricos*, Rio de Janeiro, v. 25, pp. 352-69, 2012; Almeida, "Ladinos e boçais".

12. Joaquim Breves, "Negócios da Marambaia", *Jornal do Commercio*, p. 2, 6 mar. 1851.

13. Id. ibid.

14. AN, AGM, 0B.0.0.7, v. 2 — Traslado de sentença do processo contra um patacho com carregamento de africanos, encalhado no dia 5 fev. 1851 nas costas de Marambaia (RJ), 1851; Moraes, "A capital do comendador".

15. Breves não só conseguiu o direito à devolução dos 39 como de outros oito declarados boçais, e ainda pediu indenização, sem apresentar nenhuma prova consistente de propriedade. Ver Pessoa, "A indiscrição como ofício", pp. 264-99.

16. Palmerston para Marques Lisboa, 25 set. 1851, BFSP, v. 41, pp. 346-8.

17. Relatório do ano de 1851 apresentado à Assembleia Geral Legislativa na 4ª sessão da 8ª legislatura pelo ministro e secretário de Estado dos Negócios da Justiça Eusébio de Queirós Coutinho Matoso Câmara. Rio de Janeiro: Typographia Nacional, 1852, pp. 9-10

18. Índice da correspondência "Sobre o movimento e transporte de escravos de uma para outras províncias, 1851-1852", AN, IJ6 469; a circular de 2 jul. 1852 foi citada, com outra correspondência recebida no Pará naqueles meses em José Maia Bezerra Neto, "O africano indesejado: Combate ao tráfico, segurança pública e reforma civilizadora (Grão-Pará, 1850-1860)", *Afro-Ásia*, Salvador, n. 44, pp. 171-217, 2011. Os registros de inspeção feitos pela Polícia da Corte entre jul. e nov. 1852 apontaram que 28% dos escravos desembarcados no Rio foram registrados como africanos; Herbert S. Klein, "The Internal Slave Trade in Nineteenth-Century Brazil: A Study of Slave Importations into Rio de Janeiro in 1852", *Hispanic American Historical Review*, Durham, v. 51 n. 4, pp. 567-85, 1971.

19. Presidente da província de Santa Catarina para Ministério da Justiça, 26 ago. 1852, AN, IJ1 936.

20. Relatório apresentado à Assembleia Geral Legislativa na 1ª sessão da 9ª legislatura pelo ministro e secretário de Estado dos Negócios da Justiça José Ildefonso de Sousa Ramos. Rio de Janeiro: Typ. do Diário de A. & L. Navarro, 1853, p. 6-7.

21. Id., p. 6.

22. Decreto 731, de 05 jun. 1854, *Coleção de leis do Império do Brasil*, 1854, pp. 5-6; foi provavelmente resultante dos motivos expostos pelo auditor e julgados na seção de Justiça do Conselho de Estado, ver Resolução de 1º abr. 1854. Caroatá (Org.), *Imperiais resoluções*, v. 1, pp. 431-2.

23. Martha Abreu, "O caso Bracuhy". In: Hebe Maria Mattos de Castro; Eduardo Schnoor (Orgs.), *Resgate: Uma janela para o Oitocentos*. Rio de Janeiro: Toopbooks, 1995, pp. 165-95; Moraes, "A capital do comendador", pp. 41-7.

24. Graden mostra que o Ministério da Justiça estava em estado de alerta até 1861; ver Dale T. Graden, *Disease, Resistance and Lies: The Demise of the Atlantic Slave Trade to Brazil and Cuba*. Baton Rouge: Louisiana State University Press, 2013.

25. Decreto n. 1530 de 10 de janeiro de 1855, *Coleção de leis do Império do Brasil*, 1855, tomo 18, parte 2, p. 30

26. Chefia de Polícia para Presidência da Província de Santa Catarina, 23 maio 1855, AN, IJ1 886.

27. Parecer de Josino do Nascimento e Silva para o requerimento de Joaquim Salomé Ramos de Azevedo, 15 jun. 1855, AN, IJ1 886. Itálicos meus.

28. Presidência da Província de Santa Catarina para Ministério da Justiça, 28 maio 1851, AN, IJ1 885; Presidência da Província de Santa Catarina para Ministério da Justiça, 16 maio 1852, AN, IJ1 886. Era sintomático que Salomé tivesse vendido o terreno em 1855, quando o tráfico estava praticamente extinto. A propriedade da Fazenda da Lagoinha incluía a ilha do Campeche e compreendia parte do antigo terreno da Armação baleeira de Sant'ana da Lagoinha, na costa leste da ilha de Santa Catarina. O conjunto deve ter servido no litoral catarinense para desembarques ilegais e recebimento de africanos novos, assim como eventualmente produção de alimentos para abastecer os navios negreiros para a viagem transatlântica, à moda da Marambaia de Breves, de fazendas no litoral pernambucano ou de outras praias particulares na costa brasileira; ver Thiago Campos Pessoa, *O império dos Souza Breves nos Oitocentos*; Marcus J. M de Carvalho, "O desembarque nas praias: o funcionamento do tráfico de escravos depois de 1831", *Revista de História*, São Paulo, n. 167, pp. 223-60, 2012.

29. Carl Friedrich von Martius, "Como se deve escrever a história do Brasil", *Revista do Instituto Histórico e Geográfico Brasileiro*, Rio de Janeiro, v. 6, n. 24, pp. 381-403, 1844; 2. ed., pp. 389-411.

30. *Memorial orgânico que à consideração das assembleias gerais e provin-*

ciais do Império apresenta um brasileiro. Madri: Imprenta de la V. de D. R. Joaquin Dominguez, 1849.

31. *Memorial orgânico, segunda parte*, Madri: Imprensa da Viúva de D. R. Domingues, 1850.

32. *Systhema de medidas adoptáveis para a progressiva e total extinção do tráfico e da escravatura no Brasil*. Rio de Janeiro: Typographia do Philanthropo, 1852.

33. Relatório do ano de 1851 apresentado à Assembleia Geral Legislativa na 3ª sessão da 8ª legislatura pelo ministro e secretário de Estado dos Negócios da Justiça Eusébio de Queirós Coutinho Matoso Câmara. Rio de Janeiro: Typographia Nacional, 1851, pp. 7-8.

34. Relatório do ano de 1851 apresentado à Assembleia Geral Legislativa na 4ª sessão da 8ª legislatura pelo ministro e secretário de Estado dos Negócios da Justiça Eusébio de Queirós Coutinho Matoso Câmara. Rio de Janeiro: Typographia Nacional, 1852, pp. 10-1.

35. Os dados são do recenseamento de 1849, compilados em Karasch, *A vida dos escravos*, p. 112.

36. Salles, *E o vale era o escravo*, pp. 213-33.

37. Relatório do ano de 1851 apresentado à Assembleia Geral Legislativa na 3ª sessão da 8ª legislatura pelo ministro e secretário de Estado dos Negócios da Justiça Eusébio de Queirós Coutinho Matoso Câmara. Rio de Janeiro: Typographia Nacional, 1851; Relatório do ano de 1851 apresentado à Assembleia Geral Legislativa na 4ª sessão da 8ª legislatura pelo ministro e secretário de Estado dos Negócios da Justiça Eusébio de Queirós Coutinho Matoso Câmara. Rio de Janeiro: Typographia Nacional, 1852.

38. ACD, 16 jul. 1852, p. 255.

39. Dados dos outros navios apreendidos na década de 1850 confirmam a tendência: o *Rolha*, apreendido em out. 1850 em Macaé, no Rio de Janeiro, tinha proporção semelhante de jovens (73,6%), mas uma proporção comparativamente elevada de mulheres (45%); o *Jovem Maria*, apreendido na ilha Grande em dezembro de 1850, tinha a bordo 80% de homens e meninos escravizados. Na fase anterior do tráfico ilegal, os negreiros apreendidos entre 1821 e 1841 tinham apenas pouco mais que a metade dos carregamentos compostos por africanos com menos de quinze anos de idade e 71,5% deles eram do sexo masculino. Mas os dados do final da década de 1840 já apontavam a tendência de crescimento do número de crianças e jovens, em particular do sexo masculino, entre os africanos importados, destinados na maior parte ao Sudeste; AN, AGM 0B.0.0.12 (*Segundo*); AN, AGM 0B.0.0.2, v. 1 (*Rolha*); AN, AGM 0B.0.0.6, v.1 (*Jovem Maria*); AN Junta do Comércio cód. 184 — v. 3; AN Junta do Comércio cód. 184, v. 4.; Eltis, *Economic*

Growth, tabelas B1 e B2, pp. 256-7; Paul Lovejoy, "The Children of Slavery: The Trans-Atlantic Phase", *Slavery & Abolition*, v. 27 n. 2, pp. 197-217, 2006.

40. O diretor da Casa de Correção escolhia os africanos a serem concedidos e cobrava das instituições que os recebiam os custos de manutenção deles enquanto estivessem no estabelecimento, o que não deixou de causar alguns desentendimentos. Nota informal para Secretaria da Justiça em out. 1851, AN, IJ6 469; José de Araújo Ribeiro para Eusébio de Queirós, 6 dez. 1851, AN, IJ6 468; Araújo Ribeiro para Eusébio de Queirós, 27 set. 1851, AN, IJ6 468.

41. Ver seção no capítulo seguinte.

42. Decreto 794, de 7 jun. 1851, *Coleção das leis do Império de 1851*, tomo XIV, parte II. Rio de Janeiro: Typographia Nacional, 1852, pp. 134-6.

43. Stanley Stein (*V. Vassouras: Um município brasileiro do café, 1850-1900*. Rio de Janeiro: Nova Fronteira, 1985, pp. 42-4) cita a família como financiadora da cafeicultura.

44. Paranhos, "Trigésima quinta carta, 2 de agosto de 1851", *Cartas ao amigo ausente*, pp. 214-5

45. ACD, 16 jul. 1852, p. 256.

46. Sobre a administração e a experiência dos africanos livres concedidos à Companhia de Mineração do Mato Grosso ver Zilda Moura, *Dos sertões da África para os do Brasil: Os africanos livres da Sociedade de Mineração de Mato Grosso (Alto Paraguai-Diamantino, 1851-1865)*. Florianópolis: UFSC, 2014. Tese (Doutorado em História).

47. Minuta do contrato celebrado com a Companhia da Estrada de Magé a Sapucaia, 1856, Arquivo Público do Estado do Rio de Janeiro (APERJ), Fundo da Presidência da Província, Diretoria de Obras Públicas, notação 0432, cx. 0159, maço 2; relação dos africanos livres recebidos pela Companhia da Estrada de Magé, 5 jul. 1856, Ibid. Sobre a Companhia, ver "Estatutos da Companhia da Estrada de Magé a Sapucaia", Decreto n. 2837 de 23 out. 1861, *Coleção das Leis do Império do Brasil*, tomo XXII, parte I. Rio de Janeiro: Typographia Nacional, 1862, pp. 441-5; "Quadro dos privilégios concedidos pela Assembleia Legislativa Provincial". In: *Relatório do vice-presidente da província do Rio de Janeiro*. Rio de Janeiro: Typographia Universal de Laemmert, 1857; Gouvêa, *O império das províncias*, p. 309.

48. Autos do corpo de delito feito no cadáver do africano livre de nome Marinho empregado nos trabalhos da serra da Estrela, 7 mar. 1844, APERJ, Fundo Presidência da Província. Diretoria de Obras Públicas Provincial, notação 0140, cx. 051, maço 2; Antônio Duarte para Vicente de Almeida Vidal, juiz de paz, 6 mar. 1844, Ibid.; declaração de José Gomes de Araújo, 7 mar. 1844, Ibid.

49. Lúcio Tadeu Mota, *As colônias indígenas no Paraná provincial*. Curitiba:

Aos Quatro Ventos, 2000; Lúcio Tadeu Mota, "As populações indígenas Kaiowá, Kaingang e as populações brasileiras na bacia dos rios Paranapanema/Tibagi no século XIX: Conquistas e relações interculturais". *Fronteiras, Revista de História*, Dourados, v. 9, n. 16, pp. 47-72, 2007. Ver também Maria Cristina Wissenbach "Desbravamento e catequese na constituição da nacionalidade brasileira: as expedições do Barão de Antonina no Brasil Meridional", *Revista Brasileira de História*, São Paulo, v. 15, n. 30, pp. 137-55, 1995.

50. "Regulamento das colônias indígenas do anno de 1857, províncias do Paraná e Mato Grosso", 25 abr. 1857. In: Carneiro da Cunha (Org.), *Legislação indigenista no século XIX*, p. 241-51.

51. Feliciano Nepomuceno Prates para Francisco Inácio Marcondes Homem de Mello, 6 jun. 1864, AESP, lata 5216 — Fábrica de Ferro de Ipanema.

52. Danúsia Miranda von Zuben, *Os africanos livres nos aldeamentos indígenas no Paraná provincial, 1853-1862*. Curitiba: UFPR, 2010, pp. 50-5. Monografia (Conclusão de Curso de História).

53. Maicon Fernando Marcante, "A prática do compadrio entre africanos livres e índios guaranis no aldeamento São Pedro de Alcântara (Paraná, 1855--1895)". In: V Encontro Escravidão e Liberdade no Brasil Meridional, 2011, Porto Alegre. *Anais*... Porto Alegre: UFRGS, 2011.

54. Ver as seções "Estabelecimento Naval de Itapura" nos relatórios do Ministério da Marinha entre 1859 e 1862; Camilo de Lelis e Silva para José Joaquim Fernandes Torres, presidente da Província de São Paulo, 16 jul. 1858, AESP, lata 268 n. 1063; "Relação dos escravos e AL escolhidos em Ypanema os quais já se acham em Santos e que tem de seguirem para Mato Grosso", 24 jul. 1860, AESP, lata 5216; também Silva, "Itapura: Estabelecimento Naval e Colônia Militar". A maioria desses africanos eram, no entanto, daqueles emancipados nas décadas de 1830 e 1840, não dos recém-chegados.

55. Luís Henrique Dias Tavares, *O desembarque da Pontinha*. Salvador: Centro de Estudos Baianos/UFBA, 1971; Valdei Lopes de Araújo (Org.), *Teófilo Ottoni e a Companhia do Mucuri: a modernidade possível*. Belo Horizonte: Arquivo Público Mineiro, 2007; Relatório do brigadeiro José de Sá Bittencourt Câmara para presidente da província da Bahia, 23 ago. 1857, anexo à *Falla recitada na abertura da Assembléa Legislativa da Bahia pelo presidente da provincia, o dezembargador João Lins Vieira Cansansão de Sinimbú, no 1. de setembro de 1857*. Bahia: Typ. de Antonio Olavo da França Guerra, 1857; Robert Avé Lallemant, *Viagem pelo Norte do Brasil*, 2 v. Rio de Janeiro: Instituto Nacional do Livro, 1961, p. 129, v. 1; *Relatório com que o exmo. sr. Conselheiro Joaquim Antão Fernandes Leão passou a administração da província da Bahia ao exmo. sr. Conselheiro Antônio Coelho de Sá e Albuquerque em 30 de setembro de 1862*, Bahia: Typ. de Antonio

Olavo da França Guerra, 1862, pp. 71-2; as famílias dos africanos livres na Bahia foram abordadas por Isabel Cristina dos Reis, *A família negra no tempo da escravidão: Bahia, 1850-1888*. Campinas: Unicamp, 2007, p. 127-81. Tese (Doutorado em História).

56. *Falla que recitou o presidente da provincia da Bahia, o desembargador conselheiro Francisco Gonçalves Martins, n'abertura da Assembléa Legislativa da mesma provincia no 1 de março de 1852*. Bahia: Typ. Const. de Vicente Ribeiro Moreira, 1852, p. 20. Sobre a modernização de Salvador, ver Consuelo Novais Sampaio, *50 anos de urbanização: Salvador da Bahia no século XIX*. Rio de Janeiro: Versal, 2005.

57. *Falla que recitou o presidente da provincia da Bahia, o desembargador conselheiro Francisco Gonçalves Martins...*, op. cit., p. 28.

58. Mapas de escravos livres 1849-64, APEBa, Presidência da Província, Seção de Arquivo Colonial e Provincial, Judiciário, maço 2880-1 (essa listagem foi gentilmente cedida por Maria Inês Cortes de Oliveira, a quem agradeço); Pedro Moraes Trindade, "Os derradeiros malungos: africanos livres da nação Angola na Bahia (1851-1864)". *Percursos*, Salvador, v. 1, n. 1, pp. 11-24, 2013.

59. Diretoria das Obras Públicas e Navegação para Presidência da Província da Bahia, 18 jan. 1862. *Coleção de Decisões do Império do Brasil*, 1862, t. XXV. Rio de Janeiro: Typ. Nacional, 1862, p. 27.

60. Maria Rebola, petição de emancipação, 17 jun. 1857, AN, GIFI 6D-136. Maria já trabalhava para Quintanilha havia 21 anos quando pediu sua emancipação.

61. AS, 12 set. 1851, p. 316.

62. Id., p. 312.

63. Id., p. 312.

64. ACD, 10 maio 1851, p. 19.

65. Vasconcelos, Rodolfo Smith de (barão de). "Pedro Pereira da Silva Guimarães — Documentos históricos". *Revista Trimestral do Instituto do Ceará*, Fortaleza, t. XX, pp. 187-219, 1906.

66. Carlos Honório Figueiredo para Luís Antônio Barbosa, 4 jul. 1853, AN, IJ6 523.

67. João Paulo Ferreira Dias para Luís Antônio Barbosa, 19 jul. 1853, AN, IJ6 523.

68. Decreto n. 1303 de 28 dez. 1853, "Emancipação dos africanos livres que tiverem servido por quatorze anos a particulares". *Coleção das leis do Império*, pp. 420-1. A resolução da seção de Justiça do Conselho de Estado não se encontra na compilação preparada por Caroatá em 1884 e ainda não foi localizada nos arquivos.

8. EMANCIPAÇÃO DA TUTELA [pp. 324-359]

1. "Interrogatório feito à africana Carolina Conga, aos 24 de novembro de 1857 perante o dr. Izidro Borges Monteiro, chefe de Polícia da Corte", 24 nov. 1857, AN, GIFI 6-D 136.

2. Ver os seguintes maços no Arquivo Nacional do Rio de Janeiro: IJ6 467, IJ6 468, IJ6 471, IJ6 523, GIFI 6D 136, GIFI 6H 11, GIFI 5E 130, Diversos SDH, cx. 782, pc. 2, e Diversos SDH, cx.c782, pc .3. Agradeço a Sidney Chalhoub pelas referências.

3. "Matrícula dos africanos apreendidos entre 1834 e 1838", c. 1865, AN IJ6 471. Ver discussão desses dados no capítulo seguinte.

4. Sobre a mortalidade dos escravos e dos africanos livres no Rio e suas doenças, ver Karasch, *A vida dos escravos*, pp. 143-67 e 207-58.

5. Maria Angola, petição de emancipação, 29 set. 1855, AN, Diversos SDH, cx. 782, pc. 3.

6. Domingos Alves Loureiro, pedido de exoneração de responsabilidade sobre Miguelina Bié, dez. 1856, AN, Diversos SDH, cx. 782, pc. 2. Ela foi emancipada em janeiro de 1857 para que Loureiro não tivesse que pagar aluguel por ela.

7. Firmina Benguela, petição de emancipação, 7 mar. 1862, AN, GIFI 5E-130.

8. Beliza, petição de emancipação, abr. 1856, AN, Diversos SDH, cx. 782, pc. 2-3. Ver Karasch, *A vida dos escravos*, pp. 139-41; Carlos Eugênio Líbano Soares, *Zungú: Rumor de muitas vozes*. Rio de Janeiro: Arquivo Público do Estado do Rio de Janeiro, 1998; Juliana Barreto Farias, *Mercados minas: Africanos ocidentais na Praça do Mercado do Rio de Janeiro, 1830-1890*. São Paulo: USP, 2012. Tese (Doutorado em História Social).

9. Salustiana Conga, petição de emancipação, 1º dez. 1854, AN, Diversos SDH, cx. 782, pc. 2; Ricardina Benguela, petição de emancipação, e João Antônio Tavares, pedido de exoneração de responsabilidade sobre a africana livre Ricardina, maio 1856, AN, Diversos SDH, cx. 782, pc. 2-3; José João de Araújo, pedido de tutela da menor Balbina, filha da africana livre Elizia, 13 abr. 1858, AHEX, RQ JJ-256-6281. Agradeço a Hendrik Kraay por me ceder cópia de seus documentos relativos a africanos livres do acervo do Arquivo do Exército.

10. Ver, por exemplo, "Relação nominal dos africanos livres, maiores e menores, extrahida do livro de matrícula dos mesmos, organizada em julho de 1849, declarando os que actualmente existem nesta Fábrica, os que tiverão destinos e os que falleceram", 27 out. 1851, AESP, lata 5216; ver também Alinnie Silvestre Moreira, "Os africanos livres, sua prole e as discussões emancipacionistas: As famílias e a administração dos descendentes de africanos livres na Fábrica de Pólvora da Estrela (Rio de Janeiro, 1830-1860)". *Estudos Afro-Asiáticos*, Rio de

Janeiro, ano 29, n. 1-2-3, pp. 161-200, 2007, e Reis, "A família negra no tempo da escravidão", pp. 127-81.

11. Maria Rebola, petição de emancipação, 17 jun. 1857, AN, GIFI 6D-136; Amália Guilhermina de Oliveira Coutinho, pedido de emancipação para a africana livre Carolina Congo, 2 dez. 1857, AN, GIFI 6D-136.

12. Decreto n. 1303 de 28 dez. 1853, "Emancipação dos africanos livres que tiverem servido por 14 anos a particulares". *Coleção das leis do Império*, pp. 420-1.

13. Para uma discussão dos trâmites das ações de liberdade, ver Keila Grinberg, *Liberata, a lei da ambiguidade: As ações de liberdade da Corte de Apelação do Rio de Janeiro no século XIX*. Rio de Janeiro: Relume-Dumará, 1994.

14. Henriqueta Benguela, petição de emancipação, 25 jun. 1864, AN GIFI 5E-130.

15. Dionísia [Bié], petição de Emancipação, 19 mar. 1856, AN, Diversos SDH, cx. 782, pc. 3.

16. Hipólito Angola, petição de emancipação, 29 ago. 1856, AN, Diversos SDH, cx. 782, pc. 3. Ele ganharia 8$000 por mês, enquanto africanos livres (e escravos) alugados rendiam 12$000.

17. Secretaria de Polícia da Corte para Ministério da Justiça, 29 nov. 1854, AN, Diversos SDH, cx. 782, pc. 2.

18. Ver Henrique Rebolo, petição de emancipação, 26 out. 1863, AN, GIFI 5E-130; Ildefonso Angola, petição de emancipação, 21 abr. 1863, AN, GIFI 5E-130; Lino africano livre, petição de emancipação, 17 nov. 1856, AN, Diversos SDH, cx. 782, pc. 3; Maria Cabinda, petição de emancipação, 15 maio 1856, AN, Diversos SDH, cx. 782, pc. 2; Sandra Lauderdale Graham, "Writing from the Margins: Brazilian Slaves and Written Culture", *Comparative Studies in Society and History*, Cambridge, v. 49 n. 3, pp. 611-36, 2007.

19. João Pedro de Alcântara se apresentava no *Almanak Laemmert* como "solicitador de quaisquer diplomas", não era bacharel em direito, e atendia na rua de São José, nas proximidades do Paço Imperial e do Parlamento; *Almanak Administrativo, Mercantil e Industrial da Corte de Província do Rio de Janeiro para o ano de 1856*. Rio de Janeiro: Eduardo e Henrique Laemmert, 1856, p. 418.

20. Amália Guilhermina de Oliveira Coutinho, pedido de emancipação para a africana livre Carolina Congo, 2 dez. 1857, AN, GIFI 6D-136.

21. O aviso de emancipação de Carolina foi expedido em 11 dez. 1857; ela foi emancipada do *Duquesa de Bragança* em 1835.

22. Delfina Bié, petição de emancipação, 6 nov. 1855, AN, Diversos, SDH cx. 782, pc. 2.

23. Álvaro Pereira do Nascimento, "Do cativeiro ao mar: Escravos na Marinha de Guerra". *Estudos Afro-asiáticos*, Rio de Janeiro, n. 38, pp. 1-25, 2000.

24. Lino, africano livre, petição de emancipação, 17 nov. 1856, AN, Diversos SDH, cx. 782, pc. 3.

25. Tertuliano e Catarina, petição de emancipação, 27 jan. 1857, AN, GIFI 6D-136.

26. Hilário 2º e Carolina, do Arsenal de Guerra, petição de emancipação, 8 jun. 1856, AN, Diversos SDH, cx. 782, pc. 3; Onofre e Susana, do Arsenal de Guerra, petição de emancipação, 28 out. 1856, AN, Diversos SDH, cx. 782, pc. 3.

27. Desidério, mina, petição de emancipação, 4 jun. 1855, AN, Diversos SDH, cx. 782, pc. 3. Itálicos meus.

28. Jerningham para Clarendon, 9 abr. 1856, reproduzida em Christie, *Notes on Brazilian Questions*, pp. 223-4. Ver também a ajuda de Howard ao africano livre Cláudio em Christie, *Notes on Brazilian Questions*, pp. 41-3.

29. Inácio Oanba, petição de emancipação, 10 jun. 1864, AN, IJ6 523; Severino Congo, Paula Congo, Agda Rebola, Sabino Benguela, Carolina Quelimane, Eusébio Benguela, Luísa Samba e Inácio Oanba, petição coletiva de emancipação, 1º abr. 1856, AN, Diversos SDH, cx. 782, pc. 3; Ministério da Justiça, aviso de emancipação, 17 jun. 1864, AN, IJ6 16. O registro de sua primeira emancipação está em AN, cód. 184, v. 4.

30. Minas Quelimane, pedido de entrega de carta de emancipação, 15 jan. 1856, AN, Diversos SDH, cx. 782, pc. 2.

31. "Resolução de 20 dez. 1859 — Sobre os africanos livres que estão em serviço de estabelecimentos públicos". Caroatá (Org.), *Imperiais resoluções*, pp. 842-3. v. 1. Itálico meu.

32. William D. Christie tratou com ironia esse argumento, mostrando que foi usado com recorrência no diálogo travado entre representantes diplomáticos sobre a emancipação dos africanos livres ao longo de mais de uma década. Christie, *Notes on Brazilian Questions*, pp. 40-2.

33. Narcisa Cassange, pedido de entrega de carta de emancipação, 18 jan. 1856, AN, Diversos SDH, cx. 782, pc. 3.

34. Antônio Thomaz de Godoy para Thomaz Nabuco de Araújo, 1º out. 1856, AN, Diversos SDH, cx. 782, pc. 3.

35. Ver, por exemplo, Ministério da Justiça para Casa de Correção, AN, IJ6 15. Os avisos do Ministério da Justiça nesse período estão recheados de transferências de africanos entre instituições públicas.

36. Lobato para chefe de Polícia da Corte, 4 jun. 1861, AN, IJ6 15; Lobato para chefe de Polícia da Corte, 26 dez. 1861, AN, IJ6 15.

37. Lobato para chefe de Polícia, 6 ago. 1861, e Lobato para chefe de Polícia,

5 out. 1861, AN, IJ6 15. É possível que isso só se aplicasse a africanos com patronos influentes.

38. Lobato para presidente da província de Alagoas, 31 out. 1861, e Lobato para chefe de Polícia, 31 out. 1861, AN, IJ6 15.

39. Viscondessa de Sepetiba, pedido de recolhimento da africana emancipada Delfina à Casa de Correção, fev. 1857, AN, GIFI 6D-136.

40. Carolina, pedido de licença para residir em Petrópolis, 14 jan. 1858, AN, IJ6 523.

41. Episódio descrito no cap. 3.

42. Cyro Mina, petição de emancipação, 22 mar. 1855, AN, Diversos SDH, cx. 782 pc. 2-3.

43. Eram eles: André Mina, Heitor Nagô, Bento Mina e Augusto Nagô. André Mina, petição de emancipação, 17 mar. 1856, AN, Diversos SDH, cx. 782, pc. 3; Avisos de emancipação de Bento Mina e Augusto Nagô, 22 out. 1860, AN, IJ6 15.

44. Atestado de Pedro Ferreira de Oliveira em André Mina, petição de emancipação, 17 mar. 1856, AN, Diversos SDH, cx. 782 pc. 3.

45. A nota, datada de 22 mar. 1856, está anexada à correspondência endereçada por Peçanha ao Ministério da Justiça quatro dias depois, e reunida em Cyro Mina, petição de emancipação, 22 mar.1855, AN, Diversos SDH, cx. 782, pc. 2.

46. Todos os africanos da costa ocidental eram chamados de "minas" no Rio de Janeiro, mas, de acordo com Karasch, na década de 1840, "mina assumira um significado adicional no Rio: o de orgulhosos, indômitos e corajosos muçulmanos de língua árabe que eram escravos alfabetizados, inteligentes, capacitados e cheios de energia — e que trabalhavam duro para comprar sua liberdade". Karasch, *A vida dos escravos*, p. 64; João José Reis; Beatriz G. Mamigonian, "Nagô and Mina: The Yoruba diaspora in Brazil". In: Toyin Falola; Matt Childs (Orgs.), *The Yoruba Diaspora in the Atlantic World*. Bloomington: Indiana University Press, 2004, p. 99-105.

47. O chefe de Polícia, Cansansão de Sinimbu, que mais tarde viria a ser ministro da Justiça, se convenceu de que "tudo quanto ambicionava era obter a sua emancipação, e a posse de seus filhos, um dos quais meteu logo na escola, e o outro entregou à pessoa que dele curasse [sic], visto ser de muito tenra idade". Relatando ao ministro Nabuco de Araújo, Sinimbu acrescentou que "ficou na persuasão que quaisquer que fossem os motivos de desinteligência entre esse africano e o concessionário de seus serviços, tudo estava concluído pelo gozo da liberdade e a aquisição dos filhos", Sinimbu para Nabuco de Araújo, 11 abr. 1856 em Cyro Mina, petição de emancipação, 22 mar. 1855, AN, Diversos SDH, cx. 782, pc. 2. O registro da carta de Cyro está em AN, Série Livros de Notas, 3º Ofício da

Corte, livro 15, p. 20, 27 mar. 1856. Agradeço a Manolo Florentino pela cessão dos registros notariais de africanos livres.

48. José de Moraes Silva, pedido de restituição do africano livre Carlos, 7 jan. 1856, AN, Diversos SDH, cx. 782, pc. 2; José Thomaz Nabuco de Araújo para presidente da província do Pará, 16 jan. 1856, AN, Diversos SDH, cx. 782, pc. 2. A chegada de Honório e Laudelino ao Pará foi confirmada pela correspondência oficial do presidente da província publicada no *Treze de Maio* (Pará), 13 nov. 1855. Agradeço a Cláudia Fuller por me enviar as referências aos africanos livres feitas nos jornais do Pará. Ver também Patricia Sampaio, "Escravidão e liberdade: Notas de pesquisa sobre o mundo do trabalho indígena e africano". III Encontro Escravidão e Liberdade no Brasil Meridional, 2007, Florianópolis. *Anais...* Florianópolis: UFSC, 2007.

49. Justiça para chefe de Polícia, 22 ago. 1861, AN, IJ6 15.

50. Patrícia Sampaio, "Educação, trabalho e diversidade étnica: Educandos artífices e africanos livres na Amazônia, século XIX". In: Wilma de Nazaré Bahia Coelho e Mauro Cézar Coelho (Orgs.), *Trajetórias da diversidade na Educação: Formação, patrimônio e identidade*. São Paulo: Livraria da Física, 2012, pp. 19-50.

51. José Thomaz Nabuco de Araújo para presidente da província do Amazonas, 30 set. 1856, AN, IJ6 468. Aparentemente, mais seis seguiram depois; Bahia para Ministério da Justiça, 30 jul. 1864, AN, IJ6 469; Pernambuco para Ministério da Justiça, 5 ago. 1864, AN, IJ6 469. Um dos africanos livres enviados da Bahia faleceu por afogamento, num aparente suicídio, pois se jogou do barco.

52. Correção para Justiça, 27 jun. 1864, AN, IJ6 469; Francisco de Paula de Negreiros Saião Lobato para José Joaquim de Siqueira, 18 set. 1861, AN, IJ6 468; presidente da província do Pará para presidente da província do Amazonas, 16 out. 1861, *Treze de Maio* (Pará), parte oficial, 26 out. 1861, p. 4. Ironicamente, o transporte dos africanos "emancipados" para o Pará foi pago por recursos do fundo em que foram recolhidos seus salários. Justiça para ministro da Fazenda, 25 set. 1861, AN, IJ6 15.

53. Ministro da Justiça para ministro de Estrangeiros, 30 nov. 1861, AN, IJ6 15; W. D. Christie para Francisco de Paula de Negreiros Saião Lobato, 19 maio 1862, AN, IJ6 469; documento interno do Ministério da Justiça de 16 jun. 1862, com parecer de 14 mar. 1863, AN, IJ6 469.

54. Sinimbu para presidente da província do Amazonas, 14 ago. 1862, AN, IJ6 468; documento interno ao Ministério da Justiça, mar.-abr. 1863, AN, IJ6 469.

55. A lista está anexa a Adolfo de B. C. de A. Sousa para Zacarias Góis e Vasconcelos, 29 jul. 1864, AN, IJ6 469.

9. A QUESTÃO CHRISTIE E A "QUESTÃO DOS AFRICANOS LIVRES" [pp. 360-399]

1. Interrogatório de José Batista Martins de Sousa Castelões em 22 dez. 1860. Averiguações sobre a condição de Júlio Moçambique, 1860. AN, GIFI 5E-280.
2. Id.
3. Auto de perguntas feitas a Júlio Moçambique em 22 dez. 1860. Averiguações sobre a condição de Júlio Moçambique, 1860. AN, GIFI 5E-280. Itálicos meus.
4. Pedro de Alcântara Sardenberg era advogado listado no *Almanak Laemmert* de 1860, atendendo na rua do Hospício, 16A. Não era o Pedro de Alcântara da rua das Marrecas que ajudou Carolina Conga; *Almanak Administrativo, Mercantil e Industrial da Corte da Província do Rio de Janeiro para o ano de 1860*. Rio de Janeiro: Eduardo e Henrique Laemmert, 1860, p. 502.
5. Avisos do Ministério da Justiça de 1º fev. 1862 e 27 set. 1861, respectivamente, AN, IJ6 15.
6. "Mapa dos africanos existentes na Casa de Correção da Corte em 31 dez. 1861", Relatório do Diretor da Casa de Correção da Corte, João Estêvão da Cruz, anexo ao *Relatório do Ministério da Justiça apresentado pelo ministro Francisco de Paula de Negreiros Saião Lobato*. Rio de Janeiro: Typographia Nacional, 1862.
7. "Depósito dos africanos livres", Relatório do Diretor da Casa de Correção da Corte anexo ao *Relatório do Ministério da Justiça pelo Ministro e Secretário de Estado João Lustosa da Cunha Paranaguá*. Rio de Janeiro: Typographia Nacional, 1860.
8. Aureliano Cândido Tavares Bastos, *Cartas do solitário: Estudos sobre reforma administrativa, ensino religioso, africanos livres, trafico de escravos, liberdade da cabotagem, abertura do Amazonas, communicações com os Estados Unidos, etc.* 2. ed. Rio de Janeiro: Typographia da Actualidade, 1863, p. 90.
9. Id., p. 91.
10. Id., p. 99.
11. Os artigos de Francisco Otaviano, de julho de 1862, foram republicados em nota da segunda edição do livro de Tavares Bastos (pp. 100-6).
12. A pioneira análise da crise com a Inglaterra como associada ao problema da escravidão foi feita por Richard Graham em "Os fundamentos da ruptura de relações diplomáticas entre o Brasil e a Grã-Bretanha em 1863. A 'Questão Christie'". *Revista de História*, São Paulo, v. 24, n. 49, pp. 117-38; jan.-mar. 1862 (parte I) e *Revista de História*, São Paulo, v. 24, n. 50, pp. 379-402, abr.-jun. 1962 (parte II). O quadro de Vítor Meireles, *Estudo para a questão Christie* (c. 1864, 47,2 x 69,3 cm), está na coleção do Museu Nacional de Belas Artes e foi reproduzido em Jorge

Coli; Monica Xexéo (Orgs.), *Vitor Meireles: Um artista do Império*. Rio de Janeiro: Museu Nacional de Belas Artes; Museu Oscar Niemeyer, 2004, p. 90.

13. Para um dos poucos relatos sobre a Comissão Mista de reparações, ver Manchester, *Preeminência inglesa no Brasil*, pp. 229-34.

14. José Honório Rodrigues (Org.), *Atas do Conselho de Estado*. Brasília: Senado Federal, 1973, sessão de 20 de outubro de 1862, 319-31. v. 5: 1847-1864.

15. Relatório da Repartição dos Negócios Estrangeiros que tinha de ser apresentado à Assembleia Geral Legislativa na 3ª sessão da 13ª legislatura pelo respectivo ministro e secretário de Estado marquês de Abrantes. Rio de Janeiro: Typographia Universal de Laemmert, 1863, anexo 1, pp. 190-2.

16. Hansard's Parliamentary Debates, Third Series, v. CLXIX, 6 mar. 1863, p. 1136; v. CLXXII, 16 jul. 1863, p. 928; *The Globe and Traveller*, 6 jul. 1863 e 7 jul. 1863.

17. "Correspondence Respecting Liberated Slaves in Brazil", British House of Commons Accounts and Papers, 1863, LXXIII.365.

18. Hansard's Parliamentary Debates, Third Series, v. CLXXVI, 12 jul. 1864, pp. 1377-88

19. Christie, *Notes on Brazilian Questions*.

20. *Correio Mercantil*, ed. de 16 e 17 ago. 1864, p. 1. Ver também *Correio Mercantil*, 22 ago. 1864, p. 2.

21. A pintura ficou em formato de "estudo". Ver Beatriz G. Mamigonian, "Building the Nation, Selecting Memories: Vitor Meireles, the Christie Affair and Brazilian Slavery in the 1860s". In: Myriam Cottias; Marie-Jeanne Rossignol (Orgs.), *Distant Ripples of the British Abolitionist Wave? Africa, Asia, and the Americas*. Trenton, NJ: Africa World Press Tubman Institute Series, 2017, pp. 236-64.

22. Ver os avisos praticamente idênticos expedidos para as presidências das províncias de Minas Gerais, Santa Catarina, Bahia, Pernambuco, Amazonas, Mato Grosso, São Paulo, Rio Grande do Sul, Espírito Santo, Paraná e Ceará entre 16 jul. 1864 e 2 ago. 1864, AN, IJ6 16.

23. "Decreto 3310 — Emancipação dos Africanos Livres", 24 set. 1864. *Coleção das leis do Império do Brasil*, pp. 160-1.

24. Azevedo, *Orfeu de carapinha*, pp. 35-77.

25. Matrícula de africanos emancipados, AESP, E 01487.

26. O diretor se queixava das dificuldades enfrentadas pelos africanos na viagem e do abandono que sofreram em São Paulo, onde alguns faleceram na Santa Casa de Misericórdia. Ofício do diretor Antônio Mariano de Azevedo para o presidente da província de São Paulo, João Crespiniano Soares, 20 jul. 1865, AESP CO 5535. Agradeço a Joseli Mendonça a indicação desse documento.

27. A descrição a seguir provém de uma combinação de fontes, desde regis-

tros de emancipação na chegada até listas produzidas em Ipanema e Itapura. Ver Zacarias Góes e Vasconcelos para juiz de órfãos, 25 jun. 1864, AN, IJ6 16; "Relação nominal dos africanos livres, maiores e menores, extrahida do livro de matrícula dos mesmos, organizada em julho de 1849, declarando os que actualmente existem nesta Fábrica, os que tiverão destinos e os que falleceram", 27 out. 1851, AESP, lata 5216; Silva, "Itapura: estabelecimento naval e colônia militar", p. 105; Lista dos africanos emancipados do *Orion*, AN, cód. 184, v. 3.

28. Camilo Lelis e Silva para José Joaquim Fernandes Torres, 16 jul. 1858, lata 268 n. 1063, AESP; Camilo Lelis e Silva para José Joaquim Fernandes Torres, 13 ago. 1858, lata 268, n. 1063, AESP.

29. Silva, "Itapura: Estabelecimento naval e colônia militar", pp. 102-7; Sinimbu, Ministério da Justiça para Ministério da Marinha, 21 dez. 1863, AN IJ6 16; "Correspondence Respecting Liberated Slaves in Brazil", British House of Commons Accounts and Papers, 1863, LXXIII. 365.

30. Augusto Neto de Mendonça, "Viagem de exploração aos rios Iguatemy, Escopil e Ivinheima", anexo ao Relatório que tinha que ser apresentando à Assembleia Geral Legislativa na 3ª sessão da 11ª legislatura pelo ministro e secretário de Estado dos Negócios da Marinha, o chefe de divisão Joaquim Raimundo de Lamare. Rio de Janeiro: Typographia Perseverança, 1863, p. 1.

31. Carta de emancipação de Antônio Benguela, 4 jul. 1868, AESP, E 1487 — Matrícula dos africanos emancipados.

32. Antônio José Vitorino de Barros para diretor-geral interino, 5 out. 1864, AHI, lata 239, maço 1. O manuscrito, "A questão dos africanos livres", mencionado por Barros não foi anexado aos seus comentários, mas provavelmente se trata do mesmo documento obtido pela legação britânica, cuja cópia foi enviada anexada a Hunt para Russell, 10 mar. 1865, FO 84/1244.

33. Na cultura política europeia da era moderna, usava-se a figura da hidra para remeter a desordem e resistência, e também ao perigo representado pelas massas populares; Peter Linebaugh; Marcus Rediker, *A hidra de muitas cabeças: Marinheiros, escravos, plebeus e a história oculta do Atlântico revolucionário*. São Paulo: Companhia das Letras, 2008; Sacramento Blake, *Dicionário bibliográfico brasileiro*, p. 234. v. 1.

34. Antônio José Vitorino de Barros para diretor-geral interino, 5 out. 1864, AHI, lata 239, maço 1.

35. "Relação de todos os africanos livres que até a presente data ainda se acham sob a responsabilidade dos particulares a quem foram confiados extraídos em o mês de março de 1860", em FO 128/48 fs. 290-28. Agradeço a Daryle Williams por partilhar essa listagem. Christie cita uma lista com 1301 nomes que recebeu de Jernignham em 1860; Christie, *Notes on Brazilian Questions*, pp. 43-5.

36. Relatório anexo a Hunt para Russell, 10 mar. 1865, listas anexas a Hunt para Russell, 22 mar. 1865, FO 84/1244; foram publicadas em *Accounts and Papers of the House of Commons*, LVI (27) (1865), Class B Correspondence relating to the Slave Trade from January 1 to December 31, 1864 (Appendix), pp. 288-290 (relatório) e 292-319 (listagens nominais). Sobre o pagamento para Reginaldo Freire, Hunt para Russell, 22 mar. 1865, FO 84/1244.

37. *Relatório do Ministério da Justiça apresentado... pelo ministro e secretário José Thomaz Nabuco de Araújo*, Rio de Janeiro: Typographia Universal de Laemmert, 1866, p. 10. De fato, o presidente da província de São Paulo mencionou a circular de 26 de outubro na correspondência impressa aos juízes de órfãos de toda a província solicitando "uma relação dos africanos livres compreendidos no Termo de sua jurisdição, importados nesta Província ou a ela remetidos da Corte, declarando em casas distintas — quantos e quais foram distribuídos às repartições públicas e aos particulares; quais e quantos existem, evadiram-se, faleceram, foram emancipados e bem assim a data da emancipação tanto de uns como de outros, e o número das cartas que ainda não foram entregues, e a razão que há para isto". AESP CO 5450 — Juízo de Órfãos, presidente da província de São Paulo para o juiz de órfãos da capital, 7 nov. 1865.

38. Alex Gonçalves Varela, "Um manuscrito inédito do naturalista e político Martim Francisco Ribeiro de Andrada", *História, Ciências, Saúde — Manguinhos*. Rio de Janeiro, v. 14, n. 3, pp. 973-90, 2007.

39. *Relatório do Ministério da Justiça apresentado... pelo ministro e secretário de Estado Martim Francisco Ribeiro de Andrada*. Rio de Janeiro: Typographia do Correio Mercantil, 1867, p. 6.

40. *Relatório do Ministério da Justiça apresentado... pelo ministro e secretário de Estado Martim Francisco Ribeiro de Andrada*. Rio de Janeiro: Typographia Perseverança, 1868, p. 16.

41. *Relatório do Ministério da Justiça apresentado pelo... ministro e secretário de Estado José Martiniano de Alencar*, Rio de Janeiro: Typographia Progresso, 1869, p. 134.

42. *Relatório do Ministério da Justiça apresentado pelo... Ministro e Secretário de Estado Joaquim Octavio Nebias*, Rio de Janeiro: Typographia do Diário do Rio de Janeiro, 1870, p. 8.

43. O cálculo das porcentagens levou em conta os dados parciais, que somam 11 006.

44. Mary Karasch utilizou esse mesmo material para calcular a mortalidade dos africanos, separados por carregamento e sexo, mas não discutiu diferenças relativas ao local de trabalho ou à duração do tempo de serviço: Karasch, *A vida dos escravos*, p. 150-1.

45. Os destinos dos africanos desse grupo não diferiam muito do conjunto dos africanos da matrícula apresentado no relatório de 1869. Havia menos indivíduos cujo destino era desconhecido e mais falecidos, proporcionalmente.

46. Avisos de emancipação emitidos pelo Ministério da Justiça entre 1859 e 1864, AN IJ6 15 e IJ6 16. A série está incompleta: não foram encontrados os avisos emitidos entre outubro de 1862 e novembro de 1863, comprometendo os totais para todo o segundo semestre de 1862 e todo o ano de 1863. O segundo semestre de 1864 está completo: nenhum aviso foi registrado nesses livros depois de 20 de outubro de 1864.

47. De 414 concessionários que tinham 771 africanos livres, 78% eram homens e 22%, mulheres.

48. Karasch, *A vida dos escravos*, pp. 447-9.

49. Na província do Rio de Janeiro, os africanos emancipados foram enviados para Angra dos Reis, Itaboraí, Vassouras, Magé, Cabo Frio, São João do Príncipe ou Niterói. Ver AN, IJ6 15 e IJ6 16. De um total de 990 avisos, 167 tinham condições para a emancipação e, desses, 38% ordenavam mudança dentro da província, 7% mudança para fora da província, 3% a volta à África, 18% autorizavam o africano a ficar na Corte e 30% não estabeleciam condições ou indicavam que seriam fixadas posteriormente.

50. Chalhoub, *Visões da liberdade*; Luiz Felipe de Alencastro, "Proletários e escravos: Imigrantes portugueses e cativos africanos no Rio de Janeiro, 1850--1872". *Novos Estudos — Cebrap*, São Paulo, n. 21, pp. 30-56, 1988.

51. Livro de registro das cartas de emancipação concedidas a africanos livres (1864-1866), Departamento Estadual Arquivo Público (PR); agradeço a Ivone Vieira por ceder a transcrição desse documento. Ver também Márcia E. de Campos Graf, "A lei e a prática: A propósito dos 'africanos livres'". In: XIV Reunião da Sociedade Brasileira de Pesquisa Histórica, 1994, Salvador. *Anais*... Salvador, pp. 169-173; Márcia E. de Campos Graf, "Cartas de emancipação a africanos livres", *Revista da Sociedade Brasileira de Pesquisa Histórica*, n. 9, pp. 73-5, 1994. Juvenal Greenhalgh confirma a remessa de africanos livres indesejáveis para o Paraná em 1855. Ver: Greenhalgh, *O Arsenal de Marinha*, p. 174. v. 2.

52. Cit. em Eduardo Spiller Pena, *O jogo da face: A astúcia escrava frente aos senhores e à lei na Curitiba provincial*. Curitiba: Aos Quatro Ventos, 1999, p. 94.

53. Id., p. 96.

54. Relatório do diretor da Casa de Correção, anexo ao Relatório do Ministério da Justiça apresentado à Assembleia Geral Legislativa na 4ª sessão da 12ª legislatura pelo respectivo ministro e secretário de Estado José Thomaz Nabuco de Araújo. Rio de Janeiro: Typographia Universal de Laemmert, 1866, p. 5.

55. Agostinho Marques Perdigão Malheiro, "Ilegitimidade da propriedade

constituída sobre o escravo". *Revista do Instituto da Ordem dos Advogados Brasileiros*, Rio de Janeiro, t. II, n. 4, pp. 144-5, 1863; ver Pena, *Pajens da Casa Imperial*, pp. 286. Pena também discute os contatos de Perdigão Malheiro com Tavares Bastos a respeito da abolição gradual.

56. Perdigão Malheiro, *A escravidão no Brasil*, parte 3, "Africanos", pp. 32--53, pp. 63-70; Christie, *Notes on Brazilian Questions*, pp. 24-25.
57. Perdigão Malheiro, id., p. 69.
58. Perdigão Malheiro, id., p. 71; Pena, *Pajens da Casa Imperial*, p. 288.

10. REGISTROS DA ESCRAVIDÃO E DA LIBERDADE [pp. 400-455]

1. Auto de perguntas feitas ao preto Felipe, 22 dez. 1855, processo do preto Felipe, 1855, Arquivo do Estado de São Paulo (AESP), CO 5451, Juízo de Órfãos, n. 13312. As citações a seguir provêm desse processo.
2. Relatório apresentado à Assembleia Geral Legislativa na sessão ordinária de 1840 pelo ministro e secretário de Estado dos Negócios Estrangeiros Caetano Maria Lopes Gama. Rio de Janeiro: Typographia Nacional, 1840, pp. 5-6.
3. Sobre o Valongo, em especial até a proibição do tráfico em 1830, ver Rodrigues, *De costa a costa*, pp. 297-319.
4. Martha Abreu relata que os festejos do Divino e da Aclamação de Pedro II tomaram o Campo de Santana por quase dois meses e que a agitação dos escravos era sentida. Martha Abreu, *O império do Divino: Festas religiosas e cultura popular no Rio de Janeiro, 1830-1900*. Rio de Janeiro: Nova Fronteira, 1999, p. 225.
5. Para Michael Pollak, os acontecimentos vividos pela coletividade passam a pertencer à memória de uma pessoa a partir da identificação com o grupo. Ver: Michael Pollak, "Memória e identidade social", *Estudos Históricos*, Rio de Janeiro, v. 5, n. 10, p. 201, 1992.
6. Sentença do juiz Francisco da Costa Carvalho, 18 fev. 1856, Processo do preto Felipe. Enidelce Bertin discute esse mesmo processo, chegando a interpretação diferente; Bertin, "Os meia-cara: Africanos livres em São Paulo no século XIX". São Paulo: USP, 2006, pp. 128-30. Tese (Doutorado em História Social).
7. Processo do africano livre Joaquim, 1857, AESP, CO 5451, Juízo de Órfãos, processo n. 10488. As citações seguintes provêm desse processo.
8. Thomas Davatz, *Memórias de um colono no Brasil*. São Paulo: Itatiaia; Edup, 1980.
9. Autos de crime por insurreição contra Sebastião Maria, Pelotas, 1863, Arquivo Público do Rio Grande do Sul (APERS), processo 5307, maço 121, estante

31. Agradeço a Maria Angélica Zubarán a cessão de cópia desse documento. A citação seguinte vem desse mesmo processo.

10. Roger Costa da Silva, "Histórias de crimes envolvendo escravos e libertos em Pelotas (1845-1888)". In: IV Encontro Escravidão e Liberdade no Brasil Meridional, 2009, Curitiba. Anais... Curitiba: UFPR, 2009.

11. Howard para Clarendon, 9 nov. 1854, transcrito em Christie, *Notes on Brazilian Questions*, pp. 219-20.

12. Encontro relatado em Christie, *Notes on Brazilian Questions*, pp. 83-4; o projeto de Silveira da Mota proibindo vendas de escravos em leilão e a separação de famílias tramitou entre junho de 1860 e maio de 1861 no Senado e foi rejeitado; foi reapresentado em maio de 1862 e aprovado no mês seguinte. Passou anos tramitando na Câmara. Sidney Chalhoub mostra que a prática de leiloar pessoas tidas por escravas como bens do evento foi frequente na década de 1860; Chalhoub, *A força da escravidão*, pp. 227-76.

13. Sales para Nabuco de Araújo, 14 set. 1865, AN, GIFI 5B-280; Nabuco de Araújo para Sales, 15 set. 1865, AN, GIFI 5B-280.

14. Petição de emancipação de Henriqueta Benguela, 25 jun. 1864, AN, GIFI 5E-130. O caso é discutido, sob um ângulo ligeiramente diferente, por Sidney Chalhoub, *A força da escravidão*, pp. 203-206.

15. Keila Grinberg, "Reescravização, direitos e justiças no Brasil do século XIX". In: Silvia H. Lara; Joseli M. Mendonça (Orgs.). *Direitos e justiças no Brasil*. Campinas: Editora da Unicamp; Cecult, 2006, p. 110.

16. Gaspar Silveira Martins era bacharel em direito formado em São Paulo em 1856 e, desde 1859, juiz municipal da 2ª Vara da Corte, cargo que acumulava com o de deputado provincial do Rio Grande do Sul. Oriundo de família de estancieiros da região de fronteira com o Uruguai, "de tradição liberal farroupilha", no fim da década de 1860 integraria o Clube Radical do Rio de Janeiro. Em discurso na Assembleia Legislativa do Rio Grande do Sul, defendeu a inversão do ônus da prova em um caso de escravização de pessoa livre em 1862. Ver Monica Rossato, "Relações de poder na região fronteiriça platina: Família, trajetória e atuação política de Gaspar Silveira Martins". Santa Maria: UFSM, 2014, pp 93-4, Tese (Mestrado em História); Helga Iracema Landgraf Piccolo (Org), *Coletânea de discursos parlamentares da Assembleia Legislativa da Província de São Pedro do Rio Grande do Sul*. Porto Alegre: Assembleia Legislativa do Estado do Rio Grande do Sul, 1998, pp. 614-5. vol 1. 1835-1889.

17. Aviso de emancipação de Henriqueta Benguela, Zacarias Góes e Vasconcelos para Luís de Assis Mascarenhas, 2 jul. 1864, AN, IJ6 16.

18. "A africana livre Henriqueta e o exmo. sr. dr. chefe de polícia", *Jornal do Commercio*, 12 jul. 1864, p. 1; Christie, *Notes on Brazilian Questions*, p. 50.

19. "Repartição de Polícia". *Diário Oficial do Império*, 8 out. 1862, p. 2, e 10 out. 1863, p. 4.

20. "Repartição de Polícia". *Diário Oficial do Império*, 10 abr. 1863, p. 3; 18 jun. 1863, p. 4; 2 out. 1867, p. 4; 22 fev. 1863, p. 4.

21. Anúncio no *Jornal do Commercio*, 7 set. 1868, p. 4, repetido em 14 set. 1868. No primeiro, dizia-se que ele costumava declarar-se "forro", no segundo, "livre".

22. Esse episódio é discutido em Judy Bieber Freitas, "Slavery and Social Life: Attempts to Reduce Free People to Slavery in the Sertão Mineiro, Brazil, 1850-1871". *Journal of Latin American Studies*, Cambridge, v. 26, n. 3, pp. 597--619, p. 618, 1994.

23. José de Almeida Martins Costa para José Francisco Cardoso, 24 jul. 1860, DEAP-PR, AP 0093, v. 9, p. 184. A menção a um hipotético acordo diplomático é muito interessante e talvez derive do entendimento que se teve acerca do estatuto dos africanos depois da crise com a Inglaterra em 1850-1.

24. Delegacia de Polícia do termo de Cimbres para presidência da província de Pernambuco, 4 jun. 1867, APEJE/PE, Polícia Civil, v. 100.

25. Recenseamento Geral do Império de 1872, província de Pernambuco, p. 175. Do bacharel, só se sabe que em 1881 foi nomeado juiz municipal de São Bento, Pernambuco. *A Pacotilha*, Maranhão, 23 nov. 1881, p. 3.

26. Luís Ferreira Maciel Pinheiro a Antônio da Costa Pinto e Silva, 29 set. 1868, Arquivo Histórico do Rio Grande do Sul (AHRS), Justiça, Promotor Público, maço 42 (Santo Antônio da Patrulha). O caso foi tratado em Paulo R. Staudt Moreira, "Um promotor fora de lugar: Justiça e escravidão no século XIX (comarca de Santo Antônio da Patrulha, 1868)". *Textura*, Canoas, n. 10, pp. 39-47, 2004.

27. Luís Ferreira Maciel Pinheiro a Antônio da Costa Pinto e Silva, 6 out. 1868, AHRS, Justiça, maço 42.

28. Chalhoub, *A força da escravidão*, pp. 105-8.

29. Beatriz Mamigonian; Keila Grinberg, "Le crime de réduction à l'esclavage d'une personne libre (Brésil, XIXe siècle)". *Brésil(s). Sciences Humaines et Sociales*, n. 11, 2017.

30. Benvenuto Augusto de Magalhães Taques para o promotor público da comarca do Cabo, 17 abr. 1858, APEJE, Registro de Ofícios 43/1, fl. 8v; Paulo Martins de Almeida, promotor, para Antônio Marcelino Nunes Gonçalves, 5 mar. 1862, correspondência dos promotores com a presidência da província de Pernambuco, v. 5, APEJE, fl. 154, e Benvenuto Augusto de Magalhães Taques para o promotor público de Rio Formoso, 3 dez. 1862, APEJE, Registro de Ofícios 43/1, fl. 56.

31. Sumário de culpa por redução de pessoa livre à escravidão, réus Pedro

da Silva Pereira e Vicente José da Silva, 1858, Fórum Documenta Comarca do Rio das Mortes, Universidade Federal de São João del Rei (FDCRM-UFSJ), Acervo do Fórum de Oliveira, OLC 00017.

32. Processo-crime, réu Belarmino Francisco Barbosa, 1857, FDCRM-UFSJ, Acervo do Fórum de Oliveira, OLC 00973; recurso de condenação por redução de pessoa livre à escravidão, réu Belarmino Francisco Barbosa, 1858, FDCRM-UFSJ, Acervo do Fórum de Oliveira, OLC 00972.

33. André Lamas para visconde de Maranguape, 20 set. 1858, *Relatório da Repartição dos Negócios Estrangeiros apresentado por João Lins Vieira Cansansão de Sinimbu*. Rio de Janeiro: Typographia de Laemmert, 1860, Anexo Q, pp. 22-3.

34. Keila Grinberg, "Fronteiras, escravidão e liberdade no sul da América". In: Keila Grinberg (Org.), *As fronteiras da escravidão e da liberdade no Sul da América*, Rio de Janeiro: Sette Letras, 2013, p. 7-24.

35. "Consulta de 4 de abril de 1854 — Extradição de escravos refugiados em território peruano". *Conselho de Estado — Consultas da Seção dos Negócios Estrangeiros*. Brasília: Câmara dos Deputados, 1981, pp. 124-9. v. 4.

36. "Resolução de 10 de maio de 1856 — A respeito dos escravos que entram no Império, vindos de países estrangeiros". In: Caroatá (Org.), *Imperiais resoluções*, pp. 599-601. v. 1. Sobre a importância dessa leitura da Lei de 1831, ver Keila Grinberg; Rachel Silveira Caé, "Escravidão, fronteira e relações diplomáticas Brasil-Uruguai, 1840-1860". *Africana Studia*, Porto, v. 14, pp. 275-85, 2010.

37. Sobre esses casos, ver Albuquerque, *O jogo da dissimulação*, pp. 47-81; Chalhoub, *A força da escravidão*, pp. 211-25.

38. Retomo aqui o argumento e algumas passagens do meu artigo "O Estado nacional e a instabilidade da propriedade escrava: A Lei de 1831 e a matrícula dos escravos de 1872". *Almanack*, Guarulhos, n. 2, pp. 20-37, 2011.

39. "Parecer de 22 de junho de 1863". In: *O Conselho de Estado e a política externa do Império: Consultas da Seção dos Negócios Estrangeiros: 1863-1867*. Brasília: Funag, 2007, p. 42.

40. *Falas do trono, Desde o ano de 1825 até 1889*. Coligidas pela Secretaria da Câmara dos Deputados. São Paulo: Melhoramentos, 1977, p. 374.

41. José Honório Rodrigues (Org.), *Atas do Conselho de Estado*. 13 v. Brasília: Senado Federal, 1978. v. 6: pp. 171-263; v. 7: pp. 431-66; v. 8: pp. 3-41.

42. "Redução de pessoas livres à escravidão". Relatório da 3ª seção, Ministério da Justiça, 30 abr. 1870, AN, IJ6 510, fls. 17-17v.

43. Angela Alonso, *Joaquim Nabuco*. São Paulo: Companhia das Letras, 2007; Vamireh Chacon, "Introdução". In: José Thomaz Nabuco de Araújo, *O Centro Liberal*. Brasília: Senado Federal, 1979.

44. Rui Barbosa, *Obras completas de Rui Barbosa. Primeiros trabalhos*. Rio

de Janeiro: Ministério da Educação e Saúde, 1951, pp. 171-3. v. 1, t. 1. Eduardo Silva discute o protagonismo de Rui Barbosa na leitura radical do significado da Lei de 1831 para o fim da escravidão. Ver Eduardo Silva, *As camélias do Leblon e a abolição da escravatura: Uma investigação de história cultural.* São Paulo: Companhia das Letras, 2003; pp. 52-57.

45. Parecer e projeto de lei sobre o Elemento Servil formulado pela Comissão Especial da Câmara designada em maio 1870. ACD, 16 ago. 1870, p. 167.

46. AS, sessão de 26 set. 1871, p. 249.

47. Id., p. 250.

48. Id., p. 250.

49. "Resolução de 28 out. 1874 — Sobre o ofício do presidente da província do Rio Grande do Norte relativo a diversos africanos contemplados no inventário do finado Inácio de Albuquerque Maranhão, senhor do engenho Belém que alegando em seu favor a disposição dos artigos 1º da lei de 7 de novembro de 1831 e 9º do decreto de 12 de abril de 1832 reclamam por sua liberdade". Caroatá (Org.), *Imperiais resoluções*. v. 2: 1721-5.

50. "Resolução de 28 out. 1874", pp. 1723-4, itálicos do original.

51. "Resolução de 28 out. 1874", p. 1724, itálicos do original.

52. "Rio Grande do Norte". *Diário do Rio de Janeiro*, p. 2, 23 ago. 1874.

53. Para a disputa do herdeiro com o juiz, ver "Rio Grande do Norte. Ao Exmo. sr. Barão de Cotegipe", *Jornal do Commercio*, Rio de Janeiro, p. 6, 25 maio 1877; "Rio Grande do Norte. Felicitação falsa", *Jornal do Commercio*, Rio de Janeiro, p. 2, 23 ago. 1877; "Câmara dos Deputados, sessão de 8 de junho de 1877, discurso do dr. Gomes da Silva", *Brado Conservador*, Assu, RN, pp. 1-2, 27 jul. 1877.

54. "Liberdade do africano importado depois da lei de 7 de novembro de 1831". *Gazeta Jurídica*, v. 16, pp. 442-51, cit. p. 448, 1877.

55. Spiller, *Pajens da Casa Imperial*, pp. 88-91.

56. "Liberdade do africano importado depois da lei de 7 de novembro de 1831". *Gazeta Jurídica*, v. 16, pp. 442-51, cit. p. 442, 1877. Itálicos do original.

57. Id., nota p. 449.

58. "Prova da liberdade, presunção". *Gazeta Jurídica*, v. 10, pp. 90-101, 1876; "Liberdade: Proibição do tráfego". *Gazeta Jurídica*, v. 10, pp. 102-6, 1876.

59. ACD, 22 nov. 1880, pp. 308-18 e reimpresso em "Os africanos livres e a Lei de 7 de novembro de 1831", *Jornal do Commercio*, 10 jul. 1883, p. 3.

60. Luiz Gama, "Questão jurídica". *O Abolicionista*, 1º maio 1881, pp. 71-4; 1º jun. 1881, p. 88; 1º jul. 1881, pp. 105-6.

61. *Gazeta de Notícias*, 22 jan. 1881, p. 2.

62. Matt Childs, "A Case of 'Great Unstableness': A British Slaveholder and

Brazilian Abolition", *The Historian*, v. 60, n. 4 (1998), pp. 717-40; Courtney J. Campbell, "'Tinha apenas em vista chamar a atenção': Joaquim Nabuco, os abolicionistas britânicos e o caso de Morro Velho" In: Severino Albuquerque (Org.), *Conferências sobre Joaquim Nabuco: Joaquim Nabuco em Wisconsin*. Rio de Janeiro: Bem-te-vi, 2010, pp. 381-405.

63. *Manifesto da Sociedade Brasileira contra a Escravidão*. Rio de Janeiro: Typ. de Leuzinger, 1880, p. 16.

64. *O Abolicionista*, edição fac-similar organizada por Leonardo Dantas Silva, Recife: Fundação Joaquim Nabuco; Massangana, 1988.

65. José do Patrocínio, *Gazeta de Notícias*, 6 set. 1880, reproduzido em *Campanha abolicionista: Coletânea de artigos*. Rio de Janeiro: Biblioteca Nacional, 1996, p. 25.

66. Ver Robert W. Slenes, "Grandeza ou decadência? O mercado de escravos e a economia cafeeira da província do Rio de Janeiro, 1850-1888", In: Iraci del Nero da Costa (Org.). *Brasil: História econômica e demográfica*. São Paulo: IPE-USP, 1986, pp. 103-55.

67. José do Patrocínio, *Gazeta de Notícias*, 21 fev. 1881, reproduzido em *Campanha abolicionista: Coletânea de artigos*, Rio de Janeiro: Biblioteca Nacional, 1996, p. 37.

68. "Uma revelação", *Gazeta da Tarde*, 8 nov. 1883, p. 1.

69. "Semana política", *Gazeta da Tarde*, 16 maio 1885, p. 1.

70. *Abolição imediata e sem indenização*, panfleto n. 1. Rio de Janeiro: Typ. Central de Evaristo R. da Costa, 1883, p. 14.

71. AS, Sessão de 26 jun. 1883, pp. 295; Evaristo de Morais, *A campanha abolicionista (1879-1888)*. 2. ed. Brasília: Editora da UnB, 1986, p. 156.

72. AS, sessão de 27 jun. 1883, p. 299.

73. AS, sessão de 27 jun. 1883, p. 301.

74. Antônio Joaquim Macedo Soares, "A lei de 7 de novembro de 1831 está em vigor" (Cabo Frio, 7 set. 1883) e "O Conselho de Estado e a Lei de 7 de novembro de 1831" (Cabo Frio, 2 set. 1884). In: *Campanha jurídica pela libertação dos escravos (1867-1888)*. Rio de Janeiro: José Olympio, 1938, pp. 28-72; 75-85.

75. Amphilóphio B. Freire de Carvalho, sentença no processo de Antônio e Rufino, Juízo de São João da Barra, 8 out. 1883, reproduzida em *O Direito*, v. 32pp. 568-85, 1883. Sobre o papel de Amphilóphio na campanha abolicionista baiana, ver Jailton Brito, *A abolição na Bahia, 1870-1888*. Salvador: Centro de Estudos Baianos, 2003, pp. 259-60 e Ricardo Tadeu Caíres Silva, "O resgate da lei de 7 de novembro de 1831 no contexto abolicionista baiano", *Estudos Afro-Asiáticos*, Rio de Janeiro, v. 29, n. 1-2-3, pp. 301-40, 2007. Os editoriais de Elpídio de Mesquita no *Diário da Bahia* dão conta da difusão do tema da ilegalidade do

tráfico no debate público fora do Rio; ver Elpídio de Mesquita, *Africanos livres*. Bahia: Typ. dos Dois Mundos, 1886.

76. Macedo Soares, *Campanha jurídica pela libertação dos escravos*, p. 155.

77. Apelação cível n. 4806, *O Direito*, v. 35, pp. 556-9, 1884.

78. Rui Barbosa, *Emancipação dos escravos: parecer formulado pelo deputado Ruy Barbosa como relator das Comissões reunidas de orçamento e justiça civil*, Rio de Janeiro: Typographia Nacional, 1884, p. 100. Sobre a discussão de legitimidade e legalidade, ver Joseli M. N. Mendonça, *Entre a mão e os anéis: A lei dos sexagenários e os caminhos da abolição no Brasil*. Campinas: Editora da Unicamp, 1999, pp. 137-220.

79. Lei n. 3270, de 28 de setembro de 1885, *Coleção das leis do Império do Brasil*, 1885, pp. 14-20.

80. Rui Barbosa, "Conferência proferida no Rio de Janeiro em 7 de novembro de 1885". In: _____. *Escritos e discursos seletos*, Rio de Janeiro: Nova Aguilar, pp. 273-9.

81. Evaristo de Morais, *A campanha abolicionista*, pp. 167-71, p. 370, n. 151.

82. Decisão do ministro da Fazenda Rui Barbosa, 14 dez. 1890, transcrita em Américo Jacobina Lacombe; Eduardo Silva; Francisco de Assis Barbosa, *Rui Barbosa e a queima dos arquivos*. Rio de Janeiro: Fundação Casa de Rui Barbosa, 1988, p. 114.

EPÍLOGO: O BAOBÁ DE PAPARY, A MEMÓRIA E A HISTÓRIA DA ABOLIÇÃO DO TRÁFICO [pp. 456-463]

1. Walter Benjamin, "Magia e técnica, arte e política". In: *Obras escolhidas*. Trad. Sergio Paulo Rouanet. São Paulo: Brasiliense, 1994. v. 1.

2. Luís da Câmara Cascudo, "O baobá de Papary", *A República*, Natal, 22 jan. 1941.

3. "Resolução de 28 out. 1874". Caroatá (Org.), *Imperiais resoluções*, v. 2, pp. 1721-5; "Liberdade do africano importado depois da lei de 7 de novembro de 1831", *Gazeta Jurídica*, v. 16, pp. 442-51, 1877. Ver seção no cap. 10.

Fontes

MANUSCRITAS
ARQUIVO NACIONAL (RIO DE JANEIRO)
Fundo Junta do Comércio, Agricultura, Fábricas e Navegação
Códice 184 — v. 1, Comissão Mista brasileira e inglesa para a supressão do tráfico da escravatura — registro de oficios e ordens, 1819-40.
Códice 184 — v. 2, Protocolo de conferências da Comissão Mista, 1819-38.
Códice 184 — v. 3, Emancipados da escuna *Emília*, 1821.
Códice 184 — v. 4, Cartas de emancipação de africanos, 1839-40

Série Justiça — Gabinete do Ministro
IJ1 168 — Justiça — Registro de Avisos, 1º fev. 1834 - 30 abr. 1835.
IJ1 885 — Correspondência do Ministério da Justiça com províncias.
IJ1 886 — Correspondência do Ministério da Justiça com províncias.
IJ1 936 — Correspondência do Ministério da Justiça com províncias.

Série Justiça — Polícia, Escravos, Moeda Falsa, Africanos
IJ6 15 — Tráfico de africanos — Registro de avisos a diversas autoridades, 4ª seção, 1859-62.
IJ6 16 — Africanos livres — Registro de avisos a diversas autoridades, 1863-5.
IJ6 165 — Secretaria de Polícia da Corte, ofícios com anexos, 1831-2.
IJ6 194 — Secretaria de Polícia da Corte, ofícios com anexos, 1839.
IJ6 467 — Africanos — Cartas de libertação e mapas de falecimento, 1831-63.

IJ6 468 — Ofícios do chefe de Polícia e Casa de Correção sobre africanos, 1834--64.
IJ6 469 — Ofícios de diversas autoridades sobre africanos, 1824-64.
IJ6 471 — Ofícios, relações e processos sobre africanos livres, 1834-64.
IJ6 510 — Tráfico de africanos, relatório 1869-70.
IJ6 523 — Ofícios e processos sobre africanos livres, 1833-64.
IJ6 524 — Africanos — Cartas de libertação, 1845-64.

Fundo Ministério da Justiça e Negócios Interiores
Diversos — Caixas SDH, caixa 782, ofícios de ministros 1826-40; pedidos de cartas de emancipação de escravos, 1854-7, pacotes 1, 2 e 3.

Fundo Polícia da Corte
Códice 363 — Despesas da administração dos libertos da escuna *Emília*, 1821.
Códice 399 — Assentos referentes aos africanos remetidos para a Casa de Correção, 1834-6.

Documentação identificada
GIFI 6D-136
GIFI 6H-11
GIFI 5E-130
GIFI 5E-280

Fundo Auditoria Geral da Marinha
BR RJANRIO 0B.0.0.1 — Processo de apresamento e arrecadação dos objetos pertencentes ao bergantim nacional *Sagaz* que foi incendiado pela tripulação (1850).
BR RJANRIO 0B.0.0.2, v.1 — Processo de apreensão do iate *Rolha* e de uma garoupeira com 212 africanos; pelo vapor de guerra *Urânia*, no porto de Macaé, RJ (1850).
BR RJANRIO 0B.0.0.2, v.2 — Traslado dos autos de apreensão do iate *Rolha* e de uma garoupeira com 212 africanos, pelo vapor de guerra *Urânia*, no porto de Macaé, RJ (1850).
BR RJANRIO 0B.0.0.2, v.3 — Autos de perguntas e mais diligências procedidas acerca do crime de contrabando de africanos constantes da presa feita do iate *Rolha*, com 212 africanos, no porto de Macaé, RJ (1850).
BR RJANRIO 0B.0.0.3 — Autos de perguntas e averiguações acerca do contrabando de africanos apreendidos na garoupeira *Santo Antônio Brilhante* (1850).

BR RJANRIO 0B.0.0.4, v.1 — Autos de apreensão do bergantim *Catão*, por contrabando de africanos (1850).

BR RJANRIO 0B.0.0.5, v.2 — Autos de interrogatórios procedidos acerca da importação de quatro africanos boçais na barca francesa *Tourville* (1850).

BR RJANRIO 0B.0.0.6, v.1 — Processo de presa feita pelo vapor de guerra *Urânia*, de um iate com 291 africanos nos mares da ilha Grande, RJ 1850.

BR RJANRIO 0B.0.0.6, v.2 — Traslado do processo de presa feita pelo vapor de guerra *Urânia*, de 291 africanos (1850).

BR RJANRIO 0B.0.0.6, v.3 — Autos de averiguação e interrogatórios dos presos do iate apresado pelo vapor de guerra *Urânia*, com 291 africanos nos mares da ilha Grande, RJ (1851).

BR RJANRIO 0B.0.0.7, v.1 — Processo de presa feita na ilha de Marambaia (RJ), de 199 africanos que constava terem sido recentemente ali desembarcados (1851).

BR RJANRIO 0B.0.0.7, v.2 — Traslado da sentença do processo contra um patacho com carregamento de africanos, encalhado no dia 5 fev. 1851 nas costas de Marambaia, RJ (1851).

BR RJANRIO 0B.0.0.10, v.1 — Processo da presa feita em Itapemirim (ES), de um palhabote denominado *Segundo*, empregado no tráfico de africanos (1851).

BR RJANRIO 0B.0.0.12 — Traslado-ofício do processo da presa, feita em Itabapoana (RJ), pelo delegado de Itapemirim (ES), de 121 africanos (1851).

BR RJANRIO 0B.0.0.13 — Processo da presa feita em Cananeia (SP) de um brigue-barca denominado *Trenton, Edelmonda* ou *Lembrança*, por se empregar no tráfico de africanos (1851),

BR RJANRIO 0B.0.0.14 — Processo de presa da sumaca *Tentadora*, por contrabando de africanos (1852).

BR RJANRIO 0B.0.0.20 — Processo bergantim *Antipático*.

BR RJANRIO 0B.0.0.23 — Apreensão de um patacho, encalhado na ilha de Marambaia (RJ), no dia 11 fev. 1851, com mais de 450 africanos e outros objetos pela corveta *Bertioga*, vapor *Golfinho* e a escuna *Andorinha* (1851).

Fundo Inventários
Inventários post-mortem

Fundo Supremo Tribunal de Justiça
Revista Cível. Recorrente Caetano Congo, recorrido Manuel Pedro de Alcântara Ferreira e Costa (1844-7) — antiga notação: Corte de Apelação, Escravos, Rio de Janeiro, caixa 3694, processo 20.

Série Livros de Notas
Livros de Notas dos 2º, 3º e 4º Ofícios do Rio de Janeiro (1840-64).

ARQUIVO HISTÓRICO DO ITAMARATY (RIO DE JANEIRO)
Coleções especiais, comissões mistas, lata 62, maço 1, pasta 1; lata l maço 5 (escuna *Americana*); lata 10, maço 2, pasta 1; lata 51, maço 4; lata 13, maço 1 (escuna *Emília*).
Lata 239, maço 1.
Coleção Penedo.

BIBLIOTECA NACIONAL
Seção de Manuscritos. II-34, 25, 11, "Representação dos presos existentes nos trabalhos da Casa de Correção" (2 mar. 1841).

ARQUIVO HISTÓRICO DO EXÉRCITO
AHEX, RQ JJ-256-6281

ARQUIVO PÚBLICO DO ESTADO DO RIO DE JANEIRO
Fundo da Presidência da Província, Diretoria de Obras Públicas Provincial. not. 0432, cx. 0159.
Fundo Presidência da Província. Diretoria de Obras Públicas Provincial. not. 0140, cx 041, maço 2.

ARQUIVO GERAL DA CIDADE DO RIO DE JANEIRO
Documentos sobre a escravidão e mercadores de escravos (1777-1831).

ARQUIVO DO ESTADO DE SÃO PAULO
CO 5215 — Fábrica de Ferro de Ipanema (1840-8).
CO 5216 — Fábrica de Ferro de Ipanema (1849-79).
Cx. 268, n. 1063 — Ofícios diversos do Itapura (1858-65).
Cx. 7715 — Avisos vindos do Ministério da Justiça (1824-33).
CO 5450 — Juiz de órfãos, São Paulo.
CO 5451 — Juiz de órfãos, São Paulo.

Cx. 5535 — Escravos (1843-88).
E 1487 — Matrícula de africanos emancipados.

ARQUIVO DO TRIBUNAL DE JUSTIÇA DE SÃO PAULO
Autos de interrogatório, Amaro e outros africanos, 2º Ofício Civil da capital, cx. 75 (1871).

DEPARTAMENTO ESTADUAL DE ARQUIVO PÚBLICO (PARANÁ)
Livro de registro das cartas de emancipação concedidas a africanos livres (1864-6).
Registro da Correspondência da Presidência da Província, AP 0093, v. 9, p. 184.

ARQUIVO PÚBLICO DO RIO GRANDE DO SUL
Processo 5307, maço 121, estante 31. Autos crime por insurreição contra Sebastião Maria, Pelotas (1863).

ARQUIVO HISTÓRICO DO RIO GRANDE DO SUL
Justiça, promotor público, maço 42.

ARQUIVO PÚBLICO ESTADUAL JORDÃO EMERENCIANO (RECIFE)
Polícia Civil, v. 100.
Registro de Ofícios, 43/1.
Correspondência dos Promotores com a Presidência da Província de Pernambuco, v. 5.

ARQUIVO PÚBLICO DO ESTADO DA BAHIA
Presidência da Província, Seção de Arquivo Colonial e Provincial, Judiciário, maço 2880-1, mapas de escravos livres (1849-64).
Correspondências para o governo imperial, maço 681.
Pareceres n. 143.
Escravos, maço 2885.

ARQUIVO PÚBLICO DO ESTADO DE ALAGOAS
Cx. Curador de Africanos
Cx. 1099 — Chefe de Polícia.

FÓRUM DOCUMENTA COMARCA DO RIO DAS MORTES, UNIVERSIDADE FEDERAL DE SÃO JOÃO DEL-REI
Acervo do Fórum de Oliveira
OLC 00017 — Sumário de culpa por redução de pessoa livre à escravidão, réus Pedro da Silva Pereira e Vicente José da Silva (1858).
OLC 00973 — Processo-crime, réu Belarmino Francisco Barbosa (1857).
OLC 00972 — Recurso de condenação por redução de pessoa livre à escravidão, réu Belarmino Francisco Barbosa (1858).

ARQUIVO DO SENADO FEDERAL (BRASÍLIA)
Cx. 31, maço 3, pasta 4.
Cx. 42, maço 1, pasta 24.
Cx. 54, maço 1, pasta 16.

ARQUIVO DA CÂMARA DOS DEPUTADOS, SEÇÃO DE DOCUMENTOS HISTÓRICOS
Atas das sessões secretas, A 1850-E.

ARQUIVO NACIONAL DA TORRE DO TOMBO
Ministério dos Negócios Estrangeiros, cx. 541.

NATIONAL ARCHIVES OF GREAT BRITAIN
FO 84 — Foreign Office Slave Trade Series (em parte consultada na Biblioteca Dana Porter da Universidade de Waterloo, Canadá).
FO 420/11 — Confidential Print. Correspondence respecting the Slave Trade of Brazil.
FO 420/25 — Confidential. Part II, Correspondence respecting Anglo Brazilian Claims (1867-75).
FO 128/48 — Brazil, General Correspondence.

FO 131/7 — Foreign Office: Consulates, Brazil: Miscellanea. Slave Trade, Mixed Commission, etc., Miscellaneous Papers.

IMPRESSAS

ABOLIÇÃO imediata e sem indenização, panfleto n. 1. Rio de Janeiro: Typ. Central de Evaristo R. da Costa, 1883.

ACTAS e termos das sessões e deliberações da administração da Santa Casa de Misericórdia do Rio de Janeiro nos annos de 1840 a 1850. Rio de Janeiro: Typographia do Jornal do Commercio, de Rodrigues & C., 1915.

ALMANAK Administrativo Mercantil e Industrial da Corte e Província do Rio de Janeiro, Rio de Janeiro: Eduardo e Henrique Laemmert, 1851, 1856 e 1860.

ANDRADA E SILVA, José Bonifácio de. "Representação à Assembleia Geral Constituinte e Legislativa do Império do Brasil sobre a escravatura" e "Apontamentos para a civilização dos índios bravos do Império do Brasil". In: DOLHNIKOFF, Miriam (Org.). Projetos para o Brasil. São Paulo: Companhia das Letras; Publifolha, 2000. pp. 23-41, 47-77.

_____. A Abolição: Reimpressão de um opúsculo raro de José Bonifácio sobre a emancipação dos escravos no Brasil. Rio de Janeiro: Lombaerts, 1884.

_____. Memoir Addressed to the General, Constituent and Legislative Assembly of the Empire of Brazil on Slavery! Trad. do português por William Walton. Londres: Butterworth, 1826.

_____. Representação à Assembleia Geral Constituinte e Legislativa do Império do Brasil sobre a escravatura. Paris: Typographia de Firmin Didot, 1825.

_____. Representação à Assembleia Geral Constituinte e Legislativa do Império do Brasil sobre a escravatura. Rio de Janeiro: Typographia de J. E. S. Cabral, 1840.

_____. Representação à Assembleia Geral Constituinte e Legislativa do Império do Brasil sobre a escravatura. Ceará: Typographia Cearense, 1851.

ANDRADA, Antonio Carlos Cesar de Mello (Org.), Consultas do Conselho de Estado sobre negócios concernentes ao Ministério da Marinha. Rio de Janeiro: Typographia Perseverança, 1868. v. 1 (1842-50).

AVÉ LALLEMANT, Robert. Viagem pelo Norte do Brasil. Rio de Janeiro: Instituto Nacional do Livro, 1961. 2 v.

BARBOSA, Rui. "Conferência proferida no Rio de Janeiro em 7 de novembro de 1885". In: _____. Escritos e discursos seletos, Rio de Janeiro: Nova Aguilar, 1997.

_____. Emancipação dos escravos: Parecer formulado pelo deputado Ruy Barbosa como relator das Comissões reunidas de orçamento e justiça civil. Rio de Janeiro: Typographia nacional, 1884.

BARBOSA, Rui. *Obras completas de Rui Barbosa. Primeiros trabalhos*. Rio de Janeiro: Ministério da Educação e Saúde, 1951. v. 1, t. 1.

BLAKE, Augusto Victorino Alves Sacramento (Org.). *Dicionário bibliográfico brasileiro*. Rio de Janeiro: Tipografia Nacional, 1883-1902. 7 v.

BONAVIDES, Paulo; AMARAL, Roberto (Orgs.). *Textos políticos da história do Brasil*, 3 ed.. Brasília: Senado Federal, 2002. 10 v.

CALDEIRA, Jorge (Org.). *Diogo Antônio Feijó*. São Paulo: Ed. 34, 1999.

CARNEIRO DA CUNHA, Manuela (Org.). *Legislação indigenista no século XIX*. São Paulo: Edusp; Comissão Pró-Índio São Paulo, 1992.

CAROATÁ, José Próspero da Silva (Org.), *Imperiais resoluções tomadas sobre consultas da seção de Justiça do Conselho de Estado*. Rio de Janeiro, Garnier, 1884. 2 v.

CARVALHO, José Murilo de (Org.). *Visconde do Uruguai*. São Paulo: Ed. 34, 2002.

CHRISTIE, W. D. *Notes on Brazilian Questions*. Londres: Macmillan, 1865.

CLÁUDIO, Afonso. *Insurreição do Queimado*. 2 ed. Vitória: Edufes, 1999.

CONSTITUIÇÃO de Cádiz, 1812.

CONSELHO *de Estado — Consultas da Seção dos Negócios Estrangeiros*. Brasília: Câmara dos Deputados, 1978-81. 4 v.

DAVATZ, Thomas. *Memórias de um colono no Brasil*. São Paulo: Itatiaia; Edusp, 1980.

DICIONÁRIO *Histórico Biográfico das Ciências da Saúde no Brasil (1832-1930)*. Disponível em: http://www.dichistoriasaude.coc.fiocruz.br.

DOCUMENTOS do Acervo da Assembleia do Estado de São Paulo. In: *Acervo Histórico*, São Paulo, n. 3, 2005.

FALAS *do trono, desde o ano de 1825 até 1889*. Coligidas pela Secretaria da Câmara dos Deputados, São Paulo: Melhoramentos, 1977.

FIGUEIREDO, Luciano Raposo, *Marcas de escravos: Lista de escravos emancipados vindos a bordo de navios negreiros, 1839-1841*. Rio de Janeiro: Arquivo Nacional, 1990.

KIDDER, Daniel; FLETCHER, James C. *Brazil and the Brazilians*. Filadélfia: Childs & Peterson, 1857.

MACEDO SOARES, Antônio Joaquim. *Campanha jurídica pela libertação dos escravos (1867-1888)*. Rio de Janeiro: José Olympio, 1938.

MANIFESTO *da Sociedade Brasileira Contra a Escravidão*. Rio de Janeiro: Typ. de Leuzinger, 1880.

MATOSO CÂMARA, Eusébio de Queirós Coutinho. *Questão do tráfico*. Rio de Janeiro: Typ. Imp. e Const. de J. Villeneuve E. C, 1852.

"MEMÓRIA estatística do Império do Brasil". *Revista do Instituto Histórico e Geográfico do Brasil*, ano 58, n. 1, 1895, pp. 91-9.

MESQUITA, Elpídio de. *Africanos livres*. Bahia: Typ. dos Dois Mundos, 1886.

MORAIS, Evaristo de. *A campanha abolicionista (1879-1888)*. 2 ed. Brasília: Editora da UnB, 1986.

O ABOLICIONISTA. Recife: Fundação Joaquim Nabuco/Editora Massangana, 1988. Ed. fac-similar org. por Leonardo Dantas Silva.

O CONSELHO DE ESTADO e *a política externa do Império: Consultas da Seção dos Negócios Estrangeiros: 1863-1867*. Brasília: Funag, 2007.

ORDENAÇÕES FILIPINAS, livro I.

PARANHOS, José Maria da Silva. *Cartas ao amigo ausente*. Rio de Janeiro: Ministério das Relações Exteriores, 1953.

PATROCÍNIO, José do. *Campanha abolicionista: Coletânea de artigos*. Rio de Janeiro: Biblioteca Nacional, 1996.

PERDIGÃO, Agostinho Marques. "Ilegitimidade da propriedade constituída sobre o escravo". *Revista do Instituto da Ordem dos Advogados Brasileiros*, Rio de Janeiro, t. II, n. 4, 1863.

_____. *A escravidão no Brasil: Ensaio histórico-jurídico-social*. Rio de Janeiro: Tipografia Nacional, 1866-7. 3 v. v. 3.

PEREIRA DA SILVA, João Manuel. *Inglaterra e Brasil: Tráfego de escravos, por um deputado*. Rio de Janeiro: Typographia do Brasil, 1845.

RECENSEAMENTO Geral do Império de 1872.

RODRIGUES, José Honório (Org.). *Atas do Conselho de Estado*. Brasília: Senado Federal, 1978. 13 v.

SCULLY, W. *Brazil: Its Provinces and Chief Cities, the Manners and Customs of the People*. Londres: Murray & Co., 1866.

SOARES, Caetano Alberto. *Memória para melhorar a sorte de nossos escravos*. Rio de Janeiro: Typ. Imparcial de Francisco de Paulo Brito, 1847.

SOARES DE SOUSA, Paulino José. "Três Discursos do ilmo. e exmo. sr. Paulino José Soares de Sousa, ministro dos Negócios Estrangeiros". Rio de Janeiro: Typ. Imp. e Const. de Villeneuve, 1852.

SYSTHEMA *de Medidas Adoptáveis para a Progressiva e Total Extinção do Tráfico e da Escravatura no Brasil*. Rio de Janeiro: Typographia do Philanthropo, 1852.

TAVARES BASTOS, Aureliano Cândido. *Cartas do solitário*: Estudos sobre reforma administrativa, ensino religioso, africanos livres, trafico de escravos, liberdade da cabotagem, abertura do Amazonas, communicações com os Estados Unidos, etc. 2 ed. Rio de Janeiro: Typographia da Actualidade, 1863.

TRANSATLANTIC Slave Trade Database. Disponível em: <www.slavevoyages.org>.

TURNBULL, David. *The Jamaica Movement for Promoting the Enforcement of the Slave Trade Treaties and the Suppression of the Slave Trade prepared at the request of the Kingston Committee*. Londres: Charles Gilpin, 1850.

[VARNHAGEN, Francisco Adolfo de]. *Memorial orgânico que à consideração das assembleias gerais e provinciais do Império apresenta um brasileiro*, Madri: Imprenta de la V. de D. R. Joaquin Dominguez, 1849.

VARNHAGEN, Francisco Adolfo de. *Memorial orgânico, Segunda Parte*, Madri: Imprensa da Viúva de D. R. Domingues, 1850.

VON MARTIUS, Karl Friedrich. "Como se deve escrever a História do Brasil". *Revista do Instituto Histórico e Geográfico Brasileiro*, n. 6, pp. 381-403, 1844; 2ª ed., pp. 389-411.

PERIÓDICOS

A Pacotilha (Maranhão) (1881)
A República (Natal) (1941)
Brado Conservador (Natal) (1877)
Correio Mercantil (1852, 1864)
Diário Oficial do Império (1862-1867)
Diário do Rio de Janeiro (1874)
Gazeta do Rio de Janeiro (1821)
Gazeta de Notícias (1880, 1881)
Gazeta da Tarde (1883, 1885)
Gazeta Jurídica (1876, 1877)
Jornal do Commercio (Rio de Janeiro) (1845, 1851, 1868, 1877, 1883)
O Brasil (1850)
O Direito (1883)
O Philantropo (1849-1852)
The British and Foreign Anti-Slavery Reporter (1841, 1848, 1849)
The Globe and Traveller (1863)
Treze de Maio (Pará) (1855, 1861)

DEBATES PARLAMENTARES, RELATÓRIOS E LEGISLAÇÃO BRASILEIRA
Anais da Assembleia Constituinte (1823)
Anais da Câmara dos Deputados (1827-80)
Anais do Senado (1827-83)
Coleção das Leis do Império (1808-85)
Relatórios do Ministério da Justiça (1835-70)
Relatórios do Ministério de Estrangeiros (1834-63)
Relatórios do Ministério da Marinha (1844-63)
Relatório da Presidência da Província do Rio de Janeiro (1857)
Relatórios da Presidência da Província da Bahia (1852-62)

HOUSE OF COMMONS PARLIAMENTARY PAPERS

Correspondence relating to the Slave Trade, Class A (from British Commissioners, Vice-Admiralty Courts and Naval Officers) e Class B (with British Ministers and Agents at Foreign Countries and Foreign Ministers in England) (1832-1864).

Negroes. Return to an address to His Majesty from the House of Commons; dated 3d July 1820; for copies of the several returns annually made by the collectors of the customs, in the several West Indian islands, of the names, numbers, state and condition of all negroes that have been apprenticed, in pursuance of the directions of the order in council, for carrying into effect the abolition of the slave trade, 1821, (61), XXIII.

Further papers relating to the slave trade, 1822 (175) III.

Papers relating to Liberated Africans located in the Colony of Sierra Leone, 1826 (389) XXVI.

Captured negroes at Demerara. Report of Commissioners Sir C. W. Burdett and Mr. Kinchela, 1826-7 (464).

Papers relating to captured negroes. Appendix to Mr. Gannon's report on the state and condition of apprenticed Africans at Antigua, 1826-7 (553) II.

Correspondence respecting the treatment of liberated Africans, 1840 (224).

A return showing the total number of African negroes landed for the purposes of slavery on the islands and on the continent of America from the year 1815 to the year 1843, both inclusive", House of Commons Parliamentary Papers, 1845 (416), v. XLIX.

Papers relating to the Convention between Great Britain and Brazil on the Slave Trade, 1845 (559), v. XLIX.

First Report from the Select Committee on the Slave Trade, Parliamentary Papers, 1849 (308), 14.

Fourth Report from the Select Committee on the Slave Trade, Parliamentary Papers 1847-8 (623).

Report from the Select Committee on the Slave Trade Treaties, Parliamentary Papers 1852-3 (920), v. XXXIX (1).

Accounts and Papers, 1863, v. LXXIII (365).

Accounts and Papers, 1865, v. LVI (27).

HOUSE OF LORDS PARLIAMENTARY PAPERS

Sessional Papers, v. XI, Slave Trade correspondence, 1845.

Sessional Papers, v. XVI, Slave Trade correspondence, 1846.

Report from the Select Committee of the House of Lords, session 1849. Parliamentary Papers 1849 (53), 83-4.

Report from the Select Committee of the House of Lords, Session 1850. Parliamentary Papers, 1850 (590), v. IX (585).

FOREIGN OFFICE

British and Foreign State Papers, 1826-52.

DEBATES PARLAMENTARES BRITÂNICOS

Hansard's Parliamentary Debates, First Series, v. XXVIII (1814); Third Series, v. CLXIX (1863); v. CLXXII (1863); Third Series, v. CLXXVI (1864).

Referências bibliográficas

ABREU, Martha. "O caso Bracuhy". In: CASTRO, Hebe Maria Mattos de; SCHNOOR, Eduardo (Orgs.) *Resgate: Uma janela para o Oitocentos*. Rio de Janeiro: Topbooks, 1995, pp. 165-95.

_____. *O império do divino: Festas religiosas e cultura popular no Rio de Janeiro, 1830-1900*. Rio de Janeiro: Nova Fronteira, 1999.

ADDERLEY, Rosanne Marion. "'A Most Useful and Valuable People?': Cultural, Moral and Practical Dilemmas in the Use of Liberated African Labour in the Nineteenth-Century Caribbean". *Slavery and Abolition*, Londres, v. 20 n. 1, pp. 59-80, 1999.

_____. *"New Negroes from Africa": Slave Trade Abolition and the Free African Settlement in the Nineteenth-Century Caribbean*. Bloomington: Indiana University Press, 2006.

AJAYI, J. F. A. de. "Samuel Ajayi Crowther of Oyo". In: CURTIN, Philip (Org.). *Africa Remembered: Narratives by West Africans from the Era of the Slave Trade*. Madison: University of Wisconsin Press, 1967, pp. 289-316.

ALBUQUERQUE, Wlamyra. *O jogo da dissimulação: Abolição e cidadania negra no Brasil*. São Paulo: Companhia das Letras, 2009.

ALENCASTRO, Luiz Felipe de. "La traite négrière et l'unité nationale brésilienne". *Revue Française d'Histoire d'Outre-Mer*, Paris, t. 66, n. 244-5, pp. 395-417, 1979.

_____. Luiz Felipe de. "Proletários e escravos: Imigrantes portugueses e cativos africanos no Rio de Janeiro. 1850-1872". *Novos Estudos Cebrap*, São Paulo, n. 21, p. 30-56, 1988.

ALONSO, Angela. *Joaquim Nabuco*. São Paulo: Companhia das Letras, 2007.

ALVES, J. L. "A questão do elemento servil: a extincção do tráfico e a lei de repressão de 1850. Liberdade dos nascituros". *Revista do Instituto Histórico e Geográfico Brasileiro*, Rio de Janeiro, tomo especial dedicado ao Primeiro Congresso de História Nacional, parte IV, pp. 189-257, 1914.

ANDERSON, Richard et al. "Using African Names to Identify the Origins of Captives in the Transatlantic Slave Trade: Crowd Sourcing and the Registers of Liberated Africans, 1808-1862", *History in Africa*, Cambridge, v. 40 n. 1, pp. 165-91, 2013.

ANDRADE, Maria José de Souza. *A mão de obra escrava em Salvador, 1811-1860*. São Paulo: Corrupio; CNPq, 1988.

ANSTEY, Roger. *The Atlantic Slave Trade and British Abolition, 1760-1810*. Londres: Macmillan, 1975.

ARAÚJO, Valdei Lopes (Org.). *Teófilo Ottoni e a Companhia do Mucuri: A modernidade possível*. Belo Horizonte: Arquivo Público Mineiro, 2007.

ASIEGBU, J. U. J. *Slavery and the Politics of Liberation, 1787-1861: A Study of Liberated African Emigration and British Anti-Slavery Policy*. Nova York: Africana Publishing Corp., 1969.

AZEVEDO, Elciene. *O direito dos africanos: Lutas jurídicas e abolicionismo na província de São Paulo*. Campinas: Ed. da Unicamp, 2010.

_____. *Orfeu de carapinha: A trajetória de Luiz Gama na imperial cidade de São Paulo*. Campinas: Ed. da Unicamp; Cecult, 1999.

BEATTIE, Peter M. *Tributo de sangue: Exército, honra, raça e nação no Brasil, 1864--1945*. Trad. Fábio D. Joly. São Paulo: Edusp, 2009.

_____. *Punishment in Paradise: Race, Slavery, Human Rights, and a Nineteenth--Century Brazilian Penal Colony*. Durham: Duke University Press, 2015.

BEIGUELMAN, Paula. "A extinção do tráfico negreiro no Brasil, como problema político". *Revista de Ciência Política*, São Paulo, n. 1, pp. 13-34, 1967.

_____. *Formação política do Brasil*. 2 ed. São Paulo: Pioneira, 1976.

BENJAMIN, Walter. "Magia e técnica, arte e política". In: *Obras escolhidas*. Trad. Sergio Paulo Rouanet. São Paulo: Brasiliense, 1994. v. 1.

BERGAD, Laird W. *Escravidão e história econômica: Demografia de Minas Gerais, 1720-1888*. Bauru: Edusc, 2004.

BETHELL, Leslie. "The Mixed Commissions for the Suppression of the Transatlantic Slave Trade in the Nineteenth Century". *Journal of African History*, Cambridge, v. 7, n. 1, pp. 79-93, 1966.

_____. *A abolição do comércio brasileiro de escravos: A Grã-Bretanha, o Brasil e a questão do comércio de escravos, 1808-1869.* 2 ed. Brasília: Editora do Senado Federal, 2002.

BEZERRA NETO, José Maia. "O africano indesejado: Combate ao tráfico, segurança pública e reforma civilizadora (Grão-Pará, 1850-1860), *Afro-Ásia*, Salvador, n. 44, pp. 171-217, 2011.

BORUCKI, Alex. "The 'African Colonists' of Montevideo: New Light on the Illegal Slave Trade to Rio de Janeiro and the Rio de la Plata (1830-1842)". *Slavery & Abolition*, Londres, v. 30 n. 3, pp. 427-44, 2009.

BRITO, Jailton. *A abolição na Bahia, 1870-1888.* Salvador: Centro de Estudos Baianos, 2003.

BROWN, Christopher L. *Moral Capital: Foundations of British Abolitionism.* Chapel Hill: University of North Carolina Press, 2006.

BUCKLEY, Roger N. *Slaves in Red Coats: The British West India Regiments, 1795--1815.* New Haven: Yale University Press, 1979.

_____. *The British Army in the West Indies: Society and the Military in the Revolutionary Age.* Gainesville: Florida University Press, 1998.

BURIN, Eric. "'If the rest stay, I will stay; if they go, I will go': How Slaves' Familial Bonds Affected American Colonization Society Manumissions". In: BRANA--SHUTE, Rosemary; SPARKS, Randy J. (Orgs.) *Paths to Freedom: Manumission in the Atlantic World*; Columbia: University of South Carolina Press, pp. 291-307, 2009.

CAMPBELL, Courtney J. "'Tinha apenas em vista chamar a atenção': Joaquim Nabuco, os abolicionistas britânicos e o caso de Morro Velho". In: ALBUQUERQUE, Severino (Org.) *Conferências sobre Joaquim Nabuco: Joaquim Nabuco em Wisconsin.* Rio de Janeiro: Bem-te-Vi, 2010, pp. 381-405.

CARNEIRO DA CUNHA, Manuela (Org.) *História dos índios no Brasil,* 2 ed. São Paulo: Fapesp; Companhia das Letras; Secretaria Municipal de Cultura, 1998.

_____. *Negros, estrangeiros: Os escravos libertos e sua volta à África.* 2 ed. São Paulo: Companhia das Letras, 2012.

CARNEIRO, David. *A história do incidente Cormorant.* Curitiba: Ed. da Municipalidade de Paranaguá, 1950.

CARTER, Marina; GOVINDEN, V.; PEERTHUM, Satyendra. *The Last Slaves: Liberated Africans in 19th Century Mauritius.* Cassis: Crios, 2003.

CARVALHO, Marcus J. M. *Liberdade: Rotinas e rupturas do escravismo, Recife 1822--1850.* Recife: Ed. Universitária da UFPE, 1998.

_____. "O desembarque nas praias: O funcionamento do tráfico de escravos depois de 1831". *Revista de História,* São Paulo, n. 167, p. 223-60, 2012.

_____. "O patacho *Providência,* um navio negreiro: Política, justiça e redes depois da lei antitráfico de 1831". *Varia Historia*, Belo Horizonte, v. 30, n. 54, p.777-806, 2014.

CARVALHO, Marcus J. M.; CÂMARA, Bruno A. D. "A Insurreição Praieira". *Almanack Braziliense*, São Paulo. n. 8, p. 5-38, 2008.

CESARINO JR., Antonio Ferreira. "A intervenção da Inglaterra na supressão do tráfico de escravos africanos para o Brasil". *Revista do Instituto Histórico e Geográfico de São Paulo*, São Paulo, n. 34, pp. 10-166, 1938.

CHACON, Vamireh. "Introdução". In: ARAÚJO, José Thomaz Nabuco de. *O Centro Liberal*. Brasília: Senado Federal, 1979.

CHALHOUB, Sidney. *A força da escravidão: Ilegalidade e costume no Brasil oitocentista*. São Paulo: Companhia das Letras, 2012.

_____. *Visões da liberdade: As últimas décadas da escravidão na Corte*. São Paulo: Companhia das Letras, 1990.

_____. "Precariedade estrutural: O problema da liberdade no Brasil escravista (século XIX)". *História Social*, Campinas, v. 19, pp. 33-69, 2010.

CHILDS, Matt. "A Case of 'Great Unstableness': A British Slaveholder and Brazilian Abolition". *The Historian*, v. 60, n. 4, pp. 717-40, 1998.

CINTRA, Sebastião O. *Efemérides de São João del Rei*. São João del-Rei: Artes Gráficas, 1963. v. 1.

CLEARY, David. "'Lost Altogether to the Civilised World': Race and the *Cabanagem* in Northern Brazil, 1750-1850". *Comparative Studies in Society and History*, Cambridge, v. 40, n. 1, pp. 109-35, 1998.

COGHE, Samuel. "The Problem of Freedom in a Mid-Nineteenth-Century Atlantic Slave Society: The Liberated Africans of the Anglo-Portuguese Mixed Commission of Luanda (1844-1870)". *Slavery & Abolition*, Londres, v. 33, n. 3, pp. 479-500, 2012.

COLI, Jorge; XEXÉO, Monica (Orgs.) *Vitor Meireles: Um artista do Império*. Rio de Janeiro: Museu Nacional de Belas-Artes e Museu Oscar Niemeyer, 2004.

CONRAD, Robert E. "Neither Slave nor Free: The *Emancipados* of Brazil". *The Hispanic American Historical Review*, Durham, v. 53, n. 1, pp. 50-70, 1973.

_____. *Tumbeiros: O tráfico escravista para o Brasil*. São Paulo: Brasiliense, 1985.

COSTA, Emília Viotti da. *Coroas de glória, lágrimas de sangue: A rebelião dos escravos de Demerara em 1823*. São Paulo: Companhia das Letras, 1998.

CRATON, Michael. *Testing the Chains: Resistance to Slavery in the British West Indies*. Ithaca: Cornell University Press, 1982.

_____. "Reembaralhando as cartas: A transição da escravidão para outras formas de trabalho no Caribe britânico (*c*. 1790-1890)". *Estudos Afro-Asiáticos*, Rio de Janeiro, n. 28, pp. 31-83, 1995.

_____; SAUNDERS, Gail. "Transition, not Transformation: Apprentices, Liberated

Africans, and the Reconstructed Oligarchy, 1834-1860". In: *Islanders in the Stream: A History of the Bahamian People*, v. 2. Athens: University of Georgia Press, 1998, pp. 3-31.

CURTIN, Philip. *The Image of Africa: British Ideas and Action, 1780-1850*. Madison: University of Wisconsin Press, 1964.

DAGET, Serge. *La répression de la traite des Noirs au XIXe Siècle*. Paris: Karthala, 1997.

DAVIS, David Brion. *The Problem of Slavery in the Age of Revolution, 1770-1823*. Ithaca: Cornell University Press, 1975.

DIOUF, Sylviane. *Dreams of Africa in Alabama: The Slave Ship* Clotilda *and the Story of the Last Africans Brought to America*. Nova York: Oxford University Press, 2007.

DOLHNIKOFF, Miriam. "Introdução". In: _____. *Projetos para o Brasil*. São Paulo: Companhia das Letras; Publifolha, 2000. pp. 7-10.

EL-KAREH, Almir Chaiban. "O marquês de Paraná: O político e o fazendeiro". In: CORRÊA, Luiz Felipe Seixas et al. *O marquês de Paraná*. Brasília: Funag, 2004, pp. 15-30.

ELTIS, David. *Economic Growth and the Ending of the Transatlantic Slave Trade*. Nova York: Oxford University Press, 1987.

_____. "O significado da investigação sobre os africanos escapados de navios negreiros no século XIX". *História: Questões e Debates*, Curitiba n. 52, pp. 13-39, jan.-jun. 2010.

EMMER, Pieter C. "Abolition of the Abolished: The Illegal Dutch Slave Trade and the Mixed Courts". In ELTIS, D; WALVIN, J. (Orgs.). *The Abolition of the Atlantic Slave Trade: Origins and Effects in Europe, Africa and the America*, Madison: University of Wisconsin Press, 1981. pp. 177-92.

ENGEMANN, Carlos. "Os escravos do Estado e o estado de seus escravos: O caso da Real Fazenda de Santa Cruz, RJ (1790-1820)". *Especiaria*, Ilhéus, v. 10, pp. 75-108, 2007.

FARIAS, Juliana Barreto. "A 'nação' da mercancia: Condição feminina e as africanas da costa da Mina, 1835-1900". _____. et al. *No labirinto das nações: Africanos e identidades no Rio de Janeiro, século XIX*. Rio de Janeiro: Arquivo Nacional, 2005. pp. 209-63.

FERREIRA, Roquinaldo. *Cross-Cultural Exchange in the Atlantic World: Angola and Brazil during the Era of the Slave Trade*. Cambridge: Cambridge University Press, 2012.

FETT, Sharla M. "Middle Passages and Forced Migrations: Liberated Africans in

Nineteenth-Century US Camps and Ships", *Slavery & Abolition*, Londres, v. 31, n. 1, pp. 75-98, 2010.

FLADELAND, Betty. "Abolitionist Pressures on the Concert of Europe, 1814-1822", *Journal of Modern History*, Chicago, v. 38, n. 4, p. 355-73, 1966.

FLORENCE, Afonso Bandeira. "Nem escravos, nem libertos: os 'africanos livres' na Bahia", *Cadernos do CEAS*, Salvador, n. 121, pp. 58-69, 1989.

_____. "Resistência escrava em São Paulo: A luta dos escravos da Fábrica de Ferro São João de Ipanema, 1828-1842", *Afro-Ásia*, Salvador, n. 18, pp. 7-32, 1996.

FLORENTINO, Manolo. *Em costas negras: Uma história do tráfico de escravos entre a África e o Rio de Janeiro*. São Paulo: Companhia das Letras, 1997.

FLORY, Céline. "Alforriar sem libertar: A prática do 'resgate' de cativos no espaço colonial francês no século XIX". *Mundos do Trabalho*, Florianópolis, v. 3 n. 6, pp. 93-104, 2011.

FRAGOSO, JOÃO L. R. *Homens de grossa aventura: Acumulação e hierarquia na praça mercantil do Rio de Janeiro (1790-1830)*. 2 ed. Rio de Janeiro: Civilização Brasileira, 1998.

_____; FLORENTINO, Manolo. *O arcaísmo como projeto: mercado atlântico, sociedade agrária e elite mercantil no Rio de Janeiro, c.1790-c.1840*. Rio de Janeiro: Diadorim, 1993.

FREITAS, Judy Bieber. "Slavery and Social Life: Attempts to Reduce Free People to Slavery in the Sertão Mineiro, Brazil, 1850-1871". *Journal of Latin American Studies*, Cambridge, v. 26, n. 3, pp. 597-619, 1994.

FULLER, Claudia Maria. "Os corpos de trabalhadores e a organização do trabalho livre na província do Pará (1838-1859), *Mundos do Trabalho*, Florianópolis, v. 3, n. 6, pp. 52-66, 2011.

GALHARDO, José Emygdio Rodrigues. "História da homeopatia no Brasil". In: *Livro do I Congresso Brasileiro de Homeopatia*. Rio de Janeiro, 1928.

GOUVÊA, Maria de Fátima Silva. *O império das províncias, Rio de Janeiro, 1822--1889*. Rio de Janeiro: Civilização Brasileira, 2009.

GRADEN, Dale T. *Disease, Resistance and Lies: The Demise of the Atlantic Slave Trade to Brazil and Cuba*. Baton Rouge: Louisiana State University Press, 2013.

_____. "An Act 'Even of Public Security'": Slave Resistance, Social Tensions, and the End of the International Slave Trade to Brazil, 1835-1856", *The Hispanic American Historical Review*, Durham, v. 76, n. 2, pp. 267-8, 1996.

GRAF, Márcia E. de Campos. "A lei e a prática: a propósito dos 'africanos livres'". In: XIV Reunião da Sociedade Brasileira de Pesquisa Histórica, 1994, Salvador. *Anais...* Salvador, 1994, pp. 169-73.

GRAF, Márcia E. de Campos. "Cartas de emancipação a africanos livres". *Revista da Sociedade Brasileira de Pesquisa Histórica*, v. 9, pp. 73-5, 1994.

GRAHAM, Richard. "Os fundamentos da ruptura de relações diplomáticas entre o Brasil e a Grã-Bretanha em 1863. A 'Questão Christie'". *Revista de História*, São Paulo, v. 24, n. 49, pp. 117-38; jan.-mar. 1862 (parte I) e *Revista de História*, São Paulo, v. 24, n. 50, pp. 379-402, abr.-jun. 1962 (parte II).

GRAHAM, Sandra L. *Proteção e obediência: Criadas e seus patrões no Rio de Janeiro, 1860-1910*. São Paulo: Companhia das Letras, 1992.

_____. "Writing from the Margins: Brazilian Slaves and Written Culture". *Comparative Studies in Society and History*, Cambridge, v. 49, n. 3, pp. 611-636, 2007.

GREEN, William. *British Slave Emancipation: The Sugar Colonies and the Great Experiment, 1830-1865*. Londres: Oxford University Press, 1976.

GREENHALGH, Juvenal. *O Arsenal de Marinha do Rio de Janeiro na História*. Rio de Janeiro: Arsenal de Marinha, 1951-65. 2 v.

GRINBERG, Keila. *Liberata, a lei da ambiguidade: As ações de liberdade da Corte de Apelação do Rio de Janeiro no século XIX*. Rio de Janeiro: Relume-Dumará, 1994.

_____. *O fiador dos brasileiros: Cidadania, escravidão e direito civil no tempo de Antonio Pereira Rebouças*. Rio de Janeiro: Civilização Brasileira, 2002.

_____. "Reescravização, direitos e justiças no Brasil do século XIX". In: LARA, Silvia H.; MENDONÇA, Joseli M. (Orgs.). *Direitos e justiças no Brasil*. Campinas: Ed. da Unicamp; Cecult, pp. 101-28, 2006.

_____. "Fronteiras, escravidão e liberdade no sul da América" In: _____. (Org.). *As fronteiras da escravidão e da liberdade no sul da América*. Rio de Janeiro: Sette Letras, 2013. pp. 7-24.

_____; CAÉ, Rachel Silveira. "Escravidão, fronteira e relações diplomáticas Brasil-Uruguai, 1840-1860". *Africana Studia*, Porto, v. 14, pp. 275-85, 2010.

GUENTHER, Louise H. *British Merchants in Nineteenth-Century Brazil: Business, Culture, and Identity in Bahia, 1808-1850*. Oxford: Centre for Brazilian Studies, 2004.

HARMS, Robert. *The Diligent: A Voyage Through the Worlds of the Slave Trade*. Nova York: Basic Books, 2002.

HAWTHORNE, Walter. *From Africa to Brazil: Culture, Identity, and an Atlantic Slave Trade, 1600-1830*. Nova York: Cambridge University Press, 2010.

_____. "Gorge: an African Seaman and His Fights from 'Freedom' Back to 'Slavery' in the Early Nineteenth Century", *Slavery & Abolition*, Londres, v. 31, n. 3, pp. 411-28, 2010.

_____. "'Sendo agora, como se fôssemos, uma família': laços entre companheiros de viagem no navio negreiro *Emília*, no Rio de Janeiro e através do mundo atlântico", *Mundos do Trabalho*, Florianópolis, v. 3, n. 6 , pp. 7-29, 2011.

HÉBRARD, Jean, "Esclavage et dénomination: imposition et appropriation d'un nom chez les esclaves de la Bahia au XIXe siècle". *Cahiers du Brésil Contemporain*, Paris, n. 53-54, pp. 31-92, 2003.

HESPANHA, António Manuel. *Imbecillitas: As bem-aventuranças da inferioridade nas sociedades de Antigo Regime*. São Paulo: Annablume, 2010.

HIGMAN, Barry. *Slave Populations of the British Caribbean, 1807-1834*. Baltimore: Johns Hopkins U. Press, 1984.

HORNE, Gerald. *O sul mais distante: Os Estados Unidos, o Brasil e o tráfico de escravos africanos*. Trad. de Berilo Vargas. São Paulo: Companhia das Letras, 2010.

JANCSÓ, István; PIMENTA, João Paulo. "Peças de um mosaico (ou apontamentos para o estudo da emergência da identidade nacional brasileira)". In: MOTA, Carlos Guilherme (Org.). *Viagem incompleta: A experiência brasileira (1500-2000)*. São Paulo: Senac, 2000. pp. 127-75.

JOHNSON, Howard. "The Liberated Africans in the Bahamas, 1811-1860", *Immigrants & Minorities*, Londres, v. 7, n. 1, pp. 16-40, 1988.

KARASCH, Mary. *A vida dos escravos no Rio de Janeiro, 1808-1850*. São Paulo: Companhia das Letras, 2000.

KIELSTRA, Paul Michael. *The Politics of Slave Trade Suppression in Britain and France, 1814-1848*. Londres: Macmillan, 2000.

KLEIN, Herbert S. "The Internal Slave Trade in Nineteenth-Century Brazil: A Study of Slave Importations into Rio de Janeiro in 1852", *Hispanic American Historical Review*, Durham, v. 51, n. 4, pp. 567-85, 1971.

KODAMA, Kaori. "O fim do tráfico no periódico *O Philantropo* (1849-1852) e a formação do povo: Doenças, raça e escravidão", *Revista Brasileira de História*, São Paulo, v. 28, n. 56, p. 407-30, 2008.

KUCZYNSKI, R. R. *Demographic Survey of the British Colonial Empire*. Londres: Oxford University Press, 1948. v. 1: West Africa.

LACOMBE, Américo Jacobina; SILVA, Eduardo; BARBOSA, Francisco de Assis. *Rui Barbosa e a queima dos arquivos*. Rio de Janeiro: Fundação Casa de Rui Barbosa, 1988.

LANE, Joan. *Apprenticeship in England, 1600-1914*. Boulder, Colorado: Westview Press, 1996.

LEANDRO, José Augusto. "Em águas turvas: Navios negreiros na baía de Paranaguá", *Esboços*, Florianópolis, n. 10, pp. 99-117, 2003.

LIMA, Carlos A. M. *Artífices do Rio de Janeiro (1790-1808)*. Rio de Janeiro: Apicuri, 2008.

LIMA, Ivana Stolze, *Cores, marcas e falas: Sentidos da mestiçagem no Império do Brasil*. Rio de Janeiro: Arquivo Nacional, 2003.

_____. "Escravos bem falantes e nacionalização linguística no Brasil: Uma perspectiva histórica", *Estudos Históricos*, Rio de Janeiro, v. 25, pp. 352-69, 2012.

LINEBAUGH, Peter; REDIKER, Marcus. *A hidra de muitas cabeças: Marinheiros, escravos, plebeus e a história oculta do Atlântico revolucionário*. São Paulo: Companhia das Letras, 2008.

LOOK LAI, Walton. *Indentured Labor, Caribbean Sugar: Chinese and Indian Migrants to the British West Indies, 1838-1918*. Baltimore: Johns Hopkins University Press, 1993.

LOVEJOY, Paul. "The Children of Slavery: The Trans-Atlantic Phase", *Slavery & Abolition*, Londres, v. 27, n. 2, pp. 197-217, 2006.

LUNA, Francisco Vidal; KLEIN, Herbert. *Escravismo no Brasil*, São Paulo: Edusp; Imprensa Oficial, 2010.

MACCORD, Marcelo. "A Irmandade de São José do Ribamar e o fim das corporações de ofício: Recife, primeiras décadas do Oitocentos", *Portuguese Studies Review*, Trent, v. 18, pp. 135-50, 2011.

MAMIGONIAN, Beatriz G. "Do que 'o preto-mina' é capaz: Etnia e resistência entre africanos livres," *Afro-Ásia*, Salvador, n. 24, pp. 71-95, 2000.

_____. "Revisitando o problema da 'transição para o trabalho livre': A experiência dos africanos livres". In: FLORENTINO, Manolo (Org.). *Tráfico, cativeiro e liberdade: Rio de Janeiro, séculos XVII-XIX*. Rio de Janeiro: Civilização Brasileira, 2005, pp. 389-417.

_____. "O direito de ser africano livre: Os escravos e as interpretações da Lei de 1831". In: LARA, Silvia H.; MENDONÇA, Joseli M. N. *Direitos e justiças no Brasil: Ensaios de história social*. Campinas: Ed. da Unicamp, 2006. pp. 129-60.

_____. "A proibição do tráfico e a manutenção da escravidão". In: GRINBERG, Keila; SALLES, Ricardo (Orgs.). *O Brasil Imperial*. Rio de Janeiro: Civilização Brasileira, 2009, pp. 207-33. v. 1.

_____. "José Majojo e Francisco Moçambique, marinheiros das rotas atlânticas: Notas sobre a reconstituição de trajetórias da era da abolição", *Topoi*, Rio de Janeiro, n. 20, pp. 75-91, 2010.

_____. "O Estado nacional e a instabilidade da propriedade escrava: A lei de 1831 e a matrícula dos escravos de 1872", *Almanack*, Guarulhos, n. 2, pp. 20-37, 2011.

_____. "Em nome da liberdade: Abolição do tráfico de escravos, o direito e o ramo brasileiro de recrutamento de africanos (Brasil — Caribe britânico, 1830-1850)", *Mundos do Trabalho*, Florianópolis, v. 3 n. 6, pp. 67-92, 2011.

MAMIGONIAN, Beatriz G. "Building the Nation, Selecting Memories: Vitor Meireles, the Christie Affair and Brazilian Slavery in the 1860s". In: COTTIAS, Myriam; ROSSIGNOL, Marie-Jeanne (Orgs.). *Distant Ripples of the British Abolitionist Wave? Africa, Asia, and the Americas*. Trenton, NJ: Africa World Press Tubman Institute Series, 2017, pp. 236-64.

_____; GRINBERG, Keila. "Le crime de réduction à l'esclavage d'une personne libre (Brésil) du XIXe siècle)", *Brésil(s). Sciences humaines et sociales*, Paris, n. 11, 2017.

MANCHESTER, Alan K. *Preeminência inglesa no Brasil*. São Paulo: Brasiliense, 1973.

MANN, Kristin, *Slavery and the Birth of an African City: Lagos, 1760-1900*. Bloomington: Indiana University Press, 2007.

MARCANTE, Maicon Fernando. "A prática do compadrio entre africanos livres e índios guarani no aldeamento São Pedro de Alcântara (Paraná, 1855-1895)". In: V Encontro Escravidão e Liberdade no Brasil Meridional, 2011, Porto Alegre. *Anais...* Porto Alegre, 2011.

MATTOS, Ilmar Rohloff de. *O tempo saquarema: A formação do Estado imperial*. Rio de Janeiro: Access, 1994.

_____. "Construtores e herdeiros: A trama dos interesses na construção da unidade política", *Almanack Braziliense*, São Paulo: USP, n. 1, pp. 8-26, 2005.

MATTOSO, Katia M. de Queirós. *Ser escravo no Brasil*. São Paulo: Brasiliense, 1985.

MENDES, Fábio Faria. *Recrutamento militar e construção do Estado no Brasil imperial*. Belo Horizonte: Argumentum, 2010.

MENDONÇA, Joseli M. N. *Entre a mão e os anéis: A lei dos sexagenários e os caminhos da abolição no Brasil*. Campinas: Ed. da Unicamp, 1999.

_____. "Leis para 'os que se irão buscar': Imigrantes e relações de trabalho no século XIX brasileiro", *História: Questões & Debates*, Curitiba, n. 56, pp. 63-85, 2012.

MENDONÇA, Renato. *Um diplomata na Corte de Inglaterra*. 2 ed. Brasília: Senado Federal, 2006.

MENESES, José Newton Coelho. "Ensinar com amor uma geometria prática, despida de toda a teoria da ciência e castigar com caridade: A aprendizagem do artesão no mundo português, no final do século XVIII", *Varia Historia*, Belo Horizonte, v. 23, n. 37, pp. 167-83, 2007.

MOREIRA, Alinnie Silvestre. "Os africanos livres, sua prole e as discussões emancipacionistas: As famílias e a administração dos descendentes de africanos livres na Fábrica de Pólvora da Estrela (Rio de Janeiro, 1830-1860)". *Estudos Afro-Asiáticos*, Rio de Janeiro, ano 29, n. 1-2-3, pp. 161-200, 2007.

MOREIRA, Paulo R. Staudt. "Boçais e malungos em terra de brancos: Notícias sobre o último desembarque de escravos no Rio Grande do Sul". In: BARROSO, Vera Lúcia M. (Org.). *Raízes de Santo Antônio da Patrulha e Caraá*. Porto Alegre: EST, 2000. pp. 215-35.

MOREIRA, Paulo R. Staudt. "Um promotor fora de lugar: Justiça e escravidão no século XIX (comarca de Santo Antônio da Patrulha, 1868)". *Textura*, Canoas, n. 10, pp. 39-47, 2004.

MOTA, Lúcio Tadeu. "As populações indígenas Kaiowá, Kaingang e as populações brasileiras na bacia dos rios Paranapanema/Tibagi no século XIX: Conquistas e relações interculturais", *Fronteiras, Revista de História*, Dourados, v. 9, n. 16, pp. 47-72, 2007.

_____. *As colônias indígenas no Paraná provincial*. Curitiba: Aos Quatro Ventos, 2000.

MURRAY, David R. *Odious Commerce: Britain, Spain and the abolition of the Cuban slave trade*. Cambridge: Cambridge University Press, 1980.

NASCIMENTO, Álvaro Pereira do. "Do cativeiro ao mar: Escravos na Marinha de Guerra". *Estudos Afro-Asiáticos*, Rio de Janeiro, n. 38, pp. 1-25, 2000.

NEEDELL, Jeffrey. *The Party of Order: The Conservatives, the State, and Slavery in the Brazilian Monarchy, 1831-1871*. Stanford: Stanford University Press, 2006.

_____. "The Abolition of the Brazilian Slave Trade in 1850: Historiography, Slave Agency and Statesmanship", *Journal of Latin American Studies*, Cambridge, v. 33, n. 4, pp. 681-711, 2001.

NORTHRUP, David. *Indentured Labor in the Age of Imperialism 1834-1922*. Cambridge: Cambridge University Press, 1995.

NWOKEJI, G. Ugo; ELTIS, David. "The Roots of the African Diaspora: Methodological Considerations in the Analysis of Names in the Liberated African Registers of Sierra Leone and Havana", *History in Africa*, Cambridge, n. 29, pp. 365-79, 2002.

OLIVEIRA, Vinicius Pereira. *De Manoel Congo a Manoel de Paula: Um africano ladino em terras meridionais*. Porto Alegre: EST Edições, 2006.

PARRON, Tâmis. *A política da escravidão no Império do Brasil (1826-1865)*. Rio de Janeiro: Civilização Brasileira, 2009.

PEABODY, Sue; GRINBERG, Keila. "Free Soil: The Generation and Circulation of an Atlantic Legal Principle", *Slavery & Abolition*, Londres, v. 32, n. 3, p. 331-9, 2011.

PENA, Eduardo Spiller. *O jogo da face: A astúcia escrava frente aos senhores e à lei na Curitiba provincial*. Curitiba: Aos Quatro Ventos, 1999.

PEREIRA, Walter Luiz Carneiro de Mattos. "José Gonçalves da Silva: Traficante e tráfico de escravos no litoral norte da Província do Rio de Janeiro, depois da lei de 1850". *Tempo*, Niterói, v. 16, n. 31, pp. 285-312, 2011.

PICCOLO, Helga Iracema Landgraf (Org). *Coletânea de discursos parlamentares da Assembleia Legislativa da Província de São Pedro do Rio Grande do Sul*. Porto Alegre: Assembleia Legislativa do Estado do Rio Grande do Sul, 1998, pp. 613-9. v. 1: 1835-1889.

PIRES, Ana Flávia Cichelli. "O caso da escuna *Destemida*: Repressão ao tráfico na rota da Costa da Mina — 1830-1831". In: SOARES, Mariza de Carvalho, *Rotas Atlânticas da Diáspora Africana: Da baía do Benim ao Rio de Janeiro*, Niterói: Eduff, 2007. pp. 157-89.

POLLAK, Michael. "Memória e identidade social", *Estudos Históricos*, Rio de Janeiro, v. 5 n. 10, pp. 200-12, 1992.

REDIKER, Marcus, *The Slave Ship: A Human History*. Nova York: Penguin Books, 2007.

REIS, João José. *Rebelião escrava no Brasil: A história do levante dos malês em 1835*. 2ª ed. São Paulo: Companhia das Letras, 2003.

_____. "Identidade e diversidade étnicas nas irmandades negras no tempo da escravidão", *Tempo*, Niterói, n. 3, pp. 7-22, 1997.

_____; GOMES, Flávio dos Santos; CARVALHO, Marcus J. M. *O alufá Rufino: Tráfico, escravidão e liberdade no Atlântico negro (c. 1822-c. 1853)*. São Paulo: Companhia das Letras, 2010.

_____; MAMIGONIAN, Beatriz G. "Nago and Mina: The Yoruba Diaspora in Brazil". In: FALOLA, Toyin; CHILDS, Matt Childs. (Orgs.). *The Yoruba Diaspora in the Atlantic World*. Bloomington: Indiana University Press, 2004. pp. 99-105.

REVEL, Jacques. "Microanálise e construção do social". In: _____. (Org.). *Jogos de escalas: A experiência da microanálise*. Rio de Janeiro: Ed. da FGV, 1998. pp. 15-38.

RIBEIRO, Gladys Sabina. *A liberdade em construção: Identidade nacional e conflitos antilusitanos no Primeiro Reinado*. Rio de Janeiro: Relume-Dumará, 2002.

ROCHA, Antônio Penalves. *Abolicionistas brasileiros e ingleses: A coligação entre Joaquim Nabuco e a British and Foreign Anti-Slavery Society (1880-1902)*. São Paulo: Ed. da Unesp, 2009.

RODRIGUES, Jaime. *O infame comércio: Propostas e experiências no final do tráfico de africanos para o Brasil (1800-1850)*. Campinas: Ed. da Unicamp, 2000.

_____. *De costa a costa: Escravos, marinheiros e intermediários do tráfico negreiro de Angola ao Rio de Janeiro (1780-1860)*. São Paulo: Companhia das Letras, 2005.

_____. "Ferro, trabalho e conflito: Os africanos livres na Fábrica de Ipanema", *História Social*, Campinas, n. 4-5, pp. 29-42, 1998.

RODRIGUES, José Honório. *Independência: Revolução e contrarrevolução: A evolução política*. Rio de Janeiro: Francisco Alves, 1975.

ROLDÁN DE MONTAUD, Inés. "Origen evolución y supresión del grupo de negros emancipados en Cuba (1817-1870)", *Revista de Indias*, Madri, v. 57, n. 169--70, pp. 559-641, 1982.

_____. "En los borrosos confines de la libertad: El caso de los negros emancipados en Cuba, 1817-1870", *Revista de Indias*, Madri, v. 71, n. 251, pp. 159-92, 2011.

ROSSATO, Monica. *Relações de poder na região fronteiriça platina: família, trajetória e atuação política de Gaspar Silveira Martins*. Santa Maria: UFSM, 2014. Dissertação (Mestrado em História).

SALLES, Ricardo. *E o vale era o escravo: Vassouras, século XIX, senhores e escravos no coração do Império*. Rio de Janeiro: Civilização Brasileira, 2008.

_____. "As águas do Niágara. 1871: crise da escravidão e o ocaso saquarema". In: GRINBERG, Keila; SALLES, Ricardo (Orgs.). *O Brasil Imperial*. Rio de Janeiro: Civilização Brasileira, 2009, pp. 39-82. v. 1: 1808-1831.

SAMPAIO, Consuelo Novais. *50 anos de urbanização: Salvador da Bahia no século XIX*. Rio de Janeiro: Versal, 2005.

SAMPAIO, Patrícia M. M. "Escravidão e liberdade: Notas de pesquisa sobre o mundo do trabalho indígena e africano". In: III Encontro Escravidão e Liberdade no Brasil Meridional, 2005, Florianópolis. *Anais...* Florianópolis, 2005.

_____. "Política indigenista no Brasil imperial". In: GRINBERG e SALLES, Ricardo (Org.). *O Brasil Imperial*, Rio de Janeiro: Civilização Brasileira, 2009, pp. 175-206. v. 1: 1808-1831.

_____. "Fronteras de la libertad: Tutela indigena en el Diretorio Pombalino e en la Carta Regia de 1798. *Boletín Americanista*, Barcelona, v. 64, pp. 13-24, 2012.

_____. "Educação, trabalho e diversidade étnica: Educandos artífices e africanos livres na Amazônia, século XIX". In: COELHO, Wilma de Nazaré Bahia; COELHO, Mauro Cézar (Orgs.). *Trajetórias da diversidade na educação: Formação, patrimônio e identidade*. São Paulo: Livraria da Física, 2012, pp. 19-50.

SAUNDERS, Christopher. "Liberated Africans in Cape Colony in the First Half of the Nineteenth Century", *International Journal of African Historical Studies*, Boston, v. 18, n. 2, pp. 223-39, 1985.

_____. "'Free, yet Slaves': Prize Negroes at the Cape Revisited". In: WORDEN, Nigel; CRAIS, Clifton (Orgs.). *Breaking the Chains: Slavery and its Legacy in the 19th Century Cape Colony*. Johannesburg: Witwatersrand University Press, 1994. pp. 99-115.

SCHULENBURG, Alexander Hugo. "Aspects of the Lives of the 'Liberated Africans' on St. Helena", *Wirebird*, Jamestown, n. 26, pp. 18-27, 2003.

SCHULER, Monica. *"Alas, Alas, Kongo": A Social History of Indentured African Immigration into Jamaica, 1841-1865*. Baltimore: The Johns Hopkins University Press, 1980.

_____. "Liberated Central Africans in Nineteenth-Century Guyana". In: HEYWOOD, Linda (Org.). *Central Africans and Cultural Transformations in the American Diaspora*, Cambridge: Cambridge University Press, 2002. pp. 319-52.

SCHWARCZ, Lilia Moritz. *As barbas do imperador: Pedro II, um monarca nos trópicos*. São Paulo: Companhia das Letras, 1998.

SCHWARTZ, Stuart B. *Segredos internos: Engenhos e escravos na sociedade colonial, 1550-1835*. São Paulo: Companhia das Letras, 1988.

SILVA, Cristina Nogueira da. *Constitucionalismo e Império: A cidadania no ultramar português*. Coimbra: Almedina, 2009.

SILVA, Eduardo. *As camélias do Leblon e a abolição da escravatura: Uma investigação de história cultural*. São Paulo: Companhia das Letras, 2003.

SILVA, Maciel Henrique Carneiro da. "Uma africana 'livre' e a 'corrupção dos costumes': Pernambuco (1830-1844)", *Estudos Afro-Asiáticos*, Rio de Janeiro, v. 29, n. 1-2-3, pp. 123-60, 2007.

SILVA, Ricardo Tadeu Caíres, "O resgate da Lei de 7 de novembro de 1831 no contexto abolicionista baiano", *Estudos Afro-Asiáticos*. Rio de Janeiro, v. 29 n. 1-2-3, pp. 301-40, 2007.

SILVA, Roger Costa da. "Histórias de crimes envolvendo escravos e libertos em Pelotas (1845-1888)". In: IV Encontro Escravidão e Liberdade no Brasil Meridional, maio 2009, Curitiba. *Anais...* Curitiba, 2009.

SLENES, Robert W. "Grandeza ou decadência? O mercado de escravos e a economia cafeeira da província do Rio de Janeiro, 1850-1888". In: COSTA, Iraci del Nero da (Org.). *Brasil: História econômica e demográfica*. São Paulo: IPE; USP, 1986. pp. 103-55.

_____. "Malungu, Ngoma vem!: África coberta e descoberta no Brasil", *Revista da USP 12*, São Paulo, pp. 48-67, 1992.

_____. "A árvore de Nsanda transplantada: Cultos Kongo de aflição e identidade escrava no Sudeste brasileiro (século XIX)". In: LIBBY, Douglas Cole; FURTADO, Júnia (Orgs.). *Trabalho livre, trabalho escravo: Brasil e Europa, séculos XVIII e XIX*. São Paulo: Annablume, 2006. pp. 273-314.

SOARES, Carlos Eugênio Líbano. *Zungú: Rumor de muitas vozes*. Rio de Janeiro: Arquivo Público do Estado do Rio de Janeiro, 1998.

SOARES, Carlos Eugênio Líbano. *A capoeira escrava e outras tradições rebeldes no Rio de Janeiro (1808-1850)*. Campinas: Ed. da Unicamp; Cecult, 2001.

_____. "Clamores da escravidão: Requerimento dos escravos da nação ao imperador, 1828", *História Social*, Campinas, n. 4-5, pp. 223-8, 1997.

SOARES, Luís Carlos. *O "Povo de Cam" na capital do Brasil: A escravidão urbana no Rio de Janeiro do século XIX*. Rio de Janeiro: 7 Letras; Faperj, 2007.

SOARES, Ubaldo. *A escravatura na misericórdia*. Rio de Janeiro: Fundação Romão de Matos Duarte, 1958.

SOULSBY, Hugh G. *The Right of Search and the Slave Trade in Anglo-American Relations, 1814-1862*. Baltimore: Johns Hopkins Press, 1933.

SOUZA, Adriana Barreto de. *Duque de Caxias: O homem por trás do monumento*. Rio de Janeiro: Civilização Brasileira, 2008.

STEIN, Stanley. *Vassouras: Um município brasileiro do café, 1850-1900*. Rio de Janeiro: Nova Fronteira, 1985.

SWANSON, Gail. *Slave Ship Guerrero*. West Conshohocken: Infinity Publishing, 2005.

TAVARES, Luís Henrique Dias. *O desembarque da Pontinha*. Salvador: Centro de Estudos Baianos; UFBa, 1971.

TEMPERLEY, Howard, *British Antislavery, 1833-1870*, Columbia: University of South Carolina Press, 1972.

THESÉE, Françoise. *Les Ibos de l'Amélie: destinée d'une cargaison de traite clandestine à la Martinique (1822-1838)*. Paris: Éditions Caribéennes, 1986.

THOMPSON, Alvin O. "African 'Recaptives' under Apprenticeship in the British West Indies, 1807-1828", *Immigrants & Minorities*, Londres, v. 9, n. 2, pp. 123-44, 1990.

TOMICH, Dale. *Through the Prism of Slavery: Labor, Capital, and World Economy*. Boulder, Co: Rowman & Littlefield, 2004.

TRINDADE, Pedro Moraes. "Os derradeiros malungos: Africanos livres da nação Angola na Bahia (1851-1864), *Percursos*, Salvador, v. 1, n. 1, pp. 11-24, 2013.

VARELA, Alex Gonçalves, "Um manuscrito inédito do naturalista e político Martim Francisco Ribeiro de Andrada", *História, Ciências, Saúde — Manguinhos*, Rio de Janeiro, v. 14, n. 3,, pp. 973-90, 2007.

VASCONCELOS, Rodolfo Smith de (barão de). "Pedro Pereira da Silva Guimarães: Documentos históricos", *Revista Trimestral do Instituto do Ceará*, Fortaleza, t. XX pp. 187-219, 1906.

VEIGA, Glauco. *O desembarque de Sirinhaém*. Recife: Imprensa Universitária, 1977.

VERGER, Pierre, *Fluxo e refluxo do tráfico de escravos entre o golfo do Benin e a Bahia de Todos os Santos, dos séculos XVII a XIX*. São Paulo: Corrupio, 1987.

VERGER, Pierre. *Os libertos: Sete caminhos na liberdade de escravos na Bahia do século XIX*. São Paulo: Corrupio, 1992.

WHITAKER, Arthur P. "José Silvestre Rebello, The First Diplomatic Representative of Brazil in the United States", *Hispanic American Historical Review*, Durham, v. 20, n. 3, pp. 380-401, 1940.

WISSENBACH, Maria Cristina C. *Sonhos africanos, vivências ladinas: Escravos e forros em São Paulo, 1850-1888*. São Paulo: Hucitec, 1998.

_____. "Desbravamento e catequese na constituição da nacionalidade brasileira: As expedições do barão de Antonina no Brasil Meridional", *Revista Brasileira de História*, São Paulo, v. 15, n. 30, pp. 137-155, 1995.

YOUNGER, Karen F. "Liberia and the Last Slave Ships". *Civil War History*, Kent, v. 54, n. 4, pp. 424-42, 2008.

ZUCCARELLI, François. "Le régime des engagés à temps au Sénégal (1817-1848)", *Cahiers d'Études Africaines*, Paris, v. 2, n. 7, pp. 420-61, 1962.

TESES, DISSERTAÇÕES, MONOGRAFIAS E RELATÓRIOS

ALBUQUERQUE, Aline E. B. "Relatório final de atividades de Iniciação Científica, projeto 'Navios negreiros e negociantes de escravos atuantes em Pernambuco', 1831-1855". Recife: UFPE, 2012.

ALMEIDA, Marcos Abreu Leitão de. *Ladinos e boçais: O regime de línguas do contrabando de africanos (1831-c.1850)*. Campinas: Unicamp, 2012. Dissertação (Mestrado em História Social).

ARAÚJO, Carlos Eduardo Moreira de. *Cárceres imperiais: A Casa de Correção do Rio de Janeiro, seus detentos e o sistema prisional do Império, 1830-1861*. São Paulo: Unicamp, 2009. Tese (Doutorado em História Social).

AZEVEDO, Gislane Campos. *De Sebastianas e Geovanis: O universo do menor nos processos dos juízes de órfãos da cidade de São Paulo, 1871-1917*. São Paulo: PUC, 1995. Dissertação (Mestrado em História).

BERTIN, Enidelce. *Os meia-cara: Africanos livres em São Paulo no século XIX*. São Paulo: USP, 2006. Tese (Doutorado em História Social).

FARIAS, Juliana Barreto. *Mercados minas: Africanos ocidentais na praça do mercado do Rio de Janeiro, 1830-1890*. São Paulo: USP, 2012. Tese (Doutorado em História Social).

FERNANDES, Cyra Luciana Ribeiro de Oliveira. *Os africanos livres de Pernambuco (1831-1864)*. Recife: UFPE, 2010. Dissertação (Mestrado em História).

FRAGOSO, João Luis Ribeiro; Ferreira, Roberto Guedes, "Tráfico de escravos, mercadores e fianças: Dois bancos de dados (despachos de escravos, passaportes e licenças). Rio de Janeiro: LIPHIS/UFRJ e Ipea, 2001. Relatório de pesquisa.

JESUS, Paulo Cesar Oliveira de. *O fim do tráfico de escravos na imprensa baiana (1811-1850)*. Salvador: UFBA, 2004. Dissertação (Mestrado em História).

MORAES, Daniela Paiva Yabeta de. *A capital do comendador: A Auditoria Geral da Marinha no julgamento sobre a liberdade dos africanos apreendidos na ilha da Marambaia (1851)*. Rio de Janeiro: Unirio, 2009. Dissertação (Mestrado em História).

MOREIRA, Alinnie Silvestre. *Liberdade tutelada: Os africanos livres e as relações de trabalho na Fábrica de Pólvora da Estrela. Serra da Estrela/RJ (c. 1831-c. 1870)*. Campinas: Unicamp, 2001. Dissertação (Mestrado em História Social).

MOURA, Zilda. *Dos sertões da África para os do Brasil: Os africanos livres da Sociedade de Mineração de Mato Grosso (Alto Paraguai-Diamantino, 1851-1865)*. Florianópolis: UFSC, 2014. Tese (Doutorado em História).

PEARSON, Andrew et al. *Infernal Traffic: Excavation of a Liberated African Graveyard in Rupert's Valley, St Helena*. CBA Research Report 169. York (GB): Council for British Archaeology, 2011.

PESSOA, Thiago Campos. *O império dos Souza Breves nos Oitocentos: Política e escravidão nas trajetórias dos comendadores José e Joaquim de Souza Breves*. Niterói: UFF, 2010. Dissertação (Mestrado em História).

_____. *A indiscrição como ofício: O complexo cafeeiro revisitado (Rio de Janeiro, 1830-1888)*. Niterói: UFF, 2015. Tese (Doutorado em História).

REIS, Isabel Cristina dos. *A família negra no tempo da escravidão: Bahia, 1850--1888*. Campinas: Unicamp, 2007. Tese (Doutorado em História).

ROCHA, Ilana Peliciari. *Escravos da nação: O público e o privado na escravidão brasileira, 1760-1876*. São Paulo: USP, 2012. Tese (Doutorado em História Econômica)

SALLES, Alzira Durão. *Marcas da submissão: Iconografia das marcas corporais dos escravos no Rio de Janeiro*. Rio de Janeiro: UFRJ, 2002. Monografia (Final de Curso de História).

SANTANA, Adriana. *Africanos livres na Bahia, 1831-1864*. Salvador: CEAO/UFBA, 2007. Dissertação (Mestrado em Estudos Étnicos e Africanos).

SILVA, Maria Apparecida. *Itapura: Estabelecimento naval e Colônia Militar (1858--1870)*. São Paulo: USP, 1972. Tese (Doutorado em História).

SILVA, Sandra Oenning. *"Estado Monárquico (Des)centralizado: A dinâmica política em torno dos Conselhos provinciais de Santa Catarina (1824-1834)*. Florianópolis: UFSC, 2013. Dissertação (Mestrado em História).

SOUSA, Gustavo Pinto de. *Os africanos livres na Casa de Correção: Política e direito como disciplinarização, 1831-1850*. Rio de Janeiro: UERJ, 2011. Dissertação (Mestrado em História).

SOUSA, Jorge Luiz Prata de. *Africano livre ficando livre: Trabalho, cotidiano e luta*. São Paulo: USP, 1999. Tese (Doutorado em História).

SOUZA, Mônica Lima e. *Entre margens: O retorno à África de libertos no Brasil, 1830-1870*. Niterói: UFF, 2008. Tese (Doutorado em História).

VON ZUBEN, Danúsia Miranda. *Os africanos livres nos aldeamentos indígenas no Paraná Provincial, 1853-1862*. Curitiba: UFPR, 2010. Monografia (Conclusão de Curso de História).

Anexo

TABELA 1
APREENSÕES E EMANCIPAÇÃO DE GRUPOS DE AFRICANOS LIVRES NO BRASIL (1821-56)

ANO	NOME DO NAVIO	LOCAL DA APREENSÃO	DATA DA APREENSÃO	AUTORIDADE RESPONSÁVEL	INSTÂNCIA DE JULGAMENTO E SENTENÇA	DATA DO JULGAMENTO	AFRICANOS EMANCIPADOS	OBSERVAÇÕES	FONTES
1821	Escuna *Emília*	Costa da Mina	14 fev. 1821	Fragata britânica *Morgiana*	CM A-P condenado	31 jul. 1821	352		(1)
1826	*Carolina*	Porto do Maranhão (MA)	24 jan. 1826	Alfândega	Relação do MA		110	Africanos supostamente domésticos sendo transportados entre propriedades em Cachéu e Santiago (Cabo Verde). Apreensão de 133, muitos vendidos pelo depositário e declarados mortos.	(3)

1830	Brigue *Estevão de Ataíde*	Porto do Rio de Janeiro	out. 1830	Alfândega do RJ	CM A-B restituído	10 dez. 1830	50	Só foram emancipados os escravos do proprietário português João da Silva Carrão; os outros 231 apreendidos foram considerados legais.	(1) (2)
1830	Brigue *Africano Oriental*, aliás, *Feliz Mariana*	Porto do Rio de Janeiro	set. 1830	Alfândega do RJ	CM A-B restituído	12 nov. 1830	56.16	Foram apreendidos 254, mas só 56 restaram no navio ao fim do julgamento. Tripulação de 16 também foi emancipada.	(1) (2) (6)
1830	Barca *Eliza*	Porto do Rio de Janeiro	set. 1830	Alfândega do RJ	CM A-B restituído	10 dez. 1830	0	Os 424 africanos apreendidos foram restituídos ao proprietário, que provou ter empreendido a viagem antes da vigência do Tratado de 1826.	(1) (2) (6)

Ano	Embarcação	Local	Data apreensão	Tribunal	Data julgamento	Africanos	Observações	
1831	Escuna *Destemida*			Fragata inglesa *Druid*	CM A-B restituído	22 jan. 1831	50	Escravos haviam sido adquiridos na Costa da Mina e foram emancipados; os cinco da tripulação, não. (1) (2) (6) (7)
1831		Bertioga (SP)	21 jan. 1831	Polícia e juiz da Alfândega de Santos			267	Africanos apreendidos atrás da armação das baleias.
1831	Escuna *Clementina*	Pernambuco		Juiz de paz de Goiana			136	Desembarque de 188 africanos. (22)
1832	Escuna *Camila*	Porto do Rio de Janeiro		Alfândega	CM A-B condenado	24 jan. 1832	5	Não está claro o que aconteceu com os outros 16 africanos apreendidos. (2)
1833	Barca *Maria da Glória*			Brigue inglês *Snake*	CM A-B incompetente			Levado para julgamento em Serra Leoa, onde foi absolvido. Relatório de 1846 dá 423 a bordo. (2)
1833	Brigue *Paquete do Sul*	Ilha Rasa, litoral norte do RJ		Corveta inglesa *Satellite*	CM A-B condenado	14 jan. 1834	0	Suspeita de ter desembarcado africanos na ilha Rasa antes da apreensão. (2)

1833	*Despique* (?)	PE		fim de 1832, início de 1833		Suscita consulta ao Ministério da Justiça sobre destino dos africanos; Maciel Carneiro sugere que seja o Despique.	(20)
1834	Brigue ou bergantim *Rio da Prata*		Corveta inglesa *Raleigh*	CM A-B condenado	6 fev. 1835	240	Apreensão foi de 430 africanos supostamente trazidos como colonos; [ataque ao carregamento, roubo].	(1) (2)
1834	Patacho *Dous de Março*		Brigue-barca *Cacique* e escuna *Fluminense*, da armada brasileira	CM A-B incompetente	27 ago. 1834		Desembarcou 105 africanos em São Sebastião (SP). Processo enviado para autoridades brasileiras.	(2) (11)

1834		Engenho de José Raposo Ferreira, Salvador (BA)	jul. 1834	PP-BA		154	159 africanos foram encontrados em uma engenhoca no município de Salvador, a seis léguas de onde haviam desembarcado. (23)
1834	Escuna *Duquesa de Bragança*			Corveta inglesa *Satellite*	CM A-B condenado	21 jul. 1834	249	(1) (2)
1834	Patacho *Santo Antônio*			Escuna brasileira *Lebre*	CM A-B condenado	04 set. 1834	91	(1) (2)
1835	Bergantim *Aventura*	Ilha de São Sebastião (SP)		Brigue-escuna *Dous de Março*	CM A-B condenado	30 jul. 1835	0	Desembarcou sessenta africanos próximo a São Sebastião (SP); nenhum foi apreendido. (2) (5) (10)

1835	Escuna *Angélica*		Escuna brasileira *Dous de Março*	CM A-B incompetente; condenado pela justiça	17 jun. 1835	?	Navio apreendido com 319 africanos a bordo. Comissão incompetente, pois navio pertencente a traficante angolana. Africanos emancipados foram combinados com os do *Amizade Feliz*.	(1) (2) (5)
1835	Bergantim *Amizade Feliz*	próximo à barra da Ilha Grande, litoral sul do RJ	Brigue brasileiro *Niger*	Condenado por juizado brasileiro ou só africanos emancipados?	13 maio 1835	?	Relatório de Estrangeiros de 1836 dá 350 apreendidos; fonte de 1864 dá apenas 33. Número de emancipados é incerto, pois africanos da escuna *Angélica* e do bergantim *Amizade Feliz* foram misturados.	(1) (2) (5)

1835	Sumaca *Novo Destino*		Brigue brasileiro *Imperial Pedro*	CM A-B restituído	18 set. 1835	2	Navio de comércio costeiro, mas africanos foram emancipados.	(1) (5).

Ano	Embarcação	Local	Captor	Decisão	Data	Escravos	Observações	Fontes
1835	Sumaca *Novo Destino*		Brigue brasileiro *Imperial Pedro*	CM A-B restituído	18 set. 1835	2	Navio de comércio costeiro, mas africanos foram emancipados.	(1) (5).
1835	Brigue *Orion*	lat. 20° 28'S long. 38° 37' O	Corveta inglesa *Satellite*	CM A-B condenado	18 jan. 1836	243		(1) (5) (7)
1835	Patacho *Continente*	Ilha de São Sebastião, (SP)	Escuna brasileira *Dous de Março*	CM A-B condenado	28 jul. 1835	60		(1) (2) (5)
1836	Sumaca *Vencedora*	Ilhas Maricá (RJ)	Escuna britânica *Hornet*	CM A-B restituída	26 fev. 1836	0	Sem escravos a bordo; escuna inglesa não tinha autoridade para a apreensão.	(2) (5)
1837	*Rápido*	(PE)						(24)
1837	*Bom Sucesso*	(PE)						(24)
1837		Ilha dos Frades (BA)	PP-BA			131	Denunciantes reivindicaram recompensa.	(23)

1838	Patacho *Dois Irmãos*	Baía de Rio Grande (RS)	24 jan. 1838	Comandante da escuna de guerra *Vigilante*	Tribunal do Júri de São José do Norte (RS)	01 nov. 1838	Réus (mestre e proprietário) afirmaram ter sido obrigados a carregar africanos, do RJ para o RS, e foram inocentados. Africanos encontrados a bordo (oitenta) talvez tenham sido devolvidos aos proprietários.	(13)
1838	Brigue-escuna *Feliz*		1º maio 1838	Brigue inglês *Wizard*	CM A-B condenado	30 jan. 1839	229	Apreensão de 236 africanos, supostamente colonos.	(1) (2)
1838	Patacho *Cezar*	Ilhas Maricá (RJ)	13 maio 1838	Corveta inglesa *Rover*	CM A-B condenado	26 maio 1838	202		(1) (2)
1838	Brigue-escuna *Brilhante*	Lat. 23° 8' 6" S e long. 44° 46' O	13 maio 1838	Brigue inglês *Wizard*	CM A-B condenado	25 jun. 1838	245		(1) (2) (7)
1838	Brigue-escuna *Diligente*	Lat. 16° 38' S e long. 29° 54' O		Corveta inglesa *Electra*	CM A-B condenado	10 jan. 1839	246	Africanos supostamente trazidos como colonos.	(1) (2) (7)

1838	Escuna *Flor de Luanda*	Ilhas Maricá (RJ)	Corveta inglesa *Rover*	CM A-B incompetente	15 maio 1838	289	Africanos ficaram a cargo da legação britânica. (1) (2) (7)
1839	Brigue-escuna *Carolina*	Lat 24° 18' S e long. 40° 45' O	Corveta inglesa *Electra*	CM A-B condenado	16 abr. 1839	211	Africanos intitulados colonos. (1) (2)
1839	Brigue *Pompeu*	Na saída da barra do Rio de Janeiro, a caminho de Moçambique	Navio inglês *Fawn*	CM A-B restituído	26 nov. 1839	0	Navio britânico não autorizado a fazer a apreensão. (2)
1839	Brigue *Ganges*	Próximo a Cabo Frio (RJ)	Brigue inglês *Grecian*	CM A-B condenado	31 maio 1839	386	Apreensão de 419 africanos; 386 emancipados. (1) (2) (4)
1839	Brigue *Leal*	15 milhas a NO de Cabo Frio (RJ)	Brigue inglês *Grecian*	CM A-B condenado	17 jun. 1839	319	Apreensão de 364 africanos; 319 emancipados. (1) (2) (4)
1839	Patacho *Especulador*	Lat 22° 35' S, long. 39° [ileg] O	Corveta inglesa *Electra*	CM A-B condenado	4 maio 1839	268	(1) (2) (4)
1839	Brigue *Dom João Castro*	À entrada da Marambaia	Brigue inglês *Grecian*	CM A-B condenado	26 jul. 1840	0	Desembarcou o carregamento de aproximadamente 450 africanos na restinga da Marambaia antes da apreensão. (2) (11)

Ano	Embarcação	Local	Captor	Decisão	Data	Escravos	Observações	Notas
1839	Patacho *Recuperador*	20 milhas a oeste de Cabo Frio (RJ)	Brigue inglês *Wizard*	CM A-B restituído	24 set. 1839		Sem escravos a bordo.	(2)
1839	Patacho *Providência*	Ilha de Itamaracá (PE)	Brigue brasileiro *Constança*	CM A-B incompetente		0	Desembarcou aproximadamente 130 africanos e foi apreendido por ordem da presidência da província. Comissão remeteu papéis para o governo.	(2) (24)
1839	Barca *Maria Carlota*	10 a 12 milhas do farol da ilha Rasa (RJ)	Brigue inglês *Grecian*	CM A-B condenado	13 set. 1839		Apreendido sem escravos a bordo.	(2)
1840	Brigue *Asseiceira*		Brigue inglês *Fawn*	CM A-B condenado	8 mar. 1841	323		(1) (2) (4)
1840	Galeota *Alexandre*		Brigue inglês *Grecian*	CM A-B restituído	10 set. 1840	0		(2)
1840	Iate *Africano Atrevido*	Rio São Francisco	Autoridades militares	CM A-B incompetente			Comissão remeteu os papéis para o governo.	(2)
1840	Uma canoa		Escuna de guerra *Primeiro de Abril*	CM A-B incompetente			Comissão remeteu os papéis para o governo. A canoa tinha 47 africanos, cujo destino não está claro.	(2)

1840	Patacho *Paquete de Benguela*	Lat 23° 20' S, long. 44° 6' O	Brigue inglês *Wizard*	CM A-B condenado	28 set. 1840	274		(1) (2) (4) (11)
1841	Brigue *Nova Aurora*	Saiu da Bahia para a Costa da Mina	Corveta inglesa *Rose*	CM A-B restituído	15 abr. 1841	0	Aprendido sem escravos a bordo.	(2)
1841	Brigue *Convenção*		Corveta inglesa *Rose*	CM A-B restituído	30 dez. 1841	0	Aprendido sem escravos a bordo.	(2)
1841	Barca *Castro*	Baía de Santa Anna, entre ilhas Branca e Feia (Búzios?)	Brigue inglês *Grecian*	CM A-B restituído	25 jul. 1841	0		(2)
1842	Brigue-escuna *Aracaty*		Brigue-escuna *Felicidade*	CM A-B condenado	16 jul. 1842	0	Desembarcou 385 africanos em Alagoas antes da apreensão.	(2) (11)
1843	Patacho *Nova Granada*		Escuna inglesa *Viper*	CM A-B sem sentença				(2)
1843	Brigue *Dous Amigos*	Saída do porto do RJ	Brigue inglês *Curlew*	CM A-B restituído	26 jul. 1843	0	Aprendido sem escravos a bordo.	(2)
1844	Polaca *Bom Destino*	Lat. 13° 44' S, long. 38° 33' O	Brigue inglês *Racer*	CM A-B condenado	07 out. 1844	0	Desembarcou quatrocentos africanos na Bahia antes da apreensão.	(2)

1845	Patacho *Subtil*		Correio Brasileiro	Juízo Municipal da Corte	425		(1)
1846	Iate *Bom Jesus dos Navegantes*	Porto de Galinhas (PE)	fev. 1846	Subdelegado da freguesia de Ipojuca		?	Navio encalhado na praia, 72 africanos encontrados, dois mortos e sessenta roubados depois de apreendidos; contexto de perseguição política da Praieira.	(22) (25)
1847	Sumaca *Paquete de Itagoahy*			Juízo municipal Corte	20	Número de africanos estimado a partir de registros de falecimento.	(1) (9)
1848	Uma galera	Baía de Guanabara (RJ)	4 ago. 1848	Chefia de Polícia do RJ?	Juiz Municipal do RJ	24 out. 1848	110		(10)

1849	Alagoas	jun. 1849		?	Não estão claras as circunstâncias da apreensão, mas relatório de 1864 indica que 71 africanos foram enviados de Alagoas para a Corte. (1)
1849	*Heroína*		Juízo municipal da Corte?	25	Número de africanos estimado a partir de petições de emancipação. (8)
1849	Bergantim *Antipático*	Baía do Sombrio (RJ)	out. 1849	Escuna *Lindoia*, Alfândega do RJ	Alfândega RJ incompetente; Juízo de Órfãos e Ausentes; AGM	0	Navio encontrado sem escravos a bordo mas "descarregando uma armação de negros e gêneros de importação". (14) (17)

1849	Patacho *Feliz União*	Praia dos Morros de Camaragibe, vila Porto das Pedras (AL)	nov. 1849	Brigue *Canopo*, chefe de Polícia de AL	75	Pelo menos 76 africanos foram apreendidos, muitos com bexigas, o que resultou em pelo menos uma morte. Foram distribuídos em Maceió e ficaram sob responsabilidade do curador de africanos livres até 1861. (21)
1850	*Sereia*	São Vicente (SP)	21 mar. 1850	Polícia de Santos; juiz	480	Desembarque teria sido de oitocentos africanos. Os apreendidos (número incerto) foram levados para o Rio a bordo do vapor *Dom Affonso*. (1) (19)

	1850	Jurujuba, Niterói (RJ)	7 maio 1850	Ordens da PP-RJ	60	Ordens da PP-RJ para apreender africanos de barracões na Jurujuba, onde havia 1100 recentemente.	(19)
Hermínia	1850	Porto de Maceió (AL)	4 jul. 1850	Inspeção de Alfândega	7	Entre outros escravos crioulos e africanos ladinos despachados da Bahia para o Rio Grande do Norte com passaportes da Alfândega da Bahia, o delegado de Polícia e juiz municipal de Maceió apreendeu sete africanos boçais. Outros três seriam apreendidos no fim do mês pela patrulha pedestre no subúrbio de Maceió na companhia de um preto liberto.	(32)

1850	Garoupeira *Santo Antônio*	Cabo Frio, (RJ)	out. 1850		AGM	0	Navio costeiro, quatro africanos encontrados a bordo reclamados como escravos; Seção Justiça do Conselho de Estado remete julgamento da liberdade para justiça comum por não terem sido importados recentemente.	(17)
1850	Bergantim *Catão*	Desterro (SC)	12 ago. 1850	Subdelegado de Polícia de SC	AGM restituído; condenado pela Seção de Justiça do Conselho de Estado	0	Navio entrou no porto de Desterro alegando arribada forçada. Desembarcou 889 africanos no início de agosto de 1850, possivelmente no litoral de SC. Dos vinte africanos encontrados a bordo, não há notícia no processo.	(11) (14) (17) (18)

1850	Brigue *Sagaz*	Cabo Frio, (RJ)	set. 1850			32	Incendiado pela tripulação, condenado nas duas instâncias.	(14) (16)
1850	Barca *Tourville*	Corte	15 nov. 1850	AGM condenado	03 dez. 1850	4		(1) (14) (17)
1850	Iate *Rolha*	Macaé (RJ)	4 out. 1850	*Urânia*	AGM restituído	208		(1) (14) (17)
1850	Palhabote *Jovem Maria*	Ilha Grande (RJ)	30 dez. 1850	*Urânia*	AGM condenado	290		(1) (14)
1850	Brigue-barca *Trenton*	Cananeia (SP)	23 nov. 1850		AGM	27 jan. 1851	1		(1) (14)
1851	Escuna *Relâmpago*	Fazenda da Pontinha, Itaparica (BA)	30 out. 1851	Chefe de Polícia da BA	AGM-BA	02 maio 1851	351	Navio teria 830 africanos a bordo, dos quais apenas 357 foram apreendidos.	(17) (28)
1851	Escuna *Inocente*	Rio São Francisco		Brigue *Lealdade*; PP-AL				(12)
1851	Patacho *Hermínia*	Paraíba	jan. 1851			22	Patacho trazido para PE com mestre, contramestre e 22 africanos a bordo em janeiro de 1851.	(31)

1851	Brigue *Thereza Maria*	Porto de Ilhéus (BA)	8 set. 1851		Navio teria 112 africanos a bordo. Não está claro se algum foi apreendido e emancipado. (16)
1851 (?)		Garanhuns (PE)			Apreensão em PE de africanos desembarcados em Alagoas, sem referência a data. (16)
1851	*Palhabote*	Porto de Pituba, Poxim (AL)	jun. 1851	Chefe de Polícia de AL	2 Desembarque estimado de trezentos africanos, notícia de vinte recapturados, mas eram apenas dois. (12)
1851	Brigue *Encantador*	Bahia			0 (15)
1851	*Cupido*	Marambaia (RJ)			0 (15)
1851 (?)	Barcaça *Abismo de Maceió*	Barra do Poxim (AL)	1851	Auditoria de Guerra de PE AGM condenado	Apreendido por suspeita. (12) (16)
1851	*Palhabote*	Manguinhos (RJ)	30 abr. 1851	*Urânia* 7 jan. 1852	344 (1) (16) (17)

1851	*Segundo*	Itabapoana (ES)	23 maio 1851	Delegado de Policia de Itapemirim	AGM	20 jul. 1851	138		(1) (14)
1851	Barca *Tentativa*	Praia do Furado, Quissamã (RJ)	16 fev. 1851		AGM	17 abr. 1851	485	Apreensão feita em terra.	(1) (15) (17)
1851	Patacho *Actividade* ou *Natividade*	Marambaia (RJ)	5 fev. 1851	Juiz municipal de Mangaratiba	AGM	20 mar. 1851	466		(1) (14) (16)
1851		Manguinhos, São João da Barra (RJ), fazenda de André Gonçalves da Graça	fev. 1851	Chefe de Policia do RJ	AGM	22 maio 1851	21	Apreensão dos africanos em terra suscitou dúvida sobre competência da AGM.	(1) (17)
1851		Marambaia (RJ)	1º fev. 1851	Chefe de Policia interino de Policia da província do RJ	AGM	18 mar. 1851	160	Dos 199 apreendidos nas terras de Joaquim José Breves, o auditor de Marinha julgou que 39 não tinham desembarcado recentemente e remeteu-os à justiça comum.	(1) (17)

1851 (?)	Iate *Três Amigos*				(16)
1851 (?)	Patacho *Rio Tâmega*	Santos (SP)			(16)
1852		Tramandaí, freguesia de Conceição do Arroio (RS)	11 abr. 1852	18	Apenas dezoito africanos foram resgatados e emancipados de um desembarque de aproximadamente duzentos; os serviços de dezoito deles foram concedidos à Santa Casa de Porto Alegre; anos mais tarde apareceriam outros que foram tidos como escravos, entre eles Manoel Congo. (26)

Apreendido por suspeita, absolvido na primeira instância e condenado na segunda.

1852	*Camargo*	Bracuí (RJ)/ Bananal (SP)		Praças da Corte; juiz substituto de Guaratinguetá (SP)	68	Navio teria mais de quinhentos africanos a bordo e encalhou na praia do Bracuí, em Angra dos Reis. Os africanos foram levados serra acima e poucos foram resgatados.	(1) (27)
1855		Ilha de Santo Aleixo, Serinhaém, (PE)	11 out. 1855		179	162 resgatados de início; 48 teriam sumido, alguns foram resgatados depois em engenhos da família Wanderley. Carregamento consignado a João Manoel de Barros Wanderley.	(22) (29)

1856	Escuna Mary E. Smith	São Mateus, (ES)	jan. 1856	Navio de guerra Olinda	384	Dez tripulantes, cinco deles norte-americanos, foram condenados pela justiça na Bahia e cumpriram pelo menos parte das penas. (30)
1859	Pequena embarcação naufragada	Praia de Itacutiara	14 out. 1859		3	Naufrágio de pequena embarcação com três africanos a bordo foi considerado tráfico pela justiça, mas sentença foi reformada pelo Conselho de Estado, determinando a reexportação dos três africanos. (17)

LEGENDA: CM A-P: Comissão Mista Anglo-Portuguesa; CM A-B: Comissão Mista Anglo-Brasileira; AGM: Auditoria Geral da Marinha

FONTES:

(1) Hunt para Russell, 22 mar. 1865, Foreign Office (FO) 84/1244 (National Archives of Great Britain).

(2) *Relatório da Repartição dos Negócios Estrangeiros apresentado à Assembleia Geral legislativa na 4ª sessão da 6ª Legislatura pelo respectivo mi-*

nistro e secretário de Estado barão de Cayrú. Rio de Janeiro: Typographia Imperial e Constitucional de J. Villeneuve e Comp., 1847, Anexo E, pp. 17-24.

(3) Hesketh para Canning, 8 mar. 1826, BFSP, 1826-1827, pp. 371-97.

(4) AN, cód. 184, v. 4

(5) *Relatório da Repartição dos Negócios Estrangeiros apresentado à Assembleia Geral Legislativa na sessão ordinária de 1836, pelo respectivo ministro e secretário de Estado José Ignácio Borges*. Rio de Janeiro: Typographia Nacional, 1836, p. 4.

(6) Arquivo Histórico do Itamaraty. Coleções Especiais 33, Comissão Mistas. lata 1, maço 1, pasta 2 (brigue *Africano Oriental*); lata 12, maço 4 (barca *Eliza*); lata 10, maço 2, pasta 1 (escuna *Destemida*).

(7) AN, IJ6 467.

(8) AN, IJ6 523.

(9) AN, IJ6 524.

(10) Juiz municipal para Eusébio de Queirós, 18 out. 1848 e juiz de órfãos para Ministério da Justiça, 19 nov. 1848, AN, IJ6 471.

(11) Transatlantic Slave Trade Database, www.slavevoyages.org, viagens #1424 (*Aventura*); #1329 (*Dous de Março*); #1948 (brigue *Dom João Castro*); #2097 (paquete *Benguela*); #2169 (brigue-escuna *Aracaty*); #4633 (*Catão*).

(12) Relatório da presidência da província de Alagoas, José Bento da Cunha e Figueiredo para Manoel Sobral Pinto, 20 jun. 1851, pp. 2-3.

(13) APERS Rio Grande — 1ª Vara Cível e crime processo crime; caixa 005-0791 (São José do Norte).

(14) AN AGM Processo 1 (*Sagaz*); Processo 2 (iate *Rolha*); Processo 4 (*Catão*); Processo 5 (*Tourville*); Processo 6 (*Jovem Maria*); Processos 10 e 12 (*Segundo*/*Itabapoana*); Processo 13 (barca *Trenton*); Processo 14 (patacho *Atividade* ou *Natividade*/*Marambaia*); Processo 20 (bergantim *Antipático*).

(15) *Relatório do ano de 1850 apresentado à Assembleia Geral Legislativa na 3ª sessão da 8ª legislatura pelo ministro e secretário de Estado dos negócios da Justiça Eusébio de Queirós Coutinho Matoso Câmara*. Rio de Janeiro: Typographia Nacional, 1851, p. 8.

(16) *Relatório apresentado à Assembleia Geral Legislativa na 4ª sessão da 8ª legislatura pelo ministro e secretário de Estado dos negócios da Justiça Eusébio de Queirós Coutinho Matoso Câmara*. Rio de Janeiro: Typographia Nacional, 1852, pp. 11-2.

(17) José Próspero da Silva Caroatá (Org.), *Imperiais resoluções tomadas sobre consultas da seção de Justiça do Conselho de Estado*. Rio de Janeiro: Garnier, 1884. 2 v.

(18) Hudson para Palmerston, 14 ago. 1851, FO 84/846.

(19) Hudson para Palmerston, 12 maio 1850, FO 84/803.

(20) Honório Hermeto Carneiro Leão para presidente da província de Pernambuco, 12 fev. 1833, *Coleção das decisões do governo do Império do Brasil de 1833*, pp. 51-2.

(21) Francisco Elias Pereira para José Bento de Cunha Figueiredo, dez. 1849, Arquivo Público de Alagoas (APA), caixa 1099 — chefe de Polícia; Relação dos africanos pretos livres, pessoas particulares que arremataram seus serviços, e dos Estabelecimentos Publicos a que foram destinados de ordem do Ex.ᵐᵒ Presidente desta Provincia nesta Cidade no ano de 1850, APA, Caixa Curador de Africanos.

(22) Cyra L. R. O. Fernandes, *Os africanos livres de Pernambuco (1831-1864)*. Recife: UFPE, 2010. Dissertação (Mestrado em História).

(23) Adriana Santana, "Africanos livres na Bahia, 1831-1864". Salvador: CEAO/UFBA, 2007. p. 38 (Ilha dos Frades), p. 40 e 138 (Engenho Raposo). Dissertação (Mestrado em Estudos Étnicos e Africanos).

(24) Marcus J. M. de Carvalho, "O patacho *Providência*, um navio negreiro: Política, justiça e redes depois da lei antitráfico de 1831". *Varia Historia*, Belo Horizonte, v. 30, n. 54, p. 777-806, 2014.

(25) Marcus J. M. Carvalho e Bruno A. D. Câmara, "A Insurreição Praieira". *Almanack Braziliense*, São Paulo, n. 8, p. 23, 2008.

(26) Paulo Staudt Moreira, "Boçais e malungos em terra de brancos: Notícias sobre o último desembarque de escravos no Rio Grande do Sul". In: Vera Lúcia M. Barroso (Org.), *Raízes de Santo Antônio da Patrulha e Caraá*. Porto Alegre: EST Edições, 2000, pp. 215-35; Vinicius Pereira Oliveira, *De Manoel Congo a Manoel de Paula: Um africano ladino em terras meridionais*. Porto Alegre: EST Edições, 2006, p. 127

(27) Martha Abreu, "O caso Bracuhy". In: Hebe Maria Mattos de Castro; Eduardo Schnoor (Orgs.), *Resgate: Uma janela para o Oitocentos*. Rio de Janeiro: Toopbooks, 1995, pp. 165-95.

(28) Luís Henrique Dias Tavares, "O desembarque da Pontinha". Salvador: Centro de Estudos Baianos/UFBA, 1971.

(29) Glauco Veiga, *O desembarque de Sirinhaém*. Recife: Imprensa Universitária, 1977.

(30) Dale T. Graden, *Disease, Resistance and Lies: The Demise of the Atlantic Slave Trade to Brazil and Cuba*. Baton Rouge: Louisiana State University Press, 2013, pp. 189-191.

(31) Aline E. B. Albuquerque, "Relatório final de atividades de Iniciação Científica, projeto Navios negreiros e negociantes de escravos atuantes em Pernambuco, 1831-1855", Recife: UFPE, 2012.

(32) Silvério Fernandes de Araújo Jorge, juiz municipal e delegado da capital para Manoel Sobral Pinto, vice-presidente da província de Alagoas, 5 jul. 1850, APA, caixa 1099 — chefe de Polícia Silvério F. de Araújo Jorge para Manoel Sobral Pinto, 31 jul. 1850, APA, caixa 1099 — chefe de Polícia.

Lista de ilustrações

1. Regent's Town, vila de "*liberated Africans*" em Serra Leoa.
2. Marca dos africanos da escuna *Emília* (1821).
3. Registro das cartas de emancipação dos africanos livres do brigue *Ganges* (1839).
4. Carta de emancipação emitida pela Comissão Mista Anglo-Brasileira (1839).
5. Samuel Ajayi Crowther.
6. Diogo Feijó.
7. Carta de emancipação de africana livre com registro de falecimento.
8. Desembarque de escravos.
9. Escravo do Congo conta sua história.
10. Carta de emancipação emitida por Juizado Municipal em 1845.
11. Anúncio de fuga de africano livre.
12. Carregadores de café.
13. Marquesa e marquês de Paraná.
14. Arsenal de Marinha da Bahia (1873).

15. Petição dos africanos livres minas-nagôs.
16. Convenção da Anti-Slavery Society, Londres, 1840.
17. David Turnbull.
18. Santa Casa de Misericórdia do Rio de Janeiro.
19. Palácio Imperial, Petrópolis.
20. Lorde Palmerston.
21. *O Philantropo* (1849).
22. Lugares de desembarque e equipagem de navios para o tráfico ilegal em 1850.
23. Episódio do *Cormorant* (1850).
24. Eusébio de Queirós.
25. James Hudson.
26. O guarda-mor da Alfândega.
27. Manaus, *c.* 1865.
28. Aldeamento indígena de São Pedro de Alcântara.
29. Senador Montezuma.
30. José Tomás Nabuco de Araújo.
31. Bilhete do africano livre Cyro para concessionário Peçanha.
32. William D. Christie.
33. Aureliano Cândido Tavares Bastos.
34. Questão explosiva.
35. O discurso de lorde Palmerston.
36. Questão Christie.
37. Adelino, africano livre.
38. Venda de escravos no Rio de Janeiro.
39. Academia de Direito de São Paulo, *c.* 1862.
40. Luiz Gama.
41. José do Patrocínio.
42. Joaquim Nabuco.
43. Últimos anos da escravidão.
44. Menu do banquete abolicionista de 7 nov. 1831.
45. Antônio Joaquim Macedo Soares.
46. Baobá de Nísia Floresta (antiga Papary), RN.

Créditos das imagens

p. 35: Church Missionary Papers

p. 45: AHI: 347/3. Coleções Especiais 33, Escuna Emília, lata 13, maço 1, Livro de bordo, fls. 34-38v. Arquivo Histórico do Itamaraty. Reprodução de Jaime Acioli

pp. 46, 49, 106, 128, 350 e 351: Arquivo Nacional

p. 61: Historical Picture Archive/ Contributor/ Getty Images

pp. 74, 276, 319, 338 e 412: Biblioteca Brasiliana Guita e José Mindlin

pp. 115, 119, 139 e 280: Paul Harro-Harring/ Instituto Moreira Salles

pp. 137, 197, 211, 312, 369, 386, 439 e 443: Acervo Fundação Biblioteca Nacional

pp. 147: Emílio Bauch/ Instituto Histórico Geográfico Brasileiro

p. 158: Museu de História Natural de Londres

pp. 162 e 163: Arquivo do Estado de São Paulo, Lata 5216-4

p. 185: Benjamin R. Haydon, óleo sobre tela (1841), 297 x 383 cm. National Portrait Gallery (Londres)

p. 196: Thomas Ender, aquarela (*c.* 1817) Academia de Belas Artes (Viena)

p. 202: Print Collector/ Contributor/ Getty Images

p. 229: Library of Congress

p. 240: Great Britain National Archives, FO 420/11. Confidential Print

p. 277: Carlo Pellegrini

p. 307: Albert Frisch/ Instituto Moreira Salles

p. 356: William Dougal Christie/ National Portrait Gallery, London

p. 368: Academia Brasileira de Letras

p. 373: Hulton Archive/ Stringer/ Getty Images

p. 375: Veitor Meireles, óleo sobre tela (1864), 47,2 × 69,3 cm. Coleção Nacional de Belas Artes (Rio de Janeiro)/ Ibram/ MinC. Reprodução de Jaime Acciolli

p. 425: Militão Augusto de Azevedo/ Instituto Moreira Salles

p. 440: Acervo da Fundação Joaquim Nabuco

p. 442: Marc Ferrez/ Instituto Moreira Salles

p. 450: Acervo do Supremo Tribunal Federal

p. 458: Alex Gurgel

Índice onomástico

Adelino (african livre), 386
Adolfo (requerente de estatuto de africano livre), 20
Adriano Congo (requerente de estatuto de africano livre), 20
Agostinho (africano escravizado posto em leilão), 411
Agostinho (crioulo liberto), 217, 221
Aleixo Jeje (africano livre da escuna *Destemida*), 123
Alexandre Congo (requerente de estatuto de africano livre), 20
Álvaro Zombo (africano vindo no bergantim *Lobo*), 71
Amador Mina (requerente de estatuto de africano livre), 20
Amaro Mina (requerente de estatuto de africano livre), 20-1, 29
André (escravo resgatado pelos ingleses), 193, 199
André Lualle (africano livre), 377-9
André Mina-Nagô (africano livre), 123
André Mucena (africano livre), 365
André Nagô (africano livre da escuna *Destemida*), 123
Ângelo Mina (africano livre da escuna *Emília*), 68, 87, 155
Antônia Gomes (liberta), 420
Antônio (africano escravizado do inventário de Manoel Vidal), 451
Antônio (africano livre apreendido em Bertioga, faleceu como Luís), 124
Antônio (africano vindo no bergantim *Lobo*), 71
Antônio (filho da africana Rosa, escravizada), 449
Antônio Benguela (africano declarado livre em 1836), 94
Antônio Benguela (africano livre que trabalhou em São Paulo), 379
Antônio Francisco (dizia-se livre), 415
Antonio Manoel de Paula (africano julgado ingênuo, vindo na escuna *Camilla*), 82

Augusto Congo (requerente de estatuto de africano livre), 20

Balbina (filha de Elizia, africana livre), 328
Beliza Nagô (africana livre), 158, 327
Belmiro (pardo livre), 324, 347
Benedito (africano livre), 252
Bento (africano livre apreendido em Bertioga), 406, 408
Bento Francisco Paranaguá (africano livre já emancipado), 345

Caetano (requerente de estatuto de africano livre), 434-5
Caetano Congo (africano livre reescravizado), 114-6, 118-9, 290
Calixto Nagô (africano livre), 379
Cambo, menina (africana livre, rebatizada como Emília Conga), 99-100
Cândida Maria da Conceição (africana livre), 156, 160
Cândido (africano livre), 415
Canho Congo (africano livre), 99
Carlos (africano livre concedido a José Silva), 353
Carlos (africano livre concedido a Torres Homem), 134
Carolina Conga (africana livre), 325, 328, 333-6, 339, 346-7
Casemiro Nagô (africano livre), 47, 67-8, 87, 155
Catarina e Tertuliano (casal de africanos livres), 339
Catraio, menino (africano livre), 92
Cipriana (africana ilegalmente escravizada), 420
Clemente Quissamã (africano livre), 123

Constantino Totele (africano vindo no bergantim *Lobo*), 71
Cosme Nagô ("Mina") (africano livre), 47, 68, 87, 155
Custódia Rebola (africana livre), 158
Cyro Mina (africano livre), 14, 348-9, 350, 352

Damião Benguela (africano livre), 92
Delfina (africana livre), 336, 346
Desidério Mina (africano livre), 339-40, 348, 389
Dionísia Angola (africana livre), 141, 156, 491n
Dionísia Bié (africana livre), 332
Domingos (africano livre), 253
Domingos (escravo, marido da africana livre Carolina Conga), 325, 347

Eduardo (menino forro), 420
Eleutério (africano livre), 415
Elizia (africana livre), 328
Emília (Cambo) Conga (menina africana livre), 99-100
Epifânio (africano livre), 362-3
Epifânio (africano livre já emancipado), 345
Eufêmia Benguela (ama de leite, africana livre), 136-7
Eusébia Dulu (africana livre), 106
Eva (filha de Carolina Conga), 328
Eva (menina escrava), 237

Felício Mina (africano livre), 125-6, 156, 193
Felipe (africano vindo no bergantim *Lobo*), 71
Felipe Cabinda (requerente de estatuto de africano livre), 401-5, 408-9

Felipe Joaquim (escravo do proprietário do bergantim *Lobo*), 72
Fidélis Rebolo (africano livre), 94, 143-4
Firmina (africana livre), 361-5
Firmina Benguela (africana livre), 327
Firmino (africano boçal), 288
Firmino, menino (filho da africana livre Maria), 328
Firmo José de Miranda (africano livre já emancipado), 345
Florência (africana livre), 252
Fortunato Nagô (africano livre da escuna *Destemida*), 123
Francisco (africano livre apreendido em Bertioga), 125
Francisco (escravo, articulador do plano de revolta do Vale do Paraíba), 216
Francisco Moçambique (escravo resgatado pelos ingleses), 193, 199

Garcia Zombo (africano vindo no bergantim *Lobo*), 71
George Freeman (africano livre em Antígua), 169

Helena Moçambique (africana livre), 120-2, 156, 160
Henriqueta Benguela (requerente de estatuto de africano livre), 413-4
Hilário (africano livre, na lista do cônsul e casado com Carolina), 254, 339
Hipólito Angola (africano livre), 332
Honorata Benguela (africana livre), 377-9
Honorato Benguela (africano livre), 140

Honório Benguela (africano livre já emancipado), 353

Inácio Oanba (africano livre), 341
Inês Muiaca (africana livre do patacho *Jovem Maria*), 284-5, 311-3, 395
Izidoro (africano livre), 140-1
Izidoro José Batista (africano julgado ingênuo, vindo na escuna *Camilla*), 82

Jacó (escravo resgatado pelos ingleses), 193, 199
Januária Rebola (africana livre), 103
Joana Benguela (africana boçal), 94
João (africano vindo no bergantim *Lobo*), 72
João Bamba ("d. João Bomba", Congo, africano livre), 100
João Batista (africano vindo na escuna *Camilla*), 82
João Benguela (africano declarado livre em 1836), 94
João Benguela (africano livre a serviço de João Caetano de Almeida França), 142, 156
João Pinheiro (africano livre já emancipado), 20-1, 29
Joaquim (requerente de estatuto de africano livre), 417
Joaquim Benguela (africano livre apreendido em Bertioga), 125, 406-8
Joaquim Cassange (africano livre), 94, 143-4
Joaquim Congo (africano livre já emancipado), 345
Joaquim Correia Mina (requerente de estatuto de africano livre), 20
Joaquina (africana livre), 365

Jorge (dizia-se livre), 415
José (africano escravizado do inventário de Manoel Vidal), 451
José Jeje (africano livre da escuna *Destemida*), 123
José Majojo (escravo resgatado pelos ingleses), 193, 199
Josefa Congo (requerente de estatuto de africano livre), 20
Júlio Moçambique (requerente de estatuto de africano livre), 361-5
Justiniana Moçambique (africana livre), 120
Justino (filho da africana Rosa, escravizada), 416

Laudelino (africano livre já emancipado), 353
Laura (africana livre), 361-5
Lauriano Congo (africano livre), 140
Lauriano Gomes (dizia-se livre), 415
Lázaro Mina (africano livre), 58-9
Lino (africano livre alfabetizado), 337
Lodrino (africano livre), 253
Luís Angola (africano livre), 140
Luís Jeje (africano livre da escuna *Destemida*), 123
Luís Nagô (africano livre), 142

Macária (dizia-se livre), 415
Macário José Francisco (africano vindo na escuna *Camilla*), 82
Manoel Cassange (africano livre), 114
Manoel Congo (africano boçal escravizado), 586
Marciana (filha de André e Honorata), 377
Marcos (africano livre), 312
Margarida (africana livre), 379

Maria (africana livre, mãe do menino Firmino), 328
Maria (africana livre apreendida em Bertioga e rebatizada como Antônia), 125
Maria (filha de Carolina Conga), 328
Maria (lavadeira, africana livre), 138
Maria (requerente de estatuto de africano livre), 417
Maria Angola (africana livre), 327
Maria Benguela (africana escravizada do inventário de Manoel Vidal), 451
Maria Benguela (africana livre apreendida em Bertioga), 125
Maria do Rosário (filha de André e Honorata), 377
Maria Rebola (lavadeira, africana livre), 137, 317
Mariana Conga (requerente de estatuto de africano livre), 20
Marinho Monjolo (africano livre), 310
Martinho Angola (africano escravizado posto em leilão), 411
Maurício, "de nação" (dizia-se livre), 415
Michelina Nagô (africana livre da escuna *Emília*), 123
Miguelina Bié (africana livre), 327
Minas Quelimane (africano livre), 341
Muturo, menino (africano livre, rebatizado como Tobias Cassange), 99--100, 134

Onofre (africano livre, na lista do cônsul e casado com Susana), 254, 339

Panjo Ambaca, menino (africano livre), 99-100

Patrício Jeje (africano livre da escuna *Destemida*), 123
Paulo (africano livre já emancipado), 345, 362
Paulo Umbombe (africano livre do patacho *Jovem Maria*), 284-5, 311-3, 395
Pedro Zombo (africano vindo no bergantim *Lobo*), 71
Policarpo (africano livre já emancipado), 345
Policarpo Nagô (africano livre da escuna *Destemida*), 123
Prudêncio Cabinda (africano livre do *Cezar*), 148

Ricarda Benguela (africana livre), 47, 476n
Ricardina (africana livre), 328
Rita, menina (africana livre), 92
Rosa (africana escravizada), 449
Rosa (requerente de estatuto de africano livre), 416
Rosália (africana livre), 365
Rufino (filho da africana Rosa, escravizada), 449

Salustiana Conga (africana livre), 327

Samuel Mina (africano escravizado posto em leilão), 411
Samuel Mina (requerente de estatuto de africano livre), 20
Sebastião Congo (africano livre), 148
Sebastião de Sousa (africano vindo no bergantim *Lobo*), 72
Sebastião Maria (preto livre), 409-10
Serafina Cabinda (africana livre), 165, 189-91, 193
Sérgio Benguela (africano livre), 140
Severo Congo (africano livre), 252

Teresa (africana de nação), 125
Tertuliano e Catarina (casal de africanos livres), 339
Tobias Cassange (menino Muturo) (africano livre), 99-100, 134
Tristão Angola (africano livre), 148
Tristão Antônio José Congo (africano livre já emancipado), 20-1, 29

Venâncio Congo (africano livre do *Cezar*), 148
Vicente (escravo, articulador do plano de revolta do Vale do Paraíba), 216
Vicente, pardo (escravo alfaiate), 336

Índice remissivo

Números de páginas em *itálico* referem-se a ilustrações

Abdicação (1831), 26, 66-7, 71, 403-4
Aberdeen, Lorde, 190, 213, 499-500n; *ver também* Ato Aberdeen (1845)
abolicionismo brasileiro: aplicação da Lei de 1831, 21, 27, 233-7, 241, 401, 416, 426-7, 431, 434, 442, 449, 463; argumento da ilegalidade da escravidão, 233, 425, 436-7; possível conexão entre Christie e liberais brasileiros, 361, 367; *ver também* Confederação Abolicionista; Sociedade Brasileira Contra a Escravidão; Sociedade Contra o Tráfico, Promotora da Colonização e Civilização dos Indígenas
abolicionismo britânico, *202*; campanha contra o tráfico atlântico internacional, 22, 24, 59, 183-4, *185*, 203-5, 212-3, 223-6; campanha contra o tráfico e a escravidão no próprio Império britânico, 35-6; coordenação com o lobby das colônias, 183, 226, 228; financiamento de jornais e políticos no Brasil, 279; monitoramento da escravidão e do tráfico mundial, 223, 246, 267; patrulhamento e apreensões pela Royal Navy *ver* navios; plano de Turnbull, 248, 256, 412; proteção aos africanos livres e ilegalmente escravizados, 165, 176-7, 180, 193, 195, *202*, 203, 227, 250, 259, 263-5, 270, 283, 320, 372, 419; *ver também* African Institution; *Anti-Slavery Reporter*; British and Foreign Anti-Slavery Society (BFASS); Cortes do Vice-Almirantado; Foreign Office; Royal Navy; Society for the Mitigation and Gradual Abolition of Slavery Throughout the British Dominions

Abolicionismo, O (Nabuco), 440
Abolicionista, O (jornal), 434, 437
Abrantes, marquês de *ver* Almeida, Miguel Calmon du Pin
Abreu, Martha, 529*n*
Academia Imperial de Medicina, 141
Academia Médico-Homeopática do Brasil, 281
Accioly, João Manoel de Barros, 420
Aceguá (Uruguai), 420
açorianos, colonos, 153
açucareira, economia, 22-3, 168, 175, 200, 224, 226
África: Central, 284; Centro-Ocidental, 219; colônias na, 54, 79-80; colonização da, 207, 215, 230, 235; Costa da, 20, 41, 72, 78, 80, 127, 178, 213, 215, 322, 363; costa ocidental africana, 34, 139, 200; deportação de africanos para a *ver* reexportação; feitorias portuguesas na, 296; regiões de embarque do tráfico, 225; relações comerciais com Brasil, 213; sul da, 239; *ver também países individualmente*
African Institution, 35, 56, 225
africanos: boçais, 17, 50, 70, 72, 75, 81, 84-5, 90-1, 94, 108-11, 113-7, 237, 265, 286-7, 289-90, 295, 513*n*; chegada para "tratar de negócios" no Brasil, 70-2; cidadania no Brasil e em outros países, 18, 50, 53-5, 57, 199, 214-5; incapacidade jurídica, 130-2, 170, 207, 462; ladinos, 17, 78, 80-1, 86, 95, 109-10, 116-8, 146, 155, 265-6, 268, 290, 401, 404; mobilidade social, 18, 138-9, 164, 321, 346; proporção na população do Império, 17-8, 50-1; *ver também* julgamento de estatuto; reexportação

africanos escravizados: ameaça à ordem quando requerem direito à liberdade, 417, 446; ameaça à ordem se emancipados, 110; averiguação da condição, 65-6, 72, 81-2, 114-9, 361-5, 401-5, 413-4; direito à liberdade, 21, 28, 58, 77, 79, 95, 109, 113, 120, 157-8, 160, 226, 257, 260, 264, 270, 285, 290, 339, 365, 374, 400-1, 405, 410, 414-6, 421, 427, 446-8, 452; registros de propriedade de, 453; requerem estatuto de africanos livres, 20-1, 361-5, 400, 416-7, 428; resgatados, 10, 24-5, 34, 35, 36-7, 76, 87, 100, 130, 167, 169, 173, 175-9, 181-2, 187, 194, 200, 203, 207-8, 326, 380

africanos libertos, 17-8, 24, 38-9, 50-7, 62, 67, 68-71, 73-4, 82, 84, 94, 130-1, 139, 155-6, 159, 164, 214, 231, 235-6, 238, 262, 265, 268, 294, 298, 300, 325, 328, 370, 410, 417-8, 421, 444, 448, 452; como ameaça à segurança pública, 71; como ameaça aos costumes, 76

africanos livres: alfabetizados, 332, 337; alojamento e alimentação, 25, 42, 105, 152, 157, 192, 396; ampliação do sentido de "africano livre", 29, 270-1, 283, 411, 415, 433; arranjos de trabalho, 22, 24, 69, 135, 141-2, 144, 147, 166, 168, 170, 174, 208, 316, 318, 326, 381; arrematação dos serviços de, 43, 66-7, 70, 83, 93, 95, 99, 104, *106*, 107, 120, 125, 131, 133, 180, 349, 407; concessão dos serviços, 95, 97, 103,

107, 129, 135, *147*, 149, 251, 272, 307-8, 320; condição associada à escravidão, 25, 39, 321; condições de trabalho, 13, 25, 105, 176, 180, 355, 380, 392; consciência do estatuto, 21, 109, 156, 317, 415; crianças, 42, 97, 101, *106*, 154, *162*, 168, 175, 178, 188, 195, 231, 269, 299, 305, 310, 314, 328, 366, 418, 420; críticas ao sistema de distribuição para o serviço, 103-4, 177, 203; defesa da liberdade, 27, 168, 408, *425*; definição de "africanos livres", 19-20; distinção entre homens e mulheres, 42, 100-2, 124, 133, 136-7, 139-40, 152-4, 157, 188, 195, 197, 295, 310, 314, 359, 366, *386*, 391-2, 418; distribuição para o serviço, 10, 26, 48, 89, 95, 97-101, 107, 132-3, 138, 155, 160, 181, 265, 285, 297, 299, 301, 320, 330, 340, 345; emancipação definitiva, 14, 24, 26, 121, 136, 195-6, 325-7, 336, *338*, 367, *369*, *386*, 388-9, 398, 411, *438*; *emancipados* (Cuba), 34, 461; esperam/pedem proteção dos ingleses, 165, 176-7, 180, 193, 195, *202*, 203, 250, 259, 263-5, 270, 283, 320, 372, 419; falecimento de, 21, 48, 66, 93, 96, 99, 101, 105, *106*, 124, 129, 132, 148, 167, 301, 310, *356*, 383, 385, 387, 389, 393, 441; filhos de, 18, 20, 53, 154, 169, 188, 195, 199, 251, 298, *319*, 321, 325, 328-9, 332, 334-6, 347, 349, 352, 359, 376-9, 384, 395, 414-7, 420, 424, 427, 432, 437, 446, 449; grupo de africanos minas-nagô vindo da Bahia para o Sudeste, 14, 158-60, *162-3*, 348-53,

379; *liberated Africans ver liberated Africans* (Império britânico); "libertos" (Angola), 34; locais de trabalho *ver* arrematantes; concessionários; *nomes das instituições*; matrícula dos, 28, 48, 129, 133, 140, 375-7, 379-80, 383-5, *386*, 387-8, 391, 482*n*; momento da emancipação, 32, 47, 170, 305, 379, 395; legislação *ver* Alvará de 26 de janeiro de 1818; Aviso de 29 de outubro de 1834; Convenção adicional Anglo-Portuguesa (1817); Decreto de 19 de novembro de 1835; Decreto de 24 de setembro de 1864; Decreto de 28 de dezembro de 1853; edital de 12 de abril de 1845; Lei de 7 de novembro de 1831; Lei Eusébio de Queirós; Ordem do Conselho; mudança no sistema de distribuição para o serviço, 97-8; no serviço doméstico, 114, 135-6, 138, 206, 258, 361; *Noirs de traite* (Império francês), 461; nomes africanos e mudanças de nome, 14, 31, 42, 45, 47-8, 58, 92-3, 99-100, 153, 180, 325, 385, 408, 422, 447; números, 34, 50, 133, 150-1, 301-2, 380-1, 392-3, 396, 415, 441; paralelo com o estatuto de índios, 39-40; petições de emancipação, 21-2, 28, 67-8, 98, 121-2, 129, 135-6, 141, 144, 155-7, *162*, 325-33, 335-7, *338*, 339, 341, 343, 348, 353, 360, 362, 365, 367, 372, 410, 413-4, 416, 448; política britânica para africanos livres no Brasil, 27, 183, 256, 372; "pretos da escuna *Emília*", 26, 30-2, 41-4, *45*, 47, 50, 58, 67-9, 76, 86-9, 120, 123,

126-7, 155, 164, 177, 567; "pretos minas e moçambiques" (chegados até novembro de 1831), 104, 120, 155; procedimento para emancipação *ver* julgamento de estatuto; proposta de nova convenção, 249, 259; recrutamento para o Caribe, 171, 177, 182, 186, 194-6, 203-4, 206-7, 397; registros, 21-2, 45, *46*, 47-8, *49*, 99, *106*, 124, 151, 154, 166, 250-4, 311, 315, 322, 330, 357-8, 372, 376-7, 383, 385; retrato de Adelino, *386*; salários/soldos de, 13, 25, 40, 43, 48, 68, 88, 96-8, 103-4, 120, 130-2, 138, 145, 148, 152, 161, 173-4, 177, 180, 190, 198, 206, 255, 258, 318, 321-2, 329, 345, 355, 359, 362-3, 374, 383, 395, 397, 441, 488-9*n*, 493*n*, 499*n*; sobrenomes de origem toponímica, 378; tempo de serviço, 9, 14, 19-20, 28, 35, 38-9, 69, 82, 87, 94, 96-8, 120-3, 125, 130, 155, 158-60, 169, 173, 180, 199, 254, 284, 305, 317, 320, 323, 326-7, 329-30, 334, 336-7, *338*, 339, 341, 344, 355, 357, 360, *368*, 372, 378, 383, 389-92, 394, 406-7; tutela de *ver* tutela

agricultura, 39, 111, 171, 423; lavouras, 62, 71, 214, 233, 235, 258, 289, 308, 437; plantations, 170, 173-4, 200, 203, 207

agudás, africanos, 208

Aguiar, Tobias de, 407

Alagoas, 267, 291, 345, 385, 577, 579, 584

Albuquerque, Antônio Coelho de Sá e, 411

Albuquerque, Tenório de, 416

Albuquerque Maranhão, Antônio Felipe, 431

Albuquerque Maranhão, Inácio, 428, 431, 435

Alcântara, Pedro de (advogado), 324, 524*n*

Alcântara, visconde de, 77

Aldeamento de Paranapanema (SP/PR), 394

Aldeamento de São Jerônimo (SP/PR), 394

Aldeamento de São Pedro de Alcântara (SP/PR), 285, 311-2, 394-5

Alencar, José de (filho, ministro e escritor), 385

Alencar, José Martiniano de (pai, deputado e senador), 54, 127

Alencastro, Luiz Felipe de, 11

Alfândega, 64-5, 70, 72-3, 81, 91, 93-4, 118, 169, 172, 224, 244, 279, *280*

alforria, 17, 24, 38, 50, 53-7, 87, 158-9, 168, 238, 322, 324, 392, 418, 442, *443*, 444, 482*n*, 499*n*

algodão, produção de, 23, 171

Aljube (prisão do Rio de Janeiro), 91

Almanak Laemmert, 332

Almeida, Joaquina Amália de, 142, 491*n*

Almeida, Miguel Calmon du Pin (marquês de Abrantes), 241, 245, 370-1, *375*, 421

Almeida e Albuquerque, Manoel Caetano de, 53, 75-6

Alvará de 26 de janeiro de 1818, 38, 42-3, 63, 66-8, 70, 79, 82-3, 93, 96, 98, 130-1, 320, 392

Alvará português de 1761, 449

Alvarenga, Rosa de Carvalho, 63

Alves, Castro, 418

Alves Branco, Manoel, 155
Amaral, Diocleciano do, 103
Amaral Gurgel, Manoel Joaquim do, 125
Amazonas, 307, 348, 353-5, *356*, 357-9, 367, 374, 385
Ambriz (Angola), 64-5
Amorim, José Antônio, 94, 134
Andrada, Martim Francisco Ribeiro de, 384-5
Andrada e Silva, José Bonifácio de, 59, 134, 384, 436, 444
Andrade, Hermino Laurentino de, 419-20
Angola, 30, 33, 44, 70, 126, 219, 284; *ver também* Luanda
Angra dos Reis (RJ), 587
Antigo Regime, 57
Antígua, 167, 169
Anti-Slavery Reporter (jornal abolicionista britânico), 224, 228, 279
Anti-Slavery Society *ver* British and Foreign Anti-Slavery Society (BFASS)
Antonina, barão de *ver* Machado, João da Silva
"ao ganho", trabalhadores *ver* trabalho ao ganho
Aquino e Castro (procurador), 452
Araújo, Carlos Eduardo, 494*n*
Araújo, Francisco Landim d', 363
Araújo, José João de, 328
Argentina, 310
Arquivo Público (RJ), 302
arrematantes, 21, 43-8, 67-9, 88, 96-7, 103, 105, 107, 121-2, 124-6, 129, 131-2, 156, 168, 180, 186, 198, 315-6, 327, 406, 485*n*, 489*n*
Arsenal de Guerra do Rio de Janeiro, 101, 149-50, 253-4, 339

Arsenal de Marinha da Bahia, 14, 158-60, *162*, 348-9, *350*, 379
Arsenal de Marinha do Pará, 353
Arsenal de Marinha do Rio de Janeiro, 101, 127, 149-53, 394-5
Artigo 179 do Código Criminal (escravização de pessoa livre), 67, 113, 123, 236-7, 419-20
Assembleia Constituinte de 1823, 52-3, 56, 59
Assembleia Geral, 60, 83, 98, 304
Ato Aberdeen (1845), 192, 213, 224, 227, 241-2, 370-3, 459; *ver também* Aberdeen, Lorde
Ato Palmerston (1839), 179; *ver também* Palmerston, Lorde
Auditoria da Marinha, 19, 21, 48, 242, 265-6, 285-7, 289, 293, 430-1, 434, 485*n*
Avé-Lallemant, Robert, 314
Aviso de 29 de outubro de 1834 (arrematação dos serviços dos africanos livres), 95-7
Azambuja, Bernardo, 265, 267, 289
Azevedo, Gislane, 489*n*

Baependi (MG), 216
Bahamas, 34, 171-4, 179
Bahia, 14, 18, 30-1, 33, 52, 54, 61-5, 73, 83, 145, 154, *158*, 159, 228, 231, 237, 267-8, 271, 279, 298, 313-6, 339, 348-9, 354, 358, 361, 379, 385, 424, 434, 482-3*n*, 487*n*, 491*n*, 517-8*n*, 577, 581, 584, 588; *ver também* Salvador
Baía de Guanabara (RJ), 578
Baía do Sombrio (RJ), 579
Baird, Kloig e Cia., 252

Balbina Benigna (filha do coronel Nepomuceno), 135
Bananal (SP), 294, 587
bantas, línguas, 218
baobá de Nísia Floresta (antiga Papary), 456-7, *458*, 463
Barata, Cipriano, 52
Barbacena, marquês de *ver* Brant, Felisberto Caldeira
Barbas, Belisário Barros, 510*n*
Barbosa, Belarmino Francisco, 420
Barbosa, Rui, 425, 452-5, 533*n*
Barreto, João Pereira, 63-4
Barros, Antônio José Vitorino de, 381-3
Barros, Moreira de, 433
Barros Reis, Antônio, 316
Bastos Júnior, M. P., 411
Beattie, Peter, 494*n*
Benguela (África), 32, 182, 186, 188
benguelas, africanos, 47, 92, 94, 125, 136, 140, 142, 156, 219, 327, 353, 377, 379, 406, 413, 451
Benjamin, Walter, 456
Bentham, Jeremy, 91
Bernardes, José Francisco, 140-1, 490*n*
Bertioga (SP), 73, 124, 406-7, 569
Bethell, Leslie, 215, 279
BFASS *ver* British and Foreign Anti-Slavery Society
Biafra, golfo de, 200
Biard, François-Auguste (francês abolicionista), *412*
Bíblia: tradução para a língua iorubá, 60
Biblioteca Nacional (RJ), 101, 149
Bissau, 63
Boa Vista (Cabo Verde), 33
boçais *ver* africanos: boçais

Bonifácio, José *ver* Andrada e Silva, José Bonifácio de
Bontempo, Francisco Xavier, 134
Borges, José Bernardino de Almeida, 424
borracha, exploração da (AM), 354
botocudos, índios, 314
Bracuí (RJ), 294, 587
Brant, Felisberto Caldeira (marquês de Barbacena), 75, 77-8, 111, 214, 222, 224
Brazilian Mining Company, 435
Breves, Joaquim José de Sousa, 264-7, 287-91, 510*n*, 513-4*n*
British and Foreign Anti-Slavery Society (BFASS), 167, 183, 223-5, 436; convenção da, 184, *185*
Burlamaque, Frederico, 210, 282
Buxton, Thomas, 167-8
Búzios, ilha de (Tabatinga, SP), 267

Cabana do Pai Thomaz, A (Stowe), 335
Cabanagem (1835-40), 164
Cabinda, 32, 64, 284, 287
cabindas, africanos, 148, 158, 165, 189-91, 193, 266, 401-5, 408-9
Cabo Frio (RJ), 72, 239, 451, 575-6, 582-3
Cabo Verde, 33, 63
cabotagem, navegação de, 189, 267, 291-2
Cachéu (Senegâmbia), 63
café, produção de, 12, 23, 62, 117, *139*, 146, *147*, 171, 308, 314, 352
caingangue, índios, 310
Cairu, barão de *ver* Lisboa, Bento da Silva
Calabouço (prisão do Rio de Janeiro), 91

Caldre e Fião, José Antônio do Vale, 244, 282
Câmara, José de Sá Bittencourt e, 314
Câmara Cascudo, Luís da, 456-7, 463
Câmara dos Comuns (Grã-Bretanha), 166-7, 225, 227, *229*
Câmara dos Deputados, 23, 73, 76, 80, 100, 112, 145, 238-9, 242, 244, 255, 267, 272-3, *276*, 322, 426, 431, 441, 444, 458, 530*n*
Câmara dos Lordes (Grã-Bretanha), 228-9, 257, 372, *373*, 374
Câmara Leal, Luís Francisco da, 395-6
Câmara Lima, Leopoldo Augusto de (guarda-mor da Alfândega do Rio), 116, 224, 244, 279, *280*, 281-2
Câmara Municipal (RJ), 67-9, 302
Campinas (SP), 406, 409
Campo de Santana (Rio de Janeiro), 43, 402, 404, 529*n*
Canalização do Rio Camorugipe (BA), 315
Cananeia (SP), 583
Cape Coast, fortaleza de (Costa do Ouro), 31
capuchinhos, missionários, 127, *312*
Caravelas, marquês de *ver* Carneiro de Campos, José Joaquim
Caribe, 166, 169, 171, 175, 177, 182-4, 186-7, 194-6, 199-200, 203-4, 206-7, 397, 482*n*, 500*n*; colônias caribenhas, 167, 170-1, 187
Carneiro, Alves, 220
Carneiro, Francisco José Muniz, 70
Carneiro, José Antônio, 140
Carneiro, Maciel, 570
Carneiro, Maria Henriqueta Neto (marquesa de Paraná), 145, *147*, 148

Carneiro da Cunha, Joaquim Manoel, 54
Carneiro de Campos, Frederico, 134
Carneiro de Campos, José Joaquim (marquês de Caravelas), 50, 62
Carneiro Leão, Honório Hermeto (visconde, depois marquês de Paraná), 144-5, *147*, 148-9, 215, 241, 252, 275
Carrão, João da Silva, 568
Cartas do solitário, As (Tavares Bastos), 367, *368*, 371
Carvalho, Amphilóphio Botelho Freire de, 449
Carvalho, Antônio Pedro de, 348
Carvalho, Francisco da Costa, 405-6
Casa de Correção (RJ), 90-5, 99, 101, *106*, 123-5, 131, 138, 148-9, 157, 191, 230-1, 253-6, 285-8, 290, 302, 304-6, 317, 323, 327, 331, 335, 340-1, 343-6, 348-9, 355, 360-2, 364-6, 384, *386*, 395-7; obras da, 101, 131, 149, 157
Casa dos Educandos Artífices (AM), 354
Castelões, José Batista Martins de Sousa, 361-5
Castro, Antônio José de, 94, 143-4, 252
Castro, Leonarda Angélica de, 94, 143-4, 252
Castro (PR), 394, 416
catolicismo, 43, 47
Cavalcanti, Joaquim de Carvalho, 416
Ceará, 54, 322
Cemitério da Quinta dos Lázaros (BA), 315
Chafariz da Barreira (Corte), 44
Chalhoub, Sidney, 219, 393, 418, 530*n*
China, 203
Christie, William D., 355, *356*, 361, 367,

369, 370-2, *373*, 374, 378, 398, 409-11, 414, 446-7, 453, 521*n*; *ver também* Questão Christie (1862-65)
Church Missionary Society (Grã-Bretanha), 60
cidadania no Império brasileiro: debates sobre cidadania na Constituinte de 1823, 52-3, 56-7; direitos políticos, 53-5, 214; nacionalidade brasileira, 18, 24, 50, 53-5, 57, 199, 214-5, 462
Cila e Caríbdis (personagens mitológicas), 261-2, 271
Cimbres (PE), 416-7
Clapp, João, *443*, 444
Clube Radical Paulistano, 425
Cochrane, Thomaz, 245, 281
Código Criminal (1830), 67, 91, 113, 123, 236-7, 294, 419-20
Código de Processo Criminal (1832), 91
Coimbra, 145
Colebrooke (governador das Bahamas), 173
Colégio Pedro II (RJ), 101-2, 134, 149, 253, 302
Colônia do Cabo da Boa Esperança, 33-4
Colônia Militar de Itapura (SP), 155, 377
Colônia Militar de Óbidos (PA), 353
Colônia Thereza Christina (PR), 394
Colonial Office (Secretaria dos Negócios Coloniais, Grã-Bretanha), 36, 166, 174, 178, 183
comércio transatlântico de escravos, 33; volume, 62, 86, 98, *119*, 183, 187, 193, 213, 292; *ver também* tráfico ilegal

comissões mistas, 33-4, 37-8, 60, 178, 184, 229, 247, 259, 383, 459; Comissão Mista Anglo-Brasileira, 21, 23, *46*, *49*, 58, 65, 148, 165, 176-7, 179-80, 182, 184, 186-7, 189-94, 212, 227-8, 246-9, 257-9, 403, 453; Comissão Mista Anglo-Espanhola, 33, 175, 178; Comissão Mista Anglo-Portuguesa, 26, 31, 33, 41, 60, 212; Comissão Mista de Reparações, 370-1, 373
Companhia da Estrada de Magé a Sapucaia (RJ), 309-10
Companhia de Navegação a Vapor do Amazonas (AM), 307, 354-5, 357, 359
Conceição, Margarida da (concessionária), 103
Conceição do Arroio (RS), 418, 586
concessionários, 97-8, 100, 103, 107, 122, 127, 132-44, 149, 156, 160-1, 191, 198, 232, 251-2, 306, 317, 326, 328-9, 332-3, 336-7, 347, *350*, 353, 360, 383-5, 388-9, 391-2, 397, 400, 445, 492*n*, 508*n*, 522*n*
Confederação Abolicionista, *440*, *443*, 444, 446
Confederação do Equador (1824), 135
Congo, 305
congos, africanos, 21, 99, 117, *119*, 219
Conselho de Estado, 23, 124, 127, 134, 145, 200-1, 242, 266, 275, 290, 323, 341, 370, 390, 421, 423, 428, 431-4, 449, *458*, 463
Conselhos Gerais das províncias, 59-63
conservadora, política, 26-7, 52-3, 57, 90, 105, 107, 113, 177, 214, 248, 260, 317, 322, 436-7, 442, 446, 452, 454

Constituição brasileira de 1824, 18, 56-7
Constituição de Cádiz de 1812, 57
Constituição portuguesa de 1822, 57
Convenção adicional Anglo-Portuguesa (1817), 19, 37, 59, 77, 190, 212
Convenção da Anti-Slavery Society (Londres, 1840), 184, *185*
coolies, recrutamento de, 203
Coroa portuguesa, 19, 130
Corpo de Permanentes (RJ), 101-2, 135, 253, 302, 337
Correa, Manoel, 81
Correio Mercantil, 234, 272, 279, 366-7
Cortes de Lisboa, 57
Cortes do Vice-Almirantado (Grã-Bretanha), 34, 60, 166-7, 186-7, 193
Costa, João Caetano da, 72
Costa, José de Almeida Martins, 416
Costa da África, 20, 41, 72, 78, 80, 127, 178, 213, 215, 322, 363
Costa da Mina, 30, 32-3, 64-5, 71, 87, 348, 352, 567, 569, 577; *ver também* minas, africanos
Costa do Ouro, 31
Cotegipe, barão de, 453
Cotinga, ilha da, 239, *240*
Coutinho, Amália Guilhermina de Oliveira, 324-5, 333, 335-6, 346
Coutinho, Aureliano de Sousa e Oliveira (visconde de Sepetiba), 83, 95, 97, *106*, 109, 133-4, 181, 215, 245, 252, 278, 325, 333, 346
Coutinho, Saturnino de Sousa e Oliveira, 215, 245, 335
Craveiro, Tibúrcio Antônio, 362-4
Crowther, Samuel, 60, *61*
Cuba, 34, 178, 184, *185*, 203, 225-6, 229

Cunha, Antônio Luís Pereira da (marquês de Inhambupe, 43, 76
curador dos africanos livres, 21, 39, 43, 48, 88, 96-7, 103, 105, 115, 119-26, 129, 131, 138, 140, 156, 165, 177, 180, 189, 191-3, 201, 222, 250, 323, 325, 330-1, 401-2, 413, 417, 432, 485n
Curitiba, campos de (antiga SP), 39, 394-5

Daily News (jornal britânico), 373
Dantas, Sousa, 452
Decreto de 12 de abril de 1832 (regulamentação da Lei de 1831), 84, 93, 108, 113, 115, 118, *119*, 291, 405, 418, 429, 431
Decreto de 19 de novembro de 1835 (distribuição do serviço dos africanos livres), 97-8
Decreto de 24 de setembro de 1864 (emancipação definitiva dos africanos livres), 21, 387, 429, 460
Decreto de 28 de dezembro de 1853 (emancipação dos que tivessem trabalhado para particulares), 329, 337, 341, 383, 388, 390, 392
Demerara (Guiana Inglesa), 168, 182, 188, 200, 270, 497n
democracia racial, ideologia da, 457
Depósito Geral da cidade do Rio de Janeiro, 85
Dessalines, Jean-Jacques, 51
Desterro (SC), 304, 582
Diário do Rio de Janeiro, 220, 431
Dias, João Paulo Ferreira, 323
Dias, Joaquim da Silva, 114
Direito, O (revista jurídica), 448
direitos humanos, 29
direitos políticos, 53-5, 214

Diretório dos Índios (1757), 130
Doce, rio (MG), 39, 282
Dougan (comissário britânico), 169--70
Duque-Estrada, Domingos de Azevedo Coutinho, 245

Edital de 12 de abril de 1845, 123-4
Eltis, David, 32, 279
empreendedorismo, 62, 306-17
Engenho Belém (Papary, RN), 428, 431-3, 435, *458*, 463
escravidão: defesa da, 62, 167, 170, 205; interiorização depois do fim do tráfico, 10, 28, 297-8, 300, 311, *312*, 313, 394; planos de extinção gradual, 22, 59, 167-8, *211*, 230, 297--8, 300, 322, 398-9, 409, 423-4, 427, 434, 445, 448, 459
escravização ilegal, 11, 26, 84-5, 113, 144, 284, 371, 401, 414, 419, 431, 435, *440*, 446, 453-4, 460, 463; casos, 77-8, 125, 184, 257-8, 272, 293, 401, 408, 415, 419-21, 424, 428, 432-3, 435, 446, 449; volume, 62, 86, 98, *119*, 183, 187, 193, 213, 292; *ver também* propriedade ilegal de escravos; reescravização/reescravizados; sequestros além-fronteira; tráfico ilegal
escravos da nação, 149-54, *197*, 300, 311, 313
escrivães dos africanos livres, 45, 47-8, 92, 99, 104, 124, 330
Espanha, 19, 33, 57, 184, 203, 225-6, 228
Espírito Santo, província do, 219, 295, 385
Estados Unidos, 33-4, 54, 203-4, 207, 234, 300, 335, 409; independência americana, 51; sul dos, 214, 499*n*
Estrada da Estrela (RJ), 101-2, 149, 310
Estrada de Mangaratiba (RJ), 101-2, 149
Estrada São Paulo-Mato Grosso, 155, 249, 285, 303, *312*
Europa, 170, 192, 335, 444
Executivo, Poder, 109, 231, 366, 401, 419, 448; *ver também sob* Ministérios

Fábrica de Ferro São João de Ipanema (SP), 14, 101, 125, 127, 149-50, 153--4, *158*, 159, *162*, 222, 297, 311, 313, 339, 348, 377, 379
Fábrica de Pólvora da Estrela (RJ), 101-2, 134, 149-50, 158, 301, 303, 327-8
Faculdade de Medicina (RJ), 302, 341
Falcão, Antônio de Miranda, 365-6
Fazenda da Armação (de Joaquim Breves, RJ), 288
Fazenda da Lagoinha (ilha de Santa Catarina), 295, 514*n*
Fazenda da Pontinha (BA), 313
Fazenda Genebra (BA), 314
Fazenda Ibicaba (de Nicolau Vergueiro, SP), 402, 406
Fazenda Lordelo (do marquês de Paraná, RJ), 146, *147*
Fazenda Paquequer (do visconde de Sepetiba, RJ), 325, 328, 334, 347
Fazenda Poassu (BA), 314
fazendeiros, 12, 39-41, 112, 145, 148, 181, 233-4, 264-6, 275, 289-91, 294, 308, 406, 435
Feijó, Diogo, 58, 69-73, *74*, 81, 86, 105, 108, 110-1, 119, 444
feitores, 91, 149, 152, 171, 206, 289, 314

Fernandes, Ana Luísa, 252
Ferreira, João Feliciano da Costa, 402
Ferreira, José Raposo, 83, 571
Ferreira, Roquinaldo, 44
Ferreira Costa, Manoel Pedro de Alcântara, 116-9
Ferrez, Marc, *442*
Figueiredo, Bernardo José de (curador de africanos livres), 138
Figueiredo, Carlos Honório, 156, 323
Figueiredo, Luciano Raposo, 45
Finlaison (comandante), 31, 45
Fletcher, James, 280-1
Fonseca, Manoel Pinto da, 291
Foreign Office (Ministério das Relações Exteriores britânico), 165-6, 177-9, 181, 183, 186, 199, *202*, 213, 225, 246, 267, 272, 279, 367; consulado britânico no Rio de Janeiro, 165, 250-3, 255, 340, 383; legação britânica no Brasil, 27, 176, 189, 191, 195, *196*, 198, 200-1, 205, 246, 248, 255, 267, 270-1, 279, *280*, 340, 348, 353, 355, 367, 383, 410-2, 419, 424
Fortaleza (CE), 432
Fortaleza da ilha do Mel (Paranaguá), 240
França, 19, 79, 141, 203
França, Ernesto Ferreira, 193, 444
França, João Caetano de Almeida, 142, 327
França, Manuel José de Sousa, 67, 444
França Leite, Nicolau da, 244, 282, 300
Freetown (Serra Leoa), 33
Freire, Reginaldo, 383, 411
Freitas, João Jacinto de, 81
Fromm, Augusto, 413-4

Frongeth, José Francisco, 325, 333-6, 347
Furtado, Francisco José, 375
Furtado de Mendonça, Francisco Xavier, 130

"Galeria dos condenados" (álbum fotográfico da Casa de Correção), *386*
Galindo, Antônio Joaquim Torres, 416
Gama, Luiz, 20-1, 376, 379, 425, 434-5, 437, *438*, 444, 447, 449
Garanhuns (PE), 584
Gazeta da Tarde, *439*, 444
Gazeta de Notícias, 437, *439*, 441
Gazeta do Rio de Janeiro, 30
Gazeta Jurídica, 431-2
Gestas, conde de, 68
Glenelg, Lorde, 175
Gouvêa, Lúcio Soares Teixeira de (guarda-mor da Alfândega do Rio), 65, 72
Gouvêa, Maria de Fátima, 220
Grã-Bretanha, 23-4, 28, 36, 60, 165, 184, 200, *202*, 203, 212-3, 215, 217, 224-5, 229, 243, *356*, 370, 381, 459; colônias britânicas, 34, 36, 41, 131, 166, 172, 174, 178-80, 183-4, *185*, 186, 188, 193, 195, 201, 203, 206-7, 212, 249, 256, 320; governo britânico, 165, 172, 178-80, 186, 190, 195, 204, 223-4, 249, 259, 270, 382; Império britânico, 13, 27, 32, 35, 166, 173, 177, 321; relações diplomáticas entre Brasil e Grã-Bretanha, 179, 210, 241, 248, 370-2, *373*, 374, *375*, 384; *ver também*; Câmara dos Comuns; Câmara dos Lordes; Colonial Office; Cortes do

Vice-Almirantado; Foreign Office; Inglaterra; Parlamento britânico; Questão Christie (1862-65)
Graça, André Gonçalves da, 585
Graden, Dale, 159
Grão-Pará, 413
Grenfell, John Pascoe, 245
Grigg, Frederick (comissário britânico), 87-9, 191-2
Grinberg, Keila, 214-5, 413, 421
guaranis, índios, 310, 313
Guarapuava (SP), 39-40
Guaratinguetá (SP), 217
Guarda Nacional, 220
Guedes, José, 332
Guerra Civil norte-americana (1861-65), 409
Guiana Inglesa, 34, 168, 186-8, 194, 234, 256
Guimarães, Pedro Pereira da Silva, 321-2

Haiti, 55; haitianização, 219; independência do, 51-2; revolta de São Domingos, 217, 426
Hamilton, Hamilton [sic], 190, 193, 205
Harris, Lorde, 200
Harro-Harring, Paul, *115, 119, 280*
haussás, africanos, 42
Havana, 33, 45, 174-5, 178-9, 184, *185*, 203, 229
Hayne, Henry, 43, 177-8
Hesketh, Robert, 63, 165, 195, 227-8, 238, 250-2, 254, 260, 279, 323
Holanda (Países Baixos), 19, 33
Holanda Cavalcanti de Albuquerque, Antônio Francisco de Paula de, 215, 224

Hospício dos Missionários Capuchinhos (RJ), 127
Hospício Pedro II (RJ), 127, 222, 302
Hospital da Ordem Terceira do Carmo (RJ), 102
Hospital de Caridade de Desterro (SC), 304
Hospital dos Lázaros (RJ), 302
Hudson, James, 198, 246, 248-50, 257, 259-60, 267, 272-4, *277*, 278-80, 282, 372, 499-500*n*
Hunt, Lennon, 383

Idade Média, 44
identificação individual de africanos: características físicas, 92-3, 105, 153, 379; latinha no pescoço, 96, 349, 402; marcas, 44, *45*, 105, 126, 358, 379, 385, 402, 476*n*, *ver também* marcas corporais em africanos; nomes, 14, 31, 42, 45, 47-8, 58, 92-3, 99-100, 153, 180, 325, 385, 408, 422, 447
Igreja Matriz de Manaus, *307*
Ilha dos Frades (BA), 573
Ilha Grande (RJ), 285, 303, 515*n*, 572, 583
Ilha Rasa (RJ), 569, 576
Ilhéus (BA), 584
Iluminação Pública (Corte), 302
imigrantes europeus, 129, 139, 393, 407
Império britânico *ver* Grã-Bretanha
Império português, 38, 57, 215
imprensa, 27, *119, 137*, 210, 231, 265, 272, 289, 367, 374, 411, 437
indenizações: para ex-escravos, 238, 446, 455; para senhores, 33, 238,

299, 322, 423-4, 427, 430, 434, 441, 446, 452, 454
Independência do Brasil (1822), 17-9, 26, 32, 57-60, 135, 245, 318
Índia, 203
Índico, oceano, 18, 24-5, 32, 166, 461
índios, 25, 39-40, 52, 54, 129, 153, 161, 164, 245, 296-7, *307*, 308, 310-1, *312*, 313-4, 354, 378, 395, 407, 413, 432, 462; Diretório dos Índios (1757), 130; tutela de, 40-1, 130, 297
ingênuos, 62, 82, 328-9, 429, 445, 455
Inglaterra, 11, 13, 19, 31, 60, *74*, 79, 127, 179, 193, 207, 215, 218, 226-7, 241, 243, 370-2, 374, *375*, 382, 409-10; *ver também* Grã-Bretanha
ingleses, 13, 42, 66, 75, 111, 126, 180, 193-4, 204, 207, 210, 212-3, 218, 221, 238-9, 242, 246, 249, 262-4, 268, 275, 340, 382-4, 403, 40910; *ver também* abolicionismo britânico; Aberdeen, Lorde; Palmerston, Lorde
Inhambupe, marquês de *ver* Cunha, Antônio Luís Pereira da
Instituto dos Advogados Brasileiros (IAB), 245, 397
Instituto Histórico e Geográfico Brasileiro (IHGB), 245, 296
iorubá, língua, 60
Irmandade da Conceição (RJ), 303
Irmandade do Santíssimo Sacramento da Sé (RJ), 303
Itabapoana (ES), 305, 585
Itacoatiara (AM), *307*
Itamaracá, ilha de (PE), 576
Itaparica (BA), 583

Jackson, George, 79, 87-9
Jamaica, 33-4, 178, 226, 234
Jardim Botânico (RJ), 93
Jardim Público (SP), 353, 377
Jasson, Máximo, 401, 403-4
Jequitinhonha, rio, 313-4
Jequitinhonha, visconde de *ver* Montezuma, Francisco Gê Acaiaba de
Jerningham, 340
João VI, príncipe regente, 32
Jorge III, rei da Inglaterra, 32
Jornal do Commercio, 122-3, 265, 267, 269, 414-5, 437, 447
Judiciário, 21, 43, 65, 109, 113-5, 127, 286, 330, 383, 401, 412, 418-9, 428, 435, 441, 446-8, 461-2; juiz de órfãos, 21, *49*, 95-9, 101, 103-4, 114, 121-5, 127, 130-3, 141, 154, 156, *162*, 190-1, 245, 330-1, 343-4, 361-2, 364, 375, 377, 401-2, 405-8, 413; juizados de primeira instância, 119, 242, 267, 286, 431; juízes de paz, 67, 71, 80, 84-6, 91-4, 108, 110, 140, 143, 148, 236, 242, 388; Supremo Tribunal de Justiça (Império), 114, 118, 125, 432-3, 463; Supremo Tribunal Federal, 11, 449; Tribunal da Relação de Fortaleza, 432; Tribunal da Relação de Recife, 432, 435, 463; Tribunal da Relação de São Paulo, 434; Tribunal da Relação do Rio de Janeiro, 118, 145, 267, 289, 290, 454
julgamento de estatuto (escravo ou livre), 26, 34, 39, 41-2, 47, 50, 65-6, 71-2, 75, 78-9, 81-4, 90, 92, 108-9, 114-6, *119*, 121-2, 125, 130, 132, 164, 172, 242, 260, 271, 285-7, 295, 320, 330-2, 362, 365, *368*, 385, 387, 396,

400, 405-6, 408, 411, 416, 419, 429-
-31, 433-4, 451-3, 461, 463

Karasch, Mary, 522*n*, 527*n*
Kidder, Daniel, 280
Kimpasi (culto africano), 219
Kodama, Kaori, 245
Koeller, Júlio Frederico, *197*
kongo, língua, 218-9

Lacé, Luís Carlos da Costa, 134
ladinos *ver* africanos ladinos
Lafayette (conselheiro), 447-8
Lages, conde de, 77
Lagos *ver* Onim (atual Lagos)
Lamas, André, 420
Landeman, Guilherme, 401-2, 405
Lauderdale-Graham, Sandra, 136
Lazareto do Rio de Janeiro, 43-4
Legislativo, 83, 401, 447, 461, *ver também* Câmara dos Deputados; Senado
Lei de 7 de novembro de 1831, 23, 29, 80-3, 95-6, 108-9, 111-4, 118, *119*, 122, *128*, 164, 201, *211*, 214, 222, 232-
-6, 238, 242, 249, 257-8, 275, 282-3, 291, 293, 330, 366, 387, 400, 405, 410, 413, 417, 421, 424, *425*, 428-9, 431-7, *442-3*, 447, 449, *450*, 452-3, 458-60, 462-3; aplicação da, 21, 23, 27, 115, *128*, 233-4, 236-7, 241, 246, 401, 416, 426, 428, 431, 434, 442, 449, 463; debate do projeto de lei, 75, 86; em contraste com o Tratado de 1826, 82, 227; na campanha abolicionista, 435; proposta de revogação, *74*, 111-2, *128*, 214, 222, 227, 242, 275
Lei de Terras, projeto da (1843), 214

Lei do Ventre Livre (1871), 28, 426-8, 431, 433, 436-7, 445, 452
Lei dos Sexagenários (1885), 445, 452
Lei Eusébio de Queirós (1850), 11, 19, 27-8, 146, *211*, 229-40, 284, *312*, *319*, 417, 431, 434; *ver também* Queirós (Coutinho Matoso Câmara), Eusébio de
Leitão, João da Costa Gomes, 268, 270
Leite Ribeiro, Joaquim, 308
Leonardo, Severo, 30-1, 44
liberal, política, 13, 54, 59, 214-6, 222-
-3, 235, 245, 264, 269, 272-3, 278-9, 281-2, 335, 347, 361, 366-7, 372, 374, 384-5, 407, 424, 458, 485*n*
liberated Africans (Império britânico), 31-2, 167, 461; adquirindo terras, 174; *apprenticeship* (sistema de aprendizado), 35-7, 88, 166-7, 169-
-73, 175, 177-8, 180-2, 201, 203-5, 374; crítica norte-americana, 203-
-4; *indentures* (contratos), 36, 41, 320; inquérito sobre condições, 167-
-70, 172, 175, 224-5, 227-8, *229*, 234, 243, 257, 278, 281
Libéria, 34, 80, 207, 235, 247-9, 256, 260, 499*n*
Lima, Pedro de Araújo (marquês de Olinda), 374
Lima e Silva, Luís Alves de (marquês, depois duque de Caxias), 135, 252
Limeira (SP), 402, 406-8
Limpo de Abreu, Paulino, 103, 113-4, 143, 252
língua portuguesa: aprendizado da, 289; domínio da língua portuguesa como evidência em processos judiciais, 84, 286-90, 403; ensino da, 112; ignorância da língua portu-

guesa como justificativa para tutela, 40
Lisboa, Bento da Silva (barão de Cairu), 145
Lisboa, Cortes de, 52, 57
Lisboa, José Batista (curador dos africanos livres e Auditor de Marinha), 120, 122, 165, 189, 287, 485n
Lisboa, José da Silva, 54-6
Lisboa, Nicolau da Silva, 71-2
Lisboa, Pedro de Alcântara, 244
Lisboa, Venâncio José, 245
Liverpool, 245
Lobo Júnior, José Joaquim de Sousa, 136
Londres, 23, 64, 166, 177, 184, 234, 247, 258, 280
Lopes Gama, Caetano Maria (visconde de Maranguape), 134, 198, 215, 241, 341, 421, 423
Lorena (SP), 58, 216-7, 220
Loureiro, Domingos Alves, 327
Luanda (Angola), 32-4, 72, 335
Lushington, Stephen, 226
Luz, José Joaquim da, 125

Macaé (RJ), 20, 239, 515n, 583
Macaé, visconde de, 412
Macaulay, Thomas, 170
Macedo Soares, Antônio Joaquim, 449, *450*, 451-2
Maceió (AL), 580-1, 584
Machado, João da Silva (barão de Antonina), 155, 310-1, 394, 401-2, 405-8
Machado, João Victorino Alves, 136
Machado, Sebastião Nunes, 114
Maciel Pinheiro, Luís Ferreira, 418, 424

maçonaria, 252, *450*
Magé (RJ), 309-10
malungos, 20, 29, 48, 68, 285, 311
Manaus (AM), *307*
Mangaratiba (RJ), 101-2, 149, 291
Manguinhos (RJ), 584-5
Marambaia, ilha da (RJ), 264-7, 285, 287-90, 291, 514n, 575, 584-5
Maranguape, visconde de *ver* Lopes Gama, Caetano Maria
Maranhão, 63-4, 200-1, 228, 245, 413
marcas corporais em africanos, 105, 358, 385, 402; escarificações étnicas, 42, *46*, 47, 92, 379; marcas do tráfico, 42, 44, *45-6*, 47-8, 92, 94, 379, 402, 476n
Maricás, ilhas (RJ), 194, 573-5
Marinha brasileira *ver* Arsenal de Marinha; Auditoria da Marinha; navios
Marinha britânica *ver* Royal Navy; navios
marinheiros/tripulação, 31, 42, 66, 79, 81, 84, 94, 127, 193, 199, 201, 238-40, 269, 288, 336, 370, 568-9, 583
Marmota, A (jornal da Bahia), 361
Marques, João, 454
Martins, Francisco Gonçalves, 159, 231, 314-5
Martius, Carl von, 296
Mascarenhas, Luís de Assis (curador dos africanos livres), 119, 122, 192
Mato Grosso, 155, 249, 285, 302-4, 307-8, 310-3, *356*, 372, 374, 385
matrícula de escravos africanos (1834), projeto de, 80, 95
matrícula dos africanos livres (1865-1869) *ver* africanos livres, matrícula dos

matrícula geral dos escravos (1872), 427-8, 433-4, 445-9, 451-3
Mauá, barão de, 306, *307*, 354
Maurício, ilhas, 34
mbundu, língua, 218
Meireles, Vítor, 370, 374, *375*
Melo, Galdino Nunes de, 245
Melo Filho, João Capistrano Bandeira de, 428
Melo Franco, Francisco, 270, 272, 347
"Memória estatística do Império do Brasil" (autor anônimo), 50-1, 62
Memória para melhorar a sorte de nossos escravos (Caetano Alberto Soares), 245
Memorial orgânico que à consideração das assembleias geral e provinciais do Império apresenta um brasileiro (Varnhagen), 297
Mendes, Luís José de Oliveira (barão de Monte Santo), 77
Mendes, Manuel Pereira, 92
Mendonça, Joseli, 132, 452
Menezes, Ferreira de, 444
minas, africanos, 14, 21, 26, 50, 58, 66-8, 88, 104, 120, 122, 126-7, *139*, 154-5, 159-60, 327, 349, *350*, 365
minas-nagôs, africanos, *162*
Minas Gerais, 17, 39, 83, 94, 99, 101, 134, 145, 149, 216, 224, 272, 279, 301, 303, 313, 385, 416, 420, 424, 436, 447, 449
mineração, 307-9, 436; *ver também* Sociedade de Mineração do Mato Grosso (MT)
Ministério da Agricultura, Comércio e Obras Públicas, 316
Ministério da Fazenda, 48, 104, 455
Ministério da Guerra, 339

Ministério da Justiça (ou Secretaria dos Negócios da Justiça), 21-2, 25--6, 28, *49*, 58, 67, 73, 81-2, 91, 95, 98, 103, 108-10, 114, 120, 123, 125, 135, 140-1, 221, 249, 292, 295, 311, 323, 325-7, 330-1, 336, 343-6, 352, 354-5, 357-8, 365, 380-2, 384, *386*, 387, 389-90, 393, 411, 413-4, 424, 428, 460
Ministério da Marinha, 134, 152, 313, 348, 366
Ministério do Interior, 311
Ministério dos Negócios Estrangeiros (ou Secretaria dos Negócios Estrangeiros), 79, 189-90, 198, 200, 241, 243, 247, 250, 270, 273, 370, 374, 404, 411, 420-2
Miranda, Lucinda Rosa de, 120-1
missionários, 35, 171, 174, 207, 280, *312*
Moçambique, 32, *46*, 65, 239, 575
moçambiques, africanos, 26, 66, 104, 120, 122, 144, 155-6, 160, 193, 199, 361-5
Molembo, 30, 32, 41-2
Monte Santo, barão de *ver* Luís José de Oliveira Mendes
Monteiro, João Carlos, 445
Monteiro de Barros, Antônio Augusto, 68
Montezuma, Francisco Gê Acaiaba de (visconde de Jequitinhonha), 73, 112, 220, 317-8, *319*, 320-1
Moody, Thomas, 169-70
Morais, Evaristo de, 448, 453-4
Moreira, Carvalho (barão de Penedo), 223
Motta, Dias da, 220
Moura Júnior, Manoel, 456

Moura, Maria Luísa de, 420
mulatos, 73, 82, 141, 269
Museu Nacional (RJ), 302

Nabuco, Joaquim, 425, 434-7, *440*, 441, 445
Nabuco de Araújo, José Paulo Figueiroa, *106*, 125-6, 193
Nabuco de Araújo, José Tomás, 322-3, 337, *338*, 344, 384, 426-8, 434, 437
nagôs, africanos, 14, 42, 47, 67, 123, 142, 160, 314, 379
Nascimento e Silva, Josino, 295
navios: *Forte* (navio britânico cuja tripulação provocou incidente diplomático), 369, 370; *Prince of Wales* (navio britânico naufragado), 367, 369, 370, 410, ver também Questão Christie; — NAVIOS APREENSORES DA MARINHA BRASILEIRA: *Cacique*, 570; *Canopo*, 580; *Constança*, 576; *Correio Brasileiro*, 127, *128*, 578; *Dom Affonso*, 237, 580; *Felicidade*, 577; *Fluminense*, 570; *Imperial Pedro*, 573; *Lealdade*, 583; *Lebre* (escuna), 93, 571; *Lindoia*, 579; *Niger* (brigue), 572; *Olinda*, 588; *Primeiro de Abril*, 576; *Urânia*, 285, 583-4; *Vigilante*, 574; — NAVIOS APREENSORES DA ROYAL NAVY: *Alert*, 200-1; *Cormorant*, 238-40; *Crescent* (navio-hospital), 190, 199, 269-70, 500*n*; *Curlew*, 577; *Druid*, 65, 569; *Electra*, 574-5; *Fawn*, 575-6; *Grecian*, 403, 575-7; *Hornet*, 573; *Morgiana* (fragata), 30-1, 41-2, 567; *Racer*, 577; *Raleigh*, 570; *Rifleman*, 262, 264; *Rose*, 577; *Rover*, 574-5; *Satellite*, 569, 571, 573; *Sharpshooter*, 267; *Snake*, 569; *Viper*, 577; *Wizard*, 574, 576-7; —
NAVIOS DE COMÉRCIO INTERPROVINCIAL: *Americana* (escuna), 264, 270; *Bela Amiga* (patacho), 116; *Bomfim*, 64; *Novo Mello*, 291; *Piratinim*, 189, 267, 269-71, 291; — NAVIOS DE TRANSPORTE PARA O CARIBE: *Challenger*, 188; *Despatch*, 188, 199; *Earl Grey*, 188; *Fame*, 189; *Lancashire Witch*, 188; *Marion Leith*, 188; *Salonica*, 189, 270; *Viscount Hardinger*, 188; — NAVIOS NEGREIROS: *Actividade* (patacho), 585; *Africano Atrevido*, 576; *Africano Oriental*, 65-6, 568; *Alexandre*, 576; *Amizade Feliz*, 84, 100, 388, 572; *Angélica* (escuna), 84, 100, 253, 317, 388, 572; *Anna*, 199; *Antipático* (bergantim), 579; *Aracaty*, 577; *Asseiceira* (escuna), 190, 341, 576; *Aventura* (bergantim), 571; *Bom Destino*, 577; *Bom Jesus dos Navegantes*, 578; *Bom Sucesso*, 573; *Brilhante*, 574; *Camargo*, 587; *Camilla* (escuna), 81-2, 569; *Carolina* (escuna), 63, 404, 567, 575; *Castro* (barca), 577; *Catão* (bergantim), 582; *Cezar*, 100, 148, 388, 574; *Clementina* (escuna), 83, 156, 569; *Continente* (patacho), 84, 100, 388, 573; *Convenção* (brigue), 577; *Cupido*, 584; *Despique*, 570; *Destemida* (escuna), 58, 65-6, 123, 125, 177, 569; *Diligente*, 182, 574; *Dois de Fevereiro* (brigue), 186, 188, 199; *Dois Irmãos* (patacho), 574; *Dom João Castro* (brigue), 575; *Dous*

Amigos (brigue), 577; *Dous de Março* (patacho), 570-3; *Duquesa de Bragança* (escuna), 95, 99-100, 106, 148, 253, 325, 387, 571; *Eliza* (barca), 65, 568; *Emília* (escuna), 26, 30-2, 41-4, 45, 47, 50, 58, 67-9, 76, 86-9, 120, 123, 126-7, 155, 164, 177, 567; *Encantador* (brigue), 584; *Especulador*, 404, 575; *Estevão de Ataíde* (brigue), 65, 568; *Feliz* (brigue-escuna), 574; *Feliz União* (patacho), 580; *Flor de Luanda*, 188, 194-6, 198-200, 575; *Ganges* (brigue), 46, 404, 575; *Hermínia*, 581, 583; *Heroína*, 579; *Inocente* (escuna), 583; *Jovem Maria* (patacho), 284-5, 287, 311, 395, 515n, 583; *Leal* (brigue), 189, 254, 404, 575; *Lobo* (bergantim), 70-2; *Maria Carlota*, 199, 403, 576; *Maria da Glória* (escuna), 83, 569; *Mary E. Smith*, 354, 588; *Natividade* (patacho), 585; *Nova Aurora* (brigue), 577; *Nova Granada*, 212; *Nove Irmãos*, 188; *Novo Destino* (patacho), 84, 100, 388, 573; *Orion*, 377, 573; um palhabote, 584; *Paquete de Benguela* (patacho), 136, 190, 327, 577; *Paquete de Itagoahy*, 578; *Paquete do Sul* (brigue), 569; *Pompeu* (brigue), 575; *Providência* (patacho), 576; *Rápido*, 573; *Recuperador* (patacho), 576; *Relâmpago* (escuna), 315, 583; *Rio da Prata*, 100, 140, 198, 343, 388, 570; *Rio Tâmega*, 586; *Rival*, 239; *Rolha*, 515n, 583; *Sagaz* (brigue), 583; *Santa Cruz* (barca), 237, 280, 511n; *Santo Antônio* (patacho), 83, 93, 95, 571, 582; *Segundo*, 585; *Sereia*, 237, 239, 580; *Subtil* (patacho), 127, 128, 154, 378, 578; *Sylphide*, 267, 269, 291; *Tentativa* (barca), 585; *Thereza Maria* (brigue), 584; *Tourville* (barca), 583; *Trajano* (bergantim), 72; *Trenton*, 583; *Três Amigos*, 586; *Vencedora* (sumaca), 573; *Zulmeira*, 188

Nebias, conselheiro, 387
Needell, Jeffrey, 219
Nepomuceno, coronel, 135
Neves, Hermenegildo Gonçalves, 265
Nísia Floresta *ver* Papary (atual Nísia Floresta, RN)
Niterói (RJ), 222, 247, 249, 324, 328, 333-4, 347, 581
Notes on Brazilian Questions (Christie), 373
Nova Providência, ilha de, 172
Nova York, 33
Nunes, Sebastião Machado, 127

Obras da Casa de Correção (RJ), 101, 131, 149, 157
Obras da Serra de Santos (SP), 20
Obras Públicas da Corte, 102, 119, 149
Obras Públicas da Província do Rio de Janeiro, 149, 102, 302, 309
Obras públicas na Bahia, 313-7
Odisseia (Homero), 261
Olinda, marquês de *ver* Lima, Pedro de Araújo
Oliveira, Joaquim José de, 64
Oliveira, Pedro Ferreira de, 348
Oliveira (MG), 420
Onim (atual Lagos), 30, 41-2, 87-8, 126

Ordem do Conselho (*Order in Council*, Império britânico), 35-6, 175
Ordem Terceira de Santo Antônio (RJ), 303
Ordem Terceira de São Francisco da Penitência (RJ), 101, 103
Ordem Terceira de São Francisco de Paula (RJ), 303
Ordem Terceira do Bom Jesus (RJ), 303
Ordem Terceira do Carmo (RJ), 101-2, 303
Otaviano, Francisco, 367
Ottoni, Teófilo, 245, 314
Ouseley, William Gore, 182, 186-7, 194
Ouvidoria da Comarca (Corte), 38, 43, 66
Oyó (reino iorubá), 31

Palácio do Governo (SP), 377
Palmerston, Lorde, 79, 87, 89, 181, 184, *185*, 186-7, 201, *202*, 223, 225, 227-8, 249-50, 257-9, 267, 269-70, 272-3, 278-80, 291-2, 371-2, *373*, 374-5, 398, 414, 499-500n; *ver também* Ato Palmerston (1839)
Panopticon de Bentham, 91
Pantoja, Hermógenes Francisco de Aguilar, 121, 487n
Papary (atual Nísia Floresta, RN), 428, 431-2, 435, 456-7, *458*, 463
Pará, 164, 308-9, 353-5, 385, 413, 421, 513n
Paraíba, 54, 385, 583
Paramaribo (Suriname), 33-4
Paraná, marquês de *ver* Carneiro Leão, Honório Hermeto
Paraná, marquesa de *ver* Carneiro, Maria Henriqueta Neto
Paraná, província do, 385, 394, 397, 416
Paranaguá (sul da província de São Paulo, atual PR), 238-9, *240*, 242, 255
Paranhos, José Maria da Silva, 269, 308
Paraty (RJ), 216
pardos, 51, 71, 214, 217, 324, 328, 336, 347
Parlamento britânico, 23, 167, 215, 224, 226, 234, 243, 259, 272, 278, 281, 372, 398, 414, 509n
Parron, Tâmis, 219
Passeio Público (Corte), 44, 67-9, 155, 302
Patrocínio, José do, 437, *439*, 441-2 444-5
Paulino (ministro) *ver* Soares de Sousa, Paulino
Peçanha, Dionísio, 348-9, *350*, 352
Pedro I, d., 26, 60, 66, 402-4
Pedro II, d., 66-7, 370, 404, 423, 529n
Peel, Robert, 204
Pelotas (RS), 409-10
Penna, Ferreira, 100
Perdigão Malheiro, Agostinho Marques, 397-9
Pereira, José Clemente, 61
Pereira, Pedro da Silva, 420
Pernambuco, 82, 116, 145, 156, 199, 295, 354, 358, 385, 416, 419-20, 424, 569
Peru, 421
Petrópolis (RJ), 134, *197*, 252, 310, 325, 333, 346-7
Philantropo, O (jornal), 27, 209-10, *211*, 230, 233-8, 244-6, 252, *277*, 278-9, 281-2, 298
Pilkington, George, 224, 279

Pimenta Bueno, José Antônio, 423
Pinto, Antônio Luís Fernandes, 413
Pinto, Joaquim da Silva, 83
Pinto, Lourenço Caetano, 103, 127
Pires, Filástrio Nunes, 239
Planal Montenegro, Manoel Banhez, 142
Polícia, 44, 68, 70-1, 73, 76, 84-6, 88, 90, 92, 94-5, 103, 114-6, 118, 126, 142, 201, 216, 218, 260, 262, 264-5, 267, *276*, 287-90, 292, 294, 300, 310, 331, 333, 336, 343-7, 361-3, 375-7, 379, 384, 393-5, 397, 409, 414, 416, *438*, 455; Chefia de Polícia, 291, 295, 344, 346, 352-4, 361, 376; Intendência de Polícia, 43-4, 68, 70-1, 76, 85-6
população do Império brasileiro: diversidade da, 52; na época da Independência, 17, 50-1; Recenseamento Geral de 1872, 18
Porciúncula, Maria Joaquina de, 138
Porto (Portugal), 335
Porto das Pedras (AL), 580
Porto de Galinhas (PE), 578
porto do Rio de Janeiro, 30, 64, 70, 105, 237-8, 370, 374, 403, 568-9, 577
Portugal, 19, 31-3, 52, 79, 179, 247, 362, 449; Constituição de 1822, 57; Coroa portuguesa, 19, 130; Império português, 38, 57, 215; Real Fazenda, 38
português *ver* língua portuguesa
Pouso Alegre (MG), 416
Poxim (AL), 584
Prado, Francisco da Silva, 124
Prates, Feliciano Nepomuceno, 311
Prates, Fidélis Nepomuceno, 407

Príncipe, ilha do, 81
prisioneiros, uso de mão de obra de, 25, 39-40, 153, 462
propriedade ilegal de escravos: anistia, 275, 453, 459-60; defesa da, 27, 399; legalização, 23, 64, 78, 215, 271, 292; pacto político de proteção ("esquecer o passado"), 241, 275, *276*, 435, 459; punição (invocação do Artigo 179 do Código Criminal), 236-7, 420; *ver também* escravização ilegal; tráfico ilegal

Queirós (Coutinho Matoso Câmara), Eusébio de, 88, 90-2, 94, 115, 212, 219, 231, 238-9, 242, 248, 264, 267, 271-3, 275, *276-7*, 282, 292, 299, 301, 304-5, 308, 341, 347, 421, 423, 428, 435, 458-9; *ver também* Lei Eusébio de Queirós (1850)
Queluz (SP), 401, 404
Questão Christie (1862-65), 11, 23, 28, 360, 367, *368-9*, 374, *375*, 411, 414, 459; *ver também* Christie, William D.; navio *Prince of Wales*; navio *Forte*
"Questão jurídica" (Luiz Gama), 434
Quintanilha, Francisco do Coração de Jesus, 328
Quintanilha, Francisco do Rego, 137, 317
Quissamã (RJ), 123, 585
quitandeiros, africanos, 70-1, 139, 327

Ramos, José Ildefonso de Sousa, 292, 304, 429, 434
Ramos de Azevedo, Joaquim Salomé, 294-5, 514*n*
Real Fazenda (Portugal), 38

Rebelo, José Silvestre, 42
rebolos, africanos, 94, 103, 137, 143-4, 158, 317
Rebouças, André, 444, 446
Rebouças, Antônio Pereira, 73, 214, 502*n*
Recebedoria do Município (Corte), 48, 104, 330, 383, 455
Recife (PE), 83, 418, 425, 432, 435, 463
Rediker, Marcus, 45
reescravização/reescravizados, 58, 76, 79, 105, 125, 140, 143-4, 160, 167, 198, 207, 290, 358-9, 363, 372, 382, 384, 387, 417-9, 462; *ver também* Artigo 179 do Código Criminal; escravização ilegal
reexportação (deportação de libertos e africanos livres para a África), 75-7, 80-1, 83, 90, 95-7, 101, 105, 131, 155, 222, 232, 235, 238, 242, 246-9, 323, 340, 342, 367, 387-8, 393, 397, 429
religiões africanas, 218-9
Religiosos Franciscanos (RJ), 303
Resende, Henriques de, 56
resistência: dos africanos livres, 14, 150, 156; dos escravos, 11, 178, 219, 222, 262, 271, 403; medo dos escravos, 418; medo dos senhores, 219, 237, 393; plano de revolta escrava no Vale do Paraíba (1848), 216-23, 268, 280, 511*n*; revolta de São Domingos (Haiti), 217, 426
Revista Comercial (periódico de Santos), 279
Revolta dos Malês (1835), 88, 298, 482*n*
Revolução Farroupilha (1835-45), 150
Revolução Francesa, 51

rio da Prata, 219, 241, 269, 310
Rio Formoso (PE), 420
Rio Grande do Norte, 428, 456, 463
Rio Grande do Sul, 134, 237, 302, 304, 367, 402, 417, 420-1
Rocha, Justiniano José da, 260-5, 267
Rodrigues, Bernardino José, 116
Rodrigues, Jaime, 154, 219
Roma antiga, escravidão na, 53
Rosa, Ana Joaquina, 120-2
Royal Navy (Marinha britânica), 31-2, 34, 183, 187, 225, 227, *229*, 263, 291, 500*n*, 511*n*
Russell, Lorde, 374

Sá, José Bernardino de, 251
Sagrado Coração de Jesus, comunidade quilombola do (AM), *307*
Saint John d'El Rey Mining Company, 436
Sales (juiz), 411-2
Salvador (BA), 14, 31, 60, 64, 88, 139, 313, 316, 455, 484*n*, 571
Samo, John (comissário britânico), 191
Sampaio, Patrícia, 354
Santa Bárbara (prisão do Rio de Janeiro), 91
Santa Casa de Misericórdia (RJ), 93, 194-5, *196*, 197-8, 231-2, 301, 303, 341
Santa Casa de Misericórdia da Ilha Grande (RJ), 303
Santa Casa de Misericórdia de Campos (RJ), 303
Santa Casa de Misericórdia de Porto Alegre (RS), 302, 304, 306, 586
Santa Casa de Misericórdia de Santos (SP), 377

Santa Casa de Misericórdia de São Paulo (SP), 377, 525n
Santa Catarina, ilha de, 295, 514n
Santa Catarina, província de, 291, 293, 295, 304, 385, 410
Santa Helena, ilha de, 34, 187, 189
Santa Rita, José Speridião de, 244
Santiago, ilha de (Cabo Verde), 63, 567
Santo Antônio da Patrulha (RS), 417, 424-5
Santos, Rodrigues dos, 267-8
Santos (SP), 20, 73, 108, 123-4, 242, 279, 377, 406-8, 586
São Bernardo (SP), 20
São Domingos, revolta de (Haiti), 217, 426
São Francisco, rio, 576, 583
São João da Barra (RJ), 262-3, 268, 270, 449, 585
São José de Mipibu (RN), 431-2, 463
São Mateus (ES), 295, 588
São Paulo, província de, 39, 58, 73, 101, 145, 153, 155, *158*, 239, 245, 249, 282, 285, *312*, 313, 376, 385, 401, 408, 525n
São Paulo (SP), 20, 124-5, 216, 291, 394, 406-7, *425*, 434, *438*, 525n
São Sebastião (SP), 237, 570-1, 573
São Tomé, ilha de, 31
São Vicente (SP), 237, 406, 580
Sapucaia (RJ), 140, *147*, 309-10
saquarema, gabinete, 212, 219, 223, 242, 245-6, 258, 260, 271, 273-4, 278, 284, 291-3, 301, 322, 458; saquaremas, 214, 216, 347
Sardenberg, Pedro de Alcântara, 364, 524n
Schomberg, Herbert, 239, 497n

Século, O (jornal abolicionista da Bahia), 279
Semana Ilustrada, A, 369, 382
Senado, 23, 61, 75-6, 80, 95, 111-2, 145, 215, 222, 242, 244, 255, 269, 273, 321-2, 411, 426, 530n
Senegâmbia, 63
sequestros além-fronteira, 418, 420
Serinhaém (PE), 295, *307*, 354, 587
Serra, Joaquim, 444
Serra Leoa, 31, 34, *35*, 42, 45, 60, *61*, 64, 76, 80, 126, 170, 183, 187, 207, 212, 247, 403, 569
Seychelles, ilhas, 34
Shaw, Perry, 252
Sigaud, dr., 126
Silva, Cristina Nogueira da, 477n
Silva, Eduardo, 533n
Silva, Jesuíno Claro, 416-7
Silva, João Ignácio da, 245
Silva, Joaquim Freire da, 125
Silva, Joaquim Mariano da, 81
Silva, José de Moraes, 353
Silva, José Gomes da, 68-9
Silva, José Maria da, 71
Silva, Maria Apparecida, 378
Silva, Vicente José da, 420
Silva Maia, Emílio Joaquim da, 134
Silveira, Brás Joaquim da, 244
Silveira da Mota, José Inácio, 239, 322, 411, 447
Silveira Martins, Gaspar, 413
Sinimbu, João Lins Vieira Cansansão de, 345, 522n
Slenes, Robert, 218-9
Smyth, Carmichael, 172
"Social and industrial capacities of negroes" (Macaulay), 170
Soares, Caetano Alberto, 245, 309, 432

Soares de Meirelles, Joaquim Cândido, 141, 341
Soares de Sousa, Paulino (visconde do Uruguai), 190, 193, 241-4, 246-50, 257, 259-60, 270, 273, 341, 423
Sociedade Amante da Instrução (RJ), 303
Sociedade Brasileira Contra a Escravidão, 436-7, 441
Sociedade Contra o Tráfico, Promotora da Colonização e Civilização dos Indígenas, 27, *211*, 244-5, 278--9, *280*, 281-2, 298, 300, 309, 335, 458, 461
Sociedade de Instrução Elementar (RJ), 303
Sociedade de Mineração do Mato Grosso (MT), 249, 285, 302, 304, 307
Sociedade de Pesca Feliz Lembrança (RJ), 103
"sociedade gregoriana" (grupos de defesa dos direitos das pessoas livres de cor), 216, 221
Society for the Mitigation and Gradual Abolition of Slavery Throughout the British Dominions, 167
Sodré, Jerônimo, 434
Sorocaba (SP), 14, 101, 149, 153, 159, *162*, 311
Sousa, Irineu Evangelista *ver* Mauá, barão de
Sousa Leão, Domingos de (barão de Vila Bela), 416
Sousa Moreira, Rodrigo de Almeida e, 365
Souto, Luís Antônio Vieira, 431
Stephen, James, 36
Stowe, Harriet Beecher, 335
Sturge, Joseph, 223
Sudeste do Brasil, 14, 219, 515*n*
Suriname, 33

Tabatinga (SP), 267
Tamanduá (jornal de Minas Gerais), 279
tapas, africanos, 42
Tavares, Muniz, 56
Tavares Bastos, Aureliano Cândido, 366-7, *368*
Taylor, John, 134-5
Teixeira de Freitas, Augusto, 266, 290
Teixeira Leite, Custódio, 308-9
Teodora Raquel (filha do coronel Nepomuceno), 135
Tesouro Nacional, 86, 104, 383, 500*n*
Tipografia Philantropica, 209
Torreão, Basílio Quaresma, 327
Torres, Tomé Joaquim, 157
Torres, Vicente Joaquim, 114
Torres Homem, João Vicente, 134
trabalho: ao ganho, 89, 135, 139, 142, 161, 300, 347; imigrantes europeus, 129, 139, 393, 407; livre, 25, 62, 132-3, 168, 174, 193, 203, 215, 300, 320, 366, 394, 396; mercado de, 13, 36, 161, 172, 174-5, 193, 215, 300, 393; política imperial para com trabalhadores sujeitos (índios, prisioneiros, africanos livres), 25, 39-41, 153, 306-7, 462; rural, 117, 140, 144, 300, 341, 394; urbano, 161, 300, 393; *ver também* africanos livres
traficantes, 45, 75, 98, 111-3, 203, 210, 225, 230, 232-3, 237-8, 241, 253, 258, 267, 272-3, 275, *276*, 281, 291, 294, 435, 459; como concessionários de africanos livres, 251
tráfico ilegal, 9, 11, 23, 26, 34, *35*, 38, 70, *74*, 80, 86, 94-5, 108-10, 112, *115*, 117, *119*, 132, 143, 205, 210,

211, 224-5, 232-3, 235, 237, 239, *240*, 243, 254, 264, 267, *276*, 293, 296, 318, 354, 365-6, 403-4, 408, 413, 419, 424, 428, 451, 456, *458*, 459, 462; apreensões em terra, 81-4, 86, 93, 114, 246, 264, 286-8, 430; apreensões no mar, 81, 83, 86, 111, 114, 242, 275, 287, 291; associado ao risco de resistência dos escravos, 222; balanço da campanha de repressão ao, 272; conivência das autoridades, 10-1, 20, 63, 65, 113, 118, 164, 193, 210, *211*, 232-3, 237, 258, 281, 291, 294, 419, 423; desembarques e depósitos, 12, *74*, 80, 82, 86, 112, *115*, 117, *119*, 176, 193, 222, 237, *240*, 242, 258, 264-5, 267, 275, 281, 286-7, 291-5, 305, *307*, 402-4, 449; dificuldades, 423; estado de saúde dos africanos novos, 45, 182, 187, 354; julgamento dos africanos apreendidos *ver* julgamento de estatuto; julgamento dos navios (Auditoria da Marinha; Comissão Mista; juizados de primeira instância), 34, 60, 186-7, 193-4, 200, 212-3, 227, 242, 267, 286, 383, 403, 431; mecanismos de legalização, 23, 64, 78, 215, 271, 292; memória dos africanos, de senhores e outros, 48, 77, 210, 239, 272, *276*, 283; regulamentação, 24, 45; repressão ao, 19, 23, 26, 28, 32, 37-8, 58, 63, 67, 75, 80-1, 83, 85-6, 90, 98, 108-10, 112-4, 127, 170-1, 179, 181, 183, 187, *202*, 203-5, 210, 213, 215, 223, *229*, 237, 239, 241-3, 246, 257, 260, 263, 272-3, 275, 285, 287, 291, 293-4, 299, 301, 306, 366, 370-2, 381, 434, 459-61

Tratado Anglo-Brasileiro (1825, reconhecimento da independência), 60
Tratado Anglo-Brasileiro (1826, sobre o comércio de escravos), 59-60, 64, 79, 82, 176-7, 179, 212-3, 227, 250, 257-8, 264, 460
Tratado Anglo-Português (1815), 59, 63
Tratado Anglo-Português (Tratado de Aliança e Amizade — 1810), 19, 32, 380
Tratado de 1851 (Brasil-Uruguai), 421-2
Tratado de Viena (1814-5), 243
Tribunais *ver* Judiciário
Trinidad, 34, 80, 178-9, 187-8, 194, *196*, 199-200, 234, 256, 482*n*
Troller, Jacques, 217
Tropical Sketches from Brazil (aquarelas de Harro-Harring), *115*
Turnbull, David, 184, *185*, 186, 223, 225-6, 228, 234, 248, 256-7, 412
Turner, general, 171
tutela: de africanos livres, 20, 22, 28, 32, 39-41, 58, 72, 76, 82, 96, 122, 124-5, 127, 132, 135, 148, 155-6, 158-60, 164, 178, 192-3, 206-7, 212, 242, 261-2, 297, 324-5, 332, 334-6, 342-4, 347-8, 355, 371, 379, 381, 387-92, 394-5, 397, 400, 408; de índios, 40-1, 130, 297
Tyler, John, 204-5

Uruguai, 420-1
Uruguai, visconde do *ver* Soares de Sousa, Paulino

vale do Paraíba, 216, 220-1, 223, 266, 280, 282, 308

Valentim, Salomão, 92
Valongo, região do (Corte), 401, 403-4
Vandelli, Narcisa Emília de Andrada (viscondessa de Sepetiba), 134, 346-7
Varanda, Antônio Gaspar Martins, 217
Varnhagen, Francisco Adolfo, 297-300
Vasconcelos, Bernardo Pereira de, 105, 107-9, 112, 119, 214-5
Vasconcelos, Zacarias de Góis e, 374, 385
Vassouras (RJ), 17, 110
Vereker (cônsul inglês), 410
Verger, Pierre, 278
Vergueiro, Luís de Campos, 401-2, 406-7
Vergueiro, Nicolau, 407-8
Vidal, Manoel Antônio, 451
Vieira, Antônio (padre), 241
Vila Bela, barão de *ver* Sousa Leão, Domingos de
Vila da Pomba (MG), 83
Vitória, rainha da Inglaterra, 226
Von Zuben, Danúsia, 312-3

Wanderley, João Manoel de Barros, 587
Wise, Henry, 205-7

1ª EDIÇÃO [2017] 2 reimpressões

ESTA OBRA FOI COMPOSTA PELA SPRESS EM MINION E IMPRESSA EM OFSETE
PELA LIS GRÁFICA SOBRE PAPEL PÓLEN SOFT DA SUZANO S.A.
PARA A EDITORA SCHWARCZ EM FEVEREIRO DE 2020

A marca FSC® é a garantia de que a madeira utilizada na fabricação do papel deste livro provém de florestas que foram gerenciadas de maneira ambientalmente correta, socialmente justa e economicamente viável, além de outras fontes de origem controlada.